Fin de Siècle na Gaeilge

Darwin, an Athbheochan agus Smaointeoireacht na hEorpa

LEABHAIR THAIGHDE
An 102ú hImleabhar

Fin de Siècle na Gaeilge
Darwin, an Athbheochan agus Smaointeoireacht na hEorpa

Brian Ó Conchubhair

An Clóchomhar
Cló Iar-Chonnachta
Indreabhán
Conamara

An Chéad Chló 2009

© An Clóchomhar Tta 2009

ISBN 978-1-905560-46-2

Dearadh: Johan Hofsteenge / Deirdre Ní Thuathail
Dearadh an chlúdaigh: Clifford Hayes
Obair Ealaíne an chlúdaigh: 'Low Tide' le Paul Henry. Le cead ón Dublin City
Gallery, The Hugh Lane.

Is inphrionta de chuid Chló Iar-Chonnachta é An Clóchomhar.

Foras na Gaeilge

Tá Cló Iar-Chonnachta buíoch de Fhoras na Gaeilge as
tacaíocht airgeadais a chur ar fáil.

the arts
council
schomhairle
ealaíon

Faigheann Cló Iar-Chonnachta cabhair airgid
ón gComhairle Ealaíon.

Clóchur: Cló Iar-Chonnachta, Indreabhán, Co. na Gaillimhe.
Teil: 091-593307; Facs: 091-593362; r-phost: cic@iol.ie
Priontáil: Future Print, Baile Átha Cliath 13.
Teil: 01-8399800

do Thara

'Avoid very fast speakers and old people without teeth.'

Eoin Mac Néill

Clár

Buíochas

Is mó duine a chabhraigh liom agus an saothar seo idir lámha le blianta beaga anuas. Gabhaim buíochas le Scoil na Gaeilge agus foireann Áras na Gaeilge (Ollscoil na hÉireann, Gaillimh): an tOllamh Gearóid Denvir, an tOllamh Mícheál Mac Craith, Peadar Mac an Iomaire, Nuala Uí Aimhirgín agus Máire Uí Ghriallais. Agus táim buíoch den Dr Tadhg Foley, den Dr Louis de Paor, den Dr Róisín Ní Ghairbhí agus den Ollamh Gearóid Ó Tuathaigh. Ina dteannta tá buíochas tuillte ag go leor daoine eile: Beth Bland, an tOllamh Mike Cronin, an Dr Joyce Flynn, an Dr Hugh Fogarty, an tOllamh Christopher Fox, an Dr Brendan Kane, Dyann Mawhorr, an tOllamh Jim McCloskey, an Dr Liam Ó Páircín, an tOllamh Diarmuid Ó Giolláin, Mary O'Callaghan agus Nila Gerhold, agus an tOllamh Alan Titley. Ba mhór an chabhair dom mo chomhghleacaithe i Roinn Theanga agus Litríocht na Gaeilge in Ollscoil Notre Dame: an Dr Sarah McKibben, an Dr Peter McQuillan, an tOllamh Bríona Nic Dhiarmada, an tOllamh Breandán Ó Buachalla – gabhaim fíorbhuíochas leo as an saothar seo a phlé liom, agus is cinnte gur feabhsaíodh é dá bharr. Táim faoi chomaoin, leis, ag Cló Iar-Chonnachta: Deirdre Ní Thuathail, Micheál Ó Conghaile agus Lochlainn Ó Tuairisg as an mórshaothar a chuireadar orthu féin ag cóiriú an téacs agus á ullmhú do na clódóirí. Tá buíochas tuillte ag an Dr Caitríona Ó Torna, Rannóg an Aistriúcháin, as an gcúnamh agus as an gcairdeas le blianta beaga anuas, agus a bhí sásta éisteacht agus cabhrú i gcónaí. Cé go bhfuil buíochas tuillte ag gach aon duine dá bhfuil luaite anseo agam, is é an tOllamh Philip O'Leary is mó a bhfuilim faoi chomaoin aige ó chuir sé spéis san ábhar seo, agus lean sé de á mo ghríosú agus á mo spreagadh, agus ba é a bhí sásta a chuid saineolais fhairsing a roinnt liom go fial. Tá an-bhuíochas ag dul don Ollamh Nollaig Mac Congáil, a bhí sásta foinsí a dhearbhú i gcónaí nuair nach raibh teacht orthu sa taobh seo tíre. Ní hiad na daoine seo atá luaite agam ach mise amháin atá freagrach as aon bhotún atá sa saothar seo. Is mó leabharlannaí a chabhraigh liom agus an taighde seo idir lámha, agus táim buíoch d'fhoireann na leabharlainne i Leabharlann James Hardiman, Ollscoil na hÉireann, Gaillimh, Margaret Hughes go háirithe; d'fhoireann na leabharlainne i Leabharlann O'Neill agus Leabharlann Burns in Boston College; d'fhoireann na leabharlainne in Ollscoil Notre Dame, Aedín Ní Bhroithe-Clements agus Ken Kinslow go háirithe, beirt a thug cúnamh go fial foighneach dom; d'fhoireann na leabharlainne i mBailiúcháin Speisialta, UC Berkeley; d'fhoireann na leabharlainne i Leabharlann Widener, Ollscoil Harvard; agus d'fhoireann Leabharlann Náisiúnta na hÉireann. Táim buíoch chomh maith den Harvard Celtic Studies Colloquium, den UC Berkeley Celtic Colloquium, de Scoil Samhraidh Merriman, den Keough-Naughton Seminar in Ollscoil Notre Dame; den

Ollamh Kevin Whelan agus den Irish Seminar i dTeach Uí Chonaill, Baile Átha Cliath; agus d'Ionad Léann na hÉireann, Ollscoil na hÉireann, Gaillimh, a thug deiseanna dom cuid den ábhar seo a chur os a gcomhair agus a phlé. Bhronn an tÚdarás um Ard-Oideachas (An Chomhairle um Thaighde sna Dána agus sna hEolaíochtaí Sóisialta) agus Dámh na nDán, Ollscoil na hÉireann, Gaillimh, comhaltachtaí éagsúla orm a chabhraigh go mór liom, mar a dhein Ollscoil Notre Dame. Foilsíodh leagan de chaibidil 6 san *Irish University Review* (2003) faoin teideal 'The Gaelic-Roman Font Controversy: The Gaelic League's (Post-Colonial) Crux', agus gabhaim buíochas leis an aoi-eagarthóir, an tOllamh Margaret Kelleher. Ar deireadh gabhaim buíochas ó chroí le mo thuismitheoirí, Dawn Guinness agus Seán Seosamh Ó Conchubhair, as ar dhein siad agus as a ndeineann siad dom, agus gan dabht le Tara, a d'fhan go foighneach agus go fadfhulangach. As *Irisleabhar na Gaedhilge* Iml. 6, Uimh. 9, Meán Fómhair 1895, an t-eipeagraf.

Admhálacha Foilsitheoireachta

Mo bhuíochas do na foilsitheoirí seo a leanas a thug cead dom sleachta éagsúla dá gcuid a atáirgeadh sa téacs:

Allen & Unwin, An Clóchomhar, An Sagart, A. P. Watt, Barnes & Noble, Bloomsbury Academic, Bloomsbury Publishing, Cambridge University Press, Cló Chois Fharraige, Clódhanna Teo., Cló Iar-Chonnachta, Clólann Uí Mhathúna, Cló Mercier, Cló Ollscoil na Banríona, Cló Thalbóid, Coiscéim, Cois Life, Conradh na Gaeilge, Cork University Press, Cornell University Press, Duke University Press, Field Day Press, Foilseacháin Náisiúnta Teoranta, Four Courts Press, Harper Collins, I. B. Tauris & Co. Ltd, Irish Academic Press, Irish University Press, Mac Giolla Pádraig, McGill-Queen's University Press, Oifig an tSoláthair, Oxford University Press, Palgrave Macmillan, Penguin Group UK, Penn State Press, Princeton University Press, Random House, Rannóg an Aistriúcháin, Taylor & Francis, The Lilliput Press, University of California Press, University of Chicago Press, University of Massachussets Press, Wiley-Blackwell, W. W. Norton & Company Inc.

Táim buíoch den Dublin City Gallery, The Hugh Lane, as cead a thabhairt 'Low Tide' le Paul Henry a chur ar an gclúdach.

Réamhrá: Oidhreacht Darwin agus an Ghaeilge

Coincidentally, the first stirrings of the Irish revival occurred just as the writings of Charles Darwin were revolutionizing all forms of knowledge. Irish remained totally impervious to his main message, that illusions of immutability amount to stagnation and that means death. [1]

Maolmhaodhóg Ó Ruairc

[W]hat was philology on the one hand if not a science of all humanity [but also] a harsh divider of men into superior and inferior races? [2]

Edward Said

Cad a spreag Athbheochan na Gaeilge? Cad iad na smaointe a ghríos na fir agus na mná a ghlac páirt san imeacht áirithe sin ag an am áirithe sin? An raibh puinn difríochta idir téis Thomas Davis i leith na teanga roimh an nGorta Mór agus téis Dhubhglais de hÍde sna blianta deireanacha den naoú haois déag? Murar glacadh le téis Thomas Davis an t-am úd, cad a tharla san idirlinn a d'fhág gur glacadh leis ar ball? Cad iad na tuairimí agus na smaointe a mhúnlaigh an grúpa ilchineálach sin ar a dtugtar 'Athbheochanóirí' orthu chun dul i mbun gnímh ag deireadh na haoise?[3] Is ceisteanna den sórt sin a spreag an leabhar seo agus a leag a chúrsa.

Is cás imní do Bhreandán Ó Doibhlin ina shaothar bunúil ar léirmheastóireacht na Gaeilge, *Aistí Critice agus Cultúir*, 'a theirce is atá machnamh a rinneadh ar fháthanna na hathbheochana'.[4] Mar thoradh air sin, dar leis, d'fhéadfaí a áitiú 'go bhfuil cuid éigin den cheart ag an dream a dhéanann beag di, á rá nach raibh de bhunús léi riamh ach tionchar athláimhe ó aois an rómánsachais agus ó fhealsúnacht na nGearmánach úd, Herder, Fichte agus Schleiermacher'.[5] Agus cloistear macalla cheist Uí Dhoibhlin sa chlabhsúr a chuir Aisling Ní Dhonnchadha lena Léacht Uí Chadhain nuair a d'fhógair sí 'gur gá agus gur fiú dúinn foinsí ghluaiseacht na hAthbheochana a iniúchadh agus a athbhreithniú le go mbeidh loinnir bhreise tuisceana againn ar na daoine sin agus do na daoine sin ar líonadh a gcroíthe le solas mór – solas "Fháinne an Lae".'[6]

Tugann an leabhar seo mar sin faoi stair intleachtúil na hAthbheochana Gaeilge sa tarna leath den naoú haois déag a ríomh agus a scagadh ó thaobh ghluaiseacht smaointeoireacht na hEorpa de. Ag tosnú amach le himní Uí Dhoibhlin i dtaobh spreagadh na hAthbheochana, caitear solas nua ar fháthanna, ar idé-eolaíochtaí agus ar dhioscúrsaí na hAthbheochana Gaeilge. Fiosraítear anseo na gluaiseachtaí smaointe, na teoiricí cultúrtha agus na hidé-eolaíochtaí éagsúla a mhúnlaigh agus a thóg tuiscintí na nAthbheochanóirí i dtaobh ghnéithe éagsúla na teanga: an cló, an litriú, an ghramadach, cora cainte, an canúnachas agus an t-úrscéal.

Is insint nua í seo ar an Athbheochan, a fhéachann lena chomhthéacsú agus a fhiosrú i dtéarmaí na hEorpa seachas géilleadh don leagan údarásach a ríomhann stair liteartha na hÉireann go hiondúil. Is é a tharla, dar le stair liteartha na hÉireann, ná gur thug glúin óg na hÉireann a gcúl don pholaitíocht reachtúil le bás Charles Stewart Parnell agus a n-aghaidh ar an náisiúnachas cultúrtha le scríbhneoireacht Davis mar threoir acu agus eisean ag leanúint réalta eolais na nGearmánach.[7] Is ollscéal neamhchasta é seo a áitíonn gur shíolraigh teoiricí de hÍde agus na nAthbheochanóirí caol díreach ó na Gearmánaigh thuasluaite trí Thomas Davis agus *The Nation* agus gurb é bás Pharnell ba chúis leis an mborradh sa náisiúnachas cultúrtha.[8] Feictear do Thraolach Ó Ríordáin dá bharr, ina shaothar tionscnamhach ar Chonradh na Gaeilge i gCorcaigh, go bhfuil criticeoirí agus staraithe áirithe 'faoi dhraíocht ag turnamh taibhseach Pharnell' agus go mbraitear 'iarracht den leagan amach céanna ar ráitis scoláirí na Gaeilge féin'.[9] Tuigtear dó, más ea, go bhfuil 'cás Pharnell chomh meallltach sin nach aon ionadh go rachfaí ar thóir eachtra aonair eile ar nós Chogadh na mBórach mar a dheineann [R. F.] Foster, chun forbairt ghluaiseacht na hathbheochana a mhíniú' seachas ceisteanna bunúsacha a tharraingt anuas i dtaobh na hAthbheochana.[10]

Ar an lámh eile de is cúis ghearáin do Shinéad Garrigan Mattar a laghad aird a thugann criticeoirí ar dhul chun cinn na teangeolaíochta comparáidí sa Léann Ceilteach. Níor fiosraíodh, dar léi, ceist na heolaíochta comparáidí i dtaobh na hAthbheochana agus conas a chuaigh sé sin i bhfeidhm ar scríbhneoirí na hAthbheochana, gan trácht ar dhioscúrsa na hAthbheochana.[11] Cloítear leis an ortadocsacht, dar léi, a mhíníonn idé-eolaíocht na hAthbheochana i dtéarmaí Ernest Renan agus Matthew Arnold. Mar a deir sí: 'In ignoring the existence of "Celtology" critics have too often analysed the Celticism, and thus the primitivism, of the Irish Revival only in terms of the romantically primitivist tradition that Ernest Renan vocalized in his 1854 essay "La Poésie des races celtiques" and which Matthew Arnold minted in Britain in "On the Study of Celtic Literature" (1867)'.[12] Fiú agus an bhun-aiste san Fhraincis á scríobh ag Renan, a deir sí, 'his methods were being outpaced by "the advent of science".'[13] Sampla eile é seo ar fad, b'fhéidir, mar atá ráite, den tsintéis ag teacht 'chun cinn go rímhinic róluath, sula mbíonn an fhianaise uile foilsithe nó meáite, agus go gcloítear feasta leis an tsintéis sin mar léamh údarásach ortadocsach ar thréimhse, ar sheánra nó ar dhán faoi leith'.[14]

Déanann an léamh gur athleagan de théis Davis í idé-eolaíocht na hAthbheochana agus an léamh a sheánann an dul chun cinn san eolaíocht chomparáideach éagóir ar léann na hAthbheochana. Déanann sé talamh slán de nár imir an réabhlóid tuisceana a thit amach sa léann agus san eolaíocht sa tarna leath den naoú haois déag tionchar dá laghad, maith nó olc, ar dhioscúrsa na Gaeilge. B'ionann, más ea, dioscúrsa na Gaeilge roimh an nGorta agus deireadh an chéid: níor tháinig forbairt, athrú ná claochlú ar bith air idir an dá linn.[15] Gné amháin de na fadhbanna a bhaineann leis an ollscéal neamhaimpléiseach seo ná go nglactar leis gurbh ionann an náisiúnachas cultúrtha le linn an naoú haois déag ar fad agus nár tháinig de hÍde ná a leathbhádóirí faoi anáil aon ghluaiseachta eile a bhí thuas le linn an dara leath den naoú haois déag. Is é bás Pharnell, más ea, a thugann ar an bpobal casadh siar i dtreo Davis agus Young Ireland, agus tagann an náisiúnachas cultúrtha, mar a mhúnlaigh na Gearmánaigh é, faoi bhláth an athuair.[16] Ní bréagnú ná díspeagadh na teoirice úd is cuspóir don leabhar, ná go deimhin aon chúis aonair eile a chur ina háit; is iarracht é an leabhar seo, áfach, chun aird an léitheora a tharraing ar an réabhlóid eolais agus tuisceana a thit amach san Eoraip sa dara leath den naoú haois déag agus tionchair na réabhlóide eolais sin ar dhioscúrsa na Gaeilge, agus ar na himpleachtaí a bhí aici ar an tslí ar tuigeadh agus ar pléadh an teanga, an litríocht, an cultúr, an ghramadach, an litriú, an canúnachas agus gluaiseacht na hAthbheochana trí chéile. Bhí níos mó i gceist mar bhunús agus mar fháth ag an Athbheochan ná tionchar athláimhe, agus is í aidhm an leabhair seo cuid den stair intleachtúil agus den ghluaiseacht smaointeoireachta as ar fáisceadh idé-eolaíocht na hAthbheochana a fhiosrú. Dar le Eric Hobsbawm: 'There are times when man's entire way of apprehending and structuring the universe is transformed in a fairly brief period of time, and the decades which preceded the First World War were one of these',[17] agus is sa chomhthéacs sin a scrúdaítear an Athbheochan anseo.

Chonacthas do Mhaolmhaodhóg Ó Ruairc le déanaí ina leabhar *Ar Thóir Gramadach Nua / In Search of a Grammar* go raibh Athbheochan na Gaeilge dall ar an réabhlóid léinn agus tuisceana úd a thit amach de bharr fhionnachtana Charles Darwin sa naoú haois déag agus gur 'dhiúltaigh an Ghaeilge do na teoricí a shín an Darwineachas chuige'[18]:

> Faoi mar a tharla, saolaíodh athbheochan na Gaeilge san oíche chéanna nach mór agus an oíche a cuireadh tús leis an gclampar intleachtúil a lean scríbhinní Charles Darwin. Ar an drochuair dhiúltaigh an Ghaeilge do na teoricí a shín an Darwineachas chuige agus b'ionann an diúltú sin agus pleanálaithe bóthair bheith ag séanadh go bhfuil na gluaisteáin ag dul i líonmhaireacht agus an trácht ag dul i méid.
>
> Is féidir a cheapadh go gcuirfí bonn láidir faoin nGaeilge dá gcuirfí sonrú i dtuairimí Darwin. Ina ionad sin cuireadh dlús leis an iontaise a bhí á dhéanamh den Ghaeilge ag an am sin. In ionad teanga bheo a scagadh amharcadh ar an teanga mar shampla seandálaíochta.[19]

Má ghéilltear, mar a dhéantar go hiondúil, don ollscéal gur athleagan den náisiúnachas cultúrtha Gearmánach amháin í Athbheochan na Gaeilge, déantar í a dheighilt ón trasfhoirmiú tuisceana a thit amach san eolaíocht agus sa staidéar daonna de bharr fhionnachtana Darwin agus na scoláirí a spreag sé: Max Müller, Robert Knox, Arthur Gobineau, Max Nordau, Benedict Augustine Morel, Cesare Lombroso, Matthew Arnold. Caolaíonn, bochtaíonn agus go deimhin séanann a leithéid de thuairimíocht ilghnéitheacht agus ilfhiúsacht na hAthbheochana. Ní hamháin sin ach léirítear na hAthbheochanóirí mar dhream a bhí scoite amach ó shruthanna intleachtúla na hEorpa; feictear iad mar bhuíon sheanchaite athdhúchasach le hidé-eolaíocht chlochraithe shioctha seachas dream ar chuir *Irisleabhar na Gaedhilge* síos orthu mar seo a leanas: 'in the noted Bismarckian phrase, it is abundantly clear that the founders of the Gaelic League have "seized the psychological moment".'[20] Mar a áitíonn an Ruairceach: 'the writings of Charles Darwin were revolutionizing all forms of knowledge',[21] agus d'athraigh scríbhinní agus teoiricí Darwin cúrsaí léinn, cúrsaí tuisceana agus cúrsaí eolaíochta ón mbonn aníos ar fud na hEorpa agus níos faide ó bhaile. Agus shíolraigh agus bhláthaigh a scéal dúshlánach conspóideach in ithir na hÉireann agus in ithir na Gaeilge ar nós gach tíre agus teanga eile.

Ba iad teoiricí Darwin maidir le 'bua na hoiriúnachta' ba chúis le go leor den ghníomhaíocht intleachtúil agus de na conspóidí idé-eolaíochta a thit amach laistigh de shaol cultúrtha agus intleachtúil na hEorpa um an dtaca seo. Bhí téamaí na cros-síolrachta, bua na hoiriúntachta, teip na gciníocha laga, agus sainmhíniú idir speicis (teangacha) agus típeanna (canúintí) lárnach do theoiricí Darwin. Ba iad na tuairimí agus téarmaí úd a spreag a chomhghleacaithe agus a chuir go leor acu, idir léannta agus neamhléannta, i mbun pinn, agus a leag amach clár taighde agus díospóireachta na linne atá á scrúdú anseo. Go deimhin, i measc na gceisteanna móra a mhúscail Darwin ina leabhar *On the Origin of Species by means of Natural Selection, or, The Preservation of Favoured Races in the Struggle for Life* sa bhliain 1859, bhí ceist na cros-síolrachta agus an chrosphóraithe agus conas speicis faoi leith a shainmhíniú, agus d'imir an cheist sin tionchar lárnach ar an tslí a ndéanfaí idirdhealú idir pobal agus cine, treibh agus náisiún, teanga agus canúint, mar a fheicfear. Bhí dlúthbhaint ag tuairimí conspóideacha Darwin i dtaobh bhunús agus todhchaí an chine agus léann na dteangacha. Cuireadh na téiseanna a d'fhógair sé i bhfeidhm ar léann na dteangacha gach pioc chomh tapaidh agus a glacadh leo mar mhíniú aontoise do chliarlathas agus d'ordlathas na gciníocha éagsúla. Mar a d'fhógair an scoláire Gearmánach August Schleicher tar éis do *The Origin of Species* a léamh: 'not a word of Darwin's need be changed here if we wish to apply this reasoning to languages'[22], agus 'The rules now, which Darwin lays down with regard to the species of animals and plants, are equally applicable to the organisms of languages, that is to say, as far as the main features are concerned'.[23] Dar le Garrigan Mattar: 'The rise of the "newest and most important of the sciences", anthropology, dispelled the illusion that so-called primitive peoples were in any sense simply exemplars of an Edenic condition of well-mannered and honourable naturalness from which Western society had fallen, and the degenerationist model behind the noble savage was transformed into an evolutionary one'.[24] Go deimhin bhreac Darwin féin sa bhliain 1871 ina tharna leabhar, *The Descent of Man*: 'The formation of different languages and of different species, and the proofs that both have been developed through a gradual process, are curiously the same'[25] ('curiously parallel' sa leagan athbhreithnithe). In *The Origin of Species*, mhínigh sé conas a d'iompaigh 'the varieties, or incipient species . . . into new and distinct species; and these, on the principle of inheritance, tend to produce other new and dominant species' trí chomparáid a dhéanamh le teangacha:

> It may be worth while to illustrate this view of classification, by taking the case of languages. If we possessed a perfect pedigree of mankind, a genealogical arrangement of the races of man would afford the best classification of the various languages now spoken throughout the world; and if all extinct languages, and all intermediate and slowly changing dialects, had to be included, such an arrangement would, I think, be the only possible one. Yet it might be that some very ancient language had altered little, and had given rise to few new languages, whilst others (owing to the spreading and subsequent isolation and states of civilisation of the several races, descended from a common race) had altered much, and had given rise to many new languages and dialects. The various degrees of difference in the languages from the same stock, would have to be expressed by groups subordinate to groups; but the proper or even only possible arrangement would still be genealogical; and this would be strictly natural, as it would connect together all languages, extinct and modern, by the closest affinities, and would give the filiation and origin of each tongue.[26]

Agus arís in *The Descent of Man*, d'fhógair sé:

> Languages, like organic beings, can be classed in groups under groups; and they can be classed either naturally according to descent, or artificially by other characters. Dominant languages and dialects spread widely, and lead to the gradual extinction of other tongues. A language, like a species, when once extinct, never, as Sir C. Lyell remarks, reappears. The same language never has two birth-places. Distinct languages may be crossed or blended together. We see variability in every tongue, and new words are continually cropping up; but as there is a limit to the powers of the memory, single words, like whole languages, gradually become extinct. As Max Müller has well remarked: - 'A struggle for life is constantly going on amongst the words and grammatical forms in each language. The better, the shorter, the easier forms are constantly gaining the upper hand, and they owe their success to their own inherent virtue'. To these more important causes of the survival of certain words, mere novelty and fashion may be added; for there is in the mind of man a strong love for slight changes in all things. The survival or preservation of certain favoured words in the struggle for existence is natural selection.[27]

Cár fhág sé sin Éire agus na Gaeil? Mar chine beo sláintiúil ag treabhadh leo ar chonair aonair? Nó mar chine teipthe a raibh an t-anam ag dul as de réir mar a laghdaigh líon an chine tar éis an Ghorta Mhóir? Cár fhág sé sin an Ghaeilge? Mar theanga bheo bhríomhar nó mar chanúint smálaithe thruaillithe nach mbeadh aon rath uirthi? Cár fhág sé Gall-Ghaeilge na ndaoine, an chanúint nua sin a bhí ag teacht chun cinn ar mheascán den Bhéarla agus den Ghaeilge í?

Fiosraíonn an leabhar seo tionchar smaointe Darwin agus impleachtaí na dteoiricí – agus na bhfrith-theoiricí – a spreag sé do mhuintir agus do cheannairí na Gaeilge. Cé gur eascair meon agus dearcadh na nAthbheochanóirí i leith na teanga agus feidhm na teanga sa tsochaí ón náisiúnachas cultúrtha, ba é an *fin de siècle*, agus gach ar bhain léi, a mhúnlaigh meon na hAthbheochana, a chruthaigh dioscúrsa a mbeadh cumhacht agus bá ag an bpobal leis, agus a dhein cinnte de gur chuaigh soiscéal Chonradh na Gaeilge i bhfeidhm ar an bpobal. Is é an *fin de siècle*, más ea, an comhthéacs ceart cuí chun conspóidí, argóintí, coimhlintí na hAthbheochana a phlé agus a mheas.

Is dlúthchuid den stair ó thus ama í an imní go bhfuil an domhan ag teacht chun deiridh agus is treise an imní sin ag deireadh an chéid. Cé go seachnaíonn tráchtairí a chreideann i leagan timthriallach den stair anachain agus matalang, is dual do thráchtairí a chreideann sa leagan teileolaíochta an-bhéim a chur ar chríoch na staire, móitíf a thagann chun cinn go hiondúil ag deireadh gach céid, mar a chonacthas sna blianta roimh 1999 agus an chonspóid faoi Y2K.[28]

Go hiondúil samhlaítear an *fin de siècle* le 'cultural malaise in late nineteenth century Europe'[29] ach níorbh í an naoú haois déag an chéad chéad a raibh imní ag a críoch go raibh an saol agus an domhan i mbaol.[30] Cé nárbh ionann *fin de siècle* an naoú haois déag agus na haoiseanna roimhe – ní raibh an creideamh ná an pholaitíocht lárnach mar a bhí sna 1490í agus sna 1790í[31] – 'the manifestations of millennial thinking still existed and indeed were inspired by the internationalism of the *fin de siècle* phenomenon,' a deir Shearer West. Leanann sé air: 'The models of decay and death, progress and renewal, were all present in the 1890s, but the dissemination of ideas on an international scale, as well as the hitherto unknown possibility of a world war, transformed these previously regionalized and religious themes into models of global significance'.[32] Níl aon cheist ach go raibh an domhan ag athrú ar luas lasrach ag deireadh an naoú haois déag agus go raibh cumhachtaí idirnáisiúnta agus an nua-aoiseacht ag brú ar an saol agus ar an saoldearcadh traidisiúnta Éireannach. Mar a tuairiscíodh in *Casadh na Taoide*, bhí 'daonra na tíre ag dul i laghad i gcónaí ó aimsir an Ghorta, bhí an ráta breithe ag titim freisin agus bhí an ráta pósta ab ísle san Eoraip ag Éirinn'.[33] Ba gheall le galar náisiúnta an imirce agus bhí forbairt na ngaltán, leathnú na mbóithre iarainn, gan trácht ar úsáid innealra, ag athstruchtúrú sochaí traidisiúnta na tíre. Feabhsaíodh na bóithre agus na seirbhísí galtán, leathnaíodh an córas mionbhóithre iarainn agus tógadh droichid a cheangail go leor de na hoileáin bheaga leis an míntír. 'Leathnaíodh tríothu seo go léir na seirbhísí poist agus teileagraif agus áiseanna margaidh, agus baineadh roinnt ó iargúltacht na gceantar'.[34] Ní dall a bhí na hAthbheochanóirí ar an suaitheadh sóisialta agus ar an gcorraíl luachanna a bhí ag athmhúnlú na tíre ón mbonn aníos agus ar chuir Pádraic Ó Conaire síos go ealaíonta air ina ghearrscéal 'Páidín Mháire' a bhain an chéad áit amach in Oireachtas na bliana 1904.[35]

Dá mba í sin freagairt ealaíonta an scríbhneora, bhí freagairt an iriseora ar an gcéad leathanach den chéad uimhir d'*Irisleabhar na Gaedhilge* i mí na Samhna sa bhliain 1882, áit ar aithin an t-eagarthóir, Seághan Pléimion, gurb 'aois iongantus an aois so'. Liostaigh sé go soiléir na hathruithe a bhí tar éis titim amach lena linn féin:

Atáid uallaighe ag a d-tarruing ar bhóithribh, agus talamh ag a treabhadh, le brighibh teine agus uisce; agus ar muir atáid loingeas gan fiu an t-seoil ag imeacht 'i n-aghaidh na tuile 's i g-coinne na taoide', agus i g-coinne na gaoithe mar an g-céadna. Is féidir teachtaireacht i sgribhinn do chur timchioll na cruinne arís agus arís i g-ceathramha uaire an chloig: agus is féidir le beirt caint do dhéanadh le chéile agus leithead baile mhóir eadorra. Déantar iomhaighe do dhealbhadh le gaethibh na gréine a sméide súl, agus soillsighthear bailte móra le solus electreach: agus mar sin do chéad nídh eile; atáid siad ag a n-déanadh i modh do mheasfaidhe a bheith 'na dhraoigheacht tamall ó shoin. Agus ní h-é amháin go bhfuil ealadhna nuadha ag a g-cumadh, agus neithe nuadha ag a bh-fághail amach gach lá, acht fós atá an fhírinne aga nochtadh i d-taobh neitheadh ar a raibh daoine in ainbhfios 'riamh roimhe so.[36]

Ní hamháin gur aithin an Pléimionach comharthaí sóirt na nua-aoiseachta agus claochlú an tsaoil os a chomhair, ach bhí sé ar an eolas faoin dul chun cinn léannta i dtaobh na dteangacha Eorpacha. Shéan sé agus dhiúltaigh sé do na seantuiscintí teangeolaíochta i dtaobh na Gaeilge:

Do saoileadh 'riamh gur an aois so go m-budh teangtha comhghaoil an Eabhrais agus an Ghaedhilg, acht is eol do gach fear leighin anois gur ab gaol i bh-fad amach atá aca le chéile. Is fios, mar an g-céadna, do gach n-duine eolgach gur ab fogus é gaol ár d-teangan-ne do'n Laidion, do'n Ghréigis, do'n Bhéarla, do theangtaibh ba Gearmáine, na Fraince, na Spáinne, na h-Iodáile agus na h-India Shoir. Is foigse, fós, do'n Ghaedhilge an Bhreathnais agus teanga na Breatainne bige 'sa- bh-Frainc: agus is ró bheag nach í an chaint chéadna a tá againn féin agus ag muintir thuaiscirt Albann. An fad do bhí Eireannaighe mar so a n-ainbhfios i d-taoibh a d-teangan, do sgríobhadar mórán uirre do thug cúis maga fútha do luchd léighin, acht ó fuaradh amach go cinnte fios a comhghaoil do na teangthaibh eile úd do mhéaduigh meas na bh-fíor-eolgach uirre ar módh go bh-fuil mórán díobh anois i d-tíorthaibh coigcríche ag a fóghluim.[37]

B'ionann an léamh a deineadh ar staid na tíre agus scéal an náisiúin sa chéad eagrán de *An Claidheamh Soluis*: 'Strongly-built granaries stand empty; mills are silent; tanyards are closed; the cooper is gone; the shoemaker is disappearing, the nailer, with his little forge, has been swept away; the stray loom has vanished; the spinning-wheel is but a memory. With the industries have gone the people and their language'.[38] Dar leis an staraí Timothy McMahon is é a bhí i gceist leis an athrú seo ná 'an Irish manifestation of the impact that growing international economies of scale had on traditional production techniques', cé gur imir an t-athrú sóisialta seo olltionchar ar thuiscint mhuintir na hÉireann; 'their understanding,' a deir sé, 'was conditioned by the world that they knew, a world that had been profoundly reshaped over the preceding century'.[39] Ní filleadh ar ársaíocht na nGael ná dearcadh primitíbheach a bhí i gceist ach, mar a dhein nach mór gach grúpa san Eoraip, féachaint siar chun géarchéim an náisiúin a mheas agus an drochthionchar tionsclaíochta agus eacnamaíochta a lean an t-athrú teanga agus tréigean na teanga a thuiscint. Is é a bhí in Athbheochan na Gaeilge in Éirinn mar sin ná aisfhreagra na hÉireann ar an gclaochlú seo agus is mar leagan Éireannach den *fin de siècle* a fhiosrófar Athbheochan na Gaeilge sa leabhar seo.

Ba dhlúthchuid den *fin de siècle* í an easpa féinmhuiníne agus an t-éadóchas. Thug gach tír ar fud na hEorpa faoin ngéarchéim agus faoin gclaochlú áirithe seo ina bealach féin trí aghaidh a thabhairt ar réimsí mar chúrsaí oideachas, cúrsaí spóirt, oiliúint san arm, bunú eagraíochtaí, srl. Níorbh aon eisceacht í Éire agus is í Athbheochan na Gaeilge freagra na hÉireann ar an ngéarchéim Eorpach seo. Ba í an imní a bhuail Mór-Roinn na hEorpa faoin nua-aoiseacht, faoin meathlú fisiciúil agus cultúrtha, faoi theip an chine, ba í a thug ar mhuintir na hÉireann tabhairt faoin Athbheochan, faoin nGaeilge agus faoi chultúr na Gaeilge a tharraingt chucu féin mar sciath chosanta roimh sceilmis agus sceimhle an *fin de siècle* agus ar ghabh leis.[40]

Ach tá níos mó i gceist leis an *fin de siècle,* mar a deir Ledger agus Luckhurst, ná dioscúrsa an mheathlaithe: 'The current focus of the *fin de siècle* has risked becoming too fascinated with the gothic science of degeneration, forgetting a host of other voices that contested visions of collapse with dreams of regeneration'.[41] I measc na dtéamaí agus na sruthanna eile sin, áirítear díothú ciníocha, cros-síolrú ciníocha, meascadh fola idir ciníocha, ceist na mban nua, forbairt na teicneolaíochta agus forbairt na gcathracha, agus pléifear cuid de na téamaí sin de réir mar a bhaineann siad le scéal na Gaeilge.

Is é cuspóir an leabhair seo ná anailís fhuarchúiseach a dhéanamh ar bhunfhoinsí na hAthbheochana laistigh de dhioscúrsa an *fin de siècle* agus aird an léitheora a tharraingt ar na buntáistí agus na tairbhí atá le baint as an Athbheochan a léamh ó thaobh an *fin de siècle* Eorpaigh de. Is é atá i gceist le hAthbheochan na Gaeilge, más ea, ná cuingir de dhioscúrsaí agus de théamaí a bhí in uachtar ar fud na hEorpa agus, go deimhin, go leor den domhan sa tarna leath den naoú haois déag, a bhuíochas a bheag nó a mhór do théis Darwin, agus gur tháinig na smaointe sin le chéile sa *fin de siècle*. Is i dtéarmaí na mblianta deireanacha den aois Eorpach sin, mar sin, ba chóir fréamhacha agus fáthanna na hAthbheochana a lonnú agus a fhiosrú. Is insint eile í seo ar Athbheochan na Gaeilge a fhéachann le hollscéal na hAthbheochana mar atá sé faoi láthair a shaibhriú agus a leathnú. Deintear sin ionas go gcuirfear ní hamháin lenár dtuiscint faoin Athbheochan ach faoi na hidé-eolaíochtaí agus faoi na fáthanna éagsúla a bhain léi, agus deintear an Athbheochan a chomhthéacsú laistigh de stair intleachtúil na hEorpa dá bharr. Áitíonn an leabhar seo go bhfuil fáthanna na hAthbheochana le haimsiú sna gluaiseachtaí machnaimh a shamhlaítear leis an *fin de siècle* – an náisiúnachas cultúrtha, an meathlú, an cros-síolrú, truailliú na fola agus an díothú cine. Ní hamháin gur tháinig an Athbheochan faoi anáil na ngluaiseachtaí smaointe agus machnaimh seo, ach d'fhág siad a rian ar chonspóidí na hAthbheochana agus ar fhriotal na hAthbheochana. Fiosraítear na téiseanna, meonta agus tuiscintí comhaimsire sa leabhar seo chun an Athbheochan a shuíomh ina comhthéacs ceart, comhthéacs a ligeann dúinn ráitis agus téacsanna na hAthbheochana a fheiscint as an nua, b'fhéidir, agus a spreagann comparáidí idir tuiscintí agus gníomhartha na nAthbheochanóirí Gaeilge agus imeachtaí san Eoraip agus sna Stáit Aontaithe. Seachas a bheith ag tagairt siar de shíor do 'tionchar athláimhe ó aois an rómánsachais' agus ag trácht ar Herder, ar Fichte agus ar Humboldt amháin, léiríonn an téis seo gur fearr an léargas a thugtar ar an Athbheochan má lorgaítear a bunús i scríbhinní agus i dteoiricí leithéidí na n-intleachtóirí seo a leanas: Charles Darwin, Robert Knox, Frederic Max Müller, Arthur Gobineau, Max Nordau, Benedict Augustine Morel, Cesare Lombroso, Matthew Arnold. Is iad na smaointe a bhí agus atá laistiar den Athbheochan is spéis leis an leabhar seo agus ní daoine ná dátaí. Ní stair liteartha é an saothar seo, ach iarracht chun bunsmaointe, buntuiscintí agus idé-eolaíocht na hAthbheochana a thabhairt chun solais, mar feictear nach n-éiríonn leis an náisiúnachas cultúrtha amháin go leor buncheisteanna faoin Athbheochan a fhreagairt go hiomlán ná go sásúil. Tá sé de bhuntáiste ag an gcur chuige seo go gceadaíonn sé dúinn an Athbheochan a shuíomh i gcomhthéacs idirnáisiúnta Eorpach seachas mar imeacht imeallach Éireannach amháin. Seachas an Athbheochan agus feachtas Chonradh na Gaeilge a léamh i dtéarmaí stair pholaitiúil na hÉireann amháin, léitear í mar aisfhreagra na hÉireann ar an *fin de siècle* a bhí go mór faoi chomaoin ag gluaiseachtaí smaointe agus intleachtúla na hEorpa.

Sna chéad chúig chaibidil deintear scagadh ar na príomhthéamaí cultúrtha a d'imir tionchar ar Athbheochan na Gaeilge. Sa chéad chaibidil deintear iniúchadh ar an náisiúnachas cultúrtha agus a thionchar ar thuiscint na nAthbheochanóirí ar fheidhm, ról agus ar leas na teanga sa tsochaí. Sa tarna caibidil fiosraítear an meathlú mar théama cultúrtha Eorpach, go háirithe tar éis do Max Nordau aird an phobail Eorpaigh a tharraingt ar an scéal. Scrúdaítear freisin an tslí ar fheidhmigh an meathlú laistigh de dhioscúrsa na Gaeilge agus iarrachtaí éagsúla na nAthbheochanóirí tabhairt faoin dúshlán seo, agus deintear comparáid idir iarrachtaí éagsúla i Sasana, ar nós imeachtaí Baden-Powell, chun pobal faoi leith a shlánú ón meathlú. Sa tríú caibidil pléitear teoiric na gciníocha díothaithe a d'fhás as téis Darwin maidir le bua na hoiriúnachta agus iarrachtaí na nAthbheochanóirí cur i gcoinne na tuairime go raibh an cine Gaelach ar an dé deiridh. Ina theannta sin déantar cur síos ar theoiric na fola agus an chros-síolraithe, mar a d'fhógair Knox agus Galton iad, agus baint na dtuairimí sin le forbairt na teanga Gaeilge agus leis an bhfoclóir Gaeilge. Taispeántar go raibh eolaíocht na fola, an chros-síolraithe agus an chiníochais lárnach i dtuiscint agus i saoldearcadh na nAthbheochanóirí, go háirithe maidir leis an mBéarlachas, nó 'an Ghall-Ghaeilge' mar a thugtaí uirthi. Sa cheathrú caibidil tagann na sruthanna sin le chéile sa phlé ar an 'mBéarlachas' arbh é an toradh é ar mheascadh ciníocha nó teangacha. Deintear scagadh ar dhearcadh na nAthbheochanóirí ar an mBéarlachas mar thoradh agus mar phróiseas, agus ar ról na mban agus na gclochar mar ghníomhairí agus mar thraiseolaithe an Bhéarlachais. Baineann an cúigiú caibidil le hiarrachtaí éagsúla chun cur i gcoinne an Bhéarlachais i dtéarmaí stíle, comhréire, abairte agus foclóra, agus léiríonn an anailís seo an oiread is a bhí na hAthbheochanóirí i dtiúin agus faoi thionchar na smaointeoireachta comhaimseartha maidir le heolaíocht an chiníochais a d'fhás ó theoiricí Darwin.

Is é atá sa chuid eile den saothar seo ná scagadh ar mhórchonspóidí na hAthbheochana – an cló, an litriú, na canúintí, an ghramadach – agus tríd an scagadh sin léirítear gurbh iad na gluaiseachtaí intleachtúla ar cuireadh síos orthu sa chéad chúig chaibidil a stiúir agus a mhúnlaigh na conspóidí a gcuirtear síos orthu anseo. Deintear ceist an chló a fhiosrú agus taispeántar nár dhíospóireacht imeallach, thánaisteach in aon chor a bhí inti, ach conspóid a chuaigh go croílár na hAthbheochana agus a léiríonn buntuiscint na linne ar cheist an mheathlaithe, an fhuinnimh agus slánú an chine Ghaelaigh. Léiríonn an chaibidil ar litriú na Gaeilge na tuiscintí éagsúla arbh ann dóibh maidir le díothú na gciníocha agus an éiginnteacht a bhí ann maidir leis 'an traidisiún'. Déanann caibidil a hocht agus a naoi plé ar na canúintí agus ar an ngramadach agus pléitear teagasc an Ghearmánaigh Max Müller maidir le tuiscint na nAthbheochanóirí ar na ceisteanna seo. Críochnaítear leis an litríocht agus le grinnstaidéar ar scéal na n-úrscéalta Gaeilge ón mbliain 1901, *Cormac Ua Conaill* agus *Grádh agus Crádh*, chun léiriú a thabhairt ar an tslí ar tháinig nualitríocht na Gaeilge faoi anáil na ngluaiseachtaí smaointeoireachta a pléadh sa chéad chúig chaibidil, agus taispeántar gur scríobhadh agus gur pléadh iad laistigh de dhioscúrsa an *fin de siècle*.

Níor chuireas romham stair chróineolaíoch na hAthbheochana a bhreacadh anseo ná stair Chonradh na Gaeilge mar eagraíocht fhorásach. Is cuntas é seo ar na smaointe agus ar na coincheapa a spreag gluaiseacht na Gaeilge suas go dtí 1901, agus is idé-eolaíocht agus tuiscint chultúrtha Chonradh na Gaeilge roinnt mhaith dá bhfuil ar fáil anseo. Tagann agus imíonn smaointe ó am go chéile, agus is rídheacair dáta cinnte a leagan ar an uair a nochtar smaoineamh den chéad uair i gcló nó an uair a nglacann mionlach den phobal nó an pobal ar fad leis. Tagraítear corruair do nithe a bhaineann le tréimhse níos déanaí ná 1901 agus déantar sin ar an gcúis gur eolas tábhachtach é a chuireann leis an argóint. Is iad na smaointe laistiar den Athbheochan is spéis liom seachas beathaisnéisí ná stair liteartha a sholáthar mar tá a leithéid curtha ar fáil go cumasach agus go slachtmhar cheana féin ag Proinsias Mac Aonghusa, Pádraig Ó Fearaíl, Risteárd Ó Glaisne, Philip T. O'Leary, Traolach Ó Ríordáin, Máirtín Ó Murchú, Timothy G. McMahon agus daoine eile nach iad in iliomad alt agus aistí.[42] Beartaíodh gurbh fhearr stopadh ag an mbliain 1901 ar an dá chúis seo a leanas: ba í sin an bhliain ar foilsíodh an chéad dá úrscéal Gaeilge ina n-iomláine, faoi aon chlúdach amháin seachas mar shraith. Ina theannta b'fhearr scagadh nualitríochta na hAthbheochana a fhágaint d'ócáid eile ionas go dtabharfaí cothrom na féinne di seachas líochán an chait anseo. Ina theannta sin is timpeall na bliana 1901 a thosnaigh méadú thar cuimse ag teacht ar líon na gcraobhacha de Chonradh na Gaeilge ar fud na hÉireann agus thar lear. De réir mar a mhéadaigh líon na mball agus líon na gcraobhacha, áfach, thosnaigh smaointe eile ag brú chun cinn, agus is minice ná a chéile go raibh an pholaitíocht ina cnámh spairne. Tá Tom Garvin[43] go láidir den tuairim gur thosnaigh an ionsíothlát a dhein Bráithreachas Phoblacht na hÉireann ar Chonradh na Gaeilge sa bhliain 1900, agus áitíonn Charles Townsend gurbh í an bhliain sin an uair ar thosnaigh Conradh na Gaeilge ag athrú ó 'a coterie to a mass organization, albeit still heavily over-represented in Munster generally and Cork in particular'.[44] Ós rud é gurbh é tionchar na ngluaiseachtaí smaoint-eoireachta Eorpacha ar idé-eolaíocht na hAthbheochana is fócas den leabhar seo, beartaíodh gan dul i ngleic le ceist na polaitíochta ach cloí le stair intleachtúil na hAthbheochana agus gan díriú ar pholaitíocht Chonradh na Gaeilge, mar is leithne agus is saibhre dioscúrsa na Gaeilge le linn na hAthbheochana ná aon eagraíocht amháin [45]

1

An Náisiúnachas Cultúrtha agus an Ghaeilge

For the nationalism of a colonized people requires that its history be seen as a series of unnatural ruptures and discontinuities imposed by an alien power while its reconstruction must necessarily pass by way of deliberate artifice.[1]

David Lloyd

Agus is fiú a choinneáil i gcuimhne gur ó bhastard teanga a shíolraigh Béarla Chaucer, agus ina dhiaidh sin Béarla Shakespeare.[2]

James McCloskey

Tá stair fhada san Eoraip ag an tuiscint go n-iompraíonn teanga cultúr agus luachanna sóisialta. Is tuiscint shochtheangeolaíoch í seo a shíolraíonn ó theoiricí de chuid J. G. Fichte, Gearmánach a d'fhoilsigh téis ar an ábhar seo faoin teideal *Reden an die deutsche Nation* (Óráid don Náisiún Gearmánach) sa bhliain 1807-08, le linn do Napoleon a bheith ag cur cathair Berlin faoi léigear, tar éis d'fhórsaí míleata na Fraince greadadh lámh agus bualadh bos a thabhairt d'arm na Prúise. Bhuaigh an Fhrainc an cogadh seo, dar le Fichte, mar ba náisiún láidir í a labhair a teanga dhílis féin go bródúil agus go mórtasach, murarbh ionann is muintir na Prúise, a d'imigh i bhféith ón bhfírinne nuair a chinn siad ar bhreactheanga loite thruaillithe le foclóir Fraincise a labhairt agus bréagchultúr a bhí cloíte ag nósanna gallda ón bhFrainc a chleachtadh. Tuigeadh do Fichte, ní hamháin go mbaineann cainteoir teanga go dlúth le náisiún na teanga sin, ach gurb í an teanga an ghné leanúnach shíoraí a aontaíonn an náisiún mar aonad agus a chuireann cóir ghaoithe i seolta an náisiúin sin. B'ionann don náisiún a theanga a thréigean nó foclóir teanga eile a shú isteach agus caidhp an bháis a chur air féin. B'ionann an gaol idir teanga agus náisiún, dar leis, agus an gaol idir anam agus corp daonna.[3]

Thóg Wilhelm von Humboldt ar theoiric Fichte de réir a chéile, agus faoin mbliain 1822 glacadh go forleathan leis gurbh ionann teanga agus spiorad an náisiúin: 'Language is the external manifestation, as it were, of the spirit of a nation. Its language is its spirit and its spirit is its language; one can hardly think of them as sufficiently identical'.[4] Ba í an teanga spiorad an náisiúin agus ba í spiorad an náisiúin an teanga nó, mar a déarfadh lucht na Gaeilge agus athfhriotal curtha acu ar mhana na hÍsiltíre: 'Tír gan teanga, tír gan anam'. Go traidisiúnta chreidtí, de réir mar a d'fhógair an Bíobla, gur labhraíodh aon teanga amháin sular thit túr Babel as a chéile, agus dá bhféadfaí an bhunteanga sin a aimsiú arís go ndéanfaí gaisce ar mhaithe le leathnú creidimh, síochána, gnó, agus eolaíochta.

D'imigh an teoiric sin as faisean i measc aos dána na hEorpa, áfach, agus glacadh leis gurbh ann do theangacha éagsúla ariamh. Dar leis an téis seo, mhúnlaigh an teanga traidisiúin agus nósanna an phobail agus ba é sin an fáth nárbh ionann aon dá náisiún: 'In this formation, the notion of "genius" was employed as a means of explaining how each language contains its own particular vision of the world. Yet such a notion also implies that language were mutually incommensurable'.[5] Thug Humboldt an teoiric seo chun críche agus chun mine lena thuiscint gur iompair gach teanga a cló féin agus gur sa chló sin a lonnaigh saoldearcadh sainiúil an náisiúin sin, *innere sprachform*.[6] D'imir teagasc Humboldt tionchar lárnach ar náisiúnaigh na hEorpa, náisiúnaigh na hÉireann ina measc. Dá mb'fhíor go raibh saoldearcadh éagsúil á iompar ag gach teanga, níorbh fholáir teanga a bheith ag aon dream ar theastaigh uathu stádas an náisiúin neamhspleách a bhaint amach, agus is as an tuiscint seo a shíolraíonn go leor de theagasc Thomas Davis agus John Mitchell i dtaobh na Gaeilge. Is mar seo a labhair Thomas Davis ar an nGaeilge in *The Nation*:

> The language, which grows up with a people, is conformed to their organs, descriptive of the climate, constitution, and manners, mingled inseparably with their history and their soil, fitted beyond any other language to express their prevalent thoughts in the most natural and efficient way. To impose another language on such a people is to send their history adrift among the accidents of translation – 'tis to tear their identity from all places – 'tis to substitute arbitrary signs for picturesque and suggestive names – 'tis to cut off the entail of feeling, and to separate the people from their forefathers by a deep gulf – 'tis to corrupt their very organs, and abridge their power of expression.[7]

Ar nós go leor eile de na gluaiseachtaí polaitiúla ar fud na hEorpa sa naoú haois déag, chreid baill Young Ireland go raibh féiniúlacht faoi leith ag Éirinn a thabharfadh na codanna éagsúla den tír le chéile agus a thabharfadh treoir chinnte faoi thodhchaí na tíre. Ní raibh tíortha ar nós na hÉireann in ann a neamhspleáchas a bhunú trí fheachtas cogaíochta i gcoinne ríthe sa tslí chéanna ar thug Meiriceá agus an Fhrainc na cosa leo. B'éigean dóibh dá bharr sin díriú ar aontacht chultúrtha arbh ann di roimh theacht na nGall, aontacht a cheadódh neamhspleáchas mar náisiún faoi leith anois. Mar a mhíníonn David Lloyd agus é ag cur síos ar thuiscint Young Ireland ar ról na teanga agus cothú an stáit: 'The "self" of the nation is, in the first instance, discerned in the language that provides the objective basis for cultural unity'.[8] Anuas air sin, is é a chruthaigh tuiscint agus dearcadh lucht na hAthbheochana ar fheidhm agus ról na teanga le linn na hAthbheochana.

Ghéill gluaiseacht na Gaeilge don smaoineamh seo gach uile sheachtain sna hirisí Gaeilge tríd an mana a bhíodh timpeall ar eagarfhocal an nuachtáin *Fáinne an Lae* go seachtainiúil:

> 'Cúis na Gaedhilge cúis na hÉireann'
>
> **Fáinne an Lae**
>
> "A Nation should guard its language more than its territories – 'tis a surer barrier, and more important frontier, than fortress or river." –
> THOMAS DAVIS

B'ann dó i mBéarla agus i ngaeilge go soiléir seachtain i ndiaidh seachtaine chun an soiscéal a mheabhrú don phobal: ba í an Ghaeilge a d'iompair meon na hÉireann. An té a labhair Béarla amháin, ba faoi smacht Shasana a bhí a mheabhair, mar níorbh fhéidir le meon ar bith é féin a fhuascailt ó shlabhra na teanga trínar léirigh sé é féin. Ba iad na Gaeil a mhúnlaigh an Ghaeilge i gcaitheamh na mblianta, agus ba é an scéal céanna é ag an mBéarla. Thagadh an tuiscint seo ar chumas teanga chun cinn go tréan nuair a dheintí díospóireacht ar imní an phobail faoin mBéarlachas nó an 'Ghall-Ghaeilge', ábhar a ndéanfar scagadh air ar ball. Threisigh fógraí sna nuachtáin Ghaeilge leis an alt creidimh seo go rialta; is léir ón bhfógra seo a leanas go raibh an tuiscint seo ina bunchuid d'aon iarracht chun craobh nua a bhunú:[9]

> ## AR SON THEANGADH NA n-GAEDHEAL.
>
> Is Ionann Teanga agus Náisiúntachd.
>
> **Language is Nationality.**
> **No Language, No Nation**
>
> A PUBLIC MEETING in support of the Irish Language Movement will be held in Kilrosanty, Co. Waterford, on Sunday, August 13, immediately after last Mass,
>
> **Rev. MICHAEL CASEY, P.P., in the Chair.**
>
> Rev. Dr. Henebry, Professor of Irish in Washington University, and President of the Gaelic League of America; Rev. Dr. Hickey, M.R.I.A., F.R.S.A.I., Professor of Irish in Maynooth College, and Vice-President of the Gaelic League; and other speakers will deliver Addresses.
>
> Béidh an Báire againn le Congamh Dé.

Níl aon cheist ann ach gur tháinig na tuairimí seo a shamhlaítear le Fichte, Humboldt, Herder agus daoine nach iad, i dtaobh nádúr teanga, go hÉirinn agus gur imir siad tionchar ar dhearcadh na ndaoine roimh, le linn, agus go deimhin i ndiaidh, Athbheochan na Gaeilge. Ní hamháin gur shroich tuiscintí agus teoiricí aos dána na hEorpa talamh na hÉireann, ach tháinig an miotas faoi theanga – ar dhlúthchuid den dioscúrsa Eorpach é – i dtír in Éirinn, leis, mar is léir ar an scigaithris a dhein *An Claidheamh Soluis* den té a thagair don Ghaeilge a bheith á labhairt ag Adamh agus Éamh sa ghairdín: 'Pat – Send us your photograph for the publication in our next number. We are certain our readers will be curious to see the picture of a man who asks a half dozen ridiculous questions beginning with – Was Irish *spoke* in the Garden of Eden?'[10] Nochtann an dán 'Teanga na Saoirse' le Pádraic Mac Amhlaidh, in *An Claidheamh Soluis* in 1899 gurbh ann do na tuiscintí seo go raibh teanga faoi leith dlite do gach náisiún.[11] Léitear in *An Claidheamh Soluis* arís sa bhliain 1899 gurbh í an Ghaeilge an teanga inar scaipeadh scéal Dé agus a bhí beannaithe ag Dia féin: 'It is a tongue sanctified to Irishmen in every way in which a language could possibly be sanctified. St. Peter and St. Paul preached in it; for when St. Paul was preaching in the west of Galatia to the Gaels of Asia Minor, St. Peter was preaching in the east'.[12] D'imir an tuiscint teangeolaíochta seo agus é préamhaithe i náisiúnachas cultúrtha na hEorpa, tionchar ríthábhachtach ar idé-eolaíocht na nGaeilgeoirí le linn na hAthbheochana go háirithe, agus go ceann i bhfad ina dhiaidh. Is féidir na tuiscintí teangeolaíochta seo a shonrú mar dhlúthchuid de dhearcadh Chonradh na Gaeilge, go háirithe i dtaobh na ngnéithe seo a leanas: A – Teanga agus Náisiúntacht; B – Leanúnachas agus Buanú an Náisiúin; C – Tionchar Teanga ar Mheon Cainteora; D – Teanga agus Creideamh; E – Teanga agus Fiontraíocht; F – Saintréithe agus Cultúr na Teanga féin. Tabharfar aghaidh anois ar gach aon cheann de na tréithe sin a fhiosrú maidir leis an léargas a tugadh orthu le linn na tréimhse ama idir chamáin anseo.

A – Teanga agus Náisiúntacht

Toradh ar théiseanna Fichte, Humboldt agus Herder ab ea an dearcadh gur réamhriachtanas do náisiún ar bith ar theastaigh neamhspleáchas uaidh go mbeadh teanga ar leith aige, mar b'as teanga faoi leith a d'eascair cultúr agus meon faoi leith. Dár leis an argóint seo, shíolraigh cultúr agus náisiún neamhspleách ó theanga shainiúil. B'ionann teanga agus cultúr agus b'ionann cultúr agus teanga. Tuigeadh go soiléir go raibh sainiúlacht na hÉireann mar náisiún neamhspleách ag brath ar theanga agus ar chultúr faoi leith a bheith aici. Tá na nuachtáin Ghaeilge breac le tagairtí mar seo a leanas: 'for there is no national distinction so striking, no bond of union greater than the possession and colloquial and literary use of a native language',[13] agus 'our National language, the distinctive mark of our Nationality, the only relic left us of our ancient glory'.[14] Dhein 'Ultach Beadaidhe' gearán nár aithin muintir na Fraince é mar Éireannach le linn dó a bheith ar cuairt sa tír sin ach gur glacadh leis mar Shasanach de bharr na teanga a labhair sé:

Dá mbeadh Éire báithte faoi 'n bhfarraige, níor lugha an meas ná an chuimhne bheadh ag an domhan mór uirthi ná tá anois. Támaoid i bhfoigseacht trí no ceithre céad míle do thuaisceart na Frainnce, agus féach ní'l d'ainm ag muintir na dúithche sin le tabhairt orainn acht Sasanaigh. Sin a bhfuil gnóthuighthe againn de bharr ar gcuid 'tíor-ghrádha'.[15]

Nochtar an tuairim in *Irisleabhar na Gaedhilge* ní hamháin go raibh stádas an náisiún mar rannóg neamhspleách agus stádas na teanga fite fuaite lena chéile, ach go rabhadar pósta lena chéile:

Ná bíodh aon mhearthall ar éinne, 'ná aon amhras aige go gcaithfidh muintir aon tíre uatha a dteanga dhúthchais le na dtoil féin mar dá gcaithfidís ní gábhadh dhóibh bheith ag brath ar eirghe go bráth arís, mar tá a ngnó déanta; tá deireadh leó mar threibh. Tá a n-intinn agus a n-anam pósda leis an dtreibh do thugann úrlabhra dhóibh, beidh an treibh sin mar mhaighistir ortha agus mar mhúinteoir dóibh i gcómhnuidhe, caithfidh aithris do dhéanamh ar an máighistir, caithfidh smuaineadh mar do smuaineóchaidh a múinteoir. Ní fhuil dul uaidh aca, táid siad dlúth-cheangailte dhe, cuimhneóchaidh siad mar do chuimhneochaidh seisean agus is é daoirseacht inntinne an tubaiste is measa do tháinig ar dhaoinibh riamh.[16]

Ceann de bhuntuiscintí Chonradh na Gaeilge í nárbh fhéidir argóint a chur chun cinn gur náisiún ab ea Éire gan teanga shainiúil dá cuid féin. Mar a fheicfear i gcaibidil a naoi níos déanaí, bhain argóint agus idé-eolaíocht faoi leith lena chruthú gur theanga neamhspleách í an Ghaeilge seachas canúint de chuid an Bhéarla. Thuig lucht na hAthbheochana go raibh an teanga riachtanach d'aon iarracht chun neamhspleáchas a bhaint amach, cé gur deineadh damáiste don tuiscint sin nuair a gealladh Féinriail d'Éirinn, mar tuigeadh go bhféadfaí saoirse pholaitiúil a bhaint amach gan an teanga a athbheochan. D'fhógair Tomás Ó Conceanainn nach raibh aon tréimhse sa stair nár dhein gach náisiún cúram dá teanga féin:

Chomh fada siar 7 innseann an seanachas dúinn feicimíd go raibh cúis na teanga 'na príomh-chúis ins gach tír 7 ríoghacht 'san domhan. Agus dar ndóigh ní ionghantas ar bith é sin, mar 'sé Dia gheall teanga do gach uile thír, agus is ins an teanga sin, ó nádúr, atá seanchas, agus moladh, agus glóir, clú agus cáil na tíre sgríobhtha agus an dá luath 7 chaillfear an teanga, tá an tír féin caillte, ní fhuil aon mhaith 'gá sheunad.[17]

Ní fhéadfadh náisiún gan teanga dá cuid féin neamhspleáchas a lorg mar bhí an náisiún sin imithe i bhféith ón bhfírinne dhúchais agus pé cultúr a bhí acu, bhí sé anois truaillithe agus nach mór caillte. Ba ar an teanga amháin a sheas náisiúntacht na hÉireann, mar a mhínigh an tAthair Yorke do mhic léinn Choláiste Charraig an Tobair:

We want Irish character, Irish bodies, and Irish men, and here let me tell you that if you are to become Irish men you must take the means to become Irishmen. Between the Irish boy and the English boy there is far less difference than is generally imagined. If half a dozen Irish boys and half a dozen English boys were put together in a class, and a German or Russian were brought in to say who were the Irish, how could he distinguish them from their Saxon neighbours? The Irish boys are reading English books, wearing English clothes, standing in English leather, under English hats, and speaking the English tongue. If I go to France how do I know where I am? The hills are green, and the country and the trees, just as in Tipperary. How, then, am I know when I am in France? I know it because the people all speak the French language, and so if I travel on to the Spanish frontier or the German border I shall find the people in those nations speaking their own language.[18]

Ní ar aon intinn a bhí gach aon duine faoi ról na teanga agus náisiúntacht neamhspleách a bheith ag Éirinn. Bhíothas ann a cheap gur leor cúpla focal nó fiú aon fhocal amháin chun neamhspleáchas cultúrtha a agairt. Ina measc bhí an tAthair Cassidy a thug le fios gur chóir grá a thabhairt don Ghaeilge 'because it is our own, for in it consists the elements of true nationhood. If Ireland is lost, then Ireland as a Nation, will die; but while there is one word of the language of our sires spoken in Ireland, England cannot say that we are truly conquered'.[19] Thrácht an tAthair Cassidy ar thaobh eile den cheist chomh maith. Ba leor, dar leis, aon fhocal amháin den teanga a bheith beo chun go mbunófaí náisiúntacht faoi leith, dearcadh nár thaitin beag ná mór le Tomás Bán Ó Conceanainn. Ní raibh aon leisce air tabhairt faoi agus file fuar a dhéanamh de agus dá thuairim:

'No language, no Nation' – the Dutch adage – should be the motto of every Irishman worthy of that sacred name. Why should we not love and cherish what belongs to us? Is this not the tongue of our saints and sages, the tongue of heroes and martyrs, and poets, and warriors – and the tongue that they spoke, should it not be good enough for us. There are some to be found amongst us who are so backboneless and spiritless, so devoid of the instincts of true Nationhood, that they put forward such arguments as this – that we are engaged in a useless task; and also ask what good is Irish. To the latter let us answer them by asking 'Breathes there a man with soul so dead, who never to himself hath said, 'This is my own, my native land.' (Applause) To the other class let us point them to gallant little Wales, who made such noble strides for theirs . . . not as big as the province of Connaught . . . whether a child be born of Irish, English, German, Jewish, or Mahommedan parents, when he enters a Welsh school, he learns the Welsh tongue.[20]

Ba é an port céanna é ag an Athair John Carr, is é sin gur bhain an teanga le croí na ceiste agus nár leor saoirse pholaitiúil gan teanga:

We talk of Home Rule; yes, my friends, and we also talk of Independence, and to see the day when we will have our own Parliament again in College Green, that noble and imposing structure where once echoed and re-echoed the thundering voices of Grattan and Flood. (Applause.) If this were realised on the morrow we would be a nation only in name, for it is not Acts of Parliament that make a nation. The first distinctive mark of a nation is a national language. English in the mouths of Irishmen is the language of the slave. If the Irish language dies, Irish nationality dies with it, and the key to her literature lying in her MSS. in the Universities of Ireland, England, and the Continent would be lost for ever.[21]

Dhein an tAthair Yorke, ar cuairt abhaile dó ó San Francisco, a thuiscint ar an scéal a fhógairt go breá soiléir nuair a thug sé le fios nárbh ionann náisiúntacht agus saoirse. B'éigean an teanga, dar leis, a bheith mar bhunchloch ag aon iarracht ar náisiúntacht a bhaint amach:

Permit me to insist upon the truth that there is a fundamental difference between nationality and politics . . . As we grew in freedom and received more and more our civil rights the more complete our Anglicisation has become. We are rapidly reaching the condition of Canada, or Australia, or the Cape. We shall receive the right of managing our own affairs because we are integral portions of the British Empire, with no national ideals but British national ideas. The Act of Union can then be repealed when the real Union has been consummated.

Let me restate my fundamental proposition:- Ireland is not England. We ought to be, and are, a separate and distinct nation. Upon what basis has our nationality rested during the past hundred years? On hatred for England. This hatred is abnormal and arises from an unnatural condition of affairs. The normal attitude of one nation towards another is not hatred but self-centred independence . . . Pile on all the politics the traffic will bear, but remember you are dealing in politics, not providing for the future of the nation.[22]

Thiocfadh an cheist seo chun tosaigh nuair a bhunófaí na Comhairlí Contae sa bhliain 1899, agus nuair a tuigeadh do lucht na Gaeilge nárbh ionann polaiteoirí náisiúnta a thoghadh agus teacht i réim na teanga. Níor chaill The Echo, páipéar na ndílseoirí i mBéal Feirste, an deis chun ceist na teanga a chaitheamh le náisiúnaigh na hÉireann. Thuig an dá thaobh, idir náisiúnaigh agus dílseoirí, go raibh an teanga agus an náisiúntacht fite fuaite lena chéile. Cé go raibh brat an Dublin Transvaal Committee i nGaeilge, dar leis an Echo, b'éigean labhairt i mBéarla le saighdiúirí na hÉireann a throid ar son na mBórach sa chogadh:

The Echo (Belfast) has a sneer at the Irish Brigade because General Joubert was compelled to address them in English. It lays its finger upon the weak spot in our amour. *We speak the language of our enemy.* Yes, the truth hits us hard, very hard, but if we are wise we can benefit even by these sneers.

General Joubert could hardly have addressed the Brigade in Gaelic, and most of the Volunteers who listened to him have been too short a time in the Transvaal to have mastered Dutch. Nevertheless, the fact remains that we shall never be able to impress other nationalities *as a Nation* until we can point with pride to the daily use of our language and the widespread knowledge of our literature.[23]

Thug Cogadh na mBórach ceist na teanga agus ceist na polaitíochta chun tosaigh in Éirinn.[24] Ní hamháin gur chuir feachtas míleata na mBórach uafás ar Shasanaigh agus gur threisigh sé an tuiscint go raibh an cine ag dul i léig, ach spreag seasamh na mBórach ar cheist a dteanga comparáid le ceist na teanga in Éirinn. Nuair a lorg Sasana go n-aithneofaí an Béarla ar aon seasamh le teanga na mBórach i nDáil na Transváile, dhiúltaigh na Bóraigh scun scan, cé go rabhadar sásta na coinníollacha eile ar fad a phlé.[25] D'fhiafraigh *An Claidheamh Soluis* dá chuid léitheoirí iad féin a chur i gcomparáid leis na Bóraigh:

> Irishmen, compare your attitude with that of the Boers. They, in face of the mightiest Empire that ever was, with her legions and her engines of destruction closing in around them, do not quail to refuse to admit a foreign language to an equality with their own in the public institutions of their own country. You – how do you suffer your language to be treated? You have permitted it to be nearly wiped out in fifty years. You allow it to be thrust into a back place in your churches, your schools, your public meetings.[26]

D'áitigh Dubhglas de hÍde gur ghríos Cogadh na mBórach i bhfad níos mó daoine chun páirt a ghlacadh i bhfeachtas Chonradh na Gaeilge, agus cuireann Roy Foster síos ar an méadú suntasach a tháinig ar líon na mball agus ar líon na gcraobhacha sa tréimhse ina raibh an cogadh ar bun.[27] Ach ní hiad na Gaeilgeoirí agus náisiúnaigh na hÉireann amháin a chreid sa ghaol seo idir teanga agus náisiúntacht. Seo sliocht a d'fhoilsigh *An Claidheamh Soluis* ón *Atlantic Weekly* ina gcuirtear síos ar chás na Gréige:

> Blood is thicker than water, but *language* is more than blood . . . Belief in the essential identity of the modern language with the old stands as a fundamental article of the national faith. A Greek who would deny it is a high traitor. What wonder? It is the birthright of its tongue which gives his people its first claim, if not its only claim, to recognition as a nation.[28]

D'fhoilsigh na nuachtáin Ghaeilge go leor tuairiscí ar an gcosaint a thug tíortha eile san Eoraip dá dteanga. Tuigeadh do lucht na Gaeilge go raibh an ceart ar fad acu sa cheist seo agus go raibh iompar na dtíortha eile san Eoraip (an Pholainn, an Fhionlainn, an Ísiltír) ag tacú lena seasamh féin in aghaidh an Bhéarla. Mheabhraigh *An Claidheamh Soluis* dá léitheoirí i rith an tsamhraidh sa bhliain 1899: 'The Poles have preserved their language, and the Polish language has preserved Polish nationality'.[29] D'inis George Coffey do chruinniú poiblí i gContae na Gaillimhe seachtain ina dhiaidh sin:

> Some of the small nationalities of Europe have been in danger of losing their own language, but had awakened to the danger, and had saved it before it was too late. Denmark, from whose competition we have suffered, is a country that uses its own tongue, and no one can say it is not a practical country. Those who live here and have lost their own language lose a great deal of the history and the tradition that is about them and which is kept in the names of hills and towns and woods, and even in the names of the fields they work in and the villages they live in.[30]

Deineadh talamh slán de ag an am seo go raibh náisiúntacht tíre le haimsiú trí theanga na tíre agus nach bhféadfadh aon dream tabhairt faoi fheachtas náisiúntachta gan an teanga a bheith ina chroílár. Bhí na Gaeil an-chinnte de i gcónaí gur náisiún ársa iad. Ní raibh aon cheist ann ach gur náisiún den chéad ghrád iad de bharr ar bhain a sinsir amach agus ní raibh le déanamh ach an teanga a athbheochan agus d'aimseofaí an mianach a dhein laochra, filí agus ceardaithe dóibhsean a d'imigh rompu. Pé rud eile, ba chinnte gur náisiún iad agus nárbh aon treibh bharbartha iad, mar a thug de hÍde le fios ag é ag caint i mBéal Feirste: 'Not only were the people ignorant of the language that their fathers and grandfathers spoke before them for countless ages; they were ignorant of their own class history, the history of their race, of their country, of their people', agus dhein sé comparáid idir na hÉireannaigh agus dreamanna eile a raibh amhras orthu go dtiocfaidís slán mar chine faoi leith: 'The Irish were not negroes or uitlanders; they were people with a past, and had a great past behind them. (Hear, hear.)'.[31] Ní hamháin gur chinntigh teanga faoi leith gur náisiún faoi leith a bhí ann, ach choinnigh an teanga an náisiún slán trí na haoiseanna.

B – Leanúnachas agus Buanú an Náisiúin

Más í an teanga a shainmhíníonn an náisiún agus a chuireann cuisle agus beocht i gcorp na tíre, is sa teanga agus tríd an teanga a choinnítear idéal agus coincheap an náisiúin beo beathach in imeacht ama. Is léir an tuiscint sin i gcaint a thug J. D. Logan do bhaill an Chumainn Liteartha in Ollscoil McMaster, in Toronto, Ceanada: 'For the spirit of a people is fundamentally bound up in the mother-tongue; and when the treasured language of a race is restored to them, the pristine spirit is reawakened, the national traditions rekindle the national pride, and the racial gifts effloresce into fresh beauty and glory'.[32] Ní haon nuaíocht í don té a léann irisí Gaeilge na tréimhse atá idir chamáin anseo gur glacadh leis gur choinnigh an Ghaeilge pobal na hÉireann le chéile mar náisiún ón Díle i leith. Is minic tagairt don teanga mar shlabhra a cheangail na hÉireannaigh le chéile. Ní raibh aon cheist in aigne de hÍde ach gurbh í an teanga a choinnigh an tsnaidhm leanúnachais le chéile ina chás féin agus i gcás a chlainne, mar a d'fhógair sé sa *Dublin University Review* i Lúnasa 1885 agus é á shamhlú féin mar chainteoir dúchais:

> To be told that the language which I spoke from my cradle, the language my father and grandfather and all my ancestors in an unbroken line leading up to into the remote twilight of antiquity have spoken, the language which has entwined itself with every fibre of my being, helped to mould my habits of conduct and forms of thought, to be calmly told by an Irish Journal that the sooner I give up this language the better.[33]

Feictear íomhá an tslabhra arís sa sliocht seo a leanas ó *An Claidheamh Soluis* i gcur síos ar óráid i gCarraig an Ime:

> He would say to the young people of Carriganima to band themselves and to set themselves to acquire a thorough knowledge and mastery of the language of their forefathers, that language which was a golden chain to connect the present with the past of their country, with the ages of Irish saints and heroes from the Apostle St. Patrick to the lionhearted and patriotic John M'Hale, Archbishop of Tuam (hear, hear) . . . all of them would be doing their part silently, quietly, but effectively, to accomplish what might prove the real regeneration of Ireland . . . in a word to Ireland everything that would be necessary to fit her out to take her place amongst the nations of the earth.[34]

Ba í an teanga a nasc muintir na hÉireann leis an ré órga atá imithe agus is í a shlánódh iad ón ngéarchéim inar mhair siad faoi láthair:

> Yet for every Irishman the ancient tongue had untold interest. It was the language written in their hills, their glens and in the romances of their country. It summoned back the soul of olden times; the echo of silent hearts; the golden chain that bound with the past. (Applause.) The customs, beliefs and dreams of their forefathers were embalmed in it; it preserved undying the image of Ireland clothed in the ancient Druid romances. Hence, the extinction of such a language would be to them an irretrievable loss – a gap in the continuity of their national being; the cutting off of their intellectual life; the cutting off of their religious life, their sacred traditions and romances, and the their martyrs' struggles.[35]

Is amhlaidh an teachtaireacht ag an Athair Yorke agus é ag tabhairt na cainte a luaadh roimhe seo do mhic léinn Choláiste Charraig an Tobair in 1899:

> With this language we met the Danes and defeated them, we met the Normans and defeated them, we met the English and defeated them for five hundred years, and were finally vanquished only when its own children betrayed it. I

appeal to you now as Irish boys to lay up in your hearts a resolution to study and learn that grand old tongue, and though you do not learn it, for God's sake say nothing against it, but be men and Irish men and plead for it on all occasions.[36]

Seo mar a chuir an Cairdinéal Logue síos ar ársaíocht na Gaeilge i gcomparáid le hóige an Bhéarla agus é i mbun óráide le linn an Oireachtais sa bhliain 1899:

> that grand old tongue, the language of the saints and scholars of Ireland, the language of the men who carried the light of the Gospel to the continent in days when our masters now were running – well, I don't mean to say that, perhaps – they were painted anyhow – when they were running about in very little garb except red-ochre through the fields of England.[37]

Arís agus arís eile sna hóráidí agus sna haistí seo feictear nasc á dhéanamh idir an teanga, an stair agus laochra na hÉireann: Naomh Pádraig, Brian Ború, Colm Cille, Pádraig Sairséal agus Seán Mac Éil go háirithe, agus fiú scoláirí móra na Gaeilge.[38] Ba mhian leis na húdair go dtuigfeadh an pobal gur bhain an Ghaeilge leis an stair agus gurbh í an Ghaeilge teanga stairiúil na hÉireann. Theastaigh uathu a chur in iúl gurbh í a labhair laochra na hÉireann ionas go samhlódh pobal na hÉireann an Ghaeilge le bua, le dul chun cinn agus le gradam. Tá an méid sin soiléir in óráid a thug Tomás Bán os comhair an Oireachtais sa bhliain 1899:

> Ba chóir dúinn a chuimhniúghadh gur b'í an teanga seo bhí d'á labhairt ag Brian Borúmha an Aoine Chéasta sin 884 bliadhain ó shoin amuigh i gCluain Tairbh nuair dhíbir sé na Lochlannaigh as an tír seo. Nach í an teanga seo do labhair Pádraic Sairséal ag cathair Luimnigh agus nuair chuaidh piléar thrí n-a chroide ar chath buaile Linden agus an fhuil bhreágh Ghaodhalach sin teacht amach, bhreathnuigh sé suas ar na flaitheas agus adúbhairt, 'Ó, a Dia, faraoir agus faraoir gheur dheacrach nach ar son mo thíre bhocht Éire tá an fhuil seo 'dul le fán'. Nach í teanga na Naomh nÉireannach í. Nach í teanga na gCeithre n-Ollamh í. Nach í teanga Éoin Uí Comhraidhe agus Sheághan uí Dhonnabháin í. Nach í teanga an Chanónaigh de Búrca agus teanga Leoin na Treibhe, Seághain Mac hÉil í, agus nach í teanga an Chairdinéil san gcathaoir indiu againn í, agus 'sé an diabhal mór é muna bhfuil sí sáthach maith gainne (mór-ghreadadh bos).[39]

Seo Uilic de Búrca ag caint:

> For if age bring with it respect, and if length of years should command esteem, surely our Celtic tongue, which has outlived three thousand years – years of glory, years of tribulation – and yet flourishes, young, fresh, and vigorous, as when it flourished in the schools of Bangor, Mayo, Clonmacnois, and Glendalough, ought to be esteemed and cherished.[40]

Seo an tAthair Uáitéir Ó Conmhacáin ó *An Claidheamh Soluis*, sa bhliain 1899:

Nach n-deurfadh siad gur an-mhór an náire an teanga leigean chum báis a labhair ár sinnsir glórmhara cíanta sul má bhuail Naomh Pádruig cos ar thalamh na h-Éireann. An teanga inar sgríobh ár n-eachdairí búaidh agus treise na ngaisgideach agus na laochradh a sheas amach aríamh, atá n-a seasamh amach andiú agus a sheasfas amach go brath mar lóchrann agus mar shompla agus ádhbhar gaisge ag Clann na n-Gaedheal. An teanga le 'r bhrosduigh an laochradh agus na gaisgidhigh sin i g-cuid saighdiúir agus lucht leanamhuinte chum uile námhad a seas rómpa ar pháirc na b-pían nó ar mháigh na g-cogaidh a sgrios, agus chum uile chreachadóir a bhánóchadh a d-tír nó a chuirfeadh faoi chuing í a scapadh nó a bháthadh sa tuile, mar rinne Brían Bóroimhe leis na Lochlannaibh ar chladach Cluaintairibh.[41]

Seo sliocht eile ó *An Claidheamh Soluis* ón mbliain chéanna:

We ought to bear in mind, too, that it was in this tongue he spoke to our Pagan ancestors, and gave them the light of the Christian religion. Let us not forget that this was the tongue in which Brian smote the Danes at Clontarf, and drove them for ever from our shores; the tongue of the gallant Sarsfield, on the walls of Limerick, the language in which he uttered his last gasp to heaven on the plains of Linden, when he uttered these words, 'Oh, that was for Ireland.' (Tremendous cheering.)[42]

Fadhb faoi leith a bhain leis an argóint gurbh í an Ghaeilge teanga na hÉireann ó thús ama, ab ea stair theangeolaíoch Bhaile Átha Cliath, stair na Páile agus stair Chúige Laighean trí chéile. Labhair John Lloyd ar an gceist agus thug sé faoina chruthú go raibh an Ghaeilge á labhairt sa dúiche sin le fada an lá agus, ní ba thábhachtaí ná sin, go raibh sí á labhairt ann go dtí le fíordhéanaí mar ghnáth-theanga na cosmhuintire. B'ann do go leor fianaise, dar leis, a dhearbhaigh, 'that up to no very long time ago there was no language in Leinster but Irish, even up to the memorable year 1798. Irish was generally spoken in Ossory. All the O'Byrne's, the O'Dempsey's, the O'Tooles, and the other heroes of Ossary, spoke Irish'.[43] Ba í an tuiscint chéanna a bhí ag déanamh imní don Athair Peadar Ó Laoghaire sa sliocht thíos nuair a leag sé béim ar leanúnachas na teanga agus an tslí go bhféadfadh na naoimh filleadh ar Éirinn agus an teanga a thuiscint fós, mar gurbh í an teanga chéanna í ó 'aimsir na naomh agus n-ollamh' agus an teanga a bhí fós á labhairt. Ní raibh agus ní bheadh, dar leis, bearna ar bith idir cléir is tuath an lae inniu agus an aimsir anallód, mar roinneadar an teanga cheannann chéanna. Chinntigh an Ghaeilge gur roinneadar an teanga agus an meon céanna. Seo í an tuiscint gurb í an teanga a thugann an náisiún le chéile agus a choinníonn le chéile é in imeacht ama. In ainneoin na staire agus teacht agus imeacht ríthe agus cheannairí, is í an teanga chéanna a labhraíonn an pobal, agus tugann an teanga sin féiniúlacht agus comhtháthú don phobal nuair is gá. Chinntigh an teanga go mbeadh leanúnachas i stair an náisiúin mar gurbh iad na Gaeil an dream a labhair an Ghaeilge. Ba tríd an teanga a d'aithin siad a chéile agus a dhein idirdhealú idir iad féin agus dreamanna a labhair teangacha eile. Gan an Ghaeilge níor Ghaeil iad. Ba í an teanga a thug an deis dóibh stair agus gaois na nglún a d'imigh rompu a sheachadadh ó ghlúin go glúin:

Do choiméad an t-úrlabhra sain os comhair a n-aigneadh eolas ar sheanchas na sinsear reompa; eolus ar dheighthréithibh na sinsear sain; ar a n-urraim dá gach maith, ar a ngráin ar gach olc; ar a ndúil i gceart, ar a bhfuath do'n eugcóir; ar uaisleacht a n-aigneadh agus ar mhéidh a gciall. Do dhéintí, mar ba dhual, aithris ar na deighthréitibh sin. Do tugthaoi urraim do'n aois agus do glacthaoi an chomhairle thigeadh uaithi, agus do dheineadh gach sliocht díchioll ar theacht suas le gach sinsear, i leanmhaint na ndeighbhéas, agus i dtuilleamh na ndeaghchlú.[44]

B'fhearr i bhfad an teanga mar thaisceadán na staire ná foirgneamh ar bith:

It is a language which, on account of its almost unchanging character, enables us who use it now to think the thoughts, and feel the feelings, and live, as it were, in the same time with our forefathers who trod the earth and breathed the air of this country twenty–thirty centuries back. The articulations of its syllables; the sounds of its words; the modes of thought which it expresses, are for us bits of antiquity – young in their usefulness, but really more venerable in their age than round towers or pyramids or hieroglyphics.[45]

Tuigeadh agus glacadh leis gur tabhartas beannaithe ó Dhia ab ea an teanga agus gurbh í ba chúis le cinniúint na nGael, mar sin ba pheaca é fáil réidh le huirlis a bhronn Dia ar an gcine agus a chothaigh an náisiún in imeacht na mblianta:

Cad é an tabhartas ó Dhia do bhronnadh ar Éirinn agus ar Naomh Pádruig seachas ar aon Neamh ná ar aon náisiún eile? Do bronnadh so. Do tugadh an Ghaedhilg mar theangaidh dhúthcais do mhuintir na h-Éireann . . . An Ghaedhilg, is í do dhein an obair agus is í do ghreamuigh an obair, agus is chuige sin do thug Dia mar thabharthas dúinn í.
    Tá sí fós againn. An chum í do sgaoileadh uainn le faillighe agus le neamhshuim agus le corp díomhaointis, a thug Dia dhúinn í? Nách ró-bhaoghal, má leigimíd uainn í, go n-imtheochaidh uainn i n-aonfheacht léi an greim uasal úd ar an gCreideamh.[46]

Feictear an tuiscint seo faoin teanga mar bhanna a choinnigh an náisiún le chéile mar aonad thar am ní hamháin i ndioscúrsa na teanga ach i ndioscúrsa an náisiúnachais chomh maith. Ag trácht ar an Oireachtas, dúradh: 'It is well to show the language as a living power, and to show the living men behind it – the men from the south, and the west and the north, the men of the old race, the true aristocracy of Ireland, the only men who have kept the historic continuity of our race, the men indispensable for an Irish movement'.[47] Is iad na seanfhir seo a labhraíonn an Ghaeilge a nascann muintir na hAthbheochana leis na glúnta a d'imigh rompu, le hÉirinn na Gaeilge, le hÉirinn na lámhscríbhinní, le hÉirinn na naomh agus na n-ollamh, le hÉirinn na laochra, le hÉirinn nach raibh rian dá laghad den mheathlú uirthi – Éire i mbarr a réime. Tháinig ríthe, prionsaí, laochra agus d'imigh siad, ach d'fhan an teanga. Is í an teanga a cheadaíonn do lucht na hÉireann gaol a bhrú ar laochra agus ar ghlór na hÉireann agus is í an teanga a thabharfaidh an ré órga sin ar ais an athuair. Ní hamháin áfach go raibh tionchar ag teanga ar an náisiún mar aonad, ach d'imir an teanga tionchar ar an gcainteoir aonair leis.

C – Tionchar teanga ar Mheon Cainteora[48]

Mar chuid den tuiscint teangeolaíoch seo a raibh glacadh coitianta léi, creideadh go raibh tionchar ag teanga ar mheon an duine ag leibhéal áirithe ach ina theannta sin go raibh buanna faoi leith ag gach teanga agus gur imir teanga tionchar suntasach ar mheon cainteora:

> Ni'l acht céad bliadhain ó bhí againn annso i n-Éirinn úrlabhra chómh huasal agus do tháinig riamh ó bheul duine. Bhí an t-úrlabhra sain i mbéalaibh ár seandaoine, nach mór le n-ár gcuimhne féin. Do choiméad an t-úrlabhra sain os comhair a n-aigneadh eolas ar sheanchas na sinsear reompa; eolus ar dheighthréithibh na sinsear sain; ar a n-urraim dá gach maith, ar a ngráin ar gach olc; ar a ndúil i gceart, ar a bhfuath do'n eugcóir; ar uaisleacht a n-aigneadh agus ar mhéid a gciall. Do dhéintí, mar ba dhual, aithris ar na deighthréithibh sin. Do tugthaoi urraim do'n aois agus do glacthaoi an chomhairle thígeadh uaithi, agus do dheineadh gach sliocht dícheall ar theacht suas le gach sinsear, i leanmhaint na ndeighbhéas, agus i dtuilleamh na ndeaghchlú.[49]

Ba í an Ghaeilge, de réir thuiscintí na linne, a mhúnlaigh luachanna sóisialta na nGael, agus ba dhea-thréithe amháin a bronnadh orthu. Ní foláir an dlúthchaidreamh seo idir teanga agus meon an phobail a thuiscint chun an rí-rá faoina ndúirt an tOllamh Robert Atkinson ag an Tarna Coiste Um Oideachas Idirmheánach a thuiscint.[50] Nuair a mhaslaigh Atkinson an Ghaeilge, ní hamháin gur mhaslaigh sé teanga na tíre agus iarrachtaí Chonradh na Gaeilge, ach mhaslaigh sé an náisiún, mar b'ionann an teanga agus an náisiún d'fhormhór an phobail. Is léir an nasc seo idir an teanga agus an náisiún sa sliocht seo a leanas:

A little reflection will show how deadly is this onslaught. It is the worst attack ever made on the whole Irish race, on all Irish thought, on the genius of the people. It stamps the race as gross, and lacking in creative and imaginative power, it deprives us of our inheritance, our past. It says in effect, the thoughts and deeds of the Irish people for over a thousand years are not worth the reading. How they sang, or lived, or loved, or warred, or worked, has no interest. They were a coarse, material tribe or tribes, whose written records as are valueless. The writings are 'low', 'near the sod', and lacking in idealism and imagination. To-day they have not a language at all.[51]

Is beag ciall sa sliocht sin muna dtuigtear gurb ionann an teanga agus spiorad an náisiúin do lucht na linne mar a mhínigh Lloyd roimhe seo. B'ionann an teanga a mhaslú agus gach ar dhein an náisiún agus an cine a mhaslú. Chreid lucht na hAthbheochana, a bheag nó a mhór, gur imir teanga tionchar ar chóras machnaimh nó ar shaoldearcadh an duine a labhair an teanga. Scríobh de hÍde sa *Dublin University Review* sa bhliain 1885 go mairfeadh an béaloideas dá fhad a mhairfeadh an teanga mar 'owing to the inexorable connection between thought and language, will last exactly as long as the tongue of Oisín lasts, and will die when it dies'.[52]

Léirigh sé an tuiscint nach maireann teibíocht na teanga tríd an aistriúchán san aiste chéanna agus é ag caoineadh mheath an traidisiúin úd: 'But, alas, all these traditions are so inextricably bound up with the tongue in which they are preserved, that as our language wanes and dies, the golden legends of the far-off centuries fade and pass away'.[53] Cháin *An Claidheamh Soluis* córas oideachais na hÉireann, mar níor chuir sé tionchar na teanga ar mheon an mhic léinn san áireamh: '[which has] consistently ignored the influence of the language, literature, and history of their country in the formation of the character of the youth of Ireland'.[54] Shéan 'Milesius' in *An Claidheamh Soluis* go bhféadfaí taithí agus cultúr faoi leith a aimsiú i dteanga eile trí phróiseas aistriúcháin, mar ní hionann tionchar aon teanga ar mheon duine agus tionchar teanga eile, mar a mhínigh sé sa sliocht seo a leanas:

Many thoughtless people imagine that to change from one language to another is about the same as for a man to take off one coat and put on another. There could scarcely be a greater delusion. A knowledge of the native tongue brings you at once into touch with your own country its history, traditions, beliefs and aspirations. A knowledge of a foreign tongue brings you at once into touch with the country, history, traditions, beliefs, aspirations, &c., of the foreigner. And as the National language is the product of the mind and intellect of the nation, so the converse of this is true also, that the National language, when once formed, is a powerful factor in moulding the mind and character of the nation. So widespread and influential are those forces which language exerts that nationality cannot long exist where a foreign tongue has completely supplanted the native one. Hence in any effort to combat countrylessness, the preservation and cultivation of the national tongue should be our first and most anxious care.[55]

Tugadh le fios in *An Claidheamh Soluis* i Samhain na bliana 1899 nárbh í an Ghaeilge amháin a bhí le sábháil ach na smaointe agus an idé-eolaíocht a mhúnlaigh an teanga sin in intinn na gcainteoirí a labhair ón gcliabhán í. Cuireadh fainic ar léitheoirí gan ligint don teanga bás a fháil leis na seandaoine, ach gach uile fhocal di a fhoghlaim uathu, mar gurbh fhearr í sin ná rud ar bith a d'fhoghlaimeofaí ó leabhar:

> A living language is not a mere vocabulary of Irish to be put together anyhow, such Irish will always be more English than Irish. We want to preserve the speech and mode of thought of our forefathers, and to understand it as they understood it, and this can only be done by making the old-Irish-speaking men and women hand over to us their beautiful, expressive and dignified modes of speech.[56]

Thagair W. B. Yeats in óráid a thug sé ar mhaithe leis an gConradh don teachtaireacht speisialta a d'iompair gach teanga, agus dualgas gach tíre chun an scéal sin a chur in iúl don saol mór:

> Every nation had its own duty in the world, its own message to deliver, and that message was to a considerable extent bound up with the language. The nations make a part of one harmony, just as the colours in the rainbow make a part of one harmony of beautiful colour. It is our duty to keep the message, the colour which God had committed to us, clear and pure and shining.[57]

D'admhaigh an tAthair Finn ag cruinniú den Chonradh i mBaile Átha Cliath, gur fhág sé Éire ag aois a chúig déag, agus nach raibh focal Gaeilge ina phus aige go dtí gur casadh an tAthair Ó Gramhnaigh air i Meiriceá, a thug cóip de na *Simple Lessons* dó. Mhaígh sé go raibh ar a chumas anois, áfach, cainteanna agus óráidí a leanúint trí Ghaeilge. Ghabh sé buíochas le Dia gur bunaíodh an ghluaiseacht teanga, mar ní hamháin gur chuir staidéar teangacha le meabhair an duine, ach ba chóir do gach Éireannach tabhairt faoin nGaeilge mar tháinig an teanga chucu go nádúrtha: 'the main reason why Irishmen should study Irish is that Irish is natural to them. Every nation has its individuality, and this individuality is enshrined in the national language, and therefore in safeguarding the national language the Gaelic League was safeguarding the national character'.[58] Nocht James Fenton, fear a bhain go leor duaiseanna i dtúsbhlianta an Oireachtais, a thuairim sa *Freeman's Journal* faoi thionchar na teanga ar an scéalaí: 'That wonderfully delicate and intricate branch of literature, Irish poetry – with its alliteration and assonance and subtle touches – never fails to create a refining influence on the 'seanchaidhe'.[59] Míníodh in *An Claidheamh Soluis* gur thuig gluaiseacht na Gaeilge in Éirinn agus sna Stáit Aontaithe a chéile gan stró mar gurbh ionann a dtuiscint ar an gceist: 'The explanation is that the language movement rests on one truth, and that a very simple one – the native language is an essential element of a true national life. Holding the one truth as the basis, the kin in America and ourselves work out the same conclusions'.[60] Saintéama de chuid de hÍde ina léachtaí ab ea an tuiscint gur ídigh deathréithe áite de réir mar a thug muintir an cheantair droim láimhe don Ghaeilge ar mhaithe an Bhéarla: 'When a locality allows Irish to die out of it the people lose nearly all those distinctive characteristics which make them so loveable and so courteous',[61] agus 'I believe for example that the character of the people has deteriorated in the east of the County of Leitrim and in the County Longford, where the Irish died out a generation or two ago',[62] agus 'Such a stream of collected thought as is everywhere found where the Irish language remains spoken, must exercise an influence on those who come into contact with it, as all the peasantry do, and such an influence must be an advantageous one'.[63] Agus arís:

> Have no doubt whatever that when a language like Irish, Welsh or Breton, is replaced by another whose whole spirit and tone is at variance with it, and hostile to, its departed rival, the race whose language is thus taken from them does not recover the change for at least a hundred years. I have found a much nearer re-approachment between the natives of Western Leinster where Irish has not been spoken for a great while, and the natives of Mayo, than between the natives of Mayo and their neighbours 80 miles away where Irish has only recently died out.[64]

Leagan eile den tuiscint faoin tionchar a d'imir teanga ar mheon ab ea nárbh ionann tionchar na Gaeilge agus an Bhéarla ar dhuine, rud ar thagair 'Milesius' dó thuas. An taobh eile den argóint seo ab ea gurbh fhada óna chéile an Béarla agus an Ghaeilge, rud a thuig de hÍde agus ar bhain sé leas as agus é ag caint le muintir Ghort Inse Guaire:

> He hesitated for a moment, for he wanted to appeal directly to the people, and he felt that the atmosphere of the bench was charged with the non-conductive utterances of many generations of magistrates. But the instinct of a born orator did not fail, and in a second he was on the floor. 'I am going to speak to you first in Irish,' he said, 'and while I speak that I will be one of yourselves. But afterwards I will speak English, and when I do that I will go up to the bench, and, by Heaven, when I'm there I'll speak to you as your master.'[65]

Gné den tuairim seo ab ea an tuiscint go raibh meon faoi leith ag gach teanga agus nárbh ionann meon aon dá theanga. Ní raibh ag éirí le hÉirinn go heacnamúil ná go cultúrtha mar bhí an Béarla, nár oir don intinn Ghaelach, in uachtar. Dá n-athbheofaí an Ghaeilge, áfach, spreagfaí bua nádúrtha an náisiúin mar bheadh an teanga agus an intinn ag obair as lámha a chéile. Ní tuairim rómánsúil chúlráideach í seo. Seo a deir Logan, eagarthóir an *Toronto Sunday World* agus fear a raibh dochtúireacht aige ó Ollscoil Harvard:

We may now at once signalize the real and vital psychological connection between the linguistic and literary study of Irish inaugurated and promoted by the Gaelic League and the social reconstruction (in the large sense) of Ireland . . . The way to revivify the Irish mind and heart and imagination – to instil the Irish Gaels with noble ambitions and incite them to achieve social unity and win back their pre-eminence in industry and art is by cultural studies of the native language and literature and a revival of their national arts, music, customs and pastimes.[66]

Chuir McAdoo síos ar an drochthionchar a d'imir an Béarla ar mheon na nÉireannach mar bhac intinne, 'the arrested development of the Irish intellect by the English language and English ideas'.[67] Feictear an tuiscint chéanna seo go n-imríonn an teanga a labhraítear tionchar cinnte ar mheon, ar dhearcadh agus fiú ar iompar duine i ráiteas Risteárd de Henebry in 'A Plea for Prose':

The *blas*, the subtle genius of the tongue, like the whole chequered nature of the Celt epitomized for tasting; breathes a spirit peculiar, unmistakable, ineffably soul-satisfying to all those that feel it, know it. It may be met with yet in the old men; but at the stranger, ungentle touch of the modern renovator, it is volatile as soft morning dew before lusty sun-gaze. Irish without it is a monstrosity unnatural, anomalous; let all who would have a return of the old purity and grace know and decry it . [68]

Is í Norma Borthwick is fearr a chuireann síos ar na difríochtaí idir na teangacha sa sliocht fada seo a leanas:

It is this individuality – this nationality – that makes one feel that an Irishman cannot be truly and entirely Irish who does not known his own language, who cannot clothe his thoughts in those forms which are the outcome of the special genius of his race, but is obliged to make what shift he best can with the harsh English speech which is foreign to the Irish mind, and which 'creaks and bangs about the Celt who tries to use it.' . . . There is something majestic in its forms that makes the statement of a serious thought, however, solemnly expressed in English, ten times more impressive in Irish . . . I think the reason of this is that the study of Irish (even when unconsciously undertaken, as by a child) is in itself a better training for the mind than that of the motley collection of words gathered from all corners of the earth, which we call 'English', from which the Irish language is as different as day from night, in the harmony and fitness of its construction, and the purity with which it has been handed down through ages of learning and scholarship, and later through centuries of persecution to remain at the present day one of the most beautiful and perfect of spoken tongues.[69]

Tagraítear go minic, mar a léiríodh, do mheabhair an duine a bheith pósta don treibh a thugann urlabhra dó. Is annamh a dhéantar mionanailís ar an tionchar atá ag teanga ar mheon duine, ach is tuiscint í a nglactar léi mar alt creidimh de chuid na linne agus ba bhunchloch idé-eolaíochta de chuid Chonradh na Gaeilge í. An t-aon anailís a foilsíodh ar an tionchar ag teanga ar mheon, ba mar chuid den chonspóid idir an Conradh agus The Irish Literary Theatre é. Is é C. P. Murphy is fearr a chuireann síos ar an tuiscint seo agus é ag scríobh faoi litríocht náisiúnta an hÉireann in *An Claidheamh Soluis* in 1899:

> That there is an intimate and vital interdependence of language and thought is a fact admitted by all. The former shapes, moulds and determines the latter almost as much as it is shaped and determined by it. Thought, of course, is the prior element, and first gives birth to speech, but speech in turn reacts to thought, assisting its development and giving stability to it. So, mutually influencing each other, they grow together as one organic whole, thought ever straining a little ahead of language. Few people realise how much the language they inherit determines the course of their thought, influences their moral, social, and intellectual views, and causes them to see things under the same aspects as the preceding generations who have built their mental views into the fabric of the speech they bequeathed.[70]

Chreid lucht na Gaeilge sa tuiscint seo go huile agus go hiomlán. Nuair a dhein siad an tuiscint seo a nascadh le ceist an náisiúnachais, d'éirigh leo an teanga a chur os comhair an phobail i slí nár éirigh le haon chumann roimhe sin. Is é seo atá i gceist, b'fhéidir, nuair a mhaítear gur dhein an Conradh ceist náisiúnta den teanga. Is í an argóint seo go n-imríonn teanga tionchar ar mheon an duine an uirlis chatha is cumhachtaí agus is éifeachtaí i lón chogaidh Chonradh na Gaeilge le linn na hAthbheochana. Mar a mhínigh de hÍde:

> Those who have not experienced it can have no conception of the way in which the death of the native language acts on the thoughts and habits of the people, and though Dublin philosophers and international doctrinaires may talk grandiloquently about the impossibility of the ordinary peasant or artisan speaking two languages equally correctly, and though they may preach to us the benefit it would be to humanity and to the Irish themselves were they to consent to lay their language on the shelf, and to adopt a new one, we whose misfortune or fortune it is to live amongst the western or inland mountains refuse to be won over by such persuasive plausibilities or to believe, contrary to the evidence of our senses that the race has improved in any one way, morally, intellectually or socially by dropping its old tongue.[71]

Má ghéilltear don tuiscint seo, agus is léir gur ghéill an-chuid daoine di, ní raibh aon rogha ach géilleadh gur bheag an seans a bhí ag duine a bheith ina Éireannach trí mheán an Bhéarla. Bhí an Ghaeilge riachtanach don náisiúntacht agus don neamhspleáchas cultúrtha dá bharr. Cé gurbh annamh a mhíneofaí an tuiscint seo go soiléir, ba mhion minic tagairtí dá héifeacht agus dá tionchar:

Ciaca is féarr ísleacht agus inchinn chéireach nó éirghe i n-áirde agus inchinn chloidhe? Inchinn chéireach is eadh inchinn na seandaoine nGaedhealach. Inchinn chloiche is eadh inchinn na haicme úd do chaill an Ghaedhilg. Do mheabhruigh na Gaedhil a lán le n-a gceann – dar go deimhin, bud mhaith an maise aca é. Níor b'é sin dálta do cheann na seoiníní riamh – is amhlaidh nár mheabhruigheadas sain aon rud olc nó maith. I n-imirt agus i n-ól, i gcraos agus i bpót do chuirid a ndúil agus ní 'san léigheann.

Ceolta dá spreadadh, abhráin dá ngabháil, sgéilíní greannmhara dá n-innsin ar an sluagh sidhe, sgéalta agus laoithe fiannaidheachta dá n-aithris, dánta doilbhthe dá gcantain, paidreacha dá rádh, filidheacht dá cumadh agus seanfhocail chruinne gonnta líomhtha mar dheismireacht ó ló go ló ag lucht na Gaedhilge i dteannta a láin eile ná féadam do chur síos agus a fhlúirsighe atá gach aon tsaghas aisde aca.[72]

Tugtar an léargas is fearr ar thionchar teanga ar dhuine sa mholadh a bhronntar ar *Séadna* leis an Athair Peadar Ó Laoghaire. Tuigtear don léirmheastóir má shealbhaíonn léitheoir an Ghaeilge atá sa scéal seo, go ndéanfar 'Éireannach' dó nó di, ráiteas atá ar cheann de na píosaí bolscaireachta is fearr a deineadh ar leabhar ar bith riamh, b'fhéidir:

The reader can rest assured that while reading the story he is reading the actual speech of living Irish people who knew no English. The reader, therefore who learns to assimilate the language of *Séadna*, and to think in it and speak it, learns to think as an Irishman. Remember that our power over the language we use, no matter how original we may be as thinkers, is very limited, and the power of the language we use is very great over us.[73]

Léirigh Peadar Ó Laoghaire a thuiscint den scéal go raibh smacht ag an teanga ar chodanna áirithe den mheon sa sliocht seo a leanas. Ba theanga shibhialta snoite í an Ghaeilge, dar leis, agus dá bharr sin b'aigne shibhialta chruinn aigne an Éireannaigh a raibh labhairt na teanga aige nó aici:

A language has an effect of its own upon the minds of those who use it. The Irish language actually communicated its characteristics to the minds of people. Its purity produced expertness or dexterity of mind in the use of it. Its exactness produced energy of mind. Its copiousness produced a wealth of thought. Its systematic character produced a facility for beauty of expression. The mind again reacted upon the language, enhancing those characteristics. The ultimate result of this action and re-action has been that the Irish language is now that 'thing of beauty', that 'joy for ever', of which those who know it not have not the remotest conception, and which to those who do know the language, is a prize not to be parted with. There has been another result as far as utility is concerned. It is this. The language, in all its exactness, in all its beauty, in all its copiousness, has been always used to the full measure of those qualities, not by an educated few, but by the entire bulk of the nation, young and old, rich and poor . . . Time and space are annihilated by that subtle, that electrical consanguinity which this wonderful language of ours has established, and still maintains, between the different members of our race, living and dead.[74]

Leagtar béim ag deireadh an tsleachta sin ar chumas teanga náisiúnta an pobal a thabhairt le chéile agus iad a nascadh lena stair agus lena sinsir. Má chailltear an teanga ní féidir an náisiún a choimeád le chéile agus téann sé le gaoth. Ní hamháin sin ach cailltear pé réasúnaíocht a bhí le neamhspleáchas cultúrtha agus toisc tionchar a bheith ag teanga ar mheon agus ar chultúr an phobail, déantar 'Gaill' de mhuintir an náisiúin.

D – Teanga agus Creideamh

In ainneoin gur 'tharla sé go rialta ó thús ré na hAthbheochana, ón gCraoibhín i leith, go raibh daoine sáite go domhain i gcúis na Gaeilge nár bhain le lárphobal an náisiúin, na Caitlicigh Rómhánacha', mar a deir Liam Ó Dochartaigh, is minic an Ghaeilge agus an creideamh Caitliceach nasctha lena chéile i ndioscúrsa na hAthbheochana ag tráchtairí staire agus liteartha.[75] Mar atá léirithe roimhe seo creideadh go forleathan go raibh dlúthnasc idir teanga agus leanúnachas staire, ach tuigeadh chomh maith go raibh bá faoi leith idir teangacha áirithe agus creidimh áirithe. Ba thuairim í seo ar leag baill áirithe den Eaglais Chaitliceach an-bhéim uirthi le linn na hAthbheochana.[76] Dhein an tAthair Barrett, C.C., an nasc seo ina chuid cainte, óráid lán d'fhoclóir an mheathlaithe, i gCarraig na hIme, Contae Chorcaí, i mí na Nollag, 1899:

> However, in the long night of her adversity, as in the sunshine of her prosperity, through weal and through woe, Ireland clung tenaciously to the most precious treasures that had been transmitted to her through generations. These were the faith pure and undefiled as preached by St. Patrick, and the language which St. Patrick utilised as the vehicle of thought in imparting to the sons and daughters of Erin the knowledge of saving truth of their holy faith (hear, hear).[77]

Tuigeadh don Athair Uáitéir Ó Conmhacáin (Walter Conway), ní hamháin go raibh an teanga agus an creideamh Caitliceach fite fuaite lena chéile, ach gur léir an ceangal do bhaill Chonradh na Gaeilge agus d'oidí scoile na tíre: 'Tá siad cráibhtheach agus tá fhios aca go bh-fuil a g-creideamh agus an teanga eidirfhighte le chéile mar tá an dlúth agus an inneach san eudach'.[78] Chuir an tAthair Little ó Luimneach i leith an Chairdinéil Logue go ndúirt sé faoin nGaeilge, 'though acquainted with several languages he knew none so beautiful for prayer as the Irish language'.[79] Dhein an Cairdinéal Logue féin, a labhair ag Oireachtas na bliana 1899, an pointe céanna agus é ag caint le muintir na Rossa i nDún na nGall i Samhain na bliana céanna.

> They had the old tongue living and active in its purity, and the old strong, simple, lively faith which became the children of St. Patrick – that faith which so strongly imbued the nature of all who stood before him. Not one atom of the religious spirit which St. Patrick communicated to the Irish people had been lost. (cheers.)[80]

Thug Logue an argóint céim níos faide san óráid chéanna nuair a d'fhógair sé go ndéanfaí dochar don chreideamh Caitliceach in Éirinn dá gcaillfí an Ghaeilge, agus bhain sé leas as meafar an fhalla a thógfaí timpeall ar Éirinn:

> if the Irish language ceased to exist to connect the people with their glorious past and to inspire them with hopes for the future, their Faith and piety would feel the loss deeply. The Gaelic language was a link with the past, and with the saints of the olden time like Patrick and Columba (cheers). It would keep them strong in the love of their Faith and of their country, and raise a wall of separation between them and the corrupt influences of the world outside (Cheers).[81]

Cloistear an bhéim chéanna á leagan ar fhéith creidimh na teanga sa chaint seo a leanas a thug an Dr Fahy, ar shagart é, i gContae na Gaillimhe samhradh na bliana 1899:

> All the great leaders of old times had spoken their native language, and it was in Irish that Brian Boroimhe, and in later times, Sarsfield, had addressed their troops. Irish has also been the language of the Saints, it was in that tongue that St. Patrick had converted this, and through this, other nations. It was in Irish that the great patron saint of Kiltartan, St. Colman, whose birthplace was near the place where he spoke, had taught and had prayed. The language that had been sanctified by the use of so many holy men ought to be held as a sacred and honoured possession by all who value the doctrine and the religion that they taught, and that Ireland has held to through so many generations.[82]

De réir na tuisceana seo, is teanga Chaitliceach í an Ghaeilge toisc gur mhúnlaigh Caitlicigh na hÉireann, idir naoimh agus phobal, í. Insíodh do chruinniú de chuid Chonradh na Gaeilge i mBaile Átha Cliath: 'The language is worthy of every effort. It is as perfect a vehicle of thought as any language in the world. It is a tongue sanctified to Irishmen in every way in which a language could possibly be sanctified'.[83] D'fhógair Fr. M'Inerney, ball den Acadamh Ríoga: 'There was no such thing as foulness in the Irish language, and it should be the duty of every Christian minister to re-establish the Irish language, if it were only to re-establish the moral tone of the nation'.[84] Is minic tagairt déanta ag tráchtairí na hAthbheochana do ráiteas Logue i dtaobh na teanga agus an chreidimh: 'It is a well known fact that nowhere in Ireland is faith stronger, religious feeling deeper, innocence of life more conspicuous, than in those districts where the Irish language still lingers and is lovingly cherished',[85] agus: 'Wherever the Irish Language is spoken, the people are pure and innocent'.[86] Is annamh áfach a aithnítear an tuiscint theangeolaíoch atá laistiar de na ráitis seo. Creideann an té a dhéanann ráiteas mar sin go n-imríonn teanga tionchar ar mheon an duine, agus go bhfuil bá faoi leith ag an nGaeilge leis an gcreideamh Caitliceach agus, dá réir sin, is fearr an Caitliceach an té a labhraíonn an teanga Chaitliceach, an Ghaeilge. Níl áit ar bith is soiléire ina léirítear an tuiscint seo ná i litir Henry Morris / Énrí Ó Muirgheasa – 'The Man who re-discovered Gaelic Ulster'[87] – faoin mBéarla agus an creideamh Caitliceach ina dtugann sé le fios gur fearr, dar leis, an Caitliceach a labhair Gaeilge ná Béarla.[88] Cáineadh litir Uí Mhuirgheasa agus a thuairim nach raibh an Béarla oiriúnach mar theanga don chreideamh Caitliceach, ach d'fhreagair Morris:

> But I have not asserted that English is unsuited to Catholicity. In common with any fairly cultivated language, English may be suited to it; excellent religious treatises have been, and may be written in it, sublime sermons preached in it, beautiful and appropriate hymns and prayers composed in it. But while Irish excels it for any of these purposes, yet it is as a language of everyday life that it beats it hollow from a religious point of view.
>
> Let an Irish Catholic speak Irish and nothing else among Irish-speaking neighbours, and let another speak but English among English-speaking neighbours; all things else being equal, the former is sure to be the best Catholic anyway you take him . . . Gaelic has come down to us yet redolent of the heavenly fragrance and sanctified odour of the holy ages of ancient Erin; and sad will be our state, great will be our crime, if we voluntarily give it up and exchange it for a tongue which brings us into much closer relation with traders and brokers and the votaries of Mammon, but estranges us all the further from communication with saints and angels.[89]

Eisceacht is ea an chonspóid seo mar is annamh a d'admhaítí an tuiscint áirithe seo chomh neamhbhalbh sin ach is go rialta agus go láidir di mar bhuntuiscint le linn na hAthbheochana ar fad. Ach bhí an tuiscint go raibh dlúthnasc idir an Ghaeilge agus an creideamh préamhaithe go docht daingean i meon na ndaoine, mar a fheictear sa an sliocht seo a leanas sa *New York Times* a foilsíodh chomh fada siar leis an mbliain 1852:

> 'My customary prayer, night and morning, repeated in English,' he says, 'lack that spirit of hearty piety which the Irish language would wake; or when I

speak earnestly on any subject connected with feelings or affections, I feel, while speaking the English tongue, as if my ideas had not a sufficient vent – as if they were all too big for the measure of words which I have been using.'[90]

Ba mhinice ná sin go gceanglófaí meath na Gaeilge agus meath an chreidimh. Bhí an t-údar seo thíos, duine a sheol litir chuig *Fáinne an Lae* ón Astráil, lánchinnte de go raibh an creideamh Caitliceach agus an Ghaeilge fite fuaite lena chéile óir dá gcaillfí an teanga, chaillfí an t-anam: 'Mar, nuair chaillid an Ghaedhilg tá siad i gcontabhairt a gcreideamh do chailleamhaint mar an gcéadna. Acht má fhoghlamaid an Teagasg Críostaidhe i nGaedhilg i dtús a n-óige, ní chaillfid go bráth é'.[91] Ní hamháin sin ach tuigeadh d'údar na litreach seo gurbh fhearr an Caitliceach an té a d'fhoghlaim a chuid paidreacha as Gaeilge agus é ag fás aníos: 'Neartóchaidh sé iad 'ina gcreideamh go mór níos fearr ná ins an mBéarla'.[92] Tuigtear anseo go múnlaíonn an teanga meon an pháiste, agus toisc gur teanga Chaitliceach í an Ghaeilge, is fearr an Caitliceach a fhoghlaimíonn a theagasc Críostaí trí mheán na teanga sin. Ní hé, áfach, go bhféadfadh an tÉireannach an dá thrá a fhreastal, mar is léir sna díospóireachtaí faoin litríocht náisiúnta. B'ann don dá theanga, agus b'éigean rogha a dhéanamh eatarthu, mar a mhínigh eagarfhocal *Fáinne an Lae* go neamhbhalbh: 'Ní'l ann acht an dá rogha, géilleadh do spiorad na Sasanach nó leanamhaint do spiorad na nGaedheal, agus ní mhaireann spiorad na nGaedheal acht i dteangaidh na nGaedheal'.[93] Laige de chuid argóintí an Chonartha a thiocfadh chun cinn amach anseo ab ea an dearcadh seo a dhein dubh agus bán de gach aon ní, mar a d'fheicfí nuair a thiocfadh scríbhneoirí ón nGaeltacht ag saothrú an Bhéarla ar nós Liam Uí Fhlaithearta. Ach ba bheag spás don tslí lárnach a d'fhág an idé-eolaíocht áirithe seo. An té a labhair Béarla, bhí a aigne faoi smacht ag cumhacht an Bhéarla agus ba Shasanach é; an té a raibh an Ghaeilge aige, bhí sé faoi thionchar na Gaeilge agus stair na hÉireann, b'Éireannach é. B'alt creidimh de chuid Chonradh na Gaeilge an tuiscint seo i dtaobh chumhacht na teanga. Ba é an gléas cogaíochta ab fhearr acu é agus bhaintí leas rialta as. Is é is cúis leis an méadú thar cuimse a tháinig ar an gConradh sna blianta deiridh den naoú haois, agus is é a thug an Conradh go lár stáitse.

E – Teanga agus Fiontraíocht
Is minic a chuirtear i leith Chonradh na Gaeilge nach raibh aon pholasaí tionsclaíoch acu, nach raibh aon spéis acu i gcúrsaí gnó, nach raibh iontu ach lucht liteartha agus lucht cainte. Eascraíonn an tuairim sin, b'fhéidir ó aiste de hÍde dar teideal 'A Plea for the Irish Language' nuair a d'fhógair sé: 'I must candidly and honest confess, that what I advocate brings with it no substantial or material advantages at all. It will neither make money nor help us to make money'.[94] In ainneoin a ndeir Senia Pašeta faoin

'desire to improve Irish industry formed an integral component of the Irish-Ireland movement. Moran, Griffith and the Gaelic League sought to industrialise Ireland',[95] leantar den phort gur lag a bhí an mianach intleachtúil a bhí sa réabhlóid shóisialta gan i gceist léi ach 'aeraíocht agus caitheamh aimsire do dhaoine óga i gcoitinne agus do mhuintir na Gaeltachta sa chathair'.[96] Is fíor do Chaoilfhionn Nic Pháidín a deir ina staidéar cuimsitheach ar *Fáinne an Lae* nár léirigh an nuachtán sin, seachas corrthagairt anseo agus ansiúd, mórán spéise i ngluaiseacht na gComharchumann, agus gur 'dhein siad neamhaird iomlán den ghluaiseacht saothair a bhí ag dul i dtreis in aghaidh an lae'.[97] Is fíor nár 'chuir *Fáinne an Lae* puinn leis an dioscúrsa sin go foirmeálta ach bhí breacthagairtí folaithe ann anseo is ansiúd',[98] ná níor chothaigh lucht na Gaeilge aon chaidreamh le haon dream seachas le haicme na hathbheochana liteartha. Mar sin féin ba í an tionsclaíocht ábhar eagarfhocail in *An Claidheamh Soluis* ó am go chéile.[99] Foilsíodh leagan d'eagarfhocal P. T. McGinley in *An Claidheamh Soluis* mar phaimfléad uimhir 30 dar teideal *The Possibilities of Irish Industry* i sraith phaimfléad Chonradh na Gaeilge, áit ar fhógair sé: 'The Gaelic League has quite enough to do for many years to come in its own particular sphere; but I do not see any reason why Gaelic Leaguers should not call attention to the economic need for the change'.[100] Lean sé air ag cur síos ar dhearcadh cosantach i leith fhorbairt na tionsclaíochta in Éirinn:

It may be said that if there are such possibilities in agriculture in Ireland, it is but folly to enter upon the uphill work of recapturing our lost industries. With this view I do not agree. A nation in a healthy state will be an all-round nation. It will develop all its faculties; it will find scope for all its activities. The final aim of a nation, on the physical side, I take to be the maintenance of a full and vigorous population, vigorous in constitution, sane in mind, and capable of defending their country against all corners. Therefore we should have farmers (we can hardly have too many of them); we should have sailors and fishermen, who in time of emergency might brave the dangers of the deep; and we should have manufacturing men, and mechanics and artisans, and cunning workers in as many different fields as possible; and we should have our town populations to develop arts and sciences along native lines.[101]

Ina ainneoin sin, áfach, is oth le Maurice Goldring daille Chonradh na Gaeilge, agus macalla Sean O'Casey le sonrú ann,[102] maidir le bochtaineacht na bplódtithe san ardchathair:

When one thinks of the appalling state of poverty which reigned in Dublin tenements, and the state of material and cultural deprivation of the peasant masses, one is struck by the blindness of the Gaelic League militants when faced with the social problems. 'Blindness' is perhaps the wrong word, as this state of affairs could not have escaped anyone's notice. It would be more accurate to say that they were incapable of dealing with this collective misery except in terms of morality and individual conduct. The industrial and cultural revival of the country was thought of in terms of personal redemption. The ideology of Victorian philanthropy was accepted in its entirety.[103]

An té a chuireann achasán i leith Chonradh na Gaeilge le linn na hAthbheochana nach raibh puinn spéise acu sa tionsclaíocht ná i bhforbairt eacnamaíoch na tíre, tá a argoint, b'fhéidir, dall ar thuiscintí na linne agus ar fheidhm agus ról na teanga sa tsochaí úd. Arís agus arís eile filltear ar an nasc idir an teanga agus tionchar na teanga ar mheon an duine aonair agus an phobail: '[t]he decay of the native language is everywhere accompanied by the industrial and general decadence',[104] agus 'it is a well known fact that those countries which lost their language fell into decay . . . it is a fact equally true that with a revival of their language came also a revival of their industries and a consequently a revival of their strength, happiness and their prosperity'.[105] Feictear an nasc sin go soiléir in alt Logan agus é ag trácht ar 'the psychological connection between the literary study of Irish and the industrial revival in Ireland':[106]

The Gaelic League has worked to give back to the Irish people their mother-tongue and their native culture: the result of these cultural and humanistic studies has been a new racial vitality – the spiritual, economic and social renascence of the Irish gaels. Thus viewed, the movement inaugurated and promoted by the Gaelic League in Ireland is seen to be no anæmic literary fad but essentially a method and means for the spiritual enfranchisement of a brilliantly gifted race.[107]

Tuigeadh don té a scríobh *Douglas Hyde and the Revival of the Irish Language* sa bhliain 1905 go raibh dea-thionchar ag an gConradh:

And all this literary and æsthetic activity is having the healthiest result upon the industries of the country. Each convert which the new movement makes determines to be as Irish as he can, from head to toe, and insists upon being clad in Irish tweed, and upon wearing an Irish-made hat and Irish-made boots. The consequence is that the output of the Irish mills is said to have nearly doubled during the last three years.[108]

Is fíor nár bhunaigh lucht na teanga aon cheangal le gluaiseacht na hoibre a bhí ag bailiú nirt san ardchathair ag an am, ach ní raibh aon ghá dóibh de réir a dtuisceana ar an scéal. Ba í an teanga an eochair do gach gné den athbheochan; ba í ba chionsiocair agus ba chuspóir do gach feachtas agus gach iarracht a dhein an Conradh. Chreid lucht na teanga, mar a sonraíodh roimhe seo: 'the decay of the native language is everywhere accompanied by the industrial and general decadence'.[109] Dá bhféadfaí an teanga a chur chun cinn mar phríomhtheanga na hÉireann, is athbheochan sa ghnó agus sa tsochaí trí chéile a bheadh mar thoradh air sin. Ní easpa pleanála ná easpa tuisceana mar sin ba chúis le 'díomhaointeacht' Chonradh na Gaeilge ach cur chuige eile ar fad a bhfuil mí-léamh, b'fhéidir, déanta ag tráchtairí air. Le linn do de hÍde a bheith ar cuairt ar na Stáit Aontaithe thagair seo do dhea-thionchar Chonradh na Gaeilge ar thionsclaíocht na tíre agus do pholasaí Chonradh na Gaeilge ina taobh. Ba é a bhí uaidh ná: 'We want, in a word, to revitalize the island and the people. We want Ireland to be what it was years ago, a country of character, of magnificent people, of promise, and of grandeur of intellect and industry'.[110] Agus dar leis an *New York Times*:

> All Gaelic Leaguers consider themselves bound to support Irish manufacturers, and there exists besides in connection with almost every branch an industrial sub-committee especially charged with looking after Irish industries . . . The material advantages to be developed from a study of Irish are both direct and obvious. The revival of a national language has always been the forerunner of a general national revival – moral, intellectual, and industrial. It has been so in Bohemia, Finland, Hungary, and Denmark. A national language gives backbone and individuality to a nation. It makes the people independent.[111]

Thagair de hÍde d'athbheochan na tionsclaíochta arís an mhí ina dhiaidh sin agus é ag tabhairt le fios go spreagfadh athbheochan na Gaeilge feabhas san eacnamaíocht agus go meallfadh a leithéid go leor imirceach ar ais abhaile go hÉirinn:

> The movement will help Ireland industrially. Already mills and factories – especially those engaged in the cloth trades – are swelling in prosperity. Irishmen are now able to get work at home, and in a few years more I predict that emigration will almost entirely cease. To-day 40,000 of our best young Irish men and women of marriageable type leave Ireland for America every year. This drain will eventually cease. And I look to see many Irish in this country return to their native soil. Our movement must and will succeed.[112]

Tuigeadh don Chonradh go raibh muintir na hÉireann agus an tír féin in umar na haimhleasa mar tréigeadh an Ghaeilge agus glacadh an Béarla, teanga na nGall, ina háit. Níor oir an Béarla do mheon na hÉireann; mar sin bhí teip in ann don tír. Ach dá n-iompódh na hÉireannaigh ar ais ar an nGaeilge, bheadh teanga á labhairt a thiocfadh lena meon agus chuirfí an tír ar ais ar an mbonn ceart, agus sa chás sin bheadh cúrsaí na tíre i bhfad níos fearr. Nuair a d'fhillfí ar an nGaeilge, d'aimseofaí an cumas agus an scil a bhí á gcailliúint trí mheán an Bhéarla. Dá gcuirfí an Ghaeilge in athréim, chruthófaí 'a material prosperity, great and wide-extending'[113] d'Éirinn. Ní fhacthas, mar sin, aon ghá le polasaí tionsclaíochta ná straitéis eacnamaíochta d'Éirinn. Ba leor aire a thabhairt don teanga agus thiocfadh buanna nádúrtha na Éireannach chun blátha. Feictear an tuiscint seo san óráid 'An Ghaedhilg ins an am atá le teacht, – nidh a bhfuil súil leis, (The future of our Language, – A Possibility)' a thug S. J. Barrett don Chraobh Lárnach i mBaile Átha Cliath aimsir na Nollag, 1899:

> he closed his paper with a sketch of the Ireland of future – with Irish spoken everywhere, a new and truly national spirit among the people, a native literature, native songs and music, and a material prosperity great and wide-extending, resulting from the new spirit of independence and self-reliance infused into the nation by the possession of its own language.[114]

Cloistear an port céanna ón Athair de Henebry agus é ag míniú dá lucht éisteachta nach bhfeabhsódh a gcuid go dtí go bhfillfidís ar an nGaeilge:

> Ní dhéana Éire aon mhaith go brath mara bhfuil misneach agus muinghin aici aiste féin, rud nach féidir mara bhfuil teanga, beusa agus seanchus Gaedhal aici, agus ní h-iad teanga, beusa agus seanchus aon mhuintire eile ar domhan. Corraigí oraibh a dhaoine na páirte agus ná leigigi d'Eirinn dul d'euga. Creidigí uaim-se gur seacht míle feasa daoibh soillse Gaedheal 'ná dorchadas agus doicheall Gall, mar do bhí me shíor agus agus do bhí me siar agus atá 's agam cad táim ag rádh. Múinigí Gaedhealg d' bhur bpáisdidhibh, Cuirigí sgoilidhe Gaedhealg ar bun in gach aon áit, 7 ná bígí feasda mar atá sibh le sealadh, ag iodhbradh Éireann, bhur g-clainne, bhur sean 7 bhur sinsir ar altóir an ainbhfios. Sin aguibh mo theasdas sa ar an nGaedhilg.[115]

Ní raibh an tAthair de Henebry idir dhá chomhairle ach go bhfeicfí rath eacnamaíoch in Éirinn dá iompófaí ar an nGaeilge arís. Ní hamháin sin, ach bheadh flaithiúlacht, féile agus fairsinge mar thoradh ar an iompú teanga:

> Tánga-sa innso andiu d'iarraidh dorchadas an dith-chéille 7 an ainbhfios do ruagadh amach as bhur n-aigneadh 7 solus na fírinne do chur ar lasadh in [a] áit. Budh é a ndear an dorchadas san an giobal Caochta 7 an púicín do chuir Gaill 7 Sasanaig fá n-bhur súilibh chum na feiceóchadh sibh dada acht rud a dh'fhoirfeadh dóibh siúd a thaisbeáint díbh-se; 7 'sé an solus san ar mian liom lasadh aguibh .i. leus beag de shoillse na fírinne na féile na fairsinge, soilse ghlan-aoibhinn nGaedhilge.[116]

Mar sin tuigeadh do lucht na teanga gur ar son ghluaiseacht na hoibre agus gach gluaiseachta náisiúnta sa tír a d'oibrigh siad chun an teanga a thabhairt ar ais. Dá slánófaí an teanga, bheadh dea-thionchar ag an slánú sin ar gach duine sa tír idir lucht litríochta agus lucht gnó. Tá an tuiscint go n-imreodh athbheochan na Gaeilge dea-thionchar ar staid na hÉireann, díreach mar a tharla sna tíortha beaga eile ar fud na hEorpa, soiléir sa sliocht seo thíos:

It was the belief that the revival of the native speech would do for the Irish Irishman what it had done for the poor unlettered Finn walking dumb behind his plough for six centuries; for the Czech, a serf in his own land in mind and body to his German master; for the Fleming and for the Croat. It was the belief that as 'Ireland is the core of the Celtic system' so are the Irish-speaking districts the core of Ireland, and so must the man of the Irish-speaking districts be given a fair chance and fair play – fair play for his heart and his soul and his brain, room for his self respect. No true Gaelic Leaguer is a Gaelic Leaguer, and nothing more. The language and the people who speak it cannot be separated. The living care for the living language extends to everything which concerns the welfare of the people. Every movement for their amelioration helps the Gaelic League, and the work of the Gaelic League in turn helps on every effort directed to raising the condition of the people.[117]

Cé go rithfeadh sé le duine sa lá atá inniu ann gur simplí an coincheap é seo, is léir gur chreid lucht na hAthbheochana go tréan ann agus gurbh é a stiúir a gcuid iarrachtaí chun fostaíocht a chruthú sna ceantair Ghaeilge agus chun staid eacnamaíoch na ndaoine úd a fheabhsú.[118] Tugann sé léargas dúinn ar dhearcadh na gConraitheoirí ar chás na Gaeltachta agus an ollbhéim a leagtaí ar chothú agus ar chaomhnú na teanga seachas ar chruthú fostaíochta nó ar fheabhsú shaol na ndaoine sna ceantair Ghaeltachta.

Ní féidir iompar, idé-eolaíocht ná cur chuige Chonradh na Gaeilge in aon réimse den Athbheochan – idir litríocht, oideachas, pholaitíocht, chultúr, theanga nó bolscaireacht – a thuiscint ná a chomhthéacsú gan a gcreideamh agus a dtuiscint féin i dtaobh teanga agus sochtheangeolaíochta a chur san áireamh. Bímis ag easaontú leo, ag teacht salach orthu, á mbréagnú, ag magadh fúthu, nó ag déanamh beag is fiú dá gcuid iarrachtaí, ach don té is mian leis tabhairt faoi bhreith a thabhairt ar ghníomhaíocht agus ar chur chuige Chonradh na Gaeilge le linn na hAthbheochana, is gá na tuiscintí a sholáthraíodh thuas a chur san áireamh agus tabhairt faoin gceist ar an mbonn sin agus ar an mbonn sin amháin.

F – Saintréithe agus Cultúr na Teanga Féin

De réir Fichte agus Herder níorbh ionann léargas aon teanga ar an saol agus léargas aon teanga eile. Más fíor gur glacadh leis gur imir teanga tionchar de shaghas éigin ar thuiscint saoil nó ar mheon duine, cé na himpleachtaí a bhí mar thoradh air sin? Is cinnte go gcreidtí go raibh an té a labhair teanga faoi leith in ann teacht i dtír ar chultúr na sean. Chreid J. P. Gannon, arbh é eagarthóir *The Tuam Herald* é, gur bhain buntáiste le labhairt na nGaeilge: 'We can meet here occasionally for mutual improvement and instruction, and to learn the fine old tongue of our sires, and touch the fringe of the earlier, purer fabric of Gaelic thought, that "natural magic" which so fascinated Matthew Arnold'.[119] Níor chuir staid na teanga ná na staire aon lá imní air ach oiread: 'Let us remember that, paradoxical as it may seem, the accumulation of failures frequently goes to make a success, and from the ashes of burning desire arises the never-dying fire of consummation'.[120] Tuigtear chomh maith nach féidir ábhar faoi leith a dheighilt ón teanga ina maireann agus ina gcumtar é, rud atá tábhachtach do thuiscint na hAthbheochana ar cheist an aistriúcháin. Seo de hÍde ag caint faoin mbéaloideas a aistriú go Béarla:

> But when the skeletons were thus padded round and clad, although built upon folk-lore they were no longer folk-lore themselves, for folk-lore can only find a fitting garment in the language that comes from the mouths of those whose minds are so primitive that they retain with pleasure those tales which the more sophisticated invariably forget. For this reason folk-lore is presented in an uncertain and unsuitable medium, whenever the contents of the stories are divorced from their original expression in language.[121]

Ní hamháin gur imir teanga faoi leith tionchar ar chultúr, ar mheon agus ar chreideamh an chainteora, b'ann don tuairim gur chuaigh sí i bhfeidhm ar an gcorp leis. Cé gur furasta a bheith ag magadh faoin tuairim seo inniu, ní foláir a mheabhrú gurbh í seo an tréimhse a raibh Cesare Lombroso san Iodáil ag cur teoiric chun cinn ina shaothar L'Uomo delinquente (a aistríodh go Béarla sa bhliain 1889) go bhféadfaí gadaithe a aithint ón gcuma fhisiciúil a bhí orthu.[122] Feictear an téis sin sa sliocht seo a leanas ó de hÍde:

> Do bhí mé lá eile, a bhfad tar éis sin, anaice leis an gCarraig Dhuibh, i gCondaé Bhail-Ath-Cliath, agus mé ag siubhalóideacht dam féin ar an mbóthar. Do bhí fearr dall ar thaoibh an bhóthair, agus é ag iarraidh déirce. Thug mé é sin dó, agus d'imthigh mé liom. Acht tar éis fiche péirse no mar sin do bheith siúbhalta agam, tháinig sé in mo cheann d'aon phreap amháin, go mba chosmhúil le Gaedhilgtheór an dall sin, gur éadan agus béal Gaedheilgtheóra do bhí air, agus 'cad chuige,' ar sa mise liom féin, 'nár labhair tú i nGaedheilg leis?' Ní túigse tháinig an smuaíneamh sin chugam ná d'fhill mé ar m'ais arís go dtí an dall, agus labhair mé leis i nGaedhilg. D'fhreagair sé mé go binn blasta ann san teangaidh chéadna, . . . (But after my having gone about twenty perch it came into my head, of one snap, that that blind man was like an Irish speaker, that he had the face and mouth of an Irish speaker on him.)[123]

Creideadh, a bheag nó a mhór, ag leibhéal na bolscaireachta go háirithe, gur imir teanga tionchar ar an gcorp agus gur imir an corp tionchar ar an teanga mar thoradh air sin. Tuigeadh é, b'fhéidir, mar a thuigtear teicneolaíocht na teilifíse inár linne féin.[124]

Baintear leas as an tuiscint sin agus cur síos á dhéanamh ar na difríochtaí idir nós an dá theanga sa sliocht seo a leanas. Is é an nasc a dhéanann an Dr Domhnall Ó Loingsigh idir teanga agus fisiciúlacht an choirp is spéisiúla, b'fhéidir:

Go deimhin budh áil liom comhgar do ghabháil agus lucht an Bhéarla do chur tamall faoi dhraoidheacht agus le dochtúiracht ghlan do dhéanamh, na giobail ghallda do ghearradh amach asta agus leadhba leathana Gaedhealacha do chur ina n-ionad. Gan moill do chloisfimís fuaim agus guth binn blasda bog bríoghmhar ár dteanga féin i sráidibh Átha-Cliath, ar chnoc Teamhrach, i nGleann-na-Smól, agus ar thráigh Chluain-Tairbh. Agus láithreach nuair a casfaidhe ar a chéile na seandaoine, i n-ionad bheith ag trácht ar laochaibh, filidh, agus báird na dúithche iasachta, go rachaidís i gcomhrádh ar laochra ranna sgéalta staire flatha agus ríghthe na hÉireann. Agus nuair a casfaidhe ar a chéile na seana-mhná, agus mórán cainnte agus beagán meabhrach ina gcomhluadar, gur b'é túis agus deireadh gach sgéil, cia hé Domhnall na Gréine, a chóta's a léine, nó cad as Tadhg Gaedhealach, nó caidé ball ina chorp a bhí Gaedhealach, a ghruadhna, a shúile, a chosa, nó a theanga. Nuair a casfaidhe ar a chéile na buachaillí agus na cailíní, go mbeidís ag ceisdiughadh a chéile ar shaoghal agus beatha an Mhangaire Shúgaigh, caidé an cloth an cruth, nó an deilbh a bhí air, an raibh sé ceangailte nó sgoilte, nó an raibh sé sultmhar suairc súgach do réir a thuairisge agus a ainme.[125]

Is cuma cad a cheaptar faoi fhéith an phíosa seo anois, léiríonn sé an tuiscint a bhí ann go raibh gaol gairid idir teanga agus meon agus gur mhúnlaigh teanga faoi leith meon faoi leith agus fiú tréithe fisiciúla coirp faoi leith. Leagann Risteárd de Henebry béim ar an difríocht idir an dá theanga sa sliocht seo thíos, ach is í an difríocht idir an cultúr a mhúnlaíonn an dá theanga is cás leis. Tráchtar arís ar an ngné fhisiciúil idir teanga agus corp:

Do cuireadh in n-áirde innso mise chum go mbéarainn buidheachas leis an duine uasal so anois, acht is é mo mheas ná beadh innsin acht leanamhaint de nós na Sassanach, agus is baoghal liom go bhfuil tuillte 'sis cóir de ghalldacht ag gabháil linn. Dá mba é Béarla mo fhriotail anocht libh is amhlaidh doghéanainn .i. buidheachas do bhreith leis ar nós na Sassanach, mar b'é sin ba dhual dam, agus ní bhfuighbhinn dada eile do fhriothálamh. Oir ní'n aon uair dá labhrainn Béarla nár gheall le slisne tur nó le ceap cnopánach gréasuidhe an teanga im' chraos agus ná gabhann an croidhe agam caolughadh chuige ar an tslighe sin ná bíonn de thoirt ann acht oiread le gráinnín gainne coirce nó croidhe suarach spiodóigín i lár mo chléibh. Acht a bhuidhe re Dia do chuireadh d'fhiachaibh orm Gaedhilge do labhairt libh agus ar an adhbhar san sgaoilfead dem' theangaidh, raobfad gach cruaidh-cheangal atá dá nasg i ngéibheann, agus dobhéarad ar mo chroidhe a mhéadughadh orm mar ós Gaedhilge mo labhartha béil anocht ní'l fál na nGall feasda idir é agus comhchroidhthibh mo chomh-Ghaedheal. Dá bhrígh sin ní buidheachas béarad leis mar chleachtaid Gaill acht doghéanad a mholadh amhail do molfaidhe lem' athair é, lem' sheanathair, lem' shinseanathair, agus le gach duine eile is glúin dom' chineadh ó bhun mo shloinnte anall.[126]

Gné eile a bhain leis an gcreidiúint gur mhúnlaigh teanga meon an chainteora ab ea an tuiscint murarbh ann do choincheap i dteanga, nárbh ann don tréith sin i gcultúr an náisiúin. Imní den sórt sin a dhein buairt do F. Smyth ó Ghlaschú ag é ag scríobh chuig *An Claidheamh Soluis* ag moladh go dtabharfadh gach Gaeilgeoir pingin in aghaidh na míosa ar mhaithe leis an teanga. Samhlaítear dó go gcuirfí i leith na Gaeilge agus na nGaeilgeoirí nach mbaineann tréith an bhuíochais leo, mar nach ann don fhocal sa teanga. Cé gur furasta a bheith ag gáire faoin tsimplíocht a léirítear anseo, ní foláir a aithint go síolraíonn sé ón tuiscint go múnlódh teanga meon, agus go n-ionsófaí teangacha ar an mbonn sin agus gurbh éigean iad a chosaint ar an mbonn céanna:

> It is often cast up to Irishmen that their language has no word for gratitude 'because Irishmen do not possess that quality': and similar absurdities. Everyone knows that this is absurd, but the question may arise, how to answer it? Let us take a parallel case from the ancient Romans. There is no racial ill feeling against them at the present day, and their virtues are freely admitted. Their history is full of the names of heroes who sacrificed themselves and all they had for their country; men whom all nations unite in calling patriots, but what is the Latin for 'patriot?' What indeed! Judged by the standard adopted by our opponents, the Romans possessed no 'happiness', 'gratitude', 'certainty', 'patriotism'. But everyone will allow that this is absurd, consequently we find that those who taunt the Irishman with the want of a word for 'gratitude' are exhibiting their own smallness and folly.[127]

Thug Uilic de Búrca aghaidh ar an gceist chéanna ina shaothar, áit ar mhínigh nach bhfuil aon bhriathar amháin i nGaeilge chun seilbh a chur in iúl, ach sáraíonn sé an deacracht trí thagairt a dhéanamh don Laidin – an teanga is fearr dá raibh ann: 'For have, signifying, to possess, there is in Gaelic, no single corresponding equivalent. The idea of possession is conveyed by the use of the prepositional pronoun *agam*, at me, and the verb *do bheith*, to be, the use of which – *est pro habeo* – is so classical in Latin'.[128]

Ní raibh aon cheist ann nárbh ionann an Béarla agus an Ghaeilge agus lean sé de sin go raibh difríochtaí idir iadsan a labhair an dá theanga úd. B'éagsúil an saoldearcadh a mhúnlaigh an dá theanga in intinn agus i meon an chainteora. Ba dheise, b'aoibhinne agus b'fhearr i bhfad an Ghaeilge ar gach aon bhealach, mar a thug an tAthair W. M'Auliffe le fios i gCorcaigh i Nollaig na bliana 1899: 'It did not abound in monosyllables, nor was it clogged with rugged consonants that grate and sound harshly on the ear. It was melodious, sonorous, mellifluent, energetic, and all impressive. It was, moreover, a national badge which they ought prize and cherish as the distinctive mark of their nationality'.[129] Leagadh béim ar na difríochtaí idir fuaimeanna na Gaeilge agus an Bhéarla in *The College Irish Grammar* le Uilic de Búrca: 'Each vowel in a diphthong ought not to be accented – This peculiarity, so un-English in character, in the sound of Irish diphthongs should be remembered by the learned'.[130] Thagair an Búrcach don sliocht seo a leanas ó leathanach 61 sa chéad eagrán den iris *Atlantis* mar chruthú ar a argóint nárbh ionann an dá theanga agus go deimhin go raibh difríochtaí suntasacha eatarthu ó gach taobh de:

That the sounds which the vowel letters in Irish receive are correct, and that they are exactly in accordance with the phonographic scale of pure vowel intonation will be seen by any orthoepist skilled in phonetics, who knows the proper sound of each vowel. 'The pure vowel sound of *a* exists in English in the *a* in *far*; of *o* in most words in which that letter occurs. But the letters *e*, *i*, *u*, (in English) do not represent perfect vowel sounds, but mixed ones, and we have accordingly to look for the true simple vowel sounds under others; thus, *e* will be found to be best represented by the *a* in *name*; *i* by the *e* in *theme*; while *u* is expressed by the *oo* in *cool*'.[131]

Más rud é go raibh difríochtaí ann ó thaobh na bhfuaimeanna de, bhí Dubhglas de hÍde cinnte de in shaothar *The Story of Early Gaelic Literature* go raibh difríochtaí ann idir an Béarla agus an Ghaeilge ó thaobh stíle scríbhneoireachta de agus ó thaobh an phróis de. Tráchtann de hÍde ar stíl scríbhneoireachta na Gaeilge sa sliocht seo thíos agus séanann sé go bhfuil stíl scríbhneoireachta amháin ag an teanga, ach go bhfuil stíleanna éagsúla aici:

The truth is that there were dozens of different literary movements in the language, each characterized by a something of its own. There is the style of Keating, smooth, complex, Latin-like, the sentences unrolling themselves slowly and passing on to their stately and polished close. There is the style of the bardic schools, which I may denominate, if it were not a bull, as condensation running riot, and perhaps if any style more than another deserves the appellation of Irish it is this. We have the sensible style of the seventeenth century poets who were the first to break themselves loose from the fetters of the schools, nebulous with Swinburnian diffuseness, almost cloying with five-fold Swinburnian melody. We have the semi-epic style of the Ossianic epopees, a happy medium between bardic condensation and lyric diffuseness. Any attempt to reproduce these modes in English must always prove completely inadequate, because it is likely that there was never a language whose literature so largely depended upon the sound of its vocables as the Irish, and hence, important as the getting of Irish literature into the English tongue must be, it is of far more importance, from a literary and aesthetic stand-point, to diffuse a knowledge of the tongue itself in which it is written.[132]

Is minic le linn na hathbheochana a shamhlaítear an Béarla le fealsúnacht réasúnaíoch, is é sin go múnlaíonn an Béarla aigne an chainteora Bhéarla sa mhodh smaointeoireachta seo. Is é a mhalairt ar fad a bhí fíor don Ghaeilge mar a chuireann de Henebry síos go fileata air sa sliocht seo thíos. Tá cultúr eile, meon eile ag an nGael do bharr na Gaeilge. Maíonn sé gur dhein ionsaí Choláiste na Tríonóide níos mó ná aon rud eile chun spéis na ndaoine sa teanga agus sa chultúr a mhúscailt agus má nochtann a chuid friotail cumas áibhéile, is cinnte go nochtann an tsamhail ag an deireadh an tréimhse a chaith sé mar Ollamh le Ceiltis san Ollscoil Chaitliceach in Washington D. C.:

One thing is certain, if the people by any chance get a taste of their own literature, if they learn to know the fair hosts of the books of Erin, the repertories of Keltic spirituality and Keltic truth, the thought records of a folk that enjoyed prehistoric culture; if they feast their eyes once on the Keltic cosmos encompassing all things as with a mosaic empyrean, bejeweled and multifarious, they will never pass the enchanted gates to dwell in the cold and grey commonplace of a rationalistic civilization. They were torn from their language and literature at a period when foreign power enjoyed unlimited opportunities for working its will upon them, but the parting was hard, and was effected only by disruption and by methods as ruthlessly savage as any ever employed by a triumphant and bloodthirsty people upon a weaker race. For centuries they were bred in enforced ignorance of their history and their civilization, while they were made to batten on the intellectual provender of their conquerors. Any but a race of ingrained individuality and native toughness of fibre would have yielded to the assimilating forces of ages. But the Irish did not. The tradition of their civilization is still preserved in their language, their literature exists, and out of both young Ireland has constructed unto itself its nationality. The movement has spread like a prairie fire, and has already achieved success.[133]

I dteannta leis na difríochtaí idir an dá theanga ó thaobh fuaimeanna, stíle agus idé-eolaíochta de, bhí difríochtaí eile ann chomh maith. Teanga a shíolraigh ó fhoinse amháin ab ea an Ghaeilge, ach ba dhríodar teangacha éagsúla an Béarla. Leagtar béim ar an bpointe seo go mion minic sna cuntais éagsúla ón tréimhse seo agus léiríonn an pointe seo dímheas na linne ar an ngné mheasctha, ar an ngné a gineadh as dhá fhoinse. Is sampla ionadaíoch é an sliocht seo a leanas ón Athair Mícheál Ó hIcí:

Sin í an teanga, – teanga ár sinnsear agus ár seacht sinnsear romhainn, – atámuid ag caitheamh uainn ar son an Bhéarla ghránda, ar son teangadh atá deallrach le fás-oidhche, ar son teangadh do cumadh as dríodar agus deasgaibh gacha teangadh beagnach 'sa domhan. Atámuid ag caitheamh na Gaedhilge uaisle binne mílse blasda ársaidhe uainn, – ag caitheamh uainn teangadh na sgoláire agus na n-ollamh agus na mbárd agus na bhfileadh, – ar son a leithéide-sean do theangaidh ngránda.[134]

Bhí an tuiscint i dtaobh teangacha gur múnlaigh siad meon an chainteora ag leibhéal áirithe coitianta go maith le linn na hAthbheochana, go háirithe ag leibhéal na bolscaireachta de. Ba léir, áfach, dá rachfaí thar fóir leis, go gcothófaí fadhbanna don Chonradh, mar thuigfí do phobal na tíre go rabhthas á rá leo nárbh Éireannaigh iad muna raibh an teanga acu. Tháinig an argóint sin os comhair an phobail nuair a iarradh ar an Athair Yorke, laoch na hÉireann a d'fhill abhaile ó San Francisco, léacht a thabhairt ar son Chonradh na Gaeilge i mBaile Átha Cliath. Leag sé an-bhéim ar an tionchar a d'imir teanga ar mheon an chainteora agus d'fhógair don lucht féachana nach raibh ach rogha amháin rompu; ní fhéadfadh an gobadán an dá thrá a fhreastal. Bheadh orthu a bheith dílis don Bhéarla nó don Ghaeilge. Chruthaigh caint Yorke fadhb don Chonradh mar thug sé an argóint chun críche nádúrtha, is é sin nach bhféadfadh an dá theanga maireachtaint i dteannta a chéile. Ar oíche na cainte, chuir James M'Gibney, B.A., i gcoinne théis Yorke, dar leis *An Claidheamh Soluis*: 'He thought it quite possible to be a lover of Irish without being an enemy of English. He believed that every language a man acquired created a new soul within him, and that bi-lingual people had a distinct advantage over those who spoke only one tongue'.[135] Chíor nuachtáin na hArdchathrach an cheist seo go mion agus is as seo amach a tosnaíodh ag trácht ar na lucht na Gaeilge agus ar Chonradh na Gaeilge ag dul thar fóir. Más é 'The Turning of the Tide' an teideal a bhí ar chaint Yorke an oíche úd, bhí an tonn dea-thola ar son Chonradh na Gaeilge ag trá ina diaidh. Tuigeadh don Chonradh gur dhein caint Yorke, in ainneoin na dea-phoiblíochta agus na sluaite a d'fhreastail ar an gcaint, dochar don ghluaiseacht ar son na teanga. Thug *An Claidheamh Soluis* freagra soiléir ar a ndearcadh ar an dá theanga in eagarfhocal dar teideal 'Cúrsaidhe an tSaoghail'. Níorbh é cuspóir Chonradh na Gaeilge an Béarla a ruaigeadh amach as an tír:

Is dóigh le mórán daoine gurab é an rud atá ag teastáil ó Chonnradh na Gaedhilge, an Ghaedhilg do chur ar bun ar fud na hÉireann arís agus an Béarla do sgriosadh amach. Ní hé sin an nídh atá uatha i n-aon chor, acht is é atá uatha Gaedhilge agus Béarla beith ag gach aon Éireannach. Ba cheart dúinn an Ghaedhilg a bheith againn mar is í ar dteanga dhuthchais féin í. Ba cheart dúinn Béarla do bheith againn chomh maith mar is fusa slighe mhaireamhna d'fhagháil leis an mBéarla ná le haon teanga eile ar domhan. Aon'ne go bhfuil dhá theanga aige is mó le rádh é, agus is bríoghmhaire agus is cliste an intleacht atá aige 'ná an té ná fuil aige acht aon teanga amháin. Tá a fhios ag an saoghal nach gábhadh dhúinn aon aire thabhairt do'n Bhéarla, acht go bhfuil ár nGaedhilge féin i gcruadh-chás le tamall maith, agus go bhfuil gábhadh mór le n-a soláthair agus a chur 'na hionad ceart i n-ár measg-na arís.[136]

Shíolraigh an chonspóid ón dearcadh nárbh ionann an dá theanga agus nach bhféadfaí iad a chothú i dteannta a chéile. Saintuiscint de chuid na linne, ó thaobh na Gaeilge de go háirithe, gur theanga ghléghlan gan smál ab ea an Ghaeilge, i gcomparáid leis an mBéarla a shíolraigh ón iliomad foinsí. Sonraítear an meon seo sa cheist a chuir Uilic de Búrca ina

College Irish Grammar: 'Should it not be our pride and our boast to have such a language, whilst other countries rejoice in their jargon – in their compound of various languages?'[137] Caithfear an bhéim seo ar aontacht agus ar ghlaineacht na Gaeilge a thuiscint i gcomhthéacs na linne nuair a bhí amhras agus drochmheas ar an ngné mheasctha. Déanfar cur síos ar an dearcadh seo sa chaibidil ar 'Meascadh na Fola'. D'fhás teanga agus litríocht na nGael aisti féin, níor truaillíodh í le haon fhoinse eile, mar a thug an tAthair M'Nulty, céimí de chuid Choláiste na Tríonóide, nár fhoghlaim oiread na fríde faoin nGaeilge go dtí gur chuaigh sé go Staffordshire Shasana, le fios:

> The Greeks and the Romans were the inheritors of civilised nations. The Greeks were heirs to the Egyptians, to the nations who had occupied the valleys of the Nile; the Romans succeeded to the possessions of the Etruscans. But we Irish, on our lonely island, had developed a literature independent of any outside influence. Our language and literature stood absolutely by themselves owing nothing to other civilizations and to other races. Truth stands.[138]

Mhínigh Yorke ina léacht i mBaile Átha Cliath go raibh traidisiún ag Éirinn chomh hársa le náisiún ar bith agus:

> The Irish people were not the sons of painted savages who had to be licked into shape by the Romans. They belonged to a nation which has records as old as any European nation, and in these records they could go back to a time when the Irish had a sense of literary form that their descendants who spoke English only were devoid of. [139]

Thóg Mícheál Ó hIcí ar an bpointe seo i léacht a thug sé i bPort Láirge ag deireadh na bliana 1899. Níorbh é cúram Chonradh na Gaeilge gráin don Bhéarla a chothú, ach meas ar Éirinn agus náisiúntacht na hÉireann:

> To a large extent we are all English now. Our schools are English. Our education is English. Our thought is English. Our reading is English. Our ideals are English. Our entire intellectual provender is English. Our manners, customs and fashions are English. Of our intellectual, literary and social solar system, England, or London rather, is undoubtedly the centre. England colours and shapes our ideas, manufactures our ideas, decides in almost everything, great or small, our social, moral, intellectual and literary standpoints. Our environment has become almost wholly English, and we see everything through spectacles of the most approved English make. There is no Nationality in Ireland at present – none at least worthy of the name, none of an intelligent and intellectual character, none having a solid or secure basis. Of hostility to England there is plenty. But this hostility to England is due to political causes – causes which are gradually disappearing, and which later on may disappear altogether, and where shall we then find ourselves? In

any case, hostility to England is not patriotism, or, if it be, it is at best but patriotism of a purely negative character. Hostility to England is not love of Ireland. No nation can sustain a healthy national existence on a mere negation – on mere hostility to another country. National life can only be contained by preserving the elements of nationality. Hostility to England will not keep Ireland a distinct nation. The causes that have made Ireland hostile to England are disappearing year by year. Every legislative enactment of an ameliorative character means their partial disappearance. Hence it is not impossible that Irish hostility to England may, before very many years have rolled away, disappear altogether, become, in fact, a mere unpleasant memory. Irish nationality being practically non-existent, and the disappearance of hostility to England, which does duty therefore at present, not being by any means an impossible eventuality, we should consider where we stand and what may be the outlook for the nation.[140]

Miotas a d'fheictí i gcló ó am go chéile le linn na hAthbheochana ab ea go raibh líon na bhfocal i bhfoclóir an ghnáthchainteora Gaeilge i bhfad níos airde ná líon na bhfocal ag cainteoir Béarla. Thagair an tAthair Mícheál Ó hIcí do Dhubhghlas de hÍde mar fhoinse don 'fhíric' seo in alt in *An Claidheamh Soluis*.[141]

Is mar chuid den fheachtas chun go múinfí páistí na gceantar Gaeilge trí mheán na Gaeilge atá Ó hIcí ag caint anseo, agus is ar leas lena argóint féin a thagraíonn sé don dochar a dhéanann an teagasc trí mheán an Bhéarla do na páistí seo. Chuir R. Pearse Chope, ó Londain Shasana, in aghaidh na tuairime seo go raibh foclóir níos leithne ag an ngnáthchainteoir Gaeilge ná ag an ngnáthchainteoir Béarla. Ba é a mheas go mbeadh tuairim is 4,000 focal ag an ngnáthchainteoir Béarla.[142] Is bréagthuairim í seo a tháinig chun cinn ó am go chéile le linn na hAthbheochana agus ar thagair Brian Ó Nualláin dó ina alt san *Irish Times*.[143]

Chruthaigh an náisiúnachas cultúrtha nóisean áirithe de ról agus d'fheidhm teanga laistigh de réimse an chultúir agus an náisiúnachais. Ach bhí na tuairimí seo seanbhunaithe ó aimsir Davis ar aghaidh muna raibh siad ann roimhe sin. Ina ainneoin sin níor éirigh le haon chumann ná le haon ghrúpa athbheochan teanga a chur ar bun roimh Chonradh na Gaeilge sna blianta deireanacha den naoú haois déag. Tuigtear mar sin nárbh é an náisiúnachas cultúrtha amháin a spreag an Athbheochan, cé gur mhúnlaigh an náisiúnachas cultúrtha tuiscint an phobail i leith na teanga agus gurbh é a stiúir tuiscint an phobail ar fheidhm na teanga. Ní leor in aon chor é chun na hargóintí agus na díospóireachtaí inmheánacha a mhíniú. Is fíor do Mhuiris Ó Laoire, a deir:

> gurbh é an náisiúnachas socheacnamaíoch sin a bhí mar oidhreacht ag na réamhchonraitheoirí ag deireadh an chéid seo caite agus ag tús an chéid seo. Ní hionann an sórt náisiúnachais seo, i ndáiríre, agus an náisiúnachas cultúir a raibh taithí ag pobail air i dtíortha Eorpacha eile, ar nós na Fionlainne, i rith an naoú haois déag.[144]

Dar le Ó Laoire: 'ní móide go bhfuair an náisiúnachas cultúir greim riamh ar aigne na ngnáthdhaoine agus bhí impleachtaí aige seo do chur chun cinn na teanga nuair a tháinig ann don stát féinrialach'.[145] Ní foláir mar sin iniúchadh a dhéanamh ar na hathruithe móra a thit amach idir tráth Davis agus tráth Chonradh na Gaeilge chun bunfhoinse na hAthbheochana a aimsiú. Cad a tharla idir ré Davis agus ré de hÍde a chinntigh gur ghlac an pobal leis an teachtaireacht úd, an teachtaireacht a chraobhscaoil an Conradh? Cad ba chúis le hAthbheochan na Gaeilge? Is annamh, mar a dhearbhaigh Ó Doibhlin, a thugtar faoin gceist seo ach, nuair a tharraingítear anuas í, is iondúil go ndíbrítear an cheist chasta mhíchompordach seo ó dhoras trí thagairt éigin a dhéanamh do Herder, Humboldt, Fichte, agus ar uile. Ach más é an náisiúnachas cultúrtha an bhuntuiscint atá taobh thiar d'Athbheochan na Gaeilge, cén fáth ar dhein baill Éire Óg ceap magaidh de mholtaí Thomas Davis i leith na Gaeilge?[146] Is deacair a shamhlú, mar sin, gur spreag a gcuid smaointe amháin athbheochan teanga ag deireadh an chéid.[147] Oireann an náisiúnachas cultúrtha mar threoir nuair atá coimhlint nó comórtas oscailte idir an Ghaeilge agus an Béarla ar bun, cuirimid i gcás ceisteanna faoin litríocht náisiúnta nó faoin nGaeilge sna scoileanna. Ní leor, áfach, an náisiúnachas cultúrtha chun an Athbheochan ina hiomláine a thuiscint. Sa chéad chuid eile den staidéar seo, tabharfar aghaidh ar an imeacht ar an dtugtar an *fin de siècle*, agus fiosrófar na cúinsí difriúla agus na tuiscintí éagsúla a bhí i réim ag deireadh na haoise a chuir cor gaoithe i seolta na hAthbheochana agus a choinnigh ar a cúrsa í.

2

An Meathlú agus an Athbheochan

Tribes of the same natural development are, perhaps, frequent in half-civilised countries, but here a touch of refinement of old societies is blended, with singular effect, among the qualities of the wild animal.[1]

J. M. Synge

A stranger from the outer world is as easily detected in Aran as a white man in the Soudan, and such a one I perceived on the high road from Kilronan. He turned out to be one Dr. Finck, a German philologist.[2]

An Claidheamh Soluis

Cé go samhlaítear deireadh an naoú haois déag le himpiriúlachas, le dul chun cinn agus leis an gcine geal ag imirt cos ar bolg ar an gcine gorm agus iad ag sárú leo ar mhór-roinn na hAfraice, níorbh amhlaidh a bhí i gcónaí. Laistiar den mhór is fiú, den mhórtas cine agus den mhórtas impiriúil, bhí braistint láidir ann nach raibh gach rud ina cheart agus go raibh ní hamháin an impireacht ach an cine geal féin ag teip agus go raibh cumhacht na hImpireachta ag dul i léig de réir a chéile. Ní ón taobh amuigh a bhí an t-ionsaí a dhéanamh, ach go hinmheánach.[3]

Glacadh leis go forleathan go raibh pór an chine ghil ag éirí níos laige agus ag dul i léig de réir a chéile. 'As the nineteenth century drew to a close,' a deir Roy Porter agus Lesley Hall, 'pervasive anxiety arose over the question of national deterioration. Britain was threatened by competitive foreign powers; even within her own Empire by the Boers. Debates about national fitness were phrased in resonant metaphors of virility and fertility'.[4] Dar le Eric Hobsbawm:

The intellectual history of the decades after 1875 is full of a sense of expectations not only disappointed but somehow turning into their opposite . . . in the field of culture, where it produced a small but flourishing genre of bourgeois writing on the decline and fall of modern civilization from the 1880s. *Degeneration* by the future Zionist Max Nordau (1893) is a good, and suitable hysterical, example. Nietzsche, the eloquent and menacing prophet of an impending catastrophe whose exact nature he did not quite define, expressed the crisis of expectations better than anyone else.[5]

B'ann don imní chéanna agus don fhaitíos céanna seo ar fud na hEorpa ar fad, dar le Robert J. C. Young ina leabhar *Colonial Desire: Hybribity in Theory, Culture and Race.*[6]

Ba é an síceolaí Francach Bénédict-Augustin Morel an chéad duine a shainmhínigh *dégénérescence* (meathlú), sa bhliain 1857, mar ghalar fiseolaíoch agus síceolaíoch. Is éard a bhí ann, dar leis, ná 'an organic disability with specific physiological and psychological manifestations such as abnormal cranial or genital development, insanity, alcoholism and excessive sexual drive'.[7] Tuigeadh an meathlú dó mar 'an inherited disorder that developed through several generations: the first was merely nervous, the second had specific central nervous system conditions such as epilepsy, the third was insane, and the fourth was lethally insane'.[8] B'ann do go leor grúpaí agus baill den aos dána i Sasana ar léir dóibh meath a bheith ag teacht ar fhearúlacht Shasana. Pé áit a rachfaí i Londain nó i gcathair ar bith i Sasana, d'aimseofá gan mórán stró an meatachán arbh é an toradh ba shoiléire é nó í den mheathlú a bhí ag ithe agus ag creimeadh an chine. D'aithneofaí na comharthaí sóirt ar shráid gach cathrach, dar leo:

> Baden-Powell described him thus: 'pale, narrow-chested, hunched-up . . . smoking endless cigarettes', and even provides us with an illustration of him. *The Nation in Arms* had also seen him, the 'weedy youth with hollow chest, slouching shoulders, weak knees, and slack muscles', a lamentable physical specimen well known to Colonel G. Malcolm Fox: 'We do not want them brandy-legged, knock-kneed, or flat-footed, narrow-chested, stooping, pale, anaemic, short-sighted, or blear eyed, strutting or hard of hearing . . . What sort of fate will fall upon the nation composed of units like these – and they are alarmingly on the increase'. C. F. G. Masterman noticed him everywhere in the pestilential city, 'stunted, narrow-chested, easily wearied; yet voluble, excitable, with little ballast, stamina, or endurance'. Lord Beresford looked to military training as a way of bridging the gap between 'the stunted, narrow-chested recruit – rejected, town-bred hobbledehoy of our English streets today, and the young up-standing, keen-eyed colonial'.[9]

Bhí an síofra siobarnach seo le haimsiú ar chúinní sráide na cathrach agus ba mhinice sa chathair é ná aon láthair eile, ag féachaint thart timpeall go díomhaoin seachas ag aclaíocht, a chuid fiacla lofa, agus saothar anála air de bharr a chliabhraigh chúng. B'ionann cás an gharsúin agus cás an náisiúin; bhíodar beirt tinn agus i mbaol a sláinte. Níorbh iad fir óga na Breataine amháin a raibh lagachar coirp tagtha orthu. Tráchtann Erin O'Connor ina saothar *Raw Material: Producing Pathology in Victorian Culture* ar an bhfás a tháinig ar an tuiscint i dtaobh ailse agus ailse chíche go háirithe le linn an ama seo. D'fhéach dochtúirí na linne ar ailse mar ghalar a bhain le dul chun cinn agus forbairt na sochaí.[10] Níor oir, dar le dochtúirí, do mhná a bheith ag obair i monarchana, agus ba thoradh ar an taithí oibre sin ailse chíche.[11]

Dar le Michael Rosenthal, údar *The Character Factory*, bhain gluaiseacht na nGasóg, fiontar de chuid an Tiarna Robert Baden-Powell

– laoch léigear Mafeking le linn Chogadh na mBórach – i Sasana, le tuiscint na linne go raibh meath ag teacht ar aos óg na tíre sin. Ba iad na Gasóga freagra Baden-Powell ar ionsaí an mheathlaithe:

> The insistence on a deteriorating Britain – something unquestionably more than a fiction – enabled Baden-Powell, the Fabians, the Eugenicists, the Liberal-Imperialists, the military conscriptionists, the social Darwinists, and a host of conservative politicians, historians, and philosophers calling for a renewed patriotic commitment and a more tightly disciplined society to base their arguments on the alleged data available to every sensible person. One had only to glance down the streets of any city to see demonstratable evidence of Britain's peril.[12]

Sonraítear imní na linne i dtaobh an mheatacháin agus teacht chun cinn na gciníocha eile sa leabhrán a foilsíodh sa bhliain 1905 dar teideal, *The Decline and Fall of the British Empire: Appointed for the Use in the National Schools of Japan. Tokio, 2005.* Ba bhall den Léig um Sheirbhís Náisiúnta[13] é an t-údar, Elliot Mills, agus ba í a théis go raibh Impireacht na Breataine, ar nós Impireacht na Róimhe roimpi, ag dul in éag, agus gurbh í Impireacht na Seapáine an chéad réimeas eile a thiocfadh chun cinn. Cuirtear síos sa téacs todhchaíochta seo, ar mhaithe le haos scoile na Seapáine, ar na fáthanna ba chúis le teip na Breataine ionas nach dtarlódh na himeachtaí a chuir deireadh le himpireacht na Breataine sa tSeapáin sa bhliain 2005. I measc na gcúiseanna a luaitear sa téacs seo, tá: 'The movement of the population from the country to the town, the replacement of the hearty British yeoman by effete and self-indulgent men lacking in patriotism, the increase in the number of unhealthy parents, the obsessive interest in professional athletics, the inability of the nation to protect itself against its enemies'.[14] Ba mar thoradh ar an imní seo a bunaíodh go leor de na heagraíochtaí agus feachtais úd ag an tréimhse seo i Sasana, na Gasóga sa bhliain 1908, agus Gasóga na gcailíní sa bhliain 1912 go háirithe,[15] gan trácht ar Fabians, Eugenicists, Liberal-Imperialists, Social Darwinists agus araile.

Léiríonn na samplaí úd thuas go raibh dioscúrsa an mheathlaithe ag bailiú nirt le linn an naoú haois déag ar fad, agus go raibh sé faoi lán seoil sa tarna leath den chéad. Níorbh aon ghné nua é an meathlú sa chultúr Eorpach ná fiú sa chultúr Éireannach mar ba dhlúthchuid de chultúr agus d'idé-eolaíocht na hÉireann é an meathlú le fada an lá. Ní sa naoú, ná fiú san ochtú haois déag, a tosaíodh ar an gcoincheap áirithe seo a úsáid mar théarma i gcomhthéacs na hÉireann. Dar le Tony Crowley gurbh é meathlú cultúrtha na nGall-Ghael: 'that grand theme of the Chroniclers'.[16] Tagraíonn na tráchtairí seo a leanas ar fad don mheathlú i gcomhthéacs na hÉireann, cé gurbh í meathlú nó Gaelú na nGall-Ghael an chloch mhór ar a bpaidrín: Edmund Campion in *A Historie of Ireland* (1571),[17] Richard

Stanihurst in *A Treatise Containing a Plain and Perfect Description of Ireland* (1577),[18] Edmund Spenser in *A View of the Present State of Ireland* (1596),[19] Sir John Davies in *A Discovery of the True Causes Why Ireland was Never Entirely Subdued* (1612),[20] agus Sir Richard Cox in *Hibernia Anglicana* (1689-90).[21] Níor bhain an meathlú leis na tráchtairí Gall-Ghael amháin, áfach, mar tagraítear don Ghaeilge ag meathlú i réamhrá *Theagasc Críostaí Uí Dhuinnshléibhe* a céadfhoilsíodh i bPáras na Fraince sa bhliain 1741.[22]

Feictear tuiscint an mheathlaithe go soiléir i ndán dar teideal 'The Celtic Tongue' a chum an tAthair Michael Mullin, Ollamh i gCliarscoil Naomh Breandán, Baile Locha Riach, nuair ba mhac léinn i Maigh Nuad sa bhliain 1885 é. Tá na sainmhóitífeanna ar fad a bhaineann leis an meathlú luaite anseo: duilleoga ag feo, an taoide ag trá, ag fuinneamh á ídiú as an ngrian agus cumas cainte na ndaoine ag teip ar chomhartha é go raibh meabhair an phobail ag teip.

The Celtic Tongue

It is fading! It is dying! Like the leaves upon the trees!
It is dying! It is dying! Like the Western-ocean breeze!
It is fastly disappearing, as footprints on the shore,

. . . .

The secret voice of freedom in annal and in song –
Is surely, fastly sinking into silent death at last,
To live but in the memories and relics of the Past!

III

And now 'tis sadly shrinking from the soil that gave it birth,
Like the ebbing tide from shore, or the spring-time from the earth;
O'er the island dimly fading, as a circle o'er the wave –
Still receding, as its people lisp the language of the slave.
And with it, too, seem fading, as a sunset into night,
All the scattered rays of Freedom, that lingered in its light!
For, ah! Though long with filial love it clung to Motherland,
And Irishmen were Irish still, in *tongue*, and heart, and hand!
Before the Saxon tongue, alas! Proscribed it soon became;
And we are Irishmen to-day, but Irishmen in name!
The Saxon chain our rights and tongue alike doth hold in thrall,
Save where, amid the Connaught wilds, and hills of Donegal,
And by the shores of Munster, like the broad Atlantic blast,
The olden language lingers yet – an echo from the Past![23]

B'fhada an stair ag an meathlú mar choincheap in Éirinn agus san Eoraip mar sin. Go deimhin d'fhéadfaí argóint a chur chun cinn go raibh imní faoi mheathlú na teanga mar shaintréith an chultúir Ghaelaigh ó

Chath Chionn tSáile ar aghaidh. Ach d'athraigh gach rud ón mbonn aníos i lár an naoú haois déag. Roimhe sin thagair an meathlú do theip na sochaí i dtéarmaí morálta nó reiligiúnacha. Ach sna blianta deiridh den naoú haois déag tuigeadh as an nua é i dtéarmaí na heolaíochta nua – eolaíocht chiníoch agus eolaíocht éabhlóide. Ach mar a mhíníonn MacMaster: 'In the second half of the nineteenth century the concept of degeneration moved to centre stage, became an all-pervasive concern, and found a new authoritative expression through scientific theories of evolution, morbidity and psycho-physical abnormality'.[24]

Meathlú cultúrtha ba mhó a bhí idir chamáin roimh an naoú haois déag mar is léir ó na samplaí Éireannacha, ach ó lár na haoise ar aghaidh, chuir dul chun cinn san eolaíocht agus sa bhréageolaíocht dlús faoin meathlú. Níorbh fhada gurbh é an meathlú réiteach gach ceiste, agus cúis gach faidhbe. Ba sa naoú haois déag agus ag críoch na haoise sin ar shroich an imní seo a bhuaicphointe: 'Discourses on degeneration had been current from the mid-century . . . but reached a highly developed stage in the 1880s and 1890s',[25] agus dar leis na staraithe cultúrtha Edward Chamberlain agus Sander Gilman: 'the precise biological meanings of degeneration were extended figuratively into many other fields, and make a strong case that it was one of the most influential concepts in late Victorian culture'.[26] Feicfear gur chuaigh an imní seo i bhfeidhm go mór ar Matthew Arnold freisin, agus gur thóg sé ar an tuiscint go raibh Sasana ag dul in éag ina chuid aistí ar thionchar na gCeilteach ar na Sasanaigh.[27]

Má fhiosraítear litríocht na tréimhse, tréimhse ris a ráitear an *fin de siècle*, feictear gur téama lárnach den litríocht é meathlú an chine agus truailliú na fola: *The Strange Case of Dr. Jekyll and Mr. Hyde* (1886) le R. L. Stevenson, *She* (1887) le H. Rider Haggard, *The Picture of Dorian Gray* (1890) le Oscar Wilde, *The Time Machine* (1895) le H. G. Wells, *Dracula* (1897) le Bram Stoker, *Almayer's Folly* (1895) agus *Heart of Darkness* (1902) le Joseph Conrad, *The Turn of the Screw* (1898) le Henry James agus, mar a fheicfear, *Grádh agus Crádh* (1901) le hÚna Ní Fhaircheallagh agus *Cormac Ua Conaill* (1901) leis an tAthair Pádraig Ó Duinnín.

Níor chabhraigh sé puinn gur theip ar eacnamaíocht Shasana sna 1880í agus threisigh sé seo an meon go raibh an Impireacht ag teip mar aon leis an náisiún a bhí á stiúradh: 'But the economic recession of the 1880s, combined with a fear that the great "Age of Empire" might be short lived, meant that the ideas of progress were increasingly countered by fears of cultural – nearly always expressed as racial-decline'.[28] Nuair a dhein tráchtairí comparáid idir an tsochaí ag clabhsúr an naoú haois déag, agus impireachtaí eile na staire – an Ghréig agus an Róimh go háirithe – ní fhacthas go raibh aon dul chun cinn á dhéanamh. Mhínigh Francis Galton, col ceathrar Darwin, ina shaothar *Hereditary Genius* sa bhliain 1869: 'We have no men to put by the side of Socrates and Phidias, because the millions of all Europe, breeding as they have done for the subsequent 2,000 years, have never produced their equals', agus 'It follows from all this, that the average ability of the Athenian race is, on the lowest possible estimate, very nearly two grades higher than our own – that is, about as much as our race is above that of the African Negro'.[29] Seachas dul chun cinn, a mhalairt ab fhíor, dar le Edwin Ray Lankester agus é ag scríobh ag an am seo:

> remember that we are subject to the general laws of evolution, and are as likely to degenerate as progress. As compared with the immediate forefathers of our civilisation – the ancient Greeks – we do not appear to have improved so far as our bodily structure is concerned, nor assuredly so far as some of our mental capacities are concerned. Our powers of perceiving and expressing beauty of form have certainly *not* increased since the days of the Parthenon and Aphrodite of Melos. In matters of reason, in the development of the intellect, we may seriously inquire how the case stands. Does the reason of the average man of civilised Europe stand out clearly as an evidence of progress when compared with that of the men of bygone ages? Are all the inventions and figments of human superstition and folly, the self-inflicted torturing of mind, the reiterated substitution of wrong for right, and of falsehood for truth which disfigure our modern civilisation – are these evidences of progress? In such respects we have at least reason to fear that we may be degenerate. Possibly we are all drifting, tending to the condition of intellectual Barnacles or Ascidians. It is possible for us – just as the Ascidian throws away its tail and its eye and sinks into a quiescent state of inferiority – to reject the good gift of reason with which every child is born, and to degenerate into a contented life of material enjoyment accompanied by ignorance and superstition. The unprejudiced, all-questioning spirit of childhood may not inaptly be compared to the tadpole tail and eye of the young Ascidian: we have to fear lest the prejudices, preoccupations, and dogmatism of modern civilisation should in any way lead to the atrophy and loss of the valuable mental qualities inherited by our young forms from primeval man.[30]

Thagraítí go minic don Ascidian mar shiombail de mheathlú an chine agus is fiú a chur san áireamh a mhinice agus a luaitear na focail 'backbone' agus 'vigour' in aistí na hAthbheochana, rud a léiríonn go raibh an imní seo ag cuisliú trí na hargóintí litríochta agus teanga le linn an ama seo.

Bhain an imní faoi theip na hImpireachta, faoi theip an chine agus faoi theip na heacnamaíochta buaicphointe amach i leabhar dar teideal *Entartung* (Meathlú) a foilsíodh sa bhliain 1892. Ba é Max Nordau (Simon Maximilian / Simcha Südfeld), teangeolaí, dochtúir agus scríbhneoir, a rugadh in Budapest, an t-údar. Aistríodh an saothar rí-análach seo go dtí an iliomad teangacha, an Béarla ina measc, sa bhliain 1895, agus chuaigh sé i bhfeidhm ar go leor daoine i mórán tíortha. Maidir le teideal an aistriúcháin Bhéarla, táthar den tuairim gur: 'Nordau's choice of the term degeneration rather than "decline" or "decadence", was indicative of the interest in the relatively new fields of neurology, psychiatry and anthropology'.[31] Ceannaíodh agus léadh leabhar Nordau go forleathan. Dar le Richard A. Soloway: 'Translations in the 1890s of Max Nordau's sweeping, intemperate critique of fin de siècle art, literature, and popular culture as clear signs of germinal degeneration added another dimension to the pessimistic assessments of the period'.[32] In ainneoin gur cháin go leor scríbhneoirí é, G. B. Shaw ina measc, glacadh le go leor dár chraobhscaoil sé.[33] Cuireadh dlús faoin imní seo ag deireadh an chéid nuair a d'éirigh leis na Bóraigh san Afraic Theas an lámh in uachtar a fháil ar arm Shasana sna cathanna luatha den chogadh úd, imeachtaí a raibh an-spéis ag muintir na hÉireann iontu.[34] Chruthaigh an greadadh a thug scata beag feirmeoirí agus tuathánach d'arm na Breataine an eagla arbh ann di le tamall anuas – go raibh fir na Breataine ag meath.[35] Réitigh sceon an phobail, teip na heacnamaíochta agus feachtas na mBórach an pobal do théis Nordau agus a léamh ar dhroch-chás na sochaí. Chleacht Nordau stíl shimplí dhrámatúil a chuaigh i bhfeidhm ar an bpobal:

> One epoch of history is unmistakably in its decline, and another is announcing its approach. There is a sound of rending in every tradition, and it is as though the morrow would not link itself with to-day. Things as they totter and plunge, and they are suffered to reel and fall, because man is weary, and there is no faith that it is worth an effort to uphold them. Views that have hitherto governed minds are dead or driven hence like disenthroned kings, and for their inheritance they that hold the titles and they that would usurp are locked in struggle. Meanwhile interregnum in all its terrors prevails; there is confusion amongst those whose rod is the heavier because their time is short . . . Such is the spectacle presented by the doings of men in the reddened light of the Dusk of Nations. Massed in the sky the clouds are aflame in the weirdly beautiful glow which was observed for the space of years after the eruption of Krakatoa. Over the earth the shadows creep with deepening gloom, wrapping all objects in a mysterious dimness, in which all certainty is destroyed and any guess seems plausible. Forms lose their outlines, and are dissolved in floating mist. The day is over, the night draws on. The old anxiously watch its approach, fearing they will not live to see the end. A few amongst the young and strong are conscious of the vigour of life in all their veins and nerves, and rejoice in the coming sunrise. Dreams, which fill up the hours of darkness till the breaking of the new day bring to the former comfortless memories, to the latter high-souled hopes. And in the artistic products of the age we see the form in which these dreams become sensible.[36]

D'éirigh le Nordau a theachtaireacht a chur i bhfeidhm go héifeachtach agus go díreach de bharr imní fhorleathan an phobail. Bhí ráchairt ar an leabhar agus ar a théis mar d'fhreagair siad do ghéarchéim chultúrtha na linne agus thóg an díospóireacht céim mhór chun cinn. In ainneoin na dtráchtairí móra le rá a cháin agus a lochtaigh é, mhair a chuid tuairimí, agus scaipeadh go forleathan i measc an phobail iad mar tháinig siad le meon na linne agus dhein nead in intinn an phobail. De réir mar a tharraingíonn scéal amháin scéal eile, tharraing leabhar Nordau aistí agus ailt agus léirmheasanna moltacha agus thosnaigh tráchtairí ag scéalaíocht ar théiseanna a chéile faoin meathlú, a chás agus a dhán. Creideadh go raibh na glúine a bhí ag teacht aníos ag dul in olcas agus ag éirí níos laige de réir a chéile, à la Darwin, mar a d'fhógair Nordau:

> When under any kind of noxious influences an organism becomes debilitated, its successors will not resemble the healthy, normal type of the species, with capacities for development, but will form a new sub-species, which, like all the other, possesses the capacity of transmitting to its offspring, in a continuously increasing degree, its peculiarities, these being morbid deviations from the normal form – gaps in development, malformations and infinities. That which distinguishes degeneracy from the formation of new species (phylogeny) is, that the morbid variation does not continuously subsist and propagate itself, like one that is healthy, but, fortunately, is soon rendered sterile, and after a few generations often dies out before it reaches the lowest grade of organic degradation.[37]

Má chuirtear an tuairimíocht seo i gcomhthéacs a bhí ar eolas ag daoine ó theagasc Robert Knox, a bpléitear leis sa chéad chaibidil eile, ní deacair go leor de bholscaireacht agus ráitis na hAthbheochana a shuíomh ina chomhthéacs ceart. Nuair a tuigeadh don phobal go raibh comharthaí ann go raibh an cine ag dul in éag, chuir siad rompu cúiseanna don trá brí agus don mheathlú seo a aimsiú. Ba í an chúis ba choitianta ar leagadh freagracht uirthi ná meascadh agus truailliú na fola, go raibh fuil an náisiúin agus an chine á truailliú le fuil náisiún nó ciníocha eile, ábhar a ndéanfar iniúchadh air sa chéad chaibidil eile.

Níor tháinig oileán na hÉireann slán ón imní seo ach an oiread. Ba chuid d'Impireacht na Breataine í Éire, throid saighdiúirí na hÉireann in aghaidh na mBórach, mhair Éireannaigh i gcathracha Shasana agus léigh siad páipéir Shasana. Luann Philip O'Leary in *The Prose Literature of the Gaelic Revival 1881-1921: Ideology and Innovation* na 'metaphors of morbidity'[38] a mbaintí leas astu le linn na hAthbheochana, agus luann sé carachtar de chuid an Phiarsaigh darbh ainm 'An Fear Meatha' san iris *An Barr Buadh*.[39] Thrácht Mary E. L. Butler ar nithe a bhí 'unfamiliar to us in these degenerate days'.[40] Glacadh leis in Éirinn, ar nós gach aon tír eile san Eoraip, go raibh cumas na dtíortha Eorpacha ag trá, agus go raibh meath ag teacht ar na ciníocha Eorpacha, na Gaeil san áireamh. Chuir tíortha na hEorpa rompu stop a chur leis an meathlú tríd an bpeil, tríd an rothaíocht, tríd an aclaíocht agus trí chúrsaí spóirt i gcoitinne.

However, although each nation tended to have its own specific sporting culture, as with, for example, the nationalistic functions of skiing in Sweden or French cycling in the *Tour de France*, the underlying links between physical fitness, competitiveness and national efficiency were quite universal.[41]

Thug Oscar Wilde le fios gurbh é an sorcas an t-aon áit a d'fheicfeadh muintir na cathrach fir láidre ag aclaíocht: 'If it were not for the running-ground at Eton, the towing-path at Oxford, the Thames swimming-baths, and the yearly circuses, humanity would forget the plastic perfection of its own form, and degenerate into a race of short-sighted professors and spectacled *précieuses*'.[42] Nochtann an sliocht seo an imní a bhí ar fud na hEorpa go raibh fir nár dhein aon obair fhiúntach fhearúil seachas a bheith ag léamh, nó mionobair i siopaí agus i monarchana agus iad ag éirí níos laige de réir a chéile i ngach glúin. Bhí gá le feachtas réabhlóideach chun an cúlú sin a stopadh agus chun fir láidre fhuinniúla a dhéanamh astu. Is ag am seo a bunaíodh na scoileanna rugbaí i Sasana. Má thug Sasana faoin matánach Críostúil, ní raibh moill ar lucht spóirt na hÉireann dul i mbun gnímh ach oiread.[43] Mar a mhínigh an tArd-Easpag T. W. Croke don chéadchruinniú de Chumann Lúthchleas Gael, ní hamháin go raibh na cluichí dúchasacha ag imeacht ó chuimhne na ndaoine ach bhí 'degenerate dandies' ag teacht chun cinn agus iad ag déanamh fonóide de chluichí agus de nósanna dúchasacha:

> And, unfortunately, it is not our national sports alone that are held in dishonour, and dying out, but even our most suggestive national celebrations are being gradually effaced and extinguished, one after another . . . They are all things of the past, too vulgar to be spoken of, except in ridicule, by the degenerate dandies of the day.[44]

Thuig lucht spóirt na hÉireann chomh maith go raibh meath ag teacht ar an tír, agus ní haon ionadh é gur bunaíodh Cumann Lúthchleas Gael in 1884, dhá bhliain i ndiaidh d'Aontacht na Gaedhilge *Irisleabhar na Gaedhilge* a thosnú, agus aithris á déanamh ar ghluaiseachtaí spórt na hEorpa.[45] Léirigh Micheál Cíosóg, duine de bhunaitheoirí Chumann Lúthchleas Gael, go raibh a thuiscint ar chúrsaí spóirt bunaithe ar an imní roimh an meathlú nuair a d'fhógair sé, dar le Liam P. Ó Caithnia, gur bhunaigh sé club iománaíochta ní hamháin chun 'an iomáint a thabhairt ar ais' ach chun 'cuisle an chine a thástáil'.[46] Leis an mbéim ar an aclaíocht mar chosaint ar an meathlú, ní haon lá ionaidh é go raibh clubanna rothaíochta le sonrú ar fud na tíre agus cuid acu ceangailte le craobhacha de Chonradh na Gaeilge, mar a tharla i nGaillimh:[47]

> The Galway Gaelic Cycling Club, had another run to Athenry, the passers-by on the road, as usual, being saluted in Irish. The Galway branch is really

wonderfully active. Its classes and reunions are held steadily, it reports regularly to the Central League, to the weekly organ, and to the local Press, it has scored a distinct success in the matter of appointments in workhouses, its cycling members are influencing out-lying districts, and it is now engaged in organising its *Feis*.[48]

Agus arís:

The Galway Branch has already begun its holiday work. Recently some of its cycling members visited Loughrea, going through Athenry. All along the route they exchanged salutations with the passers-by in Irish, thereby causing a sensation now and then. By the end of the summer no person within a thirty mile radius of the Galway branch will be surprised at an Irish greeting.[49]

Chomh fada siar le hIúil 1897 bhí spéis á léiriú ag an gConradh sa rothaíocht agus san aclaíocht mar chuid den fheachtas chun an tír a athbheochan agus fuinneamh a chur ní hamháin sa náisiún ach sa phobal mar is léir ón bhfógra seo: 'Cumann na Cuarta: Under this name a cycling association has been established in connection with the central Gaelic League. It is hoped to extend the membership over all Ireland, and to form local committees. The object is to turn cycling to account in aid of the Irish-language movement'.[50]

Cé nach minic a shamhlaítear aclaíocht agus rothaíocht le hAthbheochan na Gaeilge, ní fheicfí aon ní as alt faoin dá spéis a bheith fite fuaite lena chéile ag an am, mar b'ionann an cuspóir a chuir siad beirt rompu, Éire a dhúiseacht as an 'tromshuan' ina raibh sí – móitíf ríchoitianta le linn na hAthbheochana chun meathlú na tíre a chur in iúl. Má ba é an meathlú cailleach an uafáis le linn na hAthbheochana, ba é an 'fuinneamh' scian na coise duibhe. Ba 'fuinneamh' an tréith a léirigh go raibh neart agus beocht sa chorp agus ba é an rud ba mhó a shantaigh lucht na hAthbheochana. B'ainmfhocal agus aidiacht dhearfa iad 'fuinneamh' agus 'fuinniúil' i gcónaí sa tréimhse seo, agus is minic a úsáidtear é chun cur síos ar litríocht, ar chaint agus ar rince. I gcodarsnacht leis sin, ba théarmaí diúltacha iad 'artificial', 'glasshouse cultivation' agus 'unnatural' mar a fheictear i go leor leor de na sleachta a dtagraítear dóibh sa staidéar seo ar fad.

Ghlac gach grúpa sa tír a raibh spéis nó baint acu le cultúr na tíre go raibh an náisiún agus an cultúr ag meath. Tá irisí, nuachtáin, agus aistí na tréimhse seo breac le tagairtí don teanga agus a cultúr a bheith ag feo ina gcodladh, ag meath, nó ag trá. D'fhógair *An Claidheamh Soluis* ag é ag cáineadh a raibh le rá ag W. B. Yeats i gColáiste na Tríonóide: 'the Irish-speaking world is decaying, because its soul is decaying'.[51]

Scríobh de hÍde ina dhialann gur ghlac sé páirt i ndíospóireacht ag tacú leis an rún go raibh Sasana féin ag teip.[52] Feictear tagairt don 'suan' agus 'tromchodladh' sa sliocht seo a leanas ag Uáitéir Ó Conmhacáin:

Óir má b'fhíor do'n bhárd go raibh ár d-teanga 'A meathadh 'gus a meathadh mar an duilleabhar ar an g-crann' tá sí ag éirghe tá sí ag éirghe mar an ghrian thar Shliabh na mBan. Má bhí bearna sa teora tá eidir sinn agus Sacsana, do léim fir agus mná tír-ghrádhamhla – luchd Connartha na Gaedhilge – isteach sa m-bearna sin. Má bhí suan agus tromchodladh ar na daoinibh, tá trompa an Chonnartha sin d'á n-dúisiughadh as an suan sin agus tá a g-*Claidheamh Soluis* d'á spreagadh chum éirghe ó n-a d-tromchodlach.[53]

Chuaigh Tomás Bán Ó Conceanainn ag comhrá le grúpa fear faoin gConradh i gContae an Chláir, agus mar thoradh ar an díospóireacht aontaíodh go raibh an tír ag meath agus go raibh 'Éire ag dul síos a cnoc':

> At Kilfree Junction, he held a kind of impromptu meeting. A middle-aged man was holding forth to a knot of young men in English that was neither elegant nor edifying. Mr. Concannon addressed him in Irish, asking him why he did not speak Irish. The man immediately turned to speaking Irish, which he used with great power and dignity. He and Mr. Concannon threshed out the language question between them. They were both of one accord, and the explanation given by the stranger of the decline of Irish in the country was – 'tá Eire ag dul síos a cnoc'– Ireland is going downhill.[54]

Nochtann foclóir na tuairisce thuas buntuiscintí an scríbhneora; is droch-Bhéarla a labhraíonn na fir le chéile, ach nuair a iompraítear ar an nGaeilge, labhraítear í le 'great power and dignity'. Mar Éireannaigh ní éiríonn leo mórán a bhaint amach sa Bhéarla, mar ní oireann an teanga dá meon Gaelach. Ar nós imní Baden-Powell agus a chomhghleacaithe i Sasana, is iad na fir óga is cúis imní do Thomás Bán, ach sa chás seo tá athbheochan na bhfear óg, agus slánú na hÉireann, ar fáil trí iompú ar an nGaeilge. Ní raibh aon ghá fir óga na hÉireann a chur ar chúrsa san arm, nó ag obair amuigh faoin tuath; ba leor ranganna Chonradh na Gaeilge agus téacsleabhar Uí Ghramhnaigh chun iad a shlánú ón meathlú. Is léir, mar sin, gur tuigeadh gur féidir leis an teanga tionchar faoi leith a imirt ar iompar an duine; an té nach mórán é i dteanga amháin, is cainteoir den scoth é le teacht i láthair sa teanga eile mar oireann an teanga sin dá mheon, dá aigne, dá thimpeallacht agus dá chultúr. Mar a scríobh de hÍde ina aiste sa *Dublin University Review* i Lúnasa 1885, agus rian Herder agus Davis an-soiléir ar an sliocht áirithe seo:

> The language of the western Gael is the language best suited to his surroundings. It corresponds best to his topography, his nomenclature and his organs of speech, and the use of it guarantees the remembrance of his own weird and beautiful traditions . . . the product of the Hibernian Celt in its truest and purest type, not to be improved upon by change, and of infinite worth in moulding the race type, of immeasurable value in forming its character.[55]

Tuigeadh do bhaill Chumann Buan-Choimeádta na Gaedhilge freisin gur thoradh ar mheathlú na teanga ab ea na canúintí agus meath na seanfhoirmeacha gramadaí. Ba léir dóibh go raibh an Ghaeilge, agus an cine Gaelach dá bharr, ag teip agus ar tí dul as, agus thacaigh tuiscintí na linne leis an léargas sin. Chun spiorad agus mianach an náisiúin a athmhúscailt níorbh fholáir dul siar chuig am a raibh na Gaeil i mbarr a maitheasa. Ba é sin an seachtú haois déag, agus níorbh fholáir an teanga sin a athbheochan, cé gurbh iad cúrsaí aistriúcháin ba mhó a raibh spéis ag an gcumann úd iontu.[56] Más é cás na teanga is cúis do dhuine agus má ghéilltear don dearcadh a mhaíonn go bhfuil an tsochaí ar fud na hEorpa ag teip, is furasta an meon a d'éiligh Gaeilge Chéitinn a thuiscint. Ní raibh sna canúintí, dar leis an tuiscint a bhí i réim i gCumann Buan-Choimeádta na Gaedhilge, ach fianaise a chruthaigh go raibh an teanga agus pobal na hÉireann ag teip agus ag dul in éag de réir a chéile. Ní teanga bheo ab ea na canúintí ach dríodar a labhair pobal a bhí ag teip agus gan an chuma orthu go ndéanfaidís aon dul chun cinn go deo. Chuirfeadh urlabhra an seachtú haois déag bac leis an meath úd agus d'fheabhsófaí meon agus mianach na nÉireannach trí theacht ar litríocht agus ar theanga an seachtú haois déag, an uair dheireanach a bhí an cine Gaelach i mbarr a mhaitheasa mar náisiún.

Bhain Standish H. O'Grady, scoláire ó Chaisleán Uí Chonaill, Contae Luimnigh, leas as móitífeanna an mheathlaithe ina réamhrá le *Silva Gaedelica*.[57] Ar nós na mball de Chumann Buan-Choimeádta na Gaedhilge, tuigeadh dó gur chóir filleadh ar ré chlasaiceach na Gaeilge chun teacht slán ón meathlú a bhí ag tabhairt faoin teanga agus faoin tír ag an am. Ar nós na gCeithre Máistrí agus iad ag bailiú eolais faoi stair na hÉireann sula scriosfaí an tír, samhlaíodh don údar seo go raibh sé ag cnuasach stair agus litríocht na Gaeilge mar bhí an baol ann go gcaillfí ar fad í.[58]

Chreid Cumann Buan-Choimeádta na Gaedhilge gur ghá filleadh ar an tréimhse nuair ba láidre an teanga, mar d'aimseofaí mianach an náisiúin ann agus neartódh an spiorad sin an tír i gcoinne na géarchéime a bhí ag bagairt orthu. Léiríonn stíl, friotal, litriú, gramadach, agus comhréir an údair thuasluaite an dearcadh sin go rí-shoiléir. Bhí meathlú ag bagairt ar an teanga agus ar an gcultúr, agus an t-aon réiteach ar an gceist ná aghaidh a thabhairt ar an tréimhse sular thosnaigh an meathlú úd.

Ba mhinic tráchtairí ag caoineadh teip an náisiúin, teip na teanga, teip an chreidimh, teip an cheoil: '[t]he decay of the native language is everywhere accompanied by the industrial and general decadence. The converse holds equally true';[59] agus: 'He pointed out that with the decay of their language had followed the decay of everything Irish. Thanks to the decay of their language a most awful havoc had been made of their Irish names. He also referred to the decay of Irish music'.[60] Ba théama rialta leanúnach in iriseoireacht agus tráchtaireacht na linne é an meathlú. Deineadh comparáid idir pobal na hÉireann agus ainmnithe a d'imigh as fadó: 'It is in spite of the National System we have here and there a few Irish scholars among the teachers and under present conditions they would quickly disappear till the tribe became as extinct as the Irish Elk'.[61] Sna tagairtí seo thíos feictear samplaí den tuiscint choitianta go raibh pobal na tíre ag meath agus léirítear gan aon agó gurbh í imní an mheathlaithe an phríomhimní a bhuail pobal na hÉireann sa tréimhse 1880 ar aghaidh: 'Helplessness and hopelessness. Do you know I am almost tempted to despair of the Celt. It looks as if he is played out. Every year the condition of the Irish race is getting worse. The pick of the people are being drained away, and they are melting into a mass wherever they go'.[62] Samhlaíodh do thráchtairí go raibh Éire á bánú d'Éireannaigh de réir a chéile agus gur chine eile, meascán de Shasanaigh agus Éireannaigh – 'half-bred Englishmen'[63] – a bhí ag teacht ina n-ionad. Dá leanfaí den fheachtas seo is cúige de chuid Shasana a bheadh in Éirinn amach anseo: '[w]e should degenerate into "a fat, comfortable province" without a language or a history'.[64] Agus:

> All the big towns in Ireland contain hundreds, some of them thousands of Irish-speaking working-men. In Dublin there are probably at least 2,000 such. It is a serious question whether something cannot be done for these men so as to keep them in the ranks of Old Ireland, to which they naturally belong, and to keep them from being merged in the new Anglo-Ireland or West Britain. The Gaelic League does not seem to touch them. Not one per cent. of them take any part in it . . . It is possible to create Irish surroundings in which at least a good proportion of Irish-speaking workingmen, for at least an hour or two daily, could simply vegetate as Irishmen?[65]

Leag an tAthair Peter Yorke an milleán ar an mBéarla agus cultúr an Bhéarla as na hathruithe ag bhí ag teacht ar fhir óga na hÉireann. Ba chóir, dar leis, Éire a shaoradh ar fad ó Shasana, agus cé nárbh fhurasta a leithéid a dhéanamh, d'fhéadfaí ar a laghad, trí iompú ar an nGaeilge, stop a chur le tionchar Shasana ar Éirinn agus deis a thabhairt don tír teacht chuici féin:

> Should they still look on and do nothing while their young men were being changed? . . . The mind was the noblest part of man, and if they had Irish minds they would surely have Irish bodies, and if they could learn to think Irish thoughts, and speak them in the Irish tongue, and bring up their children teaching them that their first duty was to the Irish language, the wall of brass would be built and the country saved.[66]

Bhí an meathlú le sonrú i ngach áit, agus ba í an chloch ba mhó í ar phaidrín na dtráchtairí éagsúla. Go háirithe murar réitigh siad leis an dearcadh a bhí á chur chun cinn ag duine éigin, b'éasca an milleán a chur ar an meathlú:

It is a well-known fact that those countries which lost their language fell into decay. The proud and enterprising spirit of their sons was buried in the same grave, and it is a fact equally true that with a revival of their language came also a revival of their industries, and as a consequence a revival of their strength, their happiness and their prosperity. Does Ireland require this? Ah, yes; for Ireland is weak, Ireland is discontented, and Ireland is poor. But better days are at hand. The first faint rays of the rising sun of prosperity tremble along the horizon, and there are other signs and tokens that the long night of suffering is drawing to a close. One of the most hopeful signs is the change that has come over the people with regard to the Irish language.[67]

Seo de hÍde ag tagairt do chás na Gréige ina shaothar *The Story of Early Gaelic Literature* agus is léir nathaíocht Nordau ar an téacs:

When Trelawney the friend of Byron and Shelly, who himself played so romantic a part in the revival of Greece, afterwards surveyed dispassionately the almost miraculous emergence of that nation from the blackest night into the warm day, he thus pointed the moral as it appeared to him: 'no people,' he said, 'if they retain their name and language need despair'. That pledge of liberty, that guarantee of nationality, Ireland like Greece possessed – possessed even when Trelawney wrote – but possesses no more.

Whoever takes the trouble to acquaint himself with the history of the life and death of our language and literature, which after a luxuriant and steady growth lasting from the very dawn of Irish history, has, almost in our own day, been stricken and decayed like some secular elm, blighted by disease with a single season, can hardly avoid being impressed with the instability of human tongues. Not that the history of mankind is not full of such instances, but it has nothing of the kind to show in modern times so startling, so wholesale, and so rapid, as this sudden extinguishing of one of the finest, most perfect, and best-preserved of the great Aryan languages. It has gone – this most important of those units which go to constitute the nationality of the Clann-na-nGael; gone, as a day in the late autumn sometimes gives way to night with scarce any intervening twilight; gone with its songs, ballads, poems folk-lore, romances and literature.[68]

Feictear coincheap an mheathlaithe sa chur síos ar bhás Eoghain Uí Ghramhnaigh, fear a dhein a sheacht ndícheall don teanga agus ar samhlaíodh é mar phríomhlaoch na Gaeilge ar feadh i bhfad toisc gur fhoghlaim formhór na mball de Chonradh na Gaeilge le linn na hAthbheochana a gcuid Gaeilge óna shraith leabhar – *Simple Lessons / Ceachtanna Simplí*. Tugann an cur síos úd a foilsíodh in *An Claidheamh Soluis* léargas ar an tslí ar samhlaíodh an meathlú mar ghalar ag ionsaí an choirp agus an sagart ar an dé deiridh.[69] Samhlaítear an meathlú mar ghalar coirp arís sa chonspóid nuair a dhiúltaigh Comhairle Phort Láirge glacadh le Gaeilge ar a mana nua tar éis bhunú na Comhairle in 1899. Thagair *An Claidheamh Soluis* do dhearcadh an *Waterford Express* i leith an scéil mar seo a leanas: 'The whole case shows how Anglicisation is eating into our very vitals'.[70] Shamhlaigh Uilic de Búrca an meathlú mar ghalar ag alpadh na teanga agus an chultúir: 'To what, then, is this decay, which at present is fast eating up all that remains of our language, to be ascribed?'[71] Chuir Micheál Ó hIcí síos in *An Claidheamh Soluis* ar an 'nGalldacht' agus ar an 'tSacsanacht' mar ghalar ag ionsaí chorp na hÉireann: 'ní hé amháin nach bhfuilmid ag labhairt ar sean-teangadh féin, acht rud i bhfad níos measa íona sin tá gráin agus tarcuisne againn uirthi, agus náire orainn í do labhairt. Nach dtaisbeánann so dhúinn go soilléir go bhfuil an Ghalldacht agus an tSacsanacht agus nósa agus smuainte na Sacsanach ag gneamughadh dhínn go dian agus go doimhin, go bhfuilid gár gcreimeadh agus gár slugadh, go bhfuil ceangailt aca orrainn go fiú smeara ar gcnámh'.[72]

Is féidir teidil na nuachtán Gaeilge le linn na hAthbheochana a shamhlú laistigh de dhioscúrsa an mheathlaithe chomh maith. Má chuimhnítear gurbh é clapsholas na náisiún an meafar a d'úsáid Nordau chun cur síos a dhéanamh ar mheath na hEorpa, is féidir gné an tsolais a léamh in *Fáinne an Lae* agus *An Claidheamh Soluis* mar fhreagra air sin. Ba é Micheál Ó hIcí a mhol go mbaistfí *An Claidheamh Soluis* mar a deineadh, seachas *An Geal Gréine,* teideal a mhol Seosamh Laoide, ainm eile le béim ar an solas agus a fhreagraíonn do dhorchadas Nordau.[73]

An té nó an dúil a bhí ag meath, ba bhocht an radharc é. Bhíodh sé spíonta, caite gan neart dá laghad ina ghéaga ná ina chorp. Cuireann Warren Springer,[74] Protastúnach mná ó Chicago Mheiriceá a thug cuairt ar Éirinn a raibh, dar le John Lloyd, 'true Irish blood in her veins and a real Irish heart', cuireann sí síos ar an meathlú in Éirinn mar seo a leanas. Is noid chinnte iad na tagairtí do chnámh droma agus do chosa go bhfuil sí ag tarraingt as an tuiscint ar cuireadh síos air roimhe seo:

> We realise that Ireland can never declare herself in English, that the nation will have to use its own tongue to make its voice heard; that it must show it has a good strong back-bone of its own; and that Zimmer, and other foreigners, coming to these shores must no longer find a case of spinal meningitis; that Irishmen must stand on their own legs before Ireland can hope for the best.[75]

Ba mhinic an meathlóir tugtha do gháire nó do ghol; théadh a chuid samhlaíochta thar fóir agus bhíodh sé den tuairim go raibh daoine á ionsaí gan chúis. Bhíodh an té seo faoi thionchar 'morbid and diseased imaginings', mar a chuir Eoin Mac Néill i leith Ghaeilgeoirí Chorcaí nuair a bhí ag éirí idir é agus iad ar cheist na gcanúintí agus an fhoclóra.[76] I dtéarmaí na litríochta Gaeilge is é Mícheál Ó Maoláin, in *Deoraíocht* Phádraic Uí Chonaire, an sampla is fearr de dhuine a bhfuil an meathlú imithe i bhfeidhm air, idir intinn agus chorp. Ba dhlúthchuid é an meathlú d'úrscéalta agus de ghearrscéalta na hAthbheochana.

An leigheas is fearr ar an meathlú ab ea athbheochan, is é sin an fhuil a chur ag gluaiseacht agus ag cuisliú tríd an gcorp. Chuaigh an meathlú i bhfeidhm i bhfad níos mó ar mhuintir na cathrach, mar b'ionaid iad na cathracha agus na bailte móra a raibh drochnósanna á gcleachtadh iontu; ach ba shláintiúla i bhfad muintir na tuaithe, mar a d'fhógair de Henebry ina chuid aistí go mion minic.[77] Tháinig an tuiscint seo le tuiscint na linne maidir leis an meathlú. Ag tógaint ar théis éabhlóide Charles Darwin, creideadh gur chuir na cathracha agus na bailte móra dlús faoin bpróiseas meathlaithe: 'the development of cities had raced ahead of the ability of modern man to adapt . . . human beings were wearing themselves out . . . the use of machines destroyed the traditional delicate balance between body and soul, and debilitated the body through lack of use'.[78]

Cuid d'idé-eolaíocht na hathbheochana ab ea é gur spreag an teanga athbheochan intinne sa duine agus gur sábháladh é nó í ón meathlú. Ba í an Ghaeilge teanga dhúchais na nGael agus nuair a labhair Gael Gaeilge, músclaíodh dea-thréithe an Ghaeil agus, de réir na tuisceana seo, bhí beocht, fuinneamh thar na bearta aige nó aici. Ach ina theannta sin, bhí beocht agus sláinte le haimsiú i measc na gcainteoirí dúchais ar an gcósta thiar. Ba é an Béarla a dhein dochar don intinn agus don chorp Gaelach; ba é an Béarla ba chúis le meathlú na hÉireann. Is léir ar an sliocht seo a leanas nach mbaineann aon mheathlú coirp leis na fir seo ó chontae an Chláir a d'fhan dílis don teanga:

It would be hard to find a more representative audience. At this meeting were to be seen the priest and the doctor, the lawyer, the schoolmaster, and the shopkeeper; the hardy sons of toil, the farmer, and he who makes his livelihood with the hook and line, the stalwart and graceful fishermen of Fisher-street, who have clung to the old tongue through thick and through thin, through weal and through woe – the very men who give those of us who boast of being in the midst of civilisation a practical lesson in patriotism.[79]

Déantar an pointe sin arís agus cur síos á dhéanamh ar Thomás Bán Ó Conceanainn.[80] Ní gá don chainteoir dúchais am a chur amú le haclaíocht; coinníonn an teanga agus cultúr na teanga i mbarr a mhaitheasa é:

Like all Aran islanders, Mr. Concannon is a man of splendid physique. He belongs to that physical type so characteristic of the islands, and of Inishmaan in particular – tall, lithe and active, rather than robust, with muscles of steel, and that graceful, dignified carriage of the body and head which betrays an Inishmaan man all over the world; the features strong, handsome, and expressive. An excellent linguist, he speaks Irish and even Spanish much more fluently than English, which, however, he writes with great power. A man of untiring perseverance, gigantic energy, and sterling business qualities, he is emphatically the right man in the right place. He is, besides, the orator *par excellence* of the movement.[81]

Baineann an cur síos úd macalla as a ndúirt an drámadóir J. M. Synge i dtaobh na n-oileánach ina leabhar *Aran Islands & Connemara* a scríobh sé sa bhliain 1901 ach nár foilsíodh go dtí 1907:

> The absence of the heavy boot of Europe has preserved to these people the agile walk of the wild animal, while the general simplicity of their lives has given them many other points of physical perfection. Their way of life has never been acted on by anything much more artificial than the nests and burrows of the creatures that live around them, and they seem, in a certain sense, to approach more clearly to the finer types of our aristocracies – who are bred artificially to a natural ideal – than to the labourer or citizen, as the wild horse resembles the thoroughbred rather than the hack or cart-horse. Tribes of the same natural development are, perhaps, frequent in half-civilised countries, but here a touch of refinement of old societies is blended, with singular effect, among the qualities of the wild animal.[82]

Ní ón spá ná ón mbaile íoc uisce a fuair Tomás Bán a chuid nirt agus fuinnimh. Is sampla é den chainteoir dúchais a labhraíonn Gaeilge agus a bhfuil a chorp agus a theanga ag freagairt dá chéile. Níl baol ar bith ann go n-íosfaidh an meathlú an fear breá téagartha seo. Ar an dul céanna, shamhlaigh de Henebry an teanga agus scoth na litríochta le 'broad-chested men'.[83] Tagann an cur síos sin leis an mbéim a leagtar ar chorp an fhir, an neart agus an fuinneamh atá tugtha faoi deara ag staraithe ar fad na hEorpa.[84]

I gcomparáid le meatacháin an Bhéarla sa chathair agus sa bhaile mór, bhí fir aclaí an Chláir ann, nó laochra na Gaeltachta, ar chinntigh a n-urlabhra go raibh cuma shlachtmhar ar a gcorp agus ar a n-intinn. Cúisítear agus ciontaítear an Béarla mar chúis le meathlú na hÉireann. Is páistí meabhracha cliste iad páistí na gceantar Gaeltachta roimh fhreastal ar an scoil dóibh ach is í an scolaíocht i dteanga nach n-oireann dá meon ná dá n-intinn a dhéanann balbháin díobh agus a shúnn an fuinneamh agus an bhrí nádúrtha astu:

> Bright-eyed, intelligent children, second in intelligence, I should think, to none in Europe, with all the traditional traits of a people cultivated for fifteen hundred years, children endowed with a vocabulary in every-day use of about three thousand words (while the ordinary English peasant has often not more than five hundred), enter the schools of the Chief Commissioner, to come out at the end with all their natural vivacity gone, their intelligence almost completely sapped, their splendid command of their native language lost for ever, and a vocabulary of five or six hundred English words, badly pronounced and barbarously employed, substituted for it . . . the unique stock-in-trade of an Irish speaker's mind, is gone for ever and *replaced by nothing*.[85]

Ach tar éis dóibh tréimhse a chaitheamh sa bhunscoil agus an Béarla a mhúineadh dóibh, tránn a gcuid nirt, tréigeann an mheabhraíocht atá acu ó dhúchas agus:

The children are stupefied; they lose all their buoyancy and vivacity. They become utter dolts. They learn nothing whatever satisfactorily, and how on earth could they be expected to do so? The outcome is intellectual paralysis, utter mental annihilation, and, for two or three generations something far worse, more deplorable, more degrading than mere ignorance . . . ordinary illiteracy would be heaven on earth in comparison . . . a wooden, paralysing process, hopelessly blunting the intelligence and destroying the spirits of the children . . . converts us into West Britons.[86]

Leagtar béim ar an tuiscint go mbaineann beocht agus fuinneamh le teanga agus le cultúr na Gaeilge go minic sna cuntais a scríobhadh faoin nGaeilge agus faoi na ceantair Ghaeilge. Seo sliocht ón té a bhreac cuntas ar Fheis Phort Láirge: 'Do we know that there is no nation on the earth who can dance like we can or as good as we can. No, nobody has that dance; it isn't in them. There is nothing so rhythmical, so lively, so inspiring, so manly as our dance'.[87] Thosnaigh Gaeilgeoirí ag freastal ar na ceantair ina labhraítí an teanga ar an gcúis, ní hamháin go raibh tírdhreach álainn ann, ach go raibh an teanga ann agus go raibh buntáiste fisiciúil faoi leith le baint aisti.[88] Thagair *An Claidheamh Soluis* don Uasal Flannagan, fo-eagarthóir ar pháipéar i mBéal Feirste, *The Irish News*, a bhain taitneamh agus tairbhe fhisiciúil as seal a chaitheamh sa Rinn 'as a respite from the severe and responsible duties of an editor's sanctum. Really he could not have hit upon a quieter place or a better sanatorium, as the bracing air of Ring is unsurpassed for recruiting man's physical and mental powers'.[89]

Is macasamhail é an tUasal Flannagan de laochra litríochta an Bhéarla ag an tráth seo nuair a scríobhadh úrscéalta inar tháinig fear meata na cathrach chuige féin le linn dó páirt a ghlacadh in eachtraíocht de shaghas éigin ar imeall na hImpire.[90] Níor chabhraigh cúrsaí reatha, mar a pléadh roimhe seo, ar nós Chogadh na mBórach san Afraic Theas mar thaispeáin feachtas earcaíochta na Breataine go raibh breis agus seasca faoin gcéad d'fhir Shasana mí-aclaí agus míoiriúnach chun liostáil san arm.[91] Agus cuireadh cuid den mhilleán ar mheathlú cine.[92]

In ainneoin an bhróid agus na muiníne a bhí ag Sasana as an mBéarla agus go háirithe ó foilsíodh an *Oxford English Dictionary* ag an am seo, bhí imní le sonrú sa litríocht go raibh ag teip ar chine Shasana mar phríomhchine na hEorpa agus go raibh ag teip orthu thar lear. Tháinig an nádúrachas chun cinn sa litríocht agus leagtaí an bhéim ar theip mhorálta an chine; ach bhí leigheas an scéil le fáil.[93]

D'fhuasclaítí léitheoirí de chuid Impireacht na Breataine ón imní faoina meath féin trí scéalta a chur ar fáil dóibh inar tháinig an cine chuige féin agus é i mbaol ar imeall na hImpireachta. In am an ghátair, mhúsclaítí pé cumas a bhí sa chine ó dhúchas agus thug siad na cosa leo, ach iad anois tar éis an ruaig a chur ar pé meirg a bhíodh orthu. Chuir na scéalta eachtraíochta seo réiteach na himní ar fáil don phobal agus ní haon ionadh mar sin go raibh rath orthu.[94]

Bhí sceimhlitheoireacht agus spiaireacht na nGearmánach mar chailleach an uafáis ag scríbhneoirí Béarla, agus an tÉireannach Erskine Childers go hard ina measc: 'In the spy novel, as in the adventure story, the hero's renewal, and ideally the reader's, is accomplished by a generic renewal. The expectations aroused by naturalist fiction or domestic melodrama are aroused again – and then confounded'.[95] Más é an tIarthar Fiáin agus baol na nDúchasach ná 'na nIndiach Dearg' a shlánaigh an Meiriceánach, agus más é fásach na hImpireachta a mhúscail na mianta nádúrtha a shlánaigh an Sasanach, ba í an Ghaeilge agus saol na Gaeltachta a shlánódh an tÉireannach. Ar nós na beirte eile, d'fhágfadh sé a áit dúchais agus thabharfadh sé a aghaidh siar i dtreo na Gaeltachta agus i ndiaidh dó gaois an tsaoil, saíocht an chultúir, saibhreas na teanga agus blas na canúna a thabhairt leis, d'fhillfeadh sé ina fhíorGhael, réidh chun é féin agus an tír a shábháilt. Buntáiste a bhí ag an Éireannach thar an mbuachaill bó nó an spiaire Sasanach ná go raibh fáil ar fhoinse na hAthbheochana i gceantar álainn agus nár bhain an dua céanna ná fiú baol an bháis leis an teanga a fhoghlaim.

Shantaigh na Gaeil, mar sin, nithe a raibh fuinneamh ag baint leo mar ba chruthúnas ab ea an 'fuinneamh' nach raibh meathlú i gceist. Ba ghalar é an meathlú a d'ídigh fuinneamh an chine Ghaelaigh de réir mar a thráigh an teanga: 'The Gaelic Leaguer, on the other hand, seeing the gradual wasting away of the real vitality of the nation simultaneously with its language and seeing with the adoption by Ireland of English speech'.[96] Léiríonn an sliocht seo a leanas ó Oireachtas na bliana 1899, a chuireann síos ar dhán de hÍde, an tábhacht a bhain leis an bhfocal 'vigour', a luaitear sa sliocht seo faoi cheathair, i bhfoclóir na hAthbheochana:

In the fearsad near the close there was much of the fine spirit of the invective of the old bards of Erin. The ode, delivered with vigorous expression and charm of voice and gesture, provoked vigorous applause at every rann. Irish speeches were delivered from representatives of Munster, Connaught and Ulster. Dr. Lynch, Macroom, led the way as the Munster orator, and dealt vigorously with the contempt at one time entertained for the Irish and spoke of the vigorous intellects of the present century who produced such beautiful and powerful literature in the language.[97]

Más rud gur chreid na grúpaí ar fad le linn na hAthbheochana go raibh náisiún na hÉireann faoi ionsaí ag an mBéarla a bhí ag scriosadh fhéiniúlacht na tíre, cén fáth gur éirigh idir Conradh na Gaeilge agus Cumann Buan-Choimeádta na Gaedhilge? D'fhéach siad beirt ar an teanga mar an leigheas a mhúsclódh spiorad na nGael, spiorad na tíre agus a dhúiseodh na hÉireannaigh as an tromshuan, chun meafar na hAthbheochana a úsáid. Chun an scoilt idir an dá ghrúpa a thuiscint ní foláir sracfhéachaint a thabhairt ar shaol agus ar shaothar an Ghearmánaigh Max Müller, rud a dhéanfar sna caibidlí ina bpléitear ceist na gcanúintí agus na gramadaí. D'aithin Cumann Buan-Choimeádta na Gaedhilge go raibh an teanga ag meathlú agus gur ghá an teanga a athbheochan ionas go slánófaí stair, cultúr agus féiniúlacht na tíre. Tuigeadh dóibh gurbh í Gaeilge an seachtú haois déag ab fhearr mar ní raibh aon mheath le sonrú uirthi. Mar sin dhírigh siad a gcuid iarrachtaí ar fad ar an teanga sin a theagasc agus a chur os comhair an phobail, agus de réir thuiscintí na linne bhí an ceart ar fad acu. An teanga a raibh an chanúint ag fás go tréan inti, ní raibh inti ach *patois*. Tuigeadh go forleathan go raibh an baol ann dá ligfí do na canúintí fás gan srian go loitfí an teanga agus d'áitigh Lloyd go rialta: 'the absolute necessity of continuing to write a language, and to write it constantly, in order to preserve its vigour, and prevent it from degenerating into a mere *patois*'.[98] Is í seo an argóint seo a d'úsáid Atkinson i leith na Gaeilge sa Choimisiún: 'The Trinity Case rests on Dr. Atkinson. Two charges are made. One is that the literature is lacking in idealism and imagination and is indecent. The second is that modern Irish is in a formless, fluid, indefinite stasis – is, in fact, a "dismal swamp".'[99]

Tuigeadh in Éirinn roimhe bhunú Chonradh na Gaeilge nach raibh sa chanúint ach toradh an mheathlaithe. B'fhoirm thruaillithe den teanga í an chanúint; chaití fíor-dhrochmheas ar chanúintí agus dhéantaí gach iarracht chun a léiriú nárbh ann do chanúintí i dteangacha Eorpacha. Is féidir an drochmheas seo i dtaobh na gcanúintí a shonrú ar fud shaothar Uilic de Búrca agus é ar a sheacht ndícheall chun an Ghaeilge a chosaint mar theanga gan mháchail. An tarna cuspóir a bhí aige ná a chruthú gur theanga Eorpach í an Ghaeilge. Níor aithníodh an Ghaeilge mar theanga Ind-Eorpach go dtí 1853.[100] Faoin am ar tháinig Conradh na Gaeilge ar an saol glacadh leis gur theanga Eorpach í an Ghaeilge agus aithníodh í mar theanga 'iomlán', ach ina theannta sin bhí teagasc Müller tar éis an bhéim a aistriú ón teanga chlasaiceach go dtí an chanúint agus ba dhisciplínigh de chuid Müller iad fir óga Chonradh na Gaeilge.

Léiríonn an chaibidil seo go raibh géarchéim san Eoraip agus i Meiriceá Thuaidh ag deireadh an naoú haois déag faoi mheath an chine ghil. Taispeánadh nár tháinig Éire slán ón ngéarchéim ach an oiread. Is í an imní seo roimh mheathlú a spreag Athbheochanóirí na Gaeilge chun gnímh. Is fearr a chabhraíonn dioscúrsa an mheathlaithe linn dul i ngleic leis an Athbheochan ná an náisiúnachas cultúrtha leis féin. Is é dioscúrsa an mheathlaithe is fearr a réitíonn cruacheisteanna na hAthbheochana, mar a fheicfear sa chuid eile den staidéar seo. Sula dtabharfar aghaidh air sin, áfach, ní foláir féachaint ar an 'eolaíocht nua' de chuid dheireadh na haoise – eolaíocht na gciníocha agus na dteoiricí éagsúla i dtaobh na fola, ar dhlúthchuid iad de dhioscúrsa an mheathlaithe agus a d'imir tionchar ollmhór ar thuiscint na teanga le linn na hAthbheochana. Ní foláir scrúdú a dhéanamh ar an eolaíocht nua seo i dtaobh thruailliú agus mheascadh na fola ionas go dtuigfear imní agus dearcadh na nAthbheochanóirí i leith thruailliú na Gaeilge agus i leith fhás an Bhéarlachais, mar ba laistigh de chomhthéacs na fola a pléadh ceist na teanga le linn na hAthbheochana.

3

Díothú Ciníocha, Meascadh Fola agus Cros-síolrú

The formation of different languages and of distinct species, and the proofs that both have been developed through a gradual process, are curiously the same.[1]

Charles Darwin

It is very hard to extinguish the languages of any of the higher varieties of the human family.[2]

John Fleming

[T]hey deplore the loss of the sacred memorials of our forefathers, just as scientific men bewail the disappearance of some natural species of bird, beast, or flower. But of all the losses, the loss of a language seems the most irreparable.[3]

Ó lár an naoú haois déag creideadh go raibh cogadh síoraí ar siúl idir na ciníocha éagsúla ar fud na cruinne agus gurbh í an choimhlint sin ba chúis le forbairt ciníocha áirithe agus díothú ciníocha eile – *bellum omnium contra omnes*:

the mainspring of history is the physical and mental inequalities among races; that race hatred and conflict are inbred factors in human nature, that war and imperial expansion are the results of this hatred; that, despite the claims of religion and morality, might makes right; and, finally, that where climate does not affect the outcome, the fair, stronger races invariably defeat and either enslave or exterminate the dark, weaker races.[4]

Ba í tuairim Francis Galton, col-ceathar Charles Darwin agus bunaitheoir eolaíocht *eugenics*, nár díothaíodh an oiread sin ciníocha agus a bhí á ndíothú san am i láthair. Léiríonn sé imní na linne faoi mheathlú an chine ghil nó chugasaigh san abairt dheireanach seo:

the effect either of modifying the nature of races through the process of natural selection whenever the changes were sufficiently slow and the race sufficiently pliant, or of destroying them altogether when the changes were too abrupt or the race unyielding. The number of the races of mankind that have been entirely destroyed under the pressure of the requirements of an incoming civilisation, reads us a terrible lesson. Probably in no former period of the world has the destruction of the races of any animal whatever been effected over such wide areas and with such starling rapidity as in the case of savage man. In the North American Continent, in the West Indian Islands, in the Cape of Good Hope, in Australia, New Zealand, and Van Diemen's Land, the human denizens of vast regions have been entirely swept away in the short space of three centuries, less by the pressure of a stronger race than through the influence of a civilisation they were incapable of supporting. And we too, the foremost labourers in creating this civilisation, are beginning to show ourselves incapable of keeping pace with our own work.[5]

Más fíor gur éag cineál iomlán ainmnithe ar nós na ndineasár, tuigeadh go bhféadfadh ciníocha iomlána imeacht as chomh maith. Ó tosnaíodh ag cur dáta le tús an domhain, mar a dhein an tArd-Easpag James Ussher agus an Dr John Lightfoot, Leas-Seansailéir Ollscoil Cambridge agus Máistir tí Choláiste Naomh Caitríona (St. Catherine's College), cruthaíodh gá le cuntas ar stair na hEorpa agus na Breataine, go háirithe idir tús na cruinne – 23 Deireadh Fómhair 4004 R.C dar le hUssher – agus ré Chaesair agus Claudius. Mar a deir Glyn Daniel: 'The earliest British antiquarians just invented peoples to fill up this early blank in the record of our island story, but their inventions, as was necessary for their successful adoption, bore some relationship to known historical facts outside of Britain'.[6] I measc na ngrúpaí a lonnaigh na saineolaithe úd i Sasana agus i dtíortha eile bhí: sliocht Aneas, garmhac Noah, garmhac Japhet, na Féinícigh, na Gréagaigh agus na Traígh. Ní raibh teorainn le líon na dtreibheanna a tháinig agus a d'imigh as. I measc na gciníocha anaithnide seo a d'éag go huile agus go hiomlán bhí an cine 'diamhair' a thóg Brú na Bóinne in Éirinn: 'Other antiquarians preferred the Lost Tribes of Israel to Phoenicians and Trojans, and, in the nineteenth century, the British Israelites excavated at Tara – Royal Tara – in Ireland, searching for the Ark of the Covenant, which they, in all sincerity, believed lay buried there'.[7]

Ba í danarthacht agus barbarthacht na gciníocha féin ba chúis lena ndíothú, dar le réimsí éagsúla eolaíochta: 'For natural historians, economists and ethnologists alike, savagery itself was often, by definition, a sufficient explanation of the extinction of some, if not all, savage races'.[8] Spreag an laghdú comhaimseartha sa ráta breithe a thuilleadh imní, agus ba mhinic litreacha, ailt agus eagarfhocail sna páipéir 'ranging from the coolly analytical to the hysterical apopcalyptical' ar an ábhar seo: 'The latter were usually punctuated by ominous cries of "race suicide". There was no end of comparisons with the ancient and more recent civilizations and empires whose flagging reproductive energies explained their decline'.[9] Spreag an t-ábhar seo spéis an phobail agus léirítear dúil an ghnáthléitheora Béarla i leabhair ar an ábhar seo a raibh ráchairt orthu i measc an phobail – is leabhair iad ar fad a bhaineann le taiscéalaí thar lear ag aimsiú treibhe nó cine ársa nach bhfacthas leis na cianta agus é ag déanamh iontais na n-iontas díobh agus ag teacht slán sa deireadh thiar thall ón mbaol a bhaineann lena leithéid d'eachtra. Ba é Henry Rider Haggard rí na n-údar ar úrscéalta na treibhe caillte, agus i measc na leabhar a d'fhoilsigh sé ar an téama seo bhí *King Solomon's Mines* (1885), *Allan Quatermain* (1887), *Heart of the World* (1895), *She: A History of*

Adventure (1887), *Allan's Wife* (1889), *The People of the Mist* (1894), *Allan the Hunter: A Tale of Three Lions* (1898), *Ayesha: The Return of She* (1905), *Benita: An African Romance* (1906) agus *The Ghost Kings* (1908) gan ach roinnt a lua. Ach níorbh eisean amháin a shaothraigh an seánra mór-éilimh seo. Ina theannta bhí James McLaran Cobban, *An African Treasure* (1899); Charles Romyn Doke, *A Strange Discovery* (1899); Charles Dudly Lampen, *Mirango the Man-eater* (1900); Emma Louise Olcott, *The Divine Seal* (1909); Roy Norton, *The Toll of the Sea* (1909); Rosa Praed, *Fugitive Anne* (1902); David McLean Parry, *The Scarlet Empire* (1906); agus Arthur Conan Doyle, *The Lost World* (1912).

Bhain ceist seo díothú na gciníocha go sonrach le hÉirinn le linn agus i ndiaidh an Ghorta Mhóir. Mar a mhíníonn Sinéad Garrigan Mattar: 'The Irish were seen, as were other "primitive" peoples, not as an evolving national community, but as a stark case of arrested development; a belated society stuck in a timewarp that made of them "human chimpanzees", living examples of the missing link that eluded science'.[10]

Ba chine faoi leith iad na hÉireannaigh dar le tráchtairí Shasana agus iad oilte de réir aiste Malthus *Essay on Population* (1803) a d'fhógair gurbh amhais iad na hÉireannaigh a chruthaigh an Gorta Mór sa bhliain 1845 agus iad féin ba chiontach leis an ngéarchéim a lean é. Ba chuige seo an t-idirdhealú leanúnach a deineadh idir an cine Gaelach agus grúpaí eile a raibh an cháil orthu gur chiníocha iad a raibh an díothú in ann dóibh: na Hottentots san Afraic, na treibheanna dúchasacha sna Stáit Aontaithe, na Maori sa Nua-Shéalainn, na bundúchasaigh san Astráil agus araile. Ba nós leis na hAthbheochanóirí idirdhealú láidir a dhéanamh idir an cine Gaelach a bhí lán d'fhuinneamh agus a raibh stair agus cultúr ársa acu agus na ciníocha 'barbartha' a raibh caidhp an bháis orthu de bharr a mbarbarthachta féin. Is eol do mhadraí an bhaile in Éirinn agus thar lear faoin gconspóid agus círéib a spreag drama cáiliúil John Millington Synge dar teideal *The Playboy of the Western World* sa bhliain 1907, ach níorbh í seo an chéad uair do Synge a bheith ag teacht salach ar ghluaiseacht na Gaeilge. Ba bheag meas a léirigh léirmheastóir *Irisleabhar na Gaedhilge* ar aiste dá chuid dar teideal 'The Last Fortress of the Celt' a d'fhoilsigh sé san iris léannta *Celtica* sa bhliain 1901 agus é ag tabhairt le fios go raibh cine na nGael ag meath ar Inis Meáin. Is féidir fraoch feirge an léirmheastóra a thuiscint má thuigtear aiste Synge i dtéarmaí na gciníocha a raibh an bás ag teannadh leo agus an díothú ag bagairt orthu:

'The Last Fortress of the Celt', by J. M. Synge is rather amusing, even if the title alone be taken into consideration. There are certainly more fortresses of the Gael (not to mention the Celt) in Ireland than Inis Mheadhóin Arann. Mr. J. M. Synge, whoever he be, appears to be inclined to look down at the natives of Arann from a very high eminence indeed. He discourses of them in a quasi-learned style, as if they were some tribe of Central Africa, instead of Irish islanders of simple and unaffected manners. We beg to inform the writer that the type is *not* disappearing from Ireland.[11]

Feictear anseo beirt ag teacht salach ar a chéile faoin nóisean coitianta go raibh cine na nGael ag meathlú agus ag imeacht as. Is léir ar fhoclóir Synge agus 'dún' agus 'Ceiltigh' á n-úsáid aige, agus tagairt an léirmheastóra do threibh éigin san Afraic go bhfuil siad beirt ag scríobh as dioscúrsa an mheathlaithe agus go bhfuil scéal na gciníocha díofa mar chúlra anseo. Agus sa bhliain 1907, d'fhiafraigh James Joyce: 'is the Celtic world, the five Celtic nations, pressed by a stronger race to the edge of the continent – to the very last islands of Europe – doomed, after centuries of struggle, finally to fall headlong into the ocean?'[12] Ach níorbh iad Synge, Joyce agus scríbhneoirí an Bhéarla amháin a thagair don fhéinmharú cine seo. Seo de hÍde i mbun óráide i Nua-Eabhrac sa bhliain 1905 de réir mar a tuairiscíodh sa *New York Times*:

> He told his hearers that it was a struggle for life or death, nevertheless, and that only by preserving its national language could the Irish people preserve its national existence. Too many, he said, had in the past ceased to be Irish without becoming English, and those who wailed the loudest on behalf of 'their oppressed country' were often those who went furthest in their slavish imitation of the English. That imitation and all it involved he denounced as 'a suicidal mania'.[13]

Ní raibh de hÍde féin dall ar na teoiricí ná tuiscintí seo, mar is léir ón gcur síos seo a leanas:

> One of these half-breeds was a curious combination of blood, his father having been a Russian Finn and his mother a squaw, yet though the Finns are one of the cleverest races in Europe, it so turned out that he was the stupid one of the party, and could tell no stories outside of a personal adventure or two. The other half-breed was the son of an old Hudson Bay voyageur, who had come so Indianized that he had never spoken anything to his children but Indian, and this man, who had an exuberance of French vivacity in his nature, was, like Mercurius, chief-speaker and also chief story teller for the rest of the party. The full bred Indians were more taciturn and did not know English sufficiently well to tell a long story in it . . . These Indians pull very well together with the whites, and men who will walk out of a lumber camp and refuse to work in it if a negro is taken into employment, make not the slightest objection to working with Indians.[14]

Saintréith de na ciníocha seo, dar leis an teoiric úd, ab ea a n-easpa gcumais chun aon dul chun cinn ná forbairt a dhéanamh agus nach raibh siad in ann iad féin a stiúradh nó a rialú mar a dhéanfadh cine nó náisiún sibhialta. Ba sheanmhóitíf agus ba shainmhóitíf an dídhaonnú a dheintí ar an Éireannach in irisí agus i dtéacsanna Sasanacha: 'Within Britain itself, the "wild Irish" had, from the 1500s on, been tarred with that and virtually very other stereotypic accusation about savages that their English adversaries could think of'.[15] Dar le Richey níor dhein na Gaeil aon dul chun cinn riamh agus ba threibh, seachas náisiún, iad: '[that] never advanced beyond the tribal condition and failed to develop into a nation with a central government and executive',[16] agus dar le Foley agus Boylan: 'For authors such as Richey and Hearn, Ireland, was closer to archaic society than to modern'.[17] Ba ghné rialta in irisí na linne gurbh ionann na hÉireannaigh agus na ciníocha gorma agus an goraille. Thrácht an t-iriseoir Beilgeach Gustave de Molinari sa bhliain 1880 ar léargas na Sasanach ar an Éireannach mar 'une variété de negres blancs'.[18] D'aimsigh de Molinari, dar le L. Perry Curtis: 'one of the more widespread images of the Irish which was entertained by educated and respectable Victorians who habitually thought in categorical terms about the so-called races of man. The allusion to "white Negroes" points up a vital ingredient in the cluster of prejudices which operated so pervasively in Great Britain against not only Irishmen but Negroes and other non-Anglo-Saxons whose assumed inferiority was even less open to dispute or qualification'.[19] Déanann Curtis cur síos trí anailís a dhéanamh ar chartúin irisí ar an tuiscint choitianta le linn ré na banríona Victoria gurbh ionann an cine Éireannach, na ciníocha gorma agus an goraille nó an ápa. Tráchtann sé ar 'the way in which the science of man and the art of caricature – working both independently of one another and at times together – helped to harden as well as perpetuate the stereotypes of "white Negroes" and simianized Celts'.[20] B'ábhar léinn é an Eolaíocht Daonna (Science of Man) a tháinig chun cinn sa ré seo a raibh na difríochtaí idirchiníocha mar bhunús leis agus ba cheannródaí san ábhar nua seo é an tAlbanach Robert Knox.

Ba é Knox a d'fhoilsigh *The Races of Man* sa bhliain 1850 agus ba dhuine de na saineolaithe is mó é a chuaigh i bhfeidhm ar an bpobal. Ní beag a bhí le rá aige i dtaobh na hÉireann go háirithe agus é ag scríobh le linn an Ghorta nuair ab fhacthas dó go raibh an cine Gaelach ar an dé deiridh agus nárbh fhada sula ndíothófaí iad ar fad. Ní raibh puinn difríochta, dar leis, idir cás na gciníocha san Afraic agus san Eoraip: 'Relations among the fair, European races, moreover, are no different . . . the key to European history is also race war and genocide. The eventual outcome of the conflict between the Saxon and the Celtic races will be just the same as that between the Maori and both these fair races in New Zealand'.[21] Cé gur bhain na Francaigh leis an gcine Ceilteach, dar le Knox, ba iad rogha agus togha na gCeilteach iad. Ba iad na hÉireannaigh, áfach, dríodar na gCeilteach agus níorbh fhada go ndíothófaí iad mar ba dhual do threibh ar bith den ghrád ab ísle nach raibh de chumas iontu forbairt – 'fated to go the way of the dark races of the world'.[22] Agus é ag scríobh le linn an Ghorta tuigeadh do Knox gurbh iad muintir na hÉireann féin ba chúis leis an ngéarchéim. Ní shlánódh an imirce iad fiú; mar ba chine iad a raibh mianach lag iontu agus dhéanfadh ciníocha eile ionsaí orthu ionas nach bhfeicfí aon rian den chine sin thar lear i gceann cúpla glúin: 'Even emigration is no solution, because the Irish abroad, like other transplanted races, will be absorbed by other populations or else gradually killed off by disease and climate'.[23] Mar a tuigeadh don *New York Times* sa bhliain 1861, ní hamháin go raibh líon na gcainteoirí Gaeilge ag trá ach bhí an cine Gaelach é féin á dhíothú:

It is not more than fifty years since Col. Vallamey (sic) urged on English officials the expediency of studying the Old Irish language, since there was, as he estimated, above two millions of persons who spoke no other tongue. Since than time it has become well-nigh dead, while even the 'rich brogue' which flavors Hibernian English, is vanishing before the influence of schools and of intercourse with England. The constant stream of emigration to America and Australia, drawn, in a great measure, from the Catholic element, which is synonymous with the more purely Irish portion of the inhabitants of the Emerald Isle, was the first great measure of national diminution and of change . . . A recent examination of facts and figures by the *Irish Times* establishes in a startling manner the truth of this assertion. The old stock have been swept out at a truly terrible rate . . . The more fearful causes of loss have diminished, but emigration still continues to thin out at a headlong rate the original population . . . It is unquestionably melancholy to see a brave and once eminent race thus vanishing from the land of its birth – and we regret it none the less because our own progress owes much to its extinction. But be it remembered that the real cause of its perishing is the inevitable action of those laws of capital and of industry which regulate labor.[24]

Is léir go raibh na hAthbheochanóirí ar an eolas faoin dioscúrsa áirithe seo a d'fhéach orthu mar chine faoi bhagairt go háirithe tar éis an Ghorta, nuair a tháinig laghdú tubaisteach ar an daonra agus nuair a d'ardaigh an ráta eisimirce mar is léir ón dá eagarfhocal in *The Celt* sa bhliain 1857.[25] Thagair J. M. Wall don ghné seo i litir dá chuid a foilsíodh sa *New York Times* ar an 21 Nollaig 1902 nuair a d'ionsaigh sé comharchumainn Plunkett mar réiteach ar chruachás na hÉireann: 'The constant drain of emigration, unexampled in the history of any other country, shows that Ireland is dying, not by inches, but by yards'.[26] Agus é ag trácht ar 'England's methods of amelioration', thagair sé don teoiric go raibh rás na nÉireannach rite:

During the awful famine in 1847 *The London Times* gave show of grave concern. 'Soon,' it exclaimed in ghoulish glee, 'it will be as difficult to find an Irishman in Connemara as a red Indian on the shores of Manhattan'. If this sinister prophecy had force then how much greater force has it now?[27]

Feictear an freagra is soiléire ar an líomhain seo sa leabhar a d'fhoilsigh F. Edmund Hogan dar teideal *The Irish People: Their Height, Form and Strength* sa bhliain 1899 agus a thiomnaigh sé 'to the members of the Gaelic League at home and abroad'.[28] Is léiriú dearscnaitheach é ar an tionchar a bhí ag gluaiseachtaí idirnáisiúnta an mheathlaithe agus an chros-síolraithe ar Athbheochan na Gaeilge é go raibh an tíosánach Corcaíoch seo a oileadh sa Róimh agus a ceapadh ina Ollamh san Acadamh Ríoga agus a bhí ina údar ar leabhar mar seo agus ar *A Handbook of Irish Idioms* araon.

Mhínigh sé ina réamhrá gur spreagadh é chun tabhairt faoin saothar nuair a chonaic sé na cartúin in *Punch* agus in *Puck*: 'the cartoonists of *Punch* "invariably represented the Irishman as of a low savage type". They took as their model the very lowest type of the Englishman, adorned him a tattered coat, knee breeches, a battered hat, a clay pipe, a shillelah, and presented him as a typical native of Ireland'.[29] Ba mheasa, dar leis, na hirisí sna Stáit Aontaithe: 'the Knownothings of America, dutifully followed "The Mother Country" in this unholy and unwholesome crusade of calumny and insult, and their *Puck* and other comic papers surpassed in savagery even the odious caricatures of the *Punch* of other days'.[30] Ba é an cuspóir a chuir Hogan roimhe:

> not to exalt Irishmen, but to defend them against shameless and systematic calumny; to prove that they are not like 'Hottentots', or the 'veriest savages on the face of the earth', or 'like baboons', or the savage caricatures of *Punch*, or 'the lowest races of Australia'. Confirming myself, for the present, to the physical from of the men, women, and children of the Irish race I prove, firstly, by the linked testimonies of fifty-one Englishmen, six Frenchmen, three Italians, and two Spaniards, that the Irish race are dowered with nature's gifts in as high a degree as any people on earth; and secondly by the testimony of ninety competent witnesses, that the peasants of Mayo, Sligo and Leitrim who have been cruelly maligned, are a fine race of men.[31]

Sa chéad chaibidil tugann sé cur síos cuimsitheach ar na líomhaintí éagsúla a cuireadh i leith na nÉireannach go rabhthas barbartha meathlaithe mar chine. Is cosaint atá sa cheathrú caibidil agus tabharfar blaiseadh beag den argóint agus den fhianaise anseo thíos. Thagair sé do Beddoe ón London Anthropometric Committee a luaigh sa bhliain 1882 an teoiric: 'that the Connaughters had degenerated under the influence of semi-starvation, until their kinsmen across the Shannon would no longer acknowledge the connection'.[32] Dar le Hogan deineadh aithris ar an mbréag seo sa *Dublin University Magazine* agus 'so forcible and graphic was the picture he drew of the dwarfish, pot-bellied, abortively-featured, prognathous "spectres of a people, once able-bodies and comely, that haunted Sligo and Mayo", that it has been quoted by every monogenist writer at home and abroad ever since'.[33]

Luaitear an cros-síolrú agus an meascán fola in Éirinn sa sliocht seo ó Sir Samuel Ferguson sa bhliain 1853 agus é ag trácht ar Árainn:

> Whatever may be said of the advantages of a mixture of races, I cannot discern anything save what makes in favour of these people of the pure ancient stock when I compare them with the mixed populations of districts on the mainland . . . Here, where they have been left to themselves, notwithstanding the natural sterility of their islands, they are certainly a very superior population – physically, morally and even economically – to those of many of the mixed and planted districts.[34]

Tagraíonn Hogan don *Ethnography of (the islands) of Garumna and Leitirmullen* mar:

> The people are well developed and good-looking. The mean height of the sixty-five adult men measured was 1,739 metres (sic), or 5 feet 81/2 inches; the extremes were 5 feet 5 inches and 6 feet 1 inch; eight of them were 5 feet 11 inches and upwards; the build is stout and square, with great depth of chest and muscular strength, far above the average. Their lifting power is especially great; they are very hardy, and capable of bearing a great deal of hunger, fatigue and wet. The women seem to be above the average height, and are very stout and strong, one young maiden of 18 was 5 feet and 10 inches. The head is well-shaped, the forehead upright; the face of medium length, with prominent cheekbones; the nose is straight, generally long and sharply pointed, often aquiline. The mouth is not large, the lips are of medium thickness; the teeth are good, sound and even; the eyes light-blue or blue-gray, seldom green or brown; the ears small and well-shaped, and very few abnormalities were observed The skin rather fair, sometimes ruddy, and turns to clear red. The hair is usually a light brown, next in order of occurrence dark brown, then fair; black and red hair infrequently met with, genuinely black hair is very rare. The hair is usually wavy, very often curly. The people are, as a rule, robust, stout, hardly, wonderfully healthy.[35]

Is dlúthchuid den leabhar iad táblaí a rianaíonn agus a scagann méid agus airde na nGael i gcomparáid le náisiúin eile agus a léiríonn nach bhfuil an cine Gaelach puinn níos measa ó thaobh coirp de ná dream ar bith eile agus is minic iad chun cinn ar na hAlbanaigh agus na Sasanaigh go háirithe. Níorbh iad na hirisí Éireannacha agus Sasanacha amháin a ghéill don tuiscint ná don dioscúrsa seo agus a leithéid le fáil sa *New York Times*, leis.[36]

Ní dall, más ea, a bhí muintir na Gaeilge in Éirinn ná thar lear ar theoiricí an chros-síolraithe ná ar theoiricí thruailliú na fola mar a tuigeadh iad sa dara leath den naoú haois déag a léiríonn feabhas an chine Ghaelaigh i gcomparáid leis na ciníocha eile.[37] Gné den díospóireacht seo a bhaineann le Conradh na Gaeilge sna Stáit Aontaithe ná an bhéim a leagadar ar an difríocht idir an cine Éireannach agus Sasanach. Nuair a tugadh le fios gur 'Angla-Shacsanaigh' ab ea muintir Mheiriceá, chuir Conradh na Gaeilge go tréan ina choinne: 'Just now the effort of the Gaelic League is to prevent its members and those whom they represent from being lumped with the "Anglo-Saxons", to whom they equally object whether classified under that name, the simple name of "Saxons", or the Sassenach'.[38] Feicfear san anailís a dhéanfar ar ball ar urlabhra na nAthbhneochnóirí go séantaí go mion minic go raibh an cine Gaelach, mar a thug siad orthu féin seachas an náisiún Éireannach, fós beo beathach agus ag teacht chuige féin.

Ach sula dtabharfar aghaidh ar an gceist ní foláir féachaint ar an tarna ceist a spreag dioscúrsa seo na gciníocha díofa; cad a tharlódh dá meascfaí cine lag le cine láidir? Dá meascfaí fuil dhá chine le chéile, cén toradh a bheadh air? Is ceist í seo atá rílárnach d'aon phlé tuisceanach luaíochta ar dhioscúrsa na hAthbheochana Gaeilge mar is *sine qua non* é d'idé-eolaíocht na nAthbhneochanóirí maidir leis an mBéarlachas agus le forbairt na teanga. Tá an cheist seo ina téama agus ina móitíf leanúnach in óráidí de hÍde, aistí Uí Laoghaire, agus ailt éagsúla in *Fáinne an Lae* agus in *An Claidheamh Soluis*, agus léiríonn sé thar aon rud eile go raibh Athbheochan na Gaeilge préamhaithe i ndioscúrsa an *fin de siècle* agus sa díospóireacht eolaíochta agus intleachtúil a bhí ag titim amach ag an am céanna san Eoraip, seachas a bheith tógtha ar théiseanna Herder, Fichte agus Humboldt amháin.

Tríd an naoú haois déag ar fad ba chúis imní agus achrainn san Eoraip agus sna Stáit Aontaithe é an cros-síolrú. Ba chirte a rá gur shíolraigh an choimhlint faoin toradh a bhláthódh ón gcros-síolrú – drochthoradh lag gan bhrí, nó dea-thoradh láidir lúfar beoga. B'ann do thuairimí éagsúla agus do chúiseanna imní éagsúla faoin ábhar seo ach lean buairt amháin ag borradh aníos arís agus arís eile, b'in go raibh an cine geal nó cine na hEorpa á thruailliú agus á lagú mar thoradh ar chros-síolrú le ciníocha nó saghsanna eile. Thagraítí don idé-eolaíocht seo go rialta nuair a phléítí ceist an truaillithe teanga nó an truaillithe cultúir i gcomhthéacs na Gaeilge. Is é atá i ndíospóireacht an Bhéarlachais in Éirinn, mar a fheicfear sa chéad chaibidil eile, ná leagan de dhioscúrsa na gciníocha, dioscúrsa a bhí lárnach i ngach díospóireacht sa naoú haois déag san Eoraip a chreid go raibh cine agus cultúr na hEorpa ag trá go tapaidh agus é sin á nascadh le teip na hImpireachta agus na sochaí.

Le linn an ochtú haois déag deineadh náisiúin a dheighilt óna chéile ar bhonn teangeolaíoch de bharr na gclann teangeolaíoch lenar bhain siad.[39] Ach i dtús an naoú haois déag, thosnaigh tuiscintí nua ag teacht chun cinn. Tugadh droim láimhe don chur chuige focleolaíochta agus tugadh faoin gcine mar bhunús na ndifríochtaí idir daoine, tíortha agus ciníocha, rud a ghin ábhar léinn nua agus a thug ar shaineolaithe sainmhíniú eile a dhéanamh ar náisiún, sainmhíniú a raibh 'cine' lárnach ann. Dar le Robert J. C. Young: 'From the 1840s onwards, the question of species, and therefore hybridity, was always placed at the centre of discussions and was consistently and comprehensively treated'.[40] Duine de na tráchtairí ba mhó ar an ngort nua 'eolaíochta' seo ab ea Knox a bhí go mór chun cinn idir 1870 agus 1914.[41]

Ba é ré an 'new ethnology, the sciences of races' é.[42] B'ionann cine agus 'the determining motor of history' dar leis an staraí Barthold Niebuhr.[43] Seachas glacadh le dearcadh aonchineálach mar fhoinse an chine dhaonna, ghlac an eolaíocht seo leis gur fhoinse ilchineálach ba chúis le hilghnéitheacht an domhain. Roinneadh an cine daonna ina thrí chine – geal, gorm agus buí, agus deineadh staidéar orthu ar an mbonn sin. Teoiric amháin ar ghlac an gnáthphobal, iadsan nach raibh aon spéis nó saineolas acu i dtaobh na heolaíochta, léi ná gur dhrochthoradh a bheadh ar mheascadh idir na ciníocha don chine geal mar nach raibh sé ar chumas na gciníocha gorma ná buí aon dul chun cinn a dhéanamh. Bhí sé sin soiléir i leabhar Matthew Arnold: 'It was, in short, a practice of cultural politics. By the time of *Culture and Anarchy*, this modern, scientific view was fast becoming dominant'.[44] Nascadh an meathlú agus an cros-síolrú go tapaidh. Mar a deir Young: 'The threat of racial degeneration was of course, to linger on through the nineteenth century, decisively returning as the distinctive aura of the fin de siècle, and reaching its apex in Nazi race theory'.[45] Tagann MacMaster leis: 'From the mid-nineteenth century onwards "race science" became the dominant epistemology, a tool for the unlocking of every conceivable social, cultural and political phenomenon, and the discourse of race infiltrated gender, class and nation'.[46] Níorbh fhada gurbh é an meathlú a d'fhás ón gcros-síolrú an leithscéal chun impireacht na Breataine a leathnú agus a chosaint.[47]

Má bhí todhchaí na gciníocha ag déanamh buartha do thráchtairí cultúrtha, ba chúrsaí gnéis a dhein imní don ghnáthdhuine. Tháinig an cheist seo go mór chun cinn le linn Chogadh na gCarad (1861-5) sna Stáit Aontaithe nuair a bhí ceist na sclábhaithe ina cnámh spairne idir an dá thaobh.[48] Tuigeadh nach mbeadh aon bhláth ar an toradh idir dhá chine éagsúla, nó idir dhá dhúil éagsúla: 'It is for this reason that we find the question of hybridity at the centre of racial theory, with its key question of whether the product of sexual unions between different races were, or were not, fertile.'[49] Má ba iad na Sasanaigh an cine impiriúil, cár fhág an tuiscint sin an cine Gaelach? Is ceist í seo a bhí ríthábhachtach do mhuintir na Gaeilge agus do mhionteangacha eile na hEorpa sa tréimhse ama seo. In ainneoin gur deineadh go leor cainte agus díospóireachta faoin gceist seo, d'fhás an smaoineamh, ó aiste Gobineau dar teideal *An Essay on the Inequality of the Human Races* (1853-5) den chuid is mó. Ba sheasc é an toradh, dar leis, a bheadh idir dhá chine nó dhá dhúil faoi leith in ainneoin thorthúlacht na gciníocha cros-síolraithe sa chéad agus sa dara glúin, mar ba ina dhiaidh sin a tháinig an smál fola chun solais agus a thosnaigh an cine úd ag meathlú de luas nimhe.[50]

De réir mar a tugadh sclábhaithe ar ais óna dtíortha dúchais agus de réir mar a mheasc an cine geal le ciníocha eile, cuireadh an cheist – cén toradh a bheadh ar an meascán idirchiníoch agus idirchultúr seo, sa bhaile agus thar lear? Bhíothas imníoch roimh na teifigh a bhain Sasana, go háirithe, amach mar cheann scríbe agus dá bharr sin bunaíodh Léig na mBráthar Briotanach (British Brothers League) chun srian a chur le líon na dteifeach a bhí ag cur fúthu i Sasana.[51] De bharr imní an phobail bunaíodh Coimisiún Ríoga i Sasana sa bhliain 1903 chun ceist agus líon na dteifeach a fhiosrú. I measc na ndreamanna a theith go Sasana ag an am seo, bhí Éireannaigh, Polannaigh, Rúisigh agus Giúdaigh na Gearmáine. Leis an laghdú ar líon breitheanna Shasana ba chúis imní don Fabien Society go n-ídeofaí an cine geal Sasanach ar fad: 'This can hardly result in anything but national degeneration; or, as an alternative, in this country gradually falling to the Irish and the Jews. Finally, there are signs that even these races are becoming influenced. The ultimate future of these islands may be to the Chinese'.[52] Chuir eolaithe rompu a fhiosrú an mbeadh toradh buan ar chros-síolrú idir dhá chine agus fuarthas freagraí agus tuiscintí áirithe – go mbeadh toradh seasc, toradh fiúntach, toradh sealadach fiúntach agus araile.[53]

Ní in imeacht aon lae amháin a thosnaigh an cheist seo ag borradh aníos. Chuir Charles Darwin agus an chonspóid faoin téis a d'fhógair sé in *Origin of Species*, a foilsíodh ar an 22 Samhain 1859 agus ar díoladh gach cóip den 1,250 cóip a foilsíodh ar an toirt, dlús faoin ábhar seo sna 1860í lena shaothar. Pléadh foinse an chine go mion agus go minic; ar shíolraigh sé ó aon fhoinse amháin nó ó fhoinsí éagsúla? Dóibhsean a chreid gur shíolraigh sé ó fhoinsí éagsúla, tuigeadh dóibh gur chóir na ciníocha éagsúla a scarúint óna chéile agus nár chóir aon chros-síolrú idir na ciníocha a cheadú in aon chor mar dhéanfaí dochar don chine ba láidre – an cine geal Eorpach. Bhíothas ann, leis, a chreid go bhféadfaí toradh maith a bheith ar chros-síolrú idir dhá shórt faoi leith, go háirithe laistigh den Eoraip. Ina measc agus chun cinn ar roinnt mhaith acu, bhí Knox, a chreid: 'that Europe was divided internally into a range of races (Saxon, Celt, Slavonian, Sarmatian etc.) that were just as distinctive as Red Indians, Hottentots and other "savages". Moreover, the dynamics of contemporary history could be interpreted as a struggle between these European groups, a "war of race against race"'.[54] Is é an teannas laistigh den Eoraip is spéis linn anseo. Tá an tuiscint go bhfuil cogadh idir na grúpaí éagsúla laistigh den Eoraip le sonrú go soiléir i scríbhneoireacht Matthew Arnold go háirithe. Thóg Arnold ar an tuiscint gurbh fhéidir toradh maith buan a aimsiú dá meascfaí ciníocha a bhí i bhfad óna chéile laistigh den 'chlann' Eorpach. Is éard atá ar intinn ag Arnold in *On the Study of Celtic Literature* ná meascadh den sórt seo a mholadh idir dhá chine a bhí sách fada óna chéile chun toradh maith buan a bheith ag an gcomhnascadh: nascadh idir na Ceiltigh agus na hAngla-Sasanaigh:

as Renan does, he emphasises the survival of Celtic blood in that of the English. He contests the idea that the Celtic Britons 'should have been completely annihilated' and that the Saxons carried out the 'deliberate wholesale extermination of the Celtic race'. The 'main current of the blood', he concludes, may have become Germanic, but, he asks, 'can there have failed to subsist in Britain, as in Gaul, a Celtic current too?'[55]

Tuigtear d'Arnold anseo go bhfuil tréithe an náisiúin le haimsiú san fhuil, tuiscint a bhí coitianta san Eoraip go háirithe ag deireadh an chéid.[56]

Shamhlaigh Arnold litríocht Shasana agus litríocht an Bhéarla mar mheascán de dhea-thréithe na gCeilteach agus na nAngla-Shacsanach, litríocht hibrideach nó chroschineálach.[57] I nglanchodarsnacht leis na Gearmánaigh, a bhí rímhórtasach as a bhfoinse aonair, dhein na Sasanaigh gaisce as a gcáil mar chine measctha.[58] D'éirigh leis a argóint a chur chun cinn toisc gur roghnaigh sé leagan de theoiric na gciníocha a chreid go raibh toradh dearfach ar chros-síolrú.

Deineadh nasc idir na teoiricí seo a d'fhógair Darwin agus an teangeolaíocht ar an bpointe: 'The notions of Darwinism patterns in language became common coin in the late nineteenth century: as F. W. Farrar Said, the idea suggested itself so naturally as to make its use almost inevitable'.[59] Agus áitíonn Alter:

The linguistic images that grew thick in the debates over Darwinism from 1859 to 1871 appeared less frequently in the decades thereafter. Yet in a sense the analogy was stronger than ever, for even when it went unspoken, it was nevertheless there . . . a convergence of concepts among the linguistic and biological sciences as a whole during much of the century after the appearance of Darwin's *Origin of Species*.[60]

Níl aon cheist faoi ach gur tháinig muintir na hAthbheochana agus Conradh na Gaeilge faoi thionchar na dtuiscintí éagsúla arbh ann dóibh i dtaobh na fola agus an chros-síolraithe a bhí á scaipeadh ar fud na hEorpa ag an am: 'It appears that Social Darwinism, the general idea that contemporary society could be analysed as a process of struggle for survival between competing groups or individuals, was omnipresent throughout European higher culture in the later nineteenth century'.[61] D'imir an cheist seo tionchar nach beag ar shochaí Shasana, leis, ach i slite éagsúla le hÉirinn. Dhírigh na hÉireannaigh isteach ar cheist na teanga agus ar cheist an chreidimh, mar gurbh iadsan na hábhair ba mhó buairt dóibh. Dhírigh Sasana isteach ar an Impireacht agus a sheasamh idirnáisiúnta; dhírigh na hAthbheochanóirí isteach ar cheist na teanga agus ceist na fola.

Is dlúthchuid é an imní seo faoin hibrideachas d'idé-eolaíocht na nGaeilgeoirí agus Chonradh na Gaeilge i rith na hAthbheochana agus anuas go dtí ár lá féin.[62] Is é is cúis leis an imní faoi mBéarlachas, faoin meascadh comhréire, faoin mblas ceart agus faoin stíl cheart Ghaeilge. Shloig Gaeil na hAthbheochana teagasc Gobineau faoi thodhchaí an náisiúin go huile agus go hiomlán agus dhein alt creidimh de. Tuigeadh dá bharr go raibh teip nó dul chun cinn an náisiúin agus na tíre ag brath ar an meascán fola sa phobal agus go raibh todhchaí na teanga ag brath ar an meascán foclóra agus comhréire sa teanga. Ós rud é go raibh an tuiscint den náisiún ag brath ar theanga neamhspleách a bheith ann, níor thóg sé mórán ar na hÉireannaigh chun teoiric na gciníocha a chur i bhfeidhm ar theanga na hÉireann. Bhraith féiniúlacht na nGael ar a dteanga agus ar a gcultúr féin mar a mhúin an náisiúnachas cultúrtha, ach de réir na dtuiscintí nua a bhí á scaipeadh ag leithéid Gobineau, dá dtruailleofaí an teanga agus an cultúr, theipfeadh ar an náisiún sula i bhfad. Ba den riachtanas é, mar sin, cur i gcoinne aon truaillithe teanga nó cultúir.

Má iniúchtar na ráitis, mar a dhéanfar sa chéad chaibidil eile, a eisíodh le linn na hAthbheochana faoin mBéarlachas, nó mar a thugtaí air ag an am 'an Gall-Ghaelachas', nochtann an foclóir gur uamhan gnéis agus cros-síolraithe a bhí ag déanamh imní go comhfhiosach nó go neamh-chomhfhiosach dóibhsean a bhreac na ráitis. Is minic sainfhoclóir an chros-síolraithe in úsáid ag na tráchtairí ar chúrsaí gramadaí, litrithe, litríochta agus eile. Go deimhin féin, má fhéachtar ar an bhfrása 'Gall-Ghaeilge' arbh é an leagan Gaeilge de 'Anglicisation' ar feadh i bhfad, cuimhnítear ar na 'Gaill-Ghaeil' – iadsan a rugadh in Éirinn agus a raibh a dílseacht ag dul do Shasana. Léiríonn an fleiscín idir an dá fhocal an tuiscint as ar tháinig an frása seo, meascán de dhá rud éagsúla agus toradh seasc a tháinig dá bharr. Agus ní mór léargas na nGall-Ghael agus a sliocht in úrscéalta an tí mhóir a mheabhrú anseo, mar shamhlaítí iompar 'mí-nádúrtha' leis na huaisle seo go minic agus a sliocht ag imeacht as. Scaip an tuiscint úd ar fud na hEorpa ar nós na gaoithe ionas gur glacadh léi scun scan mar shlí chun an stair, an pholaitíocht agus an fhéiniúlacht náisiúnta a mhíniú agus a thuiscint.[63]

Is eol dúinn gur chuaigh teagasc Arnold i bhfeidhm ar Uilic de Búrca, mar thug sé sliocht as *On the Study of Celtic Literature* ina shaothar féin, *The Aryan Origin of the Gaelic Race and Language*, a foilsíodh in 1876 agus arbh é an fotheideal atá ar an sliocht seo ná 'Modern Britons, Half Kelts': 'It is in our poetry that the Keltic part in us (English) has left its trace clearest. The Keltic element was not banished out of Britain by the coming of the Angles or the Saxon'.[64] Tuigeadh don Bhúrcach ar an mbonn sin gur leath-Cheiltigh iad na Sasanaigh. D'fhógair Max Müller, agus é ag déanamh talamh slán den chros-síolrú, go raibh fuil na gCeilteach le fáil go forleathan i measc na Sasanach: 'A Celt may become an Englishman, Celtic and English blood may be mixed; and who could tell at the present day the exact proportion of Celtic and Saxon blood in the population of England?'[65] Feictear Tomás Ó Flannghaile ag baint leasa as teagasc na fola chun argóintí éagsúla a chur chun cinn le linn na tréimhse seo. Chuir sé argóint chun cinn, bunaithe ar an bhfuil, go raibh na Ceiltigh fós beo i Sasana. Sonraítear tionchar na hargóna ar tharraing Arnold aistí go soiléir ar an téis seo, cé nach luaitear Arnold beag ná mór san aiste, ach an scoláire Ceiltise Gaidoz. Is spéisiúil an tagairt seo do Gaidoz, mar léiríonn sé nach raibh lón machnaimh intleachtóirí Athbheochan na Gaeilge srianta do dhioscúrsa an Bhéarla amháin:

> While it is only too true that Ireland, Scotland, and Wales have all during the last 300 years suffered a certain amount of anglicising – in blood, in language, in manners and customs, and in ways of thinking – it may be asked, is this a statement of the whole case? Has not the process been checked in various ways and at various times? And further, has no counter current set in – has there been no movement in an opposite direction? As a matter of fact, many observers have noted such a movement. Some years ago, in an early number of the *Revue Celtique* of Paris, M. Gaidoz the editor expressed his belief that while, no doubt, the Celtic countries had been anglicised to a considerable extent, the process was on the wane, and that for the last couple of hundred years there had actually been going on at the same time a gradual *re-celticising* of Britain, even England. This, he maintained, was shown partly by the steady growth and spread of Celtic surnames in England, but only partly in this way, the *re-celticising* in blood being much more wide-spread than family names would indicate, owing to the long-prevailing tendency to anglicise Celtic names by translation, abbreviation, or other mode of corruption. If this be so, Celts may well feel some gratification at the fact, and may look upon it as some measure of compensation for their partial displacement in their own countries. There is, of course, a great difference between the two processes, while the anglicising has been enforced and of set purpose, the *re-celticising* (of England and of Britain generally) has been going on silently and unconsciously. But the reality of this latter process there can be no doubt. For the last two hundred years, and especially within the present century, owing to migrations and emigrations, there has been a steady influx of Celtic families from Wales, Scotland, and Ireland into England; and at this day, if it could be plainly demonstrated that half the people of England were Celtic in blood, the fact would not be and should not be strange.[66]

Ach in ainneoin an dá thagairt sin don Bhúrcach agus don Fhlannghaileach, níor ghlac Athbheochanóirí na hÉireann leis an téis go mbeadh dea-thoradh ar mheascadh dhá ní gar dá chéile, ar nós chine na hÉireann agus cine Shasana.

Is é an leas is mó a bhain Athbheochanóirí na Gaeilge as teoiricí na fola ná gur chuir siad i bhfeidhm ar dhioscúrsa na teanga iad. Níorbh aon rud nua é seo; ba nós coitianta ar fud na hEorpa é go léimfí ó dhíospóireachtaí fola agus ciníocha go teanga:

The word's (hybrid) first philological use, to denote 'a composite word formed of elements belonging to different languages', dates from 1862. An OED entry from 1890 makes the link between linguistic and racial explicit: 'The Aryan languages present such indications of hybridity as would correspond with . . . racial intermixture'.[67]

B'fhada an ceangal idir teangacha agus ciníocha. Tógadh an teoiric chiníoch ar dhá bhonn, an chorpeolaíocht agus an teangeolaíocht. Ba é an scoláire Gearmánach J. F. Blumenbach a d'úsáid éagsúlacht na dteangacha chun cur síos a dhéanamh ar éagsúlacht na gciníocha, agus bhain sé leas as an meathlú chun na difríochtaí idir na ciníocha a mhíniú. D'athraigh an teangeolaíocht an tuiscint seo, áfach. Nuair a tuigeadh gur shíolraigh teangacha na hEorpa ó fhoinse amháin, tosnaíodh ag trácht ar na teangacha mar 'chlann':

We may note here the insistently genetic emphasis on the metaphor of 'families' of languages, and the oft-charted language 'trees' which were to determine the whole basis of phylogenetic racial theories of conquest, absorption and decline – designed to deny the more obvious possibilities of mixture, fusion and creolization . . . it had been language that had been used as the basis for defining the differences between peoples according to a cultural non-racialized system, difference of climate being the predominant explanation for difference in the colour of skin. For those like Prichard and his disciple R. G. Latham, the main ethnological activity was the tracing of the origins of races through genealogies derived from historical philology. But in the mid-nineteenth century this view was increasingly challenged by those who promulgated what was described as the new scientific theory of race, which was developed in Dresden, Paris, Edinburgh, Philadelphia and Mobile, Alabama . . . The new ethnology, the sciences of races, was usually polygenist, and thus not only described physical and linguistic differences between different races, but investigated their intellectual and cultural differences so as to provide the political principles of social and national life. It was, in short, a practice of cultural politics. By the time of *Culture and Anarchy*, this modern, scientific view was fast becoming dominant.[68]

Tá aistí agus tráchtaireacht na hAthbheochana lomlán de thagairtí a léiríonn imní faoi thruailliú teanga agus an tslí ina dtagann tuiscint na linne ar an nGaeilge faoi thionchar thuiscint na hEorpa ar an bhfuil, agus an tslí ina gcuirtear téarmaí tagartha na fola i bhfeidhm ar dhíospóireacht na teanga. Ar nós na nAthbheochanóirí, ghlac Nietzsche leis an téis seo agus bhain leas as chun meathlú na hEorpa a mhíniú: 'The man of an era of dissolution which mixes the races together and who therefore contains within him the inheritance of a diversified descent, that is to say contrary and often not merely contrary drives and values which struggle with one and other and rarely leave one another in peace – such a man of late cultures and broken lights will, on average, be a rather weak man'.[69] Is beag idir téis Nietzsche i dtaobh an chine a bhfuil a bhunús measctha agus an tAthair Peadar i dtaobh an Bhéarlachais a shíolraíonn ó mheascán teanga, gramadaí agus foclóra. Is bocht lagbhríoch spíonta an toradh sa dá chás:

> To write Irish, using English literary usages, is to produce written matter in which there is neither life nor strength nor sweetness. It is Irish in form. The syntax is correct. No person can find fault with the grammar. But, when a person has read one or two sentences he turns away to something else. The stud is mawkish, tasteless, unreadable . . . The living Irish speech which, thank God, we still possess, is a real, good, sound, true acorn. It has within itself, in full perfection, the elements and the forces which are capable of producing a mighty oak. An attempt to infuse any foreign elements into it will only have the effect of destroying it.[70]

Feictear sa sliocht seo a leanas ón Athair Peter Yorke, laoch na nGael in San Francisco, tagairt don fhuil faoi leith a chuisligh tríd an bhféith Éireannach: 'Our history went back for many ages, and we had a literature and tradition of our own, and blood distinct from that which flows in the veins of other people'.[71]

Tráchtar ar an teanga i dtéarmaí na fola agus an chros-síolraithe sna tagairtí seo a leanas: 'mongrel jargon',[72] 'real Irishman',[73] 'purity of vocabulary',[74] 'native purity of our language',[75] 'fíor-fhuil Ghaedhil Ghlais',[76] 'specimens of Anglicised Irishwomen',[77] 'Anglo-Saxon gibberish',[78] 'English, that bastard of a hundred dialects',[79] 'the very manliness as well as the national feeling of the people is being destroyed',[80] 'Clare alone sleeps. Has she been drugged',[81] 'foreign admixture',[82] 'ár dtír chaoinréidh mhín-sgothach chaomh-álainn féin do bheith i seilbh an Dubh-Shasanaigh nó an Iúdaire atá ag síor-theacht isteach innte le fíor-dhéideanaighe',[83] 'the native and uncommingled literature and thought of the old Irish nation',[84] 'preserve our ancient tongue from becoming a mongrel jargon',[85] 'The thing had no blood in it, that it was not only a sham, but an anæmic sham at that',[86] agus 'the detritus of genuine Gaelic folk stories, filtered through an English idiom and much impaired and stunted in the process'.[87] Léiríonn an sainfhoclóir seo go raibh dioscúrsa an chros-síolraithe fite fuaite le dioscúrsa na hAthbheochana, go raibh imní agus claontaí an phobail faoin gcros-síolrú ag imirt tionchair ar na díospóireachtaí faoin teanga agus faoin Athbheochan. Mar a sonraíodh, b'imní de chuid an phobail iad an cros-síolrú agus an laige a bhí ag teacht ar an gcine daonna trí chéile. Más rud é go raibh leithéidí de Búrca agus Ó Flannghaile sásta géilleadh don argóint a d'fhéach le dea-thoradh a fháil ó dhá ghné a bhí gar dá chéile, níorbh amhlaidh d'fhormhór na nAthbheochanóirí, áfach. Séanadh go huile agus go hiomlán go bhféadfaí toradh maith teacht as an meascadh idir an Béarla agus an Ghaeilge. Chruthódh sé seo deacrachtaí do na hAthbheochanóirí maidir le foclóir an Bhéarla a bheith le sonrú sa Ghaeilge, ach d'éirigh leo an bhuairt sin a chur ó dhoras mar a fheicfear sa chaibidil faoin ngramadach.

Is í díospóireacht Eorpach na fola a mhúnlaíonn agus a stiúrann na hargóintí a chloistear le linn Athbheochan na Gaeilge i dtaobh an Bhéarlachais nó na Gall-Ghaeilge mar a thugtaí air, 'truailliú' na Gaeilge agus an cur síos a dheintí ar an mBéarla go fíormhinic mar 'the dappled jargon of the Saxon and the Norman'.[88] Ba chuma le cuid de na Gaeilgeoirí dá dtréigfeadh na cainteoirí dúchais an Ghaeilge ar mhaithe le Béarla ceart, Béarla an láir, ach ba ghráin leo an bhreactheanga a labhair pobal na hÉireann nár Bhéarla ná Gaeilge í ach cumasc den dá theanga. Léirítear an ghráin ar an dúil chros-síolrach agus ar an mBéarla briste i dtagairtí ar nós: 'the lingo – for one can't call it a language – that is spoken over the greater part of the country at the present time'.[89] Ba mheasa an Béarla ná an Ghaeilge mar theanga don Ghael, ach ba sheacht n-uaire níos measa an meascán den Bhéarla agus den Ghaeilge mar ní raibh inti ach meascán mearaí de theanga ná aithin Béarlóirí ná Gaeilgeoirí mar theanga 'cheart' ghléghlan. Dar le Tomás Ó Conceanainn agus é ag trácht ar an meascán den Bhéarla agus den Ghaeilge a labhraítí: 'Nothing is more pitiful – and, he might say, disgusting – than to hear the attempts these people make at speaking English'.[90] Seo an cur síos a dhein de hÍde san *Dublin University Review* in 1885:

If by ceasing to speak Irish our peasantry could learn to appreciate Shakespeare and Milton, to study Wordsworth or Tennyson, then I would certainly say adieu to it. But this is not the case. They lay aside a language which for all ordinary purposes of every day life is much more forcible than any with which I am acquainted, and they replace it by another which they learn badly and speak with an atrocious accent, interlarding it with barbarisms and vulgarity.[91]

Tháinig athrú ar an bport seo um Nollaig 1899 agus é ag caint as Gaeilge ach is léir an drochmheas ar an meascán mearaí de theanga nár Bhéarla ná Gaeilge é:

B'fhéidir go n-abróchaidh duine éigin nach ceart dam an méid seo do rádh, 7 nach í obair Chonnartha na Gaedhilge an Béarla do dhíbirt amach as Éirinn. Tá a fhios agam nach í, 7 bheinn féin sásta go leor dá mbeadh Gaedhilg mhaith 7 Béarla maith ag gach uile dhuine san tír, acht bheinn sásta naoi n-uaire níos fearr sá m-beadh acht Gaedhilg amháin ag gach uile cheann againn.[92]

Feictear an drochmheas ar dhrochBhéarla na hÉireann sa tagairt seo a leanas ó de hÍde: 'For all the ordinary purposes of everyday peasant life

Irish is I believe enormously superior to English, at least to the English spoken in Ireland'.[93] Is í droch-Bhéarla agus drochghramadach an Ghael-Bhéarla a chuir tráchtairí ó mheabhair. Is ionann é seo agus téis Herder agus Fichte, ach go bhfuil bunús bréageolaíoch ag an téis seo a shíolraíonn ní ón náisiúnachas cultúrtha amháin ach ó bhréageolaíocht na gciníocha a tháinig chun cinn sa naoú haois déag.

Ní raibh ann ach drochthoradh ar mheascán idir dhá shórt nár oir dá chéile agus a thuilleadh fianaise nárbh fhéidir an Béarla agus an Ghaeilge, an Sasanach agus an Gael, a chros-síolrú:

> They ought to ask their parents to speak Irish as much as possible to them at home, and practise the speaking of it outside. They would thereby become fluent in the old tongue, and they would acquire correct English from their teachers, instead of the vile accent and bad grammar so prevalent. English grammar was so complex, and its rules and exceptions so numerous, that it was difficult to find even a fairly educated person who spoke the language grammatically; while the Irish peasantry when using their native tongue spoke as a rule correctly, owing to the simplicity of its grammar.[94]

Tuigeadh do lucht na hAthbheochana gurbh ionann an Béarla a thabhairt isteach in Éirinn agus fuil nua a thabhairt isteach i gcorp na tíre. Ba é toradh a bhí ar an drochmheascadh sin ná sórt nua, sórt nach raibh aon rath air agus nach mairfeadh i bhfad. Ba theanga ghléghlan an Ghaeilge, mar a dúirt an tAthair Peadar Ó Laoghaire: 'The Irish language, has been throughout the history of its existence a pure language, a copious language, a systematic language and an exact language. A language has an effect of its own upon the minds of those who use it. The Irish language actually communicated its characteristics to the minds of the people'.[95] Bhíothas anois, tríd an mBéarla agus tríd an mBéarlachas, ag iarraidh teanga nó fuil eile a mheascadh leis an teanga nó leis an bhfuil dhúchasach. Ní fhéadfadh toradh maith a bheith air sin. Chuir an tAthair Kearns an tuiscint sin in iúl agus é ag caint i gContae an Chláir: '[b]y speaking her language, by reading, writing, and thinking in it; and be not deluded, had we our political aspirations realised on the morrow, we would be, at least, only a mongrel nation without a tongue'.[96] Thagair an tAthair Ó Murchú d'Éirinn mar 'mongrel nation' agus é ag moladh de hÍde as ucht a chuid oibre ar son na teanga: 'To show them that they had been in recent years drifting fast into that position which he rightly designated as most contemptible – into becoming a mongrel race, and a mongrel nation. (Applause)', agus dar leis: 'The decadence of the Irish Language and Irish music was owing to the action of the National Board, which had set out to denationalise their people. (Applause)'.[97] Bhí an tAthair Yorke go mór i gcoinne thruailliú na fola, agus thagair sé dó sa léacht a thug sé i mBaile Átha Cliath don Chonradh:

They had heard a good deal of talk about the Parliament of man and the federation of the world, and other such dreams of the unrealists. It was a noble thing to think that all men created by the same Father and worshipping the same God should live together in peace and friendship, but it was a quite different thing to say that all nations should be blended into one hotch-potch, give up their individual existence, and become devoid of everything that made for honourable emulation and ambition, and which made life worth living. (applause) It was in the scheme of things that there should be many nations and that they should be set against one another in the race for higher and nobler aims, because if nationality should cease to be there would arise a condition of things similar to that which prevailed in Europe at the end of the Roman Empire, and they would suffer the fate of that empire – corruption, degeneration, and decay. They must not have him to hold that the unceasing condition of all nationalities is one of war, and that he was speaking against treaties and amities between one nation and another. But there was a minimum beyond which nations could not go, and if any one of its national attributes were taken away the nation ceased to be.[98]

Is é léacht cháiliúil de hÍde 'The Necessity for Deanglicising Ireland' an bhunchloch ar ar tógadh idé-eolaíocht Chonradh na Gaeilge agus is minic a chloistear macallaí uaidh in óráidí, in aistí agus i bpaimfléid a d'fhoilsigh Athbheochanóirí, bíodh nár bhaill den Chonradh iad i gcónaí. Thug de hÍde an léacht uaidh ar an 25 Samhain 1892 i Halla Laighean, Sráid Molesworth mar b'ainm dó an tráth sin mar a bhreac sé ina dhialann:[99]

Ag obair ar feadh an lae san Ardsgoil ag sgriobhadh mo leichtiúir. Rinne mé an leictiúir do thabhairt uaim san Alla Laighean i Sr. Molesworth. Oscionn 100 duine ann. Sgillin ar an ticéad. 'Ar Mhí-Shacsanughadh an Chinnidh Éireannaigh'. . . . Mhair sé timcioll 1.20. Budh mhaith é, creidim. Bhí mé molta go mór.[100]

Is 'téacs marthana' é an léacht úd a thug sé uaidh nó leaganacha éagsúla de in imeacht na mblianta ar fud na hÉireann agus thar lear.[101] Is anseo a fheictear teoiricí an *fin de siècle* ag teacht le chéile – an náisiúnachas cultúrtha, an meathlú, an díothú cine, an cros-síolrú agus meascadh na fola – agus iad ag múnlú idé-eolaíochtaí na hAthbheochana. Tá tuiscintí na linne i dtaobh cros-síolraithe, measctha fola agus díothaithe cine le sonrú go soiléir sa téacs. Séanann de hÍde gur féidir an cine Gaelach agus an cine Sasanach a mheascadh – is drochthoradh a bheidh ar a leithéid de chóimheasadh agus is é sin is cúis leis an staid aimhrialta ina bhfuil muintir na hÉireann faoi láthair. Tá 'an tÉireannach' ag iompú, ní ina Shasanach, ach ina fheic saolta gránna nach Sasanach ná Éireannach é:

It is just because there appears no earthly chance of their becoming good members of the Empire that I urge that they should not remain in the anomalous position they are in, but since they absolutely refuse to become the one thing, that they become the other; cultivate what they have rejected, and build up an Irish nation on Irish lines.[102]

Agus arís:

the Irish race is at present in a most anomalous position, imitating England and yet apparently hating it. How can it produce anything good in literature, art or institutions as long as it is actuated by motives so contradictory? Besides, I believe it is our Gaelic past which, though the Irish race does not recognize it just at present is really at the bottom of the Irish heart, and prevents us becoming citizens of the Empire, as, I think, can be easily proved.[103]

Ionas go mbeidh rath ar an gcine, ní foláir filleadh ar an dúchas, ar an gcló dlisteanach agus an náisiún agus an cine a thógaint de réir mar ba chóir, is é sin gan mheascadh. Ní féidir cros-síolrú leis an gcine Sasanach mar tá an dá stair agus an dá theanga faoi leith acu nach n-oireann dá chéile: 'and do what they may the race of to-day cannot wholly divest itself from the mantle of its own past'.[104] Ní sa léacht seo ar dhí-Shacsanú an chine Ghaelaigh amháin a nocht de hÍde a thuiscint ar thuairimí na linne maidir leis an gcros-síolrú agus leis an meascadh fola, agus is léirmhóitíf iad dá mheon agus dá chuid léachtaí poiblí.[105]

Chomh luath agus a thosnaítear ag trácht ar shainmhíniú ar an bhféiniúlacht ar bhonn fola, ní fada uainn an ciníochas agus go deimhin tagairt don leas a bhain Naitsithe na Gearmáine as teagasc Gobineau chun idé-eolaíocht fhrith-Ghiúdach a bhunú níos faide ar aghaidh sa stair. Is é a leithéid de shainmhíniú ar an náisiún is bunús leis an gciníochas agus a leathbhádóir an tseineafóibe.[106]

Feictear teannas áirithe i measc na nAthbheochanóirí ar an gceist seo ó am go chéile. Tuigeadh dóibh go raibh an fhéiniúlacht Éireannach bunaithe ar an teanga seachas ar an bhfuil, ach b'ann don bhaol go raibh an teanga féin truaillithe agus nár leor í sin go háirithe i gcás an fhoghlaimeora, nuair b'fhoghlaimeoirí formhór na mball. D'fhéadfadh duine ar bith an teanga a fhoghlaim ach níorbh ionann na focail a bheith ag duine agus an meon a bheith aige nó aici, dearcadh a thagann salach ar bhuntéis Herder agus Fichte go háirithe – ach ní raibh na tráchtairí sin ag scríobh faoi thír a raibh athrú teanga forleathan i gceist. Is í seo an cheist a bhí le réiteach ag lucht na Gaeilge sa chéad tréimhse eile – iar-1901 – ach is léir an tuiscint ag borradh aníos faoin mbliain 1898-9 nuair a tosnaíodh ag cur béime ar na nathanna cainte agus ar na seanfhocail. Feicfear nuair a thabharfar aghaidh ar an teanga agus idé-eolaíocht gur tosnaíodh i bPort Láirge ag tabhairt le fios nár leor an teanga a thuilleadh chun 'spiorad' agus 'léargas' na Gaeilge a bheith ag duine, ba ghá fuil na máthar Gaelaí a bheith ag cuisliú trí na féitheacha chun an dúchas ceart a aimsiú. Is í an cheist a chuirfeadh lucht na Gaeilge rompu sna blianta luatha den fhichiú haois ná conas a thabharfaí an tír slán murar leor an teanga chun é sin a dhéanamh? Bhí tús curtha le ré an chainteora dúchais mar eiseamláir an chine ó thaobh cultúir agus teanga de.

Ní mór, áfach, sracfhéachaint a chaitheamh ar thuiscint Eoin Mhic Néill, staraí, comhbhunaitheoir Chonnradh na Gaeilge agus eagarthóir *Irisleabhar na Gaedhilge*, ar cheist seo an chros-síolraithe. Mar staraí chreid sé nár shíolraigh na Gaeil ó aon fhoinse amháin ach gurbh í an teanga a dhein cine faoi leith díobh: 'We see the clearly formed idea of one nation, composed of diverse peoples, but made one by their affiliation to the land that bore them – the clearest and most concrete conception of nationality found in all antiquity'.[107] Dar le Hutchinson dhiúltaigh Mac Néill sainmhíniú a dhéanamh ar bhonn fola:

> Exploding the Milesian myth of origins as a construct of early Christian annalists, he demonstrated that the Celts were a comparatively recent arrival (c. 400 BC) in Ireland, were a mixture of races . . . Dismissing with disdain any attempt to identify the Irish in racial terms, he showed that the name Celt was a linguistic classification, and argued hence that language was the lifeline of the nation.[108]

Agus dar le Donal McCartney:

> He used the word 'race' loosely in 1891 and again in 1894 when he had meant, according to his later definitions, 'nation'. But as early as 1907 he scornfully rejected the idea that race and nationality were essentially interrelated. The phrase 'Celtic race' had been a favourite one of anti-Irish, anti-Catholic writers of the nineteenth century like James Anthony Frounde. But to MacNeill, 'race' was 'all pure figment, serving no purpose except the rekindling of insane animosities'. The less civilized men were, and the nearer they were to the brute, the more would they exalt racial antagonisms. But nationality belonged to rational and spiritual man, to the sphere of the mind. And the nation was a great household, 'a brother-hood of adoption as well as of blood'.[109]

Ach má ba í tuairim Mhic Néill an tuairim a bhí i réim i measc cheannairí agus intleachtóirí Chonnradh na Gaeilge, bhí tuiscint eile le fáil laistigh de dhioscúrsa na hAthbheochana, leis, mar is léir ón tuairisc seo a leanas ar chomórtas amhránaíochta. Ba í Feis Phort Láirge an áit ar scríobhadh an tuairisc seo ar an gcoimhlint idé-eolaíochta seo:

> There were traditional singers, as true to their intervals as a bird. Others there were who had been taught to sing to the accompaniment of a piano. Here one detected a deplorable falling off. The music was no longer Irish, the subtle melody shrank from the blare of that vulgar strummer as affrighted as the

fairies are said to be at the shriek of a locomotive. Somebody attempted to sing a *translation* from the English, 'The Harp that once through Tara's Hall', but was met by such a howl of disapprobation as made it evident that Ardmore at any rate knew enough to tell Irish from English. People usually concurred in giving the sway to Ellie Murphy from Clashmore. Meek, modest and simple, a perfect *Irish* child, she faced the throng and warbled with surpassing, with thrilling sweetness her little Irish melody exactly as she had learned it from her mother. The quick Irish audience was struck as by a lightning flash; they listened in a breathless spell until she had finished, and then proclaimed by their roar of applause that their instinct was ever sure for the right thing. Her superiority over the artificially trained children was glaring.[110]

Tuigtear ón tuairisc seo nach leor amhrán a bheith i nGaeilge chun go nglacfaí leis mar amhrán Gaelach agus go bhfuil fás nádúrtha orgánach ag baint leis an rud traidisiúnta 'Gaelach'. Fuair Ellie Murphy an bua amhránaíochta ón gcliabhán. Is í an páiste Éireannach *par excellence* í: 'Meek, modest and simple, a perfect *Irish* child', mar thál sí a náisiúnachas ó chíoch a máthar. Tuigtear uaidh seo nach páiste foirfe Éireannach, ó thaobh an cheoil de ar aon nós, aon pháiste nach dtugann bua na hamhránaíochta léi ón óige. Ní rud é seo is féidir a fhoghlaim níos déanaí ná rud ar féidir teacht i dtír air trí aistriú teanga. Cuirtear síos ar na difríochtaí idir an té a thógtar go nádúrtha agus go horgánach laistigh de thraidisiún na hamhránaíochta agus a té a oiltear i gcóras Shasana, córas an phianó. Tá idirdhealú á dhéanamh anseo, bunaithe ar an tuiscint go múnlaíonn teangacha faoi leith saoldearcadh faoi leith, idir cheol, amhránaíocht agus stíl óráidíochta na Gaeilge agus an Bhéarla. Is dlúthchuid de chultúr agus de shaíocht na nGael iad an ceol, an amhránaíocht agus an aithriseoireacht, mar sin ní foláir cúram faoi leith a dhéanamh den chleachtadh cultúrtha seo:

The recitation brought out also the difference between the traditional style and that modelled on English so called oratory. Our poor people in certain localities have succeeded, in spite of time and destructive influences of the most vicious type, in preserving a deal of goodly fragments of our civilisation. Amongst other things they have preserved enough of the peculiar Irish sentence accentuation to enable us to form a correct notion of traditional Irish oratory. That differs as much from English notions of action and recitation as the lilting of a tune by a girl in Ring differs from Moore's Melodies on the piano. Those things should be noted, for recitation and music are as essential components of Irish civilisation as the Irish language. Hence an effort should be made to recover our beautiful airs by means of oral transmission before the day falling on the coffin-lids of certain very old women shall have silenced them forever.[111]

Ba é Thomas Moore eiseamláir na hibride idir an cine Gaelach agus an cine Sasanach ó thaobh an cheoil de, an meascán nár shíolraigh uaidh ach rud neamh-Ghaelach neamh-Shasanach, mar a mhínigh an tAthair Peadar agus comparáid a dhéanamh aige idir Burns agus Thomas Moore / Tomás Ó Móra: 'Is mó an neart agus an fuinneamh atá i n-aon dán amháin de dhántaibh Burns ná i n-ar tháinig riamh de mhísleánaibh ceóil à pípín Thomáis Í Mhóra . . . Níl aon chuid aguinin de. Níl aon éileamh aguinn air. File Gallda isea é, agus file Gallda isea Burns. Agus isé Burns an file is fearr de'n bheirt'.[112]

Ach tá idirdhealú eile ar bun anseo chomh maith. Tuigeadh gur chinnte go bhféadfaí an saintraidisiún Gaelach seo a shú isteach ó bhainne cíche na máthar – agus féach gurbh í an mháthair an té a bhronnann an dúchas seo ar an gcéad ghlúin eile, agus gur le cailíní a labhraítear, agus go gcaillfear an tsaíocht seo le bás na seanbhan úd, gné eile de dhearcadh na nAthbheochanóirí a phléifear sa chéad chaibidil eile – ach déantar talamh slán de nach féidir teacht air trí aon mhodh eile. Ní féidir ceol ná amhránaíocht na hÉireann a shealbhú tríd an gcóras sólfá thonaigh:

> Young girls should endeavour to pick up exactly every Irish air they hear their mother sing. For this task only those girls are eligible, whose ears have never been bothered by the *do, re, mi, fa* scale. If that is jingling in their heads they will never be able to render the *timbre*, the phrasing, and the meaning of Irish music. If we are so helped at present we may desire some scientific method of recurring them at another time. Just now, however, every girl should recognise that she has a serious national duty to perform in this matter. Young men too should learn their own music on the fiddle, or better, on the pipes, and take a pride in their collection of dance and song music.[113]

Tá an sólfá tonach, a cheap Sarah Glover ar mhaithe leis an gceol a mhúineadh do leanaí i Norwich Shasana sna 1830í agus a leathanaigh le teagasc John Curwen tar éis na bliana 1841, mar shaintréith an Bhéarla dar leis an léamh áirithe seo.[114] Oireann sé don mheon Béarla, ní oireann don mheon Éireannach. Ní aimseofar 'anam' na hÉireann tríd an mBéarla mar is í an Ghaeilge an meán a oireann don chine sin. Ní aimseofar croí an cheoil Éireannaigh trí chóras gallda an tsólfá thonaigh. Gheobhfar tríd an traidisiún neamhscríofa é, an traidisiún a sheachadtaí ó ghlúin go glúin trí bhainne cíche.

Is deacair i gcónaí dáta cruinn a bhualadh ar thús traidisiúin ach tuigtear b'fhéidir gurbh í Feis na hArd Móire an ócáid ar thosnaigh feachtas laistigh den Athbheochan le rialacha a leagan síos a d'fhág duine nár chainteoir dúchais nó í as an áireamh. Roimhe seo ba leor máistreacht a fháil ar an teanga chun léargas a fháil ar 'chultúr an hÉireann'. Gníomh indéanta a bhí ann, agus chuirtí síos air i dtéarmaí dearfacha, ach leis an bhFeis seo, b'fhéidir, a tosnaíodh ag cur síos ar an dream a bhí 'istigh' agus 'amuigh'. Bhí 'an' cultúr ag na cainteoirí dúchais. Bhronntaí an traidisiún orthu 'ón gcíoch'. Feictear tús deighilte anseo a dhéanfadh damáiste fadtéarmach d'Athbheochan na Gaeilge sna blianta ina dhiaidh seo mar a léiríonn Philip O'Leary ina tharna imleabhar, *Gaelic Prose in the Irish Free State, 1922-1939*.[115] Tuiscint thar a bheith intuigthe a bhí inti laistigh de dhioscúrsa an ama, dioscúrsa a bhí ag brath go mór ar thuiscint na gciníocha agus ar bhua na fola chun grúpa amháin a aithint ó ghrúpa eile. Is cinnte gur chreid an té a bhreac an tuairisc seo go raibh bua an cheoil, frásaíocht an cheoil le haimsiú i bhfuil nó i mbainne na máthar. Ceist nach dtugann an scríbhneoir aghaidh uirthi ina aiste ar an bhFeis i bPort Láirge is ea cad a dhéanfadh baill Chonradh na Gaeilge ar spéis leo an teanga, ach nár dhual dóibh fuil 'Ghaelach' ón gcíoch ceart agus iad ag fás aníos.

Sa tréimhse atá idir lámha anseo is cinnte go raibh dioscúrsa na fola mar dhlúthchuid den Athbheochan agus é fite fuaite le tuiscint an mheathlaithe a bhí go forleathan ag an am. Bhí ag tír 'ag dul síos a cnoc', mar bhí fuil agus teanga na tíre á dtruailliú. Chun an scéal a leigheas, níorbh fholáir fuinneamh a chur sa chorp agus an fhuil a threisiú. Ba chuige sin Conradh na Gaeilge agus thug siad faoi i réimsí éagsúla den teanga, den chultúr agus den litríocht mar a fheicfear. Is léir, mar sin, gur ghlac gluaiseacht na hAthbheochana leis an teoiric choitianta fola a bhí chun cinn ag an am, is é sin go raibh drochthoradh ar mheascadh dhá shórt agus nach mairfeadh aon sórt nua cros-síolraithe rófhada sula gcaillfí é. Seachas glacadh leis an tuiscint a bhí á chur chun cinn ag Arnold i *On the Study of Celtic Literature*, a mhol gur ghin dhearfa a bhí sa chomhnascadh idir an Gael agus an Gall, d'iompaigh siad i leith teoirice níos coimeádaí agus níos daingne. Cine faoi leith, cine neamhspleách ab ea cine na hÉireann. Ní thiocfadh aon toradh ach toradh seasc as an gcomhnascadh nó an cros-síolrú leis an bpór Sasanach. B'fhéidir go raibh siad faoi thionchar Renan agus ar scríobh sé faoi na Ceiltigh mar dhream gléghlan nár smálaigh aon chine a spór riamh, ach pé tuiscint ba chúis leis, thuig muintir na hAthbheochana an teanga trí fhráma theoiric na gciníocha agus ba léir dóibh gur mheathlú a bheadh mar thoradh ar aon chros-síolrú leis an mBéarla. Pé scéal é, agus pé cúis a spreag é, níor ghlac Athbheochanóirí na Gaeilge le teoiric Arnold: ní bheadh aon ghin dhéchineálach mar thoradh ag Athbheochan na Gaeilge, fíor-Éireannach a bhí ag teastáil ansin, rud a d'aimseofaí i ranganna na Gaeilge trí dhrochthionchar agus trí dhrochfhuil an Bhéarla a ruaigeadh amach as an gcorp le hinstealladh den Ghaeilge ghléghlan Éireannach, agus turas rialta chuig an nGaeltacht, tobar na teanga agus an chultúir. Is léir mar sin go raibh eolas agus tuiscint ag muintir na hAthbheochana ar thuairimí coitianta na linne seo i dtaobh na fola agus mheascadh na fola. Is cinnte gur chuaigh na teoiricí seo agus teoiricí an mheathlaithe i bhfeidhm go mór orthu, agus gurbh í an imní sin a spreag formhór ghluaiseacht Athbheochan na Gaeilge.

Is é ceann de bhunargóintí an leabhair seo go raibh dioscúrsa an mheathlaithe agus dioscúrsa na fola rílárnach sna hidé-eolaíochtaí a spreag, a mhúnlaigh agus a chomhairligh gluaiseacht na Gaeilge le linn na hAthbheochana. Ní haon ionadh go mbeadh teoiricí ciníocha le sonrú mar dhlúthchuid de shruthanna smaointeoireachta na hAthbheochana, mar ba í an ciníochas príomhthéama an tarna leath den naoú haois déag, mar a áitíonn Hobsbawm agus é ag cur síos ar na hathruithe bunúsacha a thit amach i léann an eolais ag an am: 'In the form of racism, whose central role in the nineteenth century cannot be overemphasised, biology was essential to a theoretical egalitarian bourgeois ideology, since it passed the blame for visible human inequalities from society to "nature".'[116] Is é an t-imní, b'fhéidir, go nascfaí iarrachtaí na nAthbheochanóirí a gcur chuige a mhíniú i dtéarmaí an chiníochais lenar ar thit amach sa Ghearmáin faoi réimeas Hitler, ach mar a mheabhraíonn Hobsbawm arís: 'While eugenics could become a fascist and racist pseudo-science which turned to deliberate genocide under Hitler, before 1914 it was no means exclusively identified with any one branch of middle-class politics any more than the widely popular theories of race in which it was implicit'.[117] Roimhe sin, sonraíodh teoiricí an chiníochais ar fud na háite: 'Eugenic themes occur in the ideological music of liberal, social reformers, Fabian socialists and some other sections of the left'. Ba tar éis na bliana 1900 a d'athraigh cúrsaí:

> What made eugenics 'scientific' was precisely the rise of the science of genetics after 1900, which appeared to suggest that environmental influences on heredity could be absolutely excluded, and that most or all traits were determined by a single gene, i.e. that the selective breeding of human beings along Mendelian lines was possible. It would be impossible to argue that genetics grew out of eugenical preoccupations, even though there are cases of scientists who were drawn into research on heredity 'as a consequence of a prior commitment to race-culture', notably Sir Francis Galton and Karl Pearson'.[118]

In ainneoin fhorbairt na heolaíochta, áfach, bhí idé-eolaíochtaí Chonradh na Gaeilge réamhmhúnlaithe agus iad tógtha de réir na seantuiscintí. Bhí sé sin ar cheann de na cúiseanna, b'fhéidir, nach raibh bolscaireacht ná argóintí Chonradh na Gaeilge chomh héifeachtach de réir mar a chuaigh an fichiú haois in aibíocht.

4

An Ghall-Ghaeilge, an Béarlachas agus Mná na hÉireann

Ó thús, bhí mná ar an lucht tacaíochta a bhí ag an gCumann.[1]

Máirtín Ó Murchú

And to the Gaelic League is due the credit of having established the first Irish national society which accepted women as members on the same terms as men.[2]

Jenny Wyse Power

From the nationalist perspective, hybridity is no less devalued; the perceived inauthenticity of the colonized culture is recast as the contamination of an original essence, the recovery of which is the crucial prerequisite to the culture's healthy and normative development.[3]

David Lloyd

Dar le bolscaireacht na hAthbheochana, nuair a meascadh an Ghaeilge agus an Béarla, ba í an 'Ghall-Ghaeilge' – 'Irish words constructed after the manner of English collocation and idiom'[4] – nó an Béarlachas an toradh tabhartha. Bhí dhá ghné i gceist leis an mBéarlachas; ar an gcéad dul síos ba phróiseas a bhí ann ('anglicizing') agus ina theannta sin b'fhothoradh é ar an bpróiseas den ainm céanna ('anglicisation'). Ní foláir an Béarlachas nó an Ghall-Ghaeilge a thuiscint i dtéarmaí crostoirchithe idirchiníoch mar a pléadh sa chaibidil roimhe seo. Samhlaíodh an Béarlachas i dtéarmaí na heolaíochta nua le cine nó teanga nua a d'fhás as pórú na dá chine nó teanga ach ba bhocht agus ba lag an toradh a bhí ar an gcrosphórú áirithe seo, mar ní raibh ann ach bruscar de chine nó teanga.[5] Gan dabht bhí J. M. Synge, an Bhaintiarna Gregory agus George Fitzmaurice ar mhalairt intinne agus thug siad faoi litríocht náisiúnta a chumadh as an teanga nua seo. Níorbh ionann an teanga nua seo a mheasc an Béarla agus an Ghaeilge le chéile, agus nós na bhfilí Angla-Éireannacha focail is frásaí Gaeilge a shá isteach i ndánta Béarla ar mhaithe le blas Ceilteach nó Éireannach. Is léir drochmheas W. L. Alden ar an nós sin sa cheap magaidh a dhein sé den nós seo in alt dá chuid san iris *The Idler*:

> Of course, there is no deficiency of local color in such a book. We hear much of the 'Suggarth aroon', the 'Tubber-na-Scorney', the 'Cushla Macree', and other things pre-eminently Irish. Now, the 'Suggarth aroon' is a capital fish, especially when served with 'sauce Hollandaise', and all the world knows that the 'Tubber-na-Scorney' is one of the most picturesque of ancient symbolic Irish customs. Still the merely Saxon reader, who is not familiar

with the Irish language, is sometimes 'maire bhan astorred' when he comes across a poem plentifully sprinkled with Irish expressions, with the exception, of course, of such a universally understood remark as 'Begorrah', or that touching phrase of endearment, 'Faugh an ballagh'.[6]

Cé nach dtuigtear go minic é, b'ionann bunús na tuisceana ag an dá ghrúpa seo – Conradh na Gaeilge agus Muintir Amharclann na Mainistreach – ach gur bhain siad ciall éagsúil as.

Ba léir d'Athbheochanóirí na Gaeilge nach mairfeadh an teanga hibride seo agus b'fhearr an bhunteanga féin a fhorbairt seachas ligint don fheic mínádúrtha seo maireachtaint. Ba chinnte dar leo gurbh é an bás nó an díothú a bhí in ann di agus do lucht a labhartha, ar nós na dtreibheanna dúchasacha ar fud na cruinne ar tháinig meath orthu de réir a chéile. Cruthúnas ab ea an Béarlachas ar an meascadh idir an Ghaeilge agus an Béarla agus chonacthas a thoradh ar gach leibhéal, ach ní pléifear anseo áfach ach leis na cleachtais éillitheacha a thaispeáin agus a chruthaigh go raibh hibridiú teanga agus cultúir le sonrú. Pléifear le ról na mban i gcur chun cinn an Bhéarlachais ina dhiaidh sin agus iarrachtaí Chonradh na Gaeilge malairt chinniúna a chur i gcrích trí mhná agus cailíní a earcú agus a mhealladh i dtreo na teanga dúchais.

Ba chúis mhór imní truailliú na teanga mar chiallaigh sé go raibh an Béarla ag teacht isteach sa tír go leanúnach agus go raibh an Ghaeilge ag géilleadh di toisc gan neart a bheith inti cur ina choinne. Seachas géilleadh don athrú teanga agus Béarla a labhairt, is é a tharla ná gur meascadh an dá theanga le chéile. Ach bhí an dá theanga chomh héagsúil lena chéile nach bhféadfadh dea-thoradh a bheith ar an nGall-Ghaeilge seo agus ba é an Béarlachas an toradh lag mí-rathúil a gineadh dá bharr. Ba mhinic clamhsán faoi thionchar an Bhéarla ar an nGaeilge mar a fheicfear ar ball, ach ba é an foclóir Béarla a bhí fite fuaite tríd an nGaeilge a chuir tráchtairí áirithe ó mheabhair. Ba léir d'údar na litreach seo a leanas a foilsíodh san *Irisleabhar* sa bhliain 1893 gur mheasa Connachta ná Mumha maidir le focail thruaillithe an Bhéarla a bheith measctha le chéile le focail fhíor-Ghaeilge:

Is adhbhal mhór an oiread sin focal Sacs-bheurla sgéithid amach na daoine, go mór-mhór i g-Connachta, agus is measa ná sin, ní féidir a d-teagasg gur Beurla iad. Is ceanndána adeirid gur Gaedhilge iad. Is searbh leo agus d'a saobh-uabhair, admháil, gur féidir do dhuine ar bith, bheith níos ceart-mhúinte ná iad féin. Measaim-féin gur glinne Gaedhilge Mhumhan, gidh nach maith liom an t-as-labhradh. Ann-so dhuit focla éigin do chualas féin – Bit (of a bridle), spoka, nave, doubt or 'doot', makreil, pota, liosta (list), stuff &c.) Agus ní fhuil aca focla, Gaedhilge no Beurla, ar son *felloe, tyre,* &c. Do budh ceart do'n mhuintir sgriobhas gan focal truaillighthe do chur síos, acht amháin na focla fíor-Ghaedhilge do chur, lé n-a n-aith-bheodhadh. Ní cheadochainn-féin na h-iar-fhocla mar '*ocáid obligáid* agus c'. nuair atáid ann na focla cearta, mhar '*siocair*'. Do chomhairleóchainn go h-umhal, cláirín na bh-focal-so do chlodhughadh agus an cheart-Ghaedhilge ar a son.[7]

Ba é an Béarlachas an namhaid ba mhó a bhí le cloí i rith na hAthbheochana ag lucht léirmheastóireachta agus cháintí a leithéid go tréan: 'If we possess an animus at all, it is an animus against Gall-Ghaedhilg (i.e. Irish words constructed after the manner of English collocation and idiom.) Against this we shall always, and most naturally, show a strong animus or, rather, opposition'.[8] Fiú *Cormac Ua Conaill*, níor tháinig sé slán: 'Tá an dul ceart ar fhágail ann gan amhras, acht ní gan Béarlachas é'.[9] Sa sampla seo a leanas feictear gur cáineadh ní hamháin foghlaimeoirí ach duine de laochra móra na hAthbheochana, an tAthair Peadar Ó Laoghaire, agus na haistriúcháin a dhein sé ar scéalta Aesop: 'We are inclined to take exception to the use of the English word "frog" in the very first fable, especially when such words as *cnádán* and *luasgán* (a usual word in Connacht, we are informed) are forthcoming. Why this early start to encourage Anglicism?'[10]

Rud amháin ab ea Béarlachas a bheith á chleachtadh ag foghlaimeoirí na teanga, ach cúis imní ollmhór ab ea sonrú an Bhéarlachais i measc cainteoirí dúchais go háirithe in áit ar nós Árann. Ba mhinic Tomás Bán Ó Conceanainn an-dian ar a leithéid, ó, b'fhéidir, gurbh iad a mhuintir féin iad:

Ní'l mé i n-Árainn acht trí lá acht chuala mé mórán Béarlachais ar feadh na haimsire sin. Chuala mé na ráidhte so. 'Ní'l aon *chance* aige'. 'Tá sé *all right*'. 'Tá mé *sure*áilte dhe' 'Tá sé an-*smart*áilte' 'Tá sí *upset*áilte'. 'Cia an chaoi bhfuil tú, a *Visther O'Callaghan*?' 'Siubhail siar abhaile, a *Vary*' agus neithe eile mar iad sin. Is mór an truagh ár n-Gaedhilg dheas bhlasta a mhilleadh le foclaibh Gallda do'n tsórt sin. Ní'l cúram díbh na leithsgéal ar bith agaibh ar usáid a dhéanamh do na foclaibh sin. Ní easbaidh mínighthe na bhfocal atá oraibh agus mar sin de, cia an fáth a n-abrann sibh iad? Guidhim oraibh ar son Dé agus Muire Mháthar, ar bhar son féin, ar son bhar bpáistí agus ar son bhar dtíre na focla Béarla bradacha so a chaitheamh amach as bhar mbéal. Milleann siad ár nGaedhilg bhlasta agus leis an fhírinne a rádh is mór an droich-mheas díbh féin é. Buaileann cuid agaibh bhar gclann mar gheall ar a bheith ag labhairt Ghaedhilge agus is rígh-mhór an náire dhíbh a bheith ag iarraidh díbirte 'cur ar theangaidh Pádraic, Bríghde & Coluim Cille agus ag iarraidh Béarla a mhúineadh i n-a háit. Sin é féin an Béarla briste! Sér'd atá ann praiseach leath Béarla agus leath Gaedhilge. Bhéarfaidh mé sompla nó dhó do'n Bhéarla so dhíbh. Ní'l sé i bhfad ó shoin ó bhí fear ag siubhal an bhóthair ag cuartughadh a chapaill. Casadh gasúr beag dó agus d'fhiafruigh sé dhe: 'An bhfaca tú mo chapall, a Pháidín?' D'fhreagair Páidín ins an teangaidh Ghallda: '*He is went up to the road on high legs*'. Is cosamhail go bhfaca Páidín an capall ag dul thairis i n-a chos i n-áirde agus is ar sin thug sé *high legs*. Duine eile a bhí 'n-a sheasamh ar an gcloidhe, thuit sé anuas agus gortuigheadh go mór é agus ní tháinic chuige féin ar feadh tamaill fhada. Tháinic fear thart agus d'fhiafruigh sé do dhuine a bhí 'n-a sheasamh ann cér'd a d'éirigh do'n fhear. D'fhreagair duine aca agus dubhairt: '*She nearly fell off the stand and she isn't in her sit yet*'. Dubhairt fear eile le n-a mhac: '*Hurry* *up now,* a mhaicín, *and run over to the* buaile *and bring water to the cow. She is dead to the dry.* Déan deifir, *now or if you don't I'll* croch *you to the* buimbéal, *and I'll be lashing you like a* craiceann caorach'.[11]

Nascann Ó Conceanainn an Béarlachas le hionsaí ar an nGaeilge, ar Éirinn agus ar an gcreideamh Caitliceach. Is nasc é seo a fheictear arís agus arís eile le linn na hAthbheochana agus a thugann le fios go raibh níos mó i gceist leis an mBéarlachas ná cúrsaí teanga amháin, agus gur bhain sé go han-dlúth le cultúr agus le hidé-eolaíocht. An té a raibh Béarlachas le sonrú ar a chuid cainte, tuigeadh go raibh cros-síolrú ar bun agus go raibh teanga, cultúr, cine eile á chumadh agus ba léir cén chríoch a bheadh lena leithéid. Ba é an Béarlachas an chéad chéim i ndíothú an chine Ghaelaigh, an chéad chéim i dtreo nósanna an Ghaill, creideamh na nGall (an Protastúnachas) agus cultúr na nGall – agus go deimhin cine Gallda.

Is léir ar an méid seo go raibh i bhfad níos mó ag borradh aníos faoi dhioscúrsa an Bhéarlachais ná foclóir an Bhéarla ag síolrú laistigh den Ghaeilge. Ní hamháin go raibh foclóir an Bhéarla fite fuaite tríd an nGaeilge ag dó na geirbe ag Gaeilgeoirí ach bhí cumadh agus aistriú focal ar dhul an Bhéarla á gcur ó mheabhair leis:

But there are many real grievances which you as an editor of all the compositions sent in for publication in *Fáinne an Lae* should try to prevent if we want to preserve our ancient tongue from becoming a mongrel jargon. I allude to the nonsensical copying of English words which some writers by disguising the original in the Irish character, would have us believe are real Irish words. The objectionable words are:- *náisiún* = nation; *séipéal* = chapel; *parróisde* = parish; *Lunndain* = London; *prógar* = poker, &c., &c., Surely no real Irishman with any love for his pure native Irish would allow such trash to be published. Why not try to make Irish writers understand that there are not such words in our language. The sooner that is done, the sooner will our old tongue recover from the Anglicisation it has received.[12]

I gcás na litreach seo ag lorg glan-Ghaeilge amháin, d'fhreagair an tEagarthóir gur ghné nádúrtha d'fhás agus d'fhorbairt teanga ar bith é focail a thógaint ar iasacht ó theangacha eile, agus ní raibh leisce ar an eagarthóir dul amú an scríbhneora i dtaobh bhunús na bhfocal a shoiléiriú.[13]

Ní bhíodh eagarthóirí na n-irisí Gaeilge dian i gcónaí orthusan a mhol go dtabharfaí droim láimhe d'fhocail iasachta mar is léir ón nóta seo a foilsíodh in *Fáinne an Lae*:

Iarrmaoid d'athchuinge ar lucht litreach do sgríobhadh chugainn gan 'A saoi dhil' ná 'a shaoi dhílis' na a leithéidí do chur síos ar a dtús. Béarlachas agus ró-Bhéarlachas iad sain agus caithfidhear a sheachaint. Bíodh a fhios aca nach leigfidhear isteach iad feasta, 'pé aca déanfaidh siad ár gcomhairle nó nach ndéanfaidh. An amhlaidh nach beag dóibh an fíorGhaedhilgeachas 'a fhir an Fháinne'?[14]

Difríocht shuaithinseach idir an rabhadh seo i gcoinne an Bhéarlachais agus rabhaidh eile is ea go raibh sé de chumas ag eagarthóir nuachtáin a thoil a chur i bhfeidhm ar scríbhneoirí litreacha agus an nós áirithe seo a bhriseadh. Ar nós go leor eile a bhaineann le dioscúrsa liteartha na hAthbheochana, ba iad na heagarthóirí nuachtáin a bhunaigh agus a chinntigh an treoir a leanfaí. Ní rabhthas cinnte in aon chor áfach faoin bhfoirceann '-áil' nó ar bhain sé le hoidhreacht na teanga nó ar ghlan-Bhéarlachas ab ea é?[15] Samhlaíodh gur feiniméan nua-aimseartha é seo a cuireadh le focal sa Ghaeltacht cé gur léiríodh sna nuachtáin gur nós é seo a chleachtaíodh cainteoirí dúchais le fada an lá, mar a thaispeánann an rann seo a leanas ó 1895[16]:

> An uair nach bhfeudann tú Gaeilge?
> Do chur air, ná h-abair 'ochón!'
> acht labhair an focal i mBeurla
> A's ceangail-se 'áil' le n-a thóin![17]

Tacaíonn litir ó Captain Delahoyde i 1896 chuig *Irisleabhar na Gaedhilge* leis an argóint go mbaintí úsáid rialta as na foircinn '-áil' agus '-áilte' sna ceantair Ghaeltachta ag deireadh an naoú haois déag.[18] Cé gur leasc le hAthbheochanóirí an nós a cheadú, is spéisiúil a bhfuil le rá ag an Athair Peadar Ó Laoghaire i leith a leithéid mar a léirigh sé in agallamh dá chuid idir Tadhg agus Doncha, an bheirt charachtar buanchrutha trínar léirigh sé a chuid smaointe i dtaobh an iliomad ábhar thar na blianta i raidhse mór irisí:

> Doncha.- Cad é an saghas bheidh agut má chuireann tú síos *manage*áil agus *leech*áil, agus *grumble*áil, agus a léithéidí!
> Tadhg.- Ní cheapfainn uaim féin a leithéidí sin. Ach má bhím ag innsint sgéil duine eile, agus go ndéanfaig an duine sin úsáid de na foclaibh sin, ní fuláir dómhsa iad do chur síos 'na chaint don duine sin nó bréag do chur air. An airíon tú leat mé, a Dhoncha? Níor mhair aon teanga riamh fós gan an uile shaghas cainte inti, uasal agus íseal, garbh agus cneasta, sleamhain agus anacair. Ní fhéadfadh teanga maireachaint ar aon chuma eile. Cad é an fhaid a mhairfeadh an Béarla dá gcathadh bacach an mhála labhairt mar a labharfadh Gladstone nú Sexton? Ní féidir do theangain leanúint beó mara bhfaghaig an uile dhuine sa náisiún ón rí go dtí bacach an mhála, cothrom a bhéil féin de chaint inti. Dá múchtaí ar an neómat so a bhfuil de Bhéarla bhriste dhá labhairt ins na ríochtaibh seo agus ar fuid an domhain, ní mhairfeadh an Béarla cheithre huaire fichead . . . Caithfimíd bheith dhá *manage*áil agus dá *spell*áil agus dá *bparse*áil go dtí go mbeimid bodhar *bother*álta acu, agus na sgoláirí go léir ag *titter*áil mhagaig fúinn![19]

Is eisceacht é an tAthair Peadar, áfach, maidir leis an tréith áirithe seo. Tuigeadh an '-áil' d'fhormhór na nAthbheochanóirí mar léiriú ríshoiléir ar an meath a shíolraigh ó mheascadh den Bhéarla agus den Ghaeilge, canúint thinn bhreoite nach mairfeadh thar glúin nó dhó. De bharr an náisiúnachais chultúrtha tuigeadh gur scáthán ar anam an náisiúin ab ea an teanga, agus chiallaigh an Ghall-Ghaeilge seo go raibh anam an náisiúin á Ghalldú de réir a chéile. Is deacair ceist an Bhéarlachais a dheighilt ó cheisteanna faoi scríobh agus faoi shaibhreas na teanga. Déanfar cur síos ar ionsaí an Bhéarlachais ar chomhréir agus ar fhoclóir an Bhéarla sa chaibidil ar an ngramadach, ach is iad cúrsaí foclóra is ábhar spéise anseo mar ba é an foclóir truaillithe a chonacthas mar shliocht an drochmheasctha idir an dá theanga.

Is minic a cháintear ainmneacha Gallda le linn na hAthbheochana. Mínítear an chúis go soiléir in óráid de chuid de hÍde a thug sé uaidh in Ollscoil Yale sna Stáit sa bhliain 1905: 'It has always seemed to me that a man's own name is part and parcel of himself. I am quite sure that if you changed my name tomorrow I would feel that I was changed myself: I would not understand it'.[20] Baineann an t-ainm más ea le féiniúlacht an duine agus le féiniúlacht an chine. Dar le de hÍde is ionann díothú na n-ainmneacha Gaelacha agus díothú an chine, mar a deir sé: 'Irishmen undergoing this awful process of national extinction, have been greedy to change their honourable, ancient, proud Milesian names into some abominable monosyllable because it sounded like something English'.[21] Ba shiombail iad na hainmneacha gur chine faoi leith ab ea na Gaeil. Tuigeadh do gach duine ar a gcloisint nach Sasanach ná Francach a bhí i gceist ach ball de chine sainiúil neamhspleách. Ar nós an chló Ghaelaigh, a phléifear ar ball, ba chomhartha cinnte gur ghrúpa sonrach ab ea an cine Gaelach agus nár chine Sasanach iad. Nuair a tosaíodh ar Ghalldú na n-ainmneacha baiste agus sloinnte, ba chomhartha soiléir é go raibh an cine ag meath agus ba chomhartha iad na leaganacha Gallda a tháinig ina n-áit ar an mBéarlachas. Ba chomhartha cinnte den phróiseas seo an tslí ar cailleadh an 'Ó' agus an 'Mac' agus chiallaigh sé seo go raibh an cine ag forbairt go mínádúrtha, mar a mhínigh de hÍde ina óráid cháiliúil sa bhliain 1892: 'As long as the Irish nation goes on as it is doing I cannot have much hope of its ultimately taking its place amongst the nations of the earth, for if it does, it will have proceeded upon different lines from every other nationality that God ever created'.[22] Ní hamháin gur thaispeáin na hainmneacha go raibh an cine ag imeacht ón gceann cúrsa a bhí leagtha amach dó ag Dia ach bhí an chéad ghlúin eile á tógaint faoi thionchar an ghalair chéanna. Léirigh rogha na n-ainmneacha meon na dtuismitheoirí – meon Gallda. Ina theannta sin chiallaigh sé leis an oiliúint a cuireadh ar na cailíní óga agus a ndearcadh féin toisc nach raibh siad sásta iad a athrú nó leagan Gaelach díobh a úsáid, agus ba mhinic litreacha ag triall chuig na páipéir ag fiosrú leagan Gaeilge d'ainmneacha áirithe, nó arbh ainm fíor-Ghaelach ainm áirithe.[23] Is cúis díomá é don pháipéar agus é ag tabhairt freagra do 'Máire' ó Ghaillimh ag fiosrú an ainm 'Gavin', gur nós le mná ainmneacha Gallda a roghnú, ainmneacha ar nós: 'Frances, Josephine, Victoria &c., when we ourselves have the finest and most expressive names that any country could boast of. But a straw shows what way the wind blows, and it is blowing us to Saxondom hard and fast'.[24] Ba í an tuairim chéanna a bhí ag Mary E. L. Butler ina paimfléad *Irishwomen and the Home Language*:

> Those of us who have any racial pride are proud of our family names. It is incongruous that these 'historic facts' should be associated with mushroom, foreign appellations in the form of Christian names. Gladys, Beryl, Victoria-Albertina, such names as these accord ill with good old Irish family names. Even worse fates sometimes befall inoffensive Irish children, as the following extract from the *Irish Times* shows – There is a child in the Armagh County Infirmary who rejoices in the name of 'Roberts Pretoria Peking M'Garrity'. He is called 'Bobs' for convenience sake. – It is to be hoped that such grotesque monstrosities will not be repeated. Let Irish children be given Irish names in future, and let them live up to their names.[25]

Cáineadh rogha Shéamuis Uí Dhubhghaill i dtaobh ainm an charachtair 'Néillí' in 'Tadhg Gabha', scéal a bhain duais an Oireachtais i 1900, rud a thugann le fios nach raibh moltóirí an Oireachtais ar aon intinn i gcónaí le heagarthóirí agus criticeoirí na nuachtán: 'Ní maith "Néillí", siúd is go rug sí buaidh 'sa deireadh. Cad déarfadh na sean-Ghaedhil le n-a hainm agus Gobnait, Céarnait, Bláthnait, Cróchnait agus c., aca?'[26]

Sonraíodh an Béarlachas mar phróiseas agus mar thoradh ag borradh aníos i gcultúr na hÉireann, leis. Seachas seanamhráin agus scéalta a aithris agus a cheiliúradh, bhí an tÉireannach Stáitse ag teacht i láthair le nósanna agus le hamhráin nach raibh Gaelach ná Sasanach ach ar mheascán truaillithe iad. In áit an fhile, an té a raibh meas ag an bpobal air agus fáilte roimhe ag uasal agus íseal, bhí giniúint nua tar éis teacht chun cinn, rud a dtugann de hÍde 'monster' air: 'In his place have come upon the village stage that quintessence of all vulgarity and all abomination, known throughout the world as "the stage Irishman".'[27] Chonacthas an Béarlachas ag teacht chun cinn ní hamháin sna hainmneacha dílse ach sna logainmneacha agus san amhránaíocht, leis.

Maidir le logainmneacha, ba chruthú eile iad na leaganacha nua a baisteadh ar cheantair nach raibh ciall ná míniú leo go raibh an tír agus an cine 'really threatened with a national extinction on the far-reaching and vital sense of the word'.[28] 'Our place names have been treated with about the same respect as if they were the names of a savage tribe which had never before been reduced to writing, and with about the same intelligence and contempt as vulgar English squatters treat the topographical nomenclature of the Red Indians'.[29] Ba é an toradh air sin ná gur briseadh an nasc stairiúil idir an cine agus an áit dhúchais, rud a chiallaigh nach raibh an dá dhúil ag fás agus ag forbairt as lámha a chéile agus gur deineadh é sin d'aon ghnó 'to make sure that no national memories should stick to it'.[30] Ar nós na n-ainmneacha bhí saintréithe an chine á ndíothú de réir a chéile ag próiseas an Bhéarlachais agus ní leaganacha cearta foirmeálta an Bhéarla a bhí á soláthar ach leaganacha truamhéalacha truaillithe a mheasc an Béarla agus an Ghaeilge agus nár tuigeadh d'aon duine, Béarlóir ná Gaeilgeoir – 'many of the best-known names in our history and annals have become wholly unrecogniseable' de bharr 'deliberate carelessness, ineptitude, and West-Britonising'.[31]

Chuir cultúr an Bhéarla isteach go mór ar lucht na Gaeilge, leis, agus ba mhinic tráchtairí sna hirisí Gaeilge ag clamhsán faoi Éireannaigh ag déanamh aithrise ar nósanna agus ar thaithí na nGall. Cé gur samhlaíodh an Béarlachas go rialta le fir óga a d'fhill abhaile tar éis seal a chaitheamh thar sáile ag saothrú pingine thall i Sasana, níorbh iad na fir oibre ba mheasa in aon chor, áfach, ó thaobh an Bhéarlachais de, ach na mná. De réir thuiscintí na linne ba iad na mná a d'fhan sa bhaile agus a thóg an chéad ghlúin eile. Dá rachfaí i bhfeidhm ar mhná na hÉireann – 'future wives and mothers of the country' – mar a thug Tomás Bán orthu – ní hamháin go spreagfaí spéis na bhfear sa rang, 'much encouragement can be given to the classes by the presence of the feminine element',[32] ach dá dtuigfí do na mná seo gur chóir an chéad ghlúin eile a thógaint le Gaeilge, le bá don teanga agus don stair, d'fhéadfaí stop a chur le próiseas an Bhéarlachais in imeacht glúine nó dhó.

Um Nollaig 1899 foilsíodh sliocht in *An Claidheamh Soluis* a d'ardaigh an pointe seo an athuair: 'He asked the women especially to help forward the movement, for to them the great and responsible task was entrusted of moulding the minds of the young (applause)'.[33] D'fhógair an tUasal Sharkey an méid seo a leanas i gContae an Chláir: 'When we have our sisters and other people's sisters with us it is as difficult to stem the tide as it is to keep the ocean's tide from ebbing and flowing'.[34] Ba í an aisling taobh thiar den fheachtas seo ná: 'When Irish mothers hum their babes to sleep in the tongue, then will we have Irishmen and women with the *cnámh droma agus smior*'.[35] Ach chuige sin níorbh fholáir mná óga na hÉireann a thumadh i dteagasc an Chonartha agus chiallaigh sin athchóiriú ar an gcóras oideachais – ach ba iad na mná rialta sna meánscoileanna ba mheasa go minic, dar leis na hAthbheochanóirí ó thaobh cur chun cinn an Bhéarlachais. Mar chuid den fheachtas seo chun mná na hÉireann a mhealladh i dtreo na Gaeilge, feictear Conradh na Gaeilge ón mbliain 1899 ar aghaidh i mbun feachtais chun mná a mhealladh isteach sa Chonradh, chun ranganna Gaeilge a bhunú do mhná agus chun mná a cheapadh ar choistí de chuid na heagraíochta. Moladh do na craobhacha ar fud na tíre sa bhliain 1899: 'Let the branches, then, turn their attention to this very important matter'.[36]

Dhein timirí de chuid Chonradh na Gaeilge agus tráchtairí eile a bhain le gluaiseacht na Gaeilge imní de sheasamh na mban ar cheist na teanga. Ar chúiseanna áirithe agus nósanna sóisialta, níor fhreastail mná ar chruinnithe ná ar ranganna de chuid Chonradh na Gaeilge lasmuigh den ardchathair. Theastaigh ón gConradh an scéal seo a leasú ionas go gcuirfí le líon na mball agus go rachadh an Conradh i bhfeidhm ar phobal iomlán na tíre 'for we want not alone the men from the peer to the peasant, but the women from the countess to the peasant woman to help in restoring to its rightful place the language of our country'.[37] Glacadh leis gurbh iad na mná a d'oilfeadh agus a thógfadh gasúir an náisiúin agus, don té a raibh buairt air faoi thodhchaí an náisiúin, ní haon ionadh gur leagadh béim faoi leith ar thábhacht na mban in athbheochan an náisiúin:

> it is to be regretted that our countrywomen have not thrown in their lot with their husbands and brothers to a larger extent. There are very many branches of the League in which there are no lady students of the language . . . for it has been pointed out over and over again that the movement can never be a success till Irish mothers hush their little ones to sleep in the native tongue. [38]

Sonraítear an tuiscint seo i gcaint Thomáis Bháin Uí Chonceanainn agus é ag caint i gCorcaigh um Nollaig 1899: 'He asked the women especially to help forward the movement, for to them the great and responsible task was entrusted of moulding the minds of the young (applause)'.[39] Mar a shonraítear sa cháineadh a deineadh ar na clochair agus ar na mná trí chéile, bhí féith fhrithbhaineann san Athbheochan ón tús. Ba nós le Tomás Bán Ó Conceanainn a bheith níos déine ar na mná agus é ag cur síos ar nósanna Gallda agus ar an mBéarlachas: 'He [Tomás Bán] also spoke in English, and the swaying of parts of the gathering, especially where the women and girls were, as he would direct his withering sarcasm against snobbery or custom that should be foreign to us, showed that his blows were striking home, and his cuts were going deep'.[40] Agus:

> Those who were too grand to speak Irish, he noticed these to be the very ones who could not string a dozen words of English together properly. With the keen and biting lash of sarcasm he lashed snobs and snobbery, Anglo men and women who ape English habits and customs, English manners and dress, disguised their Celtic personality by a pretended devotion to everything British, and metamorphose their homely Christian names into the romantic appellations of the heroes and heroines of fourth-rate fiction. He appealed to all thinking Irish men and women to stick to their tongue, the greatest relic left us of our ancient glory. If we did so a few years would see Ireland a free, happy, and prosperous nation.[41]

Ach bhí nótaí ar an dul céanna sna hirisí Gaeilge chomh maith nár shíolraigh ó pheann ná ó chruinnithe dá chuid.[42]

Seo sliocht ó chaint a thug an tUasal Sharkey, foghlaimeoir Gaeilge a raibh saoire á caitheamh aige i gContae an Chláir:

> It would augur well for the success of the Lisdoonvarna branch to see so many of the young ladies of the parish present and evincing by their attention to the addresses of the several speakers, the liveliest interest in the proceedings. He would ask them to cease playing English and foreign music also, which was not near so good as that of our own.[43]

Agus:

> To assimilate that which is worthy and for which there is no National substitute is not only unobjectionable but desirable when it increases the National efficiency . . . For our Irish girls to accept without question the silliest jingles that have caught the ear of the English populace, and to remain ignorant of our varied stores of thousands of delightful melodies – even could they appreciate Schumann and Mendelssohn and Gounod, and knew not the names of Rory Dail or Carolan, Bunting or Petrie – must also be deplored as a sign not only of our loss of national education, but as a lowering of our standard of culture.[44]

Níorbh ann do na fadhbanna seo sna cathracha, áit a raibh mná gníomhach sa Chonradh ón tús, leithéidí: Úna Ní Fhaircheallaigh ('Uan Geal'),[45] Norma Borthwick ('Fear na Móna'),[46] Eileen Costello,[47] Máire Ní Chinnéide,[48] Alice Milligan / Eilís Ní Mhaolagáin,[49] Máire Ní Raghallaigh,[50] a bhunaigh an Irish-Book Company agus a d'fhoilsigh *Séadna*, Máire de Buitléir,[51] Gobnait Ní Bhruadair,[52] Máire Ní Aodáin / Mary Hayden,[53] agus 'Miss Margaret O'Reilly' a bhí ina rúnaí ar an Ard-Chraobh i mBaile Átha Cliath.[54]

Ní mór cuimhneamh i gcónaí agus anailís ar bun faoin gConradh nárbh amhlaidh don eagraíocht san ardchathair agus sna bailte beaga amuigh faoin tuath, mar nárbh ionann déantús an phobail ná na coinníollacha a rialaigh an tsochaí. Níorbh ionann rún a rith ag cruinniú den Choiste Gnó agus cultúr na gcraobhacha beaga amuigh faoin tuath a athrú ar an bpointe boise. B'eagraíocht réasúnta mór é an Conradh ag deireadh an chéid a bhí ag fás de shíor agus, de réir mar a d'fhás agus a mhéadaigh sé, ba dheacair smacht a choimeád ar chraobhacha áirithe.[55] Dhein Diarmuid Breathnach agus Máire Ní Mhurchú scagadh ar ilghnéitheacht na ballraíochta i gConradh na Gaeilge ina n-alt dar teideal 'Who Were Those Guys?: Pearsana Chonradh na Gaeilge', a léiríonn gníomhaíocht na mban san ardchathair go háirithe.[56] Cé go ndearbhaíonn Mary E. L. Butler nach raibh an 'bhean nua' – frása a tháinig isteach sa Bhéarla sa bhliain 1894 – le sonrú in Éirinn, mar a tugadh ar an mbean a d'éirigh amach i gcoinne phatrarcacht na bhfear agus a chaith a rogha éadach, a d'éiligh a ceart agus a vóta – ach is léir ó úrscéal Úna Ní

Fhaircheallaigh nach raibh muintir na hÉireann dall ar an gconspóid seo.[57] Tuigtear ó thuairiscí na n-irisí go raibh feachtas na mban i Sasana agus i dtíortha eile ag dul i bhfeidhm ar an gConradh, go háirithe ó mhí na Nollag 1899 ar aghaidh. Bhí fadhbanna le sárú sula bhféadfaí ranganna a thosnú do mhná nó sula bhféadfaí mná a thabhairt isteach i gcraobh áitiúil agus ranganna agus imeachtaí a eagrú dóibh. I measc na gcúiseanna seo bhí leisce na bhfear go háirithe, mar a fheictear sa tagairt seo a leanas don Charraig Dhubh:

> Some of the Committee at first had been timorous about starting the ladies' class. They had been told it would not be a success. But he held that the ladies of Ireland were as patriotic, if not more so, than the men of Ireland. (Hear, hear.) There was no grander episode in Irish history than the women of Limerick standing shoulder to shoulder with the men to defend the city against the Saxon foe. He believed the women of Blackrock would stand shoulder to shoulder with the men in the Gaelic League. (Loud applause.)[58]

Sáraíodh pé leisce a bhí ar choiste Chraobh na Carraige Duibhe agus bunaíodh coiste na mban i mí na Nollag 1899.[59]

Gan amhras tá clú agus cáil ar eachtra a thit amach i gCúl an tSúdaire agus in Árainn ar an gceist seo níos faide anonn.[60] Beartaíodh mná a thabhairt isteach sa Chonradh i gContae an Chláir chomh maith ach ní dhéantar aon iarracht chun cuspóir an fheachtais a cheilt. Samhlaítear don timire, Tomás Bán, gur féidir mianach na tíre a fheabhsú má chuirtear oiliúint ar mhná na tíre, mar is iad a imreoidh tionchar ar fhir agus ar leanaí na tíre amach anseo. Díol suntais arís go nochtann na ceithre fhocal ag deireadh an ailt an bealach a raibh athbheochan na teanga fite fuaite le dioscúrsa an mheathlaithe:

> Several of those present volunteered to bring a few of their lady friends on the next meeting night. Much encouragement can be given to the classes by the presence of the feminine element. Until such time as the future wives and mothers of the country take an interest in the movement, we cannot hope to do very effective work.[61]

Nuair a tosnaíodh ar an bhfeachtas chun mná a thabhairt isteach sa Chonradh ar bhonn náisiúnta, ba choistí ban a samhlaíodh ach coistí a bheadh freagrach don phríomhchoiste, coiste na bhfear. An chéad chraobh do mhná a bunaíodh sa tír, ba í Úna Ní Fhaircheallaigh a bhunaigh í istigh in Inis Meáin do mhná an oileáin.[62] Tugadh poiblíocht do bhunú na craoibhe in *An Claidheamh Soluis* faoin teideal 'Réabhlóid na mBan'. Lean an chraobh seo ar aghaidh, ach níor chabhraigh an aimsir ná an saol sóisialta puinn le forbairt na craoibhe:

Winter gives no leisure to females in Inishmain. They are employed at night in their homes when the day's work is done, in spinning, carding, sewing, knitting, and other domestic duties, which prevents them from devoting any time to the study of Irish in their homes. However, they are doubly diligent when they attend the meetings. Miss A. O'Farrelly shows she does not forget them, for she has sent them from France a very affectionate address in choice Irish, in compliance with which, it is hoped, all the members will attend regularly at the classes.[63]

Tá cur síos ar bhunú na craoibhe ina leabhrán, *Smuainte ar Árainn*, agus ní cheileann an t-údar a sásamh ar an léitheoir, go háirithe nuair a deir sí: 'Is minic casadh bean orm, naoidheanán aici ar a baclainn, ⁊ leabhrán Gaedhilge aici dá léigheamh ag dul go dtí an tobar'.[64] De ghnáth nuair a ghlac na craobhacha áitiúla le comhairle agus le moladh na gceannairí san ardchathair chun mná a thabhairt isteach sa ghluaiseacht, ba é a chiallaigh sé ná rang faoi leith a chur ar fáil do mhná. Níor samhlaíodh do choistí Chonradh na Gaeilge ar fud na tíre go bhféadfaí fir agus mná a ligint isteach sa rang Gaeilge céanna, agus chruthaigh sé seo fadhbanna:

We understand that in some quarters it is considered impracticable, for reasons such as want of proper meeting places and lack of teachers, to bring the sexes together for the study of the language, but surely some plan could be devised to bring the ladies into the movement. Why not form women's classes such as has been formed in Macroom, for instance? Should such a plan be adopted in those branches where the ladies are now shut out the ranks of the League would be increased twofold in a short time, and the movement would benefit accordingly, for Irish would then really become the language of the household.

We consider it of the greatest importance that the women of Ireland should take up the study of the language as well as the men, and we earnestly hope that steps will be taken by the branches through the country to induce them to join the ranks at once. If sufficient accommodation cannot be had let there be a separate night set apart for the women, and perhaps this would be the better plan. Some means should be adopted anyhow, for we want not alone the men from the peer to the peasant, but the woman from the countess to the peasant woman to help in restoring to its rightful place the language of our country.[65]

Is é seo a tharla ar fud na tíre. I Lios Dún Bhearna, Contae an Chláir, tuairiscíodh, 'The classes are – one class for men, two for ladies, and one for schoolboys and girls'.[66] B'amhlaidh an scéal i nDún Dealgan, Contae Lú: 'Three classes will be held on each Wednesday evening: (1) Ladies class, 6 till 7 (2) Elementary class, 7 till 8 (3) Advanced class, 8 till 9'.[67] Chiallaigh ranganna na mban gurbh éigean oide eile a fhostú, ar an gcúis is dócha nach raibh oide i gcónaí sásta dhá oíche sa tseachtain a thabhairt suas, nó gurbh éigean múinteoir mná a fhostú do rang na mban:

A letter was read from the Secretary of the Central Branch in reference to the lady teacher. It was decided to hold a meeting on Thursday evening, November 28th, and to invite the attendance of those ladies who are in sympathy with the movement and to hold the ladies' classes in the Town Hall on one of the boys' class nights.[68]

Tuigeadh gur ghalar é an Béarlachas a bhuaileann an óige de ghnáth ach ba ghalar é a bhuaileann na mná go háirithe. Is minic a fheictear an 'bhreoiteacht' seo i measc an aosa óig, mná go háirithe, ag ócáidí sóisialta: 'Ní'l éin-dream is mó atá loitthe ag an nGalldacht 'ná an bhanntracht shéimh shuairc d'fhás ó shíor-fhuil Ghaedhil Ghlais'.[69] B'fhurasta fuath na mban a chur i leith na luath-Ghaeilgeoirí in ainneoin an pháirt lárnach a d'imir mná áirithe i síolteagasc an Chonartha agus gurbh iadsan a thug faoin teanga a athbheochan.[70] Ba mhinic an Conradh ag gearán faoi na clochair agus faoin oiliúint a cuireadh ar mhic léinn iontu, go háirithe na clochair a bhí suite sna ceantair Ghaeilge nó ar imeall na Gaeltachta agus a raibh oideachas, oiliúint agus tabhairt suas na gcailíní meánaicmeacha faoina gcúram: 'We are often reminded that the future of the language depends, in a great measure, on the manner in which the present generation of girls is trained in Irish'.[71] Drochthuar ab ea é más ea nach raibh ach sé chlochar ag múineadh na Gaeilge sa bhliain 1899: 'The outlook is black enough, indeed, when we find that only six out of hundreds of Convent Schools in Ireland have taken up the teaching of the language'.[72] Léirigh 'Donnchadh Ruadh' agus é ag cur síos ar an mBéarlachas i gContae Phort Láirge maidir le hoiliúint an chéad ghlúin eile de mhná céile agus de mháithreacha an dochar a dhéanann an Béarlachas sna scoileanna clochair go háirithe. Thráigh an Ghaeilge sa cheantar le bás an tsagairt, agus imirce na bhfear óg. Maidir lena ghlúin féin, níl uathu ach 'the dignity of flannel waistcoats', agus 'to show their manliness in public-houses'.[73] Agus maidir le bantracht na háite:

> Our old P.P. died, and Irish was heard no longer. Most of the old workmen died and with them much Gaelic lore. The young men went to America, and did not leave in their successors the same simple love for the games of the fireside and the farmyard. Instead came a new order. The gorsoons of my own age, brought up in a desultory way in the National Schools, attained to the dignity of flannel waistcoats, and liked to show their manliness in public-houses. The young ladies of my age came home from convents to 'lead' the Rosary in prettily accented English.[74]

Is iad na mná óga a oiltear sna clochair a thabharfaidh ceannasaíocht sa todhchaí agus má mhúnlaítear iad faoi thionchar an Bhéarlachais, is ag dul in olcas a bheidh an scéal, mar is clanna agus páistí dá meon agus dá ndéantús féin a thógfaidh siad. B'éigean tabhairt faoi bhunús an ghalair agus b'in na mná rialta agus na clochair. I dteannta leis an gcáineadh a deineadh ar an mná, ba iad na clochair agus scoileanna na gcailíní ba mhó a cháintí: 'Convent Schools – They are undoubtedly responsible for the miserable specimens of Anglicised Irishwomen that one meets nowadays'.[75]

Comhartha den dímheas a bhí ar na clochair agus ar oideachas a cuireadh ar fáil faoi chúram na mban rialta ab ea an scéal a foilsíodh in *An Claidheamh Soluis* faoi easpa Gaeilge agus bréagchultúr na mban rialta. Ach cé gurbh iad na mná rialta an sprioc don ghreann agus don bhinbeacht seo ar fad, is cinnte go raibh dearcadh diúltach i leith na mban trí chéile i ndioscúrsa na Gaeilge le linn na hAthbheochana. Glacadh leis gurbh iad na mná a thógfadh agus a d'oilfeadh páistí na tíre, agus dá mba rud é go raibh aos óg na tíre ag dul in olcas nó go raibh meath ar a bpór, ba iad na mná ba chiontaí. Ba iad na mná, na máithreacha, a bhí ag cur aos óg na tíre ar bhóthar an Ghalldachais, agus níorbh fholáir, dá réir sin, na mná a smachtú agus a threorú ionas go slánófaí an t-aos óg:

Last year when distress was general in the western counties, the community of a certain convent, which we shall not now more clearly indicate, for it would only put the good nuns to confusion, bestirred themselves charitably to relieve the necessities of their poorer neighbours. They sent out an appeal which brought alms from every quarter of the globe. Their daily mail contained letters from many nations, and exercised not unsuccessfully the linguistic attainments of the community. One day, however, a letter came of which nothing was intelligible but the postmark 'London' and the operative words of a remittance for £2 English. All else was strange and incomprehensible: it was not in French, nor in Italian, nor Spanish, nor even in German; it certainly was not Latin, and upon a close examination it was decided that it could not be Greek. 'Where can it have come from?' asked the reverend mother. 'Do you remember what foreigners we wrote to?' 'I think it must be from the Sultan,' said little Sister Seraphica, 'I remember addressing an envelope to Constantinople'. 'The Sultan! To be sure; we might have guessed it was Turkish; the ambassador's wife is a Catholic;' and Turkish it was found to be by a unanimous verdict of the discreet. So the sister who writes French best took a nice sheet of paper and wrote a nice letter to the Turkish Ambassador in London begging him to thank his august master for his gracious and humane remembrance of the suffering Christians of the west. In due time a letter came back from the ambassador, who declared he had no knowledge of any such subscription. The nuns were nonplussed again, and as the internal resources of the convent were exhausted, they told the whole story to the parish priest and handed him the mysterious communication. When the parish priest heard the tale and read the letter, he rolled in laughter. 'Turkish,' he cried, 'Turkish! O mother, mother! Was the like ever heard of in Ireland?' And you will ask that too, when you hear that the letter was signed Fionan MacColuim, and came from the Gaelic League in London.[76]

An tseachtain dár gcionn foilsíodh nóta a bhréagnaigh an scéal seo: 'With regard to the article in our last issue headed "Turkish", Mr. Fionan MacColuim states that the story is entirely without foundation as regards himself and the Gaelic League in London'.[77] Ach nuair a chuirtear an scéal seo i dteannta leis an bhfeachtas a d'fhair an Conradh ar na clochair agus ar na Mná Rialta is léir go raibh féith láidir d'fhuath na mban le sonrú sa Chonradh agus i measc eagarthóirí na nuachtán le linn na hAthbheochana:

In regarding the reports of the annual entertainments given in the convent schools throughout the country to mark the close of the academic year, one cannot fail being struck with the foreign character of most of these performances. The music is invariably English or Continental, and if a foreign 'operetta' does not form the main feature there is sure to be a worthless dramatic sketch from the pen of some unknown Cockney scribe. So far as anything native is concerned the entertainment might as appropriately be given in an English or an Australian school. Of course there are some exceptions to this Anglicised state of Affairs.[78]

I measc na n-eisceachtaí seo bhí na Bráithre Críostaí, a thacaigh le cuspóirí an Chonartha agus Meánscoil Lughaidh i gContae Muineacháin.[79]

Ba mhinic léasadh á thabhairt do na taispeántais scoile i scoileanna na mban rialta, go háirithe i gcathair na Gaillimhe agus i nGort Inse Guaire:

We are surprised to see that at a concert given in aid of the charities of the Sisters of Mercy at Galway, there were sung such songs as 'The Cat Came Back', 'Phil the Fluther's Ball', 'Teaching M'Fadden to Waltz' &c., 'and what did Galway people see in 'The Boys of the Old Brigade?' Mr. Fahy's 'Donovans' was about the only song that could approve itself to Irish people. It is to be hoped that in future, at even English concerts in Galway, the low-class comic song will be rigidly boycotted.[80]

Go gairid ina dhiaidh sin, thug *An Claidheamh Soluis* faoi chlochar Ghort Inse Guaire arís:

A grand concert and dramatic entertainment took place quite recently, we are told by a contemporary, under the happiest auspices in the Convent of Mercy, Gort. Will it be believed that after Dr. Hyde's magnificent lecture there a short time previously there was not a single Irish item on the programme, nor one that could be classed as distinctly national. We are, however, informed that 'M'Sorley's Twins' and 'Where I'm lodging now' – two vulgar music hall ditties – brought the house down, and that the singer was encored again and again. When the Hierarchy and Clergy of Ireland from His Eminence the Cardinal Archbishop downwards are warning our people against the products of the English music halls, it seems rather strange that such songs should be allowed in a concert which took place under the patronage of the Sisters of Mercy in Gort.[81]

Chonacthas d'Athbheochanóirí ag ócáidí dá leithéid go raibh an Béarlachas á chothú agus á fhorbairt san aos óg. Léiriú ab ea an taispeántas ní hamháin ar threise an Bhéarlachais in iarthar na hÉireann ach go raibh an Béarlachas á shlogadh agus á chur chun cinn ó ghlúin go glúin. Ina theannta sin b'fhógra rabhaidh iad na hamhráin mhóréilimh ó hallaí rince Shasana go raibh muintir na hÉireann ag druidim diaidh ar ndiaidh i dtreo an chine Shasanaigh: b'ionann an teanga, b'ionann an t-oideachas, b'ionann na hainmneacha dílse, b'ionann na hamhráin. B'ionann na hÉireannaigh a d'fhreastail ar an gceolchoirm seo faoi choimirce na mban rialta agus an daoscarshlua a d'fhreastail ar na hallaí ceoil i mórchathracha Shasana. Bhí deireadh leis na Gaeil mar chine sainiúil, bhí díothú an chine Gaelaigh le sonrú san imeacht seo agus ní bheadh ar ball in Éirinn, mar a dúirt de hÍde, ach 'a lesser England lying to the west of Great Britain'.[82]

D'ionsaítí na hamhráin Ghallda go mion minic ar an gcúis seo mar b'fhianaise iad ar thoradh an Bhéarlachais agus ar phróiseas an Bhéarlachais ag gníomhú agus ag feidhmiú sa chine Gaelach. Cháintí iad go háirithe ag cruinnithe a d'eagair Tomás Bán Ó Conceanainn chun spéis a spreagadh sa teanga mar an chéad chéim chun craobh nua a bhunú i gceantar. Seo a raibh le rá ag an Athair P. Glynn, sagart paróiste Charraig an Chobhaltaigh, ag cruinniú den sórt sin in iarthar Chontae an Chláir, áit nár éag na cainteoirí dúchais deiridh go dtí an Dara Cogadh Domhanda agus inar tógadh coláiste samhraidh go luath san fhichiú haois:

An Irish song from Mr. Casey brought down the house, the Rev. Chairman, a second time, applying pathetically to the crowded audience to have the language revived in which that song was sung – a song not to be put on a par with such as 'Ta-ra-ra-Boom-de-ay' and 'Get your Hair Cut' and other such London hall ditties.[83]

Ba chúis ghearáin iad na hamhráin choitianta ó hallaí ceoil Shasana, agus fuarthas iad in áiteanna i bhfad ó Chlochar na Trócaire i gcathair na Gaillimhe: 'The fact that the popular song of Whitechapel also finds applause in Kerry is positive proof that we are being assimilated by the "Imperial race" and are being degraded in the process'.[84] Feictear an tuiscint sa sliocht seo ó Dhonnchadha Ruadh gur shíolraigh na hamhráin mhóréilimh seo, dar leis, ón bhfoinse ab ísle i dtéarmaí na linne seo, agus nochtar ann tuiscintí na linne ar ord na gciníocha – an cine cugasach in uachtar agus an cine gorm in íochtar: 'Finally, even the "melodies" gradually found their way to the bottom of the piles of music in drawing-rooms, and the "latest" ditties picked up from "niggers" at Youghal and other sea-side resorts began to be lilted thoughtlessly, principally, let me confess by respectable people'.[85]

B'fhuath leis na hAthbheochanóirí an 'come all ye' ar an gcúis chéanna ar ghráin leo rím na filíochta Béarla, agus is iomaí litir ag gearán fúthu.[86] Bhí craobhacha an Chonartha féin cúramach nach ndéanfadh siadsan na botúin chéanna agus chinntigh siad nach spreagfadh a gcuid amhránaíochta an spiorad Gallda i measc an phobail:

> After a brief interval, which was occupied by Gaelic songs, the excursionists repaired to the forest; and in that forest glade (in England though it unfortunately was) it was pleasant to hear the strains of such songs as 'Fainne Geal an Lae', 'Laochra Loch-Ghármáin', 'Athair O'Fhloinn' (Irish version), 'A Chruit', 'Mo thir', 'Carraig Donn', 'Caitheamh an Glas' &c. and to witness the graceful Irish jigs, reels and hornpipes, as well as the genuine pleasure that beamed on the faces of all present. The dilettantism of a mere tea-party or picnic was absent, the whole atmosphere of the gathering (the spiritual atmosphere, at all events), even to the passing salutations, being thoroughly Gaelic.[87]

Tá sé le tuiscint ón tuairisc seo a scríobhadh ar imeacht de chuid an Chonartha i Londain gurbh fhéidir comhluadar Gaelach a chothú i Londain, príomhchathair na nGall, ach an teanga a bheith ina bhfochair mar uirlis. In ainneoin gurbh aistriúcháin iad cuid de na hamhráin a luadh sa sliocht, ba leor gur trí Ghaeilge a deineadh iad a aithris chun spiorad na nGael a mhúscailt mar scáth cosanta timpeall ar an ngrúpa Gael seo. Ní foláir gur thuairisc é seo a scríobh duine den ghrúpa agus é nó í ag déanamh gaisce as clár oibre an Chonartha thall i Sasana. Ba mhinic tráchtairí ag maíomh as imeachtaí Gaelacha ar nós na hócáide thuas, agus 'the graceful Irish jigs, reels and hornpipes' a damhsaíodh ar an turas lae faoin tuath, ach d'fhéadfaí dul thar fóir leis an imní faoin mBéarlachas chomh maith. Nochtann litir a scríobhadh ó Chorcaigh an deacracht téarmaí Gaeilge a aimsiú do na himeachtaí Gaelacha:

> When I happened some time ago to have the honour of writing out the programme of the Ballyvourney *Feis*, I am sorry to say I could not find the Gaelic equivalents of 'Reel', 'Jig', 'Hornpipe', 'Concert', 'Country or Contre dance'. &c. I suspect 'Concert' is '*Cuirim Ceoil*', as for the 'Country dance', it must apply to the '*Rínce Fada*', which we are told was danced before *Rígh Séamus* by forty young maidens. The thought struck me at the time that I was only contradicting myself writing out the programme of a Gaelic festival in Anglo-Saxon gibberish thereby unconsciously helping to popularise the language, habits and customs of the dominant partner, but I had no other alternative, having had not sufficient ability for the purpose. Would you, Mr. Editor, or any of your readers, help me out of the difficulty, and give the real old Irish names for technical terms used at such gatherings? This would go a great deal in the way of getting rid of the vicious and slavish habit of adopting the disgusting *slang* of Cockneyism in our Gaelic pastimes *vide* the Gaelic Athletic Association, Gaelic *mar d'eadh* (quite a misnomer), with its 'points', 'backs', 'forwards' &c.[88]

Dá mb'amaidí na hiarrachtaí a chleachtaí chun cosc a chur ar fhás chultúr an Bhéarlachais in Éirinn, ba sheacht n-oiread ní ba mheasa cuid de na réitigh a moladh chun cur ina choinne: 'Feis Sraide-na-Cathrach, 13ᵗʰ August – in the dancing competition no person who cannot speak Irish will be allowed to compete'.[89] Cé gur furasta a bheith ag magadh faoin scrúdú cainte seo a chur ar rinceoirí, ba shoineanta an plean é i gcomparáid leis an moladh seo a leanas i gCorr na Móna, agus eagarthóir an nuachtáin ag tacú leis agus ag cur séala an Chonartha leis dá bharr:

> 'Vigilance' Committees have been appointed to see that Irish is used in every household in the surrounding villages, and that the young people acquire a literary knowledge of the language. Other duties have been also assigned to the committees, but we believe that the above is by far the most important . . . in some branches there is altogether too much English used unnecessarily by fluent Irish speakers.[90]

Feictear an nóta seo a leanas, tamall ina dhiaidh: 'A Vigilance committee is about to be appointed to find out the houses where Irish is not spoken'.[91] Ní foláir cuimhneamh gurbh ann don tuiscint sa naoú haois déag agus go deimhin anuas go dtí ár lá féin, go raibh sé de cheart ag na húdaráis agus an Stát iompar morálta, iompar gnéis agus iompar sóisialta an tsaoránaigh a rialú. Dá mb'fhéidir páiste a bhaint de mháthair toisc í a bheith singil, agus an mháthair shingil a dhíbirt go cúram na mban rialta, ní raibh aon chúis ann nach bhféadfaí tabhairt faoi iompar teanga na ndaoine a rialú. Ní foláir a chur san áireamh go raibh an pionós corpartha mar shainchuid den oideachas agus den oiliúint sa tréimhse atá idir chamáin anseo, mar a dhearbhaíonn an tagairt seo a leanas ó Albanach a mhaíonn as an tslí ar mhúin sé an teanga úd dá chlann tríd an mBéarla a chosc sa teach, agus molann sé beart dá réir do thuismitheoirí na hÉireann. Ba chóir an Béarla a chosc ar pháistí seachas nuair a bhíonn siad i mbun ceachtanna scoile: 'if I heard a syllable of it spoken their "friend" there, pointing to the tawse that hung on the wall, would be used to correct them. The consequence is that all my sons write me in Gaelic'.[92] Cloistear nóta buacach sa tuairisc seo a leanas ó Árainn faoi iompú an tslua ar gharsún aonair tar éis dó nósanna an Bhéarlachais a chleachtadh i ndiaidh chruinniú Chonradh na Gaeilge istigh ar an oileán:

> The instantaneous results which sometimes follow from a successful and enthusiastic meeting are wonderful. This fact was strikingly emphasised in Kilronan on Sunday week after the meeting at which the new branch was established. The children who before used English habitually, could be heard on the streets speaking Irish, and it was plainly evident that they felt much pride in their ability to do so. As the Inismheadhoin agus Inis-siar delegations were preparing to leave some twenty urchins came down to the shore, talking away with great ease and fluency in the native tongue. One thoughtless little

garsún made use of an English word. He was immediately pounced upon by his comrade, and the little *Sasanach* had to promise that he would not be guilty of such an offence again.[93]

Dhírigh an Conradh a aird ar eagraíochtaí eile sa tír chomh maith. Mar shampla, tar éis don *Irisleabhar* an leabhar *Na Sacramaintí Deidheanacha* a mholadh de bharr 'Gaedhilg mhaith shimplidhe', cháin sé mar seo a leanas é: 'Nach mór an truagh agus an aisdigheacht stampa Gallda do bheith aca agus an t-ainm i litreachaibh Gaedhealacha .i. Catholic Truth Society of Ireland! Tá deallradh ráiméise ar a leithéid'.[94] Agus:

> The administration of the Gaelic Athletic Association has unwittingly aided this atrocious end, for the Gaels of the South and West have been brought up to purely English-speaking centres to contest for supremacy in hurling and football, or athletics, and find in these places *the spirit of West Britonism rampant and seductive*. Around them and before them the tinsel glamour of Anglicisation is ever apparent, and after a few such occasions, the old speech gradually dies from their tongue, the old love of pure ideals, fostered by simple faith, fades from their hearts, and in its place English, that 'bastard of a hundred dialects'.[95]

Agus go deimhin ní raibh aon leisce orthu tabhairt faoi chraobh den Chonradh ach an oiread, dá gceapfaí go raibh a chuid iompair ag teacht salach ar chuspóirí na heagraíochta. Ba chúis díomá ceolchoirm de chuid Chonradh na Gaeilge i Learpholl Shasana nuair a bhí míreanna ar an gclár nach raibh Gaelach ná dúchasach: 'made up chiefly of music hall items rendered by a variety company. Among these were songs bearing the titles of 'Doan ye keep me waitin', 'Oh, the effluvia!', 'Pretty Polly Hopkins', 'I want my Lulu' and so on'.[96] Agus bhí an scéal amhlaidh i gCorcaigh na gCuan, rud a chruthaigh 'we are becoming denationalised':

> Mr. Ludwig's '98 concert in the Opera House in that city was a failure, while at the same time the Palace Theatre was crowded with the workingmen of 'rebel' Cork listening to miserable music trash. It comes to this, the very manliness as well as the national feeling of the people is being destroyed, and the fact while admitted readily enough in private, is being connived at publicly. If our public men admit the wholesale Anglicisation, to be consistent with the professions of nationality they must further admit the necessity for de-Anglicising the country.[97]

Caitheadh amhras ar théagar náisiúnach na Gaillimhe arís in *An Claidheamh Soluis*: 'At Oranmore, Co. Galway, there is to be a Bazaar and Fancy Fair on the 19th, 20th, and 21st June. Café Chantants are to form part of the attractions. Could not a local attempt be made to have something a little more Irish substituted for the Cafés?'[98] Gan dabht nuair a thosnaítear ar an gcluiche seo chun rudaí a thomhas ar bhonn náisiúntachta, ní fada go dtéann slata tomhais le craobhacha ar fad. Feictear moladh á thabhairt do Patrick J. Fegan as 'Teach Niocláis' a bhaisteadh ar a theach nua i nDroim Conrach agus súil ag an bpáipéar go spreagfadh a dhea-shampla a thuilleadh den chleachtas seo: 'If others would imitate the good examples set by Mr. Fegan, by having the names of their houses printed on their gate piers in Irish, I believe it would greatly tend to popularise the language'.[99]

I dteannta leis an mBéarlachas ag leathnú trí cheolchoirmeacha mar seo, spréigh sé nuair a d'fhill fir óga ó thréimhse a chaitheamh i Sasana i mbun oibre.[100] Ar fhilleadh, thug siad leo nathanna agus cora cainte an Bhéarla:

Mr. Coreless next spoke, also in Irish. He criticised severely the deplorable change of accent and expression affected by young men who go across for a few years to the English harvest. They come home, he said, with all the, 'awe lads', and bloody this and bloody that, and this d——n and that d——n, and they think that an accomplishment. He gave one or two very amusing instances of this slang. Mr. Coreless was a teacher and once one of these 'awe lads' came into his school to light his pipe, and to show off some of his importance. Mr. Coreless took him to task rather abruptly for using 'summot' for 'something', and when the fellow left he said he was sorry he did not give the teacher 'summot' on the head. He related another instance where Fr. Burke asked a young man he met on the way why he was not at the stations that day, the anglicised Irishman replied in his proudest style 'let th' ouldans (meaning his parents) go'.[101]

Is féidir an téacs seo a léamh mar imní na dteagascóirí i dtaobh thruailliú na Gaeilge ag daoine óga a d'imigh thar lear agus a ghlac nósanna na nGall chucu, nó is féidir é a léamh mar léiriú ar bhochtaineacht a chuireann iallach ar ógra na dúiche dul ar imirce ar feadh tréimhse chun luach saothair a bhaint amach thar lear ag baint an fhéir i Sasana. Ar a dteacht abhaile dóibh is cúis bhróid dóibh an t-airgead a thuill siad a léiriú don phobal tríd an bpíopa agus an tobac a chaitheamh go poiblí, dhá ní nach mbeadh ar a gcumas a cheannach murach an tréimhse a chaith siad thar sáile. Léiríonn teacht na n-ógfhear chuig an scoil, ionad ranganna an Chonartha, an gradam a bhronn an pobal ar an gConradh agus spéis an phobail sa teanga agus i gclár Chonradh na Gaeilge. Muna raibh meas ag an bpobal ar a raibh ar siúl ní fhreastalódh an pobal ar an scoil, ní bheadh láthair phoiblí ann a raibh clú agus cáil air le baint amach ag an ógfhear as dul i ngleic leis an teagascóir. Tháinig an t-ógfhear lena chomharthaí rachmais agus nósanna sofaisticiúla os comhair rang an Chonartha chun seasamh a bhaint amach dó féin san fhóram poiblí ba mhó sa cheantar.

Feicfear, leis, go bhfuil cosúlachtaí idir an garsún dána seo leis na buachaillí a bhí le feiscint ar gach cúinne sráide i ngach baile ar fud Sasana a bhí ag déanamh imní do thráchtairí na Breataine mar a chonacthas. Is dúshlán é don teagascóir, fear a bhfuil a ghradam agus a sheasamh sa tsochaí ag brath ar mheas an phobail air agus ar an ábhar a mhúineann sé. Is rogha idir dhá chultúr mar sin é, an teagascóir a d'fhan sa dúiche agus a chuir oideachas air féin trí chloí leis an gcóras, nó an fear a d'fhág agus a d'fhill tar éis dó carn airgid a thuilleamh thar sáile. Ach más coimhlint ar bhonn seasaimh phoiblí é seo, tá ceist eile ann, leis. Ní déistin a spreagann an t-imirceach ach éad agus drúis. D'éirigh leis nósanna a athrú agus canúint a fhoghlaim, rud atá ag teip ar an teagascóir a dhéanamh lena chuid mac léinn. Dá n-éireodh leis an teagascóir cora cainte, blas agus canúint na Gaeilge a thabhairt do na mic léinn is éacht a bheadh ann. D'éirigh leis an bhfear óg seo an méid sin a dhéanamh, ach is nósanna agus cultúr an Bhéarla seachas na Gaeilge a thug sé leis. D'éirigh leis é sin a dhéanamh ar an mbonn gur bhain an Béarla le riachtanais an tsaoil oibre a chleacht sé i Sasana. Spreag gradam an Bhéarla é chun an gníomh a dhéanamh agus tugann an t-airgead le fios go raibh an ceart aige.

Leagann an dara cainteoir béim ar an nasc idir an creideamh agus an Béarlachas. An té a raibh Béarla aige, bhí fáil aige ar a rogha creidimh. An té a raibh Béarla aige agus seal caite aige i Sasana bhí rogha saoil agus rogha idé-eolaíochta aige. An té a raibh Béarla aige, bhí an baol ann go gcleachtódh sé nósanna na sochaí nár réitigh le nósmhaireacht na hEaglaise Caitlicí. Ní hé an cleachtadh teanga is cúis imní don tríú cainteoir sa sliocht seo thuas, ach an nasc idir é agus a dhiúltú don aifreann. Ba dhúshlán don Eaglais Chaitliceach a leithéid, agus níorbh fholáir don chléir a bheith ina choinne. Tá an sagart sách cinnte dó féin agus dá sheasamh sa phobal agus do ghlacadh an phobail leis chun tabhairt faoin bhfear óg as a bheith as láthair ó na stáisiúin ar an lá áirithe, ach is léir go bhfeictear scoilt sa phobal má shamhlaíonn an fear óg cleachtadh an aifrinn leis na seandaoine seachas leis an bpobal ar fad idir shean agus óg. Ní cháintear é mar ainchreidmheach. Cáintear a Ghalldachas, agus cáintear a theanga.

B'éasca an Béarlachas a cháineadh, ach ba dheacair gníomhú go praiticiúil agus go héifeachtach ina choinne. Nuair a tuigeadh go raibh baol an Bhéarlachais ó thuaidh, cuireadh comhairle ar mhuintir Dhún na nGall agus iad ag beartú na Feise mar seo a leanas:

> We have heard with much concern that it is proposed to include English items in the competitions at the Donegal *Feis*. Now, if that intention be carried out, the distinctive character of the festival will be certainly destroyed. Besides the precedent is a bad one. We hope the Donegal people will set this matter right, and so keep the *Feis* what it ought to be – a Gaelic gathering.[102]

Dul chun cinn ab ea na Feiseanna mar thug siad deis don Chonradh dul i bhfeidhm ar an bpobal agus taispeántas a chur ar fáil, ach ní gan achrann ná díospóireacht go minic. D'eagraigh na craobhacha feiseanna ar fud na tíre ar mhúnla an Oireachtais chun gníomhaíocht Chonradh na Gaeilge a léiriú don phobal agus chun deis a thabhairt do dhaoine an teanga agus an cultúr a chleachtadh go poiblí ar bhonn sóisialta agus mar ghníomh grúpa. Mar chuid d'imeachtaí an lae d'eagraítí go hiondúil comórtais amhránaíochta. Níorbh ionann, áfach, an tuiscint a bhí ag gach aon duine, go háirithe ag gach aon mholtóir faoin mbrí ba chóir a bheith ag an bhfocal traidisiúnta i dtaobh na hamhránaíochta. Thuig siad go maith nárbh ionann tuiscint Chonradh na Gaeilge agus tuiscint Na Feise Ceoil ar an gceist seo agus gurbh í sin an chúis gur scar an dá ghrúpa óna chéile faoi cheist an Oireachtais ar an gcéad dul síos.[103] Ní raibh aon éiginnteacht ar J. M. Kiely ag é ag caint ón ardán i gCorcaigh faoin difríocht idir an ceol Gaelach agus an ceol 'mí-nádúrtha':

Do shaoil mórán daoine go raibh ceol píbe beagnach imtighthe um an dtráth so, acht tá fhios againn anois go maireann ceol ar dtíre fós comh maith le nar dteanga cidh na raibh aon anashuim ag formhór na ndaoine ar an sean-cheol binn Gaedhealach an ceol is áille sa domhan do bhí ag ar sinnsearaibh romhainn, acht ag dul amach ar cheol iasachta galánta mar dh'eadh; acht ag iarraidh coisg do chur ar gach nós mí-nadúrtha de'n tsaghas sain do cuireadh ar bun Connradh na Gaedhilge.[104]

Beartaíodh um Nollaig ar scéim a thabharfadh aghaidh ní hamháin ar fhadhb an Bhéarlachais sna clochair ach a chruthódh fostaíocht do chailíní na Gaeltachta agus a chabhródh le clanna sna bailte agus sna cathracha a raibh spéis acu sa teanga ach nach raibh ar a gcumas a gcuid páistí féin a thógaint trí Ghaeilge. Is é a bhí i gceist leis an bhfeachtas seo ná cailíní Gaeltachta a fhostú mar chúntóirí teanga sna clochair agus mar sheirbhísigh i dtithe na nAthbheochanóirí sna bailte agus sna cathracha. D'fheidhmigh an Conradh mar idirghabhálaí a chuir na sagairt pharóiste sna ceantair Ghaeltachta ar an eolas faoi dheiseanna fostaíochta do chailíní trí fhógraí sna páipéir Ghaeilge. Bhí sé de bhuntáiste ag an bplean seo gur lig sé don Chonradh leas a bhaint as na clochair ar mhaithe le dul chun cinn na Gaeilge agus mhuintir na Gaeltachta ar aon. Luadh an scéim den chéad uair in alt dár teideal 'The Convents and the Movement':

It would be a good plan for every English-speaking convent having Irish classes to import not less than two girls from Irish-speaking districts, from Aran, for instance, where many of the girls are now reading as well as speaking the language. The idea of native speakers as pupil-teachers of continental languages is a common one, and why not bring the Aran girls to the east to help to re-Gaelicize our daughters instead of letting them emigrate?[105]

Deineadh é seo tar éis do dhuine éigin fógra a chur sna páipéir Ghaeilge ag lorg cailín aimsire i mBaile Átha Cliath agus ba mhór líon an bhfreagraí a fuair sé. Tuigeadh go mbeadh tóir ar a leithéid ar fud na hÉireann:

> No doubt there are many others living in English-speaking parts who are equally anxious to have the lost inheritance of our beautiful native language restored to their children. The only practical way to do this is to let the little ones hear Irish spoken and speak it themselves from early childhood. Years of application at a later age will not have as good an effect.[106]

Chonacthas fógra eile i mBealtaine na bliana céanna: 'General Servant Wanted. Must be a good Irish speaker and well recommended. Fare to Dublin paid. Apply A. B., Office *An Claidheamh Soluis*, 24 Upper O'Connell-street, Dublin'.[107] Ní haon ionadh é mar sin, nuair a chuimhnítear ar an deacracht a bhain le teagascóirí ar chainteoirí dúchais iad, agus bochtaineacht na gceantar ina labhraítí an teanga, gur beartaíodh scéim a thosnú a d'eagrófaí cailíní aimsire ó na ceantair Ghaeltachta do lucht an rachmais sna bailte móra ar theastaigh uathu an teanga a fhoghlaim nó deis foghlama a thabhairt dá gcuid leanaí. Bunaíodh eagraíocht faoi leith faoi choimirce Chonradh na Gaeilge i mBéal Feirste 'for the purpose of procuring Irish-speaking servant-girls for people who are interested in the Gaelic movement', agus tugadh le fios:

> The Society hopes to be mutually helpful to employers and employed, for, while doing all in its power to help the former to obtain girls suitable in everyway, the latter may confidently rely that no pains will be spared to get them into good homes, where they will be treated with every consideration, so long as their conduct merits it.[108]

Gan dabht b'éigean cailíní a aimsiú sna ceantair Ghaeltachta agus scríobhadh mar sin chuig na sagairt sna ceantair ina labhraítí an teanga. Fuarthas an freagra seo a leanas ó Andrew M'Nelis, Sagart Paróiste Thearmainn, Leitir Ceanainn:

> I heartily approve of your project. It is the best move I have yet known for the sake of learning our mother tongue. I could get suitable girls at once but I prefer not sending you names for a while. The best of our girls are now at service, and will not be home till November . . . Do you think you could get places for a large number? I suppose they would get the ordinary wages of good servant girls.[109]

Bhí tús curtha leis an bhfeachtas seo agus cuireadh tús le cailíní ó cheantair Ghaeltachta a chur ag dul go Baile Átha Cliath agus go bailte móra eile na Galltachta mar 'Ghaeilgeoirí'. Leanfadh an nós seo ar aghaidh anuas go dtí bunú an tSaorstáit agus go ceann i bhfad ina dhiaidh.

5

Frithnimh an Bhéarlachais: *Eugenics* na Gaeilge

True, I know the grammar and the words, but yet I know not how to speak them.[1]

Dracula

Tugadh le tuiscint do na mílte páistí nach raibh i dtéacsanna mar *Eisirt* nó *Brian Óg* ach cineál *encyclopaedia* de chora deasa cainte as a bhféadfaí 'an Ghaoluinn mhilis bhinn' a fhoghlaim.[2]

Declan Kiberd

Ní le linn na hAthbheochana a tosnaíodh ag cur spéise sna nathanna cainte agus sna cora cainte den chéad uair, ach ba le linn na réabhlóide cultúrtha seo a d'athraigh an fheidhm agus an cuspóir a samhlaíodh leo, áfach. Ba chomhartha d'oidhreacht agus de shinsearthacht na teanga roimhe seo iad ach anois ba iad na cora cainte an tslat tomhais ab fhearr ar chumas na Gaeilge idir scríofa agus labhartha. D'fhoilsítí bailiúcháin seanfhocal sa naoú haois déag in irisí ar nós *The Dublin Penny Journal* (1831-7) agus *The Citizen* (1839).[3] D'fhoilsigh Uilic de Búrca liosta fada de chora cainte na Gaeilge ina shaothar *The College Irish Grammar*, agus thrácht sé ar liostaí a cruinníodh ó thíortha eile.[4] Ba chuid de chuspóir an Bhúrcaigh a léiriú trí mheán na gcor cainte go raibh an Ghaeilge gaolta le teangacha eile na hEorpa. Is é a chuir an Búrcach roimhe i gcónaí agus é i mbun pinn ná a chruthú go raibh an Ghaeilge chomh maith nó níos fearr ná aon teanga Eorpach eile dá raibh ann. Dar leis, 'Ireland is not, to say the least, inferior to any country in proverbial lore', agus 'it would be more just to say, that had all her national proverbs been published, the volume containing them would equal in size . . . the fullest that has yet been given to the public'.[5] Mínítear sa réamhrá a chuir sé leis an mbailiúchán úd de sheanfhocail a foilsíodh mar aguisín le *The College Irish Grammar* go raibh saibhreas seanfhocal na hÉireann gach aon phioc chomh maith le bailiúchán aon tíre eile ar fud an domhain, agus nach raibh a shárú ann chun teanga a fhoghlaim ná nathanna a chur de ghlanmheabhair: 'The language cannot be learned thoroughly any other way. And what can be more readily impressed on the memory, and more easily retained, than a nation's proverbs, in which the language is at once pure, idiomatic, and classical?'[6]

Agus é ag cur síos ar 'this volume of the Antiquarian Library', léirigh sé a dhímheas ar an rud ilghnéitheach, an rud a roinneann dhá nádúr i gcomparáid leis an mír aonghnéitheach ghléghlan mar a samhlaíodh an Ghaeilge: 'This collection, furnished as Irish, is something of the same kind. The sayings are as un-Irish in sentiment as they are un-Celtic in dress, and partake as much of the ribald nonsense of the stranger and the low adventurer, as the words in which they are expressed partake of the dappled jargon of the Saxon and the Norman'.[7] I sliocht eile san aiste chéanna léirítear dímheas ar mhná agus ar scoileanna Gallda, mar a pléadh sa chaibidil roimhe seo.[8] Moltar don té ar mhaith leis an Ghaeilge a fhoghlaim focail, agus ina dhiaidh sin abairtí, a aistriú ón nGaeilge go dtí an Béarla agus ar ais arís:

> in a very short time they shall have acquired a wonderful knowledge of the language as it is spoken and written. In fact, the idioms of a dialect cannot be learned as well by any other means. That other method – not infrequently adopted by young ladies at boarding-schools, and by mere jabbers in French and in Italian – of committing idioms to memory, is at once tedious and slavish.[9]

Maidir le seanfhocail agus scéalta ón mbéaloidis, ní hamháin go raibh saibhreas Gaeilge le sonrú iontu – fiú más Gaeilge chalctha í amanna – ach bhíodar ar fáil go héasca d'fhoghlaimeoirí agus do bhailitheoirí na linne seo, agus bhí sé an-fhurasta iad a aimsiú, a thaifead agus a chur i gcló nuair nach raibh aon phrós cruthaitheach ar fáil. An té nach raibh in ann gearrscéal ná dán a chumadh, bhí sé ar a chumas slám seanfhocal a bhreacadh síos ó chainteoir dúchais éigin a casadh air le linn dó a bheith i measc na ndaoine. Ach ní 'mere jabbers' a bhí riachtanach do chúis na Gaeilge má bhí an teanga le teacht slán, óir, mar a fheictear arís agus arís eile, ní teanga ná athbheochan teanga amháin a bhí ag dó na geirbe ag lucht na hAthbheochana ach cultúr, meon agus cine faoi leith. Ní raibh sa teanga ach bealach isteach ar an meon sin. Murach na cora cainte d'fhéadfaí urlabhra ar bith a cheadú mar Ghaeilge. Nuair nárbh ann do chaighdeán litrithe, gramadaí ná canúna, áfach, ba iad na cora cainte saintréithe an dea-chainteora dúchais, an té a raibh scoth na Gaeilge aige nó aici. Tuigeadh go raibh bua faoi leith acu: 'They can no more be understood nor appreciated by a mind which is un-Irish than certain beautiful effects in music can be appreciated by a person who has no ear'.[10] Agus fógraíodh go raibh na nathanna áirithe 'so purely Irish and so utterly un-English that I fear it is next to impossible to give an idea of it to un-Irish minds'.[11] Samhlaítear cora cainte le gaois, leis an bhfírinne agus le teachtaireacht mhorálta. Tuigtear go mbaineann siad le fuinneamh agus le neart na teanga, mar a d'fhógair an tIosánach F. Edmund Hogan ina réamhrá le *A Handbook of Irish Idioms* a foilsíodh sa bhliain 1898. Is é a chuir sé roimhe ná spéis an léitheora óig a ardú agus 'equip him with a good stock of translated sentences and idioms, and of the several thousand words; thus bringing out and recommending to him many of the peculiar characteristics of Irish speech'.[12] Ní hamháin sin ach, mar a d'fhógair an Búrcach, bhí teacht sna cora cainte ar leaganacha cainte agus struchtúir teanga 'in which the language is at once pure, idiomatic, and classical'.[13] Dar le de hÍde: 'The native Irish deal in sententious proverbs perhaps more than any other nation in Europe; their repertoire of apothegms is enormous. It is a characteristic which is lost with their change of language and consequently has not been observed or noticed'.[14] Ba é sin bua mór na gcor cainte. An té, foghlaimeoir go háirithe, a dhein sealbhú ar na cora cainte, bhí sé ag breith chuige féin agus ag sú isteach comhréir agus dul na Gaeilge gan trácht ar fhoclóir, ar chultúr agus ar mheon na teanga mar a mhínigh *Irisleabhar na Gaedhilge* sa bhliain 1893: 'From the old literature we gather some idea of the mode of life of the old Irish people; but it is chiefly in the proverbs that we see their appreciation of the good, the beautiful, the true'.[15] Toisc gur shíolraigh na cora cainte ón dúchas, mar a tuigeadh, bhain siad le stair agus le hoidhreacht na teanga sular tháinig aon mheath uirthi. Mhínigh de hÍde i léacht do mhic léinn na hollscoile i mBaile Átha Cliath:

Níor bhfada go dtugas fá deara nár b'iad na daoine atá anois ann a rinne a formhór aca, acht daoine eile ar fad ó, daoine fóghlumtha, righthe, b'fhéidir, nó prionsaí, taoisigh móra, agus lucht stiúrtha an státa. Tháinig mórán de na ráidhtibh anuas chugainn ó na h-aimsearaibh caithte, agus is dóigh go bhfuil cuid aca an-aosda. Tá ciall, intleacht agus stuaim fá leith ag baint le mórán aca, nach gnáthach a leithéid ina na h-aimsearaibh seo.[16]

In ainneoin léann na scoláirí Gearmánacha, ní féidir leo greim a fháil ar an nGaeilge gan mioneolas ar na cora cainte, mar a dhearbhaigh léirmheastóir ar *A Concise Grammar* agus *A Compendium of Irish Grammar*:

they lack the practical and idiomatic knowledge of the language, and the intimate and instinctive acquaintance, with its genius and spirit, possessed by Irish-speaking natives, and of which nothing can supply the want, and they are thus liable to be misled by mere bad spelling, or by fanciful changes in ancient writings.[17]

Agus ba chuige sin an comórtas san Oireachtas 1901 do leabhar frásaí, ar chuir ceathrar isteach air: 'The competition for a conversational phrase-book resulted in four very good entries, and the publication of the winning book will supply a long-felt want'.[18] Ba luachmhar na cora cainte seo mar samhlaíodh iad leis an seanchas agus le hoidhreacht na teanga sula raibh aon truailliú tagtha i dtír. Ina theannta sin, ní hamháin go raibh scoth de chomhréir na Gaeilge le sonrú iontu, bhí siad iomlán éagsúil ón mBéarla agus ba léargas iad ar mheon na Gaeilge, a bhí difriúil ar fad, de réir dealraimh, leis an mBéarla:

As the student proceeds, every new construction that he discovers, and masters, give him a fresh idea of the capabilities of human expression. The exclusively English speaker has no idea of the nice distinctions drawn by the Irish mind . . . It is enough to say that the language is full of evidences that Irish forms of thought are not the same as those of other nations, and perhaps differ from English forms than from any other. They are clearer, more delicate, more subtle in distinction, more exact in definition, and thoroughly individual in expression.[19]

Ba sna nathanna cainte seo a raibh teacht ar ghaois agus ar shainiúlacht na hÉireann, agus dá n-aimseofaí a leithéid, shlánófaí, dar leo, ní hamháin an náisiún ach an cine Gaelach. Seo mar a mhínigh de hÍde an cheist do shlua i Nua-Eabhrac:

For three generations they have had no country. They were treated by England as the mongrels of civilization. They were taught that they had no race, and that they were a little bit of everything, mostly English. But we are teaching them better . . . England doesn't want Ireland to retain its language – the oldest vernacular, except the Greek, in Europe – or any other hereditary characteristic. But we will have them all. They shall be rejuvenated.[20]

B'fhlúirsí na cora cainte, de réir dealraimh, i measc scríbhinní na Mumhan ná aon chúige eile agus dhein an Conradh a sheacht ndícheall chun scríbhneoirí uilig na hÉireann a ghríosadh chun leas a bhaint as an áis teanga seo. Díol suntais gur léir arís meafar an mheathlaithe agus meafar an choirp ag feo sa sliocht seo a leanas ó de hÍde in 1895 ina molann sé canúint na Mumhan:

Any person who would explain the undoubted primacy now held by Munster in contemporary Irish literature by the fact that Munster possesses one or two dozen inflexions, now little used or not at all in Conn's half, would attach to these grammatical lists an importance which to an impartial observer must seem extravagant. The grammatical elements of a language are but its lifeless body. A bald head, a vacancy for several teeth are certainly disadvantages, but many good men get along with them. The life of a language is idiom. It is idiom that animates the dry bones of grammar and warms the current of language. From some cause or other, probably from the better preservation of the art of reading, the Munster man, as a rule, appreciates Irish idiom and respects it. His neighbours very often do neither; they respect only 'the rules of grammar', whatever they may be. Their idiom is often mere English. We refer to written Irish. There are thousands of old people in Connacht and Ulster who speak as fine Irish as has ever been printed. Every language must adopt some foreign words. Verbal purism has perhaps been overdone by some Irish scholars. Idiomatic purism has been largely neglected. A foreign idiom is always a solecism and a blot. To attain to Irish idiomatic purity, it is necessary to cultivate an Irish mode of thought.[21]

Feictear sa ráiteas sin a thug de hÍde don Chumann Náisiúnta Liteartha an chúis gur tháinig na cora cainte chun cinn in aeistéitic liteartha na Gaeilge i ndiaidh bhunú Chonradh na Gaeilge. Ba shainchomhartha Gaelach agus Gaeilge é an cor cainte. Ní aimseofaí a mhacasamhail de ghaois ná de shaíocht i dteanga Ghallda, agus níorbh fhéidir é a ghabháil trí phróiseas an aistriúcháin. Ba chúis imní don Chonradh agus lucht na Gaeilge le tamall anuas go raibh an Ghaeilge á scríobh ag foghlaimeoirí agus daoine a raibh cáil na Gaeilge orthu de réir nósanna agus chomhréir an Bhéarla, cé go raibh foclóir agus gramadach na dtéacsleabhar Gaeilge acu. Daoine ab ea a leithéid nach raibh teagmháil rialta acu le cainteoirí dúchais agus, in ainneoin go raibh foclóir na teanga acu, leanadar comhréir agus gramadach an Bhéarla. Daoine ab ea iad, dar leis an Athair Peadar Ó Laoghaire, 'nár labhair aon fhocal di, go dtí a bhfuil le a trí no a ceathair de bhliadhnaibh. Daoine atá ag cur eolais uirthi go tiugh (Dia d'a mbeannachadh), acht nach bhfuil ar a gcumas í labhairt fós, ní nach locht ortha, acht go fíor-lag'.[22] An baol a bhí ann ná go bhfágfaí an teanga faoina leithéid nó faoi scoláirí na Gaeilge go n-iompófaí an Ghaeilge trí mheán an Bhéarlachais isteach ina leagan truaillithe meathlaithe den Bhéarla:

> Acht dá gcurfaidhe sgoláirí ag ceartughadh agus ag aontughadh na Gaedhilge anois dúinn, cad bheadh againn feasda? Cad iad na riaghlacha do leanfaidhe? Do leanfaidhe riaghlacha na Laidne agus riaghlacha na Gréigise agus riaghlacha na Fraincise agus riaghlacha an Bhéarla, i dtreo gurab é an rud do thiocfadh as dúinn ar ball, nach Gaedhealg do bheadh againn i n-aon chor, acht Valapuc.[23]

Nuair ba chúis imní an Béarlachas agus easpa téarmaí do Ghaeilgeoirí, ba chúis dóchais iad na cora cainte. Samhlaíodh iad le dúchas agus le saíocht na teanga agus an chultúir. Ba léiriú iad ar an difríocht idir an Ghaeilge agus an Béarla, ba chruthú iad ar an difríocht idir meon an Bhéarla agus meon na Gaeilge. Mar a dúirt an tAthair Peadar:

> Some learners have looked upon this idiom as a blot, because the literal translation of it into English . . . if the words were absurd and ridiculous that is a matter with which the English language, not the Irish, is concerned. As a rule those idioms which constitute the very gems of one language are proportionately hideous when put word for word into another. This is true of English and Irish to a greater extent than of most other languages.[24]

Níorbh fhéidir, dar leis, cor cainte ó theanga amháin a aistriú go sásúil ó theanga amháin díreach go teanga eile, agus ba ghráin leis nuair a deineadh a leithéid, mar a tharla, dar leis, nuair a cuireadh Gaeilge ar *Forgive and Forget*, úrscéal Béarla de chuid Maria Edgeworth a d'aistrigh Thomas Feenachty / Tomás Ó Fiannachtaigh don Ulster Gaelic Society sa bhliain 1833 mar *Maith agus Dearmad, sgéul beag d'ar b'ughdar Maria Edgeworth*[25]: 'But do not torture us with your translations. They are by far the most deadly element in the disease which is killing our language. They effectually disgust and repel the most courageous of native Irish speakers'.[26] Ba ghalar é an Béarlachas seo arbh éigean é a stopadh agus ní raibh slí níos fearr chuige sin ná an bhéim a leagadh ar an gcor cainte agus ar an nath cainte.

Tuigtear ó litreacha a scríobhadh chuig na nuachtáin go raibh daoine ag tabhairt faoin teanga a fhoghlaim ó fhoclóirí agus ó leabhair ghramadaí amháin. Moladh i leabhar dár teideal *The Irish Verbal Noun and Present Participle II* gurbh é an tslí ab fhearr chun sliocht Gaeilge a thomhas ná é a aistriú go Béarla agus dá dtiocfadh an t-aistriúchán liteartha leis an mBéarla, ba Ghaeilge mhaith í. Ach más míchiallmhar an chomhairle a chuir údar *The Irish Verbal Noun and Present Participle II* ar a chuid léitheoirí, ba chomhairle chiallmhar a chuir léirmheastóir *Irisleabhar na Gaedhilge* ar léitheoirí a bhí ag tóraíocht Béarlachais i ngach áit: 'The English-speaking person must learn Irish by phrases, not by words, for the methods of combining words in the two languages are as far apart as the North and the South Poles'.[27] Agus ní foláir a bheith san airdeall faoin té a d'fhoghlaim an teanga ón bhfoclóir amháin: 'Irish written or spoken on the dictionary system is a fearful and a wonderful thing. We have already too much English phrasing in Irish, even by people who know Irish well'.[28]

Ba dhlúthchuid de théacsanna agus de ranganna Chonradh na Gaeilge na cora cainte seo. Ní haon ionadh a leithéid nuair a chuimhnítear ar thábhacht na habairte eiseamláire i modhanna múinte na teangacha le linn an naoú haois déag. Mar a mhíníonn Paddy Lyons agus é ag trácht ar théacsanna scoile sa naoú haois déag:

> such sentences were at once concrete and direct, establishing communicative usage (through 'domestically situated tales from everyday life') while at the same time abstract, being exemplary of and related to larger, generative linguistic schemas, and thereby breaking with the immediate communicative context.[29]

Ba léiriú iad na cora cainte ar an difríocht meoin agus idé-eolaíochta a mhair idir an dá theanga. Thug na cora cainte foghlaimeoirí i dtreo fhealsúnacht bhunúsach na nGael; ach ar leibhéal níos simplí agus níos tábhachtaí ná sin ba shlat tomhais chinnte bhuan iad de chaighdeán Gaeilge duine. B'ionann na cora cainte a bheith ar a thoil ag duine, scríbhneoir nó cainteoir, agus dearbhú ar a chumas Gaeilge, ar a shaibhreas Gaeilge, agus ba theist iad ar a nós machnaimh a dhéanamh trí Ghaeilge seachas trí mheán an Bhéarla, mar a mhínigh Norma Borthwick:

> There are many idiomatic forms in Irish which are totally unknown to their tongues, but which are built upon such a sound basis of fitness and common

sense that to a logical mind the delight of studying them is unbounded. As the student proceeds, every new construction that he discovers, and masters, give him a fresh idea of the capabilities of human expression. The exclusively English speaker has no idea of the nice distinctions drawn by the Irish mind . . . It is enough to say that the language is full of evidences that Irish forms of thought are not the same as those of other nations, and perhaps differ from English forms than from any other. They are clearer, more delicate, more subtle in distinction, more exact in definition, and thoroughly individual in expression. It is this individuality – this nationality – that makes one feel that an Irishman cannot be truly and entirely Irish who does not know his own Language, who cannot clothe his thoughts in those forms which are the outcome of the special genius of his race, but is obliged to make what shift he best can with the harsh English speech which is foreign to the Irish mind, and which 'creaks and bangs about the Celt who tries to use it.' . . . I think the reason for this is that the study of Irish (even when unconsciously undertaken, as by a child) is in itself a better training for the mind than that of the motley collection of words gathered from all corners of the earth, which we call 'English', from which the Irish language is as different as day from night, in the harmony and fitness of its construction, and the purity with which it has been handed down through ages of learning and scholarship, and later through centuries of persecution to remain at the present day one of the most beautiful and perfect of spoken tongues.[30]

Ba iad na cora cainte anam na teanga, an dlúthchuid den teanga a léirigh an bhearna idir meon an Bhéarla – teanga thruaillithe a cumadh as meascán teangacha – agus meon na Gaeilge. Leagtar béim ar ghlaineacht na Gaeilge thar ilghnéitheacht an Bhéarla ó thaobh stóras focal de, rud a léiríonn imní faoi chros-síolrú. As seo amach cuireadh na cora cainte chun tosaigh mar shaintréith de chuid na dea-Ghaeilge agus mar fhál cosanta i gcoinne an Bhéarlachais. Leanfaí den nós seo sa Saorstát nuair a leagfaí béim faoi leith ar na nathanna seo ar an gclár oideachais. Mhol léirmheastóirí leabhair de chuid an Chonartha ar an mbonn go raibh gluais agus nótaí ag dul leo agus go raibh a ndóthain cor cainte iontu: 'An excellent feature in the book is the frequent use of proverbs in the exercises. In saying this we do not allude to the subject-matter of the proverbs, though much could be written in approval of them in that regard'.[31] Buntáiste eile de chuid na gcor cainte seachas an ghlaineacht, an saibhreas agus an léiriú a thug siad ar mheon sonrach an Ghaeil ná go raibh teacht orthu san canúintí éagsúla gan mórán de dhifríocht eatarthu. Bhí an ghné seo tábhachtach mar chiallaigh sé go bhféadfadh an nath céanna feidhmiú ar fud na tíre in ainneoin na canúna, agus thug sé aontas éigin don teanga nuair a bhí an baol ann go gcothódh na canúintí scoilt, mar a mhínigh eagarthóir an *Irisleabhair*: 'In our opinion, the proverbs are constructed in the clearest, purest, and most idiomatic of popular modern Irish, and show very little influence indeed of localism in vocabulary or construction, the same proverb being often current in all districts in identical words, as for instance: an rud is annamh, is iongantach'.[32] Nóta imeallach sa díospóireacht seo is ea an tuiscint go raibh an-chur amach cheana féin ag muintir na hÉireann ar na cora cainte seo trí mheán an Bhéarla agus gur bheag an stró orthu é iad a fhoghlaim sa Ghaeilge. Ba í seo an argóint ar bhain eagarthóir *Fáinne an Lae* leas aisti chun cur in iúl dá phobal léitheoireachta go raibh W. B. Yeats tosnaithe ar an nGaeilge a fhoghlaim agus nár dheacair dó a leithéid: 'Be it understood that Mr. Yeats spent his childhood and youth in the west of Ireland, so that Irish will not prove a foreign language to him, many Irish idioms and constructions being familiar. We therefore look forward confidently to original work in his own language from Mr. Yeats'.[33]

Chinntigh na nathanna cainte nach Béarla faoi chraiceann na Gaeilge a chumfaí, agus bronnadh gradam ar an gcainteoir dúchais de bharr a chumas chun na nathanna seo a láimhseáil. Ba theist chinnte amach anseo ar shaibhreas na Gaeilge agus ar chumas an chainteora nó an scríbhneora iad na nathanna cainte. Níorbh fholáir don té a bhí fíor-Ghaelach, nár loiteadh ag an ngalar coimhthíoch, na háiseanna cainte seo a tharraingt chuige féin go rialta mar fhianaise ar a shainiúlacht Éireannach. Ba chruthúnas iad na cora cainte seo ar a neamhspleáchas intinne agus ar a dhílseacht do theanga na Gaeilge. San am nuair ba dheacair 'fuil ghlan' a aithint ó 'fhuil mheasctha', d'fhreastail na cora cainte mar thástáil DNA chun an fíor-Ghaeilgeoir a dheighilt ón Seoinín, ón mBéarlóir, ón leath-Ghaeilgeoir. Ní haon ionadh mar sin gur chuaigh foghlaimeoirí na teanga agus lucht Chonradh na Gaeilge thar fóir ag foghlaim na nathanna seo agus á sníomh isteach ina gcuid scríbhneoireachta agus ina gcuid saothar liteartha. Ní haon ionadh é ach chomh beag go mbeadh na cora cainte seo lárnach sa litríocht agus sna téacsanna a d'fhoilseofaí faoi choimirce Chonradh na Gaeilge.

Dá mba mhana de chuid na hAthbheochana é nár thír gan teanga, b'fhíor leis 'nár theanga shainiúil aon teanga gan litríocht'. Ba riachtanas de chuid na náisiúnach cultúrtha, gan dabht, litríocht a sholáthar a bhronnfadh stádas ar an teanga as an nua: 'no language can now exist without a literature read by the people, in order to maintain the one it is necessary to develop the other'.[34] Agus: 'no language can hope to live now-a-days that has not a contemporary literature'.[35] Tugadh uchtach do mhuintir na Gaeilge nuair a tuigeadh dóibh nárbh iadsan an t-aon dream amháin san Eoraip a thug faoi theanga agus litríocht náisiúnta a chruthú. Ba spreagadh dóibh an éacht a chruthaigh muintir na Seice ina dtír féin agus b'ann don dóchas go mbainfí a mhacasamhail de ghníomh amach in Éirinn: 'Examples of the re-building of literatures under far greater difficulties are not wanting. To take only one case – in Bohemia, a hundred years ago, there was hardly a book in Czech, the language was spoken by the very poorest of the people, every idea of nationality seemed dead'.[36] Ní foláir a chur san áireamh áfach, go

raibh ollscoil ag feidhmiú trí mheán na Seicise i bPrág ag an am seo a
chuir spéis sa chultúr dúchasach, rud nárbh fhíor faoi Choláiste na
Tríonóide ná Ollscoil Mhaigh Nuad.[37] Toisc nach raibh córas stáit mar
thacaíocht ag an Athbheochan, b'éigean don Oireachtas feidhmiú ina áit:

> It [An tOireachtas] has to supply almost all the institutions which, in a normal
> condition of things, would make for the cultivation of a native language and
> literature; it has to direct studies, to make awards, to stimulate effort, to
> compose (sic) dialectical differences, to create a linguistic and literary unity
> – in short, to be the academy of the race.[38]

Níorbh ann don deis chun foirmeacha nua a chleachtadh i ngort na
filíochta de bharr na riachtanas teanga a d'éiligh léirmheastóirí. Ba í an
fhilíocht bláth na litríochta, dar leo, an chéim ab airde agus curadhmhír na
litríochta, agus níor chóir ach don té ab oilte triall a bhaint aisti: 'Is maith
í an fhilidheacht, 'na ham agus 'na háit féin, má 's filidheacht mhaith í.
Acht ní'l i bhfilidheacht, dá fheabhas í, acht órnáid. Is í bláth na teangadh
í. Ní hé am na gcloch mbuinn am na hornáide. Ní hé am an tsíolchuir am
na mbláth do bhaint'.[39] Níorbh ann don phrós ó aimsir Chéitinn,[40] agus ní
raibh gad an traidisiúin ag tacú le lucht scríofa an phróis mar a tharla i gcás
na filíochta. Gort lom úr gan chonstaic, áfach, ab ea gort an phróis.[41] Ba
é an prós an gléas liteartha a chuirfeadh oiliúint ar fhoghlaimeoirí na
teanga, a réiteodh deacrachtaí idir na canúintí, a mheallfadh daoine i dtreo
na teanga agus i dtreo na litríochta. Ach cén difríocht a bheadh ann idir
prós na Gaeilge agus prós an Bhéarla? Conas a dhéanfaí meon agus tréith
na nGael a shainmhíniú agus a idirdhealú ó phrós an Bhéarla? Ar nós go
leor eile, ba é an t-eagrán de théacs Sheathrúin Chéitinn an túsphointe:

> Mr. Comyn's annotations might be a little fuller. We would like to see the
> attention of students directed to an author's *style*, that they might know what
> to imitate and what to avoid. This is especially necessary in the case of a
> writer like Keating, whose long Ciceronian periods we would scarcely advise
> a student of Irish literary style to imitate.[42]

Moladh aiste de chuid Sheáin Phléimion san *Irisleabhar* mar seo a leanas
san *Irishman and United Ireland* in ainneoin gur scríobhadh é in 'classical
Irish' ní raibh aon tréith de 'straining after effect by the use of strings of
compound adjectives, a common fault with Munster writers in the
vernacular, who were generally fond of "big words". [43] Dar leis an Athair
Peadar Ó Laoghaire, d'oir an prós don Ghaeilge seachas an fhilíocht mar
thug an prós deis don údar leas iomlán a bhaint as caint na ndaoine: 'off
the stilts of the prose writers and free from the fetters of poetry, and the
people revel in its subtlety, variety, and beauty. These characteristics of it,
together with its long, continued use, give to the spoken Irish an exactness,
a vigour, a combined strength and litheness, unknown in English speech'.[44]

Agus, dar leis: 'poetic usages are too subtle for students whose childhood was not steeped in Irish'.[45]

Is é an tAthair Peadar an té is mó a shocraigh an stíl próis a mbainfí leas aisti le linn na hAthbheochana agus ina diaidh, stíl scríbhneoireachta a bunaíodh ar 'chaint na ndaoine' mar a thuig sé í. 'Mion-chaint' a bheadh ann, is é sin caint na ndaoine a labhair an Ghaeilge mar ghnáth-theanga, caint nach raibh leasú ná saothar uirthi, caint a raibh saibhreas nathanna cainte inti mar ba iad a léirigh sainiúlacht na nGael thar na Gaill. Dlúthchuid den mhion-chaint seo ab ea na nithe gramadaí sin nach raibh a macasamhail le fáil sa Bhéarla ná in aon teanga eile: an chopail, agus na réamhfhocail go háirithe cé gur 'ainm gan éifeacht [é] preposition'[46] dar leis: 'The most beautiful, as well as the most subtle, element of Irish syntax is that which has its existence around those little words which express relation. They are called by the general name of prepositions – a word which has no particular meaning'.[47] Dar leis: 'For a living language, the books and the speech of the people should go hand in hand'.[48] Ba í an iriseoireacht, mar a thuigtear inniu í, an stíl scríbhneoireachta ab ansa leis:

Oireann dúinn ár nGaedhilg do choiméad beó. Tá go maith. Is le n-a saothrughadh i liteardhacht atá curtha rómhainn againn sin do dhéanamh. Má 'seadh, ní fuláir dúinn an liteardhacht sain do tháthughadh ar an gcaint atá beó fós i mbéalaibh daoine. Muna nglacaidh an táthughadh sain greim, ní bheidh toradh ar ár saothar. Ní ghlaofaidh an táthughadh greim, muna mbeidh an liteardhacht cumtha suidhte córuighthe, i dtreó nuair léighfear í i láthair na ndaoine 'ga bhfuil an Ghaedhilg beó i n-a mbéal go n-aitheóchaidh a gcroidhe a gcaint féin ag teacht chuca as an leabhar. Ní'l aon suidheamh liteardhachta is fearr chuige sin 'na liteardhact mhion-chainte. Is dóigh liom go bhfuil cuid d'ár sgoláiridhibh, agus gur lag leó mion-chaint do sgríobhadh. Dob' uaisle leó bheith ag déanamh filidheachta . . . Osgail aon leabhar le Scott agus cad do chífear? Chífir mion-chaint agus Béarla briste ins gach áit. Bhí a fhios aige siúd cad do bhéarfadh greim ar chroidhe na ndaoine. Osgail Shakespeare féin agus cad do chífir? Chífir an mhion-chaint ins na rannaibh is bríoghmhaire dár chum sé. An chaint is miona is í is treise. An chaint is mó taisbeánas saothar, is í is laige.[49]

Is ráiteas glan é gur gá glacadh leis mar ba nós leis ina chuid scríbhneoireacht, gné dá stíl a thuill íde na muc óna chomhchléireach Seán Maolmhuire Ó Raghallaigh / J. M. O'Reilly ina shaothar *The Native Speaker Examined Home: Two Stalking Fallacies Anatomized*.[50] Déantar talamh slán de gurbh ann don aigne chéanna i measc cainteoirí dúchais ar fud na tíre. Is ionann iad ar fad agus is eol do chách tuairimí an phobail seo. Mar a sonraíodh sa chaibidil ar an náisiúnachas cultúrtha, is í an teanga a stiúraíonn an meon, agus, sa chás sin, is ionann meon do gach duine a bhfuil an Ghaeilge acu, tuairim a mbeadh impleachtaí troma aici do litríocht na Gaeilge amach anseo, mar a fheictear:

Is chuige seo atáim. An t-aigneadh atá agam-sa do'n Ghaedhilge, is é atá ag an uile dhuine do tógadh le Gaedhilge. An rud thaitinfeas liom-sa taitinfidh leó-san. An rud ghoillfeas orm-sa, goillfidh ortha-san. An liteardhacht tháthóchas lem' aigneadh-sa, táthócaidh lé n-a n-aigneadh-san. Chím an méid sin gach lá. An nídh nach taitneann liom, léighim do dhuine aca é, agus adeir sé 'Yeh, sir, isn't that quare Irish?' nó, 'Sure that ain't right Irish!' Nuair léighim dóibh an rud thaitneas liom, is leó féin láithreach. Leanamaois ar an sórd Gaedhilge dhéanfas an táthughadh.[51]

Scríobh an tAthair Peadar litir chuig *Fáinne an Lae* agus *An Claidheamh Soluis* tar éis dóibh an chéad eagrán a fhoilsiú, inar nocht sé a thuairimí i dtaobh stíl na Gaeilge scríofa agus ar dhein sé léirmheas inti ar chaighdeán na Gaeilge sna páipéir úd. D'admhaigh sé i litir chuig Doncha Pléimeann ar an 19 Nollaig 1897 gur 'chuireas leitir ag trial ar Ó Dúill dhá rá leis aire mhaith do thúirt do chaint na ndaoine 'n-a pháipeur'.[52] Ba shásta na heagarthóirí úd gan dabht litreacha moltacha ó dhuine chomh measúil leis an Athair Peadar a fhoilsiú. Seo thíos an litir:

Do léigheas go cruinn an leathanach ar a bhfuil tuarasgbháil na n-aimsire agat, agus tá so agam le rádh, is mó an fios sgéil (information) a fuaras as an méid sin Gaedhilge, ar ghluaiseacht agus ar ghnóthaibh an domhain, 'na gheabhainn as an oiread chéadna d'aon phápér Béarla dár tháinig amach indis. I dtaobh na cainte féin, ar an leathanach sain. Is caint chruinn, dheagh-chudetha, bhríoghmhar í. Tá sí soiléir gan bheith iomadamhail. Tugann sí uaithi a fios sgéil. Siné a gnó. Mar is dual do chaint chiallmhar nuair bhíonn a gnó déanta aici stadann sí. Má choiméadann tusa ar siubhal ar an gcuma sain í, ní baoghal duit ná go mbeidh a lán daoine feasda ag feitheamh le deireadh na seachtmhaine agus ag faire ar an bpost agat.[53]

Ba mhór idir idir sin agus an fháilte a chuir *Punch* roimh an nuachtán nua: *Fáinne an Lae* – This is a new contemporary, published in Dublin. We are very glad to see the name, though we cannot say it. The nearest we can get is FANNY A. LEE, but this sounds more like the name of a lady than of a newspaper'.[54] Níor thug an *New York Times* teideal an nuachtáin leis i gceart ach oiread, ach thagair sé don chló Gaelach:

The Irish language movement . . . will have a newspaper representative at Dublin. Bernard Doyle of that city will begin on Jan. 1 publication of a weekly newspaper, printed in the Irish language and characters and called *Fainne au Lae* (sic) – The Dawning of the Day. An English translation of the contents will accompany each number.[55]

Feictear i litreacha an Athar Peadar nár dhual do stíl scríbhneoireachta na Gaeilge a bheith fadálach, forlíonach, aguisíneach ná timchainteach. Caint dheisbhéalach ghonta ghasta lom mhear ghéar fhaobhrach a bheadh mar shain-nóta na scríbhneoireachta Gaeilge amach anseo, mar a deir sé: 'An chaint is miona is í is treise. An chaint is mó taisbeánas saothar, is í is laige'.[56] Seo cuid den litir a chuir sé chuig an gcéad uimhir de *An Claidheamh Soluis*. Tosnaítear leis an ngnáthchur síos ar an imní a bhuail é le cloisint dó go raibh páipéar Gaeilge beartaithe:

> From the moment when I first became aware of the design to start an Irish newspaper, I must confess that my mind was filled with a serious apprehension. I feared that the people whose duty it would be to write matter for the paper, although they might be excellent Irish scholars, would not be found to possess that intimate knowledge of the language which would enable them to write Irish matter in such a manner as to please the native Irish speaker: I feared that the language would be found to have a foreign, or at least, a scholastic, air about it – in fact, I feared it would not be the real vernacular.[57]

Níos faide anonn sa litir, leagtar béim ar an tuiscint nach ionann Gaeilge na ndaoine a oileadh sa teanga ón gcliabhán agus Gaeilge léannta na scoláirí agus iadsan, go háirithe a d'fhoghlaim an teanga san ardchathair. Leantar ar aghaidh ag moladh na Gaeilge nach bhfuil cuma an Bhéarla uirthi, agus fógraítear gur fearr an Ghaeilge ag an té nár fhoghlaim an Béarla ariamh. Is í an tuiscint nach ionann teangacha, mar a pléadh roimhe seo, atá taobh thiar den litir:[58]

> I have read the news columns of the first and second issues of the paper, and I have now to state that my fears have been utterly groundless. The language is genuine Irish. It reminds me forcibly of the style of language I used to hear in my youth from the lips of people who knew no English. Their speech had certain characteristics which I have not generally seen in modern Irish printed prose. Their sentences were short; their statements were terse and decisive. They spoke slowly, and never used a word more than was necessary. There was no such thing in the people's every-day speech as the *rhetoric* of the *sgeul Fiannuigheachta*. It came far nearer to the style in which our proverbs have been couched. Now, I find a great deal of that terseness and decisiveness in the news columns of your paper – in fact, I read them with a sort of fancy that they have been written by a person *who knew no English*. What I mean is – that I find myself able to imagine them so written. That is a most valuable fact. It is that fact I wish to bring under the notice of your readers. I think that fact alone is a splendid guarantee for the efficiency with which the paper is destined to do the work which lies before it. The style is good, and the style is sure to be imitated; and those who imitate it may make their minds easy. *They are on firm ground.*[59]

Is soiléir ón sliocht cad leis a shamhlaigh an tAthair Peadar Ó Laoghaire sainstíl phróis na Gaeilge: abairtí gearra deisbhéalacha gonta, nach n-úsáideann focal sa bhreis ná mar is gá. Níl ann don reitric, do rothaig na scéalta Fiannaíochta. Is ríthábhachtach iad na seanfhocail agus na cora cainte, mar is iontu is fearr a aimsítear an ghontacht agus an deisbhéalacht atá de dhíth. Agus tá na tréithe sin le sonrú i stíl scríbhneoireachta an tsagairt féin, agus i stíl scríbhneoireachta Sheáin Phléimeann dar le Nic Pháidín agus í ag cur síos ar a cholún 'An Támhlorg': 'Bhí stíl ghearr ghonta aige agus faobhar ar a pheann'.[60] Shainmhínigh 'Gae Bolga' stíl an Athar Peadar, arbh é 'the chief exponent of literary prose at the present day' mar seo a leanas in *A Talk about Irish Literature*: 'His writings are characterised by a tenderness of expression, by vigour, and clearness of thought, qualities which are found in the best Irish literature from the earliest times to the present day. There is no looseness of phrasing, no verbiage. Every sentence cuts like a whip'.[61] Ach an tréith dheiridh a luaitear is ea nach bhfeictear ná nach sonraítear rian ar bith den Bhéarla ná teanga ar bith eile sa scríobh. Tagann an stíl seo salach ar nós comhaimsire an Bhéarla mar gur shaintréith den úrscéal Béarla ag an am seo ab ea an cnuas sonraithe: 'One of the things that characterises the Edwardian novel is the density of the detail out of which it constructs a fictional world'.[62] Ní hamháin sin, ach tagann stíl Uí Laoghaire – 'An chaint is miona as í is treise. An chaint is mó taisbeánas saothar, is í is laige'[63] – salach go huile agus go hiomlán lena raibh ar siúl ag nua-aoisóirí litríocht an Bhéarla ag an am seo faoi.[64]

Má ba shochaí agus cultúr ábharthach santach é Sasana, bhí a rian sin ar a stíl scríbhneoireachta. Ba í Éire agus an Ghaeilge go háirithe a mhalairt sin i ngach slí. Mar sin, más stíl ornáideach fhadálach stíl an Bhéarla, is é a mhalairt a bheadh ceart don Ghaeilge. Is í an Ghaeilge is fearr ná an Ghaeilge a thagann ón gcainteoir dúchais atá aineolach ar an mBéarla mar níl sé nó sí truaillithe ag an mBéarla. Thagair de hÍde don tuiscint seo sa réamhrá lena bhailiúchán scéalta *Beside the Fire: A Collection of Irish Gaelic Folk Stories*:

> It is time to say a word about the narrators of these stories. The people who can recite them are, as far as my researches have gone, to be found only amongst the oldest, most neglected, and poorest of the Irish-speaking population. English-speaking people either do not know them at all, or else tell them in so bald and condensed a form as to be useless. Almost all the men from whom I used to hear stories in the County Roscommon are dead.[65]

Ach níorbh ann don neach a raibh scríobh na Gaeilge aige nó aici gan scil na léitheoireachta a fhoghlaim trí mheán an Bhéarla sa tír. Ina ainneoin seo dhein an tAthair Peadar Ó Laoghaire talamh slán de gurbh fhearr i bhfad an cainteoir dúchais gan Bhéarla i mbun scríobh na Gaeilge ná aon duine eile. Níorbh fhéidir foghlaimeoir na teanga ná fear léinn a chur i gcomparáid leis an gcainteoir dúchais mar ba thruaillithe iad beirt ag an mBéarla. Arís, is ann don tuiscint nach féidir le dhá teanga maireachtaint le chéile gan dochar a dhéanamh dá chéile. Tuigtear uaidh seo, ar nós go leor eile de ghnéithe na hÉireann, gur sainmhíníodh stíl próis na Gaeilge trí dhiúltú do stíl próis an Bhéarla. Is í an Ghaeilge 'neach eile' an Bhéarla, agus na tréithe ar dhiúltaigh an Béarla díobh, dhein an Ghaeilge mór díobh. Lean an tAthair Peadar Ó Laoghaire lena fheachtas chun go nglacfaí leis an stíl seo trí litreacha a scríobh chuig an bpáipéar go rialta ar an ábhar seo agus ní raibh oiread na fríde de leisce ar eagarthóirí litreacha moltacha ó phearsa mhór le rá a fhoilsiú. Seo mar a mhol sé *Fáinne an Lae* sa bhliain 1898:

Feuchadh aon léightheóir leat ar na trí litreachaibh beaga sain a tháinig ó'n dtriúr sagart. Táid le feiscint sa chéad shreath ar an gceathramhadh leathanach i bhFáinne na seachtmhaine seo ghaibh tharainn. B'fhéidir gur dhóich le duine ar an gcéad amhrac ná fuil puinn le feiscint ionnta. Is mó an cruinneas agus an ceart Gaeilge atá ins na trí litribh sin 'ná sa chuid eile dá bhfuil sa pháipéar ar fad agat.

Seachain! Tuigimís a chéile. Ní'lim ag cáineadh na coda eile. Ní cáineadh is dual acht ardmholadh. Ní heol dom míorbhuilt léighinn is mó 'ná an Ghaedhilg sin an Fháinne dá sgríobhadh indiu mar atá sí, ag daoinibh nár thuig focal Gaedhilge i n-aon chor go dtí a bhfuil le fíor-bheagán aimsire. Na daoine do dhein an mhíorbhuilt sin is dual gur féidir dóibh an obair do chríochnughadh agus a nGaedhilg do dhéanamh chómh dílis sin ná beidh aon phioc de bhlas ná de bhaladh Béarla uirthi. Acht cá bhfuil an té fhéadfaidh ealadha de thasnughadh ná do dhéanamh, ná do chríochnughadh, muna bhfaghaidh sé an radharc chuige? Ba mhór go léir an tairbhe dá ndéanfadh an triúr sagart úd ealadhna breághtha fada Gaedhilge do sgríobhadh agus iad do chur ag triall ortsa chun a gcurtha sa bhFáinne. B'fhéidir dá sgríobhtaoi chúcha agus a iarraidh ortha, go ndéanfaidís. Ní fheicim aon nídh ins na litribh sin go bhfaghaim aon locht air, acht púnc beag nó dhó ionas cheap an sgríbhneoir feabhas do chur ar chaint na ndaoine. Is feárr caint na ndaoine d'fhágáil mar atá sí. Is ró-annamh is féidir athrughadh uirthi gan a lot.[66]

Is ait an rud é ach is féidir cosúlachtaí soiléire a fheiscint idir tuiscint an Athar Peadar ar chúrsaí stíle agus léirmheastóireacht Oscar Wilde ar an gceist chéanna. Tráchtann Wilde ar 'the perfect simplicity of its style' i léirmheas ar *Marcella Grace* le Rosa Mulholland,[67] agus léiríonn an sliocht seo thíos a dhrochmheas ar údair a bhain leas as leaganacha calctha den teanga nó nathanna seanfhaiseanta: 'And why cannot our magazine-writers use plain simple English? "Unfriend", quoted above, is a quite unnecessary archaism, and so is such a phrase as "With this Borrow could not away', in the sense of "this Borrow could not endure". "Borrow's abstraction from general society" may, I suppose, pass muster'.[68]

Ní i gcás stíl scríbhneoireachta na Gaeilge amháin, áfach, a bhí treoracha á leagadh síos ag an sagart Corcaíoch, ach d'imreodh an stíl scríbhneoireachta tionchar ar fhoirmeacha agus ar seánra na litríochta Gaeilge, leis. Más stíl ghonta dheisbhéalach a chleachtar i gcaint agus i scríobh na teanga, is sleachta agus scéalta gearra seachas úrscéalta trí imleabhar mar ba nós sa Bhreatain Mhór in imeacht an naoú haois déag a chleachtar mar fhoirm phróis na teanga.[71] Dar leis an Athair Peadar:

There is one department in which the English shackles cling very closely to the minds of writers. That department is the story. Writers of Irish seem to have an ambition regarding the writing of an Irish story. They seem to aim at producing something like the 'complete story' in your English weekly. This is a terrible mistake. Your 'complete story' is utterly unsuitable to the Irish language. Select any specimen and translate it into Irish, and read it for an Irish audience. It is a tissue of silliness!! It is possible to tell a silly story even in GOOD Irish. If I were to take up one of the most extensively read English novels and translate it into even good idiomatic Irish, it would be for an Irish audience a tissue of silliness. Its long pages of sentiment would be intolerable nonsense. It is utterly impossible to write an Irish story on the lines of your 'interesting' English story without writing intolerable nonsense. In order to write a good Irish story a person must break away completely from all English models. An English three volume novel, if boiled down, could be written out in twenty pages of Irish. It might then stand as a bit of Irish narrative which would be at least tolerable. But, for an Irish writer to write out the endless rigmarole of twaddle over which your English reading public shed their tears! – in fact, silliness would be no name for it.[70]

Is seanscéal é an chonspóid a d'éirigh idir an Piarsach agus de Henebry faoi thús ghearrscéal an Phiarsaigh dar teideal 'Íosagán'. Dar le de Henebry agus é ag tarraingt ar an tuiscint chéanna leis an Athair Peadar sa sliocht thuas, níorbh ionann an scéal Gaeilge agus an scéal Béarla. Thosnaítí an scéal i nGaeilge le cúlra an scéil, an fhoinse agus réamhrá fada seachas in *medias res* mar a thosnaigh an Piarsach 'Íosagán'. Ach is fiú a chur chun cuimhne an nóta a bhreac de hÍde ina leabhar *Beside the Fire*, ar a laghad cúig bliana sular thosnaigh an Piarsach agus de Henebry ag gabháil buillí léirmheastóireachta dá chéile faoi nádúr agus faoi stíl na litríochta Gaeilge. D'aimsigh de hÍde scéalaí i nGaeltacht Dhún na nGall a d'inis a chuid scéalta le tús tobann:

The abrupt beginning of this story is no less curious that the short, jerky sentences in which it is continued. Mr. Larminie, who took down this story phonetically, and word for word, from a native of Glencolumkille, in Donegal, informed me that all the other stories of the same narrator were characterized by the same extraordinary style. I certainly have met nothing like it among any of my shanachies.[71]

Is cinnte nach féidir traidisiún a bhunú ar shampla aonair ó sheanchaí amháin, ná fiú ar go leor samplaí ó fhoinse amháin, ach taispeánann an scéal seo go raibh bunús éigin ag tús tobann an ghearrscéil nua-aoisigh sa traidisiún béil, ach ní heol an chúis nár ghlac de hÍde féin páirt sa díospóireacht seo. Is ó ranganna Chonradh na Gaeilge agus ó na Feiseanna a d'eagraigh an Conradh a thiocfadh na chéadiarrachtaí próis i nGaeilge, rud a chiallaigh, mar sin, go dtiocfaidís faoi anáil an Chonartha i dtaobh na stíle nua scríbhneoireachta.

Ar na spriocanna a chuir an Conradh roimhe, bhí teagasc na scríbhneoireachta a spreagadh tríd an ngréasán ranganna a bunaíodh thart timpeall na tíre agus a raibh borradh thar cuimse ag teacht orthu ag deireadh an chéid:

Fiche bhiadhain ó shoin – ní headh, acht seacht mbliadhna ó shoin – ní bhfuightheá i nÉirinn acht duine fánach do sgríobhadh litir nó sgéal tré Ghaedhilg. Bhí na céadta ann, gan amhras, do léighfeadh Gaedhilg dhuit, acht gan duine amháin i n-aghaidh an chéid acu do sgríobhfadh í. Ní mar sin feasda é, a bhuidhe le Dia. Táid na mílte agus na mílte i gcumas í léigheadh, siúd is gur leag míle acu ar fiú leó luach pingne de léigheann Ghaedhilge do cheannach sa tseachtmhain. Acht anois féin ní'l duine sa chéad de lucht léighte na Gaedhilge de thágróchadh litir Ghaedhilge do sgríobhadh. Is náireach an sgéal é, agus a fhusacht do dhuine eólas do chur ar an sgríbhneoireacht tar a éis dó eolas do chur ar an léíghtheóireacht.

Caidé a mhaith do neach a bholg do líonadh, muna gcuiridh an biadh luth agus luadhaill ins na géagaibh dhó? Nach tiubhaisteach agus nach truagh an cás é, Gaedhilgeoirí agus lucht léighte Gaedhilge do bheith ag scríobhadh litreach agus a leithéidí dá chéile agus gurab éigean dóibh a smaointe do nochtadh tré Bhéarla! Má stadfar choidhche de'n nós soin, ca misde dhúinn stad de feasda?[72]

Cúis áthais do lucht Chonradh na Gaeilge ab ea gur rug muintir na Gaeltachta formhór na nduaiseanna leo i gcomórtais an Oireachtais. Ba chomhartha é seo gur phrós 'Gaelach', scríofa ar phatrún cainte na ndaoine, a chuirfí ar fáil agus gurbh é seo a bheadh mar ábhar léitheoireachta ag foghlaimeoirí agus ag teagascóirí Chonradh na Gaeilge: 'Moreover, the prizes for original literary work (with the one exception of a list of technical terms) went to native Irish speakers. A modern native literature is therefore being developed on the natural, native basis'.[73]

Níorbh é an tAthair Peadar amháin a chas an port seo i dtaobh stíl na Gaeilge agus bua an chainteora dhúchais chun Gaeilge neamhthruaillithe a sholáthar. Moladh an tAthair Peadar agus a chuid scríbhneoireachta féin in *An Claidheamh Soluis*:

We want a few more writers, who, like Father O'Leary, having known Irish from infancy, have taken a keen delight in its resources and bringing to light its endless resources. His story of *Séadna* has added more to the general knowledge of those resources than any other recent publication. If there are any readers of the *Journal* who have not revelled in the deft and sinewy and versatile Irish of his narrative, we do not envy them.[74]

Moltar an t-údar as 'scope, variety, power and elegance' na teanga a thabhairt chun solais sa scéal, ach is é a chumas mar chainteoir dúchais seachas an staidéar a dhein sé ar an teanga is cúis don 'deft and sinewy and versatile Irish' a léitear ina scéal. Leagann an t-eagarthóir an-bhéim ní hamháin ar chúlra an scríbhneora ach ar bhua agus ar chumas na teanga. Ba léir, mar sin, gurbh ann don stíl, do na háiseanna teanga, agus do na húdair sa Ghaeltacht chun litríocht fhónta chuí a chur ar fáil.

Ar na díospóireachtaí ba thábhachtaí dár pléadh le linn na hAthbheochana ar fad tharla sé in *Fáinne an Lae* i rith an tsamhraidh sa bhliain 1898. Foilsíodh alt i dtrí chuid ó dhuine a scríobh faoin ainm cleite 'Fear na Cathrach'. Caint réabhlóideach ab ea a chuid tuairimí i dtaobh na teanga agus i dtaobh fhorbairt na teanga mar a léireofar thíos, agus níorbh fhada gur fhreagair duine ag scríobh faoin ainm cleite 'Fear na Tuatha' é. Ba é seo an dúshlán ba dhéine agus ba shoiléire dár tugadh do lucht na hAthbheochana ó nocht Tomás Ó Flannghaile a chuid tuairimí faoin gcló Rómhánach agus an cló Gaelach, agus tá síol na hargóna a dhéanfadh an Piarsach sna blianta ina dhiaidh sin le sonrú go soiléir anseo. Shéan 'Fear na Cathrach' go n-aimseofaí bunús na nualitríochta faoin tuath. Níor saothraíodh an Ghaeilge i rith an naoú haois déag agus b'ann do bhearnaí sa teanga dá bharr sin ab éigean a líonadh. Ní leasófaí an t-easpa seo faoin tuath ach sa chathair agus sna bailte móra a raibh baint acu leis an saol mór agus leis an uile rud nua agus dúshlánach:

Ní féidir do theanga na hÉireann stad go mbéarfaidh lucht na tuaithe ar éirimíbh agus ar intiníbh brostuighthe na gcathrach, agus ní fuláir dúinn iad sain do bheith againn i litridheacht na haimsire seo. Más mian linn aon litridheacht do bheith againn feasda, caithfear brígh agus neart agus fuinneamh nua do chur inti. Ní has an dtuaith a thiocfas an spiorad nua so. Ní hiad na daoine atá gan aon bhaint le mór-ghluaiseacht agus le mear-imtheachtaibh an domhain a bhéarfas dúinn é. Is amhlaidh is gnáthach leo súd bheith ag feitheamh le teagasg na mbailte mór. Má táid smaointe nua aca, ní hiad féin do cheap iad, agus dá gceapaidís ní bheadh ann acht smaointe. Ní cóir iongnadh dhe sin. Is mire agus is buirbe go mór tonn-tuile beathadh na cathrach 'ná sruthán mall meirbhshiubhlach na beathadh tuata.[75]

Dealraítear ón trácht a deineadh ar an 'spiorad nua' a bhí le teacht gur dhuine é a raibh cur amach aige ar an 'spiorad' a bhí le bheith sa litríocht 'Náisiúnta' nua a mbíodh an Cumann Liteartha Náisiúnta (Irish Literary Society) agus Conradh na Gaeilge in adharca a chéile fúithi. Is beag spéis a cuireadh sa tuairimíocht a dhein díspeagadh ar chultúr na cathrach mar rud Gallda agus neamh-Ghaelach. Léiríonn an foclóir sa sliocht seo a leanas go raibh an scríbhneoir ag tarraingt ar mhóitífeanna an mheathlaithe – codladh, bás, fanntais, anbhainne. Ceistíodh 'spiorad na

Gaeilge' agus, cé nár tugadh aon sainmhíniú air, tugadh le fios gurbh fhéidir teacht air sa chathair nó faoin tuath:

B'fhéidir go ndéarfaidhe gurab í an bheatha thuatha sain beatha na bhfíor-Ghaedheal, 'sé sin beatha lucht labhartha na Gaedhilge go léir nach mór. Is mí-Ghaedhealach, mar 'dheadh, beatha agus béasa na mbailtí mór, is mí-Ghaedhealach a smaointe a nósa agus a miana. Ní fhéadfadh spiorad rúindiamhrach na Gaedhilge marthain 'na measg.

Caidé mar shaghas ruda spiorad na Gaedhilge? Más spiorad codlata é, ní'l dá luaithe brisfear an codladh sain nach amhlaidh is fearr an sgéal. Is ionann 'san aimsir seo spiorad codlata agus spiorad báis. Bíodh a dheimhin againn más codladh is rogha linne nach é is rogha le náisiúnaibh an domhain 'nár dtimcheall. Más spiorad fanntaise agus anbhfainne é, - spiorad atá comh faon laigbhrígheach sain go maireobhadh aon tseachtmhain amháin de bheathaidh na cathrach é, ní fiú é a chosnamh.[76]

Deintear talamh slán de gur rud dearfach é suíomh na cathrach, agus gur shuíomh é a bhain le gach náisiún agus gach tír ar fud an domhain. Is ionad í an chathair ina gcumtar teanga mar is inti a shamhlaítear agus a bhuailtear foclóir ar nithe nua, coincheapa coimhthíocha agus a leithéid. Is í an chathair an phríomhfhoinse d'fhorbairt agus dul chun cinn na teanga toisc gurb inti a úsáidtear teanga i slite nua agus slite éagsúla. Is mall a thagann aon athrú ar shaol na tuaithe, mar sin is beag athrú a thagann ar an teanga, agus, fiú nuair a ghlactar le focal nua nó foclóir nua, síolraíonn an téarmaíocht sin ón gcathair – an t-ionad inar chuaigh an teanga i ngleic leis an dúil nua i dtús báire agus ar buaileadh ainm uirthi:

Acht ní chreidimíd sin. Ní chuireann beatha na cathrach i n-aghaidh spioraide aon teangadh. Dá gcuireadh, cá mbeadh litridheacht an domhain? Is éigean do chaint na mbailtí mór tagairt do mhórán neithe ná fuil tuigsint ná taithighe ag lucht na tuaithe ortha, agus ná beidh go deo. Ní féidir gnó na cathrach do dhéanamh le caint choitchinn na tuaithe. Is iomaha focal (agus béas cainte leis, cé ná glacfar sain uainn, b'fhéidir) ná féadfadh lucht na cathrach gabháil thársa, bíodh ná teastóchaidís choidhche ó fhear na tuaithe. Tá a réim focal féin ag gach slighe bheathadh. Ní dhéanfaidh caint an cheannaidhe gnó cainte an iasgaire, agus go dearbhtha ní dhéanfaidh caint an chriadhaire gnó cainte an fhir léighinn.[77]

Cáintear meon na tuaithe agus meon an Ghaeilgeora tuaithe ar an mbonn nach nglactar ach leis an nGaeilge atá acu féin. Ni ghéilltear faic d'aon chanúint eile ná d'aon leagan eile, ní nach ionann i gcás an Bhéarla, áit a dtuigtear gurb ann d'fhoclóir leathan nach eol don ghnáthdhuine ina iomláine:

Tá sé mar sin 'san uile theangaidh, acht ní'l aon rud is deacra do chur i dtuigsint do'n Ghaedhilgeoir thuata ná an púnc so. Má castar oiread is aon fhocal amháin ná cuala sé i gcaint a bhaile bhig féin air, ní hé amháin go measann sé nach focal ceart-Ghaedhilge é sin, acht leigheann sé air ná tuigeann sé an chuid eile de'n chaint i n-aon chor. 'Ní ceart-Ghaedhilge í sin,' adeir sé. No, 'Gaedhilge na leabhar is eadh í sin'. Tabhair páipéar Béarla do'n fhear chéadhna agus i ngach re líne chidhfidh sé focal agus gnás ná cuala sé riamh i gcaint na ndaoine. Ní bhíonn aon cheist air 'n-a dtaobh. Léigheann sé leis. Is Béarla an chaint cibé dhíobh a ghnáthfhocail féin no focail agus béasa iasachta atá ann. Tuigeann sé nach leis féin iomláine an Bhéarla cé go labhrann sé é.

Acht ní mar sin choidhche do'n Ghaedhilg. Tá sé buailte isteach i n-aigneadh an fhir seo go bhfuil sealbh sinsir aige féin ar an dteanga, agus dá réir sin gurab aige féin atá cóir agus ceart breitheamhais uirthe. Tá go maith. Acht is í ár mbaramhail go bhfuil dearmad beag air. Cad a chialluigheas sé leis an bhfocal sain Gaedhilg. An é caint a pharóiste féin? Is Gaedhilg í sin go deimhin, acht ní h-ionann sain agus a rádh gurab í sin an Ghaedhilg. Teanga na nGaedheal is eadh an Ghaedhilg dar linne, agus is mithid dúinn a admháil gur mó go mór, gurab uaisle, gurab áirde, gurab líonmhaire, leithne, luachmhaire, líomhtha í 'ná aon Chúigideachas ná aon Pharóisteachas dá fheabhus.

Ba cheart go béadfadaois Gaedhil Éireann agus Alban labhairt as Gaedhilg ar gach aon rud 'n-a gcuirid suim, ní h-é amháin ar a ngóthaibh féin, acht ar rudaoibh iasachta comh maith céadna. Ní chuirimidne aon teoranna le fás agus le saidhbhriughadh na Gaedhilge. Caithfear cead a cos is cead a cinn do thabhairt di. Admhuighthear go bhfuil ár dteanga cúpla céad bliadhan leastiar de na teangthaibh eile. Muna mbéarfaidh ortha súd is deimhin a bás de.[78]

Críochnaíonn an chéad sliocht le hionsaí ar lucht na gcanúintí, agus moltar go nglacfaí le gach canúint, mar aon le Gaeilge na hAlban, mar chuid den teanga. Ach is iad an dá abairt 'Ni chuirimidne aon teoranna le fás agus le saidhbhriughadh na Gaedhilg. Caithfear cead a cos is cean a cinn do thabhairt di', an píosa is spéisiúla dá bhfuil sa sliocht seo. Tuigtear nach bhfuil 'Fear na Cathrach' sásta go múnlófaí teanga ná cultúr na Gaeilge de réir nósanna na tuaithe amháin, ach go gcuirfear i bhfeidhm í ar a bhfuil nua agus comhaimseartha sa saol. Teastaíonn ó 'Fhear na Cathrach' an teanga a ligint faoina stiúir féin, rud nach raibh á dhéanamh dar leis. Dá dtabharfaí cead a cinn don teanga, agus dá labhrófaí go forleathan sna bailte agus sna cathracha í, thiocfadh forbairt ar an teanga. Dhéanfadh an fhorbairt sin cúiteamh don dochar a deineadh don teanga le seal anuas, ach níorbh fholáir an fhorbairt a dhéanamh i gceantar uirbeach seachas faoin tuath mar bhí saol na tuatha taobh thiar de shaol na cathrach i gcónaí. Mar sin, dá labhrófaí an Ghaeilge go príomha faoin tuath seachas sa chathair, chiallódh sé sin go mbeadh an Ghaeilge ar chúl maidir le téarmaíocht agus nuaíocht.

Sa tarna cuid den aiste seo, thrácht 'Fear na Cathrach' ar scríbhneoirí na hAthbheochana agus a gcuid iarrachtaí. Mhol sé iad as a gcuid iarrachtaí agus an dua a chaith siad chun an teanga a shaothrú, ach cháin sé an meon a chuir Béarlachas i leith an tsaothraithe teanga seo. Shéan 'Fear na Cathrach' gur Bhéarlachas a bhí ann ach go raibh teanga na Gaeilge ag dul i dtreo theangacha eile na hEorpa, gur fhás nádúrtha a bhí ann:

Is maith an comhartha go bhfuil fás beag éigin ag teacht ar an nGaedhilg le deich mbliadhnaibh no mar sin. Is cosmhuil go ndéarnadh níos mó maitheas dhi – dá leasughadh agus dá feabhusughadh agus dá saidhbhriughadh, ar feadh na haimsire úd 'ná mar do rinneadh i rith cúpla céad bliadhan roimhe sin. Ní hiongnadh sain leis. Ba cheart agus dob' inmheasta go ndeiseochadh an uile dheighsgríbhneoir a theanga. Acht is ró-mhinic is na déideanachaibh seo, 'nuair chítear seanbhile na Gaedhilge ag easgair agus ag cur craobh nua amach annso agus annsúd, is ró-mhinic dochluintear an bagairt ós árd, 'Béarlachas é sin! Gearr amach é! Millfidh sé an teanga!' Mar 'dheadh gur béarlachas an uile atharrughadh is oireamhnach agus is riachtanach i dteangthaibh na haoise seo. A dhaoine m'árann agus m'anma, ní béarlachas an chuid is mó de ar chor ar bith, acht EORPACHAS. Teanga Eorapdha is eadh an Ghaedhilg agus is Eorpaigh lucht a labhartha. Cuimhnighmís air sin. Má bhíomar riamh sgartha le náisiúnaibh eile na hEorpa san am do chuaidh thorainn, ní mar sin dúinn anois ar aon chuma. Ní féidir linn bheith sgartha leo feasta agus níor mhaith linn é dá mb'fhéidir.[79]

Léiríonn 'Fear na Cathrach' bearnaí na teanga i gcomparáid le teangacha eile na hEorpa trí chodarsnacht a dhéanamh idir na teidil éagsúla a mbaintí leas astu ar fud na hEorpa. Is láidir an argóint a dhéantar ag an deireadh, nuair a thugtar rogha idir 'Eorpachas' agus 'Béarlachas na tuaithe'. Fógraíonn 'Fear na Cathrach' go neamhbhalbh go gcaithfidh an Ghaeilge agus scríbhneoirí na Gaeilge dul i dtreo na hEorpa mar a dhein a sinsear rompu agus foclóir na hEorpa a shealbhú chucu féin nó imeoidh an t-anam as an nGaeilge ar fad. Is beag an rogha a thugann 'Fear na Cathrach' dá chuid léitheoirí; an tEorpachas nó an Béarla:

Is iomdha smaoineamh nua agus is iomdha nós atá le fagháil indiu i n-ilchinéalaibh na hEorpa. Más mian leis na cinéalaibh sin tráchar na smaointibh sin agus ar na nósaibh sin, cad doghnídh siad? Ceapaid siad focail chuca 'n-a dteangaidh féin, no muna dtig sin leo cuirid focail iasachta i bhfeidhm. Sin mar do-ghnídís Gaedhil fad ó. Agus caithfidh siad an rud céadna do dhéanamh arís muna mian leo a dteanga féin do theilgean uatha agus teanga iasachta do chleachtadh n-a hionad.[80]

Tuigeadh go maith don údar go spreagfadh a chuid tuairimí díospóireacht i measc léitheoirí an nuachtáin, agus thosnaigh sé ag ullmhú dá leithéid ag deireadh an tarna cuid den aiste. Thug sé le fios nárbh fhiú a bheith ar nós Oisín i ndiaidh na Féinne. Chaill na Gaeil Cath Chionn tSáile, thug na Gaill an lá leo agus níorbh fholáir aghaidh a thabhairt ar chás na teanga mar a bhí sí, seachas a bheith ag olagón faoi rudaí a tharla i bhfad siar. Tá dúshlán le cloisint san abairt dheireanach seo a chuireann iachall ar lucht na hAthbheochana iad féin a mhúscailt chun dul i ngleic le cás na teanga mar a bhí sí, seachas ag seanchas agus ag déanamh paidir chapaill de:

> Bhéarfar mar fhreagra orainn, is dócha, ná fuil aon ghabhadh leis na tiodalaibh sin. Nós neamh-Ghaedhealach agus mí-Ghaedhealach is eadh an tiodalaigheacht. Do bhí Éire go maith na n-éagmais, 'an trath do bhádar Gaedhil i nÉirinn beó.' . . . Agus is beag an tairbhe dhúinn bheith dá gcaoineadh. Tá an saoghal ag casadh agus caithfeam-na casadh agus i n-éinfeacht leis. Is linne an lá indiu. Ní féidir dúinn seasamh i mbrógaibh ár n-aithreach. Is féidir, más mian linn, seasamh ar árd a ngualann.[81]

Is iad na trí abairt dheireanacha úd an píosa scríbhneoireachta ba dhúshlánaí dár scríobhadh faoin nGaeilge, faoin teanga agus faoi chultúr na hÉireann idir na blianta 1882 go 1900. Den chéad uair, ó labhair Tomás Ó Flannghaile faoin gcló, bhí argóint á cur chun cinn nár leag an bhéim ar an seanré, ar ársaíocht na teanga ná ar shaíocht an chultúir. Níor mhór do mhuintir na Gaeilge cúl a thabhairt don mheon a d'fhógair gurbh fhéidir seansochaí na nGael a chruthú an athuair. Chaithfí dul ar aghaidh ar nós an chuid eile den domhan; bhí athrú tagtha ar an saol agus bhí sé fós ag athrú. Chaithfí glacadh lena raibh acu, agus tógaint air. Lean 'Fear na Cathrach' air leis an bpointe seo sa tríú cuid dá aiste ar an 29 Lúnasa 1898.[82] Mheabhraigh sé nach raibh leisce ar bith ar scríbhneoirí na Gaeilge leas a bhaint as traidisiún na hEorpa nuair a bhí siad in ard a réime. Ghlac siad chucu ábhar Eorpach agus bhuail siad cruth agus cuma na hÉireann agus na Gaeilge air:

> Ar feadh míle bliadhan do bhí ughdair Gaedhealacha ag deisiughadh agus ag saidhbhrughadh na teangadh. An tan do bhí smacht na Laidne comh tréan comh trom sain gur mhúch sí bun-litridheacht na n-ilteangtha n-eile, do bhí neart agus áille na Gaedhilge ag fás gan chosg uaithe. Acht cé go raibh litridheacht na hÉireann comh bríoghmhar sain innte féin an uair sin, níor b'áil le n-ár sinsearaibh ar aon chor bheith gan baint le heagna agus le healadhain na hEorpa. 'Nuair dogheibhidís sgéal tásgamhail taitneamhach nó seanchus tairbheach 'sa Laidin so chuiridís Gaedhilg air, agus cruth Gaedhealach. Níor b'eagal leo go dtruailleochadh an spiorad iasachta glain-spiorad na Gaedhilge, agus níor thruailligh. Bhí ionntaoibh aca súd as a dteangaidh féin.[83]

Chruthaigh sé gur dhul amú ab ea meon na ndaoine a mhol neamhspleáchas do litríocht agus do theanga na Gaeilge ón Eoraip. Lean 'Fear na Cathrach' air ach, seachas dul i muinín na seanargóna gur chóir Gaeilge na máistrí a athnuachan, tugadh le fios don léitheoir nach raibh sé i gcoinne Ghaeilge na tuaithe in aon chor ach nár leor í mar theanga náisiúnta. Ní dhéanfadh Gaeilge na tuaithe teanga náisiúnta; níorbh fholáir teanga náisiúnta a bheith ann a bheadh in ann déileáil le gach saghas ábhair agus smaoinimh, agus ba é sin an fáth go raibh gá le Gaeilge na cathrach. Ní chuirfeadh an teanga nua seo as do Ghaeilge na tuaithe, sa tslí nár chuir Béarla na Cathrach as do Ghaeilge na Tuaithe:

> D'fhágadar 'n-a ndiaidh í mar bheadh úirlis ghlain-líomhtha ghéar. Ba ghleoite an sás smaointe do nochtadh í agus ní raibh smaoineadh dá dhoimhne ná dá fhairsinge ná féadaidís do nochtadh innte. Nár leamh an gnó dúinn a n-obair siúd do shéanadh agus do sgrios agus tosnughadh arís amhail ná beadh leabhair ná litridheacht ná líomhthacht 'sa Ghaedhilg go dtí seo?
> Ní'limid dá rádh gur mian linn Gaedhilge na tuaite d'atharrughadh . . . Acht is é locht atá againn le faghháil uirthe ná féadann sí seasamh 'na haonar 'san aois seo. Má's do'n tuaith amháin oireas an Ghaedhilg, ní teanga náisiúin í ar aon chor, acht canamhaint bhocht nach fiú aighneas ná díospóireacht 'n-a taobh. Beidh sí marbh sul a mbeidh an cheist réidhtighte.[84]

B'ionann an ceart sin agus an bheocht a bheith sa teanga, beocht a chinnteodh go leanfadh sí uirthi ag athrú agus ag forbairt seachas ag calcadh agus ag maolú. Tugadh le fios nárbh ionann an spiorad nua seo agus an Béarlachas, agus tráchtadh ar an bhforbairt a dhein úrscéalaithe Gall-Ghaeilge chun canúint na hÉireann a bhreacadh i mBéarla. Mhair spiorad na hÉireann riamh, dar leis an údar:

> Is é rud atá uainn spiorad nua 'sa Ghaedhilg. Caidé sin? Is ionann é agus an sean-spiorad. Do bhí spiorad na Gaedhilge mar sin riamh, dar linn. Bhí sé seanda, mar níor chaill sé riamh an greim do bhí aige ar intinn an tsean-shaoghal. Acht 'san am chéadna ba spiorad nua é. Níor sgar an Ghaedhilge riamh go dtí seo le brígh ná le fuinneamh ná le húire na hóige. Is de sin atá a síormhaise. Do mhair sí ó aois go haois i gcosmhaileas Éireann féin, mar dochídís na filidhe í, – spéir-bhean 'ga raibh síor-óige agus dóchas gan múchadh ag taitneamh 'n-a deibh agus 'n-a croidhe.
> Dubhramar gur b'é an spiorad sain do bhí uainn, acht tá sé againn cheana muna gcoisgthear a fhás. Ní'l aon bheatha gan síor-atharrughadh. Is cuma teanga gan athnuadhadh nó tobar agus é tar éis dola i ndísg. Ná saoileam gurab a smacht an bhéarlachais éirigheas gach claochlódh. Tamall ó shoin d'éirigh aicme éigin d'ughdaraibh nua i nÉirinn. Is é rud do rinneadar a smaointe do chur síos i gcanamhaint leo féin. Níor Bhéarla í. Ní thuigfeadh an Sacsanach í. Go dearbhtha níor Ghaedhilg í, cé go raibh mórán d'fhoclaibh maithe Gaedhilge innte, do b'í an chaint ba ghránna dár léigheadh riamh í agus adubhradar 'An í seo an Ghaedhilge nua?' Riamh ó shoin is dóigh leó gurab ionann spiorad nua 'sa Ghaedhilge agus truailliughadh gan teorainn. Ní gearánta ortha, b'fhéidir, acht chum na fírinne d'innsint, ní har nuacht na cainte sin do bhí an locht, acht ar a bíor-olcas. Do bhéarfadh droich-sgríbhneoir míochlú ar an gcúis do b'fhearr ar domhan. Ná raibh an mhí-ádh sain i ndán.[85]

Spreag tuairimí 'Fhear na Cathrach' freagra ó 'Fhear na Tuaithe' in *Fáinne an Lae* agus i ndiaidh dó fuinneamh, neart, bríoghmhaire agus 'dílse – cruineas agus glaine réime' na scríbhneoireachta a mholadh, chuir sé ina choinne.[86] Séanadh argóintí 'Fhear na Cathrach' ar an mbonn nár oir a chuid cainte don am i láthair mar nárbh fhéidir an méid a moladh a dhéanamh anois agus gur thrua nár deineadh a leithéid trí scór bliain roimhe sin nuair ab fhurasta é a chur i gcrích. Bhí breall ar 'Fhear na Cathrach' de réir 'Fhear na Tuaithe' mar níor chuir sé an córas oideachais ná tionchar na Scoileanna Gallda san áireamh agus cás na Gaeilge idir chamáin aige. 'Dá léightí an chaint sin, trí fichid bliadhan ó shin, os comhair aon phobail de phobalaibh na Múmhan, ní bheidheadh duine óg ná aosda sa phobal ná tuigfeadh an uile fhocal de'n chaint',[87] mar ag an am sin:

Bhí caint na ndaoine an uair sin fóirleathan flúirseach mionchruinn léir líomhtha gonta ar chuma is deacair a thuigsint anois. Ní 'sa Mumhain amháin a bhí sain fíor acht móirthimcheall na hÉireann. Le déideanaighe is eadh tháinig an dealbhus ar an gcaint. Na scoileanna Gallda is iad do mhill í. Sin é atá ag cur 'Fir na Cathrach' amugha 'sa sgéal. Táim ar aon aigneadh leis ar an uile fhocal dá n-abair sé acht ar aon phunc amháin. Gan amhras ní foláir an Ghaedhilg do neartughadh arís, acht má 'seadh ní le béasaibh iasachta do ghlacadh isteach é.[88]

Nochtadh dearcadh 'Fear na Tuaithe' nuair a thrácht sé ar 'béasaibh iasachta do ghlacadh isteach'. Bhí sé i coinne aon teagmháil a bheith leis an Eoraip, agus chun é sin a léiriú chuaigh sé i muinín meafar ón dúlra, meafar a leagann béim ar fhás nádúrtha agus ar fhás mall orgánach, meafar an chrainn agus an chré:

Dá mbeidheadh crann annsain agat agus go mbeidheadh sé i gcontabhairt feochta agus gur mhaith leat breis géag agus duilleabhair do chur air, an amhlaidh d'imtheochtha agus géaga agus duilleabhair do bhaint de chrann eile agus iad do thabhairt leat agus iad do cheangal suas air? Ní h-amhlaidh. Is amhlaidh d'imtheochthá agus thabharfá leat chuige roinne de'n chré agus de'n leassughadh, le préamhachaibh an chroinn sin, agus do chuirfeá uisge air, agus dá mbeidheadh an ghaoth ag teacht faoi thalamh chum na bpréamh, do chuirfeá foimhthin ortha. Ní bheidheadh aon tsúil agat le neart ná le fás ná le sláinte 'sa chrann sain go dtí go dtiocfadh an fás ar a phréamhachaibh féin chuige. Sin é díreach an úrdhálta ag an nGaedhilg. Aiste féin amach is eadh chaithfidh sí fás má's fás di. Is dearmhad mór a rádh nach féidir di an fás sain do dhéanamh. Tá brígh agus neart a dóithin innte chuige. Ní foláir a admháil, ámh, nach féidir an fás acht 'sa n-áit 'na bhfuil an phréamh. Caithfear an fás do dhéanamh san áit 'na bhfuil na préamhacha agus leigint do'n choill leathadh ó'n ait sin amach.[89]

Chríochnaigh 'Fear na Tuaithe' a chuid cainte ag moladh mhuintir na tuaithe agus ag spreagadh mhuintir na cathrach chun an teanga a fhoghlaim. Dá mbeadh fir óga na cathrach ag foghlaim na teanga agus ag obair ar son na teanga le cúig bliana anuas, bheadh i bhfad níos mó dul chun cinn curtha di ag an teanga ná mar a bhí. Sheachain sé argóint 'Fhear na Cathrach' i dtaobh an saol a bheith ag athrú agus bhéimnigh sé go raibh an Ghaeilge chéanna á labhairt i ngach cúige – go raibh sí maith go leor do shinsear na nGael agus go raibh sí maith go leor fós – ach muintir na cathrach a ghríosadh chun í a fhoghlaim. Níor thug 'Fear na Tuaithe' aghaidh ar an gceist ag a deireadh; ní raibh de fhreagra aige ach an milleán a chur ar an gcóras oideachais, ar an stair agus ar leisce na bhfear óg sa chathair. Bhí Gaeilge ag muintir na Gaeltachta; dá bhfoghlaimeodh muintir na cathrach í, bheadh leis an Athbheochan:

Tá dhá nídh le gléasadh ag an té gur mian leis Ghaedhilg mhaith do chumadh, .i. na smaointe agus an chaint. Má gléastar na smaointe ar gluaiseacht an Bhéarla, ní'l sé ar chumas aoinne beo Gaedhilg mhaith do dhéanamah as na smaointibh sin. Ní folár do dhuine a mhachtnamh do dhéanamh as an nGaedhilg féin no ní féidir dó Gaedhilg maith do sgríobhadh. Is deimhin liom-sa gur dhein an 'fear' so 'na cathrach' a mhachtnamh as an nGaedhilge . . . Tá an Ghaedhilg ag muintir na tuaithe. Ní'l uatha acht go dtiocfaidhe 'gá hiarraidh ortha. Ní fiú biorán cam a bhfuil de dheifrigheacht idir na ceithre hárdaibh i nÉirinn, 'ná idir Éire agus Alba, chómh fada agus théidheann gléas na Gaedhilge. Táid na gléasa uile go maith. Táid na focail uile go maith. Tá an chaint go maith ins gach áird. Bhí sí maith a dóithin do shaoithibh agus d'uaislibh Éireann ó'n deichmhéad haois go dtí an séamhadh haois déag. Tar éis na dtrí gcéad bliadhan agus uile tá sí maith a dóithin do mhór-ghnó agus do mheasrghluaiseacht agus do mhor-saothar an tsaoghail indiu, dá mbeidheadh oiread eile buinne faoi.

Tá aon nídh amháin ná fuil sí maith a dhóithin do. Ní'l sí maith a dhóithin do'n leisge agus do'n chodladh, agus do'n díomh aointeas. Ní'l sí maith a dhóithin do'n neamhshuim, agus do'n spadántacht atá ar fhearaibh óga na gcathrach. Labhradh céad fear acu féibh mar a labhrann an t-aon fhear seo agus féach cad é an ceol a bheidh againn![90]

Chuir sé sin deireadh leis an argóint mar níor fhreagair 'Fear na Cathrach' a thuilleadh. Ba dhíospóireacht fhíorspéisiúil í, agus d'fhéadfaí a áiteamh gurbh í an díospóireacht ba thábhachtaí a pléadh le linn na hAthbheochana í. Críochnaíodh an argóint agus 'Fear na Tuaithe' ag cur an mhilleáin ar fhir óga na cathrach as a leisce agus as an am a chaith siad ag imirt chártaí seachas ag saothrú ar son na tíre agus ag foghlaim na teanga. Dearcadh coitianta ab ea an tuiscint a lochtaigh fir óga na cathrach as mórán rudaí, go háirithe an leisce agus na drochnósanna. Cloistear macalla soiléir idir an cáineadh seo de lucht na cathrach a bheith ag déanamh faille i dtaobh na teanga agus cáineadh Baden-Powell agus a chairde ar lucht na cathrach i Sasana. Is dlúthchuid den imní faoin meathlú í gurbh iad na cathracha lárionaid na ndrochnósanna agus an ghalair mar is léir ó scríbhinní de Henebry.[91] Is é an paradacsa is mó atá ann ná gurbh iad fir óga na cathrach i gcathair Chorcaí agus san ardchathair a bhí ag teacht chun cinn agus a bhí ar tí ceannasaíocht a ghlacadh ar stiúradh na hAthbheochana as seo amach. Is é an paradacsa is mó ar fad, b'fhéidir, le linn na hAthbheochana, gurbh é Pádraig Mac Piarais a thiocfadh chun cinn mar phríomh-léirmheastóir agus mar eagarthóir na hAthbheochana ina dhiaidh seo. Fear óg cathrach de bhunadh Éireannach agus Sasanach ab ea é, fear óg a d'fhoghlaim an teanga; b'ionann é agus gach a raibh lucht an mheathlaithe imníoch faoi. Is é atá anseo ná coimhlint idir an nua agus an sean, idir an chathair agus an tuath. Is díospóireacht í faoi cheannasaíocht na gluaiseachta agus cé a threoródh an ghluaiseacht. I dtéarmaí Gramsci is díospóireacht í seo idir intleachtóir traidisiúnta agus intleachtóir orgánach[92], agus meabhraítear ann a ndúirt Lloyd i dtaobh an aighnis idir an tuath agus an baile: 'The antagonism to the urban is, accordingly, an antagonism to the inauthentic legible in its cultural forms. Cork and Dublin, along with Belfast represent in mid-nineteenth-century Ireland . . . sites of cultural hybridization as well as centres of imperial authority and capital domination'.[93] Ba é an Béarla teanga na cathrach agus teanga an bhaile mhóir in Éirinn. Ní raibh an Ghaeilge ar fáil go flúirseach in aon cheantar uirbeach faoin am seo. An díospóireacht idir 'Fear na Cathrach' agus 'Fear na Tuaithe', chuaigh sí go smior i gceist na Gaeilge, ní hamháin le linn na hAthbheochana, ach le linn an fichiú haois ar fad. Is trua nach eol dúinn cérbh é nó í 'Fear na Cathrach', agus níor scríobh sé a thuilleadh ar an gceist seo. Ba dhúshlánach na smaointe agus na hargóintí iad agus is trua nár tógadh díospóireacht bhríomhar timpeall orthu sna hirisí Gaeilge. Ba dheis eile é seo nár tapaíodh, agus ba bhoichte Athbheochan na Gaeilge dá bharr. Níor ghlac aon duine seachas 'Fear na Tuaithe' leis an dúshlán a chothaigh caint 'Fear na Cathrach', agus níor glacadh leis an díospóireacht mar chuid de chanóin na hAthbheochana ar chúiseanna nach eol nó nach léir dúinn inniu.

6

An Cló Gaelach agus an Cló Rómhánach

What is intrinsically interesting about a typeface? Why do we need so many different styles? *Times, Century, Garamond, Arial, Old English, Goudy* . . . and the list keeps getting longer every year. Who cares what the style is? . . . Who cares about type? Sometimes a whole nation.[1]

Simon Loxley

'Níl dabht ar bith ann,' a deir Cathal Ó Háinle, 'ach go raibh cúrsaí litearthachta Gaeilge go hainnis sa bhliain 1882 agus le fada roimhe'[2]: 'an múinteoir ar theastaigh uaidh / uaithi an Béarla a mhúineadh, i dtaca le bunleabhar chun léamh agus scríobh na teanga a theagasc do dhaltaí agus i dtaca le litríocht a mheallfadh iad chum nós na léitheoireachta a chleachtadh. A mhalairt glan a bhí fíor faoin nGaeilge'.[3] Nuair a tosnaíodh ar ábhar Gaeilge a fhoilsiú agus a sholáthar don phobal um an dtaca sin, ba í an chéad bhearna arbh éigean do lucht athbheochan na teanga a líonadh ná conas a léireofaí an teanga labhartha ar phár. Conas a scríobhfaí an 'signifier'? Ba í an chlódóireacht an modh ba choitianta, ba nua-dhéanaí, ba chumhachtaí, ach ba í uirlis na gcoilíneach i gcoinne na nGael í.[4] Chun leas a bhaint aisti, níor mhór í a athshamhlú. Ghin an fhadhb seo an cogadh idir an dá chló – an cló Gaelach agus an cló Rómhánach – a áirítear ar na conspóidí móra in Athbheochan na Gaeilge, dar le Liam Ó Dochartaigh:

> Ábhair mhóra conspóide in Athbheochan na Gaeilge ó thús ab ea an trí mhórcheist atá luaite cheana agam .i. ceist an dá chló, cumadh téarmaíochta agus an caighdeán. Coimhlint idir dhá dhearcadh, dearcadh coimeádach agus dearcadh forbarach, idir an sean agus an nua, idir 'fíor' agus an 'bréagach', a bhí sna coimhlintí seo go bunúsach.[5]

Má ghéilltear don tuiscint, mar a ghéill lucht na hAthbheochana, gur bhronn teanga faoi leith saoldearcadh faoi leith, ní foláir an difríocht sin a bhéimniú agus a thabhairt chun solais i scríobh agus i gclódóireacht na teanga.[6] Murab ionann an Béarla agus an Ghaeilge ní cóir go mbainfí leas as na comharthaí céanna chun iad a léiriú ar an leathanach bán. Ní hiad na litreacha agus an cló a fheictear ar an leathanach atá tábhachtach ach an chiall agus an saol atá laistiar díobh, an fhís a chruthaíonn na focail a dhéantar as an gcló. Feictear an saol agus tuigtear an chiall tríd an gcló agus trí na litreacha a léitear ar an bpár. Mar sin b'éigean do na litreacha sin a bheith éagsúil mar teanga shonrach le saoldearcadh sainiúil;

Weltanschauung agus cruinne shiombalach faoi leith ab ea an Ghaeilge. Dá bharr sin, níor mhór cló faoi leith a bheith ar fáil chuige sin chun an difríocht sin a léiriú go feiceálach agus go soiléir ar an leathanach agus bhí dioscúrsa an náisiúnachais cultúrtha agus an mheathlaithe lárnach sa díospóireacht a deineadh ar cheist an chló.

Bhí an dofheictheacht seanbhunaithe mar shaintréith den dea-chlódóireacht in iarthar an domhain le fada, agus tháinig an tuiscint seo salach ar an dea-chleachtas gairme sin:

> The ethic of typographic invisibility has prevailed throughout much of modern Western bookmaking and publishing. The notion was immortalized in a stirring speech by Beatrice Warde in 1932 when she likened good book typography to a crystal goblet. True connoisseurs of wine would prefer crystal to the finest gilded chalice, she declared, because 'everything about it is calculated to *reveal* rather than to hide the beautiful thing which it was meant to *contain*'. So too are text and reader best served by typography that strives to be unseen, she explained. 'The mental eye focuses through type and not upon it . . . The type which, through any arbitrary warping of design or excess of 'colour', gets in the way of the mental picture to be conveyed, is a bad type'. Type should be self-effacing and supremely humble, type that intrudes upon a reader's awareness, she warned, was bad: distracting, impudent, *visible*.[7]

A mhalairt ar fad a theastaigh ó lucht an chló Ghaelaigh. Theastaigh uathu go n-aithneofaí láithreach bonn gur théacs Gaeilge a bhí ar an leathanach. Is féidir an dúil sin a thuiscint go réasúnta má chuimhnítear ar chuspóir an náisiúnachais chultúrtha, is é sin béim a leagann ar an difríocht idir Sasana agus Éire. Ní fhéadfaí an Ghaeilge ná litríocht na Gaeilge a thuiscint mar litríocht Shasana ná aon tír eile dá bhfoilseofaí sa chló Gaelach í, mar tharraing cló faoi leith aird uirthi féin. Thug na litreacha faoi leith le fios don léitheoir go raibh sé nó sí ag dul isteach i saol, i dtéacs a bhí éagsúil, agus iomlán difriúil ó shaol an Bhéarla, gur (chomh)théacs agus gur shaoldearcadh eile a bhí anseo, agus gur theastaigh tuiscint agus rialacha nua chuige. Ach, seachas corrlitir, bhí formhór na haibítre intuigthe agus inléite don té a raibh cur amach aige nó aici ar an gcló Rómhánach, rud a chiallaigh go raibh an cló Gaelach ag tacú le ceann de phríomhdhúshláin an chló mar a thuigtear do Robert Bringhurst é: 'typography must often draw attention to itself before it will be read. Yet in order to be read, it must relinquish the attention it has drawn. Typography with anything to say therefore aspires to a kind of statuesque transparency'.[8]

Feictear taobh eile den náisiúnachas cultúrtha sna hiarrachtaí a dhein baill de Chonradh na Gaeilge brú a chur ar oifigí poist glacadh le sreangscéalta i nGaeilge ó 1901 ar aghaidh. Nuair a d'éirigh leo a dtoil a chur i bhfeidhm ar oifig an phoist, ceann de phríomhinstitiúidí na hImpireachta, bhíothas ag tabhairt le fios don Impireacht nárbh ionann an Gael agus an Sasanach, nárbh ionann an Ghaeilge agus an Béarla, nárbh ionann an cló ina scríobhfaí an dá theanga. B'amhlaidh an meon a spreag Tomás Ó Dónaill / Thomas O'Donnell, Feisire do Chiarraí Thiar, a chearta teanga a éileamh i bParlaimint Shasana:

> Mr. Thomas O'Donnell's attempt to address the British Parliament in Gaelic was not, as you imagined, prompted by motives of hilarity, but by the far more serious motive of advertising to the world the fact that the British Parliament was persistently denying us the right of having the Irish language placed on an equal footing with the English language on the schools of Ireland – a right which, happily, they will not be able to withhold from us much longer.[9]

Ba ráiteas é nárbh ionann an dá thír, agus go mbeadh ar an Impireacht tríd a gníomhaire oifig an phoist glacadh le hÉirinn agus leis an nGaeilge mar ghné agus mar ríocht eile. Cuimsíonn an t-alt seo a leanas ón *New York Times*, in ainneoin an ghrinn agus na háibhéile, bua an chló Ghaelaigh chun sainiúlacht na Gaeilge agus na hÉireann a chur in iúl:

> Mr. Meagher, the famous 'blind reader' of the New York Post Office, has recently added to his collection of freak addresses one in the Irish-Gaelic language and character. Irish, unlike Scottish, Gaelic is written in a character of its own, and this envelope, addressed to a young woman of Clonakilty, was the despair of the 'blind reader', to whom Russian and modern Greek, Chinese and Urdu are as plain as plain American. That this is the only address in Irish character to be found in the whole collection is a fact strongly indicating the new vitality of the Gaelic movement. At last inspired by a certain similarity between the envelope and a fac simile (sic) page from the Book of the Dun Cow, Mr. Meagher sent the puzzle to the editor of *The Gael*.
>
> The editor promptly returned the literary curiosity, duly interpreted, adding a high compliment to the painstaking New York Post Office, which he contrasted very much to its own advantage with the British Post Offices, saying that, while the English authorities in India are bound to deliver letters and packages addressed in native characters, those in Ireland refuse to recognize addresses written in Irish. A strong friend of the Gaelic Movement, to whom Mr. Meagher was showing the envelope and telling the experience, smiled and shook his head. 'The cases would be parallel,' he said 'if the Indian peoples had almost entirely left off speaking their own tongues for more than a century and if most of them could only speak a sort of English. But as it is –'.[10]

Fáth amháin a raibh na hAthbheochanóirí chomh mórtasach as na sreangscéalta i nGaeilge sa chló Rómhánach nó sa chló Gaelach, mar b'admháil iad gur ghéill maorlathas agus innealra na hImpireachta don tuiscint nárbh ionann an Ghaeilge agus an Béarla.[11]

Feictear dhá thagairt eile do theileagraim sa Ghaeilge á gcur ó

Chorcaigh agus ó Thuaim Dhá Ghualainn chuig Feis na Gaillimhe i Meán Fómhair na bliana 1899.[12] Theastaigh ó na baill seo go n-aithneofaí iad mar ghrúpa faoi leith, agus is anseo, sa bhliain 1899, a fheictear gluaiseacht na Gaeilge ag éileamh a gceart ó rialtas Shasana. Is ón mbliain seo amach a thosnaíonn an Conradh agus na tráchtairí nuachtáin ag faire ar iompar oifig an phoist, ar Bhord na gCeantar Cúng agus ar eagraíochtaí eile Chaisleán Bhaile Átha Cliath chun a chinntiú go raibh cúram á dhéanamh de lucht na Gaeilge. Bhí deireadh le hathbheochan na teanga mar ghníomh neamhpholaitiúil; bhí tús curtha le ré an náisiúnachais chultúrtha agus leis an bhfeachtas i gcoinne fhórsaí an Bhéarla. Bhí i bhfad níos mó ná sreangscéal i gceist. B'admháil sa teicneolaíocht ba dhéanaí agus ba nua-aoisí í go raibh bearna idir Éire na Gaeilge agus Sasana an Bhéarla, agus murar baineadh an bua amach i gCaisleán Bhaile Átha Cliath féin, baineadh amach é sa tarna hionad ba thábhachtaí don Impireacht san ardchathair, Ard-Oifig an Phoist. Rachadh na hAthbheochanóirí chuig Ard-Oifig an Phoist arís agus arís eile sna blianta ina dhiaidh seo chun agóidí a chur ar bun faoi litreacha le seoladh i nGaeilge, faoi bhearta le seoladh i nGaeilge, agus faoi dheireadh faoi fhorfhógra i mBéarla. Gach pioc chomh tábhachtach leis sin chruthaigh sé gur oir an Ghaeilge don saol nua-aoiseach, saol na teicneolaíochta, mar a dhearbhaigh de hÍde nuair a leag sé méar fhliuch ar T. W. Rolleston sa bhliain 1896 chun téacs eolaíochta a aistriú go Béarla tar éis d'fhear Uíbh Fhailí a fhógairt nárbh 'fhéidir feidhm do bhaint as an nGaedhilg mar uirlis chum smuaínte na haoise seo agus chum breitheamhnais na haimsire do chur i gcéill'.[13] Ní raibh anseo ach cuid den easaontas idir Conradh na Gaeilge agus Rolleston (an Roillistineach mar ar thug *Who's Who in Celtic* air), faoin tslí ab fhearr chun an Ghaeilge a athbheochan.[14] Gan dabht threisigh dearcadh an Acadaimh Ríoga (RIA) i leith na Gaeilge agus i leith an chló Ghaelaigh le dearcadh na nAthbheochanóirí a d'fhéach ar an gcló mar ráiteas polaitiúil. Ní ghlacadh an tAcadamh le sínithe i nGaeilge agus ba nós leo an tarna síniú a lorg, mar a mhíníonn Nic Pháidín:

> Ba ghearr go raibh Donnchadh Pléimeann ag gearán go mbíodh leabharlann an Acadaimh ag éileamh dhá shíniúchán ar Ghaeilgeoirí, ceann i mBéarla chomh maith le ceann i nGaeilge. Mhol *Fáinne an Lae* dá chuid léitheoirí a n-ainm a shíniú sa chló Rómhánach chun breall a chur ar mhuintir an Acadaimh nach raibh oilte san aibítir féin, dar leis.[15]

Chuir dearcadh Chonstáblacht Ríoga na hÉireann (RIC) agus na gcúirteanna i leith an chló Ghaelaigh, mar a léiríonn an dá chás chúirte a throid an Piarsach faoin nGaeilge, le tuiscint na linne gur cheist náisiúnta agus ceist aitheantais a bhí i gceist an chló.[16]

Is ionann na drochthréithe a gcuireann Beatrice Ward síos orthu sa sliocht ar tagraíodh dó roimhe seo agus na buntáistí a chonaic na náisiúnaigh chultúrtha sa chló Gaelach agus an díospóireacht chlódóireachta ar bun. Ní hamháin gur oir an cló Gaelach chun béim a chur ar an difríocht idir Éire / an Ghaeilge agus Sasana / an Béarla, ach de réir mar a d'fhorbair an Athbheochan, go háirithe i ndiaidh 1900, feictear níos mó agus níos mó iarrachtaí chun gnéithe 'Gaelacha' a thabhairt isteach i gclódóireacht na Gaeilge. Is mór i bhfad líon na litreacha Gaelacha i dtéacsanna a foilsíodh i ndiaidh na bliana 1900 ná roimhe, agus deineadh iarracht chun aithris a dhéanamh ar na lámhscríbhinní leis an gcéad litir a dhearadh ar nós ainmhí nó ar nós figiúir dhaonna.[17] Is léir gur tháinig an cheist faoi chló na Gaeilge chun cinn nuair a tugadh faoi *Irisleabhar na Gaedhilge* a fhoilsiú mar bhí tús á chur leis an Athbheochan agus bhí méadú thar cuimse ag teacht ar líon na bhfoilseachán as Gaeilge. Is cinnte gur tharraing an méadú i líon na leabhar Gaeilge a bhí á bhfoilsiú aird ar cheist an chló, ach b'fhéidir gur imir tionchar na athbheochana i Sasana agus i Meiriceá sa cheardaíocht thraidisiúnta agus sna seanchlónna leis an díospóireacht i ndioscúrsa na Gaeilge.[18]

Ba é William Morris, dearathóir agus clódóir, ba mhó a d'imir tionchar ar an athbheochan ceardaíochta i Sasana. Chreid sé go daingean gur imir an réabhlóid tionsclaíochta drochthionchar ar an gceardaíocht agus nach fir, ach innill, a bhí i mbun ceardaíochta dá bharr. Theastaigh uaidh go leagfaí béim an athuair ar shainscileanna an cheardaí ní hamháin i gcúrsaí oibre, i gcúrsaí foilsitheoireachta, i gceangal leabhar ach sa chlódóireacht.[19]

Thug Morris léacht i mBaile Átha Cliath in Aibreán 1886 ar fhreastail de hÍde air.[20] Mar ba nós dó ag léachtaí dá chuid, thug sé faoi spéis an phobail agus an aosa dána a mhúscailt i gceardaíocht an leabhair mar scil faoi leith, agus thathantaigh sé orthu féachaint ar an gclódóireacht mar dhlúthchuid den leabhar seachas mar rud tánaisteach. Chreid Morris agus a lucht leanúna go raibh stíleanna cló tar éis teacht chun cinn a bhí lag, meathlaithe, gan éifeacht agus gur chomhartha ab ea é sin de dhroch-chás na sochaí, sochaí a bhí ag meath. Mhol sé go bhfillfí ar chló láidir, ar an stíl chló a bhí ann fadó nuair a bhí cúrsaí níos fearr. Ag baint leasa as dioscúrsa a raibh steiréitíopaí inscní agus laofacht inscne mar bhunfhód aige, shamhlaigh sé an cló lag meathlaithe le mná agus an seanchló láidir le fir. Seo mar a chuireann Megan L. Benton, tráchtaire ar chúrsaí clódóireachta, síos ar Morris agus ar réabhlóid an chló ag deireadh an naoú haois déag:

> Toward the end of the nineteenth century, William Morris and others in England and America felt they could no longer endure the material and aesthetic debasement they perceived in contemporary, machine-made books. In proclaiming the tenets of what was soon considered the era's great typographic renaissance or revival, they used gendered terms to describe both the faults of modern (that is conventional nineteenth-century) types and the merits of the preindustrial type forms they advocated. They deplored the

former as fussy, pale, and 'feminine', calling for a return to darker, heavier, more 'robust' letterforms, which they argued would restore vigour and 'virility' to the printed page. In 1892 Theodore Low De Vinne, widely regarded as America's leading printer of the era, expressly heralded this reform as a long-overdue to 'masculine printing'.[21]

Is ionann, mar sin, tuiscint Morris ar mheathlú an chultúir agus an slánú a bhí le haimsiú sa seanchló agus dearcadh na nGaeilgeoirí faoin slánú a bhí le haimsiú sa Ghaeilge agus i gcultúr na Gaeilge.

Ní haon chomhtharlú ná timpiste thánaisteach é gur tháinig borradh faoi cheist an chló Ghaelaigh díreach nuair a bhí ceist an mheathlaithe á plé i Sasana, san Eoraip agus i Meiriceá. D'oir an cló Gaelach dóibhsean a bhí buartha go samhlófaí an cine Gaelach mar threibh / cine / náisiún lag barbartha nach raibh in ann forbairt go leanúnach agus a dhíothófaí sula i bhfad. Chiallaigh an cló Gaelach neart agus fuinneamh i dtéarmaí clódóireachta agus aeistéitice de agus ba chomhartha é go raibh an cine Gaelach agus an Ghaeilge féin mar theanga sách láidir, sách muiníneach chun forbairt go hiomlán amach anseo. Léirigh an cló Gaelach sainiúlacht na teanga agus an chultúir Ghaelaigh go sonrach, ach léirchruthaigh sé nach raibh meascán ná cros-síolrú ar bith tar éis baint de neart ná de chumas na teanga ná na cine. I dtéarmaí na litríochta tá, anuas go dtí ár linn féin, dlúthbhaint idir cló agus féiniúlacht an náisiúin, mar a mhíníonn Simon Loxley:

> Indeed, a case would be made for a nation expressing its national character through typography. The Swiss? Clean lines, controlled, well ordered. The French? Stylish, quirky, inhabiting their own very individualistic universe. The Americans, while boasting highly creative individuals, managed to make type big business as well. And Britain? What else but the home of the eccentric typophile, the oddball and the loner?[22]

Is í imní an mheathlaithe a shnaidhmeann an dá dhíospóireacht le chéile, díospóireacht na teanga agus díospóireacht an chló. Ba í an imní go raibh meathlú ag teacht ar an gceardaíocht agus ar an gclódóireacht a spreag spéis Morris sna seanlitreacha mar chosaint ar chló lag banúil. Ba í an imní chéanna faoi mheathlú na tíre agus na teanga a spreag na hÉireannaigh chun spéis a chur sa teanga agus i bhfoilsiú ábhair trí Ghaeilge. Ba é an meathlú agus an imní a bhuail pobal na hEorpa agus Mheiriceá Thuaidh ag críoch an naoú haois déag ba chúis agus cionsiocair leis an dá athbheochan. Ba í géarchéim an mheathlaithe ba chúis le díospóireacht chlódóireacht na Gaeilge, díreach mar gurb aisfhreagra Éireannach í Athbheochan na hÉireann ar an ngéarchéim mheathlaithe. Sular tháinig Morris ar an bhfód bhí cúrsaí clódóireachta agus foilsitheoireachta ag dul le fána i Sasana:

In the late eighties there was a curious epidemic among printers of the use of colour in letterpress. This was, of course, mostly in job work, but it spread to book work, and there are monstrosities to be found in the way of decorated title pages in many colours which are calculated to upset anyone interested in good printing. This curious movement was known, for some obscure reason, as Art Printing. These printers liked to use tint blocks and scroll work and ornamental initials and borders, and all without any idea of the real value or balance of the printed page. The 'artist printer' of this period was the man who got most eccentric designs and colours on to the sheet of paper. Luckily for us all, a change was caused by the foundation of the Kelmscott Press by Mr. William Morris. The influence of this press cannot be overestimated. Morris restored hand-made paper, black ink, and good press work to a position that they had lost for many years. The archaic character of his types, which one must admit was carried almost to excess, was one of the most important factors in this revolution.[23]

Is cás comhthreomhar é cás na hÉireann. Tuigtear do John Hutchinson gur shíolraigh an athbheochan ceardaíochta a tharla in Éirinn ag deireadh an chéid ó ghluaiseacht Mhorris i Sasana:

By the 1890s a growing Celtic consciousness was also permeating other aesthetic currents in Protestant society, notably the Arts and Crafts revival led from 1894 by the Earl of Mayo and T. W. Rolleston. At this point, however, all these movements were not so much nationalistic as part of a British-wide romantic reaction against materialism. Not only was the crafts movement basically an Irish offshoot of William Morris's neo-medievalism but even the Anglo-Irish literary revival had its genesis in the writings of the English belletrist, Matthew Arnold, who differentiated the worldly-political Anglo-Saxon from the materialistic-artistic Celt.[24]

Agus b'iarmhac léinn de chuid Morris, Evelyn Gleeson, a bhunaigh Dún Emer Guild chun ceardaíocht ghloine a spreagadh agus a raibh baint aici le deirfiúracha W. B. Yeats ina dhiaidh sin maidir le ceardaíocht.[25] Go deimhin, creidtear go raibh James Pearse féin, athair Phádraig Mhic Phiarais, faoi thionchar Morris.[26] Spreag géarchéim an mheathlaithe spéis an phobail sna seanchlónna mar leigheas ar an ngalar a bhí á gcrá, ach nuair a deineadh athbheochan ar an seanchló tháinig an náisiúnachas cultúrtha i gceist agus baineadh leas as ar mhaithe leis féin. Tuigtear mar sin, b'fhéidir, go mbaineann an náisiúnachas leas as an gcló Gaelach, ach nach míníonn sé cén fáth ar spreagadh spéis sa chló ar an gcéad dul síos. Baineann an chúis sin leis an meathlú agus leis an imní go samhlófaí an cine Gaelach mar chine a raibh a phort seinnte agus an díothú in ann dó. Chinntigh an cló láidir fireann Gaelach go dtuigfeadh léitheoirí go raibh neart brí agus fuinneamh ag cuisliú trí theanga agus trí chine na nGael.

Is féidir an chonspóid faoi rogha an chló ab oiriúnaí do theanga na Gaeilge le linn na hAthbheochana a léamh mar chur síos ar an Athbheochan féin, mar is ceist í a théann go croílár na hAthbheochana agus a nochtann difríochtaí idir thuiscint na ngrúpaí éagsúla a léirigh spéis sa scéal. Is troid chlasaiceach í, i dtéarmaí an iar-choilíneachais, idir iadsan a chleacht straitéis an tséantóra – diúltú do chló an Bhéarla ar mhaithe leis an gcló dúchasach – agus straitéis an athmhúnlaithe. Theastaigh ó na hathmhúnlóirí go nglacfaí leis an gcló Rómhánach agus go gcuirfí ag obair ar son leas na teanga é. Ach ba chasta fada an troid í idir an dá chló nár réitíodh go sásúil riamh sa tréimhse ama idir chamáin anseo.

Níor chabhraigh sé puinn nár thuig go leor de na tráchtairí ar an dá thaobh stair agus bunús na gclónna éagsúla, rud a chothaigh fadhbanna a thiocfadh chun cinn arís agus arís eile sa tréimhse seo. Glacadh leis gurbh ann don 'Traidisiún' ach ba bhocht agus ba bhearnach tuiscint na ndaoine, idir lucht léinn agus chosmhuintir na tíre, ar an traidisiún céanna. Tagann an ghné áirithe seo chun cinn arís agus an litriú á chur idir chamáin mar a fheicfear ar ball i gcaibidil a seacht. Cé gur tagraíodh go minic do shamplaí an traidisiúin ó na lámhscríbhinní, ba mhinic iad ag teacht salach ar a chéile, rud a chiallaigh nárbh ann do thraidisiún cinnte dearfa go bhféadfaí tarraingt as ar mhaithe le hargóintí mar seo. Thagair gach dream i mbun argóintí don traidisiún, ach gan aon duine riamh cinnte cad a chiallaigh an traidisiún seo, rud a thugann chun cuimhne agus go deimhin a léiríonn a raibh le rá ag an staraí Eric Hobsbawm:

> There is probably no time and place which historians are concerned which has not seen the 'invention' of tradition in this sense. However, we should expect it to occur more frequently when a rapid transformation of society weakens or destroys the social patterns for which 'old' traditions had been designed, producing new ones to which they were not applicable, or when such old traditions and their institutional carriers and promulgators no longer prove sufficiently adaptable and flexible, or are otherwise eliminated: in short, when there are sufficiently large and rapid changes on the demand or the supply side. Such changes have been particularly significant in the past 200 years, and it is therefore reasonable to expect these instant formalizations of new traditions to cluster during this period.[27]

Is é a tharla in Éirinn i gcás na Gaeilge ná go raibh gá sna blianta deireanacha den naoú haois déag, gá nach raibh ann roimhe, le leabhair agus le hábhar léitheoireachta i nGaeilge. Tá Niall Ó Ciosáin den tuairim, áfach, gurbh ann do chultúr léitheoireachta sna Gaeltachtaí le linn an naoú haois déag a bhain leas as an litriú foghraíochta agus as an gcló Rómhánach. Nuair a chinn na hAthbheochanóirí ar an gcló Gaelach, bhí an baol ann 'that the practice as well as the assumptions of revivalist printing could well have marginalized existing readers of Irish in Gaeltacht areas'.[28] Ní raibh cló Gaelach ar fáil chun an t-éileamh idir chultúrtha agus phraiticiúil a shásamh agus b'éigean iompú ar an gcló Rómhánach ar mhaithe le tosnaitheoirí agus le costas foilsitheoireachta go háirithe.

Dealraítear gur buaileadh an chéad fhoireann den chló Gaelach i Londain sa bhliain 1571 ar ordú na Banríona Eilís chun oiliúint a chur ar na Gaeil ionas go meallfaí i dtreo an chreidimh Phrotastúnaigh iad.[29] Baineadh leas as an bhfoireann sin chun *Tuar Ferge Foighide* le Philip Ó hUiginn a chlóbhualadh. Foilsíodh roinnt leabhar leis an gcló úd, ach nuair a thriail Robert Boyle í a úsáid chun aistriúchán de Bhíobla Bedell a fhoilsiú, tuigeadh dó go raibh an fhoireann caillte ó 1680. Cuireadh i leith na nÍosánach gur ghoid siad an fhoireann ionas nach mbainfí leas aisti chun Caitlicigh na hÉireann a mhealladh óna gcreideamh[30] agus cé nach fíor an scéal seo ní hé an t-aon uair go dtráchtar ar fhoireann cló a ghoid.[31] D'fhoilsigh na Proinsiasaigh in Antwerp na hOllainne *Teagaish Criosdaidhe* sa chló Gaelach timpeall na bliana 1611. Aistríodh an fhoireann seo go dtí an Lováin in 1616 agus lean na Proinsiasaigh orthu ag clóbhualadh leabhar sa chló Gaelach léi anuas go dtí 1728. Meastar go raibh an fhoireann ag Martin van Overbeke nuair a d'fhoilsigh sé an leabhar deireanach a d'eisigh na Proinsiasaigh Éireannacha sa Lováin. D'éirigh le Thaddeus Connellan, dar le 'Sceilg', foireann a mhealladh ón Rí Seoirse IV sa bhliain 1825 chun réamheolaire a fhoilsiú, rud a dhein sé sa bhliain 1848.[32] Dhein grúpaí éagsúla foirne den chló Gaelach le linn an seachtú, an ochtú agus naoú haois déag, ach ba léir nach raibh teacht ar fhoireann Ghaelach ag tús na hAthbheochana, mar a mhínigh E. W. Lynam, Maor na Léarscáileanna i Múseum na Breataine.[33]

Ach bhí cúiseanna idé-eolaíochta ann, leis. Mar thoradh air sin deineadh iarracht traidisiún a chruthú chun go bhféadfaí tagairt siar dó. B'iarracht í chun a chur in iúl nach aon rud nua é ábhar i nGaeilge a bheith clóbhuailte sa chló Rómhánach, seachas an cló Gaelach.

Is í an tréimhse seo an tréimhse is tábhachtaí sna díospóireachtaí faoin gcló mar is lena linn a deineadh na téarmaí tagartha agus na hargóintí a shainmhíniú agus a phlé go fonnmhar den chéad uair. Ní raibh sna díospóireachtaí eile faoin gcló sna 1920í agus níos faide anonn san aois seo caite ach aithris agus athrá ar na hargóintí a deineadh sa tréimhse seo.[34] Ní heol dúinn cén díospóireacht inmheánach a dhein Aontacht na Gaedhilge ar cheist an chló sular foilsíodh an chéad uimhir d'*Irisleabhar na Gaedhilge* i mí na Samhna 1882. Níorbh fhéidir, áfach, neamhshuim a dhéanamh den cheist i ndiaidh dóibh an chéad eagrán a fhoilsiú, mar luadh rogha an chló i nach mór gach léirmheas a scríobhadh. Ba é seo an chéad chath i ndioscúrsa litearta na Gaeilge ó tugadh faoin nGaeilge a athbheochan, agus sonraítear go ríshoiléir ann an teannas, an choimhlint, agus an éagsúlacht tuisceana arbh í Athbheochan na Gaeilge í agus arbh í an dinimic intleachtúil a ghríos agus a spreag na díospóireachtaí liteartha seo. Dhein léirmheasanna de chuid *The Irishman and United Ireland* agus nuachtáin eile mór de rogha an eagarthóra i dtaobh an chló Rómhánaigh. Cáineadh na litreacha 'Gallda' sna léirmheasanna éagsúla, ar an gcúis gur deacair iad a léamh, nárbh ann dóibh sna lámhscríbhinní, gur loit siad dearadh an téacs, nárbh fhéidir na sínte fada a chur i bhfeidhm iontu, agus go raibh téacs Rómhánach breac le 'h'-anna. 'An abominable substitute'[35] ab ea é dar le *The Cashel Gazette*. Ba í tuairim *The Weekly Freeman*: 'The Irish type is clear and beautiful, and we find it much easier to read Irish in such type than in the English letters with their numerous h's and want of guiding accents. We would advise the editor to cease using English type, as he has such a beautiful Irish type at his disposal'.[36] Chualathas an tuairim chéanna nuair a foilsíodh *An Claidheamh Soluis*. Deineadh léirmheas ar ghluaiseacht na Gaeilge in Éirinn san iris *John o' Groats Journal*, ach ba é dearcadh na hirise úd: 'It considers *An Claidheamh Soluis* as bright, chatty and pointed, but thinks the paper would be more acceptable to Highlanders if printed in Roman, instead of in Irish type'.[37] Nochtann an ráiteas seo tuiscint na tréimhse luaithe seo faoin gcomhcheangal idir Éire agus Alba, agus an dearcadh a bhí i réim faoin sórt teanga a bhí le hathréimniú.

Pé tuairimíocht agus tuiscint a sroicheadh sular foilsíodh *Irisleabhar na Gaedhilge* ar an gcéad lá, tháinig an díospóireacht os comhair an phobail in uimhir a trí den *Irisleabhar* nuair a foilsíodh dán i nGaeilge sa chló Rómhánach. Dealraítear gur iarr Tomás Ó Flannghaile / Flannery – Gaeilgeoir a raibh cónaí air i Londain agus a bheadh ina uachtarán ar an gConradh i Londain ina dhiaidh seo, agus duine de na tráchtairí ba thábhachtaí le linn na hAthbheochana – d'aon ghnó ar na heagarthóirí dán dá chuid a fhoilsiú sa chló Rómhánach. Tabharfar faoi deara go mbaineann ábhar an dáin macalla as ar pléadh roimhe seo, is é sin an argóint go raibh an meathlú ar cheann de na príomh-idé-eolaíochtaí a ghríosaigh gluaiseacht na hAthbheochana má dhéantar iniúchadh ar fhriotal na véarsaí, go háirithe na nithe a shéantar:

GO MAIRIDH NA GAEDHIL![38]

Go mairidh na Gaedhil a's a g-caoin-chaint cheoil!
Go mairid le saoghaltaibh i d-treise 's i d-treoir,
Nach taithneamh libh an sceul, nach grádh libh an glór-
'Anois tá na Gaedhil in Éirinn *beo*'

Ní fíor go bh-fuil an tír nó an teanga dul a bh-fheogh'
Ní fíor go bh-fuil ár meanmain caithte go fóill,
Cia seal dúinn faoi scamall 's le tamall faoi cheo,
Tá Gaedhil agus Gaedhilig in Eirinn fós.

Och is sámh linn na sceula, is grádh linn an glór,
Go bh-fuil sean-teanga Eireann ag éirghe in onóir,
Bíodh an guidhe in ár g-croidhe anois a's le n-ár ló,
Nár raibh Eire gan Gaedhealaibh, gan Gaedhilig go deo!

Go mairidh na Gaedhil! A startha 'gus a sceoil,
A ngean as a ngreann, a g-cluichthe 'gus a g-ceol,
Má's mian linne féin, má's dúinn croidhe na d-treon,
Béidh na Gaedhil as an Ghaedhilig faoi fhírmheas fós.

Mar le cluasaibh 's le croidhthibh na nGall fad ó
Ba bhinne ár nGaedhilig a's do b'fheárr ná ceol,
Ag sliocht na nGall g-ceudna ta andiu grádh mór
Air ár d-teangain, sin ár g-ceangal, ó's le h-Eirinn dóibh.

Gaill agus Gaedhil in aon ghrádh teo,
Acht Gaedhil-fhir go léir ina an aon chaint bheo,
Do Dhia na bh-flathas biodh seacht míle glóir,
Tá caithréim agus clú i n-dán dúinn fós.

Go mairidh na Gaedhil 's a bh-fuil i ngrádh leo!
Sonas agus seun ortha, aosda a's óg,
Suaimhneas a's síodh aca d'oidhche a's do ló-
Mar sin go raibh se linn in ár d-tír go deo!

Níorbh fhada go raibh litreacha agus léirmheasanna ag triall chuig *Irisleabhar na Gaedhilge*. Is mar seo a leanas a léirigh *The Irishman and United Ireland* a mhíshásamh:

A very pretty poem by a contributor signing himself 'Leath Chuinn' follows the article on the Ossianic poems. But why print this poem in English letters? Of course the accents have to be left out, and the words are full of h's, giving them a most uncouth length and appearance. This looks like inconsistency. It is well known that the outcry against the Irish characters comes from only a few lazy people, who, if they got books in Irish printed in Roman type, would not be a bit nearer to acquiring a knowledge of the language. We therefore consider that the *Gaelic Journal* is acting wrongly in pandering to foolish prejudice by printing any of its Irish in Roman letters, and we would advise it to give up such a useless practice.[39]

Más amhlaidh gur ghoill na litreacha Rómhánacha, nó na litreacha Sasanacha mar a thug lucht a gcáinte orthu, ar scata nuachtán Éireannach, cuireadh fáilte chaoin rompu in Albain, san *Inverness Advertiser* go háirithe. Nóta leanúnach a ritheann trí na léirmheasanna ar an gcló is ea an deighilt a chothódh an cló Gaelach idir na hAlbanaigh agus na hÉireannaigh, agus an laghdú suntasach a thiocfadh ar lucht léitheoireachta na Gaeilge dá bharr:

We hope it will not be considered impertinent if we express the hope that the Irish department of the new periodical will be printed in Roman characters. The so-called Irish letters are no more Irish than are the Roman, and they are attended with the very great disadvantage that they are unknown, or at least unfamiliar, to the Gaels of Scotland, and we should think also to many of those in Ireland itself. Moreover, the Roman letters are found perfectly sufficient to represent all the sounds of the language as used on this side of the Irish Channel, and the two dialects are to all intents and purposes, after all, but one language.[40]

Léirítear san fhógra seo an deacracht a chothódh an cló Gaelach do na hAlbanaigh ábhar sa chló Gaelach ó Éirinn a léamh, mar ba é an cló Rómhánach a bhí in uachtar le fada in Albain ón mbliain 1567 nuair a d'fhoilsigh John Carswell an saothar cráifeach *Foirm na n-Urnnuigheadh*.[41] I mí an Iúil, 1883, chuir Tomás Ó Néill-Ruiséal ó Mheiriceá, fear a bhí an-choimeádach, an-chantalach agus thar a bheith traidisiúnta i dtaobh litriú na Gaeilge agus dhéantús na litríochta, a ladhar isteach sa scéal ag tacú leis na litreacha Rómhánacha.[42] Ba é an port céanna aige siúd agus ag an *Inverness Advertiser*: chuirfeadh an cló Gaelach ding idir an dá phobal agus laghdófaí go mór pobal léitheoireachta na Gaeilge:

> Cad í an chuis ag duine 'nuair sgriobhann se, go h-airighithe 'nuair sgriobhann se do'n phubluidheachd? An i nach go leighfidh an meud is mo de dhaoinibh na focail a sgriobhas se? Cuir i g-cas nach bh-fuil acht deich mile duine 'san domhan a leigheas Gaedhilge, ta air an laghad, ma airmhid na h-Albanaighe, leath dhiobh so nach bh-feudann i leigheadh 'nuair sgriobhthar 'sna seanlitribh i. Leig doibh so ghradhuigheas sgath nios mo 'na brigh, sgriobhadh 'sna sean-litiribh; ta meise socruighthe na litire Romanacha do chleachtadh cho fad agus clobhuailfidh daoine Gaedhilig ionnta.[43]

Níorbh iad muintir Inbhear Nis an t-aon dream ón iasacht a thug suntas do cheist an chló. Chosain Colin Chisholm, Albanach eile, an cló Rómhánach, agus is léir ar a litir iarracht chun an traidisiúin a tharraingt chuige mar thacaíocht. Luann sé cúiseanna praiticiúla ar mhaithe leis an gcló Rómhánach agus tugann sé liosta de leabhair chráifeacha a foilsíodh sa chló Rómhánach (Jonathan Furlong, Donlevy, James Gallagher, U. J. Bourke). Baineann sé leas as foclóir Uí Raghallaigh chun an cló Gaelach a nascadh leis an tseanaimsir, agus an cló Rómhánach leis an nuaíocht. Deineadh, dar le Chisholm, ceannfhocail an fhoclóra seo a thabhairt i dtús báire sa chló Gaelach, agus deineadh iad a athscríobh sa chló Rómhánach, rud a léiríonn forbairt nádúrtha ón gcló Gaelach go dtí an cló Rómhánach le himeacht ama. Cé go dtugann Ó Raghallaigh na focail sa dá chló, ní léir an bhfuil sé á dhéanamh 'to remove the impediments which heretofore stood in the way of learning the language'.[44] Nó mar a tuigeadh do Chisholm gur thuig eagarthóir an fhoclóra go raibh lá an chló Ghaelaigh caite, agus go raibh an cló Rómhánach tar éis teacht ina ionad:

It [an foclóir] is a grand and lasting monument of Irish philology, well calculated to hand down to remote generations the scholarly fame of the eminent Irishmen who compiled the work . . . If the directors of the new *Gaelic Journal* should concur in this opinion, they will have less reason to resuscitate the general use of the Irish type. Let us all acknowledge our indebtedness to the old black-letter, but let us bear in mind that the Roman letter is the most handy business letter, and used in most of the civilized parts of the world.[45]

Bhí John Murdoch, Albanach eile, ar aon tuairim i dtaobh cheist an chló. Leag sé béim ar an gcultúr agus ar an traidisiún a roinn na hÉireannaigh agus na hAlbanaigh araon, agus an cúram a bhí orthu ar fad, idir Éireannaigh agus Albanaigh, mar Ghaeil oiliúnta a chur ar an saol mór. Dar leis, ní thiocfadh leis na Gaeil oiliúint a chur orthu féin i dtaobh a gcultúir mura raibh an litir nua (an litir Rómhánach) acu, ach bheadh gá leis an gcló Gaelach chun na lámhscríbhinní a thuiscint. Is léir gur tuigeadh dó gurbh fhéidir glacadh leis an dá phobal mar aonad agus gurbh ionann an Athbheochan a bhí ar bun in Éirinn agus in Albain, tuiscint a bhí soiléir ag an am seo mar a dheimhníonn foclóir Uí Raghallaigh.[46]

Más mar phobal amháin ar dhá thír a d'fhéach Chisholm agus Murdoch ar na hÉireannaigh agus ar na hAlbanaigh, ba mar dhá dhream éagsúla a d'fhéach 'Clann Conchobhair' – duine de phríomhchriticeoirí na luath-Athbheochana – orthu.[47] Spreag litir Chisholm freagra ó 'Clann Conchobhair', agus ar nós na nuachtán Éireannach, ba bheag a mheas ar na litreacha Rómhánacha. Ní haon iontas, dar leis, go dtacódh Albanach leis na litreacha Rómhánacha mar is dual don Albanach a Bhíobla a fheiscint sa chló Rómhánach, lena 'multitude of h's, its absence of eclipsis, and its very modern spelling'.[48] Is seanscéal, dar leis, é ceist an chló a réitíodh go sásúil roimhe seo, ach nár mhór a mhíniú arís fiú dóibhsean a raibh cur amach acu ar theanga ársa na Gaeilge.[49] Tugtar sé chúis ar mhaithe leis an gcló Gaelach:

1. Ba chóir cloí leis an gcóras atá ann faoi láthair, is é sin na litreacha Gaelacha, atá á n-úsáid go leanúnach ag na Gaeil ón gcúigiú haois ar aghaidh.

2. Níl ach ocht litir dhéag sa chló Gaelach, ocht gcinn níos lú ná mar atá sa chló Rómhánach, rud a chiallaíonn gur fhurasta an cló Gaelach a fhoghlaim.

3. Séanann sé argóint Chisholm gur clóbhualadh formhór na leabhar Gaeilge sa chló Rómhánach de bharr rogha na n-údar. Ní hamháin sin, ach is rídheacair Gaeilge chruinn a sholáthar sa chló Rómhánach, agus gur breac le botúin iad na leabhair a luann Chisholm. Is féidir na botúin sin a rianú siar go dtí cló na leabhar sin.[50] Ba í an t-aon chúis a baineadh leas as an gcló Rómhánach ná gan rogha a bheith ag a n-údair. Ba chóir mar sin neamhaird iomlán a dhéanamh de na samplaí seo a luann Chisholm:

It was almost in every case because the printers had no founts of Irish type at their disposal. If they had they would have made use of their native letters. But most of those books cannot be looked upon as example to follow. Not only was the language ungrammatical, the orthography barbarous, and the general set-up of them miserable, but they were full of printer's errors.[51]

Tá níos mó ná aon sórt cló ann, agus muna dtaitníonn ceann áirithe le Chisholm toisc é a bheith 'róphointeáilte', is féidir ceann eile a roghnú, ar nós an chló a mbaintear leas as in *Irisleabhar na Gaedhilge*.[52]

4. Ní ghlacann sé le tuairim an Albanaigh go dtacaíonn foclóir Uí Raghallaigh leis an gcló Rómhánach thar an gcló Gaelach, ach an oiread. Ní raibh san athleagan Rómhánach ach 'a piece of stupid and senseless folly. It served no conceivable purpose, and added considerably to the expense of bring out that working'.[53]

5. Is álainn, dar leis, an cló Gaelach i gcomparáid leis an gcló Rómhánach agus go dtéann a bhunús siar i bhfad i litríocht na Gaeilge.

6. B'fhurasta go mór an Ghaeilge a léamh nuair a clóbhualadh í sa chló Gaelach mar ba shoiléir na sínte fada agus na 'h'-anna, dhá rud atá riachtanach do scríobh na teanga, agus nárbh ann dá leithéid sa chló Rómhánach. Chun an Ghaeilge a chlóbhualadh sa chló Rómhánach níorbh fholáir foireann faoi leith a chruthú, rud a bheadh an-daor, ina mbeadh na síntí fada. B'amaideach sin nuair ab ann don chló Gaelach cheana féin. Fiú dá ndéanfaí san, bheadh fadhb ar aon nós leis an séimhiú:

One might, to be sure, use h's for the aspiration marks, but then look at the length and barbarous appearance of the words thus produced. Imagine such an expression as *mo shlánuighteoireacht*, spelled mo *shlanuightheoireacht*. Why the word in Roman letters would frighten the ignorant Saxon back to the deepest mine of the Black country. Let our Highland brethren accumulate their h's to their heart's content; we do not want to coerce them, even if we could: tastes differ, and there is no understanding their variety. But we prefer to stick to the characters especially designed and suited to our language.[54]

Chríochnaigh 'Clann Conchobhair' a chur síos ar na buntáistí a bhain leis an gcló Gaelach le hionsaí ar lucht an chló Rómhánaigh, ar chuir sé míthuiscint agus leisciúlacht ina leith. Déantar deighilt idir na daoine a chuireann fúthu in Éirinn agus thar lear in Albain, nó i Londain. Tuigtear uaidh seo gurb iad na Gaeil in Éirinn a stiúrfaidh gluaiseacht na Gaeilge agus go n-inseofar do na Gaeil thar lear cad ba chirte a dhéanamh i dtaobh na teanga agus na litríochta, rud a thugann nod beag faoin imní a bhuail daoine go raibh Gaeilgeoirí na Stát Aontaithe ag imeacht ó smacht agus gur theanga eile nó *creole* Gaeilge-Béarla a thiocfadh dá gcuid iarrachtaí dá ligfí leo:

We have used our own characters for fourteen hundred years, and it is too late now for well-meaning but mistaken friends over the water, or the lazy and unpatriotic or thoughtless fellow-country men at home, to try to persuade us to change our ways, and abandon another portion of our nationality, another link with the noble past of our saints and scholars.[55]

Déanann an t-údar talamh slán de gur nasc iad na litreacha le ré órga na hÉireann agus na teanga. Is é leanúnachas na staire agus imní faoin náisiún Éireannach seachas staid na teanga ná forbairt na teanga is spéis leis agus gur leis na Gaeil amháin an cló úd. Feictear an dá thaobh ag tarraingt ar an traidisiún mar thacaíocht in argóint 'Clann Conchubhair'. Is maith é an traidisiún nuair a oireann sé dá argóint, ach níl leisce ar bith air fáil réidh leis an traidisiún céanna nuair a thagann sé salach ar a dhearcadh. Feictear an éiginnteacht seo a bhain leis an traidisiún ag borradh aníos arís agus arís eile sa díospóireacht liteartha seo. Is mian le gach aon duine acu an traidisiún a lua, agus a bheith ag teacht leis an traidisiún, ach ní hionann an tuiscint atá acu ar fad ar an traidisiún, gan trácht ar 'na traidisiúin'. Ní raibh teacht ag an ngnáthphobal, fiú dá mbeadh luach an tsaothair féin acu, ar stair liteartha na Gaeilge go dtí gur fhoilsigh de hÍde *A Literary History of Ireland From the Earliest Times to the Present Day* in 1899.[56]

Pointe eile a thagann chun cinn i measc na n-argóintí ar son an chló Ghaelaigh a dhéanann 'Clann Conchobhair' is ea go bhfuil sé níos éasca an Ghaeilge a fhoghlaim tríd an gcló Gaelach ná tríd an gcló Rómhánach.

Chualathas an argóint seo go minic sa tréimhse seo, go háirithe ón Brooklyn Philo-Celtic Society, a raibh mar rialacha ranga acu: 'As an aid to correct spelling of Gaelic words and to facilitate the writing of Irish characters, this committee regards it of importance that all written translations from English should be made in the Irish character'.[57] I dtaca leis an deacracht, dar le lucht a cháinte, a chothaigh an cló Gaelach do thosnaitheoirí, bhí an cló Gaelach freagrach as cúlú na teanga chomh maith:

The usual weekly meeting was held on Wednesday, 27th ult., at 24 O'Connell-street, Upper. Mr. P. H. Pearse in the chair. There was again a crowded attendance, including several ladies and priests. Mr. Charles Dawson, who has just returned from a visit to Wales, showed the immense advance which the Welsh language had made in recent times. Contrasting the relative positions of the Welsh and Irish languages Mr. Dawson attributed the decay of the latter chiefly to the unnational, unnatural system of education administered by the National Board. Mr. Dawson pleaded with great force and earnestness for a militant demand for true education for these children. A contributory cause for the decay of the native language was the use of Irish type instead of Roman. Mr. John MacNeill proposed in Irish a vote of thanks to the lecturer, and combated the objection to the use of the Irish characters.[58]

Má chuirtear san áireamh ganntanas an chló Ghaelaigh nó an costas a bhain le foireann a dhéanamh, is deacair binbeacht Eoin Mhic Néill, mar sin, a mhaitheamh dó nuair a theip ar fad ar ghnó Bernard Doyle, fear gnó a bhunaigh *Fáinne an Lae* agus 'tírghráthóir a mhair i gcuilithe na hathbheochana'.[59] Nuair a theip ar fad ar ghnó Doyle i ndiaidh dó scarúint leis ann gConradh, thairg sé na clónna Gaelacha a bhí aige agus an trealamh clódóireachta don Chonradh chun a chuid fiacha a íoc.[60]

Dhiúltaigh Mac Néill, áfach, teacht i gcabhair air in ainneoin go raibh foirne cló gann agus go raibh sé ar intinn ag an gConradh gnó foilsitheoireachta a bhunú iad féin mar áis chun a thuilleadh ábhair i nGaeilge a sholáthar don phobal. Seo breith Nic Pháidín ar an scéal:

> Chaill sé a raibh aige, an fhoireann bhreá chló san áireamh. An mhí chéanna, b'éigean don chomhlacht Brún agus Ó Nualláin soláthair mór cló Gaelaigh a cheannach isteach ó Figgins, Londain. Is eol dúinn gur neadaigh an smaoineamh in intinn Mhic Néill go mbunódh an Conradh teach cló dá chuid féin, agus go deimhin, go raibh sé ag beartú chuige cheana féin agus comhairle á lorg aige ina leith an bhliain roimhe sin. Ní raibh aon rún aige, áfach, dul i bpáirtíocht ar aon saghas slí le Bernard Doyle. Dhein sé a chuid pleananna féin agus bunaíodh An Cló-Chumann i 1902.[61]

Ba é Tomás Ó Flannghaile údar an ailt chonspóidigh, an té a d'ardaigh an cheist seo i dtaobh an chló i rith na hAthbheochana, mar ba é a chum an dán úd i nGaeilge, agus a chuir ina luí ar an eagarthóir é a chlóbhualadh sa chló Rómhánach. Ba é Ó Flannghaile príomhchosantóir an chló Rómhánaigh i gcás na Gaeilge agus ba é an té ba mhó, b'fhéidir, a d'fhorbair meon oscailte dearfach laistigh den ghluaiseacht teanga sna blianta luatha seo. Nua-aosóir nó forásóir ab ea é, sula raibh trácht ar Phádraig Mac Piarais ná ar Phádraic Ó Conaire ná ar Liam P. Ó Riain, agus mar a fheicfear amach anseo, chuaigh go leor dár scríobh sé i bhfeidhm ar an gcéad ghlúin eile. Ba é Ó Flannghaile an chéad chriticeoir mór le rá le linn na hAthbheochana a nocht meon oscailte Eorpach i dtaobh na teanga agus na litríochta. Má chuirtear a chuid tuairimí, agus tuairimí na ndaoine nár aontaigh leis le chéile, gheofar tús na léirmheastóireachta Gaeilge. Ba iad 'Clann Conchobhair', Tomás Ó Flannaghaile, Colm Chisholm, Risteárd de Henebry, 'Mac Léigheinn' agus Tomás Ó Néill-Ruiséal a bhunaigh dioscúrsa liteartha na Gaeilge mar a thuigtear inniu é. Ba iadsan réamhaithreacha litríocht na Gaeilge, ba iadsan a leag amach na hargóintí a ndéanfaí plé agus athphlé orthu arís agus arís eile anuas go dtí ár lá féin agus ba iadsan a chuir léann agus oiliúint ar na glúine a tháinig ina ndiaidh agus a chruthaigh gurbh ann do dhioscúrsa litearta arbh fhéidir páirt a ghlacadh ann.

Sheas Ó Flannghaile an fód ar son na litreacha Rómhánacha ar an gcéad dul síos mar gurbh fhurasta agus gur shaoire iad ná na litreacha

'Éireannacha' mar a tugadh ar an gcló Gaelach, arbh éigean iad a dhéanamh as an nua. Dhiúltaigh sé, i litir a d'fhreagair an léirmheas san *Irishman and United Ireland*, don bhréagargóint a mhaígh gur litreacha Éireannacha ab ea an cló Gaelach agus gur litreacha Sasanacha ab ea an cló Rómhánach:

> But why does the reviewer speak of these ordinary Roman characters as 'English letters?' Surely, they are no more 'English' than they are Welsh or French or Spanish. And as ours is a Celtic language, and as our Celtic kindred in Scotland, Wales and Brittany all use this same common Roman character, would not this fact in itself be some reason for so writing and printing Irish?[62]

Nocht scríbhneoir ón Astráil an tuairim chéanna i leith an chló Rómhánaigh i litir de chuid *The Southern Cross*, ar athfhoilsigh *Fáinne an Lae* cuid di in 1898:

> As to the Irish character, so called, it is the character derived long ago from Italy, and used universally at one time in Europe, reaching England through Ireland, a seat of learning in those far off days; the present Roman character we use being a simply a modification of the ancient one . . . For lovers of Scotch Gaelic, which does not have the Irish character, I may remark that the 'Easy Lessons in Gaelic', and Doctor Douglas Hyde's delightful Gaelic stories, are printed in the Roman character, and in translating, McAlpine's *Gaelic-English Dictionary*, used in Scotland, may be freely employed.[63]

I measc na ndaoine a chreid go raibh an cló Gaelach riachtanach chun a cheart a thabhairt don Ghaeilge bhí, i dtús báire, Uilic de Búrca:

> To write Greek in the characters of any foreign language is to destroy half its worth. It becomes bound in literal bands that take away all its natura (sic) grace and native grandeur. True, Greece has never really suffered the disgrace of having her national language thus paraded in alien costume. Ireland has. Her written language has been tortured into a thousand ignoble shapes, which have made it appear to the eyes of some the pencilled jargon of slaves. It is to be hoped there will be no more of this. It has been too long practiced. More full of aspirates than the Greek, the Irish language has been unmerciful in endeavouring to make it look neat in its foreign, anti-national dress. English letters and English accent, however grand they may appear to some, are, to say the least, quite *un-Keltic*, and therefore most unfit to display the natural grace and energy of the Irish language. Hence no Irishman ought to write his native tongue in any other than in Irish or Keltic characters.[64]

Tharraing an Búrcach an ráiteas seo siar níos déanaí nuair a cuireadh ar a shúile dó gur shíolraigh an cló Gaelach agus an cló Rómhánach ón bhfoinse chéanna agus d'fhéadfaí gurbh é seo a bhí i gceist ag 'Clann Conchobhair' nuair a dúirt sé gur réitíodh an cheist seo cheana. In ainneoin gur phléigh an Búrcach ceist an chló agus gur léir go raibh díospóireacht ann sna 1860-70í níor thagair aon duine do thráchtaireacht an Bhúrcaigh agus na hargóintí ar fad ar bun faoin díospóireacht chló. Is ceist nach bhfuil freagra uirthi í cén fáth gur deineadh neamhshuim de shaothar an Bhúrcaigh le linn na hAthbheochana. An amhlaidh go bhfacthas é mar bhall de Chumann Buan-Choimeádta na Gaedhilge, nó an amhlaidh gur cheap fir óga Chonradh na Gaeilge gur bhain sé le ré eile, ré inar troideadh chun an Ghaeilge a aithint mar theanga Eorpach, agus anois ós rud é go raibh an cath sin buaite go raibh deireadh le héifeacht a chuid taighde?

Dar le Ó Flannghaile, ba shaoire i bhfad ábhar a chlóbhualadh sa chló Rómhánach. Bheadh teacht ar an gcló sin ar fud na hÉireann ar fad seachas i mBaile Átha Cliath amháin mar a bhí an scéal i dtús na hAthbheochana, agus ina theannta sin bheadh fáil air san Eoraip, sna Stáit, agus san Astráil. Nochtann an tuairimíocht sin dearcadh an údair. Is duine é a d'fhéach ar an nGaeilge mar mheán a mbainfí feidhm aisti áit ar bith ar chuir na Gaeil fúthu, agus a mbainfí leas aisti i mórán áiteanna in Éirinn agus thar lear. Ní mar eochair na lámhscríbhinní amháin a thuig Ó Flannghaile an Ghaeilge, ach mar theanga bheo, agus is beag duine nach gcloisfidh réamh-mhacalla de chaint an Phiarsaigh san óráid seo thíos – bhí saothar Uí Fhlannghaile léite ag an bPiarsach óg, agus é mór faoi chomaoin ag fear London:[65]

> The second reason why I consider the Latin characters preferable for practical work in Irish is that foreign names, foreign words, and quotations from foreign languages could be easily and conveniently used without giving a strange and grotesque appearance to the Irish text in which the [*recte* they] occur. This I feel to be not nearly so weighty as the first: but it has its weight. Living in the nineteenth century, and wishing to interchange nineteenth century ideas, we cannot be eternally talking about Fionn mac Cumhaill and Brian Borumha. We must often speak of the outer world, and if the older characters are used, words and sentences from foreign languages – which in many cases cannot be rendered by Irish letters – having to be written in Roman letters, would certainly give an oddly confused appearance to the whole. Of course this difficulty might be obviated by inventing and striking off eight new characters to be made after the analogy of some of the other Irish letters; but no one as yet seems to have proposed such an innovation as this.[66]

Thacaigh sé, ina theannta sin, leis an gcló Rómhánach ar an gcúis gur chuir sé ar chumas an scríbhneora leas a bhaint as cló iodálach chun focal a bhéimniú dá mba ghá.

Ach is ag deireadh na hargóna a leagann Ó Flannghaile a mhéar ar chroílár na ceiste, agus ardaíonn sé ceist a bheadh ina chnámh spairne arís agus arís eile i ndioscúrsa na Gaeilge. D'aimsigh sé sa bhliain 1883 an t-ábhar a chothódh scoilt idir Cumann Buan-Choimeádta na Gaeilge agus Conradh na Gaeilge i bhfad sular thrácht aon duine eile ar a leithéid:

Of course, if Irish is not to be written – if we are merely to serve up the past, if we are always to be arraying ourselves in the plumes of our ancestors, if no more is sought than the publishing of our tales and old poems, or, at most, the use of the language for an odd epigram, as the dead languages are used to this day – if this be all that men want, let them tell us so at once and we shall understand them. To such, no doubt, the question of the writing or printing of Irish is simple enough. I am aware that many good Irishmen, lovers of Ireland's living language, stand by the old characters because they *are* Irish, because for some centuries at least they are exclusively our own. The love for things Irish – this respect for things national, is really so new and refreshing that it deserves all possible consideration, and to those who prefer the Irish characters on that ground, I pay the utmost deference. Yet, even, on them I would respectfully urge – is not the Irish language more ancient and more national than the Irish character, and as the letters are not absolutely necessary to the writing of the language, might they not give way if they hinder the freer cultivation and prorogation of the Irish tongue?[67]

Is léir ar an gcuid eile dá litir nach seasann a húdar ar thaobh na droinge nach raibh uathu ach caomhnú na seanlitríochta agus a raibh sé de nós acu a bheith ag caoineadh bhás na Gaeilge go mion minic, ach gan iad a bheith sásta mórán a dhéanamh faoi. Ba mhinic an Conradh an-dian ar an 'Advanced Nationalist' nár dhein aon rud ar son na teanga seachas a bheith á caoineadh. Feictear anseo deighilt idir iadsan ar theastaigh an teanga uathu mar áis chultúrtha chun a neamhspleáchas cultúrtha a léiriú agus iadsan ar theastaigh uathu an teanga a úsáid chun beocht agus fuinneamh a athmhúscailt sa tír chun í a shábháilt ón teimheal a bhí tite uirthi le tamall de bhlianta roimhe. Níorbh aon chadhan aonair é Ó Flannghaile. D'aimsigh sé tacaíocht ó fhoinse nach mbeadh súil leis, Tomás Ó Néill-Ruiséal. Ba é cás an fhoghlaimeora an chloch is mó ar phaidrín an Ruiséalaigh, seachas áisiúlacht nó áilleacht an chló:

If we are really in earnest about the resuscitation of the National language, if we are not merely a lot of *dilettante* – and I fear many of us are – we should try and make the acquisition of the language as simple an affair as possible, and I maintain that the use of the Roman, instead of the so-called Irish letter, would vastly simplify the task . . . Italics cannot be used in the old letters. Printers charge more for setting up Irish type than for Roman, and are more liable to make mistakes in the former than the latter . . . Just as colour blindness is common with many people, so *is form blindness*, and some students find the learning of the old letters a very difficult task indeed . . . If we are to use the old letter simply because it is the one in which our ancient literature exists, why not also employ all the contractions which exist in those old manuscripts? Those who uphold the use of the old letter in Gaelic should, to be logical, also uphold the use of all the contractions which are to be found in all those manuscripts.[68]

Tugann an tagairt dheireanach seo faoi stíl scríbhneoireachta na lámhscríbhinní dúshlán na ndaoine a mhol go bhfillfí ar an gcló Gaelach ar an mbonn gurbh í an stíl a chleachtaí sna lámhscríbhinní. Maidir le tosnaitheoirí agus an tslí a chabhródh nó nach gcabhródh cló amháin nó cló eile leo, tháinig litir ó Sheaghan Ó Dálaigh, teagascóir Gaeilge in Boston sna Stáit Aontaithe, agus údar an leabhair *Teagasc na Gaedhilge*. Mar theagascóir Gaeilge, is é cás na dtosnaitheoirí is spéis leis, ach ní tosnaitheoirí Éireannacha amháin, ámh!

Cuir i gcás go mbeadh fonn ar na Sínigh, atá 'san Aisia soir, Gaodhailge d'ghoghlaim (sic), agus nach casfaidís le h-i fhoghlaim acht muna bhfaghaidis í sgríobhtha is na leitreacaibh in a sgríobhthar a dteanga féin – 's iad sin na hieroglyphics – is dóigh liom go mbadh cheart agus go mbadh chóir d'eolgacaibh na h-Eireann 'seifd' éigin do dheunamh ar Ghaodhailge do thabhairt dóibh is na leitreachaibh sin. Nuair a chuir eolgaigh na Breatan Móire rómpa, i n-allod, an creideamh Gallda do fhreumhughadh agus do bhuanughadh i dtalamh na h-Éireann, do cheapadar gurbh' iomchuibhe dhoibh, chuige sin do dheunamh, an Scrioptúir Gallda d'fhagháil sgríobhtha 'san teangain Ghaodhaile agus is na leitreachaibh Gaodhlacha; mar gur mhó an meas agus an tuigsin do bhí ag Éireannachaibh an uair sin ar Ghaodhailge ná ar Bheurla. Ní mar mhaithe leis an dteangain Ghaodhailge ná leis na leitreachaibh Gaodhlacha do sinn lucht na Breatan-Móire so ar aon chor, acht mar mhaithe leis an gcreideamh Protastúnt, nocht do shaoileadar do bhuanughadh i n-Éirinn.[69]

Feictear anseo tuairim á nochtadh, mar a nocht an Ruiséalach, Meiriceánach eile, gur chóir an teanga a fhorbairt ar mhaithe leis an bhfoghlaimeoir, tuairim a thiocfadh chun cinn arís agus arís eile i ndioscúrsa na hAthbheochana idir litriú, fhoclóir agus ghramadach, ach is léir go raibh sé ar aon intinn le Ó Flannghaile. Is teanga í an Ghaeilge ar féidir le duine ar bith í a fhoghlaim agus ní muintir na hÉireann amháin; is meán cumarsáide í a mbeadh fonn ar Shínigh nó ar dhream ar bith eile í a fhoghlaim.

In ainneoin ar scríobh Ó Flannghaile ina chéad litir ba léir nár tugadh dó ach an chluas bhodhar. Foilsíodh litir eile dá chuid ar thagair sé dá chéad litir agus do na cúiseanna a bhí sé i bhfabhar na litreacha Rómhánacha, agus thug sé aghaidh ar thuairimí 'Clann Conchobhair':

Let me, in the first place, protest against Clann Conchobhair's calling the ordinary Roman characters 'English' – a mistake made also by the reviewer whom I have already answered. To speak of the characters which are used by a dozen different nations in Europe, and by all the nations of America, from North to South, in the literature of the four chief languages spoken on that continent, as 'English' in any way or under any condition, is certainly out of all reason, and looks like an attempt to create, or rather perpetuate, a foolish and groundless prejudice. Neither can I allow your correspondent to speak of the Irish letters as our 'native' characters. Let us say all we can within the bounds of fact for the Irish character; but Clann Conchobhair himself admits, both in his letter and elsewhere, that it was not really 'native', as was thought so long. It was common in early Christian ages all over the West of Europe: Christian Rome being the source whence the western nations all got it. After all other nations had discarded it for a newer and more convenient style of writing and printing, the Irish retained it; and so at this day it is 'Irish' only by survival. The name will do well enough, and it is pretty generally understood now throughout Europe; our alphabet certainly has more right to be called 'Irish' than a certain style of old character has to be called 'Old English' – a term which is allowed, and which is generally understood. But to speak of the Irish characters as being 'native' is misleading, and, like the mistake about the 'English' characters, only tends to confirm old prejudices.[70]

Chuir eagarthóir *Irisleabhar na Gaedhilge* deireadh sealadach leis an argóint nuair a fógraíodh i ndiaidh litir Thomáis Uí Néill-Ruiséil: 'Our contributors are free to use their own judgement as to the characters in which they write Irish. Editor'.[71] Ba chuma cé a bhuaigh nó cé a chaill, áfach, mar chonacthas deighilt laistigh de lucht na hAthbheochana, deighilt a mhéadódh de réir a chéile, deighilt nach leigheasfaí le cinneadh eagarthóra, ná le hiompú ar an mBéarla. Sonraítear anseo arís bunús na scoilte idir Cumann Buan-Choimeádta na Gaedhilge agus Conradh na Gaeilge, agus fréamh an aighnis idir na caomhnóirí agus na forásóirí laistigh den Chonradh.[72] Feictear eagarthóirí an *Irisleabhar* ag iarraidh teacht ar comhréiteach idir an dá dhream leis an bhfógra seo a leanas a foilsíodh in Aibreán 1895:

> The use of the Roman character in printing Irish literature is becoming daily more prevalent, and has been adopted in a number of journals. We confess personally to a strong preference for the Irish characters – a preference based on a number of reasons, sentimental and practical. But we have no sympathy whatever with those who object *in toto* to Roman type, which is just as Irish as it is English, French, Italian or American. A language is made up not of strokes, curves and dots, but of sounds, words and idioms … To our certain knowledge Irish journals have been, and some may yet be, deterred from printing Irish literature, owing to a belief that it was absolutely necessary to print it in Irish type. Those who, in their over-zeal for things Irish, profess to abhor Irish printed in Roman character, ought to reflect that their idea would impose the cost of a fount of Irish type as a preliminary fine on many journals willing to print Irish. For our part we will always welcome the appearance of good Irish in whatever guise it may reach us.[73]

Ta sé le tuiscint uaidh seo go raibh an cló Gaelach ag cur bac ar fhorbairt na scríbhneoireachta i nGaeilge in irisí eile sa tír.[74] Cháin an tAthair

Peter Yorke, a thug cuairt abhaile ar Éirinn ó San Francisco sa bhliain 1899, na nuachtáin chúige agus áitiúla as spiorad na nGall a chothú sa tír. Mar chuid den cháineadh úd, chuir sé ina leith nach raibh foireann den chló Gaelach acu:

> They had a system of newspapers written in English and dealing with English topics, and carefully written avoiding too much Gaelicism. The provincial press was all written in English, and regaled the people of Skibbereen with gossip about the Queen's boudoir, and instructed the people of the West on the merits of the Dreyfus affair, and treated the Donegal peasant to essays on Italian cookery, but not a word to say of the old tongue, and have not a fount of type to print it.[75]

Tuigtear go ngearradh foilsitheoirí praghas níos airde ar ábhar i nGaeilge: 'tá fianaise fhorleathan ann nach mbíodh clódóirí sásta go dtí sin déileáil ar bhonn cóir airgid le haon obair trí Ghaeilge'.[76] Tá fianaise go leor ann gur tuigeadh d'eagarthóir nuachtáin, go háirithe, ag an am seo, go raibh an cló Gaelach féin riachtanach chun ábhar i nGaeilge a fhoilsiú. Feictear an tuiscint seo go soiléir nuair a thosnaigh an *Irish Daily Independent* ag foilsiú alt i nGaeilge agus an chéad cheann scríofa ag an Athair Peadar Ó Laoghaire, rud a thaitin go mór le lucht na Gaeilge agus a moladh in *An Claidheamh Soluis*.[77] Fiú sna páipéir a raibh sé de nós acu ábhar i nGaeilge a fhoilsiú sa chló Rómhánach, feictear iad ag iompú ar an gcló Gaelach.[78]

Cén fáth a n-aistreodh páipéar ón gcló Rómhánach go dtí an cló Gaelach nuair a bhí traidisiún amháin bunaithe acu roimhe sin, go háirithe nuair a bhí an Conradh féin sásta glacadh le ceachtar den dá chló? Ar ceapadh i measc na ndaoine a chuir spéis sa teanga agus i gcúrsaí cultúrtha go raibh an cló Gaelach níos oiriúnaí d'ábhar i nGaeilge ná an cló Rómhánach? An go raibh an brú ón bpobal sin sách láidir ionas go gceannódh eagarthóirí foireann faoi leith chun ábhar i nGaeilge a fhoilsiú? Nó an amhlaidh go raibh an tuiscint ann nach bhféadfaí ábhar i nGaeilge a fhoilsiú sa chló Rómhánach agus go raibh an tuiscint sin seanbhunaithe agus nárbh fhéidir leis an gConradh í a bhriseadh? Treisítear an pointe seo gur imir easpa foirne den chló Gaelach le teacht chun cinn an chló Rómhánaigh sa tréimhse seo sa nóta a d'fhoilsigh Dubhglas de híde ina shaothar *Besides the Fire*: 'In conclusion, it only remains for me to thank Mr. Alfred Nutt for enriching this book as he has done, and for bearing with the dilatoriness of the Irish printers, who find so much difficulty in setting Irish type, that many good Irishman have of late come round to the idea of printing our language in Roman characters'.[79] Thagair Standish H. O'Grady, sa réamhrá le *Silva Gaedelica*, don leas a baineadh as cló sa leabhar ar dhein sé eagarthóireacht air, agus tugann sé le fios nach iad na foilsitheoirí ná na clódóirí is cúis leis na botúin sna leabhair Ghaeilge i gcónaí. Filleann sé ar cheist an chló iodálaigh agus fógraíonn sé go bhfuil a leithéid riachtanach do na téacsanna is sine sa teanga:

> Nor must I omit hearty tribute to the good-will and intelligent interest manifested by all concerned in the material production of this book; the Irish was printed as readily and as correctly as the English, and throughout there has not been a hitch. This leads me to briefly account for the non-use of Irish type: the reason is a business one simply; it was commercially impossible. The old character is the best for texts such as I have printed, in which aspirations abound; scientifically, it is not suitable for the oldest texts: for them italics are essential, and in Irish type you have them not. [*San fhonóta:*] Many inconsequent utterances have been about the difficulties of its use, and the impossibility of attaining accuracy; but what about setting up and correcting Arabic, Hebrew, Sanskrit, and mathematical work? I take it on myself to say that, were the demand by a miracle to become such as would warrant the purchase of an Irish fount, not a murmur would be heard in the office of Messrs. Green and Son. [80]

Ach feictear fógra eile san *Irisleabhar* i bhFeabhra 1898 a thugann le fios go bhfuil an taoide ag iompú i gcoinne an chló Ghaelaigh, agus go bhfuil an lá ag foghlaimeoirí na teanga: 'The Irish under this heading will in future be printed in the ordinary Roman character, not in Irish letters. Contributors are accordingly requested to write the Irish words in the ordinary hand, using "h" instead of the dot as a mark of aspiration. The same rule applies to all matter mainly written in English'.[81] Bhain an fógra sin leis an leathanach 'Notes and Queries', agus is léir air go bhfuil na tosnaitheoirí agus muintir na gramadaí ag taobhú leis an gcló Rómhanach. Má fhéachtar ar an díospóireacht seo faoin gcló idir na blianta 1882 agus 1900, agus bhí a thuilleadh le teacht gan dabht, is léir gurbh ann do na hargóintí idir shean is nua, idir thraidisiún agus nua-aoiseach, idir choimeádachas agus nua-aoiseachas, i bhfad roimh theacht an Phiarsaigh agus Uí Chonaire ar stáitse na Gaeilge agus na hAthbheochana.[82] Ní fhéadfadh an dá thaobh an traidisiún a tharraingt chucu féin mar chrann taca. Bhí cathanna eile le troid fós, ceist an litrithe, ceist an fhoclóra, ceist na gcanúintí, ceist na filíochta, ceist an phróis agus ar uile. Ach bhí tús curtha leo.

B'ann, idir na blianta 1880 agus 1900, do ghlúin eile léirmheastóirí agus tráchtairí liteartha a phléigh agus a chíor ceisteanna na litríochta agus ceist an chló go háirithe – 'Clann Conchobhair', Tomás Ó Flannghaile, Colm Chisholm agus Tomás Ó Néill-Ruiséal. Ba iad na daoine seo a chruthaigh dioscúrsa na Gaeilge mar a thuigtear é; ba iad a chruthaigh saol intleachtúil na hAthbheochana, an saol inar pléadh ceisteanna agus conspóidí na teanga agus na litríochta mar ar bhain siad leis an teanga bheo agus leis an litríocht bheo. Ba iadsan acadamh na Gaeilge beo. Is iad a leag amach clár na ndíospóireachtaí don Athbheochan, agus ba iad a chuir oiliúint ar ghlúin thús na haoise: Pádraig Mac Piarais, Pádraic Ó Conaire, Liam P. Ó Riain, Norma Borthwick agus Úna Ní Fhaircheallaigh.[83] Feictear nárbh aon cheannródaithe iad na fir agus na mná a bhí i lár an aonaigh Ghaelaigh ó 1900 ar aghaidh, ach go raibh fir eile ann rompu ag treabhadh agus ag obair leo chun an gort a réiteach. Is minic iad ligthe i ndearmad ar mhaithe leis na fir eile, i ngeall ar an gcáil a bhain an ghlúin nua amach, agus mar gheall ar an stádas a bronnadh ar an bPiarsach i ndiaidh a bháis mar thírghráthóir Éireannach, ach ba iad a thosnaigh an ghluaiseacht agus an feiniméan seo ar fad.

7

Litriú na Gaeilge: An Fogha Foghraíochta

Ní fheadar cad é an chúis go bhfuil uiread dúile agaibh uile i n-aontú leitrithe.[1]

Peadar Ó Laoghaire

Drop a 'dh' in the writing of certain words where it is not sounded, and some people cry to the Gaelic gods that you are wrecking the movement. Now, we are not children, and we need not weep over these things. To cry out 'Ma-ma-mamma! Father O'Leary won't give me my little dotted 'd'. Boo-oo-ooh!' is, I take it, ridiculous in a Gaelic Leaguer.[2]

W. P. Ryan

Every language, while possessing sounds common to it with other tongues, has also sounds peculiar to itself. These latter cannot to foreigners, who have never heard them pronounced, be adequately represented to the mind by any visible symbols or letters, but must, if learned at all, be acquired through the sense of hearing.[3]

'Clann Conchobhair'

Déantar scagadh sa chaibidil seo ar cheist litriú na teanga agus ar an litriú foghraíochta go háirithe, cur chuige a bhí á mholadh san Eoraip ag deireadh an naoú haois déag mar réiteach ar dheacrachtaí agus ar fhadhbanna ortagrafaíochta i dteangacha éagsúla. Bhain, agus baineann, go leor buntáistí agus míbhuntáistí leis an litriú foghraíochta agus ní mór é a thuiscint i gcomhthéacs na hEorpa, áit a raibh iarrachtaí ar bun i dtíortha éagsúla – an Rúis agus Sasana go háirithe – chun teangacha a shimpliú ar mhaithe leis an oll-litearthacht a chur chun cinn.[4] Ach chun go dtuigfí na míbhuntáistí a bhain leis an gcur chuige seo, ní mór cuimhneamh ar ar pléadh roimhe seo maidir leis an gcros-síolrú agus díothú na gciníocha laga. Ba sa tréimhse seo, leis, a ceapadh go leor teangacha saorga ar fud na hEorpa agus níos faide ó bhaile. Mar a deir Christopher Stray faoin bhfoclóir Mushri, foclóir a shainmhínigh foghraíocht agus sainfhoclóir Béarla Edmund Morshead, máistir clasaicí i gColáiste Winchester, Sasana, ag deireadh an naoú haois déag:

The Mushri period (c.1880-1900) witnessed, across Europe, a wave of constructed international languages. One might say that this was the response made possible by comparative philology to the resurgence of nationalism; a systematically theorised sequel to the linguistic strain in the construction of nationalism itself. The year 1879-80, the birth year of Mushri, is also that of Schleyer's Volapük, which gave rise to Balta, Esperanto and a series of other languages into the 1900s . . . These various attempts to transcend the particularism of national loyalty were fated to lead to internecine battles between their supporters, and fissions in the bodies promoting the cause of international language.[5]

Cé gur fearr an aithne atá anois ar Esperanto, b'ann don Volapük roimpi. Teanga shaorga ab ea an Volapük a chum Johann Martin Schleyer, sagart Caitliceach ó Baden na Gearmáine idir na blianta 1879-80. D'éag an Volapük ag deireadh na haoise de réir mar a tháinig Esperanto agus Latino Sine Flexione chun cinn. Agus ní dall a bhí na hAthbheochanóirí ar na himeachtaí seo ná níor cheil siad a ndímheas ar an rud saorga mínádúrtha seo nach raibh puinn dúchais ná oidhreachta ag baint leis. Ní raibh sa ghiniúint nua seo ach léiriú eile gur dhrochthoradh a tháinig ó mheascadh típeanna agus ciníocha éagsúla le chéile. Ní raibh stair, cultúr, oidhreacht ná ginealach dá laghad ag na nuatheangacha seo gan trácht ar nasc orgánach idir iad agus talamh, idir iad agus an pobal, idir iad agus creideamh ar bith. Ba mheasa ná *patois* iad, dar leo.

D'admhaigh an tÍosánach William Hayden ina leabhrán *Irish Pronunciation: Practice and Theory* sa bhliain 1895: 'Irish spelling has drifted into a most unsatisfactory state'.[6] Thagair sé do na *West Irish Folk Tales*, ina ndúirt Larminie:

It needs but a very small acquaintance with the ordinary Irish Orthography to perceive that, if it is adhered to, the object (i.e. the recording of Irish speech) cannot be aimed at. The greatest defect in the English language is admitted to be its extraordinary spelling, But in this respect it is completely outdone by Irish Gaelic, which is troubled, in an aggravated form, with every evil that afflicts English. Different sounds are written in the same way; identical sounds are written in different ways; silent letters attain to a tropical forestine luxuriance, through the tongue of the learner despairs of hewing a way.[7]

Leis an meirg a bhí ar an nGaeilge mar theanga scríofa le céad caoga bliain roimhe, b'ann d'éagsúlacht litrithe agus leaganacha d'fhocail ní hamháin idir na canúintí ach idir cainteoirí ón dúiche céanna de bharr scoilteadh na hollghaeltachta a shín ó Albain go hÉirinn 'into countless pockets of "private spheres"',[8] mar a chuireann Joep Leerssen síos air: 'Linguists have drawn attention to the most egregious feature of this societal atomization: the diffraction of the Gaelic language into different dialects following the gradual desuetude of a common "literary" language after Cromwell'.[9] B'ann, áfach, do shaothar Robert Atkinson agus John Mac Erlean, eagarthóirí Chéitinn agus Uí Bhruadair faoi seach, agus ba iad a shainmhínigh litriú na Gaeilge d'fhormhór na nAthbheochanóirí. Mar a mhínigh David Greene i dtaobh eagrán de Henebry de shaothar Chéitinn, *Trí Bhior-ghaoithe an Bháis*:

. . . the writing of dialect became more and more popular but this was largely disguised by the retention of the classical spelling system which Atkinson had standardised for his edition of Keating and which was adopted by Father Dinneen for the first edition of his dictionary in 1904. Indeed, when Bergin brought out a new edition of *The Three Shafts* in 1931, he did no more than revise the glossary, which is still essentially that of Atkinson.[10]

Míníonn Thomas Francis O'Rahilly an tslí ar tapaíodh an córas litrithe ar bhain Atkinson feidhm as mar chaighdeán litrithe in ainneoin nach raibh sé ag teacht leis an teanga bheo ná leis na hathruithe fuaime a tháinig chun cinn in imeacht ama:

When, in the nineties of the last century, Irish began to be re-cultivated as a literary language, the only well-edited Modern Irish text and vocabulary were to be found in a book then easily procurable, Professor Robert Atkinson's edition of Keating's *Trí Bhior-ghaoithe an Bháis*, which was published in 1890. It was most unfortunate, but easily intelligible, that the spelling employed by Atkinson in this book, being the only available model, should have been adopted by writers who in other respects aimed at reproducing the Irish of our own time. The handful of people living in Dublin thirty years ago who in circumstances of the moment, found themselves called on to decide what the 'correct' spelling was, were men who were much better acquainted with the older literature than with the living speech.[11]

D'admhaigh Risteárd de Henebry an méid seo a leanas in aiste dá chuid a foilsíodh sa *St. Louis Star*, agus a athfhoilsíodh in *An Claidheamh Soluis*: 'Dr. Atkinson has edited certain easy texts and done some valuable index work. Strangely enough his edition of Dr. Keatynge's (sic) *Three Shafts of Death* (by the way, he should have translated the title *Three Stings of Death*), has contributed largely to making the present language revival possible'.[12] Sa bhliain 1901, tar éis don Chonradh bua cáiliúil in aghaidh Atkinson agus na bhfórsaí frith-Ghaeilge a bhaint amach sa Choimisiúin um Oideachas Idirmheánach, a d'fhéach le stádas na Gaeilge sa chóras Idirmheánach a fhiosrú, mhol de hÍde Atkinson mar seo a leanas: 'Keating, the Irish historian and theologian, alludes quaintly to this reptile in his *Trí Bhiorghaoithe an Bháis*, so finely edited in the original the other day by Dr. Atkinson'.[13]

Níor aithin an córas litrithe ar bhain Atkinson feidhm as na hathruithe ó am Chéitinn i leith agus b'ann d'aighneas leanúnach idir an córas seo agus na córais agus leaganacha éagsúla a raibh teacht orthu i lámhscríbhinní agus sa dornán de leabhair fhoilsithe. Léirigh na téacsanna sin gurbh ann do 'ample evidence of an ever-growing tendency to bring modern spelling into harmony with modern sounds'.[14] Chothaigh éagsúlacht litrithe na lámhscríbhinní Gaeilge nach raibh foinse údarásach aonair ann a bhféadfaí tagairt siar di i gcomhair treorach agus soiléirithe.

I gcodarsnacht leis an díospóireacht faoin gcló (cló Gaelach v. cló Rómhánach), faoin gcanúnachas (Gaeilge Chéitinn v. na canúintí) agus faoin ngramadach (gramadach an Bhéarla v. gramadach na Gaeilge), ní raibh rogha shimplí ann idir dhá chontrárthacht sa chás seo. B'ann do chúpla córas litrithe arbh éigean rogha a dhéanamh eatarthu: córas Chéitinn mar a shainmhínigh Atkinson é; córas na lámhscríbhinní éagsúla agus an t-athscríobh a deineadh orthu; an córas foghraíochta bunaithe ar ortagrafaíocht an Bhéarla; agus rogha an duine aonair bunaithe ar thaithí a chluaise féin.

Léiríonn na hargóintí éagsúla a dhein scríbhneoirí chun tagairt siar do na lámhscríbhinní mar thacaíocht údarásach, nárbh fhéidir brath ar na lámhscríbhinní féin áfach mar a chruthaíonn an chonspóid a bhain le Seosamh Ó Longáin. Fiú nuair a deineadh cóipeanna de na lámhscríbhinní, bhí sé ina chogadh faoin litriú, rud ar thagair Standish H. O'Grady dó i réamhrá *Silva Gadelica*.[15] Cuireadh i leith Uí Longáin, mac Mhíchíl Óig Uí Longáin agus duine den chlann ba mhó clú sa tír san ochtú agus sa naoú haois déag ó thaobh na lámhscríbhinní de, gur dhein sé botúin agus é fostaithe chun athscríobh a dhéanamh ar lámhscríbhinní. Ní hamháin gur ghoill an cúiseamh béadchainte go mór air ach chaith sé a thuilleadh amhrais ar údarás na lámhscríbhinní agus chothaigh argóintí faoi easpa cinnteachta an litrithe.[16] Ba í tuairim Standish H. O'Grady gur: 'monuments of modern Irish penmanship, and deserved better than that the able and inoffensive man (last of a line of scribes) who executed them should have had his last years embittered, if not his end hastened, by outrageous onslaughts of incompetent critics'.[17]

Dar le Meidhbhín Ní Úrdail agus í ag trácht ar na leabhair a foilsíodh de bharr athscríobh Uí Longáin: *Leabhar na hUidhre* (LU) sa bhliain 1870, *Leabhar Breac* (LB) sna blianta 1872-6 agus *Leabhar Laighneach* (LL) sa bhliain 1880: 'His work met with unfavourable criticism, however, and as Academy Scribe, he became embroiled, to a certain extent, in internal disputes concerning the editorship of LL.[18] Tagraíonn an léirmheas seo a leanas san *Irishman and United Irishman* ar *Irisleabhar na Gaedhilge* sa bhliain 1883 don easpa cinnteachta maidir leis an litriú a gineadh de bharr na leaganacha éagsúla sna lámhscríbhinní:

> We would suggest to the translator the advisability of ceasing from the use of the expression *ní bh-fuil*, instead of *ní fhuil* or *ní'l*, as the former is entirely unknown in the spoken language, and contrary, moreover, to the rule that *ní* aspirates, not eclipses. We regard *ní bh-fuil* as one of the remains of the pedantry and affectation of the last two centuries, though there is no doubt that it is met with often enough in what are regarded as good manuscripts.[19]

Ina ainneoin sin áfach, bhí leisce ar eagarthóirí agus scoláirí leasú a dhéanamh ar na lámhscríbhinní ársa:

I may be condemned by some for having printed *ní bhfuil, nach bhfuil*. As I did not like to tamper with my texts, I did so without a twinge. I know well that N. Testament of 1602, O'Hosey in 1608, Stapleton in 1639, and Keating have always *ní fhuil, nach fuil*, and that Stapleton has even *go fhoil, go fhuil, an fhuil* and *nílid*. Gearon, in 1645, has *ní fhuil* always, but *nach bhf* twice oftener than *nach bhfuil*; Molloy, in 1676, has *ní fh*. 18 times, but generally *ní bhf.*, and always *nach bhfuil*; the Bible of 1680 has *ní bhf.* and *nach bhfuil*; Kane's Munster N. Testament has *ní bhf., ná fuil*; even the N.T. of 1602, through the wilful tinkering of grammar-ridden editors is brought 'up-to-date' by *ní bhf.*, nach *bhf.*, and other 'emendations'.[20]

Chiallaigh a leithéid nár labhair na hAthbheochanóirí le haon ghuth riamh maidir le litriú na teanga agus go rabhthas éiginnte faoi litriú ainm na teanga féin mar is léir ón sliocht seo ó *An Claidheamh Soluis* sa bhliain 1899:

> The Irish title is not, to our mind, quite orthographical. *Gaodhailge* would have its first syllable pronounced to rhyme with *Aodh*. This is all right for Munster (where, however, except in Thomond, the word is not in popular use), but will not do for the pronunciation of Leath Chuinn. The spelling *Gaedh-*, besides being that most in use, and most sanctioned by antiquity, suits all localities in Ireland. The same applies to the word *Gaedheal*, which should never be written *Gaodhal*.[21]

Cáineadh téacs a bhí curtha in eagar ag Norma Borthwick sa bhliain 1900 ar an gcúis seo a leanas: 'The spelling is often very faulty and inconsistent, and in such cases does not accord with the pronunciation as heard from the lips of native Irish speakers'.[22] Ceal spáis ní féidir mionanailís a dhéanamh ar gach argóint faoin litriú a pléadh sna hirisí Gaeilge, ach tugann an sliocht seo a leanas ó 'Clann Conchubhair' faoin délitir '-ao-' blaiseadh beag de mheon na haimsire agus na deacrachtaí a bhain leis an litriú:

> We now come to a diphthong (AO) about which there have been many disputes among modern Irish scholars; some maintaining the necessity of its use, while others are for rejecting it altogether. Those who wish to carry out fully the rule *caol le caol agus leathan le leathan* maintain that this cannot be done effectively without using this diphthong; that it is sanctioned by the usage of the last 400 years, and by the general usage at present, and that it would be impossible to possess an orthography equally applicable to Highland Gaelic and Irish without it. The argument of those who are for rejecting this diphthong are the following:- That it is not found in ancient Irish MSS. more than 400 years old; that in the pronunciation of Ireland or Scotland neither the sound of A nor that of O is heard in words containing this diphthong, while all the other diphthongs have more or less of the sounds of the separate vowels of which they are composed, and that AE or AÍ would

serve its purpose equally well if in these particular cases the rule of *caol le caol* &c. were considered as excepted. The defenders of the usual orthography answer these objections thus:- There is no reason why we should blindly follow the orthography of the very ancient MSS. when it was by no means settled, especially when we consider the changes the language has undergone since the time they were written; although the diphthong AO is not phonetic, yet there is no choice of other vowels to take its place, and it must be, therefore, conventional; and, finally, if a rule of orthography is made it is better to observe it where exceptions can be avoided . . . O'Flangan, Halliday, and the other members of the Hiberno-Celtic Society rejected the diphthong AO as modern and corrupt, and from their point of view they were right. But under present circumstances we consider it not only useful but indispensable, and, therefore, for the reasons stated above, to be retained. Moreover, it is now generally used, its opponents being in a very small minority.[23]

Sonraítear go ríshoiléir na deacrachtaí agus míthuiscintí a bhain leis an litriú sna hargóintí má thugtar sracfhéachaint ar an bplé a deineadh ar cheann ar chonsain dhúbailte, sínte fada nó fleiscíní. Ba mhinic na consain dhúbailte, go háirithe sna réamhfhocail phearsanta, ag tarraingt argóna, agus théadh daoine mar Peadar Ó Laoghaire, 'An Breach Breatnach', D. B. Hurley, 'Mac Léigheinn' agus daoine nach iad in adharca a chéile ag plé bhuntáistí agus mhíbhuntáistí na bhfoirmeacha éagsúla, cad iad na lámhscríbhinní ina raibh a leithéid le fáil agus cén tábhacht a bhain leis na lámhscríbhinní céanna. Mhol D. B. Hurley go gcaithfí na sínte fada amach ar fad seachas i dtéacsleabhair bhunúsacha do thosnaitheoirí, ar an gcúis go n-ísleofaí costas na leabhar Gaeilge, agus go mbrostófaí foilsiú na leabhar:

the signs should be retained when they serve to mark useful distinctions, though I do not appreciate the difficulty he foresees in their general omission. They are not used to distinguish quality in English, Latin, French, German, Italian or Spanish – I do not add Greek, as there is less need of the distinction there. This is merely a question of cost in printing and economy of time in writing. The accents should, of course, be retained in elementary works.[24]

Pléadh ceist na bhfleiscíní sa teanga go minic. Ba mhaith ann iad na fleiscíní mar áis d'fhoghlaimeoirí go háirithe idir urú agus túslitir, agus dhein a leithéid an teanga ní ba shimplí. Ach ar an lámh eile de, b'ann don argóint gur chóir iad a dhíbirt as an teanga ar fad toisc gur chuir na fleiscíní leis an gcostas priontála agus gur chothaigh siad stró sa bhreis do scríbhneoirí agus d'eagarthóirí araon: 'The unnecessary hyphen takes up space on paper and time in writing and in printing'.[25] Sa bhliain 1897 mhol scríbhneoir in *Irisleabhar na Gaedhilge* go ndíothófaí an fleiscín as an teanga ar fad ach amháin sa chás nach n-aithneofaí túslitir focail. Mhínigh sé: 'The unnecessary hyphen takes up space on paper and time in writing and in printing', agus:

174

The hyphen, introduced into Irish writing in the present century, ought to be discarded, unless when there would be a doubt as to the real initial of the word. For example, there can be no doubt about the root-initial in the words *i nEirinn, i bpéin, a haon*; but *ár nathair* might mean 'our father' (*athair*) or 'our serpent' (*nathair*). Hence we must write *ár n-athair,* 'our father'.[26]

Ghlac clódóirí leis an bhfleiscín mar litir inti féin, rud a chiallaigh gur chuir gach fleiscín leis an gcostas.[27] Sa léirmheas ar *Dánta Aodhagáin Uí Rathaille* curtha in eagar ag an Duinníneach, lochtaigh an léirmheastóir an nós a leanadh ann maidir le fleiscíní: 'we do not always care for the spelling adopted. Eclipsising letters should not be separated by a hyphen, neither should *i* appear as *a*, now quite obsolete. Modern scribes are notorious for careless spelling, and should not be followed as a model'.[28] Ba mhinic léirmheastóirí ag clamhsán go raibh eagarthóirí na seantéacsanna ag cur fleiscíní isteach ar mhaithe leo féin; seo sampla ó léirmheas ar *Oidhe Chloinne Uisnigh* ón mbliain 1898:

> Hyphens are sprinkled about at the rate of several per line, being quite needlessly inserted after all eclipsing consonants. By this means the 39 pages are probably made to include a page or two of hyphens alone. Where hyphens are useful, e.g. to separate the emphatic suffix from the foregoing word, they are not used, and we have personal knowledge of how this omission distresses and inconveniences students.[29]

Dhein an tAthair Peadar Ó Laoghaire gearán i litir phríobháideach chuig Donnchadh Pléimionn um Nollaig na bliana 1897 toisc nach nglacfaí leis an leagan 'ana' seachas 'an-' agus gur nós le heagarthóirí an fleiscín a chur isteach ina áit nó é a cheangal leis an gcéad fhocal eile: 'Agus ní ghlacfa sibhse "ana" i n-a aonar! Ní fuláir libh é cheangal de'n fhocal is giorra dho i gcónaí. Ní hé an brí céanna atá aige ceangailte agus sgurtha. Dá bhrí sin, má ceangaltar ormsa é, conas chuirfead [a] i n-iúil an brí atá leis sgurtha, agus go bhfuilim ag éisteacht riamh leis?'[30]

Spreag an éiginnteacht seo litreacha agus moltaí éagsúla ón bpobal. I dteannta le ceist na bhfleiscíní, ba mhinic na huaschamóga ina gcnámh spairne. Bhíothas ann a shantaigh camóg nó a mhacasamhail de chomhartha áit ar bith a raibh litir ar lár mar a chomhairligh *Irisleabhar na Gaedhilge* sa bhliain 1893: 'whenever a word is elided, eclipsed, or aspirated, the change should be noted by its proper sign, and not thus be putting unnecessary difficulties in the way of those who wish to advance in the paths of Keltic literature'.[31] Seo mar a moladh do scríbhneoirí:

> Again when the aspirate *h* precedes a word beginning with a vowel, it should not be joined to the initial of that word; nor should *o* of the possessive pronouns *mo, do*, when going before a word beginning with a vowel, be dropped, and the bereft consonant *m* or *d* united with the first letter of that

word, without as much as an apostrophe (') to mark the omission of the *o*-nay, more, *d* is often, by some careless writers, changed into *t*, a letter of the same organ; as, *do anam*, thy soul, dropping *o* becomes *d'anam*, and by changing *d* into *t* and omitting the apostrophe, *tanam*. Now, a person who beforehand had not been well acquainted with the language could never make out what the term *tanam* means. And to what is all this owing? To a want of proper attention in writing the language.[32]

Thagair F. Edmund Hogan do ghalar na gcamóg, leis, agus leag sé an milleán ar Donleavy: 'Irish pages are so full of commas, etc., first introduced by Donleavy, usefully indeed, but often uselessly'.[33] Bhí an trílitir '-aoi-' ar na nithe ba chonspóidí i dtéarmaí an litrithe le linn na hAthbheochana. Níor thaitin sé puinn le roinnt Athbheochanóirí gurbh éigean trí litir a scríobh ar mhaithe le fuaim amháin mar ba chur amú ama, spáis agus cló ab ea é. Moladh go mbainfí leas as '-í-' ina áit, ach b'fhearr '-ee-' le saineolaithe eile. Dhein D. B. Hurley an pointe go raibh seantaithí ag pobal na Gaeilge ar '-aoi-' a fheiscint agus go rachadh sé dian orthu an pobal sin a mhealladh chun glacadh le haon rud nua ina áit, agus go mb'fhéidir nár choir baint le haon ní a bhí seanbhunaithe sa teanga. Bhí Dáithí Ó hIarfhlatha go mór i bhfabhar an ruaig a chur ar na consain chiúine. De bharr na héiginnteachta bhí deis ag gach aon duine a ladar a chur isteach sa scéal agus deoch fhada a bheith aige ar mhaithe leis an teanga. Níorbh aon ionadh mar sin a thuilleadh ráitis a léamh sna páipéir: 'The time is not yet come for "finality" on questions of Irish orthography or idioms'.[34]

Ba mhór idir na cúiseanna éagsúla a mheall teangeolaithe, lucht léinn, náisiúnaigh chultúrtha agus baill ilchineálacha Chonradh na Gaeilge chun na teanga, ach ba iad an tSean-Ghaeilge agus an Mheán-Ghaeilge, teanga na lámhscríbhinní, ba spéis leis na teangeolaithe Eorpacha. Ba bheag a spéis agus ba mhór a ndímheas ar chanúintí na mbochtán nach raibh léamh ná scríobh Béarla ná Gaeilge acu seachas mar eochair na lámhscríbhinní. Bhí slánú na hÉireann agus athghabháil na glóire le haimsiú i dteanga na lámhscríbhinní, agus ní in *patois* na mbocht mar a d'fhéachtaí ar na canúintí. Chuige sin, níorbh fholáir oiliúint agus oideachas cuí a chur ar an nglúin óg a bhí ag freastal ar an mbunscoil ag an am sin ionas go n-oilfí iad i dteanga na lámhscríbhinní. Ansin, agus oiliúint orthu, d'fhéadfadh an chuid ab fhearr díobh dul ar aghaidh agus staidéar a dhéanamh ar an teangeolaíocht. Ba bheag an mhaith do mhac léinn Sean-Ghaeilge leagan leasaithe den litriú, nó leagan foghraíochta den Ghaeilge. Ba é ceartlitriú na lámhscríbhinní a theastaigh, agus é chomh gar agus a d'fhéadfaí a bheith do chleacht údair na lámhscríbhinní. Ba iad na cúiseanna seo a spreag daoine a raibh spéis acadúil acu sa teanga laistigh de ghluaiseacht na Gaeilge chun cur i gcoinne an chur chuige fhoghraigh go tréan. Dá leasófaí an litriú ar bhonn foghraíochta, loitfí stair na bhfocal; teanga nua amach agus amach a bheadh inti i dtuairim na dteangeolaithe agus ní bheadh aon ábhar spéise ann dóibh a thuilleadh. Bheadh deireadh leis an leanúnachas arbh ann dó dar leis an Athair Peadar Ó Laoghaire nuair a mhaígh sé: 'Time and space are annihilated by that subtle, that electrical consanguinity which this wonderful language of ours has established, and still maintains, between the different members of our race, living and dead'.[35] Chaillfí, dá bharr sin, deis glóire na hÉireann, an deis dheireanach ar fad, b'fhéidir, chun meas na dtíortha eile a thuilleadh. Shantaigh na hathchóiritheoirí caighdeán teanga a chothódh saíocht na Sean-Ghaeilge agus spéis na dteangeolaithe ach a thiocfadh le cleachtadh teanga na gcainteoirí dúchais chomh maith. B'fhacthas dóibh nárbh ionann caighdeán an seachtú haois déag agus an teanga sna haoiseanna roimhe, gur fhorbair an teanga de réir a chéile:

> During the period represented by these scribes the language led a vigorous life – it grew and blossomed, and bore the fruit of a splendid literature. It is a well-known fact in the science of language that a language often braces itself up for a great literary effort by casting off some of its inflectional garments, and that from the strain and stress of a period of great literary activity it emerges, laden with fruit indeed, but with its outer leaves shed, and some hitherto unsettled elements in its constitution definitely fixed. He would be a poor scientist who did not recognise the fact, but try to reclothe the language in its cast off inflexional garments. Similarly with regard to far-reaching sound changes. To go behind a couple of centuries of an altered linguistic sound-wave – if I might use the expression – a soundwave, too, that enters in a subtle manner into the modern literary products of the language – to refuse to recognise that linguistic development is, I think, unscientific, and is treating the language not as living, but as dead and buried. If I sometimes write *i* it is because I know how to make compromises.[36]

Ghabh nóta moltach ón eagarthóir le litir ó 'An Bunán Aerach' a foilsíodh in *Fáinne an Lae* sa bhliain 1898, cé gur moladh don léitheoir: 'Ní hé litriughadh an ailt seo romhainn an litriughadh is gnáthach againn le tréimhse. Má chuireann an fear do sgríobh é fonn i seandacht litrighthe, bíodh aige. Acht is í ár gcomhairle le gach duine eile ghabhas do láimh sgríobhadh do'n pháipéar so, an nós atá déanta gan é a bhriseadh'.[37] An tseachtain dár gcionn, thug 'Labánach' aghaidh ar 'An Bunán Aerach' ag impí air ar an eagarthóir:[38]

> Iarraim athchuinge ort, .i. gan aon droch-chanmhain, ná oir-léaghadh (litriughadh) truaillighthe do leigean isteach 'san bhFáinne, mar atá i litir an Bhuinneáin Aedhearaigh, bíodh gur Sean-Ghaedhealg féin í (rud ná creidim). Tá Sean-Ghaedhealg anois marbh, neamh-ghnáthach, neamh-úsáidthe le cianta; agus féadfar déanamh go maith d'a h-éagmais, oir atá iomadamhlacht focal 'sa' chamhain choitchinn chum a sgríobhtha go so-thuigseach soiléir. Muna seasfaidh tú go cróda i n-aghaidh droch-chanamhna agus oir-léighte

truaillighte, beidh do shaothar tír-ghrádhach agus d'obair fiúntach millte. Ba chreach ro-mhór, ró-dhoilgheasach é sin duit féin agus do theangaidh oirdheirc ealadhanta ár sean agus ár sinsear atá anois ar d'ionchaibh d'a cosnamh.[39]

Bhí an baol ann go n-úsáidfeadh gach aon duine an t-athchóiriú chun a leagan féin nó a thuiscint féin a chur chun cinn. Bhain an míbhuntáiste seo leis an gcur chuige foghraíochta, leis. Má dhiúltaítear do chaighdeán, ní mór caighdeán eile a chur ina áit, rud nach raibh ag na hAthbheochanóirí. Mar a dúirt T. B. Stephenson i litir san iris *Hibernian* sa bhliain 1882 agus é ag trácht ar an mbaol a bhain leis an litriú fograch: 'each member of the community would be his own lawgiver, and spell according to his peculiar pronunciation'.[40] Go deimhin, feictear do Katie Wales go bhfuil an t-údar 'who attempts to represent local dialect is caught in the double bind of having no local "standard" orthography that is not mainstream and so much invent his or own'.[41] Agus tugann Seán Ó Coileáin faoi deara gur meascán de nósanna a chleacht Tomás Ó Criomhthain agus *An tOileánach* idir lámha aige: 'uaireanta is de réir foghair a théann sé; uaireanta eile is iarracht ar litriú na haimsire sin é mar a bhí tugtha leis ós na leabhair aige; go minic is litriú éigin annspianta dá chuid féin é na fónann go rómhaith d'aon taobh acu'.[42]

B'éigean do *Irisleabhar na Gaedhilge* rabhadh a thabhairt in 1883: 'On this point we hope that there is nobody so bogburied as to imagine that the interests of Irish will be best served by everyone writing the *comhradh cailleach* that he has known from infancy'.[43] Tugann Brian Ó Cuív le fios go raibh fonn ar dhaoine an litriú a athchóiriú i dtúsbhlianta an chéid ach gur chuir foclóir an Duinnínigh caidhp an bháis ar an togra sin: 'The new dictionary, however, had the effect of stabilising the old spelling based on twelfth-century Irish and making it more difficult than ever to break away from it'.[44]

Nuair a chinn lucht na hAthbheochana droim láimhe a thabhairt do Ghaeilge Chéitinn agus pé cinnteacht a bhain léi, thug said cead a chinn do dhuine ar bith a raibh sé de cheann dánachta aige a rogha litrithe féin a úsáid. Chruthaigh sé seo deacrachtaí d'eagarthóirí irisí go rialta, agus ba mhinic iad ag gearán faoi litriú na scríbhneoirí, fiú daoine a raibh clú agus cáil orthu: 'It is right that readers should understand that the writer of these dialogues is alone responsible for the spelling used. He has, after serious consideration, made up his mind upon the matter. The reasons which have influenced him will be fully explained at the proper time and in the proper place'.[45] Lean an nóta sin alt rialta an Athar Peadar, nuair ba léir gur éirigh idir é féin agus an t-eagarthóir ar cheist an litrithe. Thar aon duine eile ba é an tAthair Peadar ba mhó a thug dúshlán maidir leis an gceist seo. Níor tuigeadh dó cén riachtanas a bhain le haontú litrithe chomh fada agus nár chuir sé as do bhrí na teanga: 'Is neamhní lium leitriú ná guillean ar an mbrí: ach ní fuláir dúinn an brí dio chimeád pé rud a dhéanfaig aon ní eile'.[46] Dá mb'ann d'éagsúlacht litrithe sa Bhéarla, ba chóir an tsaoirse chéanna a bheith ag an nGaeilge:

> Ní fheadar cad é an chúis go bhfuil uiread dúile agaibh uile i n-aontú leitrithe. Má osglaim leabhar le Scott, chím fiche sort leitrithe ar gach leathanach de. Is chun cainte do thúirt amach a dintear leitriú. An leitriú ná fuil do réir na cainte, is bréag é. Is bréag *rough*, más fíor *snuff*. Má dintear aontú i n-aonchor, deintear é do réir urmhóir úsáide. Fágtar ár rogha leitrithe aguinn go dtí go mbeirig nós éigin bua. Ansan beig gach aenna sásta.[47]

Dhiúltaigh sé glan do chóras Chéitinn: '"Spell your Irish according to Keating's standard." Not I! Even Keating's books never caught any real grip upon the minds of the people'.[48] Bheartaigh sé isteach is amach ar an mbliain 1900 diúltú go huile is go hiomlán do na lámhscríbhinní agus do Chéitinn agus a bheith dílis dá chluas féin. Mar a mhínigh sé in *An Claidheamh Soluis* mí Eanáir na bliana 1900:

> I shall use the Irish alphabet as an instrument for the purpose of representing on paper the exact speech of the people, using my ear for that purpose. 'But your ear can answer only for one province'. Exactly so. But it can answer for that one. Let some other ear answer in the same manner for each of the other provinces, and then we shall know where we are. I have not come to this determination without serious thought and careful study. I have carried the study of the matter through specimens of the language as far back as such specimens go. I find that our fathers did their spelling under the guidance of the ear, not of the eye. I am determined to follow their example.[49]

Cé gur leag sé béim ar aontacht na teanga ó thaobh na gramadaí de agus é ag trácht ar chumhacht na copaile, is léir anseo gur chuma leis scoilt a chothú sa ghluaiseacht teanga ar bhonn litrithe. An córas a bheadh in úsáid aige, ní oirfeadh sé ach dá chúige, fiú dá pharóiste féin amháin, agus dhéanfaí neamhshuim de gach canúint agus ceantar eile. Ní bheadh ansin, dar leis, ach deacracht ghearrthéarmach, mar leigheasfadh an t-aighneas poiblí a spreagfadh a leithéid de chur chuige ceist an litrithe agus réiteofaí sula i bhfad é:

> Is as an aighneas phuiblí do thiucfaig an ceart amach sa deire. Cuir ainm gach fir fé bhun a aiste féin, agus ansan má dheinean sé amadán de féin, bíodh air féin. Chífig an phuiblíocht cé aige go mbeig an ceart, agus beig gach aenna sásta. Is gear go bhfaghair féin, ar an gcuma san, radharc agus eólas agus taithí, i dtreo, i ndia chéile, go dtiucfaig leat aontú do dhéanamh mór-thimpal, agus ní har éigin ach ar ais.[50]

Thug criticeoir a scríobh faoin ainm cleite 'Mac Léigheann' aghaidh ar an gceist seo in *Irisleabhar na Gaedhilge* sa bhliain 1899 nuair a cháin sé scríbhneoirí as a bheith ag leasú an litrithe ar mhaithe lena ndúiche agus lena gcanúint féin:

> Some people are almost fanatical about writing some words and sounds as they happen to be pronounced in the particular townland, or parish, or barony, or countryside, or province most familiar to them. They will have it so, though all the rest of the little Gaelic-speaking world, and all the writers that ever wrote, be against them; and though the generally adopted and established spelling presents no serious obstacle to even the readers of the townland or the province aforesaid, as the case may be. I could name several Irish writers who went cranky on this line during the past three centuries with the result that when they had done writing other people continued to spell as if they had never written. A Southern friend wrote to me recently to ask: Why do they always print *deireadh* in the *Gaelic Journal* and the other publications? We say *deire* here. If they say *deiriú* in the North, surely they can take than pronunciation out of *deire* just as well as out of *deireadh*. The answer is that they never say *deiriú* in the North, but consistently give the *dh* a kind of w-sound in words and forms that contain the ending *-adh*. In the South they make the *dh* silent in nouns, and change it into *ch* or *bh* or *g* in verbs. I have no prejudice in the matter, but I think in this case it is fairer to let the Northerners have their fourpenny piece whole and undivided than to present than with the four Southern Pennies, and ask them to consider each of them a fourpenny for the time being. Let the Southerner take his change out of the testoon, spend whichever penny he likes, and put the other three in his pocket. No doubt he will have plenty of chances of making his own silver pass current in the North. We want a little more universality in the currency just now. It would be bad for business if at any time the Connachtman took to refusing the Munsterman's half-crowns, or the Munsterman to refusing the Connachtman's shillings. All sizes of coin are useful, and there is nothing so useful as a good pocketful of all the kinds well mixed. Gurab amhlaidh dhomhsa agus duitse.[51]

Ba é an cur chuige foghraíochta an réiteach a bhí i mbéal phobal na hEorpa sna blianta ag deireadh an naoú haois déag de bharr an dul chun cinn a deineadh agus a bhí á dhéanamh i ngort na teangeolaíochta. Níorbh iad muintir na Gaeilge amháin a bhí ag casadh an phoirt seo ach lucht an Bhéarla in Éirinn, leis. Ba mhór an líon buntáistí agus an sochar a samhlaíodh leis an gcur chuige foghraíochta, mar a d'fhógair Stephenson san iris *Hibernian* sa bhliain 1882.[52]

Ach ní le linn na hAthbheochana a tosnaíodh ag baint leasa as an litriú foghraíochta don Ghaeilge. Sonraítear an litriú foghraíochta i lámhscríbhinn Uí Mhuirgheasa 16b ón mbliain 1825, a bhaineann leas as córas ortagrafaíochta an Bhéarla. Feictear an litriú foghraíochta bunaithe go príomha ar choinbhinsiúin litrithe an Bhéarla i seanmóirí an Athar John Heely, sagart paróiste Dhún Léire idir na blianta 1797-1822 agus i seanmóirí Hugh MacFadden, sagart paróiste i nGaoth Dobhair agus i gCloch Cheann Fhaola ó lár an naoú haois déag.[53] Sonraítear a leithéid de litriú sa lámhscríbhinn a scríobh Liam Ó hOisín lámh le Tuaim i lár an naoú haois déag atá 'i bpeannaireacht Bhéarla' agus i litriú sórt foghraíoch a bhí go follasach faoi thionchar litriú an Bhéarla. ('Chuirfeadh sé córas litrithe na Manannaise i gcuimhne do dhuine,' dar le Nollaig Ó Muraíle.[54]) Chleacht de hÍde féin é agus é ina fhear óg i mbun dialainne Gaeilge: 'In his boyhood diaries, begun in 1874 at the age of fourteen, Hyde tried his hand at writing Irish, describing his chats with Seamus Hart, his ramble across the bogs and his adventures with his brothers, all in a peculiar phonetic spelling'.[55] Buntáiste mór de chuid *Simple Lessons* an Athar Ó Gramhnaigh ab ea an litriú foghraíochta. Dhearbhaigh an Conradh sa bhliain 1897: 'The *Simple Lessons in Irish* have had a large sale, and there is no doubt that the phonetic system on which they are based supplies a want that has long been felt by the English-speaking man with regard to the pronunciation of Irish words. Their sale has been most rapid, 15,000 of Part I having been issued, 10,000 copies of Part II and 7,000 copies of Part III'.[56] Feictear do Chiarán Ó Duibhin gur cumadh *Ceachtanna Simplí* d'aon ghnó don fhoghlaimeoir a raibh fuaimeanna an Bhéarla aige.[57]

Níorbh é an tAthair Ó Gramhnaigh an t-aon Chonraitheoir a bhain feidhm as an gcur chuige áirithe seo. Baineadh leas coitianta as an litriú foghraíochta agus scéalta á mbreacadh ó scéalaithe sna ceantair Ghaeilge, mar a dhearbhaíonn nótaí de hÍde in *Beside the Fire*: 'Mr. Lynch Blake, near Ballinrobe, County Mayo, who took the trouble of writing them down for me in nearly phonetic Irish, for which I beg to return him my best thanks'.[58] 'Neil O'Carree was taken down phonetically, by Mr. Larminie, from the recitation of a South Donegal peasant'.[59] File as Contae Mhaigh Eo ab ea William Larminie (1840-1900) a fuair a chuid oideachais i gColáiste na Tríonóide sular fostaíodh é san Indian Office i Londain. Ar fhágaint an phoist sin dó, d'fhill sé ar Éirinn agus ar an bhfilíocht, agus dar le Breathnach agus Ní Mhurchú, 'cheap sé a chóras foghraíochta féin agus is cosúil gur chóras éifeachtach é'.[60] Níorbh eisean amháin a bhí i mbun an litrithe foghraíochta. In *Abhráin Atá Leagtha ar an Reachtúire* ghabh de hÍde buíochas le Thady Connlan '[who] wrote down this song (Killeadan / County Mayo) in phonetic spelling for my friend Miss MacManus, the novelist',[61] agus feictear do David Lloyd gur comhartha ab ea an litriú foghraíochta don 'intimate register of the process of cultural hybridization'.[62]

Ní raibh na hAlbanaigh dall ar an litriú foghraíochta ach an oiread: 'two national newspapers, the *Glasgow Observer*, and the *Glasgow Examiner*, began printing columns for Gaelic League news stories and poems in Irish were also printed, and *Taibhse an Chrainn* by Douglas Hyde was serialized in the *Observer* in phonetic transcript with translation'.[63] D'úsáid an tÍosánach William Hayden, duine den deichniúr a bhunaigh Conradh na Gaeilge, leagan den chóras foghraíochta ina leabhrán *Irish Pronunciation: Practice and Theory* a foilsíodh sa bhliain 1895 agus é ar intinn aige, dar leis féin: 'in presenting the specimens, I shall give the text in current spelling, and shall indicate, in sound-notation how the same texts are read aloud or recited by the average Irish speaker'.[64] I measc na dtéacsanna a sholáthair sé don léitheoir bhí sleachta ó théacsanna éagsúla agus dhá phaidir faoi leith:

Current Spelling (Our Father)
Ar nathair a tá air néimh go naomhthar d'ainm, go dtigidh do righeacht; go ndéantar do thoil air an talamh mar gnidhthear air néimh. Ar narán laethamhuil tabhair dúinn ann iudh agus maith dúinn ar bhfiacha mar maithamuidne dar bhfiacamhnaibh féin agus ná léig sinn a gcathuighthe acht saor sinn ó olc.

Sound-notation
Ár nàhêr atá e*r n*av go nîfêr tànêm go dagà do ríocht go *n*íntêr fo ho*l* (or hil) e*r* à talà mor *d*íntêr e*r n*av. Ár narán léhúil tóir dúin a*n*u agus ma ghúin ár víachà mor *w*ahimuid*n*e dár vehúnachí fén agus ná lig shin í gahú acht sîr shin ó olc.

Current Spelling (Hail Mary)
'S é do bheatha a Mhuire a tá lán de ghrása, tá an Tighearna leat; is beannuighthe thu thar na mnáibh agus is beannuighthe toradh do bronn Iosa. A naomh Mhuire a Mhathair De guidh orainne na peacachaibh anois agus air uair ar mbáis.

Sound-notation
Shé do vàhà a wi*r*e lán do ghrásà tá an tiarna làt. is bàní hú edi*r* mêná agus is bàní tóra do vrín ísà. A nîv wi*r*e a wáhêr *d*é gív ori*n*e nà pàcêchí anish agus e*r* ue*r* ár máish.[65]

Ceapadh go leigheasfadh an cur chuige foghraíochta na fadhbanna ar fad a bhain leis an nGaeilge ó thaobh an litrithe de. Tuigeadh go raibh géarghá le hathbhreithniú ar litriú na teanga, ach ba dheacair réiteach sásúil a aimsiú. Sa chás sin ní raibh de rogha ag eagarthóirí ach comhréiteach sealadach de shaghas éigin a shroichint, comhréiteach a shásódh na buíonta éagsúla agus a ligfeadh don ghluaiseacht a cosa a cur fúithi. B'éigean mar sin an t-ábhar seo a chur ar an méar fhada. Mar a dúirt Eoin Mac Néill:

At the outset it may be held that absolute uniformity in spelling, especially where there is a diversity in pronunciation, is a questionable *desideratum*. Absolute uniformity is aimed at, though not secured, in English spelling, but where it is the more easily attained in that spelling is not meant as a guide to pronunciation in English. At the same time, any unnecessary licence or variation is most undesirable in Irish, as it places an obstacle in the way of beginners. Perhaps some future *Oireachtas* will give an opportunity to Gaelic scholars to confer on such points and to secure uniformity *where necessary*. Meanwhile, no one will be much the worse for the existence of a reasonable latitude.[66]

Buntáiste ollmhór ar thaobh lucht foghraíochta an Bhéarla ab ea gurbh ann d'áiseanna foclóra agus foghraíochta a chuir ar chumas Stephenson a dhearbhú agus é ag moladh an chur chuige foghraíochta: 'There is a recognised correct pronunciation for every word in the language, in proof of which take up any pronunciation dictionary, and see each word spelled phonetically, for the purpose of teaching the student the accepted pronunciation'.[67] Níorbh ann dá leithéid don Ghaeilgeoir agus é nó í ag streachailt le ceist na gcanúintí, gan cabhair foclóra ná leabhar gramadaí a bhí i gcló go rialta. Is ábhar é ceist na bhfoclóirí nach dtabharfar aghaidh air anseo ach a lua nach raibh foclóir, gan trácht ar fhoclóirí, ar fáil ag an am seo a d'oirfeadh do chás na Nua-Ghaeilge go dtí go bhfoilseofaí saothar an Duinnínigh sa bhliain 1904, a bhain leas as córas Atkinson.[68] Cheap Conradh na Gaeilge coiste chun ceist an litrithe a réiteach a raibh baill ó gach canúint inti ach d'fhás aighneas agus níorbh fhada gur éirigh daoine as an gcoiste, an tAthair Peadar ina measc, agus thosnaigh ag scríobh agus ag litriú de réir a chluaise féin mar atá feicthe roimhe seo. Ba é an t-aighneas faoin litriú ba chúis leis an scoilt idir Eoin Mac Néill agus é féin, agus níorbh fhada go raibh Osborn Bergin / Ó hAimhirgín ('Crádh Croidhe Éigeas')[69] ag moladh córas nua ar fad a d'eascair as éileamh an Athar Peadar go ligfí cead a chinn dó ó thaobh litrithe de.

Sonraíodh gurbh ann don litriú foghraíochta sa naoú haois déag roimhe seo ach bhorr sé aníos arís sa bhliain 1907 nuair a d'fhoilsigh James Duffy leabhar le Shán Ó Cuív dar teideal *Irish Made Easy: being Lessons, Stories, Songs, etc., in Simplified Spelling*. Trí bliana ina dhiaidh sin feictear an cur chuige foghraíochta ag teacht chun cinn arís in iarrachtaí Sheáin Uí Chuív, Obsorn Ó hAimhirgín agus An Cumann um Leitriú Shimplí.[70] Bunaíodh an cumann seo ar an 15 Feabhra, 1910 nuair a thug Bergin léacht dar teideal 'Is Irish to be strangled? An Inaugural Address to the Society for the Simplification of the Spelling of Irish'[71] agus chuir siad rompu leabhair a fhoilsiú i bhfoirm fhoghrach.[72] Dar le Pádraig Ó Siadhail: 'Ba gheall le mhiongrúpa Bíoblóirí iad muintir an Chumainn a chreid gurbh acusan amháin a bhí an bunchreideamh. Eiricigh ab ea iad a chuir suas don cheartchreideamh, dar le formhór glan na ndaoine i nGluaiseacht na Gaeilge. Ag cruinniú cinn bhliana Chraobh an Chéitinnigh mí Dheireadh Fómhair 1910, glacadh d'aon ghuth le rún nár cheart go mbeadh aon bhaint ag an gConradh is ag Conraitheoirí "leis an litiriúghadh nó so na Gaedhuinne"'.[73]

Tugann an fógra seo ó cheann de na leabhair a eisíodh faoin gcóras foghraíochta cur síos ar na buntáistí ar fad a bhain leis dar lena lucht tacaíochta:[74]

Ní caint san aer ab iad buntáistí an chur chuige foghraíochta ach an oiread.
Chuirfeadh, mar a d'fhógair an Cumann Um Leitriú Shimplí, cur chuige
foghraíochta ar chumas an chainteora dúchais a bheith ina scríbhneoir
líofa ar an bpointe boise.[75] Dá dtarlódh a leithéid, chruthófaí pobal
liteartha Gaeilge láithreach bonn, pobal a chumfadh, a scríobhfadh agus
a léifeadh saothar i nGaeilge. Bheadh an saothar seo bunúsach go maith
i dtús báire chun na léitheoirí a mhealladh agus a chur in iúl dóibh gurbh
fhiú an dua a chaitheamh leis an scil nua seo, ach diaidh ar ndiaidh
chruthófaí litríocht náisiúnta. Ní bheadh ann a thuilleadh do dheighilt idir
an cainteoir dúchais agus fir óga Bhaile Átha Cliath a raibh léamh agus
scríobh na teanga acu ach gan ach beagán eile lena hais sin. Dhéanfaí
pobal léitheoireachta ar an toirt den seachtó míle cainteoir dúchais arbh
ann dóibh. Bhunófaí gnó foilsitheoireachta, d'osclófaí siopaí leabhar,
scríobhfaí, d'fhoilseofaí, cheannófaí agus léifí leabhair, úrscéalta, dánta
agus rudaí nach iad as Gaeilge. D'fheabhsófaí caighdeán léitheoireachta
agus caighdeán scríbhneoireachta, thacófaí leis an Athbheochan, neartófaí
an foclóir, chinnteofaí an ghramadach, neartófaí, dheiseofaí agus shlánófaí
an teanga. Seo thíos an aibítir a bheartaigh lucht foghraíochta:[76]

AIBGHITIR I GCÓIR FOGHARAIDHEACHT NA GAEDHILGE
GUTAÍ

á dá (dá)	a ba (ba)	â lámh (lâv)
ó dó (dó)	o gol (gol)	ô comhartha (côrha)
ú dubha (dú)	u bun (bun)	û congnamh (cûnav)
é céim (cém)	e beir (ber)	ê séimh (shêv)
í bí (bí)	i soir (sir)	î geimhridh (gîri)
ă an (ăn)	ä baoghal (bäl)	y (buidhe) (by)

DÉ-FHOGHARACHA

ua fuar (fuar)	au dall (daul)
ue fuair (fuer)	ou gabhar (gour)
ia ciall (cial)	âu amhras (âuras)
ie sgiain (shgien)	ôu domhan (dôun)
ya riamh (ryav)	ay raghad (rayad)

	ye riaghail (ryel)	oy doimhin (doying)	
	ià béal (biàl)	ây aimhleasa (âyileas)	
		ey gheibhean (gheyn)	
		ei feidhm (feim)	

CONSAINÍ

b bád (bád)	n ná (ná)	gh dhá (ghá)
b biadh (bie)	n ní (ní)	gh ghé (ghé)
p póca (póca)	nh fanfad (fanhad)	ch loch (loch)
p píce (pící)	nh breithnigh (brenhig)	ch chím (chím)
v bhád (vád)	l lá (lá)	ng ngabhadh (ngouch)
v bhíd (víd)	l léi (lé)	ng ngé (ngé)
f fál (fál)	lh shlat (hlat)	ngh teangthacha
		(teaunghacha)
f fill (fíl)	lh shlighe (hlí)	ngh taithneamh
		(tainghav)
m má (má)	s sál (sál)	r rádh (rá)
m mím (mím)	s saoghail (sél)	r Éire (Éri)
mh cromtha (croumha)	sh Seán (Shán)	rh shrón (hrón)
mh léimfidh (lémhig)	sh sín (shín)	rh uirthi (erhi)
d dá (dá)	g gádh (gá)	h shál (hál)
d di (di)	g gé (gé)	
t tá (tá)	c cúl (cúl)	
t teine (tini)	c cíos (cís)	

Seo a leanas samplaí den leas a baineadh as an litriú úd chun fógraí agus litríocht a bhreacadh sa litriú foghraíochta, agus tabharfar faoi deara nár cloíodh leis an riail 'caol le caol agus leathan le leathan' i gcónaí agus gur den riachtanas é go mbainfí leas as an gcló Rómhánach. Is léir mar sin nach bhféadfadh an córas foghraíochta teacht chun cinn go dtí go raibh ceist an chló ionann agus a bheith réitithe, rud a bhí ag tarlú isteach agus amach ar thús an chéid. Seo fógra sa litriú simplí úd a foilsíodh in *Irisleabhar na Gaedhilge*:[77]

EDWARDS' DESSICATED SOUP
ANUIRHI TRIM AN ÉDVÁRDUIG.
FÍOR-HÓLUISHT ER FINGIN!
ANUIRHI MÉH ISH EA É A DINTEAR À FEÓIL AGUS À GLASARUÍV. TRIUMUÍTEAR AN T-UISHGI ÀS AGUS FÁGTAR TRIM É. NUER A CUIRTEAR ISHGI IRÍSH ER AGUS A BERÍTEAR É DINEAN ANUIRHI BREÁ TE DEIVLASDA GHE AGUS CÛRHACHT NA FEÓLA FÓNTA ÀS AR DINEAG É ÈR, AGUS FLÁINI NA NGLASARY AUN. NUER A MEASCTAR AN T-ANUIRHI TRIM SHO ER ANUIRHÍV ELI, NÚ NUER A CUIRTEAR ER VION-CHOMUIRT NÚ ER VRUHANUIV É CHÍTEAR A VAH AGUS A HAIRIFI. LE FÁIL Ó GHROSÉRÍV A MUILCÍNÍV PINGINI, NÚ A NGEARA-VUISHGÍNÍV SDÁIN.

Seo samplaí de théacsanna a foilsíodh sa litriú simplí:

Cuíni Airt Í Laeri

Mo ghrá mo daingean tu!	Párlús dá gheala ghom,
Lá dá veaca hu	Rúmana dá mreaca ghom
Ig ceann tí an varaguig,	Bácús dá ghearaga ghom,
Hug mo húil airí ghoi,	Bríc dá geapa ghom
Hug mo chry tainghav doit,	Rósda er vearuiv dom,
D'éalys óm' ahir leat	Mairt dá leaga ghom,
A vad ó vaili leat.	Cóir vah leapan dom,
Id dom nár v'atuirhach	Cola a glûv lachan dom,
Do chuirish gan dearamad	Go díoch a t-eadarha,
	Nú trésh dá dainghach lium.[78]

Shiàna

Caibidil A hÄn
Cosh na Tini. Peg, Nóra, Gobanuit, Shíli veog, agus Cáit Ní Vuachala.
Nóra. – A Feg, inish shgiál dúing.
Peg. – B'ah lium sun! Inish fén shgiàl.
Gobanuit.- Níl än vah inti, a Feg. B'eár ling do shgiàlsa.
Shíli. – Din, a Feg, bemíd ana hocuir.
Peg.– Nách mah nár anuish socuir araer, nuer a ví 'Madara na Nocht Gos' agum á ínshint!
Shíli. – Mar shin ní sdatach Cáit Ní Vuachala ach am priuca.
Cáit. – Huguish d'éhach! Ní rousa ad' friuca a chailihín!
Gobanuit. – Ná bac í fén, a Cháit. Ní roiv éngi á priuca ach í a leoguint erhi.
Shíli. - Do ví asdóin; agus mara mèach go roiv ní liúhing.
Nóra. – Abuir le Peg ná liúhir inìsh, a Híli, agus neósa shí shgiàl dúing.
Shíli. – Do ví asdóin; agus mara mèach go roiv éngi á priuca ach í á leoguint erhi.
Nóra. – Abuir le Peg ná liúhir inìsh, a Híli, agus neósa shí shgiàl dúing.
Shíli. – Ní liúhad, a Feg, pé rod imóig oram.
Peg. – Má shea, sig ansó am aici, a dreo ná fiatuig éngi hu friuca a ganas dom.
Cáit. – Bíoch geaul go briucuig an cat í. A hoici vig, vèach shgiàl breá aguìng mara mèach tu fén agus ....
Shí än shgiàl anocht. Shea inìsh, a Feg, tá gahéngí ciúin a brah er shgiàl uet.
Peg. – Ví fear aun fad ó agus iash é ainim a ví er ná Shiàna. Griàsy b'ea é.[79]

Dar leosan a mhol an córas nua seo bunaithe ar an gcur chuige foghraíochta, níor leor an cló Rómhánach chun dul i ngleic leis an nGaeilge: 'Bheadh sé chomh maith agat bheith ad'iarraidh cur síos ar an áireamh agus gan d'áis agat chuige ach na figiuirí Rómhánacha (1, 11, 111, etc.) agus bheith ag tabhairt fé'n bhfogharaidheacht a mhíniú agus gan de chóir agat chuige ach an gnáth leitriu'.[80]

Cé go raibh saothar an Athar Peadar lárnach i bhfeachtas an

186

Chumainn Um Leitriú Shimplí, níor thacaigh sé leis an gcur chuige seo i dtús báire agus dhein sé tréan-argóint ina choinne. Mar a mhíníonn 'Maol Muire' (An tSiúr Mary Vincent) ina leabhar ar shaol agus ar shaothar an tsagairt:

> Tá ciall i n-argóint an Athar Peadar, ach tá cúpla ní d'fhéadfí chur 'na choinnibh. Cad a dhéanadh na daoine nár chuala an Ghaedhilg le linn a n-óige, maidir le leitriú na bhfocal, gan fuaim éigin sheasamhach bheith ann a thiocfadh anuas chughainn ón litríocht? Agus gan chluas aibidh bheith ag duine chun an fhuaim cheart a bhreith leis, nár mharig a bheadh ag braith uirthi mar chluais i gcúrsaí leitriúcháin? Agus gan an fhuaim chéadna ag gach aoinne ar fhoclaibh Gaedhilge – rud ná fuil, mar atá a lán canamhnachais ann fós – cadé mar mhalairt leitrighthe a bheadh againn ar aon fhocailín amháin. Tá fuirm sheasmhach ins gach teangain maidir le leitriú, agus ní ceadaithe d'aoinne na focail do sgríobhadh do réir a thoile féin.[81]

Dearbhaíonn 'Maol Muire' go raibh an tAthair Peadar i gcoinne an litrithe shimplí i dtús báire. Ní hamháin gur dhiúltaigh sé cead a thabhairt don Irish Book Company *Aesop a tháinig go hÉirinn* a chur i gcló tar éis do Shán Ó Cuív, d'Osborn Ó hAimhirgín agus don Athair Risteárd Ó Dálaigh é a athchóiriú sa litriú simplí, ach bhagair sé go labhródh sé amach ina gcoinne murach an meas a bhí aige orthu: 'Bhí tuairim aige gur ag milleadh na teangan a bhíodar, agus mura mbeadh go raibh meas aige ortha agus iontaoibh aige asta, do bheadh sé ar buile chúca'.[82] Ina ainneoin sin, áfach, tháinig sé ar athrú intinne ina dhiaidh sin más fíor do Shán Ó Cuív agus é ag baint leasa as an litriú simplí:

> Nuer a hosnuig an tAhir Ruisdeárd Ó Dála agus an tAivirgíneach (agus mishi mar ghiula aca) er letiriú na Gäluingi do hímpliú, do cheap an vert sgláirí shin aibítir nó don Ghäluing agus é bunuihi er an sheana-leitriú. Shgiàl ó 'Aesop a Háinig go Héring' an chiàd rod a shgríog sa letiriú san. Do chuir Norma Borthwick a trial er an Ahir Peadair é, chun cead áil ueg a goir é chur fé chló. Do ghiúltuig an tAhir Peadair an cead san dúing. Duert shé go loiteach an letiriú san an Ghäluing, agus mara mèach an úntiún a ví ige asúinn, go lourhach shé 'na chuingiv. An focal 'hig' san abairt 'so hig shé er a bort' a chuir an drohsmuíneav ishdeach 'na cheaun. Ba vuar an buili ghúing-na é shin, ach níor chayil er ár mishneach. Neur ná roiv cead aguing Ésop a chur amach sa leitiriú shimplí do chuireamuir 'Cuíní Airt í Laeri' amach, agus paidreacha agus dánta. D'iúmpuig an tAhir Peadair tar ésh tamaill chun veh gi muar er häv an letirihi hímplí, agus ni hé aváin gur hug shé 'Catilína' agus 'Mo Shgiàl Fén' dúing chun é chur sa letiriú shimplí sar ar cuireag a gló sa teanaletiriú iad. Do ghin shé an rod ciana a däv 'Don Cíchóté'. Sar ar hug shé ghúing inéachor iad, do shgrív shé letir a góir na báipéar nóchda, agus do vol shé an letiriú shimplí mar ásh chun na Gäluingi do chur chun cíng. Ansan nuer a ví Coiste Gnótha na Chonnartha a d'iaruig a chur 'na lye r an Mórd Náisiúnta gan cead a húirt d'än vúinteóir feim a vuint as an letiriú shimplí

chun na Gäluingi do vúini, do háinig an tAhir Peadair go Bleáclieh agus do louir shé ag cruingiú muar a ví aguing a Dig an Árdvaer chun na sírshi do vuint amach dos na múinteóirí.[83]

An locht ba mhó ar an litriú foghraíochta seachas gur thug sé tús áite do chanúint amháin, go raibh sé an-ghar don Bhéarla agus gur loit sé sainiúlacht na teanga ar bhonn litrithe de. I gcomparáid le leithéidí Webster sna Stáit Aontaithe agus iad ag cruthú neamhspleáchais litrithe, b'aontacht litrithe idir an Béarla agus an Ghaeilge a bhí anseo. Thagair Eoghan Ó Gramhnaigh don bhaol seo agus é ag caoineadh an praiseach a deineadh de shloinnte na nGael nuair a deineadh Galldú orthu: 'The English forms are but rough and ready phonetic equivalents of the Gaelic names; and as everyone could devise a phonetic system of his own, there were and are often, several forms for the same family name'.[84] Má chuimhnítear ar imní na linne faoi dhíothú na gciníocha laga, agus truailliú na teanga agus an chine trí chros-síolrú, ba léir na laigí a bhain leis an gcur chuige seo. Ar nós na n-ainmneacha, chruthófaí leaganacha éagsúla den fhocal céanna. Baol eile a bhí ann ná go n-athrófaí an teanga ó bhonn agus go ndéanfaí leagan de Bhéarla truaillithe í.

Feictear go soiléir an baol a bhí ann sa scéal comhaimsire seo a leanas. I samhradh na bliana 1999 dhiúltaigh Rialtas na Fionlainne glacadh leis an nGearmáinis mar theanga oibre i gcruinnithe de chuid an Aontais Eorpaigh san Fhionlainn.[85] Bhagair Airí na Gearmáine baghcatáil a dhéanamh ar chruinnithe an Aontais mura gcuirfí aistriúchán Gearmáinise ar fáil dóibh. Réitíodh an cheist go sásúil nuair a ghéill an Fhionlainn d'achainí na nGearmánach ach go gairid ina dhiaidh sin, seoladh an téacs seo a leanas go forleathan ar an Idirlíon ag baint spraoi agus spóirt as an gcoimhlint teanga áirithe seo:

Changes to the English Language

The European Commission has just announced an agreement whereby English will be the official language of the European Union rather than German, which was the other possibility. As part of the negotiations, Her Majesty's Government conceded that English spelling had some room for improvement and has accepted a 5-year phase-in plan that would be known as 'Euro-English'. In the first year, S will replace the soft C. Sertainly, this will make the sivil servants jump with joy. The hard C will be dropped in favor of the K. This should klear up konfusion and keyboards kan have one less letter. There will be growing publik enthusiasm in the sekond year when the troublesome PH will be replased with the F. This will make words such as 'fotograf' 20% shorter! In the 3rd year, publik akseptanse of the new spelling kan be expected to reach the stage where more komplikated changes are possible. Governments will enkorage the removal of double leters which have always ben a deterent to akurate speling. Also, al wil agre that the horible mes of the silent E in the languag is disgrasful and it should go away.

By the 4th year, peopl wil be reseptiv to steps such as replasing TH with Z and W wiz V. During ze fifz year ze unesesary O kan be dropd from vords kontaining OU and similar changes vud of kurs be aplid to ozer kombinations of leters. After ze fifz yer ve vil hav a rali sensibl ritn styl. Zer vil be no mor trubl or difikultis and evriun vil find it ezi tu undrstand ech ozer. Zen Z Drem Vil Finali Kum Tru!!

Tagraíonn an scigmhagadh seo do pholasaí teanga an Aontais Eorpaigh agus don choimhlint idir 'na teangacha oibre' chun ceannasaíocht a fháil ar a chéile, go háirithe nuair a aithnítear an Béarla mar an teanga idirnáisiúnta is láidre san Aontas, nó fiú san Eoraip.[86] Ach laistiar den ghreann, den mhagadh agus den spraoi, nochtar ann an imní agus an bhuairt a shamhlaítear le hathrú inmheánach teanga, gan trácht ar athrú iomlán teanga – is furasta dul amú má thosnaítear ag spraoi agus ag súgradh le litriú teanga.

Feictear a imní chéanna faoin litriú san iris *Punch* in Eanáir na bliana 1898 faoin dochar a dhéanfaidh athchóiriú litrithe don teanga agus go háirithe an litriú Meiriceánach:

Going with the time. Every Englishman is becoming accustomed to see the 'u' as superfluous in many words. The American system is to rid the English vocabulary of superfluities. But it is, we fancy, quite a novelty to see 'parsimonious' spelt as it was in a leader and in a law report in *The Times*, 'parcimonious'. Undoubtedly its Latin derivative hath it with a 'c'; but according to Natall Cicero (kikero or Sisero?) spells the substantive 'parsimonia'. Which is it to be? Shall we write 'susumber' or 'kukumber'? If 'c' before 'i' is to heard then 'city' becomes 'kity'. Well, we are nearing the end of the century and so let every civilian spel as best pleseth him. 'The old order changeth, giving place to new'.[87]

Ní hamháin sin ach san eagrán céanna léirigh léaráid de chuid na hirise meas an eagarthóra ar an athchóiriú litrithe a thug a gceart do chanúintí áitiúla.[88] Thuig lucht na hAthbheochana go glémhaith go raibh baol ann go ndéanfaí dochar don teanga dá ligfí don athchóiriú foghraíochta seo dul ar aghaidh. Má chuirtear san áireamh tuiscintí na linne maidir leis an dlúthcheangal idir teanga agus náisiún agus imní an phobail i dtaobh an truaillithe agus an mheathlaithe, is fearr ár dtuiscint ar a gcuid imní. Ba í an teanga príomhthréith an náisiúin agus eochair na staire.

Sa chéad uimhir d'*Irisleabhar na Gaedhilge*, mhínigh 'Clann Conchobhair' do léitheoirí na hirise nárbh ionann fuaimeanna an dá theanga beag ná mór. Níorbh fholáir don té ar theastaigh uaidh nó uaithi foghraíocht na Gaeilge a thabhairt leis nó léi dul i gcomhairle le cainteoir dúchais ó Mhaigh Eo, ó Ghaillimh, ón gClár nó Ciarraí agus:

in imitating his pronunciation all previous prepossessions derived from the constant hearing of the English language must be cast aside. The two languages differ not only on words, construction, idioms, and genius, but also in accent, inflection, articulation, and in all the various ways in which their pronunciation may be regarded, as much, if not more than any two other Indo-European tongues, so that what is affirmed of the one may be quite wrong if supposed to apply to the other. Some of the sounds, which are by no means disagreeable to the English ear, are harsh and uneuphonious to that of a person accustomed to speaking Irish, and several of the Celtic sounds do not seem to please English-speaking people. The prejudices born of custom and habit must therefore be got rid of by the English speaker learning Irish, as they were by the Norman and Saxon colonists of Henry II., who soon discarded English in favour of the sweeter and more musical Celtic tongue.[89]

B'éigean cur i gcoinne aon athrú a chuirfeadh as d'fhás agus do nádúr na teanga. Nochtann an ráiteas seo a leanas ón Athair Peadar an imní sin go soiléir cé nach ag trácht ar an litriú atá sé in aon chor:

It is a language which, on account of its almost unchanging character, enables us who use it now to think the thoughts, and feel the feelings, and live, as it were, in the same time with our forefathers who trod the earth and breathed the air of this country twenty – thirty centuries back. The articulations of its syllables; the sounds of its words; the modes of thought which it expresses, are for us bits of antiquity – young in their usefulness, but really more venerable in their age than round towers or pyramids or hieroglyphics. Just imagine it! While we read over *Fáinne an Lae*, the Irish saints of the Christian period of our country's history, or the heroes of the previous periods, could if they were to re-visit this world, recognise the language with but little difficulty! They would find it the same as what they were accustomed to. The differences which they would find are really no more – sometimes not so much – as living people find now between one province and another. That is a vast, a sublime thought – I should have said a sublime *fact*.[90]

D'fhill sé ar an ábhar seo arís i mBealtaine na bliana céanna 1898: 'Time and space are annihilated by that subtle, that electrical consanguinity which this wonderful language of ours has established, and still maintains, between the different members of our race, living and dead'.[91] Is ceist í áfach an aithneodh na naoimh nua-fhillte a dteanga dhílis féin sa litriú simplí, pé rud é faoin gcló Rómhánach? Agus ba é sin an baol a bhain leis an litriú simplí agus leis an cur chuige foghraíochta: loit sé leanúnachas na teanga, d'athraigh sé bunús agus anam na bhfocal trí ghné ghallda neamhdhúchasach a thabhairt isteach. Nascann an Ghaeilge agus an teanga pobal na hÉireann leis na naoimh agus leis na daoine a mhair sa tír rompu. De réir an ráitis seo, bristear an nasc sin má chuirtear as don teanga tríd an litriú nó an ghramadach a athrú. Deacracht eile a bhí ann maidir leis an litriú ab ea gur bhraith an litriú ar an teanga, agus go dtí go socrófaí ceist na teanga ó thaobh na gcanúintí nó ó thaobh caighdeáin lárnach éigin, is beag an baol go ndéanfaí aon dul chun cinn i bhforbairt nó caighdeánú an litrithe.

Ba í Úna Ní Fhaircheallaigh, an tUltach mná a scríobh *Grádh agus Crádh*, ba mhó a chuaigh i ngleic leis an gceist seo in irisí Gaeilge na linne:

> Here let me deal with the much-abused word 'phonetic'. Owing to the fact that most of us learn to spell in English first, many imagine that spelling according to the English system, or want of system, has a kind of divine right or prior claim to the representation of sounds. They imagine that 'sh' is a more *natural* way of representing the 'slender' sound of 's' than the Irish way, that 'v' is *the true way* of writing the sound of bh, and so with other characters. And they call these devices 'phonetic'. We daily hear that such and such a thing is written 'phonetically', meaning that it is spelled in the English way. It is time we should hear no more of it. 'Phonetic' means according to sound, and the spelling *bhís* is far more scientific and phonetical than 'veesh'.[92]

Macalla ab ea é seo ar a ndúrthas san *Irisleabhar* cúpla bliain roimh sin nuair a bhí J. P. Craig ag iarraidh gramadach na Gaeilge a bhunú ar chanúint Chúige Uladh amháin:

> The idea of adopting all teaching to the actual conditions of the spoken language is a sound one, and it is a good sign that the study of Irish is settling down on this line. The principle may be carried too far. It must be borne in mind that the past of our language and its literature is greater than the present, and we can not afford to break with the past. To give classical recognition to local changes, if generally done, would make a quicksand of modern Irish.[93]

I gcomparáid leis na Meiriceánaigh san ochtú haois déag agus iad ag iarraidh a neamhspleáchas ó Shasana a léiriú in ainneoin gur Bhéarla an teanga acu ar aon, shantaigh leithéidí Webster córas litrithe faoi leith chun deighilt a chothú idir na Stáit Aontaithe agus Sasana.[94]

A mhalairt a bhí i gceist leis an litriú foghraíochta dar le lucht a cháinte. In ainneoin nár thacaigh an Conradh leis an gcur chuige foghraíochta riamh le linn na hAthbheochana ná ó shin, b'ann de shíor don díospóireacht seo ar imeall dhioscúrsa na Gaeilge. Is léir más ea gurbh é a tharlódh dá nglacfaí leis an gcur chuig foghraíochta gur foghraíocht an Bhéarla a bheadh ann, rud a bhainfeadh de shainiúlacht na Gaeilge mar theanga, agus, dá bhfoilseofaí sa chló Rómhánach í, ní bheadh ann ach leagan fochanúnach den Bhéarla, fianaise chinnte go raibh an cine Gaelach ag meath agus ag éag. Tuigtear an baol seo go soiléir má chuimhnítear ar an imní go raibh rialacha na Gaeilge á múnlú ag tosnaitheoirí agus ag foghlaimeoirí. Mar a dúirt sé:

Acht dá gcurfaidhe sgoláirí ag ceartughadh agus ag aontughadh na Gaedhilge anois dúinn, cad bheadh againn feasda? Cad iad na riaghlacha do leanfaidhe? Do leanfaidhe riaghlacha na Laidne agus riaghlacha na Gréigise agus riaghlacha na Fraincise agus riaghlacha an Bhéarla, i dtreo gurab é an rud do thiocfadh as dúinn ar ball, nach Gaedhealg do bheadh againn i n-aon chor, acht Valapuc. Cad iad na riaghlacha is ceart do leanamhaint i ngnó na Gaedhilge, cia aco litriughadh na bhfocal é nó gléas agus suidheamh na cainte? Riaghlacha na Gaedhilge féin gan amhras.[95]

Léiríonn an tagairt sin don Volapük an phríomhimní a bhíodh ag teacht idir na hAthbheochanóirí agus codladh na hoíche . Dá mbainfí den litriú, dá ngearrfaí amach na consain chiúine, dá ngiorrófaí fad na bhfocal, ní fhéadfaí filíocht a scríobh sa seanmhodh a thuilleadh, agus bheadh bearna eile sa traidisiún – traidisiún a bhí pollta bearnaithe a dhóthain cheana féin. Is é a bheadh ann ag a deireadh ach 'phonetic spelling in alien type' mar a thug Sceilg air blianta fada ina dhiaidh sin. Ba léir mar sin nach bhféadfaí ceist an litrithe a réiteach go dtí go réiteofaí go leor ceisteanna eile agus go deimhin nuair a d'eisigh Rialtas na hÉireann *Litriú na Gaeilge: An Caighdeán Oifigiúil* sa bhliain 1945, d'fhoilsigh Sceilg ionsaí fada air dar teideal *Spelling Made Easy: Litriú na Gaeilge Critically Examined*, ar tharraing a bhformhór dá raibh le rá aige ó na hargóintí a deineadh le linn na hAthbheochana.

8

Na Canúintí: *Patois* Meathlaithe nó Foinse Fuinnimh?

A language is a dialect with an army and a navy.[1]

Max Weinreich

Now we observe during historical periods how species and genera of speech disappear, and how others extend themselves at the expense of the dead.[2]

August Schleicher

Tá san áireamh fosta na leaganacha aisteacha cumaisc atá á gcruthú faoi láthair i dtimpeallacht na nGaelscoileanna, ar cineál críol is dóiche atá iontu. Ní fios anois cén sórt teanga nó teangacha a nochtfas amach as cur seo na cruthaitheachta. Thig linn a bheith réasúnta nach leagan é a mbeadh an tAthair Peadar sásta mórán aitheantais a thabhairt dó.[3]

James McCloskey

For those who would wish to pursue this subject further we would recommend the works of Mr. Ellis, Mr. Melville Bell, and the second volume of Max Müller's *Lectures on the Science of Language*.[4]

'Clann Conchobhair'

Aithnítear go forleathan gurbh é an t-athrú ó Ghaeilge an seachtú haois déag (Gaeilge Chéitinn) go dtí na canúintí (caint na ndaoine) mar chaighdeán don scríbhneoireacht agus, níos tábhachtaí ná sin, d'fhoilsiú na Gaeilge an t-athrú ba mhó a tharla le linn na hAthbheochana Gaeilge.[5] Dar le Philip O'Leary, ba í ceist agus conspóid seo na gcanúintí 'the most important, acrimonious, and length debate of our period, extending from the 1880s through the first decades of the century',[6] agus sainíonn David Greene an t-athrú mar seo a leanas: 'The movement from Keating to the speech of the people, the sponsoring of which by the Gaelic League is one of the main distinctions between it and the earlier organizations'.[7] Is í tuairim Declan Kiberd go raibh 'caint na ndaoine agus na teoiricí a ghabh leis, chomh neadaithe in intinn na léirmheastóirí Gaeilge ó aimsir na hathbheochana i leith nach raibh siad in ann aon cheo eile a phlé seachas an chaint'.[8] Téann údarás na gcanúintí siar go bunú Chonradh na Gaeilge sa bhliain 1893, cinneadh a raibh impleachtaí nach beag aige ar theanga, ar litríocht, ar chultúr agus ar theagasc na Gaeilge san fhichiú haois agus anuas go dtí ár lá féin fiú. D'imir na canúintí agus an tús áite a tugadh dóibh tionchar ar an státseirbhís (ó 1925), ceapacháin sna hollscoileanna (ó 1929), scoláireachtaí comhairle contae, foclóirí, modhanna múinte, téacsleabhair agus araile. Dar le Michael Cronin, bhí dhá thoradh de bharr theacht na gcanúintí in áit Ghaeilge Chéitinn do chúrsaí aistriúcháin: 'Firstly, the language of translation was to be the language of the people. The text would be 'naturalised' in translation, rendered in the idiom of Gaeltacht speakers. Secondly, those who were most familiar with *caint na ndaoine* were obviously native speakers themselves'.[9]

De dheasca phríomhacht na gcanúintí, chonacthas bláthú sa sórt litríochta agus foilsitheoireachta a tháinig ó chainteoirí dúchais – daoine nach raibh iontu dar leis an Ollamh J. P. Mahaffy ach treoraithe dósan agus é i mbun seilge sa phortach – b'údair leabhair anois iad. De bharr na gcanúintí, tháinig an cainteoir dúchais agus an dírbheathaisnéis Ghaeltachta ar an saol: *An tOileánach, Fiche Bliain Ag Fás, Peig* agus *Rotha Mór an tSaoil* tamall de bhlianta ina dhiaidh sin.[10] Sna ceantair ina raibh na canúintí in uachtar, bunaíodh na coláistí ullmhúcháin Coláiste Íde[11], Coláiste Íosagáin agus coláistí samhraidh chun canúintí na teanga beo a mhúineadh. Lonnaíodh formhór na gcoláistí sna ceantair ina raibh na canúintí á labhairt[12]: Coláiste Múinteoireachta na Mumhan (Béal Átha an Ghaorthaidh) i 1904,[13] Ollscoil na Mumhan (An Rinn) i 1905,[14] Coláiste Chonnacht (Tuar Mhic Éadaigh) i 1905,[15] Coláiste na gCeithre Máistrí (Leitir Ceanainn) i 1906[16] agus Coláiste Uladh (Gort an Choirce) i 1906.[17]

Sa bhliain 1926, bunaithe ar dhaonáireamh na bliana roimhe sin, d'aithin Rialtas an tSaorstáit na ceantair Ghaeltachta mar ionad speisialta agus cuireadh deontais faoi leith ar fáil dóibhsean a raibh labhairt na teanga beo acu.[18] Shíolraigh na himeachtaí agus tarluithe sin ar fad ón tús áite a tugadh don teanga bheo agus do na canúintí thar an nGaeilge chlasaiceach.[19] Gan amhras bhí canúintí ann riamh sa Ghaeilge mar a bhíonn i ngach aon teanga bheo. Is ceist eile ar fad í, nach mbaineann le hábhar anseo, cathain a réalaíodh na canúintí sa teanga scríofa seachas tagairt a dhéanamh do thuairim Nicholas Williams i *Stair na Gaeilge* go bhfeictear an canúnachas sa scríbhneoireacht den chéad uair sa tréimhse tar éis Chath Chionn tSáile.[20]

Ina theannta sin, áfach, admhaítear gur 'choimeádach an dream iad na scríobhaithe Gaeilge agus is díol suntais é a dhlúithe agus a chloígh a bhformhór leis an bhfriotal liteartha anuas go dtí lár an 19ú haois agus ní b'fhaide fós. Ní féidir mar sin a rá go minic cén uair go díreach a tháinig forás faoi leith chun cinn sa teanga'.[21]

Má tá amhras i dtaobh bhunús na gcanúintí in Éirinn, áfach, níl amhras ar bith ann faoin dímheas a tharraing canúintí agus an canúnachas, ní hamháin in Éirinn ach ar fud na hEorpa san ochtú agus sa naoú haois déag. Bhí an ghráin chéadtach ar chanúintí nó 'provincialisms' agus 'barbarisms' mar a thugtaí orthu go maslach sa Bhéarla. Cúis náire ab ea iad, mar, de réir thuiscintí na linne, chiallaigh 'provincialism' nó 'patois' go raibh an teanga ag teip agus ag titim as a chéile. Chruthaigh John

Pickering, Ollamh le hEabhrais in Ollscoil Harvard le linn dó a bheith i Londain idir na blianta 1799 agus 1801, liosta fada de 'Americanisms' coitianta i mBéarla na cathrach san ionas go bhféadfadh Béarlóirí 'sibhialta' 'oilte' iad a sciúradh óna gcuid cainte.[22] I Sasana 'as the eighteenth century progressed, the establishment of a standard orthography meant that "deviations" from the "norm" proved less and less acceptable, and dialect literature written in broad phonetic spelling was branded *in toto* as ideologically abnormal'.[23] Agus: 'In many grammar books of the period, and well into the nineteenth century, provincialisms appeared as examples of "bad grammar" to avoid, and as bearing the stigmata of vulgarity, a poor education, and, at worst, lack of civilization. Dialect speakers were encouraged to be "cured", or to cure themselves, of their "infected" speech'.[24] In Éirinn cúis náire ab ea iad do scoláirí agus do chosantóirí na teanga a raibh na cianta cairbeacha caite acu ag iarraidh go nglacfaí agus go n-aithneofaí an Ghaeilge ar na teangacha Eorpacha a raibh cultúr, saíocht agus dínit ag roinnt leo. Bhíothas i gcoinne na gcanúintí leis, b'fhéidir, mar bhain siad le haicme sóisialta faoi leith agus le haicme neamhléannta i dtéarmaí an oideachais fhoirmeálta. Dar leosan a cháin na canúintí ba theanga ársa ghléghlan, saor ó smál í Gaeilge Chéitinn gan rian ar bith den chanúnachas, teanga a raibh sraith iomlán de bhriathra, léigiún d'ainmfhocail agus lán cathlán de thuisil agus slua beag réamhfhocal. Cé gur aithin Franz Bopp bunús Eorpach na Ceiltise sa bhliain 1839, ba ón mbliain 1853 ar aghaidh de bharr thaighde Johann Kaspar Zeuss a bhíothas in ann an Ghaeilge a cheangal agus a nascadh leis an Laidin, leis an nGréigis agus an tSanscrait, mar a thug Myles Dillon le fios.[25]

Más rud é gur theanga Ind-Eorpach ab ea an Ghaeilge, ba chine Ind-Eorpach é lucht a labhartha, an cine Gaelach. Ba í Gaeilge Sheathrúin Chéitinn cead isteach na hÉireann i gcríocha agus réimse cultúir agus scothnáisiúin na hEorpa mar chuir sí an Ghaeilge ar aon leibhéal leis an Laidin, leis an nGréigis agus leis an tSanscrait. Ach dá nglacfaí leis an gcanúnachas, dá n-aithneofaí nó dá gceadófaí í, d'admhófaí meathlú na teanga, lagú an chultúir Ghaelaigh agus teip na litríochta ó Chath Chionn tSáile ar aghaidh. Bheadh a raibh bainte amach de bharr *Grammatica Celtica* imithe le sruth ar an bpointe.

I dtéarmaí an naoú haois déag, ba scáthán an teanga náisiúnta ar an gcultúr náisiúnta mar a chonacthas sa phlé a deineadh ar Fichte agus ar Herder roimhe seo. Dhein na náisiúin mhóra Eorpacha gaisce as a n-oidhreacht teangeolaíochta agus chultúrtha. Pé rud faoi labhairt na teanga, scríobhadar i dteanga chaighdeánaithe chomhaontaithe agus, níos tábhachtaí ná sin, d'fhoilsigh siad teanga a bhí sochar agus cinnte, teanga a raibh rialacha deimhneacha aitheanta aici. Bhain canúintí le bochtáin, le ceantair bheaga iargúlta ar an imeall i bhfad ón Lár, ó ionaid na cumhachta agus na sibhialtachta; dreamanna gan chultúr gan léann a chleacht an canúnachas mar urlabhra. Ba chomhartha é an canúnachas ar ísleacht an dreama a labhair í, dream nach raibh aon rath orthu ariamh, de réir thuiscintí na linne: grúpaí ar nós na ndúchasach sna Stáit Aontaithe agus na Hottentots san Afraic, ciníocha fánacha, a raibh a rás rite agus a ndíothú iomlán mar chine sainiúil ag teannadh leo go tapaidh, mar dhea. An dream a raibh canúint acu, bhíodar tar éis imeacht ó chosáin an dul-chun-cinn. Dóibhsean a raibh mionléitheoireacht déanta acu ar an mBíobla, agus ba mhór an lear iad le linn aimsir Darwin, bhí sé soiléir, dar leo, gurbh é Dia féin a ghearr na canúintí mar phionós orthusan a pheacaigh. An cleas a raibh canúint acu bhíodar imithe ar seachrán ón teanga cheart lena cuid rialacha, comhréire agus struchtúir; bhí na saintréithe seo tréigthe acu agus ba mhacasamhail é sin dá gcultúr, dá bhféiniúlacht agus dá dtodhchaí – bhíodar ar bhóthar a n-aimhleasa agus ar an dé deiridh, gan rompu ach an teip agus an bás. De réir mar a theip ar an teanga, bhí an cultúr agus an náisiún féin ag teip, agus bhí an cine ag teip agus ag dul i léig agus níorbh fhada uathu an díothú mar chine.

Bhí glacadh faoi leith leis an tuairim seo in Éirinn tar éis an Ghorta nuair a bhí an daonra ag dul i laghad, an imirce ag sciobadh na ndaoine óga leo agus imní agus amhras ar lucht eacnamaíochta faoi thodhchaí na tíre. Tuairiscíodh san *Irishman and United Ireland*, go raibh an Ghaeilge ag teip le fada: 'The Irish tongue . . . has been corrupting and breaking up; many words are rapidly becoming obsolete and being lost; English barbarisms are creeping into it; it is losing some of the cases of its nouns and terminations of its verbs; and although less corrupted than modern Welsh or Scotch Gaelic, it has altered a good deal since the middle of the last century'.[26] Tagraíodh don chanúnachas i *The Spiritual Rose* – a clóbhualadh i Muineacháin go luath san ochtú haois déag[27] – agus cé nach raibh na clódóirí gan locht, tuigtear go raibh an saothar 'in general is written in a provincial dialect, is disfigured by numerous barbarisms, and was, doubtless intended for local use'.[28] Is soiléire fós an dímheas coitianta a bhí ar chanúintí ó na léirmheasanna in *Irisleabhar na Gaedhilge*, mar shampla, an léirmheas ar an Athair J. E. Nolan: '*An Casán go Flaitheamhas* or *St. Patrick's Prayer Book* . . . we can confidently say that, not for a long time, not for a century – perhaps not for two centuries – has there appeared a work in Irish in which the language has been so idiomatic, so pure, so free from provincialisms, and so uniformly correct as to orthography and grammar'[29] agus 'No one can write any language correctly without a fair knowledge of its orthography and grammar, and without discarding provincialisms and unidiomatic expressions'.[30] Agus arís:

If there be one thing, however, more noticeable than another in the style of these two prayer books – in their style of the Irish in which they are written it is – freedom from provincialisms and barbarisms. And beyond all doubt, in the elimination of these there was room for improvement. Little wonder if, owing to the neglect of later ages, the native purity of our language has suffered in some degree. It is the duty of all who love and respect our language to discourage and discountance anything that tends to destroy that native purity, whether of idiom or of vocabulary.[31]

Is é Tomás Ó Néill Ruiséal, fear a bhí go mór chun cinn i ndioscúrsa na clódóireachta, an sampla is fearr den dream ar theastaigh uathu filleadh ar an seanchaighdeán ionas go seachnófaí barbarthacht na gcanúintí. Ba eisean ba mhó a labhair amach i gcoinne na gcanúintí agus bhí sé de mhórtas aige nach raibh aige féin ach Gaeilge na leabhar: 'He only professes to speak the Irish of books, and his freedom from dialect and clear enunciation makes him a most welcome orator to the patient students who long to understand the spoken Gaelic'.[32] Leag sé béim ar chontúirt na gcanúintí arís agus arís eile agus an droch-cháil a tharraingeoidís ar an teanga. In alt dá chuid a foilsíodh in *Irisleabhar na Gaedhilge* sa bhliain 1884 dar teideal 'Cá h-ait a Labhairthear an Ghaedhilig is fearr?' thug sé le fios gur choir cloí le Gaeilge Chéitinn agus na canúintí a sheachaint ar fad:

> Ní'l aon chuige no condae in Eirinn na 'sioruidheacht' in Albainn in nach ndeuntar lochta airighthe in a labhairt, agus in gach g-cleachtar focail éigin nach d-tuigthear in aitibh eile na tire. Is follus do gach aon smuaineas air an g-cuis so, agus thuigeas aon nidh timcheall na Gaedhilge, go bh-fuil an teanga ag dul i m-blodhaibh go luath i m-beulaibh na n-daoineadh neamhmhuinte le n-a labhairthear an chuid is mo dhi. Ni labhaireann an geinealach lathaireach cho maith as do labhair an geinealach chuaidh thort. Is annamh le faghail in aon ait in Eirinn anois, daoine oga a dheunas aon eidirdhealughadh 'sna casaibh, gidh coitchionn na focail agus gidh daingnighthe a n-dioclaonadh. Caillatear dioclanta de na focalaibh bo, bean, sioc, &c . . . Cialluighmid an Ghaedhilig is dluithe in a labhairt leis an modh in a bh-fuil si clobhuailte 'sna leabhraibh nuaidhe . . . Oir ma leanfamaoid gach truailleadh chleachdann na daoine aineolacha air feadh na tíre, is gearr go m-beidh canamhuin Gaedhilge againn in aghaidh gach contae in Eirinn. Muna sontar na litre bh' sna foclaibh sud anois, 'se de bhrigh nach saothruighthear an teanga agus nach labhairthear i go coitchionn acht le daoinibh neamhmhuinte inni.[33]

Thrácht an Ruiséalach ar bhaol na gcanúintí don ghluaiseacht chun an Ghaeilge a athbheochan. Sheol sé litir chuig *Irisleabhar na Gaedhilge* ag impí ar an iris agus ar an eagarthóir droim láimhe a thabhairt do rud ar bith a raibh cuma na canúna air mar shíl sé gurbh é an canúnachas a bhí ag déanamh an-damáiste go deo don Ghaeilge sna Stáit Aontaithe. Botún ollmhór a bheadh ann, dar leis, aird ar bith a thabhairt ar na canúintí, cuma cén chanúint a bhí i gceist. Seo an chomhairle a chuir sé ar eagarthóir *Irisleabhar na Gaedhilge* nuair a foilsíodh i dtús báire é:

'Sí an chomhairle is mian liom thabhairt dit, gan 'canamhain Ghaedhilge' do leigean isteach in do pháipéar, is cuma cia sgríobhas duit í. Tá súil agam nach cuirfear do pháipéar ar bun chum Gaedhilge Cúige Mumhan, Cúige Connacht, Cúige Uladh, ná chum Gaedhilge cúige nó condae ar bith eile d'fhoillsiughadh; acht go gcuirfear ar bun é chun Gaedhilge na hÉireann d'fhoillsiughadh ⁊ do bhreith faoi mheas. Ná cuir aon tsuim i n-aon chinéal Gaedhilge nach faghthar somplaidhe uirri i sgríbhnibh daoine foghlamtha na seiseadh, na seachtmhadh, ⁊ na hoctmhadh aoise déag.

Tar éis díthe litridheachta nua innti ní'l nídh ar bith bhuaileas an Ghaedhilge níos measa ná na canamhna truaillighthe, nach bhfuil le fágháil i n-aon leabhar ⁊ nach cuirtear i bhfeidhm le haon ughdar, do chlóbhualadh mar Ghaedhilg cheirt. Tá níos mó d'fhoirmibh agus d'foclaibh Gaedhilge le fágháil i leabhraibh sgríobhtha le daoiníbh eolacha, ná cuirfidhe i bhfeidhm in do pháipéar, dá mairfeadh sí ar feadh céad bliadhan. Tá a fhios agam nach bhfuil sé i gcumas móráin daoine, deag-Ghaedhilg do sgríobhadh, agus ní chuirfinn mé féin suas mar mhaighisdir uirri. Acht nuair do-ghní aon duine iarracht cneasda ar rud ar bith do dhéanamh chomh maith agus tig leis, is cinnte go ndéanfadh sé i gceart é faoi dheireadh. Tá mé cinnte, ar an adhbhar sin, nach fada go mbéimíd uile cumasach ar an nGaedhilg do sgríobhadh i gceart, má leanamaoid dá sgríobhadh agus dá léigheadh.[34]

D'fhreagair an t-eagarthóir an litir ag gabháil buíochais leis ach ag tabhairt le fios:

An Ghaeilge dhíreach do sgríobh Carseul ⁊ ughdair na haimsire sin, ní fheicimid í dhá sgríobhadh ag aon duine san aimsir seo, ⁊ is follus ar a n-abhrann Carseul féin gur bheag má bhí aon duine dhá labhairt i gceart le n-a linn nach mar a chéile sgríobhfas siad go léir ar dtús, acht i gceann tamaill nuair chuirfeas siad aithne ar chaint a chéile, tá súil againn go mbeidh siad a' druidim le chéile i gcomhnuidhe, nó go mbeidh aon Ghaedhilg amháin ar sgríobhadh aca i ndeireadh na dála.[35]

Chuir 'Clann Conchobhair' comhairle ar léitheoirí na bliana 1883 mar seo a leanas:

We would advise students of Irish, who are natives of Munster or Ulster, to abandon the latter, and to accustom themselves to the standard sounds just as the English and other nations do not use their respective dialects in society or literature, unless in exceptional cases. Not but that the study of dialects is useful in its way, nor that we should desire them to be neglected or despised; but if a language is to have a literature, and to be revived as a general medium of communication, it must adopt one uniform standard.[36]

An moladh ba mhó a thabharfaí do leabhar nua roimh an mbliain 1893 ná gur tháinig an téacs slán ó thruailliú na gcanúintí. Sna litreacha agus sna haistí a foilsíodh ar cheist na gcanúintí in *Irisleabhar na Gaedhilge* feictear meon nua ag forbairt i dtaobh na gcanúintí. Sonraítear, áfach, dearcadh nua ag teacht chun cinn a mholann comhréiteach ar an scéal, go bhféadfaí an Ghaeilge chlasaiceach agus Gaeilge na gcanúintí a chleachtadh taobh le taobh.[37] Feictear an méid seo ní hamháin in *An Gaodhal* sna Stáit Aontaithe ach sa léirmheas a dhein John Fleming in *Irisleabhar na Gaedhilge* ar *An Gaodhal*:

> In the larger Ireland, too, the progress in the language is most encouraging. In the *Irish American* newspaper a writer has begun biographical sketches in Irish. These sketches, I venture to predict, will draw attention, and after a few years I expect their author will write in a style that Irish writers of the last century would not disown. In this Journal, too, there is a *small* instalment of Irish as 'it is spoken', the beginning of a sermon on the Passion, by the Rev. Walter Conway PP Killeen. This is given *just as spoken*, and I believe it will be admired.[38]

Mínítear an col a bhí ag scoláirí agus ag lucht teanga leis na canúintí má thuigtear an tslí ar samhlaíodh san ochtú agus sa naoú haois déag iad. Ba chruthú iad na canúintí go raibh téagar na teanga ag teip toisc údarás na teanga a bheith tráite. Léirítear an tuiscint sin agus an nasc siombóiseach idir meath teanga agus forbairt chanúna sa tréanchosaint a dhein an tAthair Uilic de Búrca ar an nGaeilge nuair a shéan sé go raibh an canúnachas le sonrú go forleathan sa teanga. D'fhógair an Búrcach sna fonótaí a chur sé le *Irish Sermons in Irish-Gaelic by the Most Reverend James O'Gallagher*, nach raibh bonn ná lorg den chanúnachas le sonrú ar an nGaeilge sa naoú haois déag. B'ionann canúnachas agus meathlú:

> because decay is always subsequent to perfect development just as sickness is a falling off from health. To be in health or to be sound is natural; it is the normal effect of perfect development; – to be sick, is a falling away from that state, and therefore cannot precede it. So it is with the decay of language; it comes after – not before – fullness of development.[39]

Is léir, más ea, do leithéid de Búrca gurbh í Gaeilge Chéitinn, caighdeán an seachtú haois déag, an buaicphointe a raibh sláinte iomlán na teanga agus an náisiúin le sonrú inti. Is i dtéarmaí tinnis, galair agus sláinte a thuig de Búrca an canúnachas. Is ionann an chanúint, mar sin agus cúlú nó titim siar ón leibhéal is foirfe den teanga agus is cúlú nó teip an náisiúin atá i gceist mar thoradh air sin. Séanann de Búrca go tréan an tuiscint go bhfuil aon tréith dá laghad den mheathlú le sonrú sa Ghaeilge. Dar leis an mBúrcach gur bhréag agus gur dheargbhréag a bhí á chraobhscaoileadh go raibh meathlú le sonrú sa Ghaeilge. I sliocht dar teideal 'Some Principles of Philology' cuirtear, agus freagraítear, an cheist 'Is Irish-Gaelic showing any signs of decay? None, except in a few words'.[40]

Eiriceacht ghlan ab ea é canúnachas a chur i leith na Gaeilge roimh bhunú Chonradh na Gaeilge. Ach cad a tharla mar sin gur fháiltigh Conradh na Gaeilge roimh na canúintí chomh mór sin? Ar nós go leor eile de chonspóidí na hAthbheochana, ní mór féachaint ar dhioscúrsa na linne agus na hargóintí a shuíomh sa chomhthéacs cuí chun teacht ar an gcúis gur shéan na hAthbhneochnóirí an teanga ársa ar mhaithe le *patois* briste bruite na mbochtán ar an imeall.

De ghnáth cuirtear an tAthair Peadar i lár an aonaigh mar ghaiscíoch na gcanúintí agus léirítear é mar an fear a bhuaigh an cath seo ar son na gcanúintí. Is iondúil sna cuntais úd go léimtear ó cheist na gcanúintí go dtí ráchairt *Séadna* i measc an phobail. Mínítear gur scríobh an tAthair Peadar *Séadna* agus gur éirigh chomh maith sin leis san *Irisleabhar* agus mar úrscéal ina dhiaidh sin gur ghéill gach duine beo do chumhacht na gcanúintí. Is é *Séadna*, más ea, is cúis le lámh in uachtar na gcanúintí agus is é an tAthair Peadar a bhronn údarás ar an gcanúint agus a d'athraigh stíl scríbhneoireachta na Gaeilge ó bhonn, mar a áitíonn go leor.[41] Dhearbhaigh Aodh de Blacam i dtaobh Uí Laoghaire: 'He abandoned the old, elaborate literary sentence and wrote brief, simple and pungent sentences . . . O'Leary tamed the Irish sentence and taught the Gaeltacht to write as it spoke'.[42] Agus is í tuairim Eoghain Uí Anluain: '*Séadna*, however, determined that the spoken language, no matter which dialect, should prevail'.[43] Ba í tuairim Ristéaird Uí Ghlaisne i *Scríbhneoirí na Nua-Ré*: 'Lena linn féin bhí an-urraim go deo ag an chuid ba mhó de lucht na Gaeilge do Pheadar Ua Laoghaire mar scríbhneoir, agus cuimhneofar air go deo mar dhuine a rinne deimhin de gur ag beo-Ghaeilge na linne, Gaeilge na Gaeltachta, a bheadh an lá seachas canúint mharbh éigin'.[44]

Má ghlactar leis an téis aonchúiseach gurbh é an tAthair Peadar agus *Séadna* amháin a thug tús áite don chanúnachas mar mheán litríochta, ní mór ceist a chur cén fáth nach í canúint na Mumhan amháin a bhí mar sprioc ag an gConradh, go háirithe má chuimhnítear cé chomh láidir is a bhí an eagraíocht i gCorcaigh agus an tionchar a bhí acu ar an eagraíocht náisiúnta. I gcomparáid le formhór na gcriticeoirí Gaeilge, béimníonn Philip O'Leary, níorbh é *Séadna* ach na haistí, na hailt agus na litreacha iomadúla a bhreac an tAthair Peadar ba mhó a chuaigh i bhfeidhm:

In essays and letters for more than two decades Ua Laoghaire led the fight against what he contemptuously dubbed 'Noble' Irish' (Gaedhluinn 'Uasal'), returning again and again to a single simple tenet. 'It is not by any means possible to write proper Irish unless it is written in the way it exists in the mouths of the people who speak it'. Opposition on this point was quite simply unacceptable.[45]

Is deacair glacadh leis an tuairim gurbh é *Séadna* amháin ba chúis leis an athrú ó Ghaeilge Chéitinn go caint na ndaoine. Bhí *Irisleabhar na*

Gaedhilge go huile agus go hiomlán faoi smacht Chonradh na Gaeilge nuair a foilsíodh *Séadna* mar shraith inti sa bhliain 1895. Gan tacaíocht Chonradh na Gaeilge, agus dea-thoil Eoin Mhic Néill go háirithe, ní fhoilseofaí *Séadna* san iris go rialta ná ní mhairfeadh sé chomh maith sin.[46] Gan tacaíocht ná beannacht Chonradh na Gaeilge, ní cheadófaí *Séadna* mar théacsleabhar san iliomad ranganna Gaeilge ar fud na tíre i gCúige Mumhan agus i gCúige Laighean go háirithe. D'éirigh le *Séadna* mar thacaigh an Conradh leis. Chuir an Conradh chun cinn é. Dháil agus scaip an Conradh i measc na gcraobhacha é.[47] Ba é Conradh na Gaeilge a chuir *Séadna* i mbéal an phobail. D'aithin Liam Mac Mathúna an méid sin sa réamhrá a chuir sé le heagrán nua de *Séadna* sa bhliain 1987:

> Ar ndóigh, níorbh aon ábhar iontaise é go dtuigfí go coitianta go raibh scríbhneoireacht an Athar Peadar ag cabhrú go curanta le cur chun cinn na n-aidhmeanna seo. Is deimhnitheach go raibh *Séadna* ar an saothar nuachumtha ba shuaithinsí san am sa tslí gurbh é ab fhearr a tháinig le dara haidhm an Chonartha, maidir le litríocht nua a chruthú. D'oir tuiscint theoiriciúil is léiriú praiticiúil an údair ar thábhacht 'chaint na ndaoine' mar mheán liteartha go binn do na hiarrachtaí nua a bhí á ndéanamh san am chun an ghnáth-theanga labhartha a neartú is a leathnú faoi réir chéad aidhm an Chonartha.[48]

Agus ba mhaith an chúis a bhí ag an gConradh chun é a mholadh mar ba leo na cearta do *Chuid II* den scéal ó bhronn an t-údar orthu iad i dteannta leis na cearta do *Mion-Chaint*.[49] Agus cuirtear leis an tuiscint sin go raibh Conradh na Gaeilge ag tacú le *Séadna* toisc gur tháinig sé lena chlár oibre agus lena dhearcadh féin sa sliocht seo a leanas ó Chathal Ó Háinle:

> Chuidigh *Séadna* Uí Laoghaire go mór le Conradh na Gaeilge agus le I[risleabhar na] G[aedhilge] araon . . . Mar shampla den Ghaeilge bheo ('Munster colloquial Irish', 'one of the best samples, if not the very best, of Southern popular Gaelic that has ever been printed') a cuireadh an chéad mhír de *Séadna* os comhair léitheoirí IG (V (1894), 116), agus fearadh na múrtha fáilte roimhe. An saothar cumasach cruthaitheach seo i bhfriotal gléineach a bhí bunaithe ar chaint na ndaoine, bhí sé ag teacht le dhá cheann de na haidhmeanna a bhí ag an gConradh: an Ghaeilge a chaomhnú mar theanga náisiúnta is a húsáid mar theanga bheo a leathnú, agus nualitríocht i nGaeilge a chothú.[50]

Tugann Traolach Ó Ríordáin le fios gurbh é saothar Uí Laoghaire ar son Chonradh na Gaeilge ba chúis le *Séadna*: 'Bhí an Conradh ar an bhfód agus ag fás i gCorcaigh le leathbhliain roimhe sin agus an Laoghaireach ag cabhrú go mór leis an bhforbairt. Seans gur cuireadh ar a shúile dó an gá a bhí le hábhar léitheoireachta le linn dó a bheith ag plé le foghlaimeoirí na Gaeilge i gcaitheamh an ama chéanna'.[51]

An t-aon scoláire a thugann aghaidh ar cheist seo bhunús chaint na ndaoine ná Alan Titley. Ina shaothar *An tÚrscéal Gaeilge* míníonn sé an cogadh idir Gaeilge Chéitinn agus caint na ndaoine mar leagan Éireannach den choimhlint idirnáisiúnta idir an réalachas agus an nádúrachas. Ba é 'a bhí sna coimhlintí fiochmhara sa Ghaeilge timpeall ar chaint na ndaoine' ná 'méar amháin eile den réadachas á cur amach inár dtreo' dar leis:

> Ba chuid d'fhás an réadachais an bhéim a cuireadh ar chaint na ndaoine i litríocht na Stát Aontaithe, ach go háirithe i saothar Mark Twain, chomh cinnte is a bhí sé abhus; agus tá an dealramh céanna díreach le *verismo* na hIodáilse a bhain earraíocht as urlabhra na muintire go rábach don chéad uair san dara leath den naoú haois déag agus arbh iad Giovanni Verga agus Luigi Pirandello na samplaí ba tháscúla de.[52]

Ach sna samplaí a luann Titley – na Stáit agus san Iodáil – níor tháinig na canúintí chun cinn i gcúrsaí oideachais, foclóireachta, teácsleabhair agus iriseoireachta, áfach, mar a tharla i gcás na Gaeilge.

D'athraigh cúrsaí in Éirinn ón mbonn aníos agus ní i gcúrsaí litríochta amháin ach i gcúrsaí oideachais, léinn agus teangeolaíochta trí chéile. Ní leor gluaiseacht an réalachais sa litríocht amháin, b'fhéidir, mar mhíniú ar an athrú meoin a tháinig ar ghluaiseacht na Gaeilge sa tréimhse idir 1888 agus 1893. Is féidir cuid mhaith den dlús faoi na canúintí a leagan ag doras Max Müller, a chuir an oiread sin oilc ar Uilic de Búrca roimhe seo agus a raibh páirt lárnach aige sa díospóireacht le Charles Darwin maidir le bunús an chine dhaonna. Ar theacht ar an saol do Chonradh na Gaeilge sa bhliain 1893, feictear an-athrú ar léirmheasanna agus ar aistí ar an teanga. Ní hamháin go gcuirtear deireadh le drochmheas na gcanúintí ach tugtar tús áite don chanúnachas laistigh d'achar ama an-ghearr. Faoin mbliain 1900 bhí an tAthair Peadar Ó Laoghaire ag fógairt: 'Not I! I am determined to write down most carefully every provincialism I can get hold of. I shall be sure to have the people's language, at least in that province'.[53] Is í an argóint a bheidh á cur chun cinn anseo ná go dtugann teoiricí Müller comhthéacs do na díospóireachtaí agus do na tuiscintí a mhúnlaigh dearcadh Chonradh na Gaeilge i leith na gcanúintí agus le príomhacht na gcanúintí sa teanga ina dhiaidh sin.

Rugadh Friedrich Max Müller ar an 6 Nollaig sa bhliain 1823 in Dessau na Gearmáine. Cailleadh a athair, an file clúiteach Wilhelm Müller (1794-1827), go hóg. Ina ainneoin sin bhain Müller bunchéim amach in Ollscoil Leipzig sa bhliain 1841 sular chuaigh sé go Berlin. Dhein sé dianstaidéar ar an tSanscrait ansin faoi stiúir F. W. von Schelling agus Franz Bopp, scoláire Ceiltise agus 'the most eminent philologist of his age'[54] cé gur chuir a chuid léachtaí díomá ar an mac léinn óg: 'In his lectures he simply read his *Comparative Grammar* with a magnifying glass, and added little that was new. He lent some Latin manuscripts to Müller, but could not help with the really difficult passages'.[55]

Moladh don scoláire óg tabhairt faoin bhfocleolaíocht chomparáideach agus chinn sé dá bharr staidéar a dhéanamh i bPáras na Fraince le Eugene Burnouf a stiúir i dtreo na hIndia é agus a spreag a chuid spéise sa tír sin, ina cuid teangacha agus sa *Rig-Veda* – bailiúchán de bhreis agus míle iomann in onóir na ndéithe Hiondúch. Le linn dó a bheith ag cur faoi i bPáras casadh Dwarkanath Tagore air – seanathair an údair cháiliúil Rabindranath Tagore – fear a thug oscailt súl dó maidir le téacsanna diaga na tíre sin nuair a cháin sé na hEorpaigh as an easpa spéise a léirigh siad i saíocht agus i gcultúr na hIndia.[56] Dar lena bheathaisnéiseoir: 'It was in Paris and at the express direction of Burnouf that Max Müller finally canalized his Sanskritic studies into the highly specialized research project which was to gain for him recognition in the world of scholarship: that of editing and publishing the *Rig-Veda*, the oldest scripture of the Hindus'.[57] Ba go Sasana seachas an India a chuaigh Müller sa bhliain 1846 chun eagarthóireacht a dhéanamh ar an *Rig Veda* mar bhí roinnt mhaith de na lámhscríbhinní i seilbh leabharlann Chomhlacht na nIndiach Thoir i Londain.[58] D'éirigh thar cionn leis i Sasana in ainneoin é a bheith ar an ngannchuid ó am go tráth. Ceapadh ina Leas-Ollamh Taylorian um Nua-Theangacha é san Institiúid Taylorian, coláiste cuideachta de chuid Ollscoil Oxford sa bhliain 1850 nuair a chlis ar mheabhairshláinte a chara Trithen.[59] Nuair a fógraíodh Cathaoir Boden sa tSanscrait in Oxford sa bhliain 1860, bhí glacadh coitianta leis go mbronnfaí ar Müller é ní hamháin as a raibh bainte amach aige ó thaobh an léinn de, ach an cháil idirnáisiúnta a bhí air mar scoláire agus mar léachtóir den scoth. Ní mar a shíltear a bhítear, áfach, agus ceapadh M. Monier-Williams in ainneoin gur ollamh le teangacha oirthearacha é gan ach beagán cur amach aige ar an tSanscrait. Éagóir throm ar Müller ab ea é, agus tuigeadh gur éirigh le Monier-Williams toisc gur Sasanach agus Anglacánach soiscéalach dílis é.[60] Ba í breith an *London Times* ar an scéal: 'he [Müller] was a foreigner, his theology was suspect to the rigid orthodoxy of those days, he was the familiar friend of the leaders of the Liberal Movement in Oxford'.[61] Chuir sé isteach ar phost mar fho-leabharlannaí Oirthearach i leabharlann Bhodley agus cé gur eagraíodh feachtas ina choinne arís d'éirigh leis an t-am seo agus bronnadh an post air.[62] Sa bhliain 1868 d'aithin an ollscoil féin mórghníomh agus gnóthachtúil Müller agus bunaíodh cathaoir faoi leith le tuarastal thar an ngnách san Fhocleolaíocht Chomparáideach d'aon ghnó dó. 'This was the first professorship created by the university itself. All the previous professorships were established either by royal benefactions or private endowments'.[63]

Nuair a theip air an ollúnacht a fháil in 1861, moladh dó mar seo a leanas: 'But you must also give the best consolation that we can have, and that is the assurance that we have not been mistaken in the high expectations we had formed of you . . . You can still show that, although not Boden Professor, you are and will remain the oracle of all who wish to know the secrets of Indian literature and religion'.[64] Thug sé sraith léachtaí sa bhliain 1861, Lectures on the Science of Language, don Institiúid Ríoga i Londain agus ba iad na léachtaí, a foilsíodh i bhfoirm leabhair sa bhliain 1864, seo a dhíoltas ar Monier-Williams. Ní hamháin gur spreag siad spéis na coitiantachta san fhocleolaíocht ach leathanaigh a chlú agus a cháil ar fud na Breataine agus na hEorpa:

> It is a fact of no ordinary significance that, in the height of the London season, an enthusiastic audience of both sexes crowded the benches and endured the heat of a popular lecture-room, not to witness the brilliant experiments, or be fascinated by the revelations of a Faraday or an Owen, but to listen to a philosophical exposition of the inner mysteries of language.[65]

Dar lena mharbhna sa *London Times*: 'Society talked of Max Müller's lectures. They were part of the stable of conversation at dinner tables. Some of his happy phrases were in all mouths. Grimm's law and our Aryan ancestors were as much in vogue as was liquid hydrogen a little time ago'.[66] Bhí an-ráchairt ar na léachtaí seo agus ba shásta a bhí Müller leo, dar le Van de Bosch: 'They aroused the interest Müller hoped they would get in Europe and America, and made him a well-known scholar with an international reputation'.[67] Faoin mbliain 1886, is é sin cúig bliana is fiche ina dhiaidh, athfhoilsíodh iad ceithre bhabhta dhéag agus an bhliain chéanna thug sé léacht dar teideal 'Stratification of Language' inar shainmhínigh sé dhá riail a d'imreodh an-tionchar ar theanga agus ar léann na Gaeilge go háirithe: 'athghiniúint teanga' agus 'meath foghraíochta'. Pléifear sa chaibidil seo le hathghiniúint teanga agus a tionchar ar chonspóid na gcanúintí Gaeilge.

Bhain an teoiric nua réabhlóideach seo an bonn den tseantuiscint gur chiallaigh canúnachas go raibh teanga ag teip agus ag meathlú. A mhalairt ar fad a bhí fíor, dar le Müller. Roimhe seo, ceapadh agus glacadh leis, mar a mhínigh Kant, gur léiriú ar an intinn ab ea an teanga, agus gur léirigh staid na teanga náisiúnta staid an náisiúin. De réir theoiricí Darwin, bhí an bás in ann don dúil nó an teanga nár fhorbair agus nár athraigh chun dul i ngleic leis an timpeallacht. Ba é sin an fáth gur séanadh aon rian den chanúnachas a bheith sa Ghaeilge agus gur glacadh masla óna ndúirt Atkinson i dtaobh na Gaeilge. Bhréagnaigh Müller an tuiscint sin ar fad nuair a thug sé le fios nach meathlú a bhí i gceist leis an gcanúnachas ach beocht, fuinneamh agus brí na teanga. Ba iad na teangacha nach raibh canúintí iontu, dar le Müller, a bhí ag fáil bháis agus ag feo. Dar leis, b'ann do chanúintí i ngach teanga go dtí gur scríobhadh síos iad. Is ansin a deineadh cinneadh cén chanúint a dtabharfaí tús áite di, ach ina ainneoin sin lean na canúintí orthu mar fhoinse agus mar áis don chaighdeán sin.

D'fhógair Müller gur fhás teanga trí dhá phróiseas: 'athghiniúint chanúna' agus 'dreo foghraíochta':

In order to understand the meaning of *dialectic regeneration* we must first see clearly what we mean by dialect . . . Language exists in man, it lives in being spoken, it dies with each word that is pronounced, and is no longer heard. It is a mere accident that language should ever have been reduced to writing and have been made the vehicle of a written literature . . . The real and natural life of language is in its dialects, and in spite of the tyranny exercised by the classical or literary idioms, the day is still very far off which is to see the dialects, even of such classical languages as Italian and French, entirely eradicated.[68]

Tugann Müller samplaí do líon na gcanúintí i dtíortha áirithe: fiche ceann i gcló san Iodáil, ceithre cinn déag sa Fhrainc, seachtó sa Ghréig. Is baolach don teanga nach dtugann aird ar fhás agus ar fhorbairt na gcanúintí mar is léir ó chás na Laidine:

After having been established as the language of legislation, religion, literature, and general civilisation, the classical Latin dialect became stationary and stagnant . . . could not grow, because it was not allowed to change or to deviate from its classical correctness. It was haunted by its own ghost. Literary dialects, or what are commonly called classical languages, pay for their temporary greatness by inevitable decay. They are like stagnant lakes at the sides of great rivers. They form reservoirs of what was once living and running speech, but they are no longer carried on by the main current. At times it may seem as if the whole stream of language was absorbed by these lakes, and we can hardly trace the small rivulets which run on in the main bed. But it is lower down, that is to say, later in history, we meet again with a new body of stationary language, forming or formed, we may be sure that its tributaries were those very rivulets which for a time were almost lost from our sight . . . It may still live on for a long time . . . it is in reality but a broken and withering branch, slowly falling from the stock from which it sprang. The sources of Italian are not to be found in the classical literature of Rome, but in the popular dialects of Italy . . . Remove a language from its native soil, tear it away from the dialects which are its feeders, and you arrest at once its natural growth.[69]

Is mar chanúintí a d'fhás agus a d'fhorbair teangacha, agus tháinig deireadh leis an bhfás orgánach sin nuair a calcadh iad i bhfoirm scríofa. Níorbh fholáir, dar le Müller, féachaint ar theangacha liteartha ar nós na Gréigise, na Rómánaise, na hInde ársa nó nuatheangacha na Eorpa mar rud 'artificial, and the real natural life of languages was to be found only in dialects. According to him it was a mistake to imagine that dialects everywhere were corruptions of the literary language'.[70] Ba scéal nua é seo agus scéal ar ghlac roinnt de lucht na hAthbheochana go fonnmhar leis go háirithe an tuiscint: 'Before there can be a national language there must be hundreds of dialects in districts, towns, villages, clans and families, and though the progress of civilization and centralization tended to reduce their number and to soften their features, it had not annihilated them'.[71]

Chothaigh an dearcadh réabhlóideach seo i leith na gcanúintí scoilt shoiléir laistigh de ghluaiseacht na Gaeilge. Ar thaobh amháin bhí scoláirí Choláiste na Tríonóide, an Acadaimh Ríoga agus Chumann Buan-Choimeádta na Gaedhilge, a raibh am agus dua caite acu ag cosaint na teanga ó achasáin nach raibh inti ach *patois* de chanúint mheathlaithe spíonta. Ar an taobh eile bhí scata ógfhear a shlog soiscéal Müller go huile agus go hiomlán agus a tharraing na canúintí chucu féin agus a dhein an canúnachas a fhógairt agus a cheiliúradh. Dar leo ba chomhartha fuinnimh an canúnachas, murarbh ionann agus saorgacht na Gaeilge clasaicí. Dhiúltaigh an grúpa óg seo do Ghaeilge Chéitinn agus thug siad go bródúil faoi, ní hamháin canúint amháin, ach trí mhórchanúint na Gaeilge a fhorbairt. Mar a d'fhógair *Irisleabhar na Gaedhilge* agus iad ag fógairt bhunú Chonradh na Gaeilge, bhí cleas fear óg tar éis:

> resolved themselves into a Society for the sole purpose of keeping the Irish Language spoken in Ireland. It was agreed that the literary interests of the language should be left in other hands, and that the new organisation should devote itself to the single object of preserving and spreading Irish as a means of oral intercourse. The object of this feature of Gaelic literature as such, from which the Gaelic League, dissociated itself; but to demonstrate to the public the actuality and existence at their doors of the *living* Irish Language, and to show that there are, even in Dublin, men who can speak Irish freely and masterfully, and who can exhibit the powers of the language as still alive and vigorous.[72]

Nuair nach raibh gach aon duine ar aon fhocal, d'éirigh na baill óga amach agus bhunaigh siad cumann teanga dá gcuid féin, a bheadh dírithe go huile agus go hiomlán ar na canúintí: Conradh na Gaeilge.

Roimh bhunú Chonradh na Gaeilge tuigeadh na canúintí mar dhroch-chomhartha do theanga ar bith agus b'ionann iad agus tréith mheathlaithe den teanga. An teanga a raibh canúintí dá cuid á labhairt, nó níos measa fós, á scríobh ba bhocht an teanga í agus ba bhoichte fós a cultúr. Sin in tuiscint a rialaigh cuspóirí agus dearcadh na ngrúpaí éagsúla a thug faoin nGaeilge a shábháilt nó a chaomhnú roimh Chonradh na Gaeilge. Níor léirigh siad mórán spéise ná fiú measa ar chanúintí, ar chaint na ndaoine – ba í dríodar na Gaeilge í. Is é a theastaigh uathu ná an teanga nach raibh aon rian den chanúint uirthi – Gaeilge na lámhscríbhinní, Gaeilge an seachtú haois déag, Gaeilge Chéitinn – agus, de réir thuiscintí teangeolaíochta na linne inar mhair siad agus ar ghníomhaigh siad ann, is acu a bhí an ceart. Ach i ndiaidh do Müller an soiscéal nua a fhógairt, fearadh fáilte roimh na canúintí. An difríocht idir Conradh na Gaeilge agus Cumann Buan-Choimeádta na Gaedhilge ná gur dheisceabail de chuid Max Müller ab ea 'fir óga' Chonradh na Gaeilge agus gur chreid baill an Chumainn sa teagasc oifigiúil a bhí san fhaisean agus iad ag fás aníos. Ní haon ionadh é gurbh iad de Henebry, Walter Conway, Tomás Ó Néill Ruiséal – an ghlúin aosta a raibh na blianta is fearr dá gcuid caite acu – a dhein argóint ar son caighdeáin chinnte nach raibh truaillithe ag na canúintí.[73] Agus is é an dearcadh seo a mhúnlaigh tuiscint Mahaffy agus Atkinson i leith na gcanúintí, leis. Tugann John O'Flynn le fios, áfach, go raibh Mahaffy níos báúla do na canúintí nuair a bunaíodh Cumann Gaelach Choláiste na Tríonóide sa bhliain 1908:[74] 'Even Professor Mahaffy, who graced the gathering with his distinguished presence, got carried away in the prevailing enthusiasm, and astounded many of his old friends, both inside and outside Trinity, by making at the close of the proceedings a kind of recantation of his long-standing and oft-expressed views regarding the worthlessness of Gaelic studies.'[75]

Maidir le hAtkinson, ar deineadh ollamh le teangacha rómánsacha de ag aois a tríocha agus ollamh leis an tSanscrait le dhá bhliain ina dhiaidh sin, bhí sé dé cháil air go raibh an Eabhrais, an Tamailis, an Telegu agus an tSínis ar a thoil aige gan trácht ar ghramadach na Sanscraite. Is cúis iontais mar sin í nár thug sé leis an Ghaeilge bheo: 'he spoke French like a native, his Chinese pronunciation was impeccable, he could argue with cab-drivers in St. Petersburg; why did he never learn to converse with equal ease with native Irish-speakers, of whom there was no lack in Ireland eight years ago?'[76] Is é freagra David Greene ar an gceist seo ná an cur síos a dhein Kuno Meyer ar an oiliúint a tugadh d'Atkinson agus é ina mhac léinn: 'the British university system was concerned almost exclusively with the acquisition of knowledge which was already common property'.[77] Dar le Greene, b'fhear cuimhne seachas fear taighde é:

> All the languages he had studied, except Irish, has already been provided with authoritative grammars and dictionaries, which he absorbed without apparent difficulty; for early Irish there was only Zeuss's *Grammatica Celtica*, which dealt with only the Irish of the glosses . . . As for modern Irish, the explanation is even simpler: gentlemen do not study patois, especially if the patois is being used as the instrument of a politically distasteful movement. It is more than probable that Atkinson's linguistic range did not include one single non-standard form of speech; he no doubt noticed that cab-drivers in Paris or St. Petersburg spoke somewhat differently from himself, but then he knew he was right and they were wrong.[78]

Dhein seanfhondúirí a bhí go mór ar son na Gaeilge argóintí i gcoinne na gcanúintí de réir mar a oileadh iad agus de réir mar a tuigeadh cúrsaí an tsaoil dóibh. B'alt creidimh acu an tuiscint gurbh í an chanúint an rud ba lofa agus ba náirí i dteanga ar bith. Ní orthu an locht gur athraigh an teoiric agus an tuiscint: is é a gcoir nár ghéill siad don teagasc nua ar ghlac

Conradh na Gaeilge leis go fonnmhar. Is féidir imní agus easpa tuisceana na glúine sin a shonrú go soiléir sa sliocht seo a leanas ó litir a chuir Dáithí Ó Coimín chuig 'Beirt Fhear' ar an 15ú de mhí na Lúnasa, 1902:

As for the Gaelic League, they don't believe in Keating at all – and some of them don't want books. Instead of the 'written word' they want 'the unwritten tradition', and the 'living voice' – and why not keep it going? After all, the language has fifteen centuries or so behind it and yet some people would set it as if it were an African jabber which people were endeavouring to write down from the mouths of the natives.[79]

Tar éis bhunú Chonradh na Gaeilge, ba é 'jabber' na ndúchasach i bPort Láirge, i gCorcaigh, i gCiarraí, sa Chlár, sa Ghaillimh, i Maigh Eo agus i nDún na nGall an caighdeán teanga a dtabharfaí tús áite dó agus a mhúinfí i ranganna Chonradh na Gaeilge in Éirinn agus thar lear. Níorbh é fear na lámhscríbhinní san Acadamh Ríoga, i gColáiste na Tríonóide ná sa Leabharlann Náisiúnta an saineolaí Gaeilge a thuilleadh, ach an té a raibh cur amach agus máistreacht aige ar na canúintí.

Sonraítear an dearcadh nua radacach sa ráiteas seo ó *Irisleabhar na Gaedhilge*, Samhain 1893: 'The new Gaelic League is doing well. Papers in Irish have been read on Irish Music, on the necessity of a common literary dialect, and on the relative merits of Irish as spoken in different localities'.[80] Roimhe seo ní raibh spéis sna canúintí ag formhór na scoláirí agus na nGaeilgeoirí ach mar shampla de thruailliú na teanga nó mar chaitheamh aimsire. D'fhéach Cumann Buan-Choimeádta na Gaeilge orthu mar fhoinse a sholáthródh scoláirí óga a bheadh in ann tabhairt faoi rúin na lámhscríbhinní a scaoileadh amach anseo,[81] cé go bhfoilsítí píosa 'How Irish is Spoken / Irish as it is spoken' ó am go chéile agus go bhfoilsítí finscéalta i gcaint na ndaoine, go háirithe le linn d'Eoghan Ó Gramhnaigh a bheith ina eagarthóir ar *Irisleabhar na Gaedhilge*. Ina ainneoin sin, áfach, ní raibh siad, den chuid is mó, ach in áit na leathphingine.

Níl aon ghné eile den dioscúrsa teanga nó litearta ina bhfeictear an Conradh ag dul i bhfeidhm chomh tobann ná chomh tréan sin air. Le bunú an Chonartha tosnaíodh ag tacú leis na canúintí agus á moladh. Bhain sé seo go dlúth le feachtas an Chonartha chun daoine a chur ag léamh agus ag scríobh: 'The vernacular, and not any literary form of the language, is the object to be attained',[82] agus: 'As specimens of pure Gaelic, these compositions are of the greatest possible value, the more so, as in most cases, the text has not been interfered with, and represents faithfully the spoken language'.[83] Ní dhéanfaí aon dul chun cinn in athbheochan na teanga go dtí go nglacfaí leis na canúintí agus go gcuirfeadh gach Gaeilgeoir spéis sna canúintí ar fad. Seachas a bheith ag faire ar na canúintí agus ar éagsúlacht na gcanúintí mar thruailliú agus mar mhorgthacht ar an teanga, tuigtear don scríbhneoir gan ainm go mba chóir meas a léiriú orthu agus iarracht a dhéanamh an oiread eolais agus ab fhéidir a chur ar gach canúint. Tarlaíonn aistriú séimeantach maidir leis an bhfocal 'meath' agus éirítear as a bheith ag cur síos ar 'mheath' na teanga mar 'degeneration' agus tosnaítear ag trácht ar 'decline'. An íomhá den sár-Ghaeilgeoir amach anseo is fear é a bhfuil cur amach leathan aige ar na canúintí ar fad agus a gcuid difríochtaí seachas an té a bhfuil cur amach aige ar an tSean-Ghaeilge agus na lámhscríbhinní amháin.

> The addresses from the three provinces had one important result. It showed that the statement that the Irish is now a mere dialectical language with considerable differences in the provinces is untrue. The three speakers had the accents and styles of delivery of their different districts, and there was to the listeners no differences of dialects, every speaker being understood with as little difficulty – perhaps even less difficulty – as English-speaking Dublin finds in understanding an English-speaking Belfast man. If it was with a view of such a demonstration that the programme included these terms, the purpose was thoroughly well fulfilled.[84]

Tá an bhéim tar éis athrú ón bhfocleolaíocht go dtí an chanúin-eolaíocht. D'imir an t-athrú seo tionchar ollmhór ar litríocht na Gaeilge, leis, mar leagadh an bhéim ón uair seo amach ar phíosaí ó na canúintí ar fad a fhoilsiú ionas go gcuirfí oiliúint ar an bpobal fúthu. Feictear sna sleachta seo in *Irisleabhar na Gaedhilge* agus *Fáinne an Lae* gur fhás an tuiscint nach raibh sa Ghaeilge ag aon leibhéal den stair ach canúint agus gur fhorbair sí ó chanúint amháin go canúint eile de réir a chéile. Ní hamháin go dtosnaítear ag trácht ar Ghaeilge Chéitinn, mar chanúint mar a dhein 'Labánach' ina ionsaí ar 'An Bunán Aerach' as crua-Ghaeilge a úsáid ina litir chuig *Irisleabhar na Gaedhilge* sa bhliain 1897, ach feictear an tuiscint nua i leith na gcanúintí sa sliocht seo a leanas:

> Add to this the absolute necessity of basing all literature on the living usage, and of enabling the book-learner to utilize the only means by which a real grasp of the native idiom can be obtained, intercourse with those who speak it from childhood, and it will be seen that there is a great advantage in publishing folk-lore with all its concomitants of dialect and local peculiarities. On this point of dialect a very clear understanding is necessary. We hold the view that a sound basis for the future cultivation of Irish will never be laid until at least the readers of Irish make up their minds to be thoroughly familiar with the leading peculiarities of the usage of the different provinces . . . There were dialects of Irish 200 and 300 years ago as there are today. But the writers of those days would have been ashamed to be familiar only with the usage of the parish, or barony, or county, or province in which they were born. Their writings may show a certain amount of unconscious localism, but they are certainly free from the spirit of provinciality. Till we free ourselves of that spirit, active or passive, we are delaying the regeneration of our national literature.[85]

Ba é 'Magh-Chromtha', áfach, a dhein cur síos lom díreach ar dhearcadh nua an Chonartha i dtaobh na gcanúintí agus chaint na ndaoine sa sliocht seo a leanas dar teideal 'Gaedhilge Shimplidhe' a foilsíodh in *Fáinne an Lae* ar an 26 Feabhra 1898. Tráchtann sé ar litir ó 'Roscománach' a dhein plé ar na deacrachtaí a bhí ag muintir Chonnacht agus na Mumhan canúintí a chéile a thuiscint ach, in ainneoin pé deacrachtaí a bhí ann, ba chóir bata agus bóthar a thabhairt do chrua-Ghaeilge na leabhar:

Ní'l aon ghnó againn de chruaidh-Ghaedhilg. Tá ár ndóthain di bog go leor againn. Is í an chuid is boige dhi is feárr. Ní'l tairbhe ar bith san chruadh-Ghaedhilg, acht chum bheith ag cur na ndaoineadh amugha. Ní'l acht forcumás (pedantry) in do dhuine bheith ag cuardach sean-leabhar ag lorg na bhfocal is cruaidhe agus is seannda, an fhaid atá focail is feárr agus is deise go mór ná iad aige le faghail 'san mbothar is girre dhó. Gaedhealg na ndaoineadh! Sgríobhamaois é sin. Tiubhraid na leabhair aire dhoibh féin. Coimhéadfaid na leabhair an chaint atá aca. Sgríobhamaois síos caint na ndaoineadh sul a mbeidh sé ró-dhéidheanach againn'.[86]

Ba mhór an chéim chun cinn do na canúintí í nuair a labhair 'Mac Léigheinn' ar a son. Duine ab ea é a scríobh go minic ar chúrsaí Gaeilge agus a ghlac páirt lárnach sa díospóireacht faoi chúrsaí clódóireachta. Ní hamháin go raibh seasamh aige de bharr a chur amach ar an teanga, ach bhí meas ag léitheoirí *Irisleabhar na Gaedhilge* air. Sa chéad alt cuireann sé síos ar an bhfadhb agus cíorann sé argóint na ndaoine ar theastaigh uathu dul siar go dtí an seachtú haois déag chun caighdeán a aimsiú. Leanann sé air ansin agus cuireann sé síos i dtéarmaí cogaidh, rud tá fíorspéisiúil sa chomhthéacs iarchoilíneach, ar na buntáistí a bhaineann leis na canúintí:

To find a settled standard of literary usage in modern Irish, we must go back to the 17th century. The student of the last three centuries of Irish literature knows how clear, consistent and definite, and how purely Irish is the style of the best authors of the earliest century of the three. He also knows how during the two succeeding centuries, literary usage became more and more unsettled, inconsistent and indefinite, showing accentuated provincialisms and traces of English influence . . . Against this subserviency, which has saturated us to the very marrow, there is now a growing revolt. One outcome of this revolt is a cry from many quarters for the restoration of a common literary standard in the writing of Irish. Such a common standard would have the same advantage over the present state of things as a common military organization would have had over the tribal and provincial militarism of Celtic Ireland. It is, therefore, a great end, and worth making some sacrifices to attain.[87]

Tá a leanann ina dhiaidh seo fíorspéisiúil mar is ann a fheictear duine de na tráchtairí is mó le linn na hAthbheochana ag déanamh cur síos ar chás na Gaeilge agus ar a sheasamh ar an gceist agus ansin ag tabhairt na gcúiseanna go bhfuil sé tar éis teacht ar athrú meoin. Is ionann an fhorbairt a tháinig ar thuiscint 'Mhic Léigheinn' ar an ngné seo in imeacht ama agus an fhorbairt a tháinig ar dhearcadh na ndaoine arbh iad Conradh na Gaeilge iad. Tugann sé na hargóintí a bhaineann le hathbheochan an tseanchaighdeáin, ach ina theannta sin míníonn cén fáth nach féidir an beart sin a chur i gcrích:

> We should lay ourselves open to fatal criticism if we adopted as our literary medium a non-existent artificial form of Irish, which would fail to interest the mass of the Irish-speaking population.
> It is a commonplace that no language can hope to live now-a-days that has not a contemporary literature. In other words, if people cannot read and write a language, they will willingly abandon it for a language they can read and write. This means that our standard of written Irish, to be effective and to aid in preserving the language, must be within easy reach of the mass of the people who speak it. Our literature, then must be in close relation with the usage of the people. The power of man could never again popularise in Ireland the diction of Keating and other writers in the 17th century. Already the prevalence of texts of that age has caused discouragement and despair among many Irish-speaking people who could easily have been won to take the keenest interest in literature of a more modern cast. Such texts may suit Intermediate and University students, but to the people at large they are little better than stumbling-blocks. It will be seen, then, that I plead for a quite modern standard in close accord with popular usage. Now popular is far from being uniform.[88]

Cruthaíonn an bhéim a leagann sé ar na gnáthdhaoine agus ar chúrsaí léitheoireachta murar bhall nó oifigeach den Chonradh é, gur shlog sé síolteagasc an Chonartha ina iomláine.

Ba nóta rialta í i dtuairiscí na dtimirí agus i measc na dtuairiscí ó thurais chuig na Gaeltachtaí nach raibh aon deacracht ann ag cainteoir canúna amháin canúint eile a thuiscint:

> He then described, in simple but very graphic words, his recent visits to Donegal and other places, including his own native island, and impressed upon his hearers his conviction that the differences of Irish 'dialect' (so-called) are greatly exaggerated. He found no trouble in understanding the Irish spoken in any part of Ireland, and he thought that if *all* the forms of expression were faithfully written just as they are spoken they would soon become familiar to all Irish-speakers, and cease to be confined to certain districts. Irish, from which these natural twins of speech were excluded, instead of being easier to any Irish speakers, was intelligible to most of them, while the magnifying of the differences deterred beginners from the study of the language, by making it appear far more troublesome than it really was.[89]

Bhí an tuiscint ag teacht chun cinn, agus tar éis an Choimisiúin Um Meánoideachas níorbh aon ionadh é, gur theanga infhoghlamtha ab ea an Ghaeilge dá ndéanfaí í a scríobh agus a labhairt mar a dhéantaí sa Ghaeltacht. Ba iad na hollúna agus lucht léinn lena ndúil dhoshrianta sa tSean-Ghaeilge agus sa teangeolaíocht – agus iad féin aineolach faoin teanga labhartha – ba chúis leis na deacrachtaí a bhí ag an bpobal roimhe seo. Ach b'ann don bhaol, leis, nuair a moladh na canúintí thar an tSean-Ghaeilge. Mar b'fhíor i dtaobh an litrithe, nuair a tugadh ceadúnas agus cead a chinn do gach aon duine beo a rogha féin den litriú a mholadh, níorbh fholáir, mar ba ghá i gcás an litrithe, srian éigin a chur leis an tsaoirse seo:

> The bigoted provincialists have utterly failed in that line, for the simple reason that it is useless to write a grammar, supposed to be intended for students, from the usage of the local dialect of a narrow circumscribed territory, in some cases probably not larger than a parish, for even parishes have their slight peculiarities of speech. The present grammar shows that modern spoken Irish can be easily treated as a unity, even the points of cleavage in the dialects merely indicating that, at most they are, in the light of the literary usage, complimentary to one another.[90]

Mar b'fhíor i gcás an litrithe, b'éigean a chinntiú nach mbrisfí an leanúnachas leis an traidisiún a chuaigh siar go tús ama dar le tuiscint na linne úd. Muna ndéanfaí cúram ceart de theanga na Gaeilge agus de chanúintí na Gaeilge, scoiltfí í agus seachas dornán canúintí, beadh dornán mionteangacha ann. Níor mhór mar sin srian a chur leis an ngluaiseacht seo chun gradam 'canúna' ar gach paróiste agus sráidbhaile dá raibh ann:

> Moreover, as one's acquaintance with the spoken Irish of to-day is extended, one learns that it is a language of wonderful scope, variety, power, and elegance. In all the qualities we are forced to believe that it is not a whit inferior to Old or Middle Irish in their best days. Only in the power of word formation does the modern idiom yield the palm to the old. If the written specimens of contemporary Irish do not all exhibit the powers of the language to the best advantage, it is because writers have not yet mastered it so as to be able to draw out all its strong points. If the Irish-speaking population could be got to realize the beauty and power of their own language, and to meet with the scorn of scorn those whose ignorance or prejudice makes them despise our national tongue, the position of the Irish language would be impregnable.[91]

Mar is dual do shliocht ar bith a scríobhadh faoi thionchar idé-eolaíocht Chonradh na Gaeilge, leagtar béim ar an teanga a labhraítear sa Ghaeltacht, agus cáintear an teanga a ndéanann lucht léinn staidéar uirthi agus a aimsítear sna lámhscríbhinní. Is ionann spiorad na teanga a labhraítear sa Ghaeltacht in am ar bith, dar leis an tuiscint seo, agus an teanga a labhraítí fadó in Éirinn. Dá dtuigfeadh muintir na Gaeltachta féin an méid sin, ní bheadh aon leisce orthu an teanga sin a labhairt agus ní chuirfí srian le fás na bhfocal Gall-Ghaeilge.

Níor bhuaigh an Conradh an cath seo thar oíche ná baol air. Ba chogadh mall fada é a fearadh seachtain i ndiaidh seachtaine, mí i ndiaidh míosa in irisí na Gaeilge ó bhunú Chonradh na Gaeilge ar aghaidh:

> If Irish is to have a future, it must have a literary future. The literary form of the language must tend towards a certain uniformity. The uniformity of the 17th century is now obsolete, and the writing of Irish varies very much according to the locality of the writer. A new literary uniformity must therefore grow up. In pleading for uniformity, I plead for no cast-iron code of rules, but for a practical working community of usage. The genius, general idiom, and ordinary vocabulary of Irish, North and South are sufficiently one to give a common working basis.[92]

Ní fhéadfaí mar sin féin todhchaí na teanga a fhágaint fúithi féin toisc nach raibh teagmháil rialta idir na Gaeltachtaí:

> A little thought will show the danger of such an attitude. The tendency of dialects is to diverge. At present the different parts of the Irish speaking community have hardly any intercourse with each other. The only thing they have in common is printed literature. I may be deceived when I think that of late a certain want of sympathy has existed, based on differences of dialect. What is unfamiliar tends to become distasteful. The remedy for this is to keep the great end always in view. The only thing we have got to build on is the Irish we find spoken. There can be no other foundation. No living literature ever had any other foundation than a living language. The Latin dramatist wrote, 'Homo sum. Nihil humanum a me alienum puto'. We might paraphrase it thus in regards to our language: Gaedhealach sinn-ne. Ní'l aon nídh Gaedhealach nach gaol dúinn. Instead, then, of turning away in distaste from differences of dialect, we ought, as far as possible, to turn to them, become familiar with them, and master them. I can think of no better way to smooth out and remove the difficulties such differences create.[93]

Níorbh fholáir a bheith an-dian ar an té a dhein gaisce as leagan faoi leith ó aon cheantar amháin:

> The student of Irish is often tempted to stand up for some isolated usage, even when it survives only in some very small district, when he finds authority for such usage, in the older forms of the language. This is surely pedantry. The English peasants use 'thou' instead of 'you' in the singular number. I know people who commonly say, 'quo he, quo she' (quoth he, quoth she), as Shakespeare's characters do, instead of 'said he, said she'. But writers of English recognise, even though they are not wholly obsolete, would

be a cause of confusion . . . My purpose in writing the foregoing is twofold, to loosen and widen the ideas of the scholar who is in love with the old literary standard, and to do the same for the speaker of Irish who gives all his affection to the local form of language with which he is most familiar.[94]

Tugadh spreagadh mór d'fheachtas Chonradh na Gaeilge chun na canúintí a bhrú ar aghaidh thar Ghaeilge na lámhscríbhinní nuair a d'fhoilsigh Risteárd de Henebry *The Pronunciation of Desi-Irish,* staidéar ar Ghaeilge na nDéise, fochanúint i gCúige Mumhan.[95] Bhronn an leabhar seo gradam ar chanúint na nDéise agus neartaigh sé seasamh de Henebry mar shaineolaí, ní hamháin ar an nGaeilge, ach ar an gcanúint seo. Chuir sé ar chumas daoine an chanúint seo a fhoghlaim agus chuir sé bonn teangeolaíoch faoi staidéar na gcanúintí. Bheadh an lá leis na canúintí amach anseo agus a bhuíochas sin i measc cúiseanna agus fáthanna eile do Chonradh na Gaeilge, don Athair Peadar, do *Séadna,* dá chuid litreacha agus aistí iomadúla, agus b'fhéidir, do Max Müller.

9

An Ghramadach: Bunús na Teanga Sainiúla

An Graiméar maith, pléifidh sé, de réir mar is gá, cúrsaí eile le cois rialacha briathra agus foirmeacha focal. Is amhlaidh atá ach go háirithe i gcás na Gaeilge.[1]

Seán de Fréine

Languages, however, though mixed in their dictionary, can never be mixed in their grammar . . . in the classification and in the science of language, it is impossible to admit the existence of a mixed idiom.[2]

Max Müller

Is annamh, más riamh, conspóid gramadaí neodrach. Is iondúil gur tuiscint nó dearcadh idé-eolaíochta a stiúrann a leithéid de chonspóid agus b'amhlaidh a bhí an scéal i dtaobh na gconspóidí gramadaí le linn na hAthbheochana. Ba é scagadh na bhfoinsí scríofa agus anailís a dhéanamh ar na hócáidí ar tháinig siad salach ar a chéile bun agus barr na gramadaí sular tháinig Conradh na Gaeilge ar an bhfód. Tabharfar aghaidh anseo ar chonspóid faoi leith chun codarsnacht a dhéanamh idir an dá shórt dioscúrsa arbh ann dóibh le linn na hAthbheochana, agus míneofar an difríocht eatarthu i dtéarmaí na dtuairimí a d'fhógair Max Müller mar chuid dá *Lectures on the Science of Language*.

Is léir ó thagairtí na nuachtán Gaeilge gurbh ann do thraidisiún fada do lucht léinn ag sciolladh ar a chéile go poiblí faoi chúrsaí gramadaí. Tráchtann *Fáinne an Lae* ar ionsaí Sheáin Uí Dhonnabháin ar *Practical Grammar of the Irish Language* le Pól Ó Briain dá chuid mac léinn i Maigh Nuad a foilsíodh sa bhliain 1809.[3] Tráchtann *Irisleabhar na Gaedhilge* mar chuid de léirmheas cáinteach ar fhoilseachán de chuid Chumann Buan-Choimeádta na Gaedhilge ar an léasadh a thug an Donnabhánach do leabhar Monk Mason dar teideal *Grammar of the Irish Language*:

> Every page of this work is so full of errors, that to enumerate them and show a reason for their inaccuracy would be a task more difficult than to compile an Irish grammar. We feel it our duty to put the learner on his guard against this work, because we have heard that it is considered a work of great merit. It is a mass of indigested rules drawn from the writings of others, by a person by no means equal to the task; and we state with emphasis that no person is able to compile a grammar of the language except one who has spoken it from his infancy, and given up his time and consideration to the study of this ancient and venerable dialect.[4]

Ba ghann iad na leabhair ghramadaí a d'fhreastail ar an Nua-Ghaeilge, agus ba mhinic iad ag teacht salach ar a chéile.[5] Fiú is go moltar leabhar an tSeoighigh níorbh éasca teacht air agus cloistear arís an gearán nach raibh fáil ar théacsleabhair ghramadaí na Gaeilge: 'Joyce's grammar is practically the only book in the market. I tried to buy a copy of several other Irish grammars, but was invariably answered, "Out of print".'[6] Ba nós leis na leabhair ghramadaí díriú isteach ar cheisteanna casta nach raibh freagra na ceiste acu go minic, agus d'oir siad do mhic léinn ollscoile, mionlach iontu féin, seachas do thosnaitheoirí nach raibh uathu ach bunús gramadaí. Cháintí aon leabhar gramadaí a chuaigh isteach go mion sa ghramadach seachas rialacha simplí a leagan amach: 'a tendency to bring the student into discussions which can only be settled between ripe scholars, and this tendency is once or twice betrayed in the work before us'.[7] Níorbh é sin a theastaigh: 'What the student wants is definite teaching on good authority. The argumental part of philology should be confined to special books or discussed through some recognised medium of philological discussion'.[8]

Thagair Uilic de Búrca, ní hamháin do ghanntanas na leabhar, ach cé chomh rialta a d'imigh siad as cló ionas nach raibh mic léinn óga in ann teacht orthu, gan trácht ar an bpraghas ard a ghearr lucht na leabhar dara láimhe ar chóipeanna ganna.[9] I measc na leabhar gramadaí sin idir iad a bhí i gcló, a bhí as cló agus a bhí ar fáil ar phraghas ard, ní raibh aon cheann acu thar moladh beirte. Ní raibh fáil ar théacsleabhar a dhéanfadh cur síos ar na rialacha áirithe a bhain leis na canúintí, agus ba bhearna mhór í sin agus an bhéim ag athrú ón teanga chlasaiceach go dtí an teanga bheo mar a d'admhaigh *Irisleabhar na Gaedhilge*: 'The vernacular, and not any literary form of the language, is the object to be attained'.[10] Ach ba ghainne fós leabhair ghramadaí a d'fhreastail ar an tSean-Ghaeilge tríd an mBéarla. Ba sa Ghearmáinis a scríobhadh formhór na dtráchtaireachtaí ar an nGaeilge, go háirithe ar an tSean-Ghaeilge agus ar an Meán-Ghaeilge roimh 1880. Saothar mór mar sin ab ea aon téacs a d'fhreastail ar an léitheoir gan Ghearmáinis, iadsan a bhraith go huile agus go hiomlán ar an mBéarla nó ar an nGaeilge. Ba bheag deis ná áis a bhí ann chun teanga na Sean-Ghaeilge a fhoghlaim, agus nochtadh an tuairim in *Irisleabhar na Gaedhilge*, i léirmheas ar *An Casán go Flaitheamhnas*, nach raibh ach scór sa tír in ann an tSean-Ghaeilge a léamh.[11] Ba mhór an chabhair mar sin an dá aistriúchán Béarla a foilsíodh ar shaothar Windisch go luath sna 1880í.

Cé go ndealraítear nach bhfuil ar siúl anseo ach lucht léinn ag sárú a chéile, is fearr i bhfad a thuigtear an chúis agus an phráinn a bhain leis an díospóireacht má chuirtear san áireamh gur thit na himeachtaí seo amach thart timpeall an ama gur chuaigh an Chéad Choimisiún Um Oideachas i mbun oibre sa tír seo agus gur pléadh cás na Gaeilge ag an gCoimisiún seo. D'aistrigh Moore agus an tAthair J. P. MacSwiney roinnt mhaith de leabhar Windisch go Béarla faoin teideal *A Concise Irish Grammar*. Foilsíodh, áfach, mar chuid den téacs aguisín a raibh cóipeanna de théacsanna Sean-Ghaeilge ann ach iad breac le botúin. Spreag léirmheas cáinteach a dhein an Corcaíoch an Dochtúir Bartholomew Mac Cárthaigh, arb é leas-uachtarán Chumann Buan-Choimeádta na Gaeilge é idir 1897 agus 1904[12], ar *A Concise Irish Grammar* conspóid ar leathanaigh *Irisleabhar na Gaedhilge* agus san *Irish Ecclesiastical Review*, conspóid a mhair nach mór bliain de bharr an cháinte.[13] Bhí an cur síos seo a leanas ag John MacErlean ar an gCárthach: 'He often spoke slightingly of the labours of his predecessors . . . while his carping criticisms of contemporary scholars often led to warm discussions', ach ina ainneoin sin, deir sé: 'MacCarthy was a man of great ability and wide learning and was recognized as one of the foremost of Irish scholars and as the highest authority on all matters of Irish chronology, especially on those touching the Paschal question'.[14] Bhí fionnadh ar John Fleming, eagarthóir *Irisleabhar na Gaedhilge* agus níor chuir sé aon fhiacail ann nuair a chuir sé i leith Mhic Cárthaigh agus a léirmheasa gur fheachtas i gcoinne na teanga a bhí ar bun aige toisc fiamh a bheith aige le hAontacht na Gaedhilge. Bhí sé de nós, dar leis, ag daoine nach raibh ach beagán eolais acu i dtaobh na Gaeilge, agus na Sean-Ghaeilge go háirithe, tuairimí a nochtadh gan bunús ar bith leo agus ansin cluas bhodhar a chur orthu féin: 'it is folly and arrogance for people with a slight superficial knowledge of Old-Irish to be setting up as dictators upon questions connected with it'.[15]

Ba í an líne úd 'Nis fillem gluni nama' ba chúis leis an achrann ar fad. D'fhógair Fleming gur dhein an té a d'athscríobh an lámhscríbhinn botún sa líne seo a leanas: 'Nis fillem gluni nama' agus gur cuireadh an 'i' ag deireadh 'gluni' ar aghaidh go dtí an focal 'nama', ionas gur 'Nis fillem glun inama' a bhí ann. Bhain Mac Cárthaigh leas as an 'ignorant grouping' seo, dar le Fleming[16], chun ionsaí a dhéanamh ar ghluaiseacht na Gaeilge: 'Dr. MacCarthy's lucubrations were intended as much to kill the Gaelic Union as to bespatter its most respected members'.[17] Ba é an rud ba mhó a ghoill ar Fleming, áfach, ná gur mhínigh an Donnabhánach an botún seo fiche éigin bliain roimhe sin in alt dá chuid in *Transactions of the Royal Irish Academy*. Nuair a scríobh an tAthair Sylvester Malone chuig an *Irish Ecclesiastical Record* ag tabhairt le fios go raibh an ceart ag Mac Cárthaigh, agus ag an Donnabhánach roimhe, agus ag tagairt do lámhscríbhinn i gColáiste na Tríonóide a raibh an leagan ceart den abairt ann, d'ionsaigh Mac Cárthaigh é. Nuair a chuir Zimmer a ladhar sa scéal le litir chuig an *Irish Ecclesiastical Review*, a mheabhraigh do Mhac Cárthaigh gurbh ann do chóip eile den téacs agus é aistrithe ag Ó Donnabháin, shéan Mac Cárthaigh aon eolas a bheith aige faoi. Bhí a phort seinnte más ea, dar le Fleming:

Similarly, Dr. M'Carthy, fearing that Father Malone would get credit for his knowledge of a MS. of whose existence himself was not aware, proclaimed to the world that he knew all about it, and of its being translated by Dr. O'Donovan and published in the *Transactions of the Royal Irish Academy*, – thus publishing abroad a tale of his own plagiarism . . . On this point it is only to be further observed that Dr. M'Carthy got a *tracing* of the corrupt passage out of the original MS. in the Royal Irish Academy when preparing himself for the onslaught on Dr. Windisch and the translators of his Grammar.[18]

Ní haon chomhtharlú é, dar le Fleming, gur tugadh faoin bhfeachtas seo chun aineolas na scoláirí Gaeilge a shoiléiriú ag an am céanna go raibh athbhreithniú ar bun faoin gcóras oideachais. D'aon gnó a deineadh é, a shíl sé, chun dochar a dhéanamh do chúis na teanga.[19]

B'amhlaidh an cás sa léirmheas a dhein Risteárd de Henebry agus Séipéal Naomh Pádraig, Denver, Colorado mar sheoladh aige, ar *Pelagius in Irland. Text und Untersuchungen zur patristischen Litteratur* le Heinrich Zimmer san *American Journal of Theology*. Arís is easaontas faoi conas ba chóir lámhscríbhinn a léamh ba chúis leis an gconspóid: 'But, as a matter of common Irish knowledge, *teicht do écaib* is not *ein in den Tod gehen* . . . This is either a very sad instance of lapse, or the mistake of an over-willing partisan. For quittance from the blame of it I must let Dr. Zimmer's scholarship wrangle with his honesty'.[20]

Thar aon ní eile léiríonn an iomarbhá seo a laghad eolais a bhí ag formhór na ndaoine, idir scoláirí agus an gnáthphobal, i leith na Sean-Ghaeilge ag an am. Ba é léamh na lámhscríbhinní agus an léirmhíniú a deineadh orthu ba bhun leis an gconspóid. Bhíothas ag glacadh leis an teanga mar theanga mharbh a raibh teacht uirthi sna lámhscríbhinní amháin. Dhírigh lucht gramadaí ar lámhscríbhinní, ar léamh agus ar aistriú na lámhscríbhinní mar a léiríonn cás an Chárthaigh. Bhí corpas cinnte lámhscríbhinní ann arbh fhéidir scagadh a dhéanamh orthu agus gramadach na Gaeilge a chruinniú astu. Ba é scagadh na bhfoinsí scríofa príomhchuspóir na gramadaí sular athraigh Conradh na Gaeilge téarmaí tagartha an dioscúrsa. Nuair a thosaigh Cumann Buan-Choimeádta na Gaedhilge agus Aontacht na Gaedhilge ag druidim i dtreo na teanga beo, agus ag foilsiú alt ar nós 'Irish as it is Spoken', tosnaíodh ag cur ina gcoinne, mar a chonacthas sa phlé ar na canúintí. Ach cé gurb é Atkinson is mó a shamhlaítear mar namhad na gcanúintí, ba é an Ruiséalach seachas de Henebry ba láidre a cháin na canúintí agus a mhol go bhfillfí ar Ghaeilge na leabhar chun téacsanna a chlóbhualadh agus litríocht a scríobh cé gur nós le criticeoirí an milleán a chur ar de Henebry bocht ó chuir Pádraig Mac Piaras an líomháin sin ina leith go héagórach.[21] Ina theannta sin theastaigh ón Ruiséalach go mbainfí leas as an gcló Rómhánach agus go múinfí an teanga sna scoileanna. Mhol sé gan a bheith dian ar an litriú, rud a thacaíonn le dearcadh Philip O'Leary i dtaobh lipéid a bhualadh ar lucht na hAthbheochana. Léiríonn an éagsúlacht seo an chastacht a bhaineann leis an ábhar seo agus ilghnéitheacht na ndaoine a ghlac páirt san Athbheochan.[22] Lean an Ruiséalach air ag cur síos ar mheath na teanga agus ar an mbaol go n-éireodh canúint faoi leith i ngach contae sa tír muna gcuirfí stop leis an meath. Tugann a chuid litreacha chuig na nuachtáin agus chuig na hirisí léargas dúinn, áfach, ar na pointí gramadaí a bhí idir chamáin sa ré seo agus na ceisteanna a bhí á bplé i measc thráchtairí na hAthbheochana maidir le leasú na gramadaí. Dá gcuirfí stop le fás na gcanúintí ba ghearr go bhfillfí ar thréimhse ina raibh aon teanga chaighdeánach amháin in úsáid ar fud na tíre.

In ainneoin gur deineadh ceap magaidh den Ruiséalach agus gur nós do dhaoine a bheith ag déanamh beag dá chuid Gaeilge agus dá chuid tuairimí, ní foláir a admháil go raibh páirt aige i leagan amach chlár na gramadaí: 'f' san aimsir fháistineach, an tuiseal tabharthach, 'chum / chun' agus an tuiseal ginideach agus ceisteanna eile nach iad. Ba chúis imní dó botúin, mar a thuigtí dó iad, a fheiscint ag an Saoi Pliomain (John Fleming) san *Irisleabhar*. Cuirtear i leith an eagarthóra gur mhol sé do na léitheoirí gan an seantuiseal tabharthach a úsáid agus iad agus scríobh don iris:

> gur coir na focail *daoinibh*, *bordaibh*, *leabhraibh*, do labhairt amhail do sgriobhfaidhe *daoine*, *borda*, *leabhra* iad. Is olc an modh e so 'chun na Gaedhilge do chumhdach'. Oir ma leanfamaoid gach truailleadh gearr go m-beidh canamhuin Gaedhilge againn in aghaidh gach contae in Eirinn. Munar sontar na litre *bh* 'sna foclaibh sud anois, 'se de bhrigh nach saothruightear an teanga agus nach labhairthear i go coitchionn acht le daoinibh neamhmhuinte innti.[23]

Cúis ghearáin eile dá chuid ab ea an litir 'f' san aimsir fháistineach:

> 'Si faghbhail labhartha na litr *f* 'san am le teacht agus 'san modh coingiollach de bhriatharaibh, an dearmud is mo a deuntar in gach ait, ni amhain d' Eirinn acht d'Albainn, in a labhairthear an Ghaedhilge fos. Nil aon ait i leath-Chuinn no in Albainn in a sontar an *f* i foclaibh mar *molfaidh*, no *dearfainn*. Do bheidheadh an *f* i *molfaidh* sonta air feadh na coda is mo de Mhumhain, sontar an *f* i Mumhain in gach focal mar *molfaidh*, *leighfinn*, in nach bh-fuil cofhoghar cruaidh i bh-freumh an fhocail; acht ni sontar an *f* i bh-focail mar *dearfidh*, *iocfainn*, 7c. Taisbeantar anois gur dearmud mor e gan an co-cheangal *bh* 'san g-cás tabharthach iolradh do shonadh, oir sontar e in aitibh eigin, agus ma's coir e dheunamh in aon ait, is coir e a dheunadh in gach aon ait. Is ionann leis an litir *f* 'san am le teacht agus 'san modh coingiollach de bhriathairibh; n'il aon amhrus gur choir i shonadh do gnath, agus cho luath a's eirigheann an Ghaedhilge do bheith labhartha go coitchionn le daoinibh minighthe agus foghlamtha sonfar *bh* agus *f* in gach ait in a d-tarluigheann siad in ainm-fhoclaibh, agus i m-briatharaibh.[24]

An díospóireacht ghramadaí ba mhó ar ghlac an Ruiséalach páirt inti ab ea an chonspóid faoi 'chum' (chun) agus an tuiseal ginideach. Ghoill sé go mór ar an eagarthóir gur dhein an Ruiséalach file fuar den chomhairle a cuireadh air i dtaobh na ceiste seo. Thaitin leis an iris go dtarraingeofaí anuas ceisteanna, ach theastaigh go ngéillfí do theagasc *Irisleabhair na Gaedhilge* ina dhiaidh sin. Níorbh fhiú treoir agus comhairle a chur ar dhaoine muna nglacfaí leo. Dá ndiúltódh gach aon duine glacadh leis an gcaighdeán gramadaí agus litrithe a bhí á leagan síos ag an iris, ní dhéanfaí aon dul chin cinn ó thaobh athbheochan na teanga de. Tharraing an Ruiséalach anuas ceist faoi 'chum' (chun) agus cuireadh comhairle arís air. Ach ní bhainfeadh seacht gcatha na Féinne feacadh ná fiaradh as an Ruiséalach agus scríobh sé chuig an iris arís ag meabhrú dóibh:

> *Chum* either governs the genitive or it does not; if it governs it in one instance, I can hardly see how it can fail to govern it in every instance, that is if we wish to convey our meaning exactly. For instance . . . if *chum fear do phósadh* means, as you say it does, 'to marry a man', it *cannot* also mean 'to marry men', which I maintain is the meaning of it. I asked more than a dozen men from Clare, Cork, and Kerry what was the meaning of the phrase *chum an fhir do phósadh*, and they all answered, unhesitatingly, 'to marry a man;' now if *chun an fhir do phósadh* means 'to marry a man', *chum fear do phósadh* MUST mean 'to marry men'. This matter should for the sake of the Irish Language be settled by some person or persons who are fully competent to speak positively about it. I know only three gentlemen on your side of the Atlantic who are or at least ought to be, fully competent to speak authoritatively on the subject; these are Mr. Whitley Stokes, Mr. W. H. Hennessey and Mr. Atkinson (I do not know his initials). I respectfully ask these gentlemen to give their opinion publicly about *chum*; and if the opinions of all three are the same, let you and I, and every one who will write Gaelic in future, follow their advice.[25]

Ba chaol an seans, áfach, go nglacfaí leis an triúr úd mar mholtóirí ar cheist mar seo. Ní raibh meas madra ag Whitley Stokes, dar le John Fleming, ar chaint na ndaoine, mar nach raibh inti, dar leis, ach '"jargon" called modern Irish, of which he does not know a word, and a knowledge of which would have saved him from blunders innumerable'.[26] D'fhreagair an t*Irisleabhar* an Ruiséalach arís, ach tar éis sos ceithre bliana scríobh sé chuig an *Irisleabhar* le samplaí a thacaigh lena argóint. Scríobh 'Clann Conchobhair' alt fada a dhein mionchíoradh ar litir an Ruiséalaigh agus a dhein cúram faoi leith chun an scéal a mhíniú do thosnaitheoirí.[27] Ina theannta sin míníodh cad ina thaobh gur caitheadh an oiread sin ama ag déileáil leis an Ruiséalach agus a chuid litreacha:

his lucubrations were not worth this trouble, but that enemies of the Irish language on this side of the water were utilizing these lucubrations, that the journal was the only check on those who had an interest in destroying the language, and that for the preservation of the journal, it was necessary to counteract these lucubrations, and to show the people that what Mr. Russell was asserting with such flippancy was without any foundation in fact, but calculated from its very audacity to mislead the people, who unfortunately know very little about the Irish language.[28]

Ag scríobh dó faoi 'Does Chum always take the gen. case after it?' d'fhógair sé: 'I would very willingly let the matter drop; but too much capital has been made out of Mr. Russell's letters by those who would use them for a purpose that he, you would imagine, cannot be pleased with'.[29]

Ní cúrsaí gramadaí amháin a bhí ag dó na geirbe ag daoine agus iad ag argóint faoi na gnéithe seo. Bhraith cáil an léinn ar chumas na n-eagarthóirí iad féin a chosaint ó aon ionsaí a chuir easpa eolais ina leith. Dá gcruthófaí nach raibh eagarthóirí na príomhirise Gaeilge eolach ar an teanga, scaipfí an scéal nach raibh cinnteacht ar bith ag an teanga. Dá mb'fhíor sin, níorbh fhéidir, ar an mbonn sin, an teanga a theagasc sna scoileanna ná do thosnaitheoirí agus chaithfí amhras i dtaobh ghramadach na teanga.

Is minic trácht sna díospóireachtaí gramadaí seo ar naimhde na teanga. Thrácht 'Clann Conchobhair' ar na naimhde seo sa litir thuasluaite. Ar an gcéad dul síos d'admhaigh sé gur chúis díomá dó an t-aighneas idir an iris agus an Ruiséalach ach d'áitigh sé nár ghá dóibh beirt a bheith chomh borb lena chéile. Ach moladh an iris as a cuid oibre:

> Leaving out of consideration the open enemies of the native tongue, of whom there are enough in all conscience, there are numbers of persons who are secretly and, in some cases, unconsciously its enemies. These may be divided into two classes – 1st. ignorant persons who, because they can speak some Irish, and perhaps in a kind of way can read a sentence in a Gaelic book, imagine they are Irish scholars, though without a knowledge of the grammar or literature of the language, and through vanity rush into print, and make themselves and the language ridiculous. The second class is composed of more dangerous, because more malicious enemies, viz. of persons who never had a colloquial knowledge of Irish, but, having acquired a smattering of it from books, though vanity combined with the sordid desire of pecuniary gain, pose before those who are ignorant of the language as Irish scholars. We have examples of such among members of the so-called Society for the Preservation of the Irish Language, and you deserved well of Gaelic students in reviewing some of their handiwork in the late numbers of the Journal.[30]

Ach d'iarr 'Clann Conchobhair' ar an eagarthóir gan ionsaí a dhéanamh ar bhaill eile Chumann Buan-Choimeádta na Gaedhilge.

D'aontaigh sé leis an eagarthóir go raibh damáiste d'aon ghnó déanta ag an gCumann don teanga agus d'Aontacht na Gaedhilge. Níor samhlaíodh dó, áfach, go dtiocfadh aon mhaith ó ionsaí poiblí a dhéanamh ar an gcumann úd mar daoine a raibh dea-thoil acu don teanga ab ea formhór na mball:

> We must remember that the great majority of its members are really honest, well-intentioned men, who, because they belong to and support the Society, are inclined to believe that all its acts are right and good, and who resent being told that they are supporting a humbug, however true the statement may be. Not having any knowledge of the Irish language, they cannot judge of the merits of the question at issue, and are naturally trustful of those who direct the affairs of their own Society. It is no use trying to convert such people as these; they will only be rendered more obstinate by remonstrance. It is a pity to occupy the valuable space of the *Gaelic Journal* by addresses to a Society which, after all, has been of little importance since the secession of its founders and Irish scholars. The general public are either hostile to or entirely indifferent to the Irish language, and the best we can do at present is to preserve as much of it as we can till such time as the Irish nation shall awake to the importance of the native tongue. Let the Gaelic Union do its own useful work, as it has hitherto done, disregarding covert or open attacks on the language from outside . . . But at the eleventh hour after having literally given years of my life in endeavouring to keep the old tongue alive until our people would come to value it as a precious inheritance, it was too much to see Mr. Russell putting weapons for its extinction into the hands of the worst enemy the language has had for a century.[31]

Ba é an cuspóir leis an allagar seo ar fad ná chun a dheimhniú an raibh rialacha cinnte socra ag an nGaeilge nó nach raibh. Síolraíonn an díospóireacht ó iarrachtaí chun an teanga a lonnú laistigh den Ind-Eorpachas agus gradam a thuilleamh don Ghaeilge mar theanga shibhialta a raibh rialacha socra cinnte aici ar aon dul le teangacha eile na hEorpa. Mar a sonraíodh roimhe seo ba chasadh réabhlóideach é teagasc Max Müller i stair na teanga, ach ní i ngort na canúineolaíochta amháin a fheictear rian an Ghearmánaigh seo. I dtaca leis an spéis a chuir sé i gcanúintí, ba shuim leis an ghramadach. Mar thoradh ar a chuid taighde ar theangacha an domhain, d'fhógair sé dhá shoiléirse maidir leis an ngaol idir gramadach agus teanga, a dhearbhaigh gurbh í an ghramadach 'the most essential element, and therefore the ground of classification in all languages which have produced a definite grammatical articulation; the second denies the possibility of a mixed language'.[32] Dar le Müller, bíonn córas gramadaí sainiúil ag teanga rud nach mbíonn ag canúint. An chanúint lena gramadach sonrach neamhspleách féin, is teanga í; an chanúint nach bhfuil gramadach faoi leith aici, níl inti ach canúint bhocht nó *patois* suarach a fhágtar in áit na leathphingine.

222

Ach is í an tarna cuid den aicsím thuas a tháinig chun cinn i léann na Gaeilge le linn na hAthbheochana: an aicsím a d'fhógair nach bhféadfadh a leithéid de rud agus teanga mheasctha a bheith ann: 'Languages, however, though mixed in their dictionary, can never be mixed in their grammar . . . in the classification and in the science of language, it is impossible to admit the existence of a mixed idiom'.[33] Is anseo a fheictear teoiric na fola a pléadh roimhe seo ag borradh aníos in Athbheochan na Gaeilge. Thagair Müller go sonrach don Cheiltis agus do mheascadh fhuil na gCeilteach agus na Sasanach agus é ag cur síos ar an bpointe áirithe seo sna *Lectures on the Science of Language*:

The language of England may be said to have been in succession Celtic, Saxon, Norman, and English. But if we speak of the history of the English language, we enter on totally different ground. The English language was never Celtic, the Celtic never grew into Saxon, nor the Saxon into Norman, nor the Norman into English. The history of the Celtic languages runs on to the present day. It matters not whether it is spoken by all the inhabitants of the British Isles, or only by a small minority on Wales, Ireland, and Scotland. A language, as long as it is spoken by anybody, lives and has its substantive existence . . . A Celt may become an Englishman, Celtic and English blood may be mixed; and who could tell at the present day the exact proportion of Celtic and Saxon blood in the population of England? But languages are never mixed . . . The physiologist may protest, and point out that in many instances the skull, or the bodily habitat of the English language, is of a Celtic type. But though every record were burned, and every skull mouldered, the English language, as spoken by any ploughboy, would reveal its own history, if analysed according to the rules of comparative grammar . . . In the English dictionary the student of the science of language can detect, by his own tests, Celtic, Norman, Greek, and Latin ingredients, but not a single drop of foreign blood has entered into the organic system of the English language. The grammar, the blood and soul of the language, is as pure and unmixed in English as spoken in the British Isles, as it was when spoken on the shores of the German ocean by the Angles, Saxons, and Juts of the continent.[34]

Ba chuma, dar le Müller, foclóir ná frásaí ó theanga nó ó theangacha eile a bheith fite fuaite trí theanga ach níorbh fholáir gramadach shonrach neamhspleách a bheith aici dá mba theanga shainiúil í. Níor chreid Müller, agus é ag forbairt théis Fichte agus Herder, gurbh ann d'aon teanga ghléghlan, teanga nár thóg iasacht foclóra ó theanga éigin eile:

There is hardly a language which in one sense may not be called a mixed language. No nation or tribe was ever so completely isolated as not to admit the importation of a certain number of foreign words. In some instances these imported words have changed the whole native aspect of the language, and have even acquired a majority over the native element. Thus Turkish is a Turanian dialect; its grammar is purely Tataric or Turanian; – yet at the present moment the Turkish language, as spoken by the higher ranks at Constantinople is so entirely overgrown with Persian and Arabic words, that a common clod from the country understands but little of the so-called Osmanli, though its grammar is the same as the grammar which he uses in his Tataric utterance. The presence of these Persian and Arabic words in Turkish is to be accounted for by literary and political, even more than by religious influences.[35]

Más teanga í an Tuircis a thóg tromlach a foclóra ón bhPeirsis, is é an Béarla an eiseamláir de theanga a shlog foclóir ó theangacha eile. Dá scrúdófaí leathanach ar bith den Bhéarla scríofa, chruthófaí gur shíolraigh formhór na bhfocal ó theangacha eile. Is ón bhFraincis a phréamhnaíonn tromlach na bhfocal sa Bhéarla, ach ina ainneoin sin ní féidir canúint de chuid na Fraincise a thabhairt ar an mBéarla:

There is, perhaps, no language so full of words evidently derived from the most distant sources as English. Every country of the globe seems to have brought some of its verbal manufacturers to the intellectual market of England. Latin, Greek, Hebrew, Celtic, Saxon, Danish, French, Spanish, Italian, German – nay, even Hindustani, Malay, and Chinese words – lie mixed together in the English dictionary. On the evidence of words alone it would be impossible to classify English with any other of the established stocks and stems of human speech. Leaving out of consideration the smaller ingredients, we find, on comparing the Teutonic with the Latin, or Neo-Latin or Norman-French elements in English, that the latter have a decided majority over the home-grown Saxon terms. This may seem incredible; and if we simply took a page of any English book, and counted therein the words of purely Saxon and Latin origin, the majority would be no doubt on the Saxon side. The articles, pronouns, prepositions, and auxiliary verbs, all of which are of Saxon growth, occur over and over again in one and the same page.[36]

Thagair an tOllamh Skeat don neamhshuim a dhein ainm na teanga 'English' do na teangacha éagsúla ar dhlúthchuid den Bhéarla iad. Ní hamháin nár aithin an focal 'English' na Sasanaigh (Saxons) féin ach fágadh go leor eile ar lár leis: 'For London is in Middlesex, the land of the Middle Saxons, whereas this extraneous word "English" ignores the Saxons as completely as it does the Scotch, just as the word "British" ignores Ireland'. Níorbh fhada uathu an lá mar dhea go molfaí 'a proposal that we must all talk of the Americo–Australio–Canado–Cape-of-Good-Hopo–Great-British-and-Irish language, or probably something still more comprehensive, in order to avoid wounding the peculiar feelings of those to whom the very name of English is an abomination'.[37] Dar le téis Müller is ar bhonn gramadaí a aithnítear teanga agus is ar an mbonn sin a bhronntar stádas teanga ar chanúintí áirithe seachas ar chanúintí eile. Ní foláir, más ea, córas sonrach gramadaí a bheith mar bhonn sula dtabharfaí 'teanga' ar chanúint ar bith.[38] Mar sin, cé gur cumadh an Béarla as meascán de theangacha éagsúla, arbh í an Fhraincis an phríomhfhoinse, ba theanga ann féin é an Béarla mar bhí córas sainiúil gramadaí aige: 'On the evidence of its dictionary, therefore, and treating English as a mixed language, it would have to be classified, together with French, Italian and Spanish, as one of the Romance or Neo-Latin dialects'. Ach, a deir sé:

> Languages, however, though mixed in their dictionary, can never be mixed in their grammar . . . This is the reason why grammar is made the criterion of the relationship and the base of the classification in almost all languages; and it follows, therefore, as a matter of course, that in the classification and in the science of language, it is impossible to admit the existence of a mixed idiom. We may form whole sentences in English consisting entirely of Latin or Romance words; yet whatever there is left of grammar in English bears unmistakeable traces of Teutonic workmanship. What may now be called grammar in English is little more than the terminations of the genitive singular, and nominative plural of a few nouns, the degrees of comparison, and a few of the persons, and tenses of the verb. Yet the single *s*, used as the exponent of the third person singular of the indicative present, is irrefragable evidence that in a scientific classification of languages, English, though it did not retain a single word of Saxon origin, would have to be classed as Saxon, and as a branch of the great Teutonic stem of the Aryan family of speech.[39]

Chiallaigh an tuiscint nua seo nach raibh neamhspleáchas teanga ag brath ar ghlaineacht foclóra a thuilleadh ach ar chóras sonrach gramadaí a léirigh struchtúir agus foirmeacha faoi leith dá chuid féin. I gcás na Gaeilge, bhí an chopail, na réamhfhocail agus an briathar saor ríthábhachtach. Bhí sé intuigthe nach mbeadh struchtúir a bhain go dlúth le teangacha eile le sonrú i dteanga faoi leith eile. Ina theannta sin, bhí easpa an infinidigh lárnach, más ea, i gcás na Gaeilge. Is soiléir lorg na cainte sin ar ráiteas an Athar Peadar nuair a dhearbhaigh sé: 'Táid béasa fé leith ag buint le gach teangain, agus gothí fé leith, agus córú fé leith. Agus ní féidir na béasa, ná na gothí ná an córú, ná an ghluaiseacht ghnótha, a bhuinean le teangain díobh, do thúirt isteach sa teangain eile, gan an obair do lot'.[40] D'imir an teagasc seo dhá thionchar ar dhioscúrsa teanga na hAthbheochana: díospóireacht faoi shainghnéithe na Gaeilge agus an cogadh in aghaidh ghramadach na Gaeilge a mhíniú i dtéarmaí gramadach an Bhéarla.

Dóibhsean a raibh spéis acu sa léann agus sa ghramadach tuigeadh nárbh fhiú a bheith ag déanamh imní faoin gcorrfhocal Béarla i gcomhrá an chainteora dúchais a thuilleadh. Níor pheaca damanta an Béarlachas san fhoclóir ach oiread, ach b'éigean a bheith san airdeall ar an mBéarlachas sa chomhréir, sa ghramadach agus sa struchtúr teanga. Thug de hÍde le fios sa bhliain 1895: 'Every language must adopt some foreign words. Verbal purism has perhaps been overdone by some Irish scholars. Idiomatic purism has been largely neglected. A foreign idiom is always a solecism and a blot.

To attain to Irish idiomatic purity, it is necessary to cultivate an Irish mode of thought.[41] Agus b'amhlaidh don Athair Peadar agus é ag scríobh san *Irisleabhar* sa bhliain 1896 nuair a chuir sé in iúl dóibhsean a bhíodh ar a n-ingne deiridh tar éis focal nach raibh fíor-Ghaelach ná iomlán dúchasach, dar leo, a aimsiú i dtéacs nó i leabhar Gaeilge:

It is not vainer to seek to yoke the wild zebra of the desert, than to attempt to force a fully-developed language into the ways of another language of entirely different development. The result is bad for the zebra, bad for the manipulator, and bad for the purpose intended . . . If they resolve to preserve their language, they should also resolve to preserve its natural development and its natural purity. This can be done without in the least degree impairing its powers. Mere verbal purism is not what is to be aimed at. Nothing could be gained, for example, by substituting for *sagart* some word in use before the Latin *sacerdos* became known to our ancestors. But there is nothing more degrading to a language rich in every variety of expression to which it is altogether a stranger.[42]

Chuir sé leis an méid sin ina aiste 'The Importance of Irish Syntax' inar leag sé béim arís ar chomhréir abairte faoi réir na copaile agus thug le fios gur chuma fiú leath na bhfocal a bheith crochta scun scan ón mBéarla ach an chomhréir a bheith dílis do dhúchas na teanga: 'By far the most important matter for consideration in connection with the revival of our language is the syntax. If the syntax be good, we have good Irish, even if half the words were foreign. If the syntax be bad, the language is not Irish at all, even though each separate word may be the purest Irish'.[43]

Ba é a bhí le déanamh chun gramadach na Gaeilge a thuiscint ná dearmad a dhéanamh ar ghramadach na Laidine, na Fraincise agus an Bhéarla go háirithe agus géilleadh do loighic na Gaeilge féin: 'The proper thing to do is to fling away the English altogether for the moment and to examine the Irish distinction of thought and expression in its own natural element, i.e., in the Irish language itself'.[44] Chuaigh teagasc Müller i bhfeidhm ar lucht na Gaeilge, agus ba chuige sin an bhéim ar an gcopail, ar an saorbhriathar agus ar fhrásaí dobhriathra leis an réamhfhocal 'gan' a raibh an tAthair Peadar chomh ceanúil sin orthu. B'fhéidir nárbh í an difríocht idir 'is' agus 'tá' a spreag an Piarsach chun dul i mbun gnímh sa Chonradh ach is cinnte go raibh an difríocht sin ina lón cogaidh ag go leor dá chomhghleacaithe.[45]

Thar aon difríocht shonrach eile idir gramadach na Gaeilge agus an Bhéarla, tugadh tús áite don chopail. Is i ndiaidh bhunú Chonradh na Gaeilge agus an bhéim a leag siad ar na canúintí a fheictear an chopail á béimniú mar shainghné de chuid na Gaeilge.[46] Gan dabht chabhraigh an phraiseach a dhein Atkinson den chopail agus é ag déanamh eagarthóireachta ar sheantéacsanna, chun cáil a bhaint amach don mhír ghramadaí seo, agus ba é sin ba chúis leis an véarsa cáiliúil sa traidisiún béil: 'Atkinson from T.C.D. / Doesn't know the verb to be'.[47] Ach tugadh tús áite di ag an am seo, ní hamháin sa ghramadach ach i ndioscúrsa na teanga, mar bhain an chopail leis an mBéarla agus ba chomhartha soiléir cinnte a bhí inti den difríocht idir gramadach an dá theanga. Ba í ré na copaile í agus ba é an tAthair Peadar curadh na copaile. Níor staon sé riamh de bheith ag leagan béime ar olltábhacht na copaile don Ghaeilge agus ar na buntáistí a bhronn an tréith shainiúil dhúchasach gramadaí seo ar an teanga ina chuid aistí: 'A little reflection will convince any one of the fact that the Irish language possesses in those two verbs a source of strength and of accuracy of expression to which modern European languages must be complete strangers'.[48] Ní hamháin nach raibh a leithéid sa Bhéarla ach ba bhoichte é agus teangacha eile na hEorpa dá huireasa: 'To a mind which is not Irish it must seem incredible that distinctions so subtle should be observed with such accuracy throughout the history of the language, in spite of powerful disorganising forces'.[49] In aiste dar teideal 'The Irish Verb Is', mhínigh sé: 'These characteristics of it, together with its long, continued use, give to the spoken Irish an exactness, a vigour, a combined strength and litheness, unknown in English speech'.[50] Agus d'fhógair sé ní hamháin gur riail ghramadaí ab í an chopail ach bunfhírinne de chuid na Gaeilge:

> In the Irish mind the verb *is* is the expression of the mental act which introduces some piece of information and asserts the truth of it . . . This is not a grammatical rule. It is an essential truth. To make any other use of *is* is not to violate Irish grammar. It is to violate the essence of the Irish language . . . Grammatical rules can have exceptions. Grammatical rules can be violated without destroying the meaning of a sentence. An essential principle of language can have no exception whatever. The moment an essential principle in language is departed from, the language ceases to express meaning, so far as that principle is concerned.[51]

Cúis imní do na hAthbhneochanóirí ab ea trá na copaile agus féith na bhfoghlaimeoirí chun 'bí' a úsáid in áit na copaile. Dá gcaillfí an chopail, áfach, creideadh go gcaillfí ceann de na tréithe ba mhó a dhein idirdhealú idir an dá theanga.[52] Tagraíodh dó seo sa léirmheas ar *The Key to the Study of Gaelic* in *An Claidheamh Soluis* sa bhliain 1899: 'It is a fact not commonly noted that the copula *is*, and has long been, steadily losing ground, to the great detriment of the Irish idiom, its proper place being now often taken by *tá*'.[53] Léirigh an chopail go soiléir gur theanga faoi leith ab ea an Ghaeilge, lena gramadach féin. D'fhoilsigh an tAthair Peadar Ó Laoghaire leabhar, *Mion-Chaint: An Easy Irish Phrase Book*, arbh é a chuspóir

> to teach the proper use of the verbs *is* and *tá*, but he does not weary the learner with any unnecessary dissertations. The three rules are each contained in the space of two lines, and the explanations are made with wonderful terseness

and clearness, simply stating the facts in as few words as possible, and leaving it to the examples to fix themselves in the mind by analogy and by varied repetition.[54]

Níor maitheadh an botún a dhein Atkinson maidir leis an gcopail agus é i mbun Céitinn dó riamh agus níor cailleadh aon leithscéal chun é a chrústáil dá bharr.[55] Mairg don té a mheasc 'tá' agus 'is' amach anseo nó an té nár úsáid an chopail i gceart, mar a tharla do Dhubhghlas de hÍde.[56]

Ba é an dúshlán a bhí roimh thráchtairí na Gaeilge anois ná a chruthú go raibh tréithe faoi leith ag baint le gramadach na Gaeilge nárbh ionann iad agus na rialacha a bhain le haon teanga eile, an Béarla go háirithe toisc gurbh é ba mhó a bhí ag bagairt ar an nGaeilge. Nuair a d'aimseofaí na difríochtaí móra sin a dhein idirdhealú soiléir idir gramadach na Gaeilge agus gramadach an Bhéarla, níorbh fholáir iad a chur ar a súile don phobal. Chaithfí a chinntiú gur thuig an pobal, foghlaimeoirí go háirithe, gurbh ann dóibh ionas go gcinnteofaí neamhspleáchas na teanga. Ar nós na copaile, ba é an tAthair Peadar a bhí chun cinn ag fógairt: 'the Irish language disdains to work at all in an English shape',[57] agus 'The moment you appeal to English parallels I have no more to say'.[58] Chuirtí ó mheabhair é nuair a dheintí iarrachtaí gramadach na Gaeilge a mhíniú i dtéarmaí an Bhéarla:

What do you mean by measuring and testing these matters by English analogies! These fundamental principles of Irish thought were built and shaped long centuries before the principles which have fashioned English thought and speech were dreamt of . . . When forging and fashioning these two functions the Irish mind had no consciousness whatever of the manner in which English thought worked out its own modes of expression in subsequent ages. And still people will take up the subsequent result and will be quite surprised and disappointed because it will not fit in with the ancient one![59]

Agus arís: 'Being Irish, it cannot be the Latin anything. This lays bare the root of the whole difficulty, the effort to square Irish idiom with Latin or English idiom, to make Irish grammar fit preconceived ideas introduced from foreign tongues'.[60] Ba chuma dá mba chopail nó saorbhriathar a bhí i gceist, níorbh fhiú agus níor chóir a bheith ag dul i muinín an Bhéarla chun gramadach na Gaeilge a thuiscint. Ba dhá theanga shainiúla iad agus de bhrí agus dá bharr sin bhí siad bunoscionn lena chéile ó thaobh na gramadaí de:

I tell a person that the Irish word *is* must always be followed immediately by the information to be conveyed. He goes at once and looks out for English analogies. There are no English analogies! I tell a person that the Irish verb can be used autonomously. He goes and looks for English analogies. It would be better to look at and try to understand the Irish facts.[61]

Míníodh nach aon dochar don Ghaeilge gan 'relative' (mír choibhneasta) a bheith sa teanga:

> Students ought to take it for granted that a nation whose intellectual capacity secured for it a world-wide renown through a long course of centuries, must have possessed a language in everyway up to the level of that capacity . . . But the absence of the relative in the Irish is not a loss but a distinct gain in strength of thought and energy of expression.[62]

Tagraíodh go sonrach do Max Müller in *Irisleabhar na Gaedhilge* i litir a scríobh an tráchtaire Dáithí Ó hIarfhlatha, fear a chuir spéis i gcúrsaí gramadaí agus litrithe, inar luaigh sé an baol a bhain le foirmeacha nua ar nós an infinidigh a shú ó theangacha eile:

> You have already given proof of your sound judgement in adopting the present spoken language as the basis of all original articles appearing in your columns; that is, you have vindicated for our language during the last three centuries the right of a living tongue, the two chief characteristics of which according to Professor Max Müller . . . are – 'phonetic decay' and 'dialectic regeneration'. But where a new usage foreign to the genius of the language has been insinuating itself through the influence of another speech, as in the case of the so-called infinitive, you have pointed out with great force and ability the true Irish usage, still thoroughly understood and maintained by the best exponents of the living tongue.[63]

Molann Ó hIarfhlatha *Irisleabhar na Gaedhilge* as an gcinneadh chun caint na ndaoine a bheith mar chaighdeán na n-alt san iris ach, mar is léir ar an litir, spreag an t-athrú béime ó shainfhoclóir na Gaeilge go sainghramadach na Gaeilge ceisteanna agus conspóidí faoi na tréithe faoi leith a bhain le córas gramadaí na Gaeilge. Is é an briathar saor atá i gceist sa litir thuas, cé nach raibh aon chinnteacht ag baint lena theideal sa tréimhse seo. Ba é an tAthair Peadar a bhaist 'autonomous form' air tar éis dó óráid de chuid Gladstone faoi Fhéinriail na hÉireann a léamh i nuachtán.[64] Níorbh ionann an Béarla agus an Ghaeilge ó thaobh gramadaí de in aon chor ar an bpointe áirithe seo, mar a mhínigh an tAthair Peadar: 'There is in the Irish language a fact which is unique. It is this. The Irish verb is capable of expressing complete sense by itself alone. *Dúntar* is a complete Irish sentence . . . It is not a verbal noun. It is a true verb'.[65] I dtaca leis an mbriathar saor, ba chrá croí do na hAthbheochanóirí é nuair a chuaigh foghlaimeoirí sa tóir ar infinideach agus iad i mbun aistriúcháin ón mBéarla: 'In order to succeed in his work the translator must first rid his mind completely of the notion of an Infinitive Mood. There is no such thing in Irish. All English Infinitives must be put into Irish by means of the Irish Verbal Noun'.[66] Ba í an chomhairle agus an oiliúint a bhí le cur orthu ná an méid seo a leanas mar a scríobh an tAthair Peadar: 'What, then, is the writer of Irish to do? The proper thing to do is to fling away the English altogether for the moment and to examine the Irish distinction of thought and expression in its own natural element, i.e. in the Irish language itself'.[67] Chaith sé go leor dua agus dúigh ag cur in iúl nárbh ionann gramadach an dá theanga ar an bpointe seo: 'There is no connection whatever, even of the remotest description, between the English sign of the Infinitive and the Irish *do*'.[68]

Fiú nuair ab ionann gramadach an Bhéarla agus na Gaeilge, níor mhór rogha chúramach a dhéanamh a chinnteodh go dtuigfí an deighilt idir an dá theanga, agus b'iontach an réamhfhocal 'gan' chuige sin. Nochtann an tAthair Peadar an dearcadh seo go soiléir ina cholún faoi chúrsaí oideachais a scríobhtaí i bhfoirm chomhrá idir Tadhg agus Doncha. Cuirtear síos ar an réamhfhocal 'gan' agus mínítear na slite éagsúla chun an rud céanna a rá i nGaeilge, ach: 'All these forms have their parallels in the English, and they are good Irish. But the form with 'gan' has no parallel in English, and it is far better Irish than any of the others'.[69]

Ba le bunú Chonradh na Gaeilge a tugadh faoin teagasc a chraobhscaoileadh i gceart. Chuaigh tráchtaire amháin i 'Nótaí' *An Claidheamh Soluis* chomh fada leis an tuiscint seo chun an ráiteas seo a leanas a eisiúint: 'Negative characteristics are not always safe guides, but it may be taken as a general rule that the less resemblance there is between an Irish phrase and its English equivalent the better the Irish is'.[70] Is pearsa lárnach, nach dtugtar a cheart go minic dó, i ndioscúrsa na hAthbheochana é J. P. Craig ar an mbonn gur fhoilsigh sé gramadach bunaithe ar chanúint Chúige Uladh, *Modern Irish*. Cé gur fáiltíodh roimh an leabhar seo, ba chúis imní d'*Irisleabhar na Gaedhilge* go rachfaí rófhada le gramadach na gcanúintí agus go ndéanfaí dochar do ghluaiseacht na teanga ar bhonn náisiúnta ionas go gcothófaí scoilt idir na canúintí: 'It must be borne in mind that the past of our language and its literature is greater than the present, and we cannot afford to break with the past. To give classical recognition to local changes, if generally done, would make a quicksand of modern Irish'.[71] Agus arís:

> The idea of adapting all teaching to the actual conditions of the spoken language is a sound one, and it is a good sign that the study of Irish is steadily settling down on this line. The principle may be carried too far, however, and in certain particulars Mr. Craig carries it too far . . . In spite of circumstances, Irish retains its substantial unity, and that unity we must vigilantly preserve. Our books of instruction should also beware of exceeding in originality of theory. Universal negatives require absolutely complete knowledge. *Chualadar na fir mé* not only is not wrong, but is the favoured usage of many of our best writers and of many good speakers of Irish. In details like this, our books in general suffer from a want of consultation between scholars, a want that we should do our best to remove.[72]

Críochnaíodh an léirmheas leis an moladh seo a leanas: 'In other respects – in clearness, arrangement, idiomatic usage, &c. – this is a very good handbook, and will prove helpful to students, especially to those who will make their acquaintance with the living language of Ulster'.[73] Feictear sa léirmheas seo an ghluaiseacht chéimnithe i dtreo na gcanúintí agus imní an eagarthóra go dtabharfaí tús áite do ghramadach na canúna ar bhonn logánta seachas ar bhonn náisiúnta. Is féidir an eagla seo a thuiscint má chuimhnítear ar an dóchas a bhí fós ann go bhféadfaí na canúintí a nascadh le chéile agus caighdeán lárnach fós a bhaint as na canúintí le chéile.[74] Léiríonn an léirmheas seo san *Irisleabhar* an teannas leanúnach i ngluaiseacht na Gaeilge fiú i ndiaidh bhunú Chonradh na Gaeilge idir an teanga bheo agus an teanga chlasaiceach.

Tháinig an choimhlint seo chun cinn arís sa bhliain 1899, nuair a d'fhoilsigh Sealy, Bryers & Walker leabhar eile dá chuid, *Modern Irish Grammar*. Nuair ba 'classical recognition to local changes' an chúis imní d'eagarthóir *Irisleabhar na Gaedhilge* sa bliain 1896, bhí imní eile ag cur as d'eagarthóir *An Claidheamh Soluis* i mí na Nollag 1899. Sa leabhar nua seo ó pheann Craig ní hamháin gur ghlac sé le canúint Chúige Uladh mar bhunús do ghramadach na Gaeilge, ach cháin sé agus dhein sé díspeagadh ar na canúintí eile. Léiríonn meon an léirmheastóra an dul chun cinn a deineadh ar cheist na gcanúintí mar bhunús na teanga idir na blianta 1896 agus 1899, agus an difríocht meoin idir *Irisleabhar na Gaedhilge* agus *An Claidheamh Soluis*. Moladh leabhar nua Craig go hard ar an gcúis seo: 'In form and arrangement, and in the quantity of useful and practical matter it contains, this book is by far the best Irish Grammar that has yet appeared'[75] agus is léir go raibh an t-údar i bhfabhar na gcanúintí: 'The author all through disclaims literary usage as a basis, and refers all points to spoken usage, which, in his case, means the spoken usage of Tír Chonaill'.[76] Locht ar an leabhar, áfach, ab ea é seo: 'Over and over again he treats forms in every day use in Connacht and Munster as obsolete literary forms'.[77] Ba í seo an fhorbairt nár theastaigh ón gConradh ón gcéad lá agus ba é a dúirt leithéid an Ruiséalaigh a tharlódh dá dtcófaí leis na canúintí: go mbeadh canúint agus gramadach ag gach contae agus gach paróiste sa tír. Is fianaise, leis, í ar an dul chun cinn a bhí déanta ag Conradh na Gaeilge agus ag an argóint gurbh í an teanga bheo bunús na teanga. Tugann Craig 'Gaeilge fheoite' ar rud ar bith nach dtagann leis an teanga bheo i gCúige Uladh: 'The present tense is *tidhim*, but we find *chidhim* in books. The perfect tense is *thanaic mé*, but in books we find it written *chonnairc mé*; and in imitation of this classic spelling, modern grammarians are suggesting *chonaic mé*, which is evidently trying to sit on two stools'.[78] Níor thaitin an cur chuige sin leis an eagarthóir beag ná mór agus cáineadh go tréan é as gramadach na Gaeilge a ghalldú, cur chuige a tháinig salach ar cheann de bhuntuiscintí Chonradh na Gaeilge:

This is another avowed example of thinking out Irish grammar through 'English equivalents'. . . Having no partisan feeling for the Munster dialect or any other dialect, we feel bound to condemn the spirit that sets up one dialect to fight another like cocks in a pit. The expression which 'proves the sterility of the Southern dialect' happens not to be a Munsterism at all . . . Is everything wrong that we have not got in the North?[79]

Tagann an t-eagarthóir slán ón deacracht tríd an leabhar a mholadh mar théacsleabhar d'Ultaigh agus comhairle a chur ar dhaoine eile glacadh leis mar seo a leanas:

As an adjunct to the study of Irish Literature, this Grammar has many shortcomings, but as a practical study of the spoken Irish of Ulster it is the best work that anyone can have. With the one caution, then, as to the acceptance of the theories it occasionally lays down, especially those put in controversial form, we think it may be used with very great advantage by the numerous Irish classes springing up over the North, and also by persons of the other provinces who are desirous of knowing the full scope and character of modern spoken Irish. Southern students should especially mark the distinct preservation of many literary forms of irregular verbs, now more or less confused and broken down in Southern usage. Without such information, they might possibly imagine that these were mere book-forms, as the author imagines regarding *cidhim chonnaic* etc., and as he seems to imagine regarding some of the Irish that appears, from week to week, in this paper.[80]

Thagair an tAthair Ó Laoghaire don ghné seo agus é ag trácht ar an gcopail. In ainneoin na difríochtaí idir an Béarla agus an Ghaeilge agus na deacrachtaí don Bhéarlóir buanna agus cumas na copaile a thuiscint, níorbh ann dá leithéidí don Ghaeilgeoir ó dhúchas mar b'ionann, dar leis, tuiscint agus úsáid na copaile ó cheann ceann na tíre: 'What is more the "illiterate Irish peasant" of Ballymacoda and the "illiterate Irish peasant" of Donegal observe the distinction in exactly the same way, in the minutest details, although the Irish speech of the two parted company many long centuries ago'.[81] Feictear go bhfuil an argóint agus an díospóireacht anseo bunaithe ar an teanga bheo, seachas ar lámhscríbhinní nó ar théacsanna foilsithe. Tá an lá leis an gcanúint. Is í an chanúint atá ag cothú na díospóireachta agus is í an chanúint atá mar shlat tomhais. Tagraítear do 'two localisms getting classical recognition. The first of these, no doubt, expresses a good deal in a few words, and, if correct, I do not see that it should not be encouraged'.[82] Agus: 'It is a notable fact, however, that every localism below the Eisgir (sic) Border gets classical recognition while those above it are usually ridiculed'.[83] Níor ghné bharbartha a thuilleadh iad na canúintí. Bhí na hAthbheochanóirí anois sásta glacadh leis an gcanúint agus stádas a thabhairt don ghné logánta den teanga, rud nárbh fhéidir a shamhlú deich mbliana roimhe sin.

Nuair a tugadh faoi ghramadach na Gaeilge agus gramadach na gcanúintí a mhíniú b'éigean é sin a dhéanamh i slí a bhí intuigthe do phobal na tíre agus d'fhoghlaimeoirí na Gaeilge go háirithe. Ba mhinic mar sin tráchtairí ag déanamh comparáide leis an mBéarla, ach ba mhinic, leis, iad ag iarraidh an Ghaeilge a mhúnlú chun teacht le nósanna ghramadach an Bhéarla. Tuigeadh gur chuma faoi na focail iasachta sa teanga, ach gur ghá córas gramadaí faoi leith a bheith ag aon teanga ar theastaigh uaithi teanga a thabhairt uirthi féin. Ní fhéadfaí mar sin, géilleadh don tuiscint a chreid go bhféadfaí gach gné de ghramadach na Gaeilge a mhíniú i dtéarmaí an Bhéarla nó na Laidine, mar a dhein Craig, agus cháin *Irisleabhar na Gaedhilge* é dá bharr:

There was a wicked robber in Greek folk-lore, who gave everyone that came his way a hospitable welcome and a bed to sleep on. If the guest was too long for the bed, his host used to cut a bit off him; if he was too short, he stretched him. This was very bad for the guests. Our modern Irish grammarians begin work provided with the principles and technicalities of Latin and English grammar, out of which they frame a bed whereon the Irish language has to lie, fit or not fit. If Irish has any part that won't squeeze into the bed, it is forthwith lopped off as an abuse. If any part is wanting, the rack is applied, and the cracking sinews swell up into present participles, infinitives, potential moods, accusatives before the infinitives, signs of the infinitive, and anything else that may be required. We have had painful experience of the effects of such teaching on the writing of Irish, and we ask nothing better than an opportunity of showing the error of studying Irish from a foreign standpoint, or attempting to square Irish usage with foreign usage.[84]

Bhí Craig ag iarraidh a thabhairt le fios ina shaothar *The Irish Verbal Noun and Present Participle*[85] go raibh infinideach sa Ghaeilge, rud nach raibh eagarthóir *Irisleabhar na Gaedhilge* sásta géilleadh dó in aon chor, agus thagair sé don ghraiméar *The Elements of the Irish language grammatically explained in English*, a d'fhoilsigh Aodh Buidhe Mac Cruitín sa bhliain 1728[86]: 'As for the Irish infinitive, the Irish allow none such, but instead thereof use the plain verbal noun, and I ask, whence did Mac Cruitín get this idea, which there is nothing to suggest in the grammar of any other language?'[87] Dar leis an eagarthóir go raibh tús áite sa Ghaeilge ag an ainm briathartha, agus nach bhféadfaí feidhm an ainm bhriathartha a mhíniú mar infinideach an Bhéarla:

Reference to any historical English Grammar will show that the similarity in form of the verbal noun and participle in English is accidental. The two are derived from totally distinct forms. The English infinitive is a third distinct form. In Irish, there is neither infinitive nor present participle, the functions of both being discharged by the verbal noun. It seems a rather absurd notion that because it exists in English or Latin, or any other language, something called a participle, we should of necessity have the same in Irish, or if we have not, that we should dub the nearest equivalent we have with the same title. This absurdity, now dying hard, formerly flourished in the most luxuriant fashion.[88]

Ní ghlacfadh Craig leis seo agus is spéisiúil an tslí ina samhlaítear an saineolaí Gaeilge sa chomhfhreagras seo. Ní ollamh léannta le cur amach ar an nGearmánais, ar na lámhscríbhinní, ar an teangeolaíocht, ná fiú ar an Laidin é ach an té a bhfuil cur amach aige ar an teanga bheo a labhraítear sna ceantair Ghaeltachta:

> 'There was a wicked robber in Greek folk-lore who gave everyone that came his way a hospitable welcome and a bed to sleep on', like the Editor of the G. J., who gives a corner in his paper to old curiosities from Tom, Dick and Harry. 'Our modern Irish grammarians begin work with the principles and technicalities of Latin and English grammar', just like the Editor of G. J. – 'Venit rex' &c. 'If Irish has any part that won't squeeze into the bed it is lopped off', as was the poor relative by the Editor. – Vide 17. 'We have had painful experience of the effects of such teaching'. We trust that the Editor will turn a new leaf, and not dabble further in *modern* Irish. We would advise him to stick to the classics, where he will be more likely to succeed.[89]

Tuigeadh don eagarthóir, ar fhianaise an ailt seo, dá nglacfaí le galldú na gramadaí ar cheist seo an infinidigh, go bhféadfaí gramadach iomlán na Gaeilge a mhíniú i dtéarmaí an Bhéarla nó na Laidine agus go mbainfí an bonn den Ghaeilge mar theanga neamhspleách de réir théarmaí Müller. Thagair scríbhneoir darbh ainm 'Maigh Cromtha' don bhaol seo, leis:

> Acht dá gcurfaidhe sgoláirí ag ceartughadh agus ag aontughadh na Gaedhilge anois dúinn, cad bheadh againn feasda? Cad iad na riaghlacha do leanfaidhe? Do leanfaidhe riaghlacha na Laidne agus riaghlacha na Gréigise agus riaghlacha na Fraincise agus riaghlacha an Bhéarla, i dtreo gu ab é an rud do thiocfadh as dúinn ar ball, nach Gaedhealg do bheadh againn i n-aon chor, acht Valapuc. Cad iad na riaghlacha is ceart do leanamhaint i ngnó na Gaedhilge, cia aco litriughadh na bhfocal é nó gléas agus suidheamh na cainte? Riaghlacha na Gaedhilge féin gan amhras.[90]

Dá dtarlódh a leithéid, scriosfaí éileamh na Gaeilge ar a stádas mar theanga sainiúla ar bhonn gramadaí. Is canúint den Bhéarla, *patois* cros-síolraithe a bheadh inti, seachas teanga shainiúil neamhspleách agus urlabhra an chine Ghaelaigh. Dá ngéillfeadh an t-eagarthóir: 'I should be doing precisely what he and other grammarians have done in providing Irish with an infinitive and a present participle'. Agus, a deir sé: 'Why stop at an infinitive? If the same form is in one usage a participle, in another an infinitive, why not also a gerund, a supine, and anything else that the anthology of other languages may suggest?'[91] Nochtar imní an eagarthóra sa sliocht seo: más féidir gramadach na Gaeilge a mhíniú i dtéarmaí an Bhéarla, chiallódh sé nach raibh córas sainiúil gramadaí ag an nGaeilge. Gan ghramadach shainiúil, ní teanga neamhspleách a bheadh inti ach canúint de chuid an Bhéarla. Feictear anseo go raibh an bhéim sna díospóireachtaí gramadaí tar éis athrú ón mbonn aníos agus gurbh í an idé-eolaíocht nua a scaip Conradh na Gaeilge ba chúis leis. Níorbh iad na lámhscríbhinní na foinsí ársa a thuilleadh, ach na canúintí. Ba iad na cainteoirí dúchais a dhein staidéar ar an teanga, ar nós an Athar Peadar, 'who has spoken Irish from infancy, and who has made a study of the language, and therefore, has the same divine right to judge by instinct as Mr. Craig has'[92] a cuireadh os comhair an phobail anois mar shaineolaithe.

Sa chomhthéacs seo is spéisiúil cuimhneamh ar a raibh le rá ag Pádraig de Brún in *Irisleabhar Mhá Nuad* sa bhliain 1926. Teagasc gan bhunús a bhí i gcuid de thuairimí agus rialacha an tsagairt, dar leis, agus áitíonn sé go raibh údar *Séadna* 'gan d'úghdarás aige go minic ach breitheamhnas an chainnteóra dúthchais, nó an breitheamhnas a chuirtí ina leith, mar níor thuig seisean bun ná barr an sgéil go léir'.[93] Bhí tábhacht anois, áfach, ag an teanga bheo agus ag tráchtairí a scríobh litreacha ag dearbhú go raibh a leithéid d'fhocal ann sa chanúint áirithe seo mar a mhínigh an t-eagarthóir:

> Phrases like *is mian liom, is áil liom, is maith liom*, come just as naturally to me as to Mr. Craig, but I have never been able to conceive them as transitive verbs, and I am quite certain that there are many others who naturally use such phrases, and have made a study of Irish, and yet have no such notion about this class of phrase as Mr. Craig professes to have. Going further, I must remark on the last two sentences of this reply of Mr. Craig, that he evidently wishes to create the impression that my knowledge of Irish is confined to the 'classics', whereas he knows all about 'modern Irish' . . . Finally, when Mr. Craig adopts this line, it is well to remind him that his intimate knowledge of spoken Irish has not prevented him from making the mistake (among other) of supposing to be a Munsterism a word which I have learned on reliable evidence to be familiar in his own native district in Donegal, the word *goradh* . . . As to its use in Connacht, I do not rely on any correspondent, having over and over again *heard* the word used *in* that province.[94]

Feictear sa tráchtaireacht gramadaí ó bhunú Chonradh na Gaeilge i leith nár glacadh leis an mBéarla ná an Laidin mar bhunús do ghramadach na Gaeilge ní ba mhó. Níorbh ionann an Ghaeilge agus aon teanga eile; má bhí gramadach na Gaeilge le míniú agus le chomhthéacsú, chaithfí é a dhéanamh i dtéarmaí na teanga féin. Níorbh ann don infinideach sa Ghaeilge, agus ní ghlacfaí le haon argóint a deir gurbh ann. Níorbh ionann gramadach na Gaeilge agus gramadach an Bhéarla ná na Laidine.

Mr. Craig will, I hope, have the good sense to regret that taste in which he writes his last paragraph. Tom, Dick and Harry will observe that in his general argument he invariably prefers the usage or the explanation that corresponds most closely with English. I am not without hope, however, that his prejudice in favour of the Anglicization of Irish grammar has been slightly shaken, and that he now finds that there is, at all events, more to be said for the Editor's view that he first supposed. Whether he will have the courage to acknowledge this concerns himself, chiefly, and is largely a matter of indifference to Tom, Dick, Harry and THE EDITOR.[95]

Níorbh ionann mar sin an Ghaeilge agus aon teanga eile ar bhonn gramadaí. Ba í an teanga bheo an t-ábhar a ndéanfaí plé uirthi amach anseo agus bheadh an cainteoir dúchais i lár na díospóireachta seo. Tuigeadh do na hAthbheochanóirí gurbh ann do bhearna idir an Ghaeilge agus an Béarla, agus gurbh ann don bhearna sin i ngramadach an dá theanga, leis. In ainneoin na gcanúintí, b'ionann gramadach na Gaeilge ó cheann ceann na tíre. Bhí an aontacht agus an tsainiúlacht seo thar a bheith tábhachtach agus ní fhéadfaí ligint don aontacht sin a scoilteadh mar a tharlódh i gcás an litrithe.

10

Úrscéalta na Bliana 1901:
Cormac Ua Conaill agus Grádh agus Crádh

A great literature does not arise from the efforts of propagandists and grammarians.[1]

W. B. Yeats

Agus freagraíonn an ealaín don riachtanas sin atá ionann chun a luacháil féin a thabhairt do rudaí, chun brí a chur sa saol.[2]

Breandán Ó Doibhlin

Accounts of the nineteenth-century Irish novel are troubled by the need to explain its perceived inadequacy in relation to British and continental models . . . and no dearth of novels deserving of more extensive critical attention that they have received, but against a double axis of comparison, scarcely a single nineteenth-century Irish novel seems to stand up.[3]

David Lloyd

Ba ghnáthchuid de shaol an Bhéarla sa tréimhse idir 1880 agus 1901 úrscéalta á léamh ag uasal agus íseal. Thug an t-úrscéalaí Anthony Trollope, a mhair in Éirinn ó 1841 go 1859 le linn dó a bheith ag obair mar státseirbhíseach d'oifig an phoist, le fios sa bhliain 1870 cé chomh huilíoch is a bhí úrscéalta Béarla i Sasana: 'Novels are in the hands of us all; from the Prime Minister down to the last-appointed scullery maid. We have them in our libraries, our drawing rooms, our bed-rooms, our kitchens – and in our nurseries'.[4] Sa bhliain 1883 d'fhógair sé ina bheathaisnéis: 'Novels are read right and left, above stairs and below, in town houses and in country parsonages, by young countesses and by farmers daughters, by old lawyers and by young students'.[5] Ba mhór idir sin agus cás an úrscéil Ghaeilge nach raibh tásc ná tuairisc thoir ná thiar, thuas staighre ná thíos staighre air.

Is ar éigean gurbh ann do litríocht chruthaitheach chlóbhuailte Ghaeilge ag an am. Leagann Niall Ó Ciosáin an milleán ar na canúintí agus easpa tacaíochta institiúide.[6] Tagann Joep Leerssen leis an tuairim gur chruthaigh na canúintí deacrachtaí a chuir i gcoinne teacht chun cinn na litríochta clóbhuailte, leis:

> Meanwhile native Ireland was fragmented into countless pockets of 'private spheres'. There were no organisations to speak of, no Church infrastructure, no coffee houses . . . There were no printers, no booksellers. Gaelic Ireland was atomized into many separate small-scale communities without the wherewithal to form a society, without the joint continuum of a public sphere'.[7]

237

In ainneoin bhíogúlacht agus bheocht na bhfilí sa naoú haois déag[8], bhí cúrsaí litearthachta go hainnis sa bhliain 1882, an bhliain ar bunaíodh *Irisleabhar na Gaedhilge,* dar le Cathal Ó Háinle sa scagadh ina aiste 'An tÚrscéal Nár Tháinig'.[9] Má b'iad forbairt an chló agus soláthar fairsing an oideachais na nithe ba mhó a chothaigh an nualitríocht i dteangacha na hEorpa ó thosach an seachtú haois déag ar aghaidh, ba iad ba mhó freisin a chabhraigh le leathadh na litearthachta i dtíortha na hEorpa. 'A mhalairt glan a bhí fíor faoin nGaeilge,' dar leis.[10] Tráchtann Caoilfhionn Nic Pháidín ar ráiteas Sir M. H. Beach i bParlaimint Westminster sa bhliain 1877 mar chruthú ar dhrochriocht na Gaeilge: 'There is no such thing as a Celtic newspaper, you never see a Celtic advertisement, and if a book is printed in the language now it is exceptional'.[11] Thóg sé naoi mbliana déag sula bhfoilseofaí úrscéal sa bhun-Ghaeilge agus sa bhliain sin 1901 foilsíodh péire: *Cormac Ua Conaill* leis an Athair Pádraig Ó Duinnín agus *Grádh agus Crádh* le hÚna Ní Fhaircheallaigh nó 'Uan Ulaidh'.[12] Sa chaibidil seo déantar anailís ar an gcéad dá úrscéal Gaeilge sin a foilsíodh mar leabhair iontu féin seachas mar shraith leanúnach in iris ar nós *Séadna* (nár foilsíodh ina aonad iomlán úirscéil go dtí 1904).[13] Fiosraítear iad mar théacsanna iontu féin maidir leis na téamaí *fin de siècle* a pléadh roimhe seo. Ina theannta sin déantar iniúchadh ar na léirmheasanna chun dearcadh na dtráchtairí a mheas féachaint cén ról a d'imir na téamaí úd ar dhearcadh na léirmheastóirí agus na léitheoirí le linn na hAthbheochana. Mar a áitíonn Louis de Paor: 'Dála gach aon mhír eile de bheatha teanga, tagann saothrú an fhocail faoi thionchar na ngluaiseachtaí éagsúla machnaimh a dheineann athnuachan i ngach aois ar fhéiníomhá an duine.'[14] Agus i gcomhthéacs an leabhair seo is faoi sholas an *fin de siècle* a scrúdófar *Cormac Ua Conaill* agus *Grádh agus Crádh*.

Cormac Ua Conaill

Ar oscailt a bhéil don bhfile, do bhí sleabhac ar a bhéal ag ligeant na gutha amach, go dtabharfadh duine an leabhar gurbh é Murchadh Liath é an t-am gur tháinig sé fé bhráid Chormaic Uí Chonaill.[15]

Tomás Ó Criomhthain

Nuair a foilsíodh *Cormac Ua Conaill* 'timcheall na Béaltaine i mbliadhain a 1901', ní raibh aon súil leis, fiú ag an údar féin.[16] Tar éis don Duinníneach an lámhscríbhinn a sheoladh chuig an bPiarsach, a bhí ina rúnaí ar an gConradh, 'ní fheaca ina dhaidh sin an scéal acht i gcló i bhfuirm leabhair. Ní fheaca fromhtha an scéil riamh, agus cé gur cuireadh ath-eagar ar an leabhar agus gur cuireadh foclóir leis, níor deineadh ath-eagar riamh ar an dtéics go dtí seo'. Mar a mhínigh sé i 1952, ba é Seaghan Ó Ceallaigh nó 'Sceilg' a chuir an foclóir le chéile agus a sholáthair an achoimre Bhéarla don tarna heagrán a d'fhoilsigh an Conradh sa bhliain 1902, eagrán inar mhínigh an Duinníneach féin nár cheadaigh na plátaí réamhdhéanta aon deis chun an téacs féin a leasú: 'As it was prepared for the press with incredible haste, there are many sentences and phrases which might be altered with advantage. As, however, the text is stereotyped, a few corrections and emendations are added under a separate heading instead of being incorporated in the text'.[17] Tagraítear san aguisín úd, áfach, do mhíthuiscint a bhain le hathfhoilsiú an leabhair: 'The following few corrections and emendations in the text were intended to be inserted in their proper places, but owning to a misunderstanding, the text had been previously printed off; they are therefore inserted here, and in the vocabulary they are assumed as incorporated in the text'.[18]

Ba é, dar le Titley, 'an chéad úrscéal Gaeilge a foilsíodh ina iomláine faoi iamh an aon chlúdaigh amháin riamh é'.[19] Is fíor go raibh *Séadna* i gcló san *Irisleabhar* agus go raibh aithne forleathan ar an Athair Peadar ach níor shamhlaigh aon duine *Séadna* mar 'úrscéal' riamh um an dtaca seo. 'Scéal' a bhí ann i gcónaí le linn na hAthbheochana seachas 'úrscéal'. Mar a dúirt an t-údar féin: 'The language of the story of *Séadna* has been framed specially for the purpose of giving learners an opportunity and a means of becoming acquainted with this particular element of Irish syntax. That is why the story consists almost entirely of dialogue'.[20] Cé gur 'scéal' a bhí in *Cormac Ua Conaill*, leis, foilsíodh leis féin é agus bhí téagar faoi leith ann, go háirithe i gcomparáid le formhór na dtéacsanna a foilsíodh roimh 1900 sa teanga. Ba mar seo a leanas a chuir an Conradh síos air i mbliain a fhoilsithe: '*Cormac Ua Conaill* - A Historical Romance, by Rev. P. S. Dinneen, M.A. Cloth, 1s. 6d; post paid, 1s 8d. Paper, 1s.; post paid, 1s. 1d'.[21]

Go deimhin is léir ó réamhrá an údair gur úrscéal a bhí ar intinn aige nuair a deir sé gur chinn sé droim láimhe a thabhairt don mhúnla a bhí ar fáil in úrscéalta áirithe: 'Cheapas gur b'fhearr gan aithris do dhéanamh ar úr-scéaltaibh eachtrannacha an lae sin – bhíodar ró leamh, ró bhaoth, ró-fholamh don aos scoile – agus nár mhiste scéal do cheapadh go mbeadh baint aige le stair na hÉireann'.[22] Is mar úrscéal a chuir 'Sceilg' síos air blianta fada ina dhiaidh sin, leis: 'When it was noised abroad that Fr. Dinneen had written a novel in Irish, *Cormac Ua Conaill*, the enraptured Gaels could hardly believe their ears'.[23] Is éasca an dea-thoil roimhe a thuiscint. Mar a mhínigh an Duinníneach i réamhrá eagrán na bliana 1952 agus é ag cur síos ar an ábhar léitheoireachta a bhí ar fáil ag an am, cé nach luann sé *Séadna* beag ná mór:

An taca soin, leis, ní raibh puinn de Ghaedhilg thábhachtaigh na haimsire le léigheamh ag aoinne. Bhí *Irisleabhar na Gaedhilge* ar siubhal agus giotaí maithe ann anois agus arís, agus ní ba dhéidheannaighe cuireadh *Fáinne an Lae* ar bun. Ní bhíodh téicseanna sna scoileanna acht *Diarmaid agus Gráinne*, *Trí Truagha na Scéalaidheachta*, *Laoi Oisín* agus leabhair den tsórt soin. Is ar éigean a bhí aon téics bunadhasach i nGaedhilg na haimsire do chuirfeá i láimh an mhic léighinn, agus bhí Coimisiún ar bun ag déanamh scrúduighthe ar chúrsaibh oideachais ag ar tugadh fogha nimheach fá'n nGaedhilg agus ina dubhradh ná raibh téics le fagháil san teangain sin a bhí oireamhnach don aos scoile. Ag ceapadh an scéil dam, ní raibh aon tsampla Gaedhealach agam, agus níor leanas lorg na scéal atá le fagháil i dteangthaibh eachtrannacha. Leanas lorg na n-úirscéal nGaedhealach i rudaíbh áirithe, mar atá, dán beag do chur i gcorp an scéil annso agus annsúd do réir mar a d'oir do chúrsa na heachtra.[24]

I gcomparáid leis an úrscéal, d'admhaigh an t-údar sa réamhrá lena dhráma *Creideamh agus Gorta* (1901) gur ghá do dhráma Gaeilge a bheith gearr ionas go léireofaí é agus go raibh tionchar aige sin ar an bplota agus ar an gcarachtracht: 'At present an Irish play to be acted must needs be short, and in a short play development of character and elaboration of plot must suffer. It is hoped that this morsel will whet the appetite of the Irish public, and prepare them for an elaborate dramatic meal'.[25]

Is saothar é *Cormac Ua Conaill* a bhaineann le héirí amach agus dícheannadh Iarla Deasmhumhan idir na blianta 1579-83. Is beag meas atá ag léirmheastóirí ár linne féin ar an saothar seo: 'Ní fiú an oiread céanna iniúchadh a dhéanamh ar *Cormac Ua Conaill*,' dar le Breandán Delap ina staidéar ar *Úrscéalta Stairiúla na Gaeilge* mar, 'nach bhféadfaí a rá . . . gur iarracht róshásúil atá ann ar úrscéal stairiúil a scríobh'. Tá sé, dar leis, 'i bhfad Éireann ró-éadomhain ina insint agus róshaonta agus rómánsach mar scéal chun stádas an úrscéil a bhronnadh air. *Novella* eachtrúil gaisciúil is ea é'.[26] Déanann sé comparáid idir úrscéal Uí Dhuinnín agus *Niamh* (1907), an tarna húrscéal a d'fhoilsigh an tAthair Peadar: 'San áit go raibh *Niamh* rófhada, tá *Cormac Ua Conaill* róghairid mar úrscéal, mar go bhfuil luas na n-eachtraí ann róscioptha chun a bheith inchreidte'.[27] Déanann Alan Titley an chomparáid chéanna chun laige an tsaothair a thabhairt chun solais:

Is é a dhála céanna ag *Niamh* é, an rómánsaíocht agus an réadachas ar muin marc a chéile sa ghleo agus gan an bua á bhreith ag éinne díobh. Tá an scéal féin spéisiúil go leor sa mhéid is go bhfuil eachtraíocht agus coimheascair agus tóraíocht agus spiadóireacht agus feall ar iontaoibh agus fiú amháin iarracht ar shíceolaíocht na gcarachtar a rianadh ann.[28]

Cáineann Titley an leabhar, leis: 'is é an easpa fuála idir eachtraí, an easpa caidrimh idir dhaoine a léireofaí go coitianta i bhfoirm chomhrá an easpa sonraí in imeacht na gcarachtar is mó a thagann idir sinn agus ár dtoil a aomhodh go hiomlán leis'.[29] Tráchtann sé ar 'stíleanna a mheascadh síos suas a chéile san úrscéal' agus 'ní bhraithimid gur le teann íoróna ná le dásacht ceapadóireachta atá an fíon agus an fuisce ar a chéile anseo aige ach le corp aineolais agus tuataíle'.[30]

Is ann don bhaol, áfach, go dtarraingeodh léirmheastóirí ar thuiscint den úrscéal atá múnlaithe agus bunaithe ar theoiricí Henry James maidir le déantús agus le foirm an seánra. Ba é James a cháin an t-úrscéal Victeoiriach as a beith mírialta, iomarcach, lán de thimpistí, de chomhtharluithe agus de ghnéithe fantaisíochta. Cheistigh sé: 'What do such large loose baggy monsters, with their queer elements of the accidental and the arbitrary, artistically mean?'[31] Ag diúltú do na laigí úd, mar a tuigeadh dósan iad, thug sé faoi úrscéalta a scríobh a bheadh réalaíoch agus a mbeadh 'air of reality' agus 'solidity of specification' le sonrú iontu, mar ba é seo, dar leis: 'the supreme virtue of a novel – the merit in which all its other merits . . . helplessly and submissively depend. If it be not there, they are all as nothing, and if these be there, they owe their effect to the success with which the author has produced the illusion of life'.[32] Dar le Linda M. Shires is beag úrscéal a thiocfaidh slán ó shlat tomhais James agus an gá le

> a tight central coherence establishes a norm against which much Victorian fiction must seem inevitably to fall short or fail . . . Rather than follow James's lead by regarding accident and arbitrariness or skewed structures as failures of some kind, we should attend carefully, as did Emily Brontë, to separate elements of the novel and to the reframing offered by such attention.[33]

Leanann sí uirthi agus tráchtann sí ar ilghnéitheacht an úrscéil agus na guthanna éagsúla a chloistear ann a bhíonn ag teacht salach ar a chéile agus ag sárú a chéile.[34] Ach más dual don úrscéal Victeoiriach a bheith ag titim as a chéile dar le James, is sna míreanna mírialta sin ba chóir scrúdú a dhéanamh orthu dar le Shires: 'Moreover, Victorian literary discourse intersects with many other important cultural discourses of the period, most prominently religion, science, and political economy. These discourses shape novel sub-genres even as they inform narrative texture and then enable us to place the Victorian novel in its historical context'.[35]

Ní foláir más ea agus úrscéalta na hAthbheochana idir lámha, cuimhneamh ar chomhairle Chriostóir Mhic Aonghusa i dtaobh an Athar Peadar: 'Ní ealaí dúinn nithe a lorg ina leabhar nach bhfuil le fáil iontu agus é a cháineadh dá bhíthin sin'.[36] Más cúis díomá é an easpa réalachais do léirmheastóirí an fichiú haois, níorbh amhlaidh do na léirmheastóirí comhaimseartha dar le beathaisnéiseoirí Uí Dhuinnín a chuireann síos ar an moladh a tugadh don leabhar tráth a fhoilsithe:

> Nuair a foilsíodh *Cormac Ó Conaill* leis an Athair Ó Duinnín, chuaigh páipéirí agus léirmheastóirí thar fóir ag fáiltiú roimhe. 'Seo é an chéad úrscéal sa teanga dhúchais!' ar siad d'aonghuth. Ina theannta sin ba é an chéad úrscéal stairiúil é . . . Moladh go spéir é. Moladh an stair a bhí ann. Moladh an

eachtraíocht. Moladh uaisleacht na bpearsan. Moladh é de bharr fathach a bheith ann, de bharr gníomhaíocht a bheith ann, de bharr múineadh mórálta a bheith ann. Moladh as Béarla agus as Gaeilge é. Ba mhór an onóir dó na páipéirí Béarla a chur suime ann ar chor ar bith. Ba é an chéad úrscéal Gaeilge é, agus ní bhainfeadh marcshlua an domhain an gradam sin de![37]

Ina ainneoin sin áfach níor thaitin gnéithe áirithe den úrscéal le léirmheastóir *Irisleabhar na Gaedhilge*. Phléigh an léirmheas trí chúis ghearáin de chuid an léirmheastóra, a bhfuil an chuma air b'fhéidir gurbh é Eoin Mac Néill é. Tugann na gearáin léargas ar mheon na linne agus léirítear go raibh na téamaí ar deineadh plé orthu roimhe seo imithe i bhfeidhm ar údair, ar chriticeoirí agus ar léitheoirí na linne. D'eascair míshástacht an léirmheastóra as na laigí a chonaic sé san úrscéal: canúnachas agus Béarlachas, na hiarrachtaí filíochta agus an charachtracht lochtach:

> Tá furmhór cainte an leabhair go han-deas, má tá go bhfuil canamhaint agus síor-chanamhaint uirri beagnach i ngach focal. Tá an dul ceart ar fághail ann gan amhras, acht ní gan Béarlachas é, agus is deise shamhluigheadh sé dá madh nach mbeadh an oiread sain dúile ag an ughdar ina an chanamhaint ar a son féin. Tá sé buailte isteach i n-ár n-aigneadh anois nach n-oireann canamhaint d'á leithéid sin de leabhar. Comhthrom teasduigheas uaidh. Ní'l éan-mhaith ag oibriughadh canamhainte an iomarca. Ní dhéanann sé acht innsint an sgéil do mhilleadh. Fágamais an chanamhaint ag an sgéalaidheacht ghnáthaigh .i. ag na sgéaltaibh innstear cois na tinneadh. Ní ceart í sháthadh isteach i ngnó nach de í.[38]

Mhínigh údar an úrscéil sa tríú heagrán gurbh é a chuir sé roimhe ná:

> scéal simplidhe so-léighte do scríbhadh i nGaedhilg na haimsire sin, agus an Ghaedhilg sin do neartughadh le beagán de chaint na bhfileadh agus de ráidhtibh na sean; agus cuid de chruth na sean-scéal do chur air, i gcuma is go mbeadh an scéal soin i bhfuirm droichid idir litridheacht na sean-scéal is cibé litridheacht a bheadh mar thoradh ar an dteangain aithbheoidhte.[39]

Is spéisiúil tuiscint an léirmheastóra go n-oireann an chanúint don bhéaloideas agus don seanchas cois tine ach nach dtagann sé leis an bhficsean nó leis an gceapadóireacht nuachumtha, rud a mheabhraíonn go raibh dóchas éigin fós ann go n-aimseofaí caighdeán lárnach go fóill. Cloistear macalla anseo ar litir de Henebry chuig *Fáinne an Lae* sa bhliain 1898 nuair a dúirt sé: 'The spoken language of any people, and so the Irish, is the merest fustian and fag-ends compared with its literary counterpart. But even if it were the very purity of diction, it could not serve as a model for writing'.[40]

Caitheadh níos fearr leis an údar as a dhráma *Creideamh agus Gorta: Traighidheacht bhaineas le haimsir an droch-shaoghail, 1847*,[41] ar tugadh úrscéal air sa léirmheas a deineadh air san eagrán céanna den *Irisleabhar*. Foilsíodh agus deineadh léirmheas ar an dráma sa bhliain 1901 in ainneoin nár cuireadh ar stáitse in Amharclann na Mainistreach go dtí 1903 é, rud a chiallaíonn gur léirmheas ar théacs dráma seachas ar léiriú dráma atá i gceist.[42] Ní heol ach an oiread arbh é an léirmheastóir céanna a scríobh an dá léirmheas, agus ní nochtar aon leid ann den chonspóid a spreagfadh an dráma amach anseo.[43] Níor chuir an chanúint bac ar aon duine an dráma seo a thuiscint, dar leis an léirmheas:

Is ró-dheas ar fad an traighidheacht bheag so. Tá an chaint go hálainn agus go bríoghmhar innte ó thúis go deireadh. Is mór is ionmholta fós í mar gheall ar a simplidheacht. Go deimhin féin, ní baoghal nach bhféadfadh éan-duine, 'pé canamhaint atá air, í thuigsint go maith, agus is é ba chinn-tsiocair leis sin, dar linn, do bhrígh gur cuireadh an sgéal síos go réidh deas socair gan cruas gan dócamhal gan forcamás. Is amhlaidh sin is fearr canamhaint do sgríobhadh, mar milltear í, má cuirtear fa chruas focal.[44]

Tá meon an léirmheastóra ag teacht go huile agus go hiomlán lenar fhógair an tAthair Peadar Ó Laoghaire anseo maidir le prós na Gaeilge agus an stíl scríbhneoireachta a pléadh roimhe seo. Ach níor thaitin na píosaí filíochta a fheictear tríd an úrscéal leis an léirmheastóir:

Locht eile againn ar an déantús so, na paistí filidheachta atá ann. Níor chuirthe do'n ughdar ann iad. Ní oireann siad do réim an sgéil. Is é meas an léightheóra, tar éis, a léighte dhó, nach bhfuil ionnta acht paistí no preabáin 'sa' bhreis agus go m'fhearr an sgéal 'na n-éagmuis. I dtaobh na filidheachta féin, tá cuid di maith go leór, acht tá cuid eile ró-chasta ró-neamhnádúrtha . . . nár cleachtadh riamh, go fiosrach dúinn. Gall-chruth is eadh 'Éire'; ní mór le rádh a leithéidí.[45]

Gan dabht ba í an 'neamhnádúrthacht' an peaca ba mhó a d'fheadfaí a chaitheamh le rud ar bith sa tréimhse seo ina raibh imní ar dhaoine i dtaobh cros-síolraithe. Ba dheacair filíocht a scríobh a shásódh léirmheastóirí agus cé go raibh 'cuid di maith go leór', cáineadh an chuid eile di as an gcastacht agus as dul i muinín nósanna an Bhéarla.[46] Ba mhinic tráchtairí ag gearán faoin nGall-chruth nó 'artificial compounds foreign to the nature of the language', mar a thug an tAthair Peadar ar 'féin-mharú', 'féin-teagasg' agus 'féin-riail'.[47] Bhéimnigh a leithéid an gá le foclóir cuimsitheach. Dealraítear gur ag tagairt don cháineadh seo a bhí an Duinníneach nuair a dúirt sé:

Mar aithris ar na sean-scéaltaibh agus ar an bhfilidheacht, bhaineas feidhm as foclaibh snaidhmighthe de leithéid 'dubh-dhorchadas', 'ceo-chnoc', 7 c. Bhí a lán d'fhilíocht na Gaedhilge do ceapadh ar feadh cúpla céad bliadhan roimhe sin de ghlan-mheabhair agam agus tarraingeas chugham agus chuireas im scéal go minic abartha feidhmeamhla ó sna filíbh is ó ráidhribh na sean. Is ar éigin a thuig an gnáth-léightheoir cá bhfuaireadh cuid de sna habarthaíbh sin.[48]

I gcead don léirmheastóir in *Irisleabhar na Gaedhilge*, dhein sé iarracht dul i ngleic le hábhar an téacs, rud a bhí neamhchoitianta go maith i bhformhór na léirmheasanna sa tréimhse seo, seachas díriú ar chúrsaí litrithe, canúna agus gramadaí. Ó thaobh na carachtrachta de, níor thaitin sé leis an léirmheastóir go mbíodh Cormac, an príomhphearsa, ag tabhairt na ndeor agus ag gol go rialta i rith an leabhair, go háirithe nuair a bhuailfeadh tubaiste éigin na Gaeil:

> Is mór an locht air an dúil mhór úd aige i sileadh deór. Ní'l brón ná imshníomh, tiubaiste ná mí-ádh d'á dtig air nach 'ag tál na ndeór' bhíos sé d'á dhruim, agus is minic iad ar sileadh leis 'na gcaisíbh nó 'na srothannaibh . . . Dá mbadh gein saoghalta é, 'sé déaramaois: 'An buachaill bocht! Cad chuige ar cuireadh ar an saoghal é ar éan-chor?'. . .? Tá an Caomhach ruidín níos fearr 'ná ceachtar aca so, acht cad chuige dhó ionntaoibh do thabhairt leis an té d'fhéach le n-a mharbhadh dhá uair, agus é 'na chodladh, mar budh eadh, an dara huair?[49]

Is fíor don léirmheastóir; is minice tinn ná sláintiúil laoch an úrscéil seo. Sa dara halt, insítear gur nós dó a bheith ag tál na ndeor ar fheiscint dó áilleacht Chill Áirne agus bhí 'tocht uaille is cathuighte ag luighe go trom ar a chroidhe'.[50] Sa cheathrú halt, 'tháinig lagachar ar Chormac is d'imthig cuimhne na hoidhche sin ar fad as a mheabhair; agus b'éigin don bheirt eile gluaiseacht chum siubhail is é d'fhágaint ina ndiaidh sínte ar leabaidh i bhfiabhras tinn trioblóideach'.[51] San ochtú halt: 'tháinig tocht cathuighte ar a chroidhe is criteann ina bhallaibh, i gcuma ná raibh ar a chumas labhairt ar feadh tamaill'.[52] San alt deireanach, 'bhí an faire is an machtnamh soin ró-dhian ar Chormac, agus tar éis an chaointe do ghothughadh go deireadh dhó, tháinig lagachar air is thuit sé i bhfanntais ar an dtalamh',[53] agus cúpla líne ina dhiaidh sin 'Iar rádh na bhfocal soin dó, tháinig lagachar air is shín sé siar is d'éag ar nós na coinnle'.[54] Sin deireadh le Cormac Ua Conaill, an té a raibh dóchas na Mumhan agus na hÉireann á iompar aige tar éis don Tiarna an chúis sin a thabhairt dó: 'fágaim le huadhacht agat-sa an chúis sin gan teimheal, gan éislinn, agus ní hamháin agat-sa a fhágaim an chúis sin, cé gur tusa is annsa liom, acht ag gach aoinne a chuireann suim san bhfírinne agus san tsaoirse'.[55] Ní féidir le Cormac freagra a thabhairt air ag an bpointe áirithe sin mar 'bhí tocht bróin cómh mór san anuas ar a chroí'.[56]

Tuigtear don léirmheastóir seo, áfach, má chuimhnítear ar a ndeir Delap: 'Leis an úrscéal stairiúil a mheas i gceart ní mór é a chur i gcomhthéacs na ré ónar eascair sé'.[57] Mínítear imní an léirmheastóra faoi fhéith caointe agus tinnis Chormaic má thuigtear gurbh é an t-athrú tobann meoin agus babhtaí caointe nósanna a samhlaíodh leosan a raibh na néaróga ag cur as dóibh de bharr meathlaithe. Mar a sonraíodh roimhe seo, ba é Bénédict-Augustin Morel a shainmhínigh *dégénérescence* sa bhliain 1857 mar ghalar a chuaigh in olcas ó ghlúin go glúin. Ní haon ionadh go spreagfadh gol agus caoineadh Chormaic comparáid le meatacháin na mbailte móra agus na cathrach. Seo mar a chuir Max Nordau, dia beag an mheathlaithe, síos ar an gcaoineadh mar shaintréith an té a bhí ag meath:

> Another mental stigma of degenerates is their emotionalism . . . He laughs until he sheds tears, or weeps copiously without adequate occasion; a commonplace line of poetry sends a shudder down his back; he falls into raptures before indifferent pictures or statutes; and music, especially, even the most insipid and least commendable, arouses in him the most vehement emotions. He is quite proud of being so vibrant a musical instrument that he boasts that where the Philistine remains completely cold, he feels his inner self confounded, the depths of his being broken up, and the bliss of the Beautiful possessing him to the tips of his fingers.[58]

Dhein an Duinníneach cosaint ar an gcarachtar sa tarna heagrán (1902), áit ar chuir sé i leith na léirmheastóirí nár thuig siad carachtar Chormaic i gceart: 'Though the work has been well received, the author is of the opinion that the character of his youthful hero has not been fully understood or justly appreciated'. Ach ba chúis dóchais dó go raibh glúin óg ag éirí aníos anois a bhainfeadh leas as an eagrán nua leis an bhfoclóir agus 'the rising generation of readers – for whom the book has hitherto been too difficult – will read the story with truer instinct and keener discernment'.[59] Is port eile ar fad aige in eagrán na bliana 1952 *à la* W. B. Yeats sa dán 'The Man and the Echo', nuair is cúis machnaimh dó ar ghríos a shaothar fir na réabhlóide sa bhliain 1916. D'fhiafraigh Yeats: 'Did that play of mine send out / Certain men the English shot? / Did words of mine put too great a strain / On that woman's reeling brain?'[60]

Tuigtear don Duinníneach: 'gur dhein mílte den aos óg scrúdughtadh ar théics an leabhair agus ar an gcuspóir so chuir an leabhair os a gcomhair'. Ach:

> Ag machtnamh dam ar stair na tíre ó thosach an fhichead céad gus indiu, bheirim fá ndeara gur éirigh chughainn san tamall soin, sraith de Chormacaibh atá fá ghradam in Éirinn indiu, agus a bheidh go deo . . . I gceart-lár na haimsire sin, d'éirigh in ár measc gasradh óigfhear go raibh tréithe Chormaic go dlúth i n-achrann ina gcroidhe is ina n-aigne, óglaidh – gairm Chormaic féin – a thug a gcuid fola ar son neamh-spleádachais a dtíre go fuigheach is go fonnmhar. Thuit cuid aca san ár; tugadh breith báis ar chuid aca ar nós Chormaic; d'éaluigh cuid aca ón mbás mar d'éaluigh

Cormac. Do leanadar lorg Chormaic ina ngníomharthaibh is ina ndúthracht, ina mbruighin, ina bhfoighne, i gcruadhtan is i ngéibhinn, ní raibh uatha acht saoirse a ndúthchais do bhaint amach.[61]

Ach más aiféala nó amhras atá ar an bhfile Béarla, ní hamhlaidh don úrscéalaí Gaeilge. Is sásta atá sé más fíor gur spreag sé 'suim i mbail is i mbreághthacht a dtíre, is san chreideamh do dháil Pádraig uirthi'. Agus: 'Ag machtnamh ar na neithibh sin dam, is dóigh liom ag ceapadh Cormaic mar chuspóir don aos óg gur bhreathnuigheas i gceart spioraid staire na tíre agus an treo a bhí ar an dtír i dtosach an chéad so, agus an gádh a bhí aici le dílse, le dúthracht, agus le héirim a haosa óig'.[62]

Ach le linn dó a bheith ag cur síos ar charachtar Chormaic agus an difríocht idir a ré agus ré an Iarla, baintear leas as friotal agus an meafar a thugann urlabhra Nordau chun cuimhne agus é ag trácht ar 'the dusk of nations':

Le linn Chormaic bhí an sean-shaoghal in Éirinn ag dul ar gcúl, agus saoghal nuadh ag teacht ina ionad. Freagrann Iarla Deasmhumhan don tsean-shaoghal soin. Freagrann Cormac féin don tsaoghal nuadh. Thugas le chéile an bheirt i dtreo gur thuig Cormac tréithe an tsean-shaoghail ag dul fá dhéin an tsaoghail nuaidh dhó, agus go bhfuair an tIarla caoi ar shúil-fhéachaint do thabhairt ar an saoghal a bhí le teacht. An fhaid is a mhair an tIarla agus taoiseach nó dhó nár bh'é, ní raibh tír na hÉireann ar fad fá smacht na nGall. Acht chuir a bhás agus éachta d'á leithéid an tír ó neamh-spleádhachas. Do dorchuigheadh an spéir; do shéid an storim ina timcheall; do thuit an fhearthainn ina ceathannaibh troma uirthi; do thréig a teas í; agus chuaidh an fuacht dubh i n-achrann san féithrachaibh aici.[63]

Más rud é gur íomhá den Ghael óg meathlaithe a bhí ag cur as don léirmheastóir sa bhliain 1901 san *Irisleabhar*, ba é an léirmheas féin agus meon an léirmheastóra a chuir as don 'Scoláire Óg' nuair a scríobh sé litir chuig *Irisleabhar na Gaedhilge* faoin léirmheas. Is léir ar a litir gur ghlac sé leis go mbeadh ficsean na Gaeilge báúil le cás na nGael agus ag tacú le léamh áirithe ar an stair thar aon ní eile. Béimníodh 'an tuairisc fhírinneach' agus 'fírinne an scéil' go sonrach sa sliocht seo a leanas:

Im' thuairim-se, is cúntas gan carthannacht an cúntas úd. Go deimhin, ní taisbeánann sé púinn na subháilce do bheir orainn a chuid féin do thabhairt do gach aon. I sgeul Chormaic tá tuairisg fhírinneach ar phobal Gaedhilge i n-íochtar na seiseadh h-aoise déag. Is cosmhail é le fíor-stair na haimsire úd. Is breagh iomad pictiúirí 'san sgeul chéadna. Agus i dtaoibh beatha nó saoghail tá tuairim an ughdair chomh maith le tuairim aon fhir óig i mBaile Átha Cliath! . . . Is maith liom an t-*Irisleabhar* i gcomhnuidhe, acht, a chara, is feárr an duine bhidheas ag tabhairt litiordhachta dúinn ná an fear bhidheas a caint ar a lochtaibh beaga.[64]

Foilsíodh litir eile san *Irisleabhar* i mí na Samhna ó Sheaghan S. Mac a' Bhaird ag cáineadh an léirmheastóra chomh maith as a bheith chomh dian sin ar an saothar:

Is goirid ó bhí tú ag fághail lochd ar Ghaedhilc an Athar Uí Dhuinín agus ar Ghaedhilc an Chraoibhín Aoibhinn agus is cosamhail go dearn tú dearmad de'n ghreadadh a thug an bhean uasal Ní Bortúic duit anns an *Leader*, mar gheall ar sin. Acht glac cómhairle agus na bídheadh do pheann tomtha chomh minic i n-domblas agat, agus cuimhnigh go m-beirtear ar níos mó cuileog le mil 'na le fíon geur', agus go g-ceannóchaidh níos mó daoine *Irisleabhar na Gaedhilge* má sgríobhann tú ann go síbhíalta 'ná má bhídheainn tú d'Ismaeliteach, le do láimh an aghaidh gach duine.⁶⁵

Dealraítear ó Sheaghan S. Mac a' Bhaird agus an tagairt a dhéantar do litir Nóra Ní Bhortúic nó Norma Borthwick go raibh daoine ag éirí dubh dóite den léirmheastóireacht bunaithe ar bhonn na gramadaí amháin. Tagraíonn Mac a' Bhaird d'alt Nóra Ní Bhortúic in *The Leader* mí Iúil 1901 inar thug sí faoi Mac Néill mar eagarthóir *Irisleabhar na Gaedhilge*. Tar éis di cur síos ar an bhfaillí a bhí déanta i ngort na léirmheastóireachta san Athbheochan go dtí sin, luaigh sí an náire a cuireadh uirthi arís agus arís eile mar bhall den Chonradh de bharr ar dúradh sa pháipéar: 'I have over and over again felt pained and ashamed, as a member of the Gaelic League, at the way in which that organ of the League has ridiculed the work of men who spoke and read and wrote Irish before its editor was born. This has happened not once nor twice, but continually'.⁶⁶ Leag sí béim ar ról an léirmheastóra mar áisitheoir nó éascaitheoir na litríochta. Is léirmheastóir é a thaispeánann cá n-éiríonn agus cá dteipeann ar an údar, ach is duine, leis, é a thugann breith chóir.⁶⁷

Thagair sí don drochíde a thug an t-eagarthóir d'fhoilseachán dá cuid féin agus in ainneoin an mhionscagtha ghramadaí a dhein sé gur theip air fíorbhotún a aimsiú.⁶⁸ I ndiaidh di íomhá den léirmheastóir foirfe a thabhairt sa chéad alt, agus amhras a chaitheamh ar chumas Gaeilge an eagarthóra sa tarna halt, dhírigh sí isteach ar an léirmheas a scríobhadh ar úrscéal Uí Dhuinnín:

I doubt if any reader of the *Gaelic Journal* will lay down this current number without a feeling of indignation. Among the book reviews we have first a notice of Father Dineen's *Cormac Ua Conaill*, at the end of which the editor draws up in a double column Father Dineen's 'blunders' and his own 'corrections', chiefly upon matters of spelling as important as the difference between 'honour' and 'honor', and insignificant varieties of construction. Is this criticism? Is it common courtesy to a man of the standing in Irish literature of Father Dineen? The editor treats him as if he were a little schoolboy showing an exercise and he (the editor), were a school-master going over it with a blue pencil. Let it not be forgotten that Father Dineen is an Irish speaker from his cradle. Have the members of the Gaelic League no authority to prevent his being insulted in their organ?⁶⁹

Lean sí uirthi ag tagairt don léirmheas cáinteach a scríobhadh faoi *An Sgeulaidhe Gaodhalach* le de hÍde. Críochnaíodh an t-alt le ceist faoi chuspóir an léirmheastóra: 'I ask again, is this criticism? Or is it insolence?':[70] Agus: 'It behoves the Gaelic League to see that its journals be conducted in such a manner as to advance the cause of the language, and one of the first things it will have to do towards that end is to insist upon the adoption, in those journals, of true and reasonable and decent methods'.[71]

An tseachtain dár gcionn tharraing Liam P. Ó Riain, nó W. P. Ryan mar ab fhearr aithne air i saol an Bhéarla, an chonspóid aníos arís sa *Leader*. Mhol sé 'Miss Borthwick's earnest and graceful paper' sular cháin sé an meon lochtach úd:

> Something, alas, of the canker of slavery has eaten into most of us. Amongst the pitiful results are a certain smallness of mind, meanness of judgement, and suspiciousness of nature in our casual (as distinguished from our better) moments. And even in the Gaelic world the pedants are always with us, people who think an unnecessary aspirated consonant in the tail of the word of more importance than soul and style and truth in Ireland and nature. But never mind. I am one of those who believe that on the whole the heart of the people is sound, however dormant and undeveloped much of its best quality.[72]

Is é spéis na léirmheastóirí sa ghramadach an ghné is measa de léirmheastóireacht na Gaeilge, dar leis:

> As to the Ireland of to-day, things of course are far from normal, and the Gaelic critic must play other or further parts. He has to teach much to awaken an interest in many forgotten things. I can only speak as a student of Irish literature, but it is not difficult to see the many lines on which the true Gaelic critic could help us all. He will make an utter mistake if he dwells over-much upon small points of spelling and even construction. Scientific accuracy is excellent, and we must guard against looseness and mere individual humours in the writing of Irish, but there are sundry points which are quite immaterial. Drop a Dh' in the writing of certain words where it is not sounded, and some people cry to the Gaelic gods that you are wrecking the movement. Now, we are not children, and we need not weep over these things. To cry out 'Ma-ma-mamma! Father O'Leary won't give me my little dotted 'd'. Boo-oo-oooh!' is, I take it, ridiculous in a Gaelic Leaguer. I don't care whether Father O'Leary does or doesn't – I appreciate him for other things – if I want the 'd' I can substitute it mentally or otherwise. People appeal to 'authority' as regards usage in this and other matters; but who can say that the standard writers, or Gaelic League publications, are uniform in their spelling. Anyhow it is not a vital matter; and the Gaelic reviewer who dwells largely and testily on such minor details is a worry in the movement.[73]

Lean sé air mar seo a leanas ag cosaint *An Claidheamh Soluis* ón ionsaí a dheintí air ó am go chéile.[74]

Rithfeadh sé le duine gurbh í an chonspóid seo a mhúnlaigh dearcadh Phádraig Mhic Phiarais agus é ag tabhairt faoi chur isteach ar an bpost mar eagarthóir *An Claidheamh Soluis* ina dhiaidh seo. Is cinnte gur fhreagair a thréimhse mar eagarthóir dá raibh á lorg ag Liam P. Ó Riain ó eagarthóir an nuachtáin. Faoi dheireadh, bhí údar Gaeilge tar éis saothar fada próis a chur ar fáil dóibhsean a raibh na scileanna teanga acu, ach ní raibh an léirmheastóir in ann déileáil leis ach ar bhonn gramadaí. Níor chuaigh na litreacha i bhfeidhm ar an eagarthóir, áfach, mar is mar seo a d'fhreagair sé litir Mhic a' Bhaird: 'Ní domblas do cleachtadh annso riamh acht mionsgrúdughadh fírinneach. Acht faraor! Ní fhuilngid Gaedhil a mionsgrúdughadh. Moladh gan machtnamh is fearr leo, agus ráiméis no pléis am is eadh a shamhail'.[75] Tuigtear, mar sin, go ndéanfaí an léirmheastóireacht amach anseo ar bhonn gramadaí agus ar bhonn an náisiúnachais. Más rud é go raibh sé de shásamh ag an Athair Eoghan Ó Gramhnaigh a thabhairt le fios sa bhliain 1898: 'Let me congratulate you on the wonderful progress made during the past twelve months in the creation of a modern literature. We have now a well-developed standard of Gaelic prose, fitted for the thoughts of the times',[76] bhí tús curtha anois leis an léirmheastóireacht mar a thuigtear inniu í. Ní foláir a thuiscint go mbeadh achar eile ann sula mbeadh caighdeán léirmheastóireachta sásúil ar fáil, in ainneoin na litreacha agus a ndúirt Nóra Ní Bhortúic. B'éigean fanúint go gceapfaí an Piarsach ina eagarthóir ar *An Claidheamh Soluis*. Ach bhí an Athbheochan tar éis pointe a shroichint nár leor léirmheastóireacht ar bhonn na teanga amháin a thuilleadh. Bhí an ghlúin a d'fhás aníos ó laethanta Chumann Buan-Choimeádta na Gaedhilge tagtha in aois agus ós rud é go raibh an teanga bheo ar a dtoil acu, bíodh nár chainteoirí dúchais iad, shantaigh siad litríocht a d'oirfeadh dóibh agus ní hamháin sin ach léirmheastóireacht a d'fhreastail orthu.

Grádh agus Crádh: Úirsgéilín

Agnes O'Farrelly, M.A. Irish name: Una Ní Fhaireshallaigh; Irish nom-de-plume, Uan Ulaidh; Bardic name, Oenig yr Ynys.[77]

Más fíor go dtugtar suas do *Cormac Ua Conaill* an Duinnínigh go bhfuil sé ina 'úrscéal staire chomh maith le bheith ina úrscéal stairiúil',[78] tá stádas stairiúil ag baint le *Grádh agus Crádh*, an chéad úrscéal de chuid Úna Ní Fhaircheallaigh chomh maith.[79] Más é *Grádh agus Crádh* an tarna húrscéal Gaeilge a foilsíodh is é an chéad saothar le húdar mná agus le húdar tuata é agus is é an chéad úrscéal Gaeilge le príomhcharachtar mná. Ba é an chéad leabhar sa tsraith dar teideal 'Gaelic Journal Booklets', a raibh costas 1d air, 11/2d. tríd an bpost. Ina theannta sin is í an t-aon úrscéalaí Ultach roimh 1915 í agus is féidir argóint a dhéanamh gurbh í a chuir tús le litríocht chruthaitheach chlóbhuailte Chúige Uladh. Mar a chonacthas roimhe seo bhunaigh Ní Fhaircheallaigh craobh de Chonradh na Gaeilge ar Inis Meán, Árainn – 'i measg Ghaedheal na n-oileán n-uaigneach n-ársaidh úd 'sa bhfarraige thiar'[80] – agus ba spéis léi cúis na mban agus cúis na Gaeilge araon. Ar nós úrscéal an tsagairt foclóireachta, foilsíodh *Grádh agus Crádh* sa bhliain 1901, cuirtear síos ann ar eachtra a thit amach fadó 'suas le céad bliain ó shoin' agus is dlúthchuid den scéal í an stair agus droch-chás mhuintir na hÉireann. Gné choitianta de na húrscéalta tosaigh Gaeilge, dar le Titley, is ea go mbíonn siad 'i snaidhm trasna na mblianta leis an insint thraidisiúnta seo':[81]

Formhór na n-úrscéalta Gaeilge a foilsíodh sna blianta tosaigh sin tá cuimhilt éigin acu leis an stair nó leis an mbéaloideas agus feicimid an t-earra nua-aimseartha ag coimheascar le foirmeacha níos sine ag casadh lena shála a thabhairt slán uathu. Ar éigean is féidir úrscéal a thabhairt ar *Eochaidh Mhac Ríogh in Éirinn* (1904) le Micheál Ó Máille ar a stíl rómánsaíochta amháin, agus tá idir ró-chaoile agus neamhdhóchúlacht thar meon ag baint le *Grádh agus Crádh* (1901) Úna Ní Fhaircheallaigh atá bunaithe ar eachtra stairiúil i gceantar dúchais an údair i dtús an naoú haois déag. Má tá idir mhéaldrámatacht agus mhaoithneachas, leis, ann léirigh sí ar a laghad ar bith gur thuig sí na támhchodanna ar a bhunófaí sraith chinnte amháin den úrscéal níos déanaí anonn.[82]

Cé nach bhfuil anseo ach 'úirsgéilín' 24 leathanach, tuairim is 6,200 focal, is mór idir é agus an béaloideas mar tugtar am, ionad agus carachtair chinnte. Agus mínítear nár tugadh lán an scéil don léitheoir, seachas a raibh oiriúnach do 'réim an sgéilín': 'Ná measadh éinneach gur fíor-sheanchas atá 'san leabhrán so. Is é atá ann íona sgéilín; 7 d'á bhrígh sin, níor chuireas síos ar gach ní d'ár bhain leis an gCaiptín 7 d'ár thuit amach 'n-a thaoibh díreach mar tharla. Ní oirfeadh a leithéid do réim an sgéilín'.[83] Is insint leanúnach nach roinntear i gcaibidlí é seo. Má thosnaigh *Cormac Ua Conaill* i lár an scéil ag cur suíomh, am, agus an príomhcharachtar os comhair an léitheora: 'I n-íochtar an tseiseadh céad déag, nuair a bhí Gearaltaigh na Mumhan ag síor-bhruighin le Bainríoghan Shasana, do bhí buachaill óg, lá, ag gabháil an bhóthair idir Chill Áirne is Caisleán na Mainge 'na shuaimhneas, ó scoil',[84] is amhlaidh anseo. Tosnaítear le suíomh an scéil agus an té a mharófar sul i bhfad: 'Suas le céad bliadhan ó shoin do bhí duine dar b'ainm an Capitín Ua Raghallaigh i n-a chomhnuidhe i Muinntir Chonnacht, tríocha céad atá i ngar do Loch Reamhair i gcondae an Chabháin'.[85] Ach tar éis don údar cúlra an Chaptaein a mhíniú sa tarna habairt: 'Caiptín Sascanach do b'eadh é, gé gur dhuine do threibh Ua Raghallaigh do bhí ann', briseann sí isteach sa scéal mar seo a leanas: 'B'fhéidir go bhfuil sé chomh maith dham, sula a rachad níos fuide leis an sgéal, an ní aisteach soin so mhíniughadh'.[86] Mar a deir Titley: 'má tá creatlach an scéil rómánsúil ar *Grádh agus Crádh* . . . Úna Ní Fhaircheallaigh ní leasc léi a ladhar a chur isteach mar údar ar an tseanslí siar agus ar an nós nua ag fáinneáil timpeall ar ais'.[87] Más fíor gur shainghné de litríocht an Bhéarla le linn an naoú haois déag dúil an phobail sa chríoch shona, níl Ní Fhaircheallaigh sásta cloí le coinbhinsiúin an úrscéil Victeoirigh: 'Badh mhian liom chríoch mhaith do chur ar an sgéal seo. Dob' áil liom arádh gur phós Conall 7 Eibhlíse a chéile 7 gur chaitheadar a laetha go deireadh a saoghail i n-éinfheacht, gan doilgheas, gan chrádh – acht, mo léan 7 mo mhairg nach mar shaoiltear cinntear i gcomhnuidhe, ar an ngleann dubhrónach so'.[88]

Ar nós *Cormac Ua Conaill,* tá an scéal seo ar maos le tuiscintí agus imní na linne inar scríobhadh é: meathlú, tábhacht na staire, ionad na mban sa tsochaí agus caomhnú an traidisiúin. Is fíor do Titley, cé nach é an meathlú ná an *fin de siècle* atá ar intinn aige, nuair a deir sé:

Fág a ndílseacht don chreideamh Caitliceach as an áireamh, d'fhéadfaí príomhcharachtair a n-úrscéalta siúd a chur ag feidhmiú gan bhréigriocht ar fud an chuid is mó de na húrscéalta Béarla a ndéanann Claud Cockburn trácht orthu ina leabhar féin *Bestsellers – The Books Everyone Reads 1900-1939.* Agus dá malartófaí iarthar na hÉireann ar son láithreacha rómánsúla i bhfad i gcéin agus dílseacht don náisiúntacht Éireannach ar son creideamh in Impireacht na Breataine, d'fhéadfaí na húrscéalta Béarla a chur anuas go socair ar léarscáil mhothála na n-úrscéalta Gaeilge gan an iomarca éigin a dhéanamh nó an iomarca screadaíle a chlos. Ní deirim nach difríochtaí tábhachtacha iad sin ina slí féin, ach má bhí an ceart riamh ag Jung tharlódh gur cruthú é an t-úrscéal éadrom rómánsúil ar theoiric na n-aircitípeanna domhaine atá in íoslach an tsaoil thíos, aircitípeanna a mbíonn foireann fhairsing scríbhneoirí ag iascach orthu le slata den déantús céanna.[89]

Feictear an meathlú ar an bpointe mar is é is cúis leis 'an ní aisteach soin'. Is 'Caiptín Sasanach' é an Raghallach in ainneoin a dhúchais agus a chúlra. Mínítear an próiseas seo mar seo a leanas: 'iompaigh cuid do threibh Uí Raghallaigh i n-a Sacsancaibh. Do thréigeadar a muinntear 7 a gcreideamh 7 níor b'fhada dhóibh mar soin go rabhadar chomh Sacsanach leis na Sacsancaibh féin'.[90] In ainneoin a ndúirt de hÍde ina léacht úd, tuigtear anseo gur fíor-Shasanaigh iad 'Ua Raghallaigh na Bainríoghna', agus casann ollinsint an scéil seo ar an teannas idir iad agus 'na fíor-Ghaedhealaibh'. Feictear tuiscint agus teoiricí an mheathlaithe, an chros-síolraithe agus an Bhéarlachais sa chinniúint a bhain lena leithéid – arbh fho-threibh nó fho-chine iad – áfach:

do lean an t-ainm céanna d'á gcloinn ó aois go haois anuas go dtí an aimsear atá ann indiu. Ní dhearna, ámh, acht corr-dhuine aca ionntódh ar an gcuma soin, buidheachas mór le Dia is na flaitheasaibh ar a shon, 7 sá laighead iad an uair úd, is lugha iad anois, óir is tearc duine d'á shliocht atá ar shlighidh na bréige le n-ár linn-ne chun na talmhan do shealbhughadh 7 chum pléisiúir do bhaint as an saidhbhreas do cheannuigh a sinsir ar luach a gcreideamh 7 a dtír-ghrádha do shéanadh.[91]

In ainneoin go gcailltear bean an chaptaein, beirtear iníon darb ainm Eibhlíse a fhásann aníos ina 'cailín bhreagh shlachtmhar nó gur dheise cruth 7 deánamh í íona aon chailín d'á raibh i mBreifne thoir thiar, thíos thuas',[92] rud a thagann le leagan áirithe de theoiric an chros-síolraithe a áitíonn go mbíonn áilleacht agus neart le sonrú sa chéad ghlúin sula dtagann laghdú leanúnach orthu ina dhiaidh sin. Is 'bean nua' í Eibhlíse, áfach.[93] Tá sí óg, cumasach, neamhspleách agus tá ar a cumas aire a thabhairt dá gnó féin agus do ghnó a muintire tar éis bhás a hathar. Níl aon imní uirthi faoi chúrsaí tí ná urláir nuair a mharaítear a hathair. Níl aon chaint faoi phósadh, ná faoi uncail ag teacht i gcabhair uirthi. Is í glanchodarsnacht a seirbhísigh, Pádraig, ar ghiolla na gcapall é, a chreideann sna púcaí agus sna sióga. Tá sí ciallmhar, praiticiúil, 'eolach', fiú, nuair a fhiosraíonn sí bás a hathar chun teacht ar an bhfírinne. Ní haon ionadh go sonraítear féith an úrscéil lorgaireachta sa tslí a gcuireann Eibhlíse faoi dhúnmharú a hathar a fhiosrú, mar bhí an-rath ar an seánra áirithe seo timpeall an ama seo. Go deimhin féin, ba dhlúthchuid den úrscéal Victeoiriach é: 'almost every Victorian novel has at its heart some crime that must be uncovered, some false identity that must be unmasked, some secret that must be revealed, or some clandestine plot that must be exposed'.[94] Ach ní féidir éalú ón dúchas. Is í iníon a hathar í, fear a thréig a mhuintir agus a chreideamh féin. Gineann 'peaca' a hathar laige ina nádúr agus ní haon ionadh é, mar sin, go dtéann sí le craobhacha nuair a chúisítear a grá geal as dúnmharú a hathar. Is bean idir dhá chultúr í Eibhlíse. Is Protastúnach agus Gall í toisc gurbh í sin a hoidhreacht óna hathair, ach tá searc a croí bronnta aici ar Chonall, Gael óg Caitliceach. Is lena hathair talamh na dúiche de réir dhlí na nGall, ach tá sí báite i ngrá le gaol dá cuid féin ar leis an talamh murach feall a hathar. Ceist thánaisteach, nach dtugtar aon léargas uirthi, is ea pósadh Eibhlíse le gaol dá cuid féin agus an rath a bheadh ar an bpósadh úd agus an toradh a bheadh ar a leithéid de phór. Ba théama lárnach san úrscéal Victeoiriach é pósadh na mná óige mar ba uirthi agus ar a pósadh a sheas todhchaí a clainne agus go meafarach todhchaí na tíre agus an náisiúin.[95]

Ní cheadóidh a hathair di é a phósadh, áfach, mar 'bhí fuath aige ar gach duine d'á shloinneadh féin, d'ár lean do'n shean-chreideamh 7 go háirithe ar mhuintir Chonaill Uí Raghallaigh as ucht gur b'ian-san do bheadh i n-a dtaoiseachaibh os cionn treibhe Ua Raghallaigh, dá mbeadh a gceart aca'.[96] Ach tá an bhean óg seo de shliocht mheathlaithe anois 'ag dul isteach i n-a ficheadh bliadhain'[97] agus í i ngrá le fear 'an chine' eile, oidhre dúchasach na clainne agus fear a bhfuil an fhuil dhúchasach aige. Má phósann Eibhlíse Conall Ua Raghallach, ní fios cén toradh a bheadh air sin. An slánófar í toisc go bhfuil sí ag filleadh ar an dúchas, nó an mbeidh a thuilleadh meathlaithe i gceist toisc gur nasc idir dhá rud laga meathlaithe é? Is minic, mar sin, Eibhlíse curtha os comhair an léitheora ina haonar; is bean í a bhfuil ní hamháin a cinniúint féin le socrú agus cinniúint na clainne ach ar leibhéal meafarach, cinniúint an chine.

Cuirtear Eibhlíse os comhair an léitheora ag tús an scéil agus í ag rámhaíocht ina haonar ar an loch, an teorainn idir an mhíntír agus an t-oileán. Cuirtear síos uirthi mar mhaighdean mara nó bean ó Thír na nÓg, dhá íomhá a bhéimníonn an mhínádúrthacht agus an bhearna idir í agus an tsochaí:

> Do cuireadh sí suas do'n obair anois 7 arís, 7 do thógbhadh sí a ceann le breathnughadh ar na spéarthaibh – áit nach raibh fiú an néill le feiscin innte. Do bhí teas an lae thart nach mór, 7 bhí sídhe bheag ghaoithe ag séideadh tarsna an locha. Do bhí solas na gréine ag súgradh leis an bhfraoch thuas ar mhullach an tsléibhe éirigheas láimh leis an mbaile mbeag ó thuaidh.
> An ghaoth do bhí ag séideadh an tráth soin d'osgail sí dlaoi ómrach do ghruaim an chailín nó go raibh sí ag tuitim ar a brághaid, 7 an ghrian do bhí ag taitneamh do sgairt a solas ar a gné 7 ar na súilibh glasa aici gur b'amhlaidh do bhí sí ioná cosamhail le maighdin mara nó le mnaoi ó Thír na n-óg. D'fhan sí i bhfad mar sin aon uair amháin 7 í ag féachaint ar an ngréin 7 ag síor-mhachtnamh go nár airig sí curach d'á chur amach ar an uisge ó thuaidh.[98]

Tuigtear san úrscéilín seo go bhfuil muintir na hÉireann faoi chois ón tús. Cé nach mórán Gael atá sa scéal, an bheirt a fheictear is buime agus giolla iad, beirt atá ag obair agus ag brath ar dhea-thoil an té a thug cúl le cine, athair Eibhlíse. Is é Conall, grá geal Eibhlíse, an tríú Gael a thagann os comhair an léitheora sa scéal seo. Cé go gcaitheann sé formhór an scéil i bpríosún go héagórach nó ar deoraíocht thar lear, is léiriú é ar mheathlú an chine Ghaelaigh go fisiciúil agus go sóisialta. Ní chuirtear Conall i láthair san úrscéal seo mar charachtar iomlán riamh. Is cinnte nach carachtar é mar a shamhlaímid Séadna, Cormac Ua Conaill nó fear ar bith eile in úrscéal a cumadh sa tréimhse seo. Níl baol ar bith ann go rachaidh sé sa bhearna baoil ar mhaithe na saoirse nó fiú go dtabharfaidh sé dúshlán an diabhail féin. Taispeánann carachtracht Chonaill drochsheasamh agus droch-chás na nGael san ochtú haois déag. Is treibh gan chearta gan neart iad, iad caite spíonta. Le linn d'Eibhlíse a bheith sa bhád atá ar snámh ar an loch, cuirtear síos ar ghluaiseacht báid eile trasna an locha le linn d'Eibhlíse a bheith ag ligint a scíth, ach ní hinsítear cé atá i mbun an bháid. Ní nasctar Conall leis an neart, fuinneamh ná aclaíocht a shamhlaítear le stiúradh báid bhig. Freagraítear guth Eibhlíse le rann amhráin agus baintear siar aisti go dtí go n-aithníonn sí guth a leannáin. Ach is léiriú é seo ar choilleadh agus ar mheathlú na bhfear Éireannach agus tír na hÉireann dá bharr. Ní fear ná duine é Conall, ach guth:

Ní raibh acht aon fhear amháin 'gá ionramh 7 do rinne sé ar oileán bheag do bhí suidhte i ngar do'n áit i n-a raibh Eibhlíse féin, acht do chuaidh sé i dtír a gan-fhios di. I gceann tamaill, ámh, do chrom sí arís ar iomramh do dhéanamh, 7 ar an am gcéadna do thosuigh sí ar gabháil fhuinn. Ba bhinne ná ceól na héanlaithe fuaim a gotha mar do b'iad puirt a sean 7 a sinnsear do ghabh sí. Amhrán i ndiaidh amhráin thug sí uaithi go dtárla sí ar an rann so :-
'Suidhfeadh síos ar chnoc go hárd
Agus geabhadh go córach cleite im' láimh,
Má gheibhim toil, go sgríobhadh mo sháith
Ar ghníomhartha suilt 's ar mhaith mo ghrádha'.
Ní luaithe do bhí críoch leis an méid sin ná chualathas glór 'san oileán ag déanamh aithrise ar a glór féin:-
'Ar neóin nuair théidhim ar thaobh Suidhe Finn
Fá bhrón i gcéin 's gan aon dom' bhuidhin,
Cia sheólfadh aon-mhac Dé im' líon
Acht stór mo chléibh, bé 'nÉirinn í'.
Ar n-a chlos soin di, do sgannruigheadh an cailín gur thuit na maidí rámha as a lámhaibh. Thug sí a haghaidh ar an oileán 7 a súile ar leathadh le hiongantas. Acht, níor b'fhada gur thosuigh sí ar mhiongháire do dhéanamh 7 gan chosamhlacht fhaithcheasa ar bith uirri. 'Ó! An tusa atá ann, a Chonaill,' adubhairt sí; 'acht nár bh'iad na focla céadna do bhí againn, adéarainn gur mac alla do bhí ann'. 'Is mise atá ann, a chuisle; dar ndóigh, ní duine eile'. Leis sin, tháinig óigfhear amach ó sgáth na gcrann do bhí ag fás ar an oileán. Do sheas sé ar bhruach an uisge 7 do shín sé a lámh chuici go dtug sé congnamh dhi fá theacht i dtír.[99]

Seasann sé faoi scáth na gcrann; idir sin agus imeacht thar lear dó, is beag a dhéanann sé: féachann sé, deir sé, impíonn sé, ach níl aon bhriathar gníomhach luaite leis i rith an scéil go dtí go n-imíonn sé thar lear. Gabhann buachaillí an Rí é, fáiltítear abhaile roimhe, éisteann sé. Comhlíonann Conall ról na mioncharachtar, ról na mban sna húrscéalta traidisiúnta, ach is í Eibhlíse, an príomhcharachtar, agus is í a líonann ról an fhir. Is ar éigean a dhéanann Conall aon ghníomh fisiciúl i rith an scéil nó go dtéann sé thar lear. Comhlíonann Conall ról traidisiúnta na mban mar a shamhlaítear é sin i *Séadna* agus in úrscéalta eile na Gaeilge mar a foilsíodh ar ball iad. Is le téacsanna mar sin agus carachtair mar sin a théann litríocht fhrithchoilíneach seachas iarchoilíneach i ngleic. Mar a mhínítear in *The Empire Writes Back*: 'early feminist theory, like early nationalist post-colonial criticism, sought to invert the structures of domination, substituting, for instance, a female tradition or traditions, in place of a male-dominated canon'.[100] Is ar deoraíocht a bhíonn Conall go dtí go n-aimsíonn sé ról traidisiúnta na bhfear – trodaí, cosantóir, tírghráthóir, laoch – na rólanna a chomhlíonann Cormac in *Cormac Ua Conaill*. Ní féidir leis aon cheann de na rólanna seo a chomhlíonadh le linn dó a bheith ag cur faoi ina thír dúchais; caithfidh sé dul thar sáile chun é

féin a chur in iúl. Is beag a insítear dúinn, ach an oiread, faoi mhuintir an Chabháin, suíomh an tsaothair seo. Tá siad bocht, gan chearta, agus tuigtear gur Caitlicigh iad. Nuair a bhíonn siad ocrach, maraíonn siad beithígh ar thailte an tiarna talún, ach gearrfar pionós trom orthu má thagann maor an tiarna orthu. Fostaítear cuid acu mar sheirbhísigh sa Teach Mór. Goilleann marú an Tiarna go mór orthu dá bharr agus caointear a bhás ar fud na dúiche. In ainneoin a gcreidimh, cuireann siad suntas sna piseoga.

De bharr fheall a hathar, is duine í Eibhlíse nach bhfuil ar fónamh agus le marú a hathar, tagann mearbhall uirthi. Fiú nuair a shaortar a grágheal ón bpríosún, ní thagann biseach ar bith uirthi agus téann sí le craobhacha:

Do chuaidh Conall d'fheicsin a ghrádha, acht níor aithin sí é. Do cuireadh sí an lá ag imeacht thall 7 i bhfus 7 í ag baint phamhsaer 7 ag gabháil fhuinn. D'éirigheadh na deora i súilibh Chonaill gach tráth d'á gcloiseadh sé na sean-amhráin d'á ngabháil. Níor fhéad sé an t-amharc so d'fhulang fa dheireadh. D'fhág sé slán 7 séileanhradh ag a aon-mhnaoi le dul 'san arm le haghaidh troda do dhéanamh ar son Éireann. Do thuit sé i gcath Bhaile na hInse suas le céad bliadhan ó shoin, 7 níor fhan a ghrádh i bhfad i n-a dhiaidh.[101]

Is duairc an chríoch í, go háirithe má chuimhnítear ar an gclabhsúr duairc a cuireadh le *Cormac Ua Conall*: marú an Iarla agus a dhearthár, bás Chormaic agus Mhurchaidh Liath agus imeacht athair Chormaic thar sáile ar imirce ag troid ar son chúis na hÉireann. Ach is móitíf thar a bheith coitianta í an duairceas seo agus díothú na gcarachtar i litríocht Bhéarla agus litríocht Eorpach na linne seo, litríocht a raibh ceist an mheathlaithe lárnach inti.[102]

Creideadh go forleathan i Sasana agus sa mhór-roinn sna 1890í go raibh ardú ollmhór tar éis teacht ar líon na ndaoine a bhí ag cur lámh ina mbás féin. Ó shampla cáiliúil Ernest Clark, siúinéir a d'fhógair sa *Daily Chronicle* go raibh sé chun lámh a chur ina bhás féin an lá dár gcionn, go scríbhneoirí ar nós Thomas Hardy in *Jude the Obscure* agus ó *Suicide, its History, Literature, Jurisprudence, Causation and Prevention* in 1885 go haiste Henry Morselli, *Suicide: an Essay on Comparative Moral Statistics*, a aistríodh go Béarla in 1881, bhíothas den tuairim go raibh eipidéim den fhéinbhás ag réabadh tríd an Eoraip agus gurbh é an meathlú ba chúis leis: 'Suicide paralleled Lombrose's study of crime and Maudsley's researches into insanity and, like them, fed into the intellectual current that reached a strident and somewhat aberrant climax with Nordau's *Degeneration*'.[103]

Nuair a tugadh faoin eipidéim seo a mhíniú deineadh nasc lena raibh le rá ag Nordau: 'suicide epidemics are in fact caused by modern medicine which, by keeping degenerate specimens unnaturally alive, obliges them to seek their own destruction. Left alone they might have died more easily and more promptly'.[104] Is amhlaidh an tuiscint seo agus an meon a léiríodh i leith na gciníocha laga a raibh caidhp an bháis orthu. Léiríonn *Grádh agus Crádh* imní an phobail i dtaobh an náisiúin agus i dtaobh na teanga. Soilsíonn an scéal imní na sochaí Gaelaí faoi mheathlú a bheith ag teacht ar fhearúlacht agus ar fhir na hÉireann, iad faoi scáth sa bhaile, gan lúth ina ngéag, gan seasamh os comhair an dlí agus gan fiú guth acu. Tá na mná ag dul in éag, fiú iadsan atá óg, cumasach agus fuinniúil, agus tá na himeachtaí staire agus polaitiúla á gcur dá mbonn. Is úrscéal é seo a thriallann ar dhá thrá a fhreastal, trá an mheathlaithe agus trá na mban óg. Is iarracht é chun scéal mná óige in Éirinn a insint, agus is iarracht, leis, é scéal mheathlú na hÉireann a insint. Sa deireadh, buann cás na hÉireann. I dtír mar seo, nuair nach bhfuil an tsochaí ina ceart, ní féidir le fir ná le mná óga cumasacha teacht slán. Is é imní an phobail faoin meathlú – idir mheathlú cultúrtha, fisiciúil, aigneolaíochta, agus teanga – a spreag, a thiomáin agus a rialaigh Athbheochan na Gaeilge. Ní fiú mórán é i dtéarmaí an úrscéil iar-Henry James gona bhéim ar an réalachas ach ní mór cuimhneamh ar a ndúirt Dorothy Sayers i leith scéalta bleachtaireachta: 'it depends too much on types, caricatures, and clichés to properly represent 'the heights and depths of human passion'.[105]

Is é an *fin de siècle* an bealach is fearr chun teacht i dtír ar an Athbheochan Gaeilge. Is fearr i bhfad a thuigtear na himeachtaí a bhain leis an Athbheochan má dhéantar iad a chomhthéascú laistigh de dhioscúrsa an mheathlaithe seachas i ndioscúrsa an náisiúnachais chultúrtha amháin nó an léinn iarchoilínigh ná aon ghúim aonair eile. D'fhéadfaí dul ar aghaidh agus a thaispeáint go bhfuil imní an mheathlaithe mar théama lárnach sna húrscéalta Gaeilge a scríobhadh le linn na hAthbheochana, sa dá úrscéal thuasluaite go sonrach, ach in *An Gioblachán* le Tomás Ó hAodha agus in *Deoraíocht* le Pádraic Ó Conaire chomh maith. Is fiú suntas a thabhairt do chríoch mhíshona na n-úrscéalta seo, go háirithe má léitear iad mar thráchtaireacht ar staid agus ar chás na hÉireann. Más meafar í an rogha fir a dhéanann bean óg ar thodhchaí na tíre agus an náisiúin, is bocht an todhchaí atá ag Éirinn. Fiú má thagann na Caitlicigh i gcumhacht agus má bhaintear féinriail – i gcead don Athair Peadar – amach agus neamhspleáchas dá gcuid féin mar a chiallófaí leis an bpósadh idir Eibhlíse agus a Conall, ní bheidh aon rath orthu mar lánúin ná ar a bpór.

Ní hamháin gur scríobhadh an dá shaothar seo faoi thionchar an mheathlaithe ach deineadh iad a mheas agus a léamh i sochaí agus i gcomhthéacs a raibh an meathlú mar dhlúthchuid de. Ag deireadh na n-úrscéalta seo, tá an tírdhreach bánaithe. Tá an oidhre dhlíthiúil, an tiarna talún, an tIarla, agus a shliocht, agus dóchas na todhchaí caillte. Níl fágtha ach na tionóntaithe agus iad sásta géilleadh do pé máistir nua a thiocfaidh i gcumhacht. Tá na laochra ar lár. Níl dóchas ar bith fágtha sa tír. In

Cormac Ua Conaill, tá an ghnáthmhuintir sásta glacadh leis an *bPresident* Gallda gan cheist dá laghad. Is thar lear a théann athair Chormaic agus an té a mharaigh an Captaen Ó Raghallaigh in *Grádh agus Crádh*, rud a chiallaíonn, b'fhéidir, nach féidir leis an gcine Gaelach teacht slán in Éirinn a thuilleadh agus gurb é an t-imirce atá in ann dóibh. Sa chás sin, tá deireadh leis an gcine Gaelach, agus sin é an léargas duairc a thugtar don léitheoir sa chéad dá úrscéal Gaeilge seo.

Mar a chonacthas maidir leis an litriú, leis an gcló, leis an ngramadach agus leis an abairt féin, is í teoiric an mheathlaithe, teoiric na fola, díothú na gciníocha agus an náisiúnachas agus iad fite fuaite ina chéile agus ag sárú a chéile a mhúnlaíonn dioscúrsa Athbheochan na Gaeilge suas go dtí 1901. Is iontu atá fáthanna na hAthbheochana le haimsiú. Níltear ag áiteamh anseo gur chóir droim láimhe a thabhairt don náisiúnachas cultúrtha mar bunchúis d'Athbheochan na Gaeilge ná baol air. Is léir mar a chonacthas i gcaibidil a haon gur mhúnlaigh an náisiúnachas cultúrtha tuiscint na nAthbheochanóirí i leith na teanga agus ról na teanga sa tsochaí. Ach ní hé an náisiúnachas cultúrtha bun agus barr scéal na hAthbheochana. Scéal casta iltaobhach, ilghnéitheach agus iltoiseach a bhfuil leaganacha éagsúla le hinsint agus le plé fós. Iarracht is ea an leabhar seo ar scéal na hAthbheochana a insint ó dhearcadh eile le féachaint an gcuirfear lenár dtuiscint agus lenár n-eolas faoin Athbheochan, lenár gcur amach ar chúiseanna agus ar inspioráidí na hAthbheochana. Níorbh é Max Müller amháin ba chúis leis an athrú bunúsach a tharla i gcás na gcanúintí ná i gcás na gramadaí; ar an mbonn céanna níorbh é an náisiúnachas cultúrtha amháin ba chúis leis an Athbheochan. Ní sásúil a bhíonn aon stair ná réasúnaíocht mhonachúiseach riamh. Agus ní hé sin atá sa leabhar seo ach iarracht chun ceisteanna a tharraingt anuas faoi fhoinsí na hAthbheochana agus gnéithe áirithe den Athbheochan a scagadh faoi sholas nua agus ó léargais úra. Deintear an Athbheochan a chomhthéacsú anseo i dtéarmaí na hEorpa agus na Stát Aontaithe chun cur lenár dtuiscint agus chun cúiseanna, fáthanna, foinsí agus tionchair nua a mheabhrú don léitheoir. Deintear sin chun ceisteanna agus chun díospóireachtaí bríomhara a dhúiseacht agus chun scoláirí a spreagadh chun féachaint an athuair ar an Athbheochan. Is é toradh na hiarrachta sin ná go dtuigfear an leas agus an buntáiste a bhaineann leis an Athbheochan Gaeilge a shuíomh i gcomhthéacs níos leithne ná mar a dhéantar de ghnáth ná mar a dhéantar go hiondúil i léann na Gaeilge. Léiríodh sa leabhar seo an tionchar a d'imir an náisiúnachas cultúrtha ar thuiscint na nAthbheochanóirí ar ról agus ar fheidhm na teanga i dtéarmaí na sochaí, an chultúir, na síceolaíochta, an chreidimh agus na tionsclaíochta. Ina theannta sin taispeánadh go soiléir nár tháinig Éire ná dioscúrsa na Gaeilge slán ón *fin de siècle* ná ó theoiricí Charles Darwin agus gur imir teoiricí áirithe olltionchar ar thuiscintí agus ar dhíospóireachtaí na Gaeilge – an cló, an litriú, an chanúint agus an ghramadach go háirithe. Mar a áitíonn Alter:

> The antiquarian ethos, a vast topic in itself, united much of that era's scholarship, transcending boundaries between the sciences and the humanities. It showed itself in a varied array of concrete pursuits: in collecting and arranging, in the classifying of things in ordered taxa, in fossil hunting and in stocking geological cabinets; in the interests in old manuscripts and etymologies, in numismatics and inscriptions, in origin myths and buried cities; in the periodization of style in architecture, sculpture and painting; in recovering lost civilizations and deciphering forgotten writing systems; in metaphors of treelike growth, in tracing one's own family lineage. From the enthusiasm for natural history to the rage for discovering (and often inventing) national origins, in the irresistible analogy between archaeology and paleontology, in all these fields, a historical consciousness pervaded. From the unifying aesthetic perspective, sciences and history – the reconstruction of the past – were not at antipodes but at one.[106]

Is dlúthchuid d'Athbheochan na Gaeilge í teoiric na fola, teoiric an mheathlaithe, agus teoiric an díothaithe cine. Is boichte agus is cúinge ár dtuiscint ar an Athbheochan agus ar ghluaiseacht na Gaeilge ó shin i leith má dhiúltaítear don chomhthéacs Eorpach agus do thionchar na hiasachta. Ba chuid den Eoraip é cultúr na Gaeilge agus ní dall a bhí an Athbheochan ná na hAthbheochanóirí ar ghluaiseacht smaointeoireachta na hEorpa ná an *fin de siècle* ach oiread. Ní foláir, más ea, na cúiseanna agus na fáthanna sin a chur san áireamh agus sinn ag machnamh ar Athbheochan na Gaeilge.

Nótaí

Réamhrá: Oidhreacht Darwin agus an Ghaeilge

[1] Maolmhaodhóg Ó Ruairc, *In Search of a New Grammar / Ar Thóir Gramadach Nua* (Baile Átha Cliath: Cois Life, 2006), 8-9.

[2] Edward Said, *Orientalism* (Harmondsworth: Penguin, 1985), 133.

[3] Bainim leas as an bhfrása 'Athbheochanóirí' tríd an leabhar ar son na háisiúlachta in ainneoin go dtugann sé le fios gur ghrúpa aonta iad seachas bailiúchán de dhaoine ilchineálacha le tuairimí éagsúla, rud nach fíor. Mar a deir Diarmuid Breathnach, '1882-1982 Beathaisnéis: Focal eatramhach', in *Aimsir Óg, Cuid a Dó* (BÁC: Coiscéim, 2000), 316: 'Gan amhras bhí cúpla cineál Conraitheora a bhain an snas de na siombail sin: an saoithín agus an piúratánach. Is orthusan is mó a d'fhán cuimhne ag scríbhneoirí scigmhagúla nár thug gean riamh do lucht na hAthbheochana, breacairí páipéir a n-oireann dóibh a shamhlú gurbh aon dream monailiteach amháin á bhí i gceist. Bhí Conraitheoirí eile fós a chreid gurbh í obair na teanga a chuirfeadh carachtar an Éireannaigh indibhidiúil i bhfeabhas agus gur de bharr suáilcí bunúsacha mar chomharsanúlacht, misneach gan dul an mheasarthacht, agus an bheatha a chaitheamh go simplí, a chuirfí bláth agus rath marthanach ar an náisiún, sin agus meas a bheith ag Éireannaigh orthu féin, ar a ndúchas agus ar a dtimpeallacht. Bhí idir shílteagasc agus mhodh oibre Chonradh na Gaeilge ag cuimsiú na dtuiscintí sin'.

[4] Breandán Ó Doibhlin, *Aistí Critice agus Cultúir* (BÁC: Foilseacháin Náisiúnta Teoranta, g.d.), 246-7.

[5] Ibid.

[6] Aisling Ní Dhonnchadha, 'Fáinne an Lae: Ceann d'Fhoinsí na hAthbheochana', in Eoghan Ó hAnluain (eag.), *Léachtaí Uí Chadhain 1 (1980-1988)* (BÁC: An Clóchomhar Tta, 1989), 89.

[7] Maidir le tionchar na nGearmánach ar Davis, feic Muiris Ó Laoire, *Athbheochan na hEabhraise: Ceacht don Ghaeilge?* (BÁC: An Clóchomhar Tta, 1999), 128-34.

[8] Feic, mar shampla, Malcolm Brown, *The Politics of Irish Literature: From Davis to W. B. Yeats* (Seattle: University of Washington Press, 1972), 78. Do na difríochtaí idir de hÍde agus Davis, feic Oliver MacDonagh, *States of Mind: A Study of the Anglo-Irish Conflict 1780-1980* (London: George Allen & Unwin), 112. Caitheann Alvin Jackson amhras ar shochraid Pharnell mar imeacht lárnach san Athbheochan: 'One important, though not pre-eminent, event in the history of the revival'. Feic Alvin Jackson, *Ireland 1798-1998* (Oxford: Blackwell Press, 1999), 171.

[9] Traolach Ó Ríordáin, *Conradh na Gaeilge i gCorcaigh 1894-1910* (BÁC: Cois Life, 2000), 253-4.

[10] Ibid., 24. Feic P. J. Mathews, *Revival: The Abbey Theatre, Sinn Féin, The Gaelic League and the Co-operative Movement* (Cork: Cork University Press, 2003), 146-8.

[11] Sinéad Garrigan Mattar, *Primitivism, Science, and the Irish Revival* (Oxford: Oxford University Press, 2004), 1.

[12] Ibid., 9.

[13] Ibid., 25.

[14] Is le Breandán Ó Buachalla an abairt seo. Feic Breandán Ó Buachalla, *An Caoine agus An Chaointeoireacht* (BÁC: Cois Life, 1998), 3.

[15] Feic David Lloyd, 'Adulteration and the Nation', *Anomalous States: Irish Writing and the Post-Colonial Moment* (Durham: Duke University Press, 1993), 101.

[16] Caitheann Ó Ríordáin amhras ar thuairim a fheiceann dlúthcheangal 'idir an náisiúnachas polaitíochta agus an náisiúnachas cultúrtha' agus a chreideann go daingean 'go leanann an dá fheiniméan seo a chéile go díreach ar aon chonair amháin'. Feic Ó Ríordáin, 256-7.

[17] Eric Hobsbawm, *The Age of Empire, 1875-1914* (New York: Vintage Books, Random House, 1989), 243.

[18] Tá sé de chreidiúint aige gur cheangail sé dioscúrsa na hAthbheochana le Darwin agus leis an gclampar intleachtúil a tógadh de bharr a chuid teoiricí agus tuairimí. Más fíor an ráiteas sin i dtaobh tréimhse níos faide anonn i stair na hAthbheochana, go háirithe sa tréimhse tar éis bhunú an tSaorstáit, is í téis an leabhair seo ná gurb é a mhalairt glan atá fíor maidir leis an Athbheochan sa naoú haois déag.

[19] Ó Ruairc, 39.

[20] *Irisleabhar na Gaedhilge*, Iml. 4, Uimh. 47, Samhain 1893, 228.

[21] Ó Ruairc, 8-9.

[22] August Schleicher, *Darwin Tested by the Science of Languages*, aist. Alexander V. W. Bikkers (London, 1869), luaite in Stephen G. Alter, *Darwinism and the Linguistic Image: Language, Race, and Natural Theory in the Nineteenth Century* (Baltimore: The Johns Hopkins University Press, 1999), 74.

[23] Luaite in Alter, 74.

[24] Garrigan Mattar, 4-5.

[25] Luaite in Alter, 100.

[26] Charles Darwin, *On the Origin of Species* (Cambridge: Harvard University Press, 2003), 422-3.

[27] Charles Darwin, *The Descent of Man and the Selection in Relation to Sex* [Second Edition, revised and Augmented] (Akron, Ohion: The Werner Company, 1874), 92

[28] Feic mar shampla an histéire a léirítear in alt le Frank Hopkins, 'Y2K: Will Clinton Declare Martial Law? American Reaction to Y2K: Can Common Sense Prevail?', *Soldier of Fortune,* Iml. 25 Uimh. 1 (2000), 61-7.

[29] Shearer West, *Fin de Siècle* (Woodstock, New York: Overlook Press, 1994), 15.

[30] Ibid., 1. Leanann sé mar seo: 'The malign development of these theories in the twentieth century, particularly in Nazi Germany, stripped the science of all respectability and created an atmosphere in which the very word race is taken to be an incitement to hideous crimes against humanity'.

[31] Maidir leis an míleannachas agus an Ghaeilge, feic Breandán Ó Buachalla, 'An Buachaill Bán', *Aisling Ghéar: Na Stíobhartaigh agus an tAos Léinn, 1603-1788* (BÁC: An Clóchomhar Tta, 1996), 596-622.

[32] West, 15.

[33] Éilís Ní Thiarnaigh, *Casadh na Taoide 1891-1925* (BÁC: Foilseacháin Náisiúnta Teoranta, 1970), 16.

[34] Ibid., 26.

[35] Bhain an scéal an chéad duais in Oireachtas na bliana 1904, cé nár foilsíodh é in *An Claidheamh Soluis* go dtí 1908. Feic Pádraigín Riggs, *Pádraic Ó Conaire Deoraí* (BÁC: An Clóchomhar Tta, 1994), 35. Tá an feiniméan seo le sonrú go hindíreach in 'Nora Mharcais Bhig' agus in *Deoraíocht*, leis.

[36] Seághan Pléimion, 'An Ghaedhilg ins an Naomhadh Aois Deug', *Irisleabhar na Gaedhilge*, Iml. 1, Uimh. 1, 1882, 1.

[37] Ibid.

[38] 'Irish Industries', *An Claidheamh Soluis*, Iml.1, Uimh. 1, 18 Márta 1899, 8.

[39] Timothy G. McMahon, *Grand Opportunity: The Gaelic Revival and Irish Society 1893-1910* (Syracuse: Syracuse University Press, 2008), 14-5.

[40] Is fiú a thabhairt faoi deara gurbh é an Béarla a bhí ar an bhfrása 'meath na Gaeilge' sa tréimhse seo ná 'degeneration of Irish' seachas 'decline of Irish' agus ba ina dhiaidh seo a d'aistrigh ciall an fhocail Ghaeilge.

[41] Sally Ledger agus Roger Luckhurst, *The Fin de Siècle: A Reader in Cultural History c. 1880-1900* (Oxford: Oxford University Press, 2000), xxi-xxii.

[42] Feic, áfach, a bhfuil le rá ag Diarmuid Breathnach, '1882-1982 Beathaisnéis: Focal eatramhach', 314-5.

[43] Tom Garvin, *Preventing the Future* (Dublin: Gill & Macmillan, 2004), 76. Feic John Hutchinson, 'Irish Nationalism', in George Boyce agus Alan O'Day (eag.), *Modern Irish History* (London: Rutledge, 1996), 112 i gcomhair léirmheas ar théis Garvin. Feic McMahon, *Grand Opportunity,* 3-4, i gcomhair léirmheasa ar Garvin agus Hutchinson.

[44] Charles Townsend, *Easter 1916: The Irish Rebellion* (Chicago: Ivan R. Dee, 2006), 40-1. Feic, áfach a bhuil le rá ag Roy Foster in *Modern Ireland 1600-1972* (London: Allen Lane, 1988), 450: 'The point at which the underground influence of the IRB took over the Gaelic League cannot be delineated; but it was certainly not until well into the first decade of the twentieth century'.

[45] Deineadh caighdeánú ar shloinnte ar mhaith le hinnéacsú ar nós: Ó Laoghaire, Ó hIcí agus Ó Duinnín seachas Ua Laoghaire, Ua hIcí agus Ua Duinnín. Sa chás, áfach, gur ainm carachtair a bhí i gceist – Cormac Ua Conaill, an Caiptín Ua Raghallaigh – fágadh an t-ainm mar a bhí. Níor deineadh caighdeánú ar aon sliocht a tógadh ó irisí nó ó pháipéir na linne. Cé gur cloíodh leis an gcaighdeán oifigiúil tríd an leabhar, baineadh leas as na leaganacha 'feiscint', 'tarna', 'fágaint' 'deintear' agus 'deineadh'. In áiteanna a raibh leagan Béarla agus Gaeilge d'ainm in úsáid tugtar an dá leagan an chéad uair a luaitear an té sin agus cloítear leis an leagan Gaeilge as sin amach.

1. An Náisiúnachas Cultúrtha agus an Ghaeilge

[1] David Lloyd, 'Adulteration and the Nation', *Anomalous States: Irish Writing and the Post-Colonial Moment* (Durham: Duke University Press, 1993), 89.

[2] James McCloskey, *Guthanna in Éag: An Mairfidh an Ghaeilge Beo?* (BÁC: Cois Life, 2001), 49.

[3] 'Fichte's insistence on the living nature of an original language is bound up in a reversible analogy between the "immediate" relations of body to spirit, perception to apperception, and those between the sensuous and supersensuous elements of language. The entry of the arbitrary into the language thus attains the very life of the language. A similar analogy applies to the relation of the language to the nation, the former becoming the spirit, the latter the body. "Foreign" influence thus becomes an encroachment of death into the spirit, and the foreign qualities of the French nation are represented not only in mechanical forms of their bureaucracy, but in the very fact of the dependence on a "dead" language and on the philosophy that arises there from, of "fixed forms" and "alienation from originality".' David Lloyd, *Nationalism and Minor Literature: James Clarence Mangan and the Emergence of Irish Cultural Nationalism* (Berkeley: University of California Press, 1987), 65.

[4] Wilhelm von Humboldt, *Über den Nationalcharacter des Spraches*, luaite ag R. L. Brown, *Wilhelm von Humboldt's Conception of Linguistic Relativity* (Paris: Mouton & Co., 1967), 80.

[5] Umberto Eco, *The Search for the Perfect Language*, aist. James Fentress (Oxford: Blackwell, 1997), 110.

[6] Ibid., 111: 'every language possesses its own *innere Sprachform*, an inner form expressing the vision of the world of the people who speak it'.

[7] Thomas Davis, luaite in Lloyd, *Nationalism and Minor Literature*, 66-7.

[8] Lloyd, *Nationalism and Minor Literature*, 60. Chruthaigh meath na Gaeilge fadhbanna áirithe don síolteagasc a d'fhéach Éire Óg lena scaipeadh agus d'éirigh leo teacht timpeall uirthi trí bhéim a leagan ar an mbailéad mar fhoirm náisiúnta na hÉireann. Feic a deir Lloyd: 'The power of Davis's rhetoric at this juncture registers the multiple deterritorializations that, he is aware, afflict the nationalist intellectual all the more consciously than the middle-class merchant who willingly abandons the Gaelic language for the commercially more functional English. Already by virtue of class and education, the nationalist is contaminated by the English language and culture. He is triply dislocated in his own nation: his language is no longer fitted to the land to which his identity would be found; the signs that he receives in place of the fitting names are arbitrary, devoid, like the commodities which flood the economy, of any natural relation to Irish ground; and in consequence, he is cut off from any lived relation to the history and traditions of the nation. Perhaps most significantly given the political aims of nationalism, he is deprived of voice at the same moment that he ceases to be "representative" of the Irish people: his "power of expression" is "abridged". Whether "set adrift among the accidents of translation" or occupied in the business of relearning a lost, or, as in many cases, never-possessed tongue, the Irish nationalist is in the position of Fichte's "foreigner", dependent on the dead letter of history rather than that continuous correspondence with the past which the "living stream" of an original language provides'. Lloyd, ibid., 67.

[9] *An Claidheamh Soluis*, Iml. 1, Uimh. 22, 12 Lúnasa 1899, 349.

[10] 'Comhairle', *An Claidheamh Soluis*, Iml. 1, Uimh. 26, 9 Meán Fómhair 1899, 413.

[11] 'Filidheacht', *An Claidheamh Soluis*, Iml. 1, Uimh. 17, 8 Iúil 1899, 260.

[12] 'Dublin', *An Claidheamh Soluis*, Iml. 1, Uimh. 16, 1 Iúil 1899, 246.

[13] Léirmheas ar *Irisleabhar na Gaedhilge*, *Irishman and United Ireland*, 13 Eanáir 1883, luaite in *Irisleabhar na Gaedhilge*, Iml. 1, Uimh. 4, Feabhra 1883, 134.

[14] 'The Movement in Clare, Branch Founded in Ballyvaughan', *An Claidheamh Soluis*, Iml. 1, Uimh. 28, 23 Meán Fómhair 1899, 445.

[15] 'Ultach Beadaidhe', 'An Fhrainc', *An Claidheamh Soluis*, Iml. 1, Uimh. 29, 30 Meán Fómhair 1899, 451.

[16] *Irisleabhar na Gaedhilge*, Iml. 10, Uimh. 117, Meitheamh 1900, 528.

[17] 'An Dúiseacht – óráid a thug Tomás Ua Conceannain uaidh os comhair an Oireachtais', *An Claidheamh Soluis*, Iml. 1, Uimh. 14, 17 Meitheamh 1899, 210.

[18] 'Father Yorke in Rockwell College', *An Claidheamh Soluis*, Iml. 1, Uimh. 31, 14 Deireadh Fómhair 1899, 491.

[19] 'The Dalcassians in the Gap – The Branch of the Gaelic League in Lisdoonvarna', *An Claidheamh Soluis*, Iml. 1, Uimh. 31, 14 Deireadh Fómhair 1899, 492.

[20] Ibid.

[21] Ibid., 493.

[22] Peter Yorke, 'The Turning of the Tide', *An Claidheamh Soluis*, Iml. 1, Uimh. 29, 30 Meán Fómhair 1899, 457-8.

[23] 'The Irish Language in the Transvaal', *An Claidheamh Soluis*, Iml. 1, Uimh. 36, 18 Samhain 1899, 565. Tuairiscítear gur scríobh John Mac Bride abhaile ag lorg cóipeanna de *Ceachtanna Simplí* do na saighdiúirí.

[24] Feic Traolach Ó Ríordáin, *Conradh na Gaeilge i gCorcaigh 1894-1910* (BÁC: Cois Life, 2000), 254-6.

[25] 'Notes', *An Claidheamh Soluis*, Iml. 1, Uimh. 29, 30 Meán Fómhair 1899, 456.

[26] Ibid.

[27] R. F. Foster, *Modern Ireland 1600-1972* (London: Allen Lane, 1988), 448. 'The ensuing boom in membership, and more efficient organization, owed a great deal to the galvanic effect of the Boer War – in this area as in others nearly as crucial an event for Irish Nationalism as the death of Parnell'. Caitheann Traolach Ó Ríordáin amhras ar théis Foster áfach. Feic Ó Ríordáin, *Conradh na Gaeilge i gCorcaigh 1894-1910*, 253-6. Leagann John Hutchinson in *The Dynamics of Cultural Nationalism* an bhéim, áfach, ar phearsantacht de hÍde: 'Much of the League's success was due to Hyde's humanistic appeal, especially to secular nationalists and young women, and to his status as a member of the Ascendancy, which attracted to the movement a group of sympathetic Protestants'. 165.

[28] Benjamin Ide Wheeler, 'Language as Interpreter of Life', (alt ó *Atlantic Monthly*, Deireadh Fómhair) achoimre air in *An Claidheamh Soluis*, Iml. 1, Uimh. 39, 9 Nollaig 1899, 613.

[29] 'Ireland and Poland', *An Claidheamh Soluis*, Iml. 1, Uimh. 19, 22 Iúil 1899, 299.

[30] 'Public Meeting at Kiltartan', *An Claidheamh Soluis*, Iml. 1, Uimh. 20, 29 Iúil 1899, 314.

[31] 'Dr. Douglas Hyde in Belfast – The Educative Influences of the Irish Language, Eloquent Lecture in the Ulster Hall', *An Claidheamh Soluis*, Iml. 1, Uimh. 41, 23 Nollaig 1899, 650.

[32] J. D. Logan, *The Making of the New Ireland* (Toronto: Gaelic League, 1909), 12.

[33] Douglas Hyde, 'A Plea for the Irish Language', *Dublin University Review*, Lúnasa, 1885, luaite ag Dominic Daly, *The Young Douglas Hyde* (Dublin: Irish University Press, 1974), 63-9. Dar le Daly, ba í téis de hÍde ná go raibh nasc idir teip na teanga agus meathlú an phobail: 'He goes on to argue that the decay of the native language inevitably leads to a decline in moral qualities among the country people'. Feic Breandán Ó Conaire (eag.), *Language Lore and Lyrics* (Dublin: Irish Academic Press, 1986), 75.

[34] 'New Branches – Carriganima', *An Claidheamh Soluis*, Iml. 1, Uimh. 41, 23 Nollaig 1899, 649.

[35] 'The Value of the Irish Language and Irish Literature', *An Claidheamh Soluis*, Iml. 1, Uimh. 38, 2 Nollaig 1899, 604.

[36] 'Father Yorke in Rockwell College', *An Claidheamh Soluis*, Iml. 1, Uimh. 31, 14 Deireadh Fómhair 1899, 491.

[37] Cardinal Logue, 'The Public Fesitival', *An Claidheamh Soluis*, Iml. 1, Uimh. 4, 17 Meitheamh 1899, 216.

[38] Feic David Lloyd, 'Adulteration and the nation', *Anomalous States: Irish Writing and the Post-Colonial Moment*, 105. 'Accordingly, where the principal organizing metaphor of Irish nationalism is that of a proper paternity, of restoring the lineage of the fathers in order to repossess the motherland, Joyce's procedures are dictated by adulteration'. Maidir le Colm Cille mar eiseamláir d'fhir óga agus do chléir na hÉireann, feic Joseph Nugent, 'The Sword and the Prayerbook: Ideals of Authentic Irish Manliness', *Victorian Studies*, Iml. 50, Uimh. 4, samhradh 2008, 587-613.

[39] 'An Dúiseacht – óráid a thug Tomás Ua Conceannain uaidh os comhair an Oireachtais', *An Claidheamh Soluis*, Iml. 1, Uimh. 14, 17 Meitheamh 1899, 210.

[40] Ulick J. Bourke, *The College Irish Grammar* (Dublin: M. H. Gill & Son, 1883), 7.

[41] An tAthair Uáitéir Ó Conmhacáin, 'Ár Náire nó ár n-Onóir', *An Claidheamh Soluis*, Iml. 1, Uimh. 15, 24 Meitheamh 1899, 226. Leanann sé ar aghaidh: 'Deurfad siad gur úghdar náire agus tarcaisne thar chionn leigean chum báis an teanga binn, milis mar sheinn na báird moladh a b-pátrún agus inar sheinn na mílte maighdeanna agus manaigh glóir agus moladh Airdrigh an Fhlaitheamhnais. Gur úghdar náire os comhair an domhain má leigtear chum báis le faillighe nó le neamhshuim teanga se na teangtaibh is sine agus is oirbhidnighe sa domhan, teanga de na teangtaibh is binne agus is milse a labhair aon náisiún ariamh: nó má leigimid as ár seilbh gan iarraidh le n-a sábháil ceann se na cisdeachaibh is mó luach agus de na h-oighreachdaibh is inmheasta a tháinig anuas ariamh chum clainne ó shinnsir threunmar, glórmhar naomhtha'.

[42] 'The Dalcassians in the Gap – The Branch of the Gaelic League in Lisdoonvarna', *An Claidheamh Soluis*, Iml. 1, Uimh. 31, 14 Deireadh Fómhair 1899, 493.

[43] John Lloyd, 'Public Meeting in Edenderry', *An Claidheamh Soluis*, Iml. 1, Uimh. 20, 29 Iúil 1899, 315.

[44] 'Eagarfhocal', *Fáinne an Lae*, Iml. 1, Uimh. 12, 26 Márta 1898, 6.

[45] *Fáinne an Lae*, Iml. 1, Uimh. 5, 5 Feabhra 1898, 6.

[46] *Fáinne an Lae*, Iml. 1, Uimh. 11, 19 Márta 1898, 6.

[47] 'The Oireachtas', *An Claidheamh Soluis*, Iml. 1, Uimh. 10, 20 Bealtaine 1899, 152.

[48] Maidir le téis teangeolaíochta Sapir-Whorf agus an Ghaeilge, feic Máirtín Ó Murchú, 'Whorf and Irish language politics' agus David Greene, 'Language and Nationalism', *The Crane Bag*, Iml. 2, Uimh. 1 agus 2, 1978, 178-82 agus 183-8. Feic Pádraigín Riggs, 'Caint na ndaoine: An Chaint agus na Daoine', in Micheál Ó Cearúil (eag.), *Aimsir Óg: Cuid a Dó* (BÁC: Coiscéim, 2000), 85.

[49] 'Eagarfhocal', *Fáinne an Lae*, Iml. 1, Uimh. 12, 26 Márta 1898, 6.

[50] Feic *On Irish Language and Irish: Intermediate Education IV*, Gaelic League Pamphlets, Uimh. 14.

[51] 'Eagarfhocal: A Pitched Battle', *An Claidheamh Soluis,* Iml. 1, Uimh. 1, 18 Márta 1899, 8.

[52] Douglas Hyde, 'A Plea for the Irish Language', *Dublin University Review*, Deireadh Fómhair, 1885. Luaite ag Daly, *The Young Douglas Hyde*, 60.

[53] Ibid., 62.

[54] 'A Vicious System', *An Claidheamh Soluis*, Iml. 1, Uimh. 24, 26 Lúnasa 1899, 381.

[55] Milesius, 'Nationalise the Schools', *An Claidheamh Soluis*, Iml. 1, Uimh. 37, 25 Samhain 1899, 587.

[56] 'A Few Words in Season', *An Claidheamh Soluis*, Iml. 1, Uimh. 36, 18 Samhain 1899, 567.

[57] 'Public Meeting at Kiltartan', *An Claidheamh Soluis*, Iml. 1, Uimh. 20, 29 Iúil 1899, 314-15. Tá an chaint anseo faoi dhath a bheith ag náisiún faoi leith nó cine faoi leith cosúil leis an sliocht atá sa dráma *Gaeilgeoirí* le hAntoine Ó Flatharta (Béal an Daingin: Cló Iar-Chonnachta, 1986), 26.

[58] 'Dublin', *An Claidheamh Soluis*, Iml. 1, Uimh. 16, 1 Iúil 1899, 246.

[59] 'Folk-lore in Kerry', in *The Freeman's Journal*, luaite in *An Claidheamh Soluis*, Iml. 1, Uimh. 15, 24 Meitheamh 1899, 234. An tAth. Finn i mbun cainte.

[60] 'Notes', *An Claidheamh Soluis*, Iml. 1, Uimh. 16, 1 Iúil 1899, 249.

[61] Douglas Hyde, 'A Plea for the Irish Language', in Ó Conaire (eag.), *Language Lore and Lyrics*, 76

[62] Ibid., 77.

[63] Ibid., 76.

[64] Ibid., 78.

[65] 'Dr. Hyde in Gort', *An Claidheamh Soluis,* Iml. 1, Uimh. 23, 19 Lúnasa 1899, 365. Is athchló é seo ón *Daily Express*.

[66] J. D. Logan, *The Making of the New Ireland* (Toronto: Gaelic League, 1909), 12.

[67] William J. Balfe, 'The Gaelic League', *New York Times*, 14 Samhain 1898, 6.

[68] 'A Plea for Prose', *Reliquiae Celtiae*, Iml. 1, athfhoilsithe in *Irisleabhar na Gaedhilge*, Iml. 4, Uimh. 41, Meitheamh 1892, 141-4.

[69] Norma Borthwick, 'The Study of Irish', *Fáinne an Lae*, Iml. 1, Uimh. 10, 12 Márta 1898, 6.

[70] C.J. Murphy, 'The Irish (?) Literary Movement', *An Claidheamh Soluis*, Iml. 1, Uimh. 22, 12 Lúnasa 1899, 345. Sasanach ab ea Venn a raibh spéis aige sa loighic agus ba é a chéadcheap léaráid Venn.

[71] Hyde 78

[72] *Fáinne an Lae*, Iml. 2, Uimh. 28, 16 Iúil 1898, 16.

[73] Léirmheas ar *Séadna (An Dara Cuid)*, *Irisleabhar na Gaedhilge*, Iml. 9, Uimh. 104, Feabhra 1899, 121.

[74] P. O'Leary, 'The Irish Language', *Fáinne an Lae*, Iml. 1, Uimh. 17, 7 Bealtaine 1898, 9.

[75] Liam Ó Dochartaigh, 'Cúis na Gaeilge – Cúis ar Strae', in Eoghan Ó hAnluain (eag.), *Léachtaí Uí Chadhain 1 (1980-19 88)* (BÁC: An Clóchomhar Tta, 1989), 120. Maidir le ceist an chreidimh agus na teanga, feic Gearóid Ó Tuathaigh, 'Máirtín Ó Cadhain' sa leabhar céanna. Feic Tony Crowley, *Language in History* (London: Routledge, 1996),141-3.

[76] Feic Philip O'Leary, *The Prose Literature of the Gaelic Revival, 1881-1921: Ideology and Innovation* (Pennsylvania: Pennsylvania State University Press, 1994), 23-8. Feic an tAthair Cathaoir Ó Braonáin, *Béarla Sacsan agus An Creideamh i n-Éirinn* (BÁC: M. H. Mac Guill agus a Mhac, 1913), agus 'Sagart', 'An Teanga agus an Creideamh', *Gearrbhaile*, 1936, 11-4. Maidir le tábhacht na cléire don Athbheochan, feic, leis, Muiris Ó Laoire, *Athbheochan na hEabhraise: Ceacht don Ghaeilge* (BÁC: An Clóchomhar Tta, 1999), 154-8. Maidir le Cathaoir Ó Braonáin, feic Diarmuid Breathnach agus Máire Ní Mhurchú, *1882-1982: Beathaisnéis a Dó* (BÁC: An Clóchomhar Tta, 1990), 49.

[77] 'New Branches – Carriganima', *An Claidheamh Soluis*, Iml. 1, Uimh. 41, 23 Nollaig 1899, 649.

[78] Uáitéir Ó Conmhacáin, 'Ár Náire nó ár n-Onóir II', *An Claidheamh Soluis*, Iml. 1, Uimh. 16 Iúil 1899, 243. Is léacht é seo a tugadh os comhair an Oireachtais sa bhliain 1899.

[79] An tAthair Little, 'The Value of the Irish Language and Irish Literature', *An Claidheamh Soluis*, Iml. 1, Uimh. 38, 2 Nollaig 1899, 605.

[80] 'Cardinal Logue in the Rosses', *An Claidheamh Soluis*, Iml. 1, Uimh. 34, 4 Samhain 1899, 534.

[81] Ibid.

[82] 'Public Meeting at Kiltartan', *An Claidheamh Soluis*, Iml. 1, Uimh. 20, 29 Iúil 1899, 314.

[83] 'Dublin', *An Claidheamh Soluis*, Iml. 1, Uimh. 16, 1 Iúil 1899, 246.

[84] 'Public Meeting in the Mansion House, Dublin', *Fáinne an Lae*, Iml. 1, Uimh. 22, 4 Meitheamh 1898, 9.

[85] Michael Cardinal Logue, *An Claidheamh Soluis*, Iml. 1, Uimh. 3, 1 Aibreán 1899, 42. Is athcló é seo ón *Irish World*.

[86] 'The Public Festival', *An Claidheamh Soluis*, Iml. 1, Uimh. 14, 17 Meitheamh 1899, 216.

[87] Feic Diarmuid Breathnach agus Máire Ní Mhurchú, *1882-1982: Beathaisnéis a hAon* (BÁC: An Clóchomhar Tta, 1986), 88-9.

[88] *Fáinne an Lae*, Iml. 1, Uimh. 15, 16 Aibreán 1898, 4.

[89] Henry Morris, 'Catholicity and the Irish Language', *Fáinne an Lae*, Iml. 1, Uimh. 17, 30 Aibreán 1898, 8. Feic 'The loss of the Irish Language and its influence on the Catholic Religion in Ireland', *Fáinne an Lae*, 2 Aibreán 1898, Uimh. 1, 8-9.

[90] 'Addition Foreign News – From *The Nation*', *New York Times*, 20 Samhain 1852, 3.

[91] Martán Mac Cárthaigh, 'Litir ó Astráil Theas', *Fáinne an Lae*, Iml. 2, Uimh. 29, 23 Iúil 1898, 18.

[92] Ibid.

[93] 'Spiorad na Gaeilge - Eagarfhocal', *Fáinne an Lae*, 5 Feabhra 1898, 4.

[94] Douglas Hyde, 'A Plea for the Irish Language', in Ó Conaire (eag.), *Language, Lore and Lyrics: Essays and Lectures* (Irish Academic Press, 1986), 75.

[95] Senia Pašeta, *Before the Revolution: Nationalism, Social Change and Ireland's Catholic Élite, 1879-1922* (Cork: Cork University Press, 1999), 96.

[96] Mark Tierney, 'What Did the Gaelic League Accomplish 1893-1963?' *Studies*, Iml. 52, 1963, 337-47. Feic Caoilfhionn Nic Pháidín, *Fáinne an Lae agus an Athbheochan 1898-1900* (BÁC: Cois Life, 1998), 81.

[97] Ibid., 91.

[98] Ibid., 95.

[99] 'Irish Industry' (23 Feabhra 1901), 'Language and Industry' (6 Aibreán 1901), P. T. McGinley, 'A Flourishing Industry' (20 Meán Fómhair 1902), agus Peadar Mac Fhionnlaoich, 'Possibilities of Irish Industry' (23 Nollaig, 30 Nollaig 1905 agus 6 Eanáir 1906).

[100] P. T. MacGinley, *The Possibilities of Irish Industry*, Gaelic League Pamphlets, Uimh. 30, circa 1905.

[101] Ibid.

[102] Feic Aisling Ní Dhonnchadha, 'Fáinne an Lae' in *Léachtaí Uí Chadhain 1*, 84-5.

[103] Maurice Goldring, *Pleasant the Scholar's Life: Irish Intellectuals and the Construction of the Nation State* (London: Serif, 1993), 47.

[104] 'Irish Industries', *An Claidheamh Soluis*, Iml.1, Uimh. 1, 18 Márta 1899, 8-9.

[105] 'The First Branch in King's County – Meeting in Edenderry', *An Claidheamh Soluis*, Iml. 1, Uimh. 12, 3 Meitheamh 1899, 186.

[106] J. D. Logan, *The Making of the New Ireland* (Toronto: Gaelic League, 1909), 10.

[107] Ibid.,12.

[108] *Douglas Hyde and the Revival of the Irish Language* (gan foilsitheoir, g.d., circa. 1905), 2. [Cóip G. L. Kittredge i Leabharlann Widener, Ollscoil Harvard: Celt. 2231.1.80]

[109] *An Claidheamh Soluis*, 18 Márta 1899, 8.

[110] 'Dr. Hyde Here to Talk the Irish Back Home', *New York Times*, 19 Samhain 1905, 3.

[111] 'The Gaelic League and Its Great Work', *New York Times*, 9 Deireadh Fómhair 1905, 6.

[112] 'Dr. Hyde Here to Talk the Irish Back Home', *New York Times*, 19 Samhain 1905, 3.

[113] 'Central Branch (Dublin)', *An Claidheamh Soluis*, Iml. 1, Uimh. 41, 23 Nollaig 1899, 646.

[114] Ibid.

[115] 'Agallamh ro ráidh Risteird de Henebre, .i. Sagart do na Déisibh, le Pobul Modheilge', *An Claidheamh Soluis*, Iml. 1, Uimh. 40, 16 Nollaig 1899, 627.

[116] Ibid., 626. Pléifear meafar an tsolais sna sleachta seo i gCaibidil 2.

[117] Rev. Dr. O'Donnell ag caint leis an Maynooth Union. 'Notes', *An Claidheamh Soluis*, Iml. 1, Uimh. 17, 8 Iúil 1899, 265.

[118] Féach, áfach, a bhfuil le rá ag J. J. Lee ina a shaothar *Ireland 1912-1985: Politics and Society* (Cambridge: Cambridge University Press, 1989) 658-78. Déanann Lee comparáid idir an Danmhairg agus Éire agus tuigtear dó: 'Yet the Danes did not jettison their own language to accommodate English. There were only 2 million Danes in 1880. Their superior economic performance has been widely linked to the national revival which fostered a growing sense of identity throughout the nineteenth century. At the very least this loyalty to their language did not inhibit their performance'. Agus i dtaobh na Fionnlainne deir sé: 'Far from being associated with the abandonment of her language, her economic performance seems, if anything, to have derived a certain impetus from a highly self-conscious national revival, including considerable emphasis on the language as a bearer of national culture in defiance of imperial power'. 663-4.

[119] J. P. Gannon, 'Tuam', *An Claidheamh Soluis*, Iml. 1, Uimh. 41, 23 Nollaig 1899, 648.

[120] Ibid.

[121] Douglas Hyde, *Beside te Fire: A Collection of Irish Gaelic Folk Stories* (London: Alfred Nutt, 1901), xvii.

[122] Feic Piers Beirne, *Inventing Criminology: Essays on the Rise of 'Homo Criminalis'* (Albany: State University of New York Press, 1993.)

[123] Douglas Hyde, *Abhráin Atá Leagtha ar an Reachtúire* (BÁC: Gill agus a Mhac, 1903), 4-5.

[124] Feic Eric Hobsbawm, *The Age of Empire 1875-1914* (New York: Vintage, 1989), 244-5: 'Indeed, though all of us today live by and with a technology which rests on the new scientific revolution, in a world whose visual appearance has been transformed by it, and one in which educated lay discourse may echo its concepts and vocabulary, it is far from clear to what extent this revolution has been absorbed into the common processes of thought of the lay public even today. One might say that it has been existentially rather than intellectually absorbed'.

[125] 'Óráid' (leis an Dochtúir Domhnall Ó Loingsigh, Baile Mhúirne os comhair an Oireachtais), *An Claidheamh Soluis*, 22 Iúil 1899, 291.

[126] 'Cúrsaidhe an tSaoghail, – An t-Athair Risteárd de Henebre ag cur fáilte roimh an Athair Peadar Ua Eirc i g-comhair an Chomhthionóil Mhóir i mBaile-Átha-Cliath', *An Claidheamh Soluis*, Iml. 1, Uimh. 27, 16 Meán Fómhair 1899, 417.

[127] F. Smyth, 'A Suggestion', *An Claidheamh Soluis*, Iml. 1, Uimh. 34, 4 Samhain 1899, 541.

[128] Bourke, *The College Irish Grammar*, 114.

[129] 'New Branches – Carriganima', *An Claidheamh Soluis*, Iml. 1, Uimh. 41, 23 Nollaig 1899, 648.

[130] Bourke, *The College Irish Grammar*, 24.

[131] Ibid., 15.

[132] Douglas Hyde, *The Story of Early Gaelic Literature* (London: T. Fisher Unwin, 1895), xviii.

[133] Richard Henebry 'The Rev. Dr. Henebry on Trinity College', in *The St. Louis Star*, athfhoilsithe in *An Claidheamh Soluis*, 10 Meitheamh 1899, 202-4.

[134] Mícheál P. Ó hIcí, 'Comhrádh ar Theangadh na hÉireann', *An Claidheamh Soluis*, Iml. 1, Uimh. 25, 2 Meán Fómhair 1899, 388-9.

[135] 'Warrenpoint', *An Claidheamh Soluis*, Iml.1, Uimh. 37, 25 Samhain 1899, 585.

[136] 'Cúrsaidhe an tSaoghail', *An Claidheamh Soluis*, Iml. 1, Uimh. 28, 23 Meán Fómhair 1899, 433.

[137] Bourke, *The College Irish Grammar*, 5.

[138] 'Dublin', *An Claidheamh Soluis*, Iml. 1, Uimh. 16, 1 Iúil 1899, 246.

[139] 'Lecture by the Rev. Peter C. Yorke, San Francisco', *An Claidheamh Soluis*, Iml. 1, Uimh. 27, 16 Meán Fómhair 1899, 428.

[140] Rev. Dr. Hickey, 'The Irish Language Campaign in Waterford', *An Claidheamh Soluis*, 7 Lúnasa 1899, 477.

[141] 'Meeting in Newry (3) – Address by Dr. Hickey, The Irish Language and Bi-Lingual Education', *An Claidheamh Soluis*, 25 Samhain 1899, 589: 'children endowed with a vocabulary in every-day use of about three thousand words (while the ordinary English peasant has often not more than five hundred) enter the schools . . . to come out at the end with all their vivacity gone, the splendid command of their native language lost for ever, and a vocabulary of five or six hundred English words, badly pronounced and barbarously employed, substituted for it'.

[142] Feic R. Pearse Chope (107 Ledbury-road, London, W., 7 Deireadh Fómhair 1899), 'The Vocabulary of the Peasant', *An Claidheamh Soluis*, 28 Lúnasa 1899, 525-6: 'Sir, I know nothing of the merits of the controversy about the teaching of the Irish language, but I have read with surprise the statements of Dr. Douglas Hyde, and of a writer in the *Echo*, quoted in your issue of to-day's date, as to the paucity of the vocabulary of the English peasant. Dr. Hyde states, in effect, that it has been pointed out over and over again by English scholars that the English peasant has often only a vocabulary of from 400 to 700 words, and the other writer fixes the number at 500. It is unfortunate that neither gives a definite reference to his authority for such a statement, for I think it is certain that the scholars who made such statements can know little about the English peasant and his dialect. In the first place, Dr. Hyde is manifestly unfair in comparing the glossary of Irish complied by Dr. Finck with a vocabulary of words in ordinary use by an English peasant, whatever the number of such words may actually be'.

[143] 'The Gaelic', in Flann O'Brien, *The Best of Myles: A Selection from 'Cruiskeen Lawn'* (New York: Walker, 1968), 278-9: 'A lady lecturing recently on the Irish language drew attention to the fact (I mentioned it myself as long ago as 1925) that, while the average English speaker gets along with a mere 400 words, the Irish-speaking peasant uses 4,000. Considering what most English speakers can achieve with their tiny fund of noises, it is a nice speculation to what extremity one would be reduced if one were locked up for a day with an Irish-speaking bore and bereft of all means of committing murder or suicide . . . In Donegal there are native speakers who know so many million words that it is a matter of pride with them never to use the same word twice in a life-time. Their life (not to say their language) becomes very complex at the century mark; but there you are'.

[144] Ó Laoire, *Athbheochan na hEabhraise, Ceacht Don Ghaeilge?*, 124.

[145] Ibid., 185.

[146] Feic Brian Ó Cuív, 'Irish Language and Literature, 1845-1921', in W. E. Vaughan (eag.), *A New History of Ireland, Iml VI: Ireland Under the Union, II 1870-1921* (Oxford: Clarendon Press, 1966), 394: 'A policy of bilingualism for those areas in which Irish was the common language was recommended by Thomas Davis in 1843 but his views were regarded as idle dreaming even by most of his friends in the Young Ireland group'.

[147] Feic Gearóid Denvir, 'Conradh na Gaeilge: Tús agus Fás', *Aistí Phádraic Uí Chonaire,* 227: 'agus, an fear a chuir tús leis an athbheochan, b'fhéidir, Tomás Dáibhís, a bhí ar bheagán Gaeilge é féin, ach a mhol do mhuintir na hÉireann a dteanga dhúchais a choinneáil mar chomhartha féiniúlachta'.

2. An Meathlú agus an Athbheochan

[1] J. M. Synge, *Aran Islands & Connemara* (Dublin: Mercier Press, 2008), 31-2.

[2] *An Claidheamh Soluis*, Iml. 1, Uimh. 30, 7 Deireadh Fómhair 1899, 472.

[3] Neil MacMaster, *Racism in Europe* (New York: Palgrave, 2001), 22.

[4] Roy Porter agus Lelsley Hall, *The Facts of Life: The Creation of Sexual Knowledge in Britain, 1650-1950* (New Haven: Yale University Press, 1995), 228.

[5] Eric Hobsbawm, *The Age of Empire 1875-1914* (New York: Vintage Books, 1989), 258.

[6] Feic Robert J. C. Young, *Colonial Desire: Hybridity in Theory, Culture and Race* (London: Routledge, 1995), 116: 'The gloomy history of the threatening idea of racial and cultural degeneration in nineteenth-century and twentieth-century European cultures has been well documented. The British response to the threat of physical and racial deterioration involved an attempt to curb colonial desire abroad: this took the form of the Colonial Office's Crewe Circular forbidding liaisons between colonists and native women. At home, it included the Purity Campaign and the Eugenics movement, and with them an assortment of calls for selective breeding for the improvement of British racial stock, sexual hygiene, male circumcision, prohibitions on masturbation, the Boy Scout movement, school games and subsidized school meals – doubtless with bromide in the tea'.

[7] Shearer West, *Fin de Siècle: Art and Society in an Age of Uncertainty* (London: Bloomsbury Publishing Limited, 1993), 17.

[8] Ibid.

[9] Michael Rosenthal, *The Character Factory: Baden-Powell's Boy Scouts and the Imperatives of Empire* (London: Pantheon Books, 1986), 131-2.

[10] Erin O'Connor, *Raw Material: Producing Pathology in Victorian Culture* (Durham & London: Duke University Press, 2000), 64.

[11] Ibid., 67-9: 'It also kept their bodies, particularly their breasts, from developing properly. Drawing on its power as a symbol of women's reproductive destiny, reformers fixed on the slack, wasted breasts of working women as a tangible image of tapped-out sexuality . . . Just as factory labour was felt to destroy a woman's moral fiber, leading her away from duty toward a life of drink, dissipation, and even prostitution, so too did the diseased breast exhibit the telltale signs of degeneration'.

[12] Rosenthal, *The Character Factory*, 132-3.

[13] Eagraíocht dheonach a bunaíodh i Sasana sa bhliain 1902 chun aird a tharraing ar laige an airm dá mba ghá cogadh a throid. Mhol siad agus d'achainigh siad ar son seirbhís mhíleata éigeantach d'fhir idir 18 agus 30 bliain d'aois.

[14] *The Decline and Fall of the British Empire: Appointed for the Use in the National Schools of Japan. Tokio, 2005*, luaite ag Rosenthal, *The Character Factory*, 132. Tagraíonn an phroifisiúntacht i gcúrsaí spóirt don fhás a bhí ag teacht ar imreoirí sacair agus rugbaí i Sasana ag an am agus an imní go gcuirfeadh sé deireadh le gnáthdhaoine ag imirt na gcluichí seo.

[15] Rosenthal, *The Character Factory*, 11: 'Realizing the marvellous possibilities this presented of organizing the girls, Baden-Powell set out with his sister, Agnes, to provide them with their own independent organization; in 1912, with the publication of *The Handbook for Girl Guides* – essentially a rewritten version of *Scouting for Boys* – the Girl Guide movement was officially launched'.

[16] Tony Crowley, *The Politics of Language in Ireland 1366-1922: A Sourcebook* (New York: Routledge, 2000), 55. Ag trácht dó ar Athbheochan na Gaeilge, tagraíonn Crowley (178) do dhioscúrsa an mheathlaithe agus Athbheochan na Gaeilge mar seo a leanas: 'The dangers were compounded by the fall into the lurid discourse of racial

miscegenation, which recalled nothing more clearly than the Anglo-Irish Chroniclers and their fear of "degeneration". Pearse at least had the good sense to see it as a straight political and military fight'.

[17] Ibid., 30: 'Again, the very English of birth conversant with the brutish sort of that people, become degenerate in short space, and are quite altered into the worst rank of Irish rogues, such a force has education to make or mar'.

[18] Ibid., 34.

[19] Ibid., 47.

[20] Ibid., 59: 'These were the Irish customs which the English colonies did embrace and use after they had rejected the civil and honourable laws and customs of England, whereby they became degenerate . . . insomuch as within less time than the age of a man they had no marks or differences left amongst them of that noble nation from which they were descended'.

[21] Ibid., 86: 'but by degrees the English grew so much in love with the Despotick Power of the Lords, and the Licentiousness of the Commons, that they insensibly degenerated not only into Irish Customs, Habits and Manners, but also assumed Irish names'.

[22] 'An Eighteenth Century Opinion of Irish', *An Claidheamh Soluis*, 24 Meitheamh 1899, 236: 'And it is now on the brink of utter Decay, as it really is, to the great Dishonour and Shame of the Natives, who shall always pass every where for Irishman although Irishmen without Irish is an Incongruity, and a great Bull. Besides the Irish Language is undeniably a very Ancient Mother-Language, and one of the smoothest in Europe, no Way abounding with monosyllables, not charged with rugged Consonants, which make a harsh Sound that grate upon the Ear'.

[23] Ulick J. Bourke, *The College Irish Grammar* (Dublin: M.H. Gill & Son, 1883), 302-3. Tá an fonóta seo a leanas ag gabháil leis an dán: 'There is an old tradition to the effect, that during the commerce of the adventurous Tyrians with this country, one of their princes was invited over to Ireland by the king, and got married to one of the Irish princesses. Indeed, the antiquity of the "Celtic Tongue" cannot be traced out at the present. Its origin is far within the past, and "loses itself in the night of fable". Some go so far as to assert *it* was the language of Adam and Eve in Paradise. *Satis superque!*'

[24] MacMaster, *Racism in Europe*, 33.

[25] Sally Ledger agus Roger Luckhurst, *The Fin de Siècle: A Reader in Cultural History c. 1880-1900* (Oxford: Oxford University Press, 2000), 1.

[26] Ibid.

[27] Tá cur chuige Arnold bunaithe ar theoiric na fola, teoiric a ndéanfar scagadh uirthi ar ball.

[28] Ledger agus Luckhurst, 1. Tráchtann Norman Rich in *The Age of Nationalism and Reform, 1850-1890* (London: W. W. Norton & Company, 1970), 161, ar ghéarchéim Shasana mar seo a leanas: 'In 1879 Great Britain experienced a severe agricultural depression, accompanied by the worst harvest of the century. The agricultural crisis of 1879 capped several years of economic hardship which had begun with the general European economic depression of 1873 and had plagued the entire course of the Disraeli administration'.

[29] Francis Galton, *Hereditary Genius: An Inquiry into its Laws and Consequences* (Gloucester, Mass.: Peter Smith, 1972), 397.

[30] Edwin Ray Lankester, *Degeneration: A Chapter in Darwinism* (London: Macmillan, 1880), luaite ag Ledger agus Luckhurst, 3-5.

[31] West, *Fin de Siècle*, 17.

[32] Richard A. Soloway, *Demography and Degeneration* (Chapel Hill: University of North Carolina Press, 1995), 41. Chuaigh Nordau chomh mór sin i bhfeidhm ar an bpobal gur chinn an Inter-Departmental Committee on Physical Deterioration a bhunaigh Rialtas

na Breataine tuairisc a fhoilsiú ar eagla go gcuirfí a thuilleadh imní ar an bpobal. Feic leathanach 44 leis.

[33] West, *Fin de Siècle*, 17.

[34] Séamus Ó Grianna, *Nuair a Bhí Mé Óg* (Corcaigh: Cló Mercier, 1979), 154. 'Amach in aice na Nollag bhí ollghairdeas mór i Rinn na Feirste ar feadh seachtaine. Thigeadh Niall Sheimisín tigh s'againne 'ach aon oíche agus páipéar leis, agus bhíodh an teach lán ó chúl go doras. Agus ní raibh ann ach 'ach aon scéala ag breith bua ar an scéala a tháinig roimhe. Buaileadh na Sasanaigh ag Stormberg agus chaill siad dhá mhíle fear agus iomlán airm. Ach bhain an dara héacht an bláth den chéad cheann. Títhear domh go fóill go bhfeicim Niall Sheimisín agus an páipéar ar a ghlún aige agus é ag inse an scéil i nGaeilge. Bhí Cronje agus cúig chéad fear leis i gcampa i Magersfontein. Tháinig General Methuen agus ceithre mhíle fear leis.' Tá trácht ar an gcogadh seo sna foinsí seo a leanas freisin: Frank Sweeney, *The Murder of Conall Boyle, Co. Donegal, 1898* (Dublin: Four Courts Press, 2002), 18-9, agus Seosamh Mac Grianna *An Druma Mór* (BÁC: Oifig an tSoláthair, 1969), caib. 12. Táim an-bhuíoch den Ollamh Nollaig Mac Congáil as na píosaí eolais seo a chur chugam.

[35] Soloway, *Demography and Degeneration*, 41: 'The country's inauspicious performance in the Boer War only confirmed what had been claimed for a generation. When in 1899 the journalist Arnold White, a strident Liberal imperialist and early eugenicist, questioned whether the British still possessed the "racial efficiency" to back up their jingoistic boast to teach the Boers a lesson, he paid particular attention to the 40 percent rejection rate reported for military recruits in industrial towns'.

[36] Max Nordau, *Degeneration* (1895), luaite ag Ledger agus Luckhurst, *The Fin de Siècle*, 33.

[37] Ibid., 34.

[38] Philip O'Leary, *The Prose Literature of the Gaelic Revival 1881-1921: Ideology and Innovation* (Pennsylvania, Pennsylvania State University Press, 1994), 59.

[39] Ibid., 39-40.

[40] Mary E. L. Butler, *Irishwomen and the Home Language*, Gaelic League Pamphlets, Uimh. 6 (Dublin: Gaelic League, gan dáta).

[41] MacMaster, *Racism in Europe*, 47.

[42] Oscar Wilde, 'London's Artists' Models', *The Essays of Oscar Wilde* (New York: Albert & Charles Boni, 1935), 167.

[43] John J. Macaloon, *Muscular Christianity and the Colonial and Post-Colonial Word* (London: Routledge, 2007).

[44] The Gaelic Athletic Association', *Freeman's Journal*, 24 Nollaig 1884.

[45] Tuigtear do R. F. Foster in *Modern Ireland 1600-1972,* 447, gurbh í an inspioráid chéanna a spreag bunú Chumann Lúthchleas Gael agus na clubanna lúthchleasaíochta sa tSeic: 'The establishment of the Gaelic Athletic Association in 1884 was the first landmark, emphasizing physical training in the manner of contemporary Czech gymnastic clubs, and constructing a powerful rural network'. Tuigtear do Martin Elsasser in *Deutschland Und Irland / Germany and Ireland* (Dublin: Brookside, 1997), 34-5, go raibh an Cíosógach faoi thionchar na Gearmáine agus Cumann Lúthchleas Gael á bhunú aige: 'In 1884 Michael Cusack, under the influence of Turnvater Jahn's movement in Germany, founded the Gaelic Athletic Association (GAA)'. Chíonn Joachim Fischer tionchar na Gearmáine ar an mbunú chomh maith ina aiste 'Kultur – and our need of it: The Image of Germany and Irish National Identity, 1890-1920', in *The Irish Review*, fómhar 1999, Uimh. 24, 67: 'Among the more notable ones was the Gaelic Athletic Association, founded in 1884, which devoted itself to the promotion of Irish sports, thus taking over some of the ideals which lay behind the Turnerbewegung in Germany in the early part of the nineteenth century'.

[46] Luaite ag Liam P. Ó Caithnia, *Scéal na hIomána* (BÁC: An Clóchomhar Tta, 1980), 654. Feic 654-7 le haghaidh cur síos ar an meath a bhí tagtha ar an iománaíocht roimh bhunú Chumann Lúthchleas Gael. Maidir leis an 'Ó' i sloinne Uí Chíosóig, feic Diarmuid Breathnach agus Máire Ní Mhurchú, *1882-1982: Beathaisnéis a Dó* (BÁC: An Clóchomhar Tta, 1990), 27-9.

[47] Feic Brian Griffin, 'Cycling and Gender in Victorian Ireland', *Éire-Ireland*, Iml. 41, Uimh. 1 agus 2, samhradh / earrach 2006, 213-41.

[48] 'Notes', *Fáinne an Lae*, Iml. 1, Uimh. 24, 18 Meitheamh 1898, 7.

[49] *An Claidheamh Soluis*, Iml. 1, Uimh. 13, 10 Meitheamh 1899, 204.

[50] 'Cumann na Cuarta', *Irisleabhar na Gaedhilge*, Iml. 8, Uimh. 87, Iúil 1897, 39.

[51] 'Notes', *An Claidheamh Soluis*, Iml. 1, Uimh. 13, 10 Meitheamh 1899, 200.

[52] '13 May . . . I opened the debate at the Historical Society arguing that England was going down hill'. Luaite ag Dominic Daly in *The Young Douglas Hyde* (Dublin: Irish University Press, 1974), 54.

[53] An t-Athair Uáitéir Ó Conmhacáin, 'Ár Náire nó ár n-Onóir II', *An Claidheamh Soluis*, 1 Iúil 1899, 242.

[54] 'The Rising Tide', *An Claidheamh Soluis*, Iml. 1, Uimh. 11, 27 Bealtaine 1899, 167.

[55] Ba chuid de thuiscintí Herder é gur imir an timpeallacht nádúrtha an-tionchar ar chultúr duine. 'Herder claims that individuals, and the character of nations, develop not only in relation to the local climate (a common Enlightenment assertion) but also in intimate connection with the land and the specific popular traditions that develop out of it'. Feic Young, *Colonial Desire*, 38.

[56] Feic Máirtín Ó Murchú, *Cumann Buan-Choimeádta na Gaeilge: Tús an Athréimnithe* (BÁC: Cois Life, 2001), 241-302.

[57] Duine de bhunaitheoirí an Ossianic Society sa bhliain 1853 ab ea é. B'ionann an tuiscint ag an eagraíocht seo agus Cumann Buan-Choimeádta na Gaedhilge amach anseo i dtaobh fhiúntas na litríochta agus neamhfhiúntas na gcanúintí. Theip air ina iarracht chun Ollúntacht na Ceiltise a aimsiú in 1882 agus dhá bhliain ina dhiaidh sin d'ionsaigh sé *Cath Finntrágha* le Kuno Meyer. Bhain Meyer díoltas amach sa léirmheas a scríobh sé ar *Silva Gaedelica* a foilsíodh in 1892. Feictear dom gurbh eisean an t-aon duine amháin, b'fhéidir, a thug faoin nGaeilge a scríobh um an dtaca seo bunaithe ar chomhréir agus ar fhoirmeacha Chéitinn. Is ársa agus is coimeádaí ar fad an teanga ina réamhrá ná rud ar bith atá againn ó de Henebry nó Tomás Ó Néill-Ruiséal.

[58] Standish H. O'Grady *Silva Gaedelica (l.-xxxi.) A Collection of Tales in Irish* (London: Williams and Norgate, 1892), v-vii. Leantar den réamhrá mar seo a leanas: 'Masadh cár mhisde sin i bfarradh chloinne mhac a mac súd gan fiu an droilín ná na druimfhinne dílse duibhe.agus rabhán cidh nach gann aco ní bhíonn ann acht balbhrabháinín bocht bodhartha bun ós cionn Béarla bheoirios ar an bfuairchinedh mallghluaiste ngall ó Shaxaib lasadh i bfonómhaid fá aos a ghabálasan dóib gach tráth as abhrán gaoidheilge iarraidh siad orra . gur de atá rádh coitcheannda na nallmharach sna .i. éachtach linn na daoinese do sgar rena dteangain féin agus gan a malairt ar aird aco gonice so. Seancha mac Aililla iomorro saorlabraidh Chonchobhair chalma churata mheic Nesa do bhí i dtosach in tríomhadh buidhean do thóicheastal Uladh re hucht mórchatha Gháiridhe agus Iolgháiridhe ar tháin bhó gCuailgne. agus dá ndeirmís Seanchán solusda tóirphéist Taoiseach na tromdháimhe . is baoghal nach i gceachtar aco baile mór ná báiltín sráide do bhailtib a bfearainn dúthchais b'fearrde dhóib ceann do thógbháil amárach acht ar lár na príomhchathrach aidhble galldasa féin i bfuilmid ós ann as túsga bhiadh fáilte agus fómós re fagháil aco. dá bhrigh sin is é budh chóra chucasan an aicme mhíonádúrda remhráidhe úd Manannán mac leathanchuardach Lir is é i riocht dá reachtaib magaidh óir is dósan do b'eol gach neamhshuim ann do chúiteamh re lucht a tharcuisne'.

[59] 'Irish Industries', *An Claidheamh Soluis*, Iml. 1, Uimh. 1, 18 Márta 1899, 8-9.

[60] 'Ireland Made Irish', *An Claidheamh Soluis*, Iml. 1, Uimh. 41, 23 Nollaig 1899, 652. De hÍde a bhí i mbun cainte.

[61] Padhraic Ó Cunraoi, 'The National Education System and the Gaelic Movement', *An Claidheamh Soluis*, Iml. 1, Uimh. 30, 7 Deireadh Fómhair 1899, 476. Maidir leis an bhfia mór Éireannach, feic Stephan Jay Gould, 'The Misnamed, Mistreated, and Misunderstood Irish Elk', *Ever Since Darwin: Reflections in Natural History* (New York: Norton & Company, 1977), 79-90.

[62] 'Fios Fatha', 'Nationalise the Schools', *An Claidheamh Soluis*, Iml. 1, Uimh. 33, 28 Deireadh Fómhair 1899, 518.

[63] Milesius, 'Nationalise the Schools', *An Claidheamh Soluis*, Iml. 1, Uimh. 37, 25 Samhain 1899, 587.

[64] 'Eagarfhocal – Forging Ahead', *An Claidheamh Soluis*, Iml. I, Uimh. 28, 23 Meán Fómhair 1899, 440.

[65] 'Notes', *An Claidheamh Soluis*, Iml. 1, Uimh. 36, 18 Samhain 1899, 567.

[66] 'Lecture by the Rev. Peter C. Yorke, San Francisco', *An Claidheamh Soluis*, Iml. 1, Uimh. 27, 16 Meán Fómhair 1899, 428.

[67] 'The First Branch in King's County – Meeting in Edenderry', *An Claidheamh Soluis*, Iml. 1, Uimh. 12, 3 Meitheamh 1899, 186.

[68] Douglas Hyde, *The Story of Early Gaelic Literature* (London: T. Fischer Unwin, 1894), vii-ix.

[69] 'Father O'Growney', *An Claidheamh Soluis*, Iml. 1, Uimh. 37, 25 Samhain 1899, 586: 'He had been failing steadily since his arrival here from Phoenix, Arizona, the end of last July, and six weeks ago it was found necessary to tap the pleura, from which three quarts of matter were drawn. Such relief was experienced from the operation that the patient began to hope for a period of comparative comfort, but four weeks later recourse had to be had to the same treatment, when the extraordinary amount of five quarts of pus and serum was taken from about the same lung. The heart had been pushed out of its place by the accumulation, and the system so drained of its strength, that a period of great exhaustion followed, and the physician decided that instead of occasional operations of this kind with the resulting attacks of weakness, it would be better to insert a drainage tube permanently. Last Wednesday week a portion of two ribs was removed, and the tube inserted. Father O'Growney rallied satisfactorily for a couple of days, and hopes were entertained that he would soon be on his feet in tolerable condition. On Saturday, however he sank rapidly, received the Viaticum, and announced his conviction that recovery was out of the question'.

[70] 'Notes', *An Claidheamh Soluis*, Iml. 1, Uimh. 16, 1 Iúil 1899, 249.

[71] Bourke, *The College Irish Grammar*, 4.

[72] Mícheál P. Ó hIcí, 'Comhrádh ar Theangadh na hÉireann', *An Claidheamh Soluis*, Iml. 1, Uimh. 25, 2 Meán Fómhair 1899, 389.

[73] Feic Caoilfhionn Nic Pháidín, *Fáinne an Lae agus an Athbheochan 1898-1900* (BÁC: Cois Life, 1998), 124. Tá léamh eile ar scéal na dteideal, *An Claidheamh Soluis* go háirithe, ag Regina Uí Chollatáin ina staidéar léirsteanach ar *An Claidheamh Soluis agus Fáinne an Lae 1899-1932* (BÁC: Cois Life, 2004), 34-8. Feic Aisling Ní Dhonnchadha 'Fáinne an Lae: Ceann d'Fhoinsí na hAthbheochana', in Eoghan Ó hAnluain (eag.), *Léachtaí Uí Chadhain 1 (1980-1988)* (BÁC: An Clóchomhar Tta, 1989), 70.

[74] Dealraítear go raibh súil ag an gConradh tacaíocht airgid a fháil ó Mrs Springer mar tugadh cuireadh di teacht go hÉirinn agus labhairt le craobhacha den Chonradh.

[75] Mrs. Warren Springer, 'Central Branch, Dublin', *An Claidheamh Soluis*, Iml. 1, Uimh. 21, 5 Lúnasa 1899, 330.

[76] Nic Pháidín, *Fáinne an Lae agus an Athbheochan 1898-1900*, 122.

[77] Feic Seán Ó Currín (eag.), *Scríbhne Risteird de Hindeberg* (BÁC: Brún agus Ó Nualláin, g.d.).

[78] West, *Fin de Siècle*, 25.

[79] 'The Dalcassians in the Gap – The Branch of the Gaelic League in Lisdoonvarna', *An Claidheamh Soluis*, Iml. 1, Uimh. 31, 14 Deireadh Fómhair 1899, 492.

[80] 'Mr. Thomas Concannon', *An Claidheamh Soluis*, Iml. 1, Uimh. 28, 23 Meán Fómhair 1899, 440-1.

[81] Ibid.

[82] J. M. Synge, *Aran Islands & Connemara* (Dublin: Mercier Press, 2008), 31-2.

[83] Richard Henebry, 'Revival Irish', *The Leader*, 5 Nollaig agus 9 Eanáir 1909.

[84] MacMaster, *Racism in Europe*, 48.

[85] *An Claidheamh Soluis*, Iml. 1, Uimh. 20, 29 Iúil 1899, 317.

[86] 'Meeting in Newry – Address by Dr. Hickey, The Irish Language and Bi-Lingual Education (Cuid a dó)', *An Claidheamh Soluis*, Iml. 1, Uimh. 36, 18 Samhain 1899, 573.

[87] 'Impressions of the Feis at Ardmore', *Waterford Star*, athfhoilsithe in *An Claidheamh Soluis*, Iml. 1, Uimh. 25, 2 Meán Fómhair 1899, 391.

[88] Feic Caitríona Ó Torna, *Cruthú na Gaeltachta 1893-1922* (BÁC: Cois Life, 2005).

[89] 'A Northern Editor for the "First Time in Ireland"', *An Claidheamh Soluis*, Iml. 1, Uimh. 30, 7 Deireadh Fómhair, 472. Luaitear sa sliocht seo nach raibh an lóistín ró-iontach agus murach sin go mbeadh níos mó daoine ag triall ar an gceantar: 'What a pity that better accommodation cannot be had here for lovers of the old tongue. Men of distinction in several walks of life – even military men – from across the water, have written to stay for some time at the sea-side here if only they could find suitable accommodation'.

[90] David Trotter, *The English Novel in History 1895-1920* (New York: Routledge, 1993), 112: 'It is this figuring of cultural change as a natural process outside human control which connects degeneration theory to an age-old anxiety about the end of the world. During the 1890s crisis-feelings intensified. Degeneration theory reinforced speculation about decadence in society, and in the arts. Max Nordau's *Degeneration*, a lurid and influential treatise published in translation in 1895, proclaimed the end of civilization in Biblical cadence. But his conviction that the European races were degenerating derived from medical science rather than the Bible. Physicians, he said had recognized in the behaviour of European elites a "confluence" of "degeneracy" and "hysteria". All the new tendencies in the arts – decadence, naturalism, mysticism – could safely be regarded as "manifestations' of this confluence".

[91] Ibid., 113-4. Cuireann Trotter síos air mar seo a leanas: 'Specific events such as the Boer War put the theory to the test. Recruiting campaigns revealed that 60 per cent of English-men were unfit for military service. This figure was bandied about to such effect that the government felt obliged to form an Inter-Departmental Committee on Physical Deterioration. The committee's report, delivered in August 1904, was meant to distinguish the real evidence of widespread poverty from fantasies about the decline of the race. However, the very existence of a report on "Physical Deterioration" tended to fuel rather than allay anxieties. Sir John Gorst, MP for Cambridge University, referred to it as the "recent report upon the degeneracy of our race".'

[92] Ibid.: 'The theory had become a habit of mind . . . Evidence of diminishing vitality included not only the poor standard of health among army recruits, but also falling birth rate, the decline of the rural population and the prevalence of alcoholism and nervous exhaustion. More or less any social "problem" could be attributed to it . . . The

assumption coloured all shades of political, from the most reactionary to the most radical. The biologizing of social theory had become by the turn of the century an intense and widespread preoccupation, a subject-matter'.

[93] Ibid., 142: 'If naturalistic plots were informed by anxieties about social decrepitude, then romance plots were informed by anxieties about the state of a "Derelict Empire". By the end of the nineteenth century, empire had become the White Man's Burden, a dangerous project . . . "I began to have an ugly fear," John Buchan was to say of the period, "that the Empire might decay at the heart". But it was precisely this anxiety, transmitted in warnings and denunciations, which proved of the most potent expression of the new imperialism. Twenty years of degeneration theory had prepared the educated public for its diagnosis of a nation in decline. Its vision of imperial regeneration was over-ambitious in political terms, but compelling, and susceptible to endless reproduction in popular culture'.

[94] Ibid., 149.

[95] Ibid., 178.

[96] C. J. Murphy, 'The Irish (?) Literary Movement', *An Claidheamh Soluis*, 16 Meán Fómhair 1899, Iml. 1, Uimh. 27, 422. Bhain Pádraic Ó Conaire leas as an meafar seo d'fhalla timpeall na tíre. leis, feic O'Leary, *Prose Literature of the Gaelic Revival*, 19-20.

[97] 'The Public Festival', *An Claidheamh Soluis*, Iml. 1, Uimh. 14, 17 Meitheamh 1899, 216-7.

[98] 'Central Branch (Dublin)', *An Claidheamh Soluis*, Iml. 1, Uimh. 41, 23 Nollaig 1899, 646.

[99] 'A Pitched Battle', Eagarfhocal, *An Claidheamh Soluis*, Iml. 1, Uimh. 1, 18 Márta 1899, 8.

[100] Myles Dillon, *The Archaism of Irish Tradition: The Sir John Rhys Memorial Lecture, British Academy 1947*, *Proceedings of the British Academy*, Iml. xxxiii, 1.

3. Díothú Ciníocha, Meascadh Fola agus Cros-síolrú

[1] Charles Darwin, *The Descent of Man*, luaite in Stephen G. Alter, *Darwinism and the Linguistic Image: Language, Race, and Natural Theology in the Nineteenth Century* (Baltimore: The John Hopkins Press, 1999), 100, 174.

[2] *Irisleabhar na Gaedhilge*, Iml. 1, Uimh. 6, Aibreán 1883, 185.

[3] *Irisleabhar na Gaedhilge*, Iml. 1, Uimh. 4, Feabhra 1883, 135.

[4] Patrick Brantlinger, *Dark Vanishings: Discourse on the Extinction of Primitive Races, 1800-1930* (Ithaca: Cornell University Press, 2003), 39.

[5] Francis Galton, *Hereditary Genius: An Inquiry into its Laws and Consequences* (Gloucester, Mass: Peter Smith, 1972), 399-400.

[6] Glyn Daniel, *The Idea of Prehistory* (Cleveland: The World Publishing Company, 1963), 26.

[7] Ibid., 27-8.

[8] Ibid., 18.

[9] Richard A. Soloway, *Demography and Degeneration: Eugenics and the Declining Birthrate in Twentieth-Century Britain* (Chapel Hill: University of North Carolina Press, 1995), 5.

[10] Sinéad Garrigan Mattar, *Primitivism, Science, and the Irish Revival* (Oxford: Clarendon Press, 2004), 11: 'The portrayal of the Irish as savage, barbaric, lazy, and politically incompetent justified the premise that they were not only incapable of self-rule, but also unworthy of extraordinary aid, even during the crisis of the Great Famine, which was itself the catalyst to a stream of illustrations and descriptions of them as simian savages'.

[11] '*Celtica* agus *The Gael'*, *Irisleabhar na Gaedhilge*, Uimh. 128, Iml. 11, Bealtaine 1901, 95.

[12] James Joyce, 'Ireland: Island of Saints and Sages', aistriúchán ar 'L'Irlanda: Isola dei Santi e dei Savi', sraith léachtaí a thug Joyce in Ollscoil Popolare, Trieste, in Aibreán agus Bealtaine 1907. Feic Kevin Barry (eag.), *James Joyce: Occasional, Critical, and Political Writing* (Oxford: Oxford University Press, 2000), 124.

[13] 'Gaelic to Preserve Ireland', *New York Times*, 27 Samhain 1905, 6.

[14] Douglas Hyde, 'On Some Indian Folk-lore', *Providence Sunday Journal*, 12 Aibreán 1891, ar fáil in Breandán Ó Conaire (eag.), *Language, Lore and Lyrics: Essays and Lectures* (Dublin: Irish Academic Press, 1986), 135-6.

[15] Brantlinger, *Dark Vanishings*, 42-3.

[16] A. G. Richey (comh-eag.), *The Ancient laws and institutes of Ireland* (1887), luaite in Thomas A. Boylan agus Timothy P. Foley, 'From Hedge School to Hegemony: Intellectuals, Ideology, and Ireland in the Nineteenth Century', in Liam O'Dowd (eag.), *On Intellectuals and Intellectual Life in Ireland* (Belfast: Royal Irish Academy, 1996), 109-10.

[17] Ibid.

[18] Foilsíodh na haistí faoin teideal 'L'Irlande, le Canada, Jersey' san iris. Aistríodh an frása 'une variété de negres blancs' mar 'a kind of white negroes [sic]' in *The (London) Times*, 18 Deireadh Fómhair 1880. Feic L. Perry Curtis, *Apes and Angels: The Irishman in Victorian Caricature* (Washington: Smithsonian Institution Press, 1997), 181.

[19] Curtis, *Apes and Angels*, 1. Feic Roy Foster 'Paddy and Mr. Punch', *Paddy and Mr. Punch: Connections in Irish History* (London: Allen Lane, 1995), le haghaidh léirmheas ar théis Curtis agus 'The Foster Critique', *Angels and Apes*, 116-20 le haghaidh aisfhreagra Curtis ar Foster.

[20] Curtis, *Apes and Angels*, 15.

[21] Brantlinger, *Dark Vanishings*, 42-3.

[22] Ibid., 43.

[23] Ibid.

[24] 'Ireland Englished', *New York Times*, 7 Feabhra 1861, 4.

[25] Feic 'Race', *The Celt*, Iml. 1, Uimh. 18, 28 Samhain 1857, 273-7; Iml. 1, Uimh. 19, 5 Nollaig 1857, 303-4; Iml. 1, Uimh. 20, 12 Nollaig 1857, 312-5.

[26] J. M. Wall, 'Ireland's Condition', *New York Times*, 21 Nollaig, 1902, 8.

[27] Ibid.

[28] F. Edmund Hogan, *The Irish People: Their Height, Form, and Strength* (Dublin: Sealy, Bryers & Walker, 1899).

[29] Ibid., 6-7.

[30] Ibid., 7

[31] Ibid., 12-3.

[32] Ibid., 134.

[33] Ibid., 137-8.

[34] Ibid., 133-4.

[35] Ibid., 145-7.

[36] 'Irish Types', *Blackwood's Magazine*, luaite in *The New York Times*, 24 Feabhra 1895, 5: 'Three types at least are observable in the south of Ireland – first, the dark Italian-looking Celt, also found in Devon; secondly, the tall, yellow-haired Danish type, and thirdly, the aboriginal Aryan of the Volga, with red or auburn hair and blue or green eyes, who may also be found in Cornwall. The dark aquiline type of Wales differs considerably from that of the Irish, and the Irish language is nearer akin to Cornish than Welsh. The traditional Irishman of caricatures is not often seen in the south, though this type is not unknown even among the upper classes. The soft features and bright eyes of the modest peasant women present many varieties of beauty, and the mingled race of Cork and Kerry – fairer as a rule than that of the far west – is as vigorous as any in Scotland or in Yorkshire'.

[37] Ibid., 93.

[38] 'Celts and Anglo-Saxons', *New York Times*, 4 Samhain 1898, 6.

[39] Robert J. C. Young, *Colonial Desire: Hybridity in Theory, Culture and Race* (London: Routledge 1995), 65-66:

[40] Ibid., 7.

[41] Neil MacMaster, *Racism in Europe* (New York: Palgrave, 2001), 14.

[42] Young, *Colonial Desire,* 66.

[43] Ibid., 67.

[44] Ibid., 66.

[45] Ibid., 65.

[46] MacMaster, *Racism in Europe*, 14.

[47] Young, *Colonial Desire,* 92.

[48] Ibid., 9: 'Serious argument promulgating difference and inequality only surfaced seriously with the debates about race that grew up before the American Civil War, where the two main contesting positions were names "monogenesis" (one species) and "polygenesis" (many species). Although poylgenism clearly went against the Biblical account of the descent of all mankind from Adam and Eve, various ingenious ways were found around this problem for those who did not want to contradict the Bible. In was the increasing vigour with which the racial doctrine of polygenesis was asserted that led to the preoccupation with hybridity in the mid-nineteenth century. This is because the claim that humans were one or several species (and thus equal or unequal, same or different) stood or fell over the question of hybridity, that is, intra-racial fertility'.

280

[49] Ibid., 101-2.

[50] Ibid., 102.

[51] Michael Rosenthal, *The Character Factory: Baden-Powell's Boy Scouts and the Imperatives of Empire* (London: Pantheon Books, 1986), 144: 'For people like Admiral Beresford, the earl of Dunraven, William Evans-Gordon, and Arnold White, the corruption of sturdy British stock through the influx of morally inferior and undesirable foreigners was nothing less than a national hazard. Organising themselves around the British Brothers League, the body established to do battle with the menace, they did their best to attribute to the immigrants every evil that might plague those unhappy people trapped in a city slum'.

[52] Sidney Webb, Tráchtas Fabian Uimh. 131, luaite in Rosenthal, *The Character Factory*, 146-7. Leanann Rosenthal air mar seo a leanas: 'It is worthwhile noticing in passing the racist pecking order implicit in Webb's alternative. Even the most unacceptable of the whites – Jews and Irish – are preferable to any of the yellow race. It goes without saying that the most terrible vision Webb could imagine is the British Isles dominated by the Chinese. He obviously could not permit his imagination the apocalyptic leap to a future belonging to the blacks'.

[53] Feic Young, *Colonial Desire*, 11. 'By 1859, therefore, the assumption of specific differences between humans had itself become an argument against the criterion of fertility as a definition of species. By that date, discussions of the question had become a good deal more subtle than the simple issue of whether the progeny of a hybrid was fertile or not. In particular, it became more accepted by both sides that there were degrees of hybridity, between "proximate" and "distinct" species'.

[54] MacMaster, *Racism in Europe*, 15.

[55] Young, *Colonial Desire*, 74.

[56] MacMaster, *Racism in Europe*, 56.

[57] Young, *Colonial Desire*, 72. Is glanchodarsnacht é seo leis an tuiscint a bhí ag athair Matthew Arnold i leith na nÉireannach: 'As Arnold himself notes, the earlier racial theory, espoused by his father, that the Celts were illegitimate intruders from a non-Caucasian race had by then been disproved by the demonstration that Gaelic was, after all, an Indo-European language. But the racialized cultural assumptions about the Irish as simian or black lingered on. Kingsley's oft-cited description of the inhabitants of Sligo as "dreadful" "white chimpanzees", for example, dates from 1860; as late as 1855, Beddoe, in *The Races of Britain*, described the Irish as "Africanoid".'

[58] Ibid., 17: 'Whether merged or fused, the English did not transform themselves so easily into the imagined community of a homogeneous national identity. In fact, it became increasingly common in the later nineteenth century for the English to invoke Defoe's account of "that Hwt'rogeneous Thing, An Englishman", and to define themselves as a hybrid or "Mongrel half-bred Race", often, after the unification of Germany in 1871, in a spirit of oppositional rivalry to the Germans, who regarded themselves as pure Teutons. So Carl Vogt, the German anatomist, was to claim in 1863 that unlike the pure German Saxon, "the Anglo-Saxon race is itself a mongrel race, produced by Celts, Saxons, Normans and Danes, a raceless chaos without any fixed type". Having initially, at the beginning of the century, somewhat implausibly claimed themselves as Germans, the English responded to ever-increasing Prussian rivalry by flaunting their hybridity as an English virtue'.

[59] Alter, *Darwin and the Linguistic Image*, 122: 'Gobineau while admitting the fertility of miscegenated offspring, made what was to become the increasingly common claim, . . . that the descendants of such inter-racial unions quickly betrayed evident signs of degeneration, a state often associated with the notion of "degradation". In this he was

typically astute, given that long after the debates about hybridity and species had eventually ebbed away, the cultural myth of degeneration lived on. In the *Essay*, Gobineau quickly applied the idea to populations, and even nations, as a whole'.

[60] Ibid., 108.

[61] MacMaster, *Racism in Europe*, 49.

[62] Feic dán Chathail Uí Shearcaigh dar teideal 'Transnú'. Feic Pádraig de Paor, *Na Buachaillí Dána* (BÁC: An Clóchomhar Tta, 2005), 155-7. Feic Bríona Nic Dhiarmada, 'Aspects of Utopia, Anti-Utopia, and nostalgia in Irish-language texts', *Utopia Studies* (2007) Iml. 18, 365-78. Feic Máirín Nic Eoin, 'Idir Dhá Theanga: Irish-language culture and the challenges of hybridity', in Ciarán Mac Murchaidh (eag.), '*Who Needs Irish?' Reflections on the Importance of the Irish Language Today* (Dublin: Veritas Press, 2004), 123-39.

[63] MacMaster, *Racism in Europe*, 27.

[64] Ulick J. Bourke, *The Aryan Origin of the Gaelic Race and Language* (London: Longmans, Green, & Co., Pasternoster-row, 1876), 445.

[65] Ibid., 73-5.

[66] Thomas Flannery / Tomás Ó Flannghaile, *For the Tongue of the Gael: A Selection of Essays Literary and Philological on Irish-Gaelic Subjects* (Dublin: M. H. Gill & Son, 1896), 60-1.

[67] Young, *Colonial Desire*, 6.

[68] Ibid., 65-6.

[69] Nietzsche, luaite in Shearer West, *Fin de Siècle: Art and Society in an Age of Uncertainty* (London: Bloomsbury, 1993), 26.

[70] Peter O'Leary, 'How Irish Should Develop', *Cork Weekly Examiner*, circa 1905, luaite ag T. F O'Rahilly (eag.), *Papers on Irish Idiom by Canon Peter O'Leary* (Dublin: Browne & Nolan, 1929), 137-8.

[71] 'Lecture by the Rev. Peter C. Yorke, San Francisco', *An Claidheamh Soluis*, Iml. 1, Uimh. 27, 16 Meán Fómhair 1899, 427.

[72] Domhnall Proinnsias Ó Ciardhubháin, 'Litir ó Dhomhnall Proinnsias O Ciardhubháín', *Fáinne an Lae*, Iml. 2, Uimh. 34, 27 Lúnasa 1898, 59.

[73] Ibid.

[74] 'Freagra an Eagarthóra', *Fáinne an Lae*, Iml. 2, Uimh. 34, 27 Lúnasa 1898, 59.

[75] '*An Casán go Flaitheamhas, St. Patrick's Prayer Book*', *Irisleabhar na Gaedhilge*, Iml. 2, Uimh. 15, Márta 1884, 78.

[76] 'Ingheana na hÉireann (Ingheana Bhrighde), *1ˢᵗ Annual Report* 1900-1901', *Irisleabhar na Gaedhilge*, Iml. 2, Uimh. 132, Meán Fómhair 1901, 159-60.

[77] Léirmheas ar *Gaelic League Leaflets No. 2 - Two Schools: A Contrast*, *Irisleabhar na Gaedhilge*, Iml. 11, Uimh. 135, Nollaig 1901, 208.

[78] Mac Uí Lóinghsigh, *Fáinne an Lae*, Iml. 2, Uimh. 50, 17 Nollaig 1898, 191.

[79] Patrick J. Devlin, 'The Gaels and the Language Movement', *Fáinne an Lae*, Iml. 1, Uimh. 11, 19 Márta 1898, 5.

[80] *Fáinne an Lae*, Iml. 1, Uimh. 25, 25 Meitheamh 1898, 8.

[81] *Fáinne an Lae*, Iml. 2, Uimh. 28, 16 Iúil 1898, 13.

[82] 'A Plea for Prose', in *Reliquiae Celticae*, Iml. 1, athfhoilsithe in *Irisleabhar na Gaedhilge*, Iml. 4, Uimh. 41, Meitheamh 1892, 141-4.

[83] *Irisleabhar na Gaedhilge*, Iml. 11, Uimh. 128, Bealtaine 1901, 95-6.

[84] 'What is Irish National Literature?', *An Claidheamh Soluis*, Iml. 1, Uimh. 16, 1 Iúil 1899, 248.

[85] Domhnall Proinnsias Ó Ciardhubháin (ó Dhúncondra), 'Litir ó Dhomhnall Proinnsias Ó Ciardhubháín', *Fáinne an Lae*, Iml. 2, Uimh. 34, 27 Lúnasa 1898, 59.

[86] D. P. Moran, 'The Gaelic and the Other Movement', *An Claidheamh Soluis*, Iml. 1, Uimh. 17, 8 Iúil 1899, 261.

[87] Douglas Hyde, *Beside the Fire: A Collection of Irish Gaelic Folk Stories* (London: David Nutt, 1890), xi.

[88] Bourke, *The College Irish Grammar,* 274-5.

[89] Moran, 'The Gaelic and the Other Movement', *An Claidheamh Soluis*, Iml. 1, Uimh. 28, 8 Iúil 1899, 261.

[90] 'The Movement in Clare, Branch Founded in Ballyvaughan', *An Claidheamh Soluis*, Iml. 1, Uimh. 28, 23 Meán Fómhair 1899, 445.

[91] Douglas Hyde, 'A Plea for the Irish Language', *Dublin University Review*, Lúnasa 1885, luaite in Dominic Daly, *The Young Douglas Hyde*, 64.

[92] 'An Ghaedhilg ins an Am atá le Teacht – Nídh a bhfuil súil Leis', *An Claidheamh Soluis*, Iml. 1, Uimh. 42, 30 Nollaig 1899, 657.

[93] Douglas Hyde, 'A Plea for the Irish Language', *Dublin University Review*, Lúnasa 1885, feic Ó Conaire (eag.), *Language, Lore and Lyrics*, 80.

[94] 'The Irish Language in the Gurtroe National Schools', *An Claidheamh Soluis*, Iml. 1, Uimh. 31, 14 Deireadh Fómhair 1899, 486-7.

[95] P. O'Leary, 'The Irish Language', *Fáinne an Lae*, Iml. 1, Uimh. 17, 30 Aibreán 1898, 9.

[96] 'The Movement in Clare, Branch Founded in Ballyvaughan', *An Claidheamh Soluis*, Iml. 1, Uimh. 28, 23 Meán Fómhair, 1899, 445. An tAth. Kearns ag caint.

[97] 'Ireland Made Irish', *An Claidheamh Soluis*, Iml. 1, Uimh. 41, 23 Nollaig 1899, 652. Is é an tAth. Murphy atá ag moladh de hÍde sa sliocht seo.

[98] 'Lecture by the Rev. Peter C. Yorke, San Francisco', *An Claidheamh Soluis*, Iml. 1, Uimh. 27, 16 Meán Fómhair 1899, 427.

[99] Sráid Theach Laighean a thugtar uirthi anois.

[100] Dialann de hÍde, 25 Samhain 1892, luaite ag Ó Conaire (eag.), *Language, Lore and Lyrics*, 11.

[101] Patrick J. Geary, *The Myth of Nations: The Medieval Origins of Europe* (Princeton: Princeton University Press, 2002), 25-6.

[102] Hyde, 'The Necessity for De-Anglicising Ireland', in Ó Conaire (eag.), *Language, Lore and Lyrics*, 154.

[103] Ibid.

[104] Ibid., 155.

[105] Thiomnaigh sé *The Story of Early Gaelic Literature* do 'the memory of my late dear friends, the Rev. Euseby D. Cleaver of Dolgelly, North Wales, and Father James Keegan of St. Louis, U.S.A., whose life-long, far-reaching, persistent and unselfish efforts to stem the ever-increasing anglicisation of our race have earned the warm gratitude of all those Irishmen who do not desire to see our ancient Irish nation sink into a west Britain'.

[106] MacMaster, *Racism in Europe*, 7.

[107] Eoin Mac Néill, luaite ag John Hutchinson, *The Dynamics of Cultural Nationalism* (London: Allen & Unwin, 1987), 125.

[108] Ibid., 124. Féach fonóta 12 ar leathanach 147, leis.

[109] Donal McCartney, 'MacNeill and Irish-Ireland', in F. X. Martin agus F. J. Byrne (eag.), *The Scholar Revolutionary: Eoin MacNeill 1867-1945 and the making of the New Ireland* (Shannon: Irish Academic Press, 1973), 83.

[110] 'Impressions of the Feis at Ardmore', *Waterford Star*, athfhoilsithe in *An Claidheamh Soluis*, Iml. 1, Uimh. 25, 2 Meán Fómhair 1899, 390-1.

[111] Ibid.

[112] Peadar Ó Laoghaire, 'Caint na nDaoine', luaite ag O'Rahilly (eag.), *Papers on Irish Idiom* (Dublin: Browne & Nolan, 1929), 137.

[113] 'Impressions of the Feis at Ardmore', *Waterford Star*, athfhoilsithe in *An Claidheamh*

Soluis, Iml. 1, Uimh. 25, 2 Meán Fómhair 1899, 390-1. Tuairiscítear, áfach, in *An Claidheamh Soluis*, 16 Meán Fómhair 1899, 429: 'Mr. Hayes has reopened his class for the teaching of Irish songs on the Tonic Sol-fa System, at the League Rooms, 24 Upper O'Connell-street, on Monday evenings, at 8 o'clock'.

[114] Feic Peggy D. Bennett, 'Sarah Glover: A Forgotten Pioneer in Music Education', *International Journal of Music Education*, Iml. 4, Uimh.. 1, 1984, 27-35.

[115] Philip O'Leary, *Gaelic Prose in the Irish Free State, 1922-1939* (Dublin: UCD Press, 2004).

[116] Eric Hobsbawm, *The Age of Empire 1875-1914* (New York: Vintage Books, 1989), 252.

[117] Ibid., 253-4.

[118] Ibid.

4. An Ghall-Ghaeilge, an Béarlachas agus Mná na hÉireann

1 Máirtín Ó Murchú, *Cumann Buan-Choimeádta na Gaeilge: Tús an Athréimnithe* (BÁC: Cois Life, 2001), 23-4.

2 Jenny Wyse Power, luaite in W. G. Fitzgerald (eag.), *Glór na h-Éireann / The Voice of Ireland: A Survey of the Race and Nation from All Angles* (Dublin: Virtue, 1924), 158.

3 David Lloyd, 'Adulteration and the Nation', *Anomalous States: Irish Writing and the Post-Colonial Moment* (Durham: Duke University Press, 1993), 112.

4 *'An Bhoramha Laighean'*, *Irisleabhar na Gaedhilge*, Iml. 11, Uimh. 126, Márta 1901, 63.

5 Dar le Lloyd, '"Hybridization" is necessarily grasped by nationalists as the paradoxical simultaneous process of multiplication or disintegration and homogenization'. Feic 'Adulteration and the Nation', 96.

6 W. L. Alden, 'The Color in Irish Verse', *The Idler*, luaite ag *The New York Times*, 23 Meitheamh 1895, 26.

7 'Dallán gan Eoluidhe', *Irisleabhar na Gaedhilge*, Iml. 4, Uimh. 44, Márta 1893, 186-7.

8 Léirmheas ar *An Bhoramha Laighean*, *Irisleabhar na Gaedhilge*, Uimh. 126, Iml. 11, Márta 1901, 62.

9 Léirmheas ar *Cormac Ua Conaill: Sgéal bhaineas le hÉirí Amach agus Díth-cheannadh Iarla na Deasmhumhan (A.D.1579-1583)*, *Irisleabhar na Gaedhilge*, Iml. 11, Uimh. 130, Iúil 1901, 125-6.

10 *'The Léighean Éirean Series, edited by Norma Borthwick, No. 1 Aesop a tháinig go hÉirinn, Part 1'*, *Irisleabhar na Gaedhilge*, Iml. 10, Uimh. 121, Deireadh Fómhair 1900, 603. Clóbhualadh an focal 'frog' sa chló Gaelach.

11 Tomás Ó Conceanainn, *'Árainn Mhóir:* Comhrádh do Rinne Tomás 'Ac Concheannainn i n-Árainn Mhóir', *Fáinne an Lae*, Iml. 2, Uimh. 34, 27 Lúnasa 1898, 58-9. Féach Finnín Ní Chonceanainn agus Ciarán Ó Coigligh, *Tomás Bán* (BÁC: Conradh na Gaeilge, 1996) le haghaidh cur síos ar shaol agus ar obair Thomáis Bháin Uí Chonceanainn.

12 Domhnall Proinnsias Ó Ciardhubháin (ó Dhúncondra), 'Litir ó Dhomhnall Prionnsias Ó Ciardhubháin', *Fáinne an Lae*, Iml. 2, Uimh. 34, 27 Lúnasa 1898, 59.

13 'Freagra an Eagarthóra', *Fáinne an Lae*, Iml. 2, Uimh. 34, 27 Lúnasa 1898, 59: 'Our correspondent is to be commended for his undoubted enthusiasm and anxiety for purity of vocabulary. We would point out to him, though, that all languages, in the course of their growth, adopt loan-words and assimilate them. Many languages, indeed, became highly charged with them, as, for instance, English. Purism is not a bad thing, but it may be carried too far, as above in the case of *Lunndain*, *ár* and *bhar* . . . As regards the other words objected to, all we need say is that, to all appearance, they have come to stay, and cannot now be ousted. They do not exist without a reason. For instance *caibéal* (from Romance or Latin) = *séipéal*, is obsolete, and fairche from Lat. parochia, means "a diocese", and not "a parish".'

14 'Nóta ón Eagarthóir', *Fáinne an Lae*, Iml. 1, Uimh. 19, 14 Bealtaine 1898, 2.

15 Feic Brian Ó Cuív, 'The Verbal Noun ending –áil and Related Forms', *Celtica*, Iml. XIII, 1980, 125-49. Feic Aidan Doyle, 'Tá sorry orm, ach níl sé suas chugat féin', in Micheál Ó Cearúil (eag.), *Aimsir Óg, Cuid a Dó* (BÁC: Coiscéim, 2000), 275-9. Dar le Doyle, 'Ar na rudaí is mó a cháintear i gcaint na ndaoine tá a oiread briathra a chumtar ar bhonn an Bhéarla le cúnamh na hiarmhíre *-áil* . . . Ar an gcéad dul síos, téann "truailliú" na mbriathra dar críoch *-áil* chomh fada siar leis an Nua-Ghaeilge Chlasaiceach, mar is sa ré sin a tháinig na briathra *sábháil* agus *sóinseáil* isteach sa teanga . . . Níl staid na Gaeilge go maith, cinnte, ach ní haon chruthú air seo a oiread briathra le *-áil* atá le cloisint sna Gaeltachtaí'. 275-6.

285

[16] Feic Bhéara Ní Aodha, 'A Dhuine Chóir', *Foinse*, 1 Meitheamh 2008, 14.

[17] *Irisleabhar na Gaedhilge*, Iml. 6, Uimh. 1, 1 Aibreán 1895, 7.

[18] *Irisleabhar na Gaedhilge*, Iml. 7, Uimh. 4 (64 sa sheanchóras), Lúnasa 1896, 63.

[19] 'Caint na nDaoine III', *An Claidheamh Soluis*, 17 Meitheamh 1899, ar fáil in T. F. O'Rahilly (eag.), *Papers on Irish Idiom by Canon Peter O'Leary* (Dublin: Browne and Nolan, 1929), 136-7.

[20] Douglas Hyde, 'The Gaelic Revival', in Breandán Ó Conaire (eag.), *Language, Lore and Lyrics: Essays and Lectures* (Dublin: Irish Academic Press, 1986),187.

[21] Ibid.

[22] Douglas Hyde, 'The Necessity for De-Anglicising Ireland', in Ó Conaire (eag.), *Language, Lore and Lyrics*, 165-6.

[23] Ba mhinic ainmneacha mar ábhar faoin teideal 'Comhairle' in *An Claidheamh Soluis*. Féach mar shampla, 'Comhairle', *An Claidheamh Soluis*, Iml. 1, Uimh. 20, 30 Meán Fómhair 1899, 461: 'Tír an Eubhair – Sighle or Síle (we can find no reason for inserting the gh) is of comparatively recent date, so far as we know, as an Irish name. It probably came through the Normans and represents Cecilia. We cannot imagine why any Irish priest would object to it. If you proposed Ethel or Edith or Gladys would there have been any question? As good priests as any now living have baptised hundreds and hundreds by the name Síle, and there are more of that name now in heaven than of many other names that raise no question'.

[24] 'Lecture at Gort', *An Claidheamh Soluis*, Iml. 1, Uimh. 22, 12 Lúnasa 1899, 342. Feic *An Claidheamh Soluis*, Iml. 1, Uimh., 36, 573. Thagair de hÍde i léacht dá chuid i nGort Inse Guaire do Ghalldú na n-ainmneacha baiste: '"It was of late also," the lecturer said, "that we had been giving up our Milesian names, both in England and Ireland. He had been told in America that the first Chauncey who had come there, was O'Shaughnessy, and from him all the Chaunceys of America were descended. We had lost, also, our Irish Christian names, and more than that, we had spoiled them by translation, turning Diarmuid into Jeremiah, Connor into Corney, and the like.' Tagraíonn Caoilfhionn Nic Pháidín in *Fáinne an Lae agus an Athbheochan (1898-1900)* (BÁC: Cois Life, 1998), 96, do cheist na n-ainmneacha mar seo a leanas: 'Bhí Bille na Sloinnte Gaeilge "faoi agairt" in West-Minster in Earrach na bliana 1898, d'fhonn cead a thabhairt do Ghaeil a n-ainmneacha a chlárú faoi "Mac" agus "O" den chéad uair, agus formhór na bhfeisirí ag tacú go láidir leis.'

[25] Mary E. L. Butler, *Irishwomen and the Home Language*, Gaelic League Pamphlets 6 (BÁC: gan foilsitheoir, gan dáta).

[26] 'Leabhairíní Gaedhilge le haghaidh an tSlughaigh – V, Tadhg Gabha, Duais-scéal an Oireachtais 1900, Séamus Ua Dubhghaill do scríobh', *Irisleabhar na Gaedhilge*, Iml. 11, Uimh. 132, Meán Fómhair, 1901, 160. D'fhoilsigh *An Claidheamh Soluis*, 15 Iúil 1899, 281, liosta d'ainmneacha Gaelacha ó liosta a chuir de hÍde agus Lawrence le chéile.

[27] Douglas Hyde, 'Douglas Hyde's Address', in Ó Conaire (eag.), *Language, Lore and Lyrics*, 188.

[28] Ibid.

[29] Douglas Hyde, 'The Necessity for De-Anglicising Ireland', in Ó Conaire (eag.), *Language, Lore and Lyrics*, 166.

[30] Ibid.

[31] Ibid.,166-7.

[32] 'New Branches – Carriganima', *An Claidheamh Soluis*, Iml. 1, Uimh. 41, 23 Nollaig 1899, 629.

[33] Ibid., 649.

[34] 'The Dalcassians in the Gap – The Branch of the Gaelic League in Lisdoonvarna', *An Claidheamh Soluis*, Iml. 1, Uimh. 31, 14 Deireadh Fómhair 1899, 493.

[35] Ibid., 629.

[36] 'Notes', *An Claidheamh Soluis*, Iml. 1, Uimh. 33, 28 Deireadh Fómhair 1899, 522-3.

[37] Ibid.

[38] Ibid.

[39] 'New Branches – Carriganima', *An Claidheamh Soluis*, Iml. 1, Uimh. 41, 23 Nollaig 1899, 649.

[40] 'Great Public Meeting in Kilmihil', *An Claidheamh Soluis*, Iml. 1, Uimh. 38, 2 Nollaig 1899, 604.

[41] 'The Dalcassians in the Gap: Gaelic League in Doonbeg', *An Claidheamh Soluis*, Iml. 1, Uimh. 37, 25 Samhain 1899, 585-6.

[42] 'Notes', *An Claidheamh Soluis*, Iml. 1, Uimh. 33, 28 Deireadh Fómhair 1899, 522-3.

[43] 'The Dalcassians in the Gap – The Branch of the Gaelic League in Lisdoonvarna', *An Claidheamh Soluis*, Iml. 1, Uimh. 31, 14 Deireadh Fómhair 1899, 493.

[44] George A. Moonan, *The Spirit of the Gaelic League: Gaelic League Pamphlets No. 33* (Dublin: Gaelic League, g.d.) gan leathanaigh luaite.

[45] Feic Ríona Nic Congáil, 'Úna Ní Fhaircheallaigh: A Smuainte ar Árainn', Cuid 1 agus 2, *Feasta*, Iúil 2006, 19-23 agus Lúnasa 2006, 19-23.

[46] Feic Diarmuid Breathnach agus Máire Ní Mhurchú, *1882-1982: Beathaisnéis a Dó* (BÁC: An Clóchomhar Tta, 1990), 21-4.

[47] Ibid., 31-2.

[48] Ibid., 79-80.

[49] Ibid., 68-9.

[50] Feic Diarmuid Breathnach agus Máire Ní Mhurchú, *1882-1982: Beathaisnéis a hAon* (BÁC: An Clóchomhar Tta, 1986), 93-4.

[51] Feic Máiréad Ní Chinnéide, *Máire de Buitléir: Bean Athbheochana* (BÁC: Comhar Teo., 1993).

[52] Feic Pádraig Ó Loingsigh, *Gobnait Ní Bhruadair: The hon. Albinia Lucy Brodrick, beathaisnéis*, aist. Pádraig Mac Fhearghusa (BÁC: Coiscéim, 1997). Feic, leis, Diarmuid Breathnach agus Máire Ní Mhurchú, *1882-1982: Beathaisnéis a hAon* (BÁC: An Clóchomhar Tta, 1986), 54-5.

[53] Ibid., 79. Feic, leis, Frank A. Biletz, 'Women and Irish-Ireland: The Domestic Nationalism of Mary Butler', *New Hibernia Review / Iris Éireannach Nua*, Iml. 6, Uimh. 1, earrach 2002, 59-72.

[54] 'Annual Meeting of the Central Branch', *An Claidheamh Soluis*, Iml. 1, Uimh. 35, 11 Samhain 1899, 551.

[55] Traolach Ó Ríordáin, *Conradh na Gaeilge i gCorcaigh 1894-1910* (BÁC: Cois Life, 2000).

[56] Diarmuid Breathnach agus Máire Ní Mhurchú, 'Who Were Those Guys? Pearsana Chonradh na Gaeilge', in Breandán Ó Conaire (eag.), *Comhdháil an Chraoibhín 1993: Céad Bliain Ag Obair* (Comhairle Chondae Ros Comáin, 1994), 46-77. Feic, leis, Timothy G. McMahon, '"All creeds and all classes"? Just who made up the Gaelic League?' *Éire-Ireland*, Iml. 37, Uimh. 3 agus 4 (2002), 118-68. Feic Timothy G. McMahon, *The Grand Opportunity: The Gaelic Revival and Irish Society 1893-1910* (Syracuse: Syracuse University Press, 2008), 85-126.

[57] Maidir le ceist na 'mná nua' agus mná na hAthbheochana, feic Ní Chinnéide, *Máire de Buitléir*, iii.

[58] 'Special Meeting of the Lord Edward Branch, Co. Dublin – Formation of a Ladies' Class', *An Claidheamh Soluis*, Iml. 1, Uimh. 39, 9 Nollaig 1899, 619. Bheadh ceist na mban, ar ndóigh, ina hábhar conspóide i gCúl an tSúdaire ar ball.

[59] 'Blackrock (Lord Edward Branch)', *An Claidheamh Soluis*, Iml. 1, Uimh. 40, 16 Nollaig 1899, 632.

[60] Maidir le Cúl an tSúdaire, feic *Autobiography of the Ruairi O'Moore Branch of the Gaelic League, Portarlington* (Dublin: Gaelic League, 1906); McMahon, *The Grand Opportunity*, 61-9; Peter Murray, 'Irish cultural nationalism in the United Kingdom state: Politics and the Gaelic League 1900-18', *Irish Political Studies*, Iml. 8, Uimh. 1, 1993, 55-72. Maidir le hÁrann feic McMahon, *The Grand Opportunity*, 54-61.

[61] 'The Organiser in Clare', *An Claidheamh Soluis*, Iml. 1, Uimh. 40, 16 Nollaig 1899, 629.

[62] Tagraítear do chumann do mhná amháin i gContae Aontroma chomh maith sa bhliain 1899. Feic 'Greencastle', *An Claidheamh Soluis*, Iml. 1, Uimh. 32, 21 Deireadh Fómhair 1899, 507-8.

[63] 'Inishmain', *An Claidheamh Soluis*, Iml. 1, Uimh. 41, 23 Nollaig 1899, 647. Maidir leis an gconspóid leis an Athar Farragher, feic McMahon, *The Grand Opportunity*, 54-61.

[64] Úna Ní Fhaircheallaigh, *Smuainte ar Árainn* (BÁC: Conradh na Gaeilge, 1902), 23.

[65] 'Notes', *An Claidheamh Soluis*, Iml. 1, Uimh. 33, 28 Deireadh Fómhair 1899, 522-3.

[66] 'Lisdoonvarna', *An Claidheamh Soluis*, Iml. 1, Uimh. 39, 9 Nollaig 1899, 618.

[67] 'Dundalk', *An Claidheamh Soluis*, Iml. 1, Uimh. 30, 7 Deireadh Fómhair 1899, 473: 'The text-book is O'Growney's *First Book*. The instructions will be of the same character in all the classes, but the advanced class will proceed more rapidly than the elementary class. The selection of class will be left to the choice of each individual member in the first instance. Class books can be obtained at the hall before the next class. A committee will be nominated on next Wednesday evening to direct the management of the local branch of the Gaelic League'.

[68] 'Blackrock (Lord Edward Fitzgerald Branch), Co. Dublin', *An Claidheamh Soluis*, Iml. 1, Uimh. 37, 25 Samhain 1899, 583.

[69] '*Ingheana na hÉireann (Ingheana Bhrighde) 1st Annual Report 1900-1901*', *Irisleabhar na Gaedhilge*, Iml. 11, Uimh. 132, Meán Fómhair 1901, 159-60.

[70] Ní féidir talamh slán a dhéanamh de gur bhaill den Chonradh ab ea gach aon duine a scríobh litir chuig iris de chuid an Chonartha, ná gurbh ionann na tuairimí a nochtadh sna litreacha agus dearcadh oifigiúil an Chonartha.

[71] 'Notes', *An Claidheamh Soluis*, Iml. 1, Uimh. 26, 9 Meán Fómhair 1899, 409.

[72] Ibid.

[73] 'Donnchadh Ruadh', 'Irish in County Waterford', *An Claidheamh Soluis*, Iml. 1, Uimh. 29, 30 Meán Fómhair 1899, 454.

[74] Ibid.

[75] '*Gaelic League Leaflets No. 2 Two Schools: A Contrast*, edited by Mary E. Butler', *Irisleabhar na Gaedhilge*, Iml. 11, Uimh. 135, Nollaig 1901, 208. Feic Ní Chinnéide, *Máire de Buitléir*, 81-3.

[76] 'Turkish!' *An Claidheamh Soluis*, Iml. 1, Uimh. 20, 29 Iúil 1899, 312.

[77] *An Claidheamh Soluis*, Iml. 1, Uimh. 21, 5 Lúnasa 1899, 329.

[78] *Fáinne an Lae*, Iml. 2, Uimh. 30, 30 Iúil 1898, 29.

[79] Maidir leis na Bráithre Críostaí agus an Ghaeilge, feic Micheál Ó Cearúil, *Gníomhartha na mBráithre* (BÁC: Coiscéim, 1996). Tá stair Mheánscoil Lughaidh curtha in eagar ag an tSr. Marie des Victories Fitzsimons, *Reflections 1859-1977 Clochar Lughaigh Muineachán* (Dublin: Folens, 1978). Feic, leis, Sr. Mary Pauline, *God Wills It: Centenary Story of the Sisters of St. Louis* (Dublin: Browne and Nolan Ltd, 1959). Ord Francach ab iad na mná rialta seo a tháinig go hÉirinn sa bhliain 1859. Tosnaíodh ar an nGaeilge a theagasc sa bhliain 1894 agus tugadh teagascóirí chun na scoile ó na Gaeltachtaí éagsúla chun cabhrú le cur chun cinn na teanga.

[80] *Fáinne an Lae*, Iml. 2, Uimh. 37, 17 Meán Fómhair 1898, 84.

81 'Notes', *An Claidheamh Soluis*, Iml. 1, Uimh. 26, 9 Meán Fómhair 1899, 409. I gcomparáid leis an gclochar i nGort Inse Guaire, moladh na mná rialta i gContae Mhuineacháin: 'The great success which has attended the efforts of the Sisters in Monaghan Convent to spread a knowledge of the language of our sires should stimulate other schools of a similar character through the country to assist in this patriotic work. The Convent Schools could give powerful aid, and we hope that a number of them which are now more favourably situated for the work than St. Louis Convent will follow the example of that excellent institution'.

82 Douglas Hyde, 'A Plea for the Irish Language', *Dublin University Review*, Lúnasa 1886, luaite in Ó Conaire (eag.), *Language, Lore and Lyrics*, 75.

83 'Meeting at Carrigaholt', *An Claidheamh Soluis*, 25 Samhain 1899, 586. Ní heol cén uair ar glacadh le 'Phil the Fluther's Ball' laistigh de chanóin na hÉireann. Is iad seo a leanas focail an amhráin Ta-ra-ra Boom-de-ay!: 'A smart and stylish girl you see, / Belle of good society / Not too strict but rather free / Yet as right as right can be! / Never forward, never bold / Not too hot, and not too cold / But the very thing, I'm told, / That in your arms you'd like to hold. / Curfá: Ta-ra-ra Boom-de-ay! (x8) / I'm not extravagantly shy / And when a nice young man is nigh / For his heart I have a try / And faint away with tearful cry! / When the good young man in haste / Will support me round the waist / I don't come to while thus embraced / Till of my lips he steals a taste! / Curfá / I'm a timid flow'r of innocence / Pa says that that I have no sense, / I'm one eternal big expense / But men say that I'm just "immense!" / 'ere my verses I conclude / I'd like it known and understood / Though free as air, I'm never rude / I'm not too bad and not too good! / Curfá / You should see me out with Pa, / Prim, and most particular; / The young men say, "Ah, there you are!" / And Pa says, "That's peculiar!" / "It's like their cheek!" I say, and so '.

84 *Fáinne an Lae*, Iml. 2, Uimh. 43, 29 Deireadh Fómhair 1898, 132.

85 'Donnchadh Ruadh', Irish in County Waterford', *An Claidheamh Soluis*, Iml. 1, Uimh. 29, 30 Meán Fómhair 1899, 453-5.

86 *Fáinne an Lae*, Iml. 2, Uimh. 28, 16 Iúil 1898, 11.

87 'Gaelic League Excursion, London', *An Claidheamh Soluis*, Iml. 1, Uimh. 9, 13 Bealtaine 1899, 133-4.

88 Mac Uí Lóinghsigh, 'Litir', *Fáinne an Lae*, Iml. 2, Uimh. 50, 17 Nollaig 1898, 191.

89 'Kilbarfoy Branch Feis', *An Claidheamh Soluis*, Iml. 1, Uimh. 15, 24 Meitheamh 1899, 233.

90 'Notes', *An Claidheamh Soluis*, Iml. 1, Uimh. 28, 23 Meán Fómhair, 1899, 441. Feic a ndeir Philip O'Leary in *The Prose Literature of the Gaelic Revival 1881-1921: Ideology and Innovation* (Pennsylvania: Pennsylvania State University Press, 1994) faoi na coistí úd chun súil a choimeád ar an drochlitríocht, 36-8.

91 'Organiser in Cork', *An Claidheamh Soluis*, Iml. 1, Uimh. 42, 30 Nollaig 1899, 661.

92 'Nótaí', *An Claidheamh Soluis*, Iml. 1, Uimh. 32, 21 Deireadh Fómhair 1899, 506.

93 *Fáinne an Lae*, Uimh. 33, Iml. 2, 20 Lúnasa 1898, 53-4.

94 '*Na Sacramaintí Déidheannacha*', *Irisleabhar na Gaedhilge*, Iml. 11, Uimh. 133, Deireadh Fómhair 1901, 175.

95 Patrick J. Devlin, 'The Gaels and the language movement', *Fáinne an Lae*, Iml. 1, Uimh. 11, 19 Márta 1898, 5.

96 *Fáinne an Lae*, Iml. 1, Uimh. 25, 25 Meitheamh 1898, 7.

97 Ibid., 8.

98 'Items of News', *An Claidheamh Soluis*, Iml. 1, Uimh. 10, 20 Bealtaine 1899, 151.

99 Tadhg Sheodach, 'Naming of Houses in Irish', *An Claidheamh Soluis*, Iml. 1, Uimh. 37, 25 Samhain 1899, 587.

[100] Maidir le tionchar na ndaoine a d'fhill ar an nGaeltacht tar éis dóibh seal oibre a chaitheamh sa Bhreatain Mhór ar mhéadú an Bhéarla mar ghnáththeanga cheantair, feic Mary Daly, 'Literacy and Language Change in Late Nineteenth and Early twentieth Centuries', in Mary Daly agus David Dickson (eag.), *The Origins of Popular Literacy in Ireland: Language Change and Educational Development 1700-1920* (Dublin: Dept of Modern History TCD, Dept of Modern Irish History UCD, 1990), 153-66.

[101] 'Meeting at Dunmore', *An Claidheamh Soluis*, Iml. 1, Uimh. 9, 13 Bealtaine 1899, 133.

[102] 'Notes', *Fáinne an Lae*, Iml. 1, Uimh. 24, 18 Meitheamh 1898, 7.

[103] Féach Harry White, *The Keeper's Recital: Musical and Cultural History in Ireland, 1770-1970* (Cork: Cork University Press, 1998), 113-6. Ceist arbh fhiú iniúchadh a dhéanamh uirthi amach anseo is ea cad ina thaobh gur éirigh leis an gConradh agus eagarthóirí na Feise Ceoil oibriú as lámha a chéile ach nár réitigh lucht an National Literary Theatre agus an Conradh lena chéile in aon chor? Arbh amhlaidh go raibh an oiread sin dímheasa ag baill an Chonartha ar Atkinson agus a chairde nach bhféadfaí muinín a bheith acu as aon fhiontar a raibh baint acu leis?

[104] 'The Duhallow Feis' (J. M. Kiely, V.P. ag caint.), *An Claidheamh Soluis*, Iml. 1, Uimh. 20, 29 Iúil 1899, 314.

[105] 'The Convents and the Movement', *Fáinne an Lae*, Iml. 2, Uimh. 50, 17 Nollaig 1898, 188. D'fheictí go hannamh sna páipéir fógraí ag lorg buachaill nó cailín aimsire a raibh Gaeilge líofa acu. Feictear fógra in *The Freeman's Journal*, a athfhoilsíodh in *An Claidheamh Soluis*, Iml. 1, Uimh. 10, 20 Bealtaine 1899, 151, 'Ag Teastal: buachaill doigheamhail, ceithre bliadhna deug d'aois, le gleas glaine do ghlanadh, agus le bheith usaideach i neithibh beuga ar cheana, gaedhilgeoir thar an t-saoghal'.

[106] 'Irish-speaking Domestics', *An Claidheamh Soluis*, Iml. 1, Uimh. 11, 27 Bealtaine 1899, 165. Feictear fógra eile (*An Claidheamh Soluis*, 23 Meán Fómhair 1899, 446): 'General servant – Wanted a Young Girl, able to wash; fond of children; must speak Irish fluently. Apply at once to Mrs. Barry, 5 Clanchattan-street, Limestone-road, Belfast'. Is ann do dhá fhógra do mhúinteoirí mná, leis, ar an lá céanna. Chuir Coiste Chontae Bhéal Feirste rompu an scéim seo a fhorbairt: 'Mr. Gaughan drew attention to the practice, rapidly gaining ground among the Gaelic Leaguers of the city, of introducing into their families domestic servants and nurses from Irish-speaking districts, with a view to affording children an opportunity of acquiring the language while still young. He submitted that the matter was capable of being still further developed. A prolonged discussion led to the adoption of the following resolution, proposed by Dr. Boyd:- "That this County Committee desires to impress on its sympathisers the advisability of employing Irish-speaking domestic servants; that we appeal to the convents in Gaelic-speaking districts to train such servants, and that we hereby pledge ourselves to use all means in our power to procure situations for such servants when trained." A number of ladies were nominated to put the suggestion into practical shape. Arrangements have been made for a meeting of this new sub-committee towards the end of the week, and the result will probably be the establishment of a regular system, by which families will be supplied with Irish-speaking servants.' ('Connradh na Gaedhilge', *An Claidheamh Soluis*, 30 Meán Fómhair 1899, 458.) Go bhfios dom ba é Uilic de Búrca (*The College Irish Grammar* (Dublin: M. H. Gill & Son, 1883), 5) an chéad duine a mhol go bhfostófaí lucht Gaeltachta sa bhealach áirithe seo: 'If I could take the liberty, I would recommend that in every parish in Ireland there should be an Irish teacher, and that as the ear governs the tongue, it may be familiarized by hearing the language spoken as much as possible, at school, at home and abroad; if it were only thus to employ some poor men and women to speak nothing but Irish in the hearing of the children, who, in a short time, would acquire a facility in speaking it in a common-place, colloquial way'.

[107] *An Claidheamh Soluis*, Iml. 1, Uimh. 36, 18 Samhain 1899, 574.

[108] *An Claidheamh Soluis*, Iml. 1, Uimh. 31, 14 Deireadh Fómhair 1899, 494.

[109] 'Irish-Speaking Servants Ladies Association Belfast', *An Claidheamh Soluis*, Iml. 1, Uimh. 34, 4 Samhain 1899, 540.

5. Frithnimh an Bhéarlachais: *Eugenics* na Gaeilge

[1] Bram Stoker, *Dracula*, Nina Auerbach agus David J. Skal eag. (New York: Norton, 1997), 26.

[2] Declan Kiberd, 'Caint na nDaoine mar Bhonn Liteartha', in Eoghan Ó hAnluain (eag.), *Léachtaí Uí Chadhain 1 (1980-1988)* (BÁC: An Clóchomhar Tta, 1989), 104.

[3] Caoilfhionn Nic Pháidín, *Fáinne an Lae agus an Athbheochan (1898-1900)* (BÁC: Cois Life, 1998), 7. 'Bhí sruth nua tréimhseachán sa naoú haois déag, a bhí dírithe ar an gcoitiantacht cuid mhaith, agus iad ar phraghas íseal, an ceann ba cháiliúla díobh, *The Dublin Penny Journal* (1831-7), a mbíodh baint ag Petrie agus Ó Donnabháin leis. Bhí cuid mhór ceoil agus seanfhocal Gaeilge ann sa tréimhse thosaigh. Bhí an meon agus múnla céanna mar bhonn le *The Citizen* (1839) freisin agus é faoi eagarthóireacht William Elliott Hudson ó 1842'.

[4] Henry G. Bohn, *Handbook of Proverbs* (London: Antiquarian Library, 1855).

[5] Ibid., 274-5.

[6] Ibid.

[7] Ibid.

[8] Feic Caibidil 4.

[9] Bourke, *The College Irish Grammar* (Dublin: M. H. Gill & Son, 1883), 49.

[10] Ibid., 78.

[11] Ibid., 80.

[12] F. Edmund Hogan, *A Handbook of Irish Idioms* (Dublin: Sealy, Bryers & Walker, 1898), x.

[13] Bourke, *The College Irish Grammar*, 49.

[14] Douglas Hyde, 'A Plea for the Irish Language', in Breandán Ó Conaire (eag.), *Language Lore and Lyrics: Essays and Lectures* (Dublin: Irish Academic Press, 1986), 77.

[15] 'Irish Proverbs', *Irisleabhar na Gaedhilge*, Iml. 4, Uimh. 44, Márta 1893, 192.

[16] Dubhglas de hÍde, *Amhráin Chúige Chonnacht: An Leathrann* (BÁC: Mártan Lester, g.d.), 7.

[17] '*A Concise Grammar*, agus *Compendium of Irish Grammar*', *Irisleabhar na Gaedhilge*, Uimh. 5, Iml. 1, Márta 1883, 166.

[18] 'The Oireachtas: The Competitions', *Irisleabhar na Gaedhilge*, Iml. 11, Uimh. 129, Meitheamh 1901, 97.

[19] Norma Borthwick, 'The Study of Irish', *Fáinne an Lae*, Iml. 1, Uimh. 10, 12 Márta 1898, 6.

[20] 'Dr. Hyde Here to Talk the Irish Back Home', *New York Times*, 19 Samhain 1905, 3.

[21] Douglas Hyde, 'Address to National Literary Society, 21st May', *Irisleabhar na Gaedhilge*, Iml. 6, Uimh. 3, 1 Meitheamh 1895, 47.

[22] 'Magh-Chromdha', 'Gaedhilg Shimplidhe', *Fáinne an Lae*, Iml. 1, Uimh. 8, 26 Feabhra 1898, 3.

[23] Ibid., 3-4.

[24] Peadar Ó Laoghaire, '*Is* and *Tá*: Their Meaning. Their Difference', in T. F. O'Rahilly (eag.), *Papers on Irish Idiom by Canon Peter O'Leary* (Dublin: Browne & Nolan, 1929), 67.

[25] Feic Breandán Ó Buachalla, *I mBéal Feirste Cois Cuain* (BÁC: An Clóchomhar Tta, 1968), 85-6.

[26] Peter O'Leary, 'Some hints as to how English literary matter should be translated into Irish', O'Rahilly (eag.), *Papers on Irish Idiom*, 92.

[27] *An Claidheamh Soluis*, Iml. 1, Uimh. 30, 7 Deireadh Fómhair 1899, 472.

[28] Ibid.

[29] Feic Paddy Lyons, 'Ireland, Britain, and mass literacy in nineteenth-century Europe', in

Leon Litvack agus Colin Graham (eag.), *Ireland and Europe in the Nineteenth Century* (Dublin: Four Courts Press, 2006), 97: 'Removed from the practical context of colinguistic translation, grammar's abstractions introduced not only rules that could be easily seem arbitrary, but also paradigms that opened doors through which substations and alternatives were to enter. Hence the defiant *jouissance* observable in nonsense-rhymes and in playground graffiti, early triumphs over the frustrations attendant on entering into communicative structures; and hence, later, the glee which opponents could take in forthright denunciation of a system from which they had started out. Hence, too, the new possibilities for literary production'.

[30] Norma Borthwick, 'The Study of Irish', *Fáinne an Lae*, Iml. 1, Uimh. 10, 12 Márta 1898, 6.

[31] 'Clódhanna Nua: *Simple Lessons in Irish V*', *Irisleabhar na Gaedhilge*, Iml. 10, Uimh. 116, Bealtaine 1900, 524.

[32] 'The Oireachtas: The Competitions', *Irisleabhar na Gaedhilge*, Iml. 11, Uimh. 129, Meitheamh 1901, 97.

[33] *Fáinne an Lae*, Iml. 2, Uimh. 34, 27 Lúnasa 1898, 61.

[34] 'An t-Oireachtas', *Fáinne an Lae*, Iml. 1, Uimh. 3, 22 Eanáir 1898, 4.

[35] 'Mac Léigheinn', 'Our Aim in Literary Usage', *Irisleabhar na Gaedhilge*, Iml. 8, Uimh. 92, Nollaig 1897, 128.

[36] 'An t-Oireachtas', *Fáinne an Lae*, Uimh. 3, 22 Eanáir 1898, 4: 'To-day the Czechs have a rich and varied literature, the language is spoken by all classes, and the nation has cast off almost every vestige of German ascendancy. The *Oireachtas*, therefore, leads in no forlorn hope, pleads no lost cause, and if accorded steady and generous support, it will realize for language and literature the prophecy contained in its own motto: "*Beurfamaoid buaidh de dheoin De*".'

[37] Feic Brian Ó Cuív, 'Irish Language and Literature, 1845-1921', in W. E. Vaughan (eag.), *A New History of Ireland VI: Ireland Under the Union II, 1870-1921* (Oxford: Clarendon Press, 1966), 392-3. Feic freisin Gearóid Ó Tuathaigh, 'Maigh Nuad agus Stair na Gaeilge', in Etaín Ó Síocháin (eag.), *Maigh Nuad: Saothrú na Gaeilge 1795-1995* (Maigh Nuad: An Sagart, 1995), 13-25. Feic chomh maith Breandán Ó Madagáin, 'Irish: A Difficult Birth', in Tadhg Foley (eag.), *From Queen's College to National University: Essays on the Academic History of QCG / UCG / NUI, Galway* (Dublin: Four Courts Press, 1999), 345-59. Tagraítear d'alt leis an Ollamh Pye, i gColáiste na Banríona, Gaillimh in *An Claidheamh Soluis*, 1 Aibreán 1899, 43-4, agus tagraítear d'alt leis an Ollamh Charles Geisler, i gColáiste na Banríona, Gaillimh, in Iml. 2, Uimh. 15, 65-79.

[38] 'An t-Oireachtas', *Fáinne an Lae*, Uimh. 3, 22 Eanáir 1898, 4.

[39] 'Filíocht Nua-Dhéanta II', *Irisleabhar na Gaedhilge*, Iml. 8, Uimh. 86, Meitheamh 1897, 28.

[40] Eisceacht ab ea na seanmóirí ar chuir Ulick Bourke eagar orthu, ach dealraítear nár tugadh mórán airde orthu le linn na hAthbheochana. Is fíor go raibh 'litríocht' á cumadh mar chuid d'éigse an bhéil bheo, agus go raibh roinnt mhaith lámhscríbhinní á gcóipeáil, ach is ar éigean gur soláthraíodh aon téacs nuachumtha sa litríocht Ghaelach.

[41] Feic Cathal Ó Háinle, 'Ó Chaint na ndaoine go dtí an Caighdeán Oifigiúil', in Kim McCone et al. (eag.), *Stair na Gaeilge* (Roinn na Sean-Ghaeilge, Coláiste Phádraig Má Nuad, 1994), 750-1: 'Níl dabht ar bith ann ach go raibh cúrsaí litearthachta Gaeilge go hainnis sa bhliain 1882 agus le fada roimhe. Bhí forbairt an chló agus soláthar fairsing an oideachais ar na nithe is mó a chabhraigh le cothú na nualitríochta i dteangacha na hEorpa ó thosach an seachtú céad déag ar aghaidh agus is mó freisin a chuidigh le leathadh na litearthachta. Sa chéad chuid den naoú céad déag bhí go leor

deiseanna ar fáil sa tír seo ag an múinteoir ar theastaigh uaidh nó uaithi an Béarla a mhúineadh, i dtaca le bunleabhar chun léamh agus scríobh na teanga a theagasc do dhaltaí agus i dtaca le litríocht a mheallfadh iad chum nós na léitheoireachta a chleachtadh. A mhalairt glan a bhí fíor faoin nGaeilge'.

[42] Léirmheas ar *Díonbhrollach Forais Feasa an Éireann: Intro to Dr. Geoffrey Keating's History of Ireland*, *Fáinne an Lae*, Iml. 2, Uimh. 42, 22 Deireadh Fómhair 1898, 123.

[43] 'Irishman and United Ireland', *Irisleabhar na Gaedhilge*, Iml. 1, Uimh. 4, Feabhra 1883, 134.

[44] Peadar Ó Laoghaire, 'The Importance of Irish Syntax', in O'Rahilly (eag.), *Papers on Irish Idiom*, 85.

[45] Ibid., 85.

[46] Feic O'Leary, 'Some Irish Prepositions', in O'Rahilly (eag.), *Papers on Irish Idiom*, 10. Seo na samplaí den fhocal 'do': 'Tiúr do Thadhg an sgian / Is mac do Dhónal Doncha / Is dritháir do Thadhg Dónal / Ní shiúlódh an capall dom / Déin bróga do Shíle'.

[47] Ibid., 85.

[48] Ibid., 86.

[49] 'Filíocht Nua-Dhéanta II', *Irisleabhar na Gaedhilge*, Uimh. 86, Iml. 8, Meitheamh 1897, 28.

[50] Seán Maolmhuire Ó Raghallaigh / J. M. O'Reilly, *The Native Speaker Examined Home: Two Stalking Fallacies Anatomized* (Dublin: Sealy, Bryers and Walker. 1909), feic 110 go háirithe. Feic Diarmuid Breathnach agus Máire Ní Mhurchú, *1882-1982: Beathaisnéis a hAon* (BÁC: An Clóchomhar Tta, 1986), 94-6.

[51] 'Filíocht Nua-Dhéanta II', *Irisleabhar na Gaedhilge*, Uimh. 86, Iml. 8, Meitheamh 1897, 28. Rithfeadh sé le duine gur thuiscint den sórt céanna a spreag Éamon de Valera agus é ag tabhairt le fios nach raibh le déanamh aige chun meon na ndaoine a thomhas ach féachaint ina chroí féin. Maidir leis an 'Aigne Ghaelach', feic Aisling Ní Dhonnchadha, *An Gearrscéal sa Ghaeilge* (BÁC: An Clóchomhar Tta, 1981).

[52] Peter O'Leary, 'Appendix 1', in O'Rahilly (eag.), *Papers on Irish Idiom*, 128.

[53] 'Ó'n Athair Peadar Ó Laoghaire', *Fáinne an Lae*, Iml. 1, Uimh. 2, 6, 15 Eanáir 1898.

[54] 'Fainne an Lae', *Punch*, 29 Eanáir 1898, Uimh. CXIV, 46.

[55] 'Gaelic Newspaper in Dublin', *New York Times*, 23 Nollag 1897, 5.

[56] 'Filíocht Nua-Dhéanta II', *Irisleabhar na Gaedhilge*, Iml. 8, Uimh. 86, Meitheamh 1897, 28.

[57] 'Litir ó Pheadar Ó Laoghaire', *Fáinne an Lae*, Iml. 1, Uimh. 5, 5 Feabhra 1898, 4.

[58] Ibid.

[59] Ibid.

[60] Nic Pháidín, *Fáinne an Lae agus an Athbheochan (1898-1900)*, 117.

[61] 'Gae Bolga', *A Talk about Irish Literature* (Dublin: M. H. Gill & Son, 1907), 25. Feic Douglas Hyde, *The Story of Early Gaelic Literature* (London: T. Fisher Unwin, 1894), xvii.

[62] David Trotter, *The English Novel in History 1895-1920* (London: Routledge, 1993), 80.

[63] 'Filíocht Nua-Dhéanta II', *Irisleabhar na Gaedhilge*, Iml. 8, Uimh. 86, Meitheamh 1897, 28.

[64] Trotter, *The English Novel in History*, 67-8: 'Modernist writing stretches the rules, it does so not in order to demonstrate the arbitrariness of all codes, or in order to enact the "free-play" of language, but in order to test our powers of inference. It raises the cost of processing a text in order to make us dig deeper into our mental and emotional resources, to mine assumptions more extensively, and thus generate richer contextual effects . . . People will not pay attention to an utterance unless they expect to obtain information from it without undue effort. Most novels of the period, whether

middlebrow or lowbrow, carried an unwritten guarantee that the effort of attention, memory and reasoning required to process them would be kept to an absolute minimum; the cognitive effect, in some cases substantial, being a kind of bonus. The same could not be said of a book by Meredith, James, Conrad, Lawrence, Joyce or Wolf. For these writers, effect was primary, effort secondary. Obscurity was their subject, not a mode or mannerism; although one suspects that they were sometimes tempted to measure the effect of their work by the amount of effort it required of the reader'.

[65] Douglas Hyde, *Beside the Fire: A Collection of Irish Gaelic Folk Stories* (London: David Nutt, 1890), xli.

[66] Peadar Ó Laoghaire, 'Seachnadh na hiasachta', *Fáinne an Lae*, Iml. 1, Uimh. 23, 11 Meitheamh 1898, 1. Lean sé air mar seo 'Nídh eile. Do chonnac, tá cóigthigheas ó shoin, sgéal beag ó "Mhaghchromdha" .i. "An iasacht 's an teine 'ghá dóghadh". An blúire beag de chaint sgurtha ata sa scéal beag sain, is í Gaedhilg is feárr í dá bhfeaca fós ag teacht nua ó aigneadh agas ó láimh duine. An duine do sgríobh an sgéal beag sain, is mór an truagh dímhaoin é. Ní le foghlaim a fuair an fear sain Gaedhilg. Is é mo thuairim ná tuigeann sé féin ar fad feabhas na cainte. Níor sgríobh Washington Irving riamh aon bhlúire Béarla is deise mar Bhéarla 'ná caint an sgéil bhig sin mar Ghaedhilg. Is mór an truagh gan an t-úghadar do chuir ar siubhal arís'.

[67] Oscar Wilde, 'Marcella Grace', *The Essays of Oscar Wilde* (New York: Albert & Charles Boni, 1935), 343.

[68] Oscar Wilde, 'Half-Hours with the Worst Authors', *The Essays of Oscar Wilde*, 595. Is léirmheas é seo ar alt a scríobh George Saintsbury san iris *Macmillan*.

[69] Oscar Wilde, 'The Wolfe of Badenoch, Sir Thomas Laude', *The Essays of Oscar Wilde*, 328.

[70] Is fíor go raibh na húrscéalta trí imleabhar ag imeacht as faisean ag an tréimhse atá idir chamáin anseo ach b'ann fós don tuiscint gur trí imleabhar a bhí sa ghnáthúrscéal sa Bhreatain.

[71] Peadar Ó Laoghaire, 'Oideachas', *An Claidheamh Soluis*, Iml. 1, Uimh. 29, 30 Meán Fómhair 1899, 452.

[72] Douglas Hyde, *Beside the Fire*, 192-3.

[73] 'Eagarfhocal: Sgríobhadh na Gaedhilge', *An Claidheamh Soluis*, Iml. 1, Uimh. 8, 6 Bealtaine 1899, 120.

[74] 'Eagarfhocal: The National Festival', *An Claidheamh Soluis*, Iml. 1, Uimh. 15, 24 Meitheamh 1899, 232.

[75] 'Past, Present and Future – II', *Irisleabhar na Gaedhilge*, Iml. 8, Uimh. 86, Meitheamh 1897, 26.

[76] 'Fear na Cathrach', 'Gaedhilg na Cathrach I', *Fáinne an Lae*, Iml. 2, Uimh. 28, 16 Iúil 1898, 1.

[77] Ibid.

[78] Ibid.

[79] Ibid.

[80] 'Fear na Cathrach', 'Gaedhilg na Cathrach II', *Fáinne an Lae*, Iml. 2 Uimh. 33, 20 Lúnasa 1898, 26.

[81] 'Fear na Cathrach', 'Gaedhilge na Cathrach', *Fáinne an Lae*, Iml. 2, Uimh. 30, 30 Iúil 1898, 26: 'Seo sompla beag ar an easbaidh atá ar an nGaedhilg do láthair. Tuigtheas is gach cathair i nEoraip nach féidir beatha na haoise seo do chaitheamh gan mórán tiodal do thabhairt isteach sa chaint choitchinn, cuid aca ag baint le huaisleacht agus le hoirmhidin, cuid eile le hurraim agus le deigh-bhéasaibh, cuid eile le hoifig agus cuid eile ná fuil ionnta acht comhartha sóird. Ná habarthar gur nós béarlaidhe a gcleachtadh.

Féach na tiodail is coitchinne luaidhteas – tá a gcruth féin aca go léir is gach teangaidh. Deirtear Monsieur agus Madame 'sa bhFrainncis, Herr agus Frau 'sa Ghearmáinis, Signor agus Signora 'san Eadáilis, Curios agus Curía 'sa Ghréigis, agus mar sin dóibh. Cad chuig ná féadfaidhe a leithéid sin do rádh 'sa Ghaedhilg? Ná samhluighthear go molamaoid "an Saoi". Ní'l aon bhlas againn féin ar an abairt sin. Acht ar aon tslighe bíodh de chead againn rud éigin dá shaghas do rádh. Teastuigheann sé uainn. Tá "Mac Uí Bhriain" maith go leor i n-a áit féin. Ní hé sin a cleachtathar mar thiodal urrama, ámhaidh. Agus ciaca is Gaedhealaighe, "A Shaoi Uí Bhriain" nó "A Visther O'Brien" mar adéarfadh fíor-Ghaedhilgeoir na tuaithe?'

⁸² Fear na Cathrach, 'Gaedhilg na Cathrach II', *Fáinne an Lae*, Iml. 2, Uimh. 33, 20 Lúnasa 1898, 50.

⁸³ Foilsíodh 'Fear na Tuaithe' idir cuid II agus cuid III de 'Fhear na Cathrach'. Is trua gur briseadh an aiste mar ba chumhachtaí a argóint dá ligfí don leanúnachas.

⁸⁴ 'Fear na Cathrach', 'Gaedhilg na Cathrach III', *Fáinne an Lae*, Uimh. 33, Iml. 2, 20 Lúnasa 1898, 50.

⁸⁵ Ibid.

⁸⁶ Ibid. Foilsíodh freagra 'Fear na Tuaithe' idir píosa II agus píosa III de 'Fhear na Cathrach'. Cuirim na trí píosa a scríobh 'Fear na Cathrach' le chéile mar glacaim leis gur scríobhadh in aon iarracht iad, cé gur foilsíodh iad ina dtrí phíosa.

⁸⁷ 'Fear na Tuaithe', 'Gaedhilg na Cathrach', *Fáinne an Lae*, Iml. 2, Uimh. 32, Lúnasa 1898, 42-43. 'Ní fheadar cia hé "Fear na Cathrach" acht tá so le rádh i dtaobh na healadhan so a chím uaidh i "bhFáinne an Lae" indiu. Ní dóich liom go bhféadfaidhe blúire Gaedhilge d'fhágháil do bhuadhfadh uirthi i bhfuinneamh ná i neart ná i mbríoghmhaire. Agus tá buadh eile nár áirimh sé féin, .i. dílse (Dílse .i. cruinneas agus glaine réime.) Má tá puinn eile de shórd an fhir seo 'sa chathair, measaim go bhfuil dóithin aon chathrach 'sa domhan de theangain Ghaedhilge 'sa chathair sin. Ní beag d'iongnadh a bhfuil 'sa chathair sin. Ní beag d'iongnadh a bhfuil d'obair cheannuigheachta ar siubhal sa chathair sin muna bhfuil a dóithin do ghleas urlabhra 'sa n-ealadhainn seo. Ní headh, acht má tá coláisdí agus árdscoileanna agus drong le feisireacht agus lucht dlighid agus aicme le haon tsaghas eile garma beathadh 'sa chathair sin, deirim gan spleádhachas go bhfuil breis agus a ndóithin uile de chóir cainte 'sa Ghaedhilg seo ag "Fear na Cathrach".'

⁸⁸ 'Fear na Tuaithe', 'Gaedhilg na Cathrach', *Fáinne an Lae*, Iml. 2, Uimh. 32, 13 Lúnasa 1898, 42-43.

⁸⁹ Ibid.: 'Ní gábhadh d'fhear na cathrach aon eagla bheith air ná go mbeidh a dhóithin adhmaid ar ball aige. Taisbeánann a chaint bhlasta dhílis féin, muna bhfuil a dhóithin cheana aige gur ró-ghearr go mbeidh. Ní thallaid (ní thallaid dhó .i. ní oireann dó, ní cuibhe dhó "Tallaoi" do réir chanamhainte.) dhó bheith ag lochtughadh na ndaoine a bhíonn ag ceisneamh nuair airghid focal no gléas ná taitneann leo. Ní'l leigheas acu air, agus tá tairbhe mhór 'sa cheisneamh. Is foláramh é. Má éistid sgoláirí leis agus é bhreithniughadh, is minic a choimeádfaidh sé ó dhul amugha iad. Ní comparáid chruinn fear an pháipéir Bhéarla. Ní breitheamh dleaghthach ar Bhéarla fear an pháipéir Bhéarla. Is cuma leis acht an méid a thuigeann sé do thabhairt leis. Is minic gurab é gléas na Gaedhilge atá ar a chuid Béarla. Ní mar sin do'n duine bocht tuatha. Má's í an Ghaedhilg is mó atá i dtaithighe aige, is breitheamh dleaghthach ar ghléas na Gaedhilge é.'

⁹⁰ Ibid.

⁹¹ Feic Seán Ó Currín (eag.), *Scríbhne Risteird de hIndeberg .i. Sagart dona Déisibh* (BÁC: Brún agus Nualán Teo, g.d.).

⁹² 'According to Gramsci, the bourgeoisie and the proletariat develop their own "organic"

296

intellectuals in contradistinction to the "traditional intellectuals". He suggest the latter are tied to older groupings and class fragments, whence they assert their right to speak in the societal interest, claiming in the process to elaborate timeless and transcendent forms of knowledge (in the manner of Benda's intellectuals). By contrast, "organic" intellectuals appear to advance a sectional class interest'. Liam O'Dowd, 'Intellectuals and Intelligentsia: A Sociological Introduction' in Liam O'Dowd (eag.), *On Intellectuals and Intellectual Life in Ireland* (Belfast: Royal Irish Academy, 1996), 9. Feic Thomas A. Boylan agus Timothy P. Foley, 'From Hedge School to Hegemony: Intellectuals, Ideology, and Ireland in the Nineteenth Century', san imleabhar céanna, 101-102. Feic, leis, Liam Mac Mathúna, 'An Dream Iontu féin iad Gaeilgeoirí Bhaile Átha Cliath?' in *Pobal na Gaeilge: Oidhrí agus Ceannródaithe* (BÁC: Coiscéim, 1987), 49-51.

[93] David Lloyd, 'Adulteration and the Nation', *Anomalous States: Irish Writing and the Post-Colonial Moment* (Durham: Duke University Press, 1993), 93.

6. An Cló Gaelach agus an Cló Rómhánach

[1] Simon Loxley, *Type: The Secrets History of Letters* (London: I. B. Tauris & Co., 2004), 2-6.

[2] Cathal Ó Háinle, 'Ó Chaint na nDaoine go dtí an Caighdeán Oifigiúil', in Kim McCone et al. (eag.), *Stair na Gaeilge* (Roinn na Sean-Ghaeilge, Coláiste Phádraig Má Nuad, 1994), 750-1.

[3] Ibid. Feic Caib. 5, fonóta 41.

[4] Feic Cathal Ó Háinle, 'An tÚrscéal nár Tháinig', *Promhadh Pinn* (Má Nuad: An Sagart, 1978), 97-8.

[5] Liam Ó Dochartaigh, 'Cúis na Gaeilge – Cúis ar Strae', in Eoghan Ó hAnluain (eag.), *Léachtaí Uí Chadhain 1 (1980-1988)* (BÁC: An Clóchomhar Tta, 1989), 120.

[6] Dar le Philip O'Leary, *Prose Literature of the Gaelic Revival: Ideology and Innovation* (Pennsylvania: Pennsylvania State University Press, 1994), 30: 'As has been noted, the fundamental cogency of this argument was and is unassailable, and it thus provided one of the few ideas on which the league's progressives and nativists could agree'.

[7] Paul C. Mutjahr agus Megan L. Benton 'Introduction: Reading the Invisible', *Illuminating Letters: Typography and Literary Interpretation* (Amherst: University of Massachusetts, 2001), 1-2.

[8] Robert Bringhurst, *The Elements of Typographic Style* (Vancouver: Hartley & Marks, 2004), 17.

[9] Seumas MacManus, 'The Irish Revival – A Letters from Seumas MacManus', *New York Times*, 13 Aibreán 1901, BR9.

[10] 'Deciphering a Gaelic Address', *New York Times*, 27 Iúil 1902, 23.

[11] *An Claidheamh Soluis*, Iml. 1, Uimh. 14, 17 Meitheamh 1899, 217. Cé gurbh ann do shreangscéal i nGaeilge roimhe sin, dealraítear gur seoladh an chéad shreangscéal sa chló Gaelach ón Athair Eoin Ó Gramhnaigh i Meiriceá chuig an Oireachtas i Meitheamh na bliana 1899: 'Dr. Hyde remarked that the above was the first telegram he had ever seen in the Irish character'.

[12] Feic *An Claidheamh Soluis*, Iml. 1, Uimh. 28, 23 Meán Fómhair 1899, 442 agus Iml. 1, Uimh. 29, 30 Meán Fómhair 1899, 457.

[13] Feic Risteárd Ó Glaisne, *Dúbhglas de h-Íde: Ceannródaí Cultúrtha 1860-1910* (BÁC: Conradh na Gaeilge, 1991), 142-3. Feic Dubhglas de hÍde, *Mise agus an Conradh* (BÁC: Oifig an tSoláthair, 1938), 62-3.

[14] *The Celtic Who's Who* (Kirkcaldy, Scotland: The Fifeshire Advertiser Limited, 1921), 142-3. Feic T. W. Rolleston, The Irish language', *The Shan Van Vocht*, Iml 1, Uimh. 5, 1 Bealtaine 1896, 86-7. Is freagra é seo ag Rolleston ar ar scríobh Henry Dixon 'The Irish Language', in Uimh. 4, 3 Aibreán 1896. D'fhreagair John MacNeill in alt dar teideal 'How to Save the Irish Language' in Iml. 1, Uimh. 6, 5 Meitheamh 1896, 118-9.

[15] Luaite ag Caoilfhoinn Nic Pháidín, *Fáinne an Lae agus an Athbheochan (1898-1900)* (BÁC: Cois Life, 1998), 77. Maidir le Donnchadh Pléimionn, feic Diarmuid Breathnach agus Máire Ní Mhurchú, *1882–1982: Beathaisnéis a hAon* (BÁC: An Clóchomhar Tta, 1986), 110.

[16] Feic Seán Mac Mathúna, 'Dhá Chás Dlí an Phiarsaigh agus Feachtas na gCairteacha', *Feasta*, Iml. 32, Uimh. 11, Samhain 1979, 5-10. Táim fíorbhuíoch de Chaitríona Ó Torna as mé a chur ar an eolas faoin aiste seo. Feic, leis, cuntas ó 'Chú-Uladh' dar teideal 'Ar Lorg na Gaedhilge', *The Shan Van Vocht*, Iml. 2, Uimh. 10, 4 Deireadh Fómhair 1897, 189-90.

[17] Ní bhaineann an tréimhse seo le réimse ama an leabhair seo, ach táim ag cuimhneamh ar an gcéad litir in *An Grá agus an Crá* go háirithe agus na scéalta a d'fhoilsigh Craig i nDoire i dtúsbhlianta an chéid.

[18] Feic Jeanne Sheehy, *The Rediscovery of Ireland's Past: The Celtic Revival 1830-1930* (London: Thames and Hundson, 1980), 147-6.

[19] Feic Elizabeth Cumming agus Wendy Kaplan, *The Arts and Crafts Movement* (London: Thames and Hundson, 1995), 9-29: 'Morris wanted these books, like the products of his firm, to be the antithesis of recent crude commercial production', 18. Stanley Morison, *On Type Designs Past and Present: A Brief Introduction* (London: Ernest Benn, 1962), 68-9: 'Then erupted William Morris (1834-96), poet and craftsman, intent to do all things "si je puis" . . . Morris was a medievalist: his taste in calligraphy was for the book hands of the thirteenth and fourteenth centuries, and he admired the first printing by which they had been supplanted. With such prepossessions it was natural that his first books should be archaic . . . The direct influence of the Kelmscott types on letter design was slight and not wholly beneficial: their importance lay in their contribution to the awakening of public interest. Slowly trade printers were to learn that there was "something artistic in printing"; even, that there was money'.

[20] Dominic Daly, *The Young Douglas Hyde: The Dawn of the Irish Revolution and Renaissance 1874-1893* (Dublin: Irish University Press, 1974), 75.

[21] Megan L. Benton, 'Typography and Gender: Remasculating the Modern Book', in Mutjahr agus Benton (eag.), *Illuminating Letters*, 71.

[22] Loxley, *Type*, 2-6.

[23] Robert Alexander Peddie, *An Outline of the History of Printing* (London: Grafton & Co., Coptic House, 1917), 24-5.

[24] John Hutchinson, *The Dynamics of Cultural Nationalism* (London: Allen & Unwin, 1987), 143-4.

[25] Ibid. 'In the development of the Anglo-Irish revival Plunkett played a central role. His newspaper, the *Dublin Daily Echo*, bought in 1899 to propagate his constructive Unionist ideas, provided a national forum for the literary nationalists. His agricultural organization became a centre for young Protestant idealists attracted by Russell's vision of a rural co-operative commonwealth. The Department of Agriculture and technical Instruction under his leadership sponsored a school of art and design, which in turn sustained the Celtic Arts and Craft Revival. Through its financial and organizational support the co-operative glass and mosaic workshops, An Tur (sic) Gloine (The Tower of Glass), run by Sarah Purser, were set up in 1903 and Dun (sic) Emer Guild established in 1902 by a disciple of Morris, Evelyn Gleeson, who with Yeats's sisters engaged in embroidery, printing, tapestry and rug-making'. Feic Elaine Cheasley Paterson, 'Crafting a national identity: the Dun Emer Guild, 1902-8', in B.T. FitzSimon agus J. H. Murphy (eag.), *The Irish Revival Reappraised* (Dublin: The Four Courts Press, 2004), 106-18.

[26] Ruth Dudley Edwards, *Patrick Pearse: The Triumph of Failure* (London: Victor Gollancz Ltd., 1977), 5: 'James [athair an Phiarsaigh] did have William Morris-like aspirations'. Feic Chris Moffat (eag.), *Fin de Siècle: Arts and Crafts and the Celtic Revival in Ireland, Northern Perspectives.* Forlíonadh de chuid na hirise *Fortnight* (Iúil–Lúnasa 1998), 372.

[27] Eric Hobsbawm, 'Introduction: Inventing Traditions' in Eric Hobsbawm agus Terence Ranger (eag.), *The Invention of Traditions* (Cambridge: Cambridge University Press, 2000), 5: 'By 1897 the Gaelic League and the Irish national movement had revived Irish literature to such an extent that there was an urgent demand for founts of Irish type. The original makers of the Keating Society's type seem to have gone out of business, and apparently no Irish type-founder would risk the costly experiment of casting new types. Two founts of Irish type, a Small Pica and a Brevier, which Sir Charles Reed & Sons made for the Dublin University Press in 1874 and sent over along with the matrices,

were not, it seems available, and, indeed, have never been heard of since as far as I can discover. A London firm, Messrs. Figgins, whose 1825 type had long been obsolete came to the rescue with a new type designed for them by a Professor O'Brien. Though I have not been able to identify this Irish scholar it is evident that while he modelled his letters on those of 1863, he made several small but well-chosen alteration . . . Figgins's type became rapidly popular, and has been the standard Irish type since 1900'.

[28] Niall Ó Ciosáin, 'Creating an Audience: Innovation and Reception in Irish Language Publishing, 1880-1920', in Clare Hutton (eag.), *The Irish Book in the Twentieth Century* (Dublin: Irish Academic Press, 2004), 13.

[29] Feic E. W. Lynam, *The Irish Character in Print 1571-1923* (New York: Barnes & Noble Inc., 1969).

[30] Dar le Nicholas Williams in *I bPrionta i Leabhar: Na Protastúin agus Prós na Gaeilge 1567-1724* (BÁC: An Clóchomhar Tta, 1986), 74: 'Tuigeadh nuair a bhíothas chun an teagasc Críostaí a fhoilsiú, nach raibh cló Gaelach le fáil in Éirinn ná i Sasana. Deir Henry Jones gurbh iad na hÍosánaigh a scuab cló Éilíse leo go Douai, agus go raibh roinnt mhaith leabhar curtha amach acu ann á úsáid. Ba ghráin le Jones an Caitliceachas agus b'fhéidir gurb é an fuath a bhí aige do na "Pápáirí" a spreag an tuairim sin aige, mar ní dóigh gur fíor dó é.'

[31] Mealla Ní Ghiobúin, *Dugort, Achill Island 1831-1861: The Rise and Fall of a Missionary Community* (Dublin: Irish Academic Press, 1997), 27: 'The printing office, which was growing in efficiency, was under the supervision of an experienced printer assisted by five apprentices, four of them orphans who were educated at the settlement. The output from this office included thousands of sheets of printing for the immediate use of the settlement, 2,000 copies of *The Confessions of a French Priest* containing two hundred and forty pages, 5,000 copies of two sermons in reply to the address of the Hon. and Rev. George Spencer, and 1,000 copies of the correspondence with Mr. S. C. Hall, as well as many other items. A reprint of Neilson's *Irish Grammar* was also undertaken. With regard to the latter item, it was noted that this would have been completed at an earlier date but for the fact that a font of Irish type, which had been ordered, was stolen from the carrier to whom it was entrusted'.

[32] 'Sceilg', *Spelling Made Easy* (Dublin: Diarmuid Mac Giolla Phádraig, g.d.), 47-8.

[33] Lynam, *The Irish Character in Print*, 35-6. Is ceist í, áfach, cé as ar tháinig an fhoireann a d'úsáid an Misean in Oileán Acla sna 1830í agus 1840í, nó cad d'imigh uirthi ina dhiaidh seo. Feic Ní Ghiobúin, *Dugort*, 27.

[34] Chun cur síos ar an gcló ó 1922 ar aghaidh, feic Micheál Ó Cearúil, *Bunreacht na hÉireann: A Study of the Irish Text* (BÁC: Oifig an tSoláthair, 1999). Feic freisin, Danielle Jacquin, 'Le caractère irlandais (An Cló Gaelach) et lá dynamique de l'Age d'Or', in *In Honorem Patrick Rafroidi, Les Romastismes Irlandais / Currents in Irish Romanticism: Études Irlandaises*, 39-55 agus Regina Uí Chollatáin, *An Claidheamh Soluis agus Fáinne an Lae 1899-1932* (BÁC: Cois Life, 2004), 160-4.

[35] *The Cashel Gazette*, luaite in *Irisleabhar na Gaedhilge*, Iml. 1, Uimh. 4, Feabhra 1883, 135.

[36] *Weekly Freeman*, in *Irisleabhar na Gaedhilge*, Uimh. 6, Iml. 1, Aibreán 1883, 200.

[37] 'Notes', *An Claidheamh Soluis*, Iml. 1, Uimh. 13, 10 Meitheamh 1899, 200.

[38] Tabharfar faoi deara go bhfuil Béarla sa chló Rómhánach roimh an dán, agus go bhfuil Breatnais ina dhiaidh sa chló Rómhánach chomh maith, agus go mbainfear leas as an bhfleiscín idir urú agus túschonsan, mar ba nós le heagarthóirí Chumann Buan-Choimeádta na Gaedhilge. Ní ann ach an oiread do shíntí fada.

[39] *Irishman and United Ireland* 13 Eanáir 1883. *Irisleabhar na Gaedhilge*, Iml. 1, Uimh. 4, Feabhra 1883, 134.

[40] *Irisleabhar na Gaedhilge*, Iml. 1, Uimh. 4, Feabhra 1883, 135.

[41] John Carswell (Seon Carswell), *Foirm na nUrrnuidheadh*. Chuir R. L. Thomson an téacs seo in eagar i 1970. Deir Nicholas Williams in *I bPrionta i Leabhar: Na Protastúin agus Prós na Gaeilge 1567-1724*, 13: 'Ba é FU (Foirm na nUrrnuidheadh), a foilsíodh i ndún Éideann i mí Aibreáin na bliana 1567, an chéad leabhar iomlán riamh a priontáladh i nGaedhilge. Cé gur le haghaidh Phreispitéirigh na hAlban a cuireadh an leabhar amach bhain Carsuel úsáid as an nGaeilge Chlasaiceach .i. teanga liteartha Éireann agus Alban. Tá friotal Charsuel oilte líofa cruinn, bíodh go bhfuil rian éigin den Albanachas le sonrú air. Bhain clódóirí FU, Roibeard Lekprevik, úsáid as an gcló Rómhánach chun an leabhar a chlóbhualadh. Lean clódóirí Gaeilge na hAlban an nós áisiúil sin as sin amach, murab ionann agus clódóirí Gaeilge in Éirinn, a bhain feidhm as an gcló Gaelach, mar a fheicfear thíos'.

[42] Feic Robert Welch (eag.), *The Oxford Companion to Irish Literature* (Oxford: Oxford University Press, 1996), 504; Diarmuid Breathnach and Máire Ní Mhurchú, *1882–1982: Beathaisnéis a Trí* (BÁC: An Clóchomhar Tta, 1992), 148–50. Feic alt le Séamas Ó Saothraí san Oxford Dictionary of National Biography. http://www.oxforddnb.com.proxy.library.nd.edu/view/article/35885. Bhain sé leas as an ainm cleite 'Reginald Tierney' ó am go chéile. Feic Máirtín Ó Murchú, *Cumann Buan-Choimeádta na Gaeilge: Tús an Athréimnithe* (BÁC: Cois Life, 2001), 86-8.

[43] Tomás Ó Ruiséal, *Irisleabhar na Gaedhilge*, Iml. 1, Uimh. 9, Iúil 1883, 292.

[44] Edward O'Reilly, *Sanas Gaoidhilge / Sags-Bhéarla* (Dublin: James Duffy & Co. g.d.), 3.

[45] Colin Chisholm, *Irisleabhar na Gaedhilge*, Iml. 1, Uimh. 2, Nollaig 1882, 55. Maidir le foclóirí na Gaeilge, feic Liam Mac Amhlaigh, *Foclóirí agus Foclóirithe na Gaeilge* (BÁC: Cois Life, 2008).

[46] Feic O'Reilly, *Sanas Gaoidhilge / Sags-Bhéarla*, 3.

[47] Níor tosnaíodh ar phobal Mhanainn a chur san áireamh don chuid is mó go dtí níos déanaí, circa 1898.

[48] 'Clann Conchobhair', Correspondence, *Irisleabhar na Gaedhilge*, Iml. 1, Uimh. 3, Eanáir 1883, 103-4.

[49] Dealraítear gur tagairt í seo d'athrú intinne an Bhúrcaigh ar cheist an chló. Féach Ulick J. Bourke, *The College Irish Grammar* (Dublin: M. H. Gill & Son, 1883) 47-8. Thrácht an Búrcach ar cheist an chló ina shaothar *The Aryan Origin of the Gaelic Race and Language* (London: Longmans, Green & Co., 1876), 302-04, mar seo a leanas: 'The old manuscript and printed character used in Irish is not Ogham. Therefore, *a priori*, it is Roman; and, as a historic fact, proved by numberless manuscripts, it is Roman. Therefore it is a misnomer to call these letters in printed Irish books and manuscripts old Irish character, whereas, in real truth, they are old Roman characters. The Irish people of the fifth century and of the sixth received these letters from the hands of St. Patrick. If the Irish people in the past had borrowed the old semi-unical letter of the fifth and sixth century – as the early manuscripts written in Latin and in Irish abundantly testify – how can it be out of place for Irishmen of the present day to borrow again from Rome the round, full, pleasing, and therefore, beautiful letter of the present period, which all the Romance dialects have borrowed, and which many of the Gothic and German races have made their own? There is the (˚) dot, or diacritical mark alone which points out to the eye the phonetic fact, that a change has taken place in the sound of the radical consonant. That portion of the character, and that alone, is Irish. The present writer then suggests, and he has himself adopted the plan, to make use, like most of the peoples of Europe, of modern Roman character, retaining, the while, the dot over the letter to note to the eye the change of the sound which the affected consonant represents. Thus the new letter is Roman, while it is Irish. Hence he has

styled it Romano-Keltic. He has matrices of this form moulded in London, and two founts of Romano-Keltic struck off. It is in type of that mould the Irish Gaelic in these pages has been printed'. Tá fonóta ag dul leis an téacs ina dtagraítear do léirmheas a scríobh Lady Wilde ('Speranza') in 1869 ar leabhar an Ollaimh Westwood ina séantar nach ionann an cló Gaelach agus an cló Rómhánach.

[50] Feic Williams, *I bPrionta i Leabhar*, 46: 'Dála *Aibidil Gaoidheilge* agus *Caiticiosma*, níl in *Aibgitir* Bedell ach píosa trialach. Is léir freisin óna léachtaí dearmad cló atá sa leabhar gur faoi dheifir a cuireadh amach iad'.

[51] 'Correspondence', *Irisleabhar na Gaedhilge*, Iml. 1, Uimh. 3, Eanáir 1883, 103-4. Tabharfar faoi deara sa réamhrá le *Eachtra Ghiolla an Ámharam or The Adventures of a Luckless Fellow and Other Poems*, curtha in eagar ag Tomás Ó Flannghaile, go gclóbhuailtear an focal 'Eachtra' 'sa chló romhánach agus sa chló Gaelach san aiste chéanna, rud a léiríonn fadhbanna na gclódóirí leis an gcló a stiúradh go cumasach.

[52] Seo é an t-aon uair, b'fhéidir, a dtráchtar ar áilleacht nó aeistéitic an chló seachas a bheith ag díospóireacht faoi ar bhonn chultúr an náisiúnachais.

[53] Correspondence', *Irisleabhar na Gaedhilge*, Iml. 1, Uimh. 3, Eanáir 1883, 103-4.

[54] Ibid. Cuireadh an cheist cén fáth ar roghnaíodh an focal seo mar shampla nuair ab fhada an focal é. D'fhéadfadh gur roghnaíodh é mar gur thagair Ó Donnabhán dó ina leabhar *Irish Grammar* (1845), 6, mar seo a leanas: 'In writing *slánuighthe*, and such words as present many indistinct vowels, a fixed orthography should be preserved, and the form of the word to be adopted should be decided upon by observing the root and proper grammatical inflections or branches springing from it; thus, from the root grammatical inflections or branches springing from it; thus, from the root *slán*, safe, is formed *slánughadh*, salvation; and the *u* in this form should be retained in the passive participle *slánuighthe*, and in all other derivatives springing from it; as, *slánuightheoir*, a saviour; *slánuightheach*, sanative'.

[55] Ibid. Freagraíonn Flannery an pointe seo ina alt ar na litreacha: 'So that if we considered the feelings and opinions of ignorant Saxons or ignorant Irishman, we should have very little respect for anything really national'.

[56] Deir Brian Ó Cuív: 'We need only look at the *Bibliography of Irish Philology and of Printed Irish Literature* complied by R. I. Best to see how few were the works on Irish literature which might have served Hyde as a guide or have been a help to him in providing information or illustrative material'. 'Introduction', Douglas Hyde, *A Literary History of Ireland* (London: Ernest Benn Limited, 1980), xxiii.

[57] 'Irish Class Rules (Brooklyn Philo-Celtic Society)', *An Claidheamh Soluis*, Iml. 1, Uimh. 31, 14 Deireadh Fómhair 1899, 490.

[58] 'Central Branch (Dublin)', *An Claidheamh Soluis*, Iml. 1, Uimh. 30, 7 Deireadh Fómhair 1899, 473.

[59] Nic Pháidín, *Fáinne an Lae agus an Athbheochan*, 111.

[60] (NLI 10,880 EMN 7.10.1900) Luaite ag Nic Pháidín, *Fáinne an Lae agus an Athbheochan*, 133: 'I regret to inform you that I was compelled yesterday to take the protection of the bankruptcy Court. The past eight months have completely broken me up – my English creditors giving me no quarter. I expect the place will be sold as a going concern. If so, it would be a good opportunity for the Gaelic League to acquire a printing office of its own. There is more than enough to keep such a place going – between the CS, the Gaelic Journal and books – while there is Gaelic type enough for all possible demands – the largest founts in Ireland. I believe the place will be sacrificed and as I am powerless to prevent it, I would like to see it getting into the hands of those in sympathy with the custom attached to the house'.

[61] Ibid.

[62] T. Flannery, 'The Irish Alphabet', *Irisleabhar na Gaedhilge*, Iml. 1, Uimh. 4, Feabhra 1883, 125.

[63] 'Irish in Australia', *The Southern Cross*, athfhoilsithe in *Fáinne an Lae*, Iml. 1, Uimh. 24, 18 Meitheamh 1898, 8.

[64] Bourke, *The College Irish Grammar*, 47-8.

[65] Dudley Edwards, *Patrick Pearse*, 15-6: 'The third lecture, The Folk-Songs of Ireland, once again heavily dependant on Flannery'.

[66] T. Flannery, *Irisleabhar na Gaedhilge*, Iml. 1, Uimh. 4, Feabhra 1883, 125.

[67] Ibid., 126.

[68] T. O. Russell, *Irisleabhar na Gaedhilge*, Iml. 1, Uimh. 6, Aibreán 1883, 191-2.

[69] Seaghan Ó Dálaigh, '*Teagasg na Gaedhilge*', *An Claidheamh Soluis*, Iml. 1, Uimh. 18, Iúil 1889, 274.

[70] Thomas Flannery, 'The Irish Alphabet – Modern *V*. Ancient Characters', *Irisleabhar na Gaedhilge*, Iml. 1, Uimh. 6, Aibreán 1883, 188.

[71] *Irisleabhar na Gaedhilge*, Iml. 1, Uimh. 6, Aibreán 1883, 191.

[72] Is baolach go ndéanfar Athbheochan na Gaeilge idir na blianta 1880 agus 1920 a chúngú go teannas fadtéarmach idir dhá ghrúpa, caomhnóirí / traidisiúnaithe agus nua-aoiseoirí / forásóirí, nuair is imeacht ilghnéitheach ilchiallach í atá níos casta ná dhá dhearcadh éagsúla ag teacht salach ara chéile ar cheist na teanga.

[73] *Irisleabhar na Gaedhilge,* Iml. 6, Uimh. 1, 1 Aibreán 1895, 12.

[74] Tugann an sliocht seo a leanas ó 'Notes', *An Claidheamh Soluis*, Iml. 1, Uimh. 5, 15 Aibreán 1899, 73 le fios nár chabhraigh sé le cúis Chonradh na Gaeilge fógraí a crochadh sa chló Gaelach: 'The new Dublin branch has already attracted attention. A notice of the first meeting was posted up in Irish in the G.P.O., and several persons thought the writing was in Greek. The infant branch is named after Oisín, and meets at 8 o'clock on Saturdays at the Gaelic League Rooms. We hope to see the branch a brigade ready for active service in "camp, garrison, or guardhouse".'

[75] 'Lecture by the Rev. Peter C. Yorke, San Francisco', *An Claidheamh Soluis*, Iml. 1, Uimh. 27, 16 Meán Fómhair 1899, 427.

[76] Nic Pháidín, *Fáinne an Lae agus an Athbheochan*, 111.

[77] 'Notes', *An Claidheamh Soluis*, Iml. 1, Uimh. 37, 25 Samhain 1899, 582-3.

[78] 'Comhairle', *An Claidheamh Soluis*, 23 Nollaig 1899, 652. Is ceist í cén fáth go scríobhann sé chuig na nuachtáin Ghaeilge i mBéarla seachas gur cheap sé gurbh fhearr an tionchar a bheadh ag an mbolscaireacht Bhéarla.

[79] Douglas Hyde, *Besidethe Fire: A Collection of Irish Gaelic Folk Stories* (London: Alfred Nutt, 1890), xlix-I.

[80] Standish H. O'Grady, *Silva Gaedelica (1-xxxi.) A Collection of Tales in Irish* (London: Williams and Norgate, 1892), xxviii.

[81] *Irisleabhar na Gaedhilge*, Iml. 8, Uimh. 94, Feabhra 1898, 167.

[82] Feic Regina Uí Chollatáin, *An Claidheamh Soluis agus Fáinne an Lae*, 160-4.

[83] Ní foláir sa chomhthéacs seo cuimhneamh ar ar dhein Norma Borthwick chun bonn ceart a chur faoi léirmheastóireacht na Gaeilge ach a bhfuil neamhshuim déanta dá cuid iarrachtaí ó shin i leith.

7. Litriú na Gaeilge: An Fogha Foghraíochta

[1] Peter O'Leary, in T. F. O'Rahilly (eag.), *Papers on Irish Idiom by Canon Peter O'Leary* (Dublin: Browne & Nolan, 1929), 129.

[2] Liam P. Ó Riain, 'The Gael and Criticism', *The Leader,* 3 Lúnasa 1901, 362-3.

[3] 'Clann Conchobhair', 'The Sounds and Letters of the Irish Language', *Irisleabhar na Gaedhilge*, Iml. 1, Uimh. 2, Nollaig 1882, 46-7.

[4] Feic Morag Shiach, '"To Purify the dialect of the tribe": Modernism and Language Reform', *Modernism / Modernity*, Iml. 14, Uimh. 1, 21-34, 2007; Juliette Cadiot, 'Russia Learns to Write: Slavistics, Politics, and the Struggle to Redefine Empire in the Early 20th Century', *Kritika: Explorations in Russian and Eurasian History*, Iml. 9, Uimh. 1, geimhreadh 2008, 135-67.

[5] Christopher Stray, *The Mushri-English Pronouncing Dictionary: A Chapter in 19th century public school lexicography* (Berkeley, Swansea: Wellington, 1996), 3.

[6] William Hayden, *Irish Pronunciation: Practice and Theory* (Dublin: Browne & Nolan, 1895), 9.

[7] Ibid.

[8] Joep Leerssen, *Hidden Ireland, Public Sphere* (Galway: Arlen House, 2002), 36-7.

[9] Ibid.

[10] David Greene, 'Robert Atkinson and Irish Studies', *Hermathena*, Uimh. CII, earrach 1966, 13. Leanann sé air: 'It must be said, however, that were those who suggested that another name should have appeared on the title-page. Henebry said, at the height of the Commission row: "The technical work on that book was done by poor John Fleming. He lived in a garret in Dublin on a pittance of 10s a week contributed by Dr Atkinson." This charge which is reminiscent of Stokes' doubt as to the real authorship of the Introduction to the Book of Leinster, is inaccurate in some details, for the salary was £80 a year and it was paid to Fleming by the Academy for helping Atkinson with the *Three shafts* and the ill-fated dictionary'.

[11] T. F. O'Rahilly, 'The Spelling', *Papers on Irish Idiom*, 115.

[12] Richard Henebry, 'The Rev. Dr. Henebry on Trinity College', *St. Louis Star*, athfhoilsithe in *An Claidheamh Soluis*, Iml. 1, Uimh. 13, 10 Meitheamh 1899, 202-4. Leantar san aiste mar seo: 'The technical work on that book was done by poor John Fleming, an old neighbour of mine. He lived in a garret in Dublin, on a pittance of 10 shillings a week, contributed by Dr. Atkinson. In the preface to that book the name John Fleming does not occur. Perhaps the doctor thought his 10 shillings a week entitled him to pick the brains of the old man without acknowledgement. There may be differences of opinion as to the literary probity of the transaction, but surely we could hardly doubt which side would be taken by one possessed of such a fine sense of righteous as was exhibited by Dr. Atkinson before the Dublin Commission'.

[13] Hyde, *Beside the Fire: A Collection of Irish Gaelic Folk Stories* (London: David Nutt, 1890), 183.

[14] T. F. O'Rahilly, 'The Spelling', in O'Rahilly (eag.), *Papers on Irish Idiom*, 115.

[15] Standish H. O'Grady, *Silva Gadelica (l.-xxxi.): A Collection of Tales in Irish* (London: Williams and Norgate, 1892), xxvi-xxvii.

[16] Feic Éamonn Mac Eoghain, 'Micheál Óg Ó Longáin', *Irisleabhar Muighe Nuadhat*, 1947, 24-7, agus Tadhg Ó Murchadha, 'Micheal Óg Ó Longain (1766-1837)', in Séamus Pender (eag.), *Féilscríbhinn Torna: essays and studies presented to Professor Tadhg Ua Donnchadha* (Cork: Cork University Press, 1947), 11-7. Feic Breandán Ó Conchúir, *Scríobhaithe Chorcaí 1700-1850* (BÁC: An Clóchomhar Tta, 1982), 140-58.

[17] O'Grady, *Silva Gadelica*, xxvi-xxvii.

[18] Ba é Whitley Stokes a cháin go dian é, cé gur chosáin Kuno Meyer é. Féach Meidhbhín Ní Úrdail, *The Scribe in Eighteenth- and Nineteenth-Century Ireland: Motivations and Milieu* (Münster: Nodus Publikationen, 2000), 130-1.

[19] '*Irisleabhar na Gaedhilge* san *Irishman and United Irishman*', *Irisleabhar Na Gaedhilge*, Uimh. 4, Iml. 1, Feabhra 1883, 134.

[20] F. Edmund Hogan, *A Handbook of Irish Idioms* (Dublin: Sealy, Bryers & Walker, 1898), x-xi.

[21] 'Key to the Study of Gaelic', *An Claidheamh Soluis*, Iml. 1, Uimh. 18, 15 Iúil 1899, 277. Dealraítear go bhfuil an nóta faoin bhfocal 'Gaodhal / Gaedhal' anseo ag tagairt do theideal an pháipéir *An Gaodhal*, nuachtán a d'fhoilsítí i Meiriceá ag an am seo, agus ar éirigh idir é agus na páipéir Ghaeilge in Éirinn ó am go chéile.

[22] '*The Léigheann Éireann Series*, Edited by Norma Borthwick, No. 1 Aesop a tháinig go hÉirinn', *Irisleabhar na Gaedhilge*, Iml. 10, Uimh. 121, Deireadh Fómhair 1900, 603.

[23] 'Clann Conchobhair', 'The Sounds and Letters of the Irish Language: The Diphthongs', *Irisleabhar na Gaedhilge*, Iml. 2, Uimh. 20, Lúnasa 1882, 229.

[24] D. B. Hurley, *Irisleabhar na Gaedhilge*, Uimh. 102, Nollaig 1898, 300.

[25] 'Past, Present and Future II', *Irisleabhar na Gaedhilge*, Uimh. 86, Iml. 8 Meitheamh 1897, 26.

[26] Ibid.

[27] *Irisleabhar na Gaedhilge*, Uimh. 124, Iml. 11, Eanáir 1901.

[28] 'Irish Texts Society (Cumann na Sgríbheann Gaedhilge), Vol. III. *Dánta Aodhagáin Uí Rathaille*', *Irisleabhar na Gaedhilge*, Iml. 2, Uimh. 124, Eanáir 1901, 32.

[29] Léirmheas ar *Oidhe Chloinne Uisnigh*, *Irisleabhar na Gaedhilge*, Uimh. 101, Iml. 9, Samhain 1898, 277.

[30] Peter O'Leary, 'Appendix 1', O'Rahilly (eag.), *Papers on Irish Idiom*, 129. Maidir le Donnchadh Pléimionn, feic Diarmuid Breathnach agus Máire Ní Mhurchú, *1882–1982: Beathaisnéis a hAon* (BÁC: An Clóchomhar Tta, 1986), 110.

[31] *Irisleabhar na Gaedhilge*, Iml. 7, Uimh. 6, Aibreán 1893, 172.

[32] Ibid.

[33] Hogan, *A Handbook of Irish Idioms*, xii-xiii.

[34] 'Stad na Gaedhilge agus Teangthadh eile ina na Stáidibh Aontuighthe agus i g-Canada', *Irisleabhar na Gaedhilge*, Iml. 1, Uimh. 6, Aibreán 1883, 172. Is freagra do T. Ó Néill-Ruiséal é seo.

[35] P. O'Leary, 'The Irish Language', *Fáinne an Lae*, Iml. 1, Uimh. 17, 7 Bealtaine 1898, 9.

[36] P. T. Dinneen, *Irisleabhar na Gaedhilge*, Iml. 11, Uimh. 125, Feabhra 1901, 47.

[37] *Fáinne an Lae*, Iml. 1, Uimh. 2, 15 Eanáir 1898, 2.

[38] 'Lábánach', *Fáinne an Lae*, Iml. 1, Uimh. 6, 12 Feabhra 1898, 3.

[39] Ibid.

[40] Stephenson, 'Spelling Reform', *Hibernia*, 1 Márta 1882, 48. Tagraítear sa litir do Müller mar seo a leanas: 'I will but quote the opinion of the greatest living philologist, who has indeed been called "the Father of Philology" – Max Müller'.

[41] Katie Wales, *Northern English: A Cultural and Social History* (Cambridge: Cambridge University Press, 2006), 8.

[42] Seán Ó Coileán, 'Réamhrá', Tomás Ó Criomhthain, *An tOileánach* (BÁC: Cló Talbóid, 2002), xxvii

[43] 'Past, Present and Future II', *Irisleabhar na Gaedhilge,* Iml. 8, Uimh. 86, Meitheamh 1897, 26.

[44] Brian Ó Cuív, 'The Changing form of the Irish Language', *A View of the Irish Language* (Dublin: Stationary Office, 1969), 29. 'Dineen's dictionary was published at a time when people generally had decided to abandon the idea of reviving as a written

standard the classical literary language and to turn to the living language of the Gaeltacht as an obvious medium for literary activity. This decision was inevitable if any worthwhile progress was to be made with the movement to preserve Irish as a living language and extend its use. A rational consequence of this decision would have been a revision of Irish spelling to bring it as close as possible to current speech. Such a revision, accompanied by the use of Roman type, would have helped native Irish speakers who were already literate in English to achieve a reading knowledge of Irish'. Feic Liam Mac Amhlaigh, *Foclóirí agus Foclóirithe na Gaeilge* (BÁC: Cois Life, 2008), 93-103.

[45] Nóta é seo a d'fhoilsítí go rialta in *An Claidheamh Soluis* am ar bith a mbíodh píosa comhrá i rannóg an oideachais ó pheann an Athar Peadar.

[46] O'Rahilly (eag.), *Papers on Irish Idiom*, 127.

[47] Peter O'Leary, 'Appendix', in O'Rahilly (eag.), *Papers on Irish Idiom*, 129

[48] Peter O'Leary, 'Living Irish and Dead Irish', in O'Rahilly (eag.), *Papers on Irish Idiom*, 139-40.

[49] Ibid.

[50] Peter O'Leary, 'Appendix', in O'Rahilly (eag.), *Papers on Irish Idiom*, 129.

[51] 'Mac Léigheinn', 'Some points in Spelling IV', *Irisleabhar na Gaedhilge*, Uimh. 105, Iml. 9, Márta 1899, 347-348. Is ionann 'Testoon' agus 'toistiún' sin ceithre pingine.

[52] T. B. Stephenson, 'Spelling Reform', *Hibernia*, Uimh. 4, Iml. 1, 1 Márta 1882, 48: 'To the majority of your readers no doubt the very name of phonetic spelling is suggestive of a lunatic asylum, while the expounder of such a system is considered a fair target for their merciless humour . . . The primary ground then upon which a reform of spelling is sought is the difficulty encountered and the valuable time wasted in teaching spelling to children. School inspectors have for years complained of the ignorance of spelling displayed by children in primary schools, and have unanimously ascribed this result to the anomalous system, or want of system, in English orthography. Not children alone, but many adults of good education are unable to master the intricacies of spelling. Foreigners acknowledge English to be the most difficult of modern languages to learn . . . It is said that to introduce a new system would cause hopeless confusion, that the process of transmutation would be tedious, and the result a possibly worse chaos than that which exists now'.

[53] Feic Joe Ó Labhraí, 'Lámhscríbhinn Chaillte? Seanmóir ar an Bhreithiúnas Dheireanach leis an Athair Hugh McFadden, Cloch Cheann Fhaola', *Taighde agus Teagasc*, Iml. 1 (Béal Feirste: Coláiste Ollscoile Naomh Mhuire, 2001), 41-67. Feic, leis, Conall Ceárnach, 'Cómhairle SMITH do na draoithibh', *Banba*, Iml. 3, Meitheamh 1906, 348.

[54] Nollaig Ó Muraíle, 'Staid na Gaeilge i gConnachta in Aimsir Sheáin Mhic Héil', in Áine Ní Cheannain (eag.), *Leon an Iarthair: Aistí ar Sheáin Mac Héil* (BÁC: An Clóchomhar Tta, 1983), 55-6.

[55] Gareth W. Dunleavy, *Douglas Hyde* (London: Bucknell University Press, 1974), 26.

[56] *Report of the Gaelic League 1897* (Dublin: Gaelic League, 1997), 5.

[57] Ciarán Ó Duibhín, 'Key to O'Growney Phonetics', Rinneadh rochtain ar an bhfillteán seo go deireanach ar 29 Meitheamh 2008: 'O'Growney's *Simple Lessons in Irish* (in five parts) . . . are optimised for learners with no phonetic training, but who are familiar with the sounds of English, especially as spoken in Ireland – this was the position of many learners in the early days of the Gaelic League, when there was furthermore no possibility of help with learning sounds from recording technology. Despite their emphasis on simplicity, the *Simple Lessons* are often surprisingly accurate phonetically.'

[58] Douglas Hyde, *Beside the Fire*, 173.

[59] Ibid., 174.

[60] Feic Diarmuid Breathnach agus Máire Ní Mhurchú, *1882-1982: Beathaisnéis a Dó* (BÁC: An Clóchomhar Tta, 1990), 36-7.

[61] Douglas Hyde, *Abhráin Atá Leagtha ar an Reachtúire* (BÁC: Gill agus a Mhac, 1903), 13.

[62] David Lloyd, 'Adulteration and the Nation', *Anomalous States: Irish Writing and the Post-Colonial Moment* (Durham: Duke University Press, 1993), 94-5: 'most often adaptations of traditional airs to English pronunciation or syntax to fit Gaelic musical and speech rhythms . . . Usually phonetically transcribed by writers illiterate in Irish, these fragments can be whole refrains, as in "The Barrymore Title Victory" (1831) which keeps as part of its refrains the words of the Gaelic ballad "A Dhruimfhionn Donn Dílis", whose tune it appropriates, but which it transcribes as "A Drimon down deelish a heeda na moe" and turns to a celebration of the popular hero and political leader Daniel O'Connell'.

[63] Seán Ó Fiannaí, *The Gaelic League in Scotland* (Glaschú: Conradh na Gaeilge, 1995), 8.

[64] William Hayden, *Irish Pronunciation*, 23.

[65] Ibid.

[66] Eoin Mac Néill, 'Some debated Spellings', *Irisleabhar na Gaedhilge,* Iml. 7, Uimh. 9, Eanáir 1897, 143-4.

[67] Stephenson, 'Spelling Reform', *Hibernia* Iml. 1, Uimh. 4, 1 Márta 1882, 48.

[68] Bhí gan dabt *An English-Irish Dictionary and Phrase Book* foclóir beag a d'fhoilsigh Edmund Fournier d'Albe. Feic Mac Amhlaigh, *Foclóirí agus Foclóirithe na Gaeilge*, 73-013.

[69] Feic Breathnach agus Ní Mhurchú, *1882-1982: Beathaisnéis a Dó*, 17-9.

[70] Dar le 'Sceilg' ba rúnaí oinigh é Shán Ó Cuív agus ba leas-uachtarán é Osborn Bergin. Feic *Spelling Made Easy: Litriú na Gaeilge critically examined* (BÁC: Diarmuid Mac Giolla Phádraig, g.d.), 70. Feic Pádraig Ó Siadhail, *An Béaslaíoch: Beatha agus Saothar Phiarais Béaslaí (1881-1965)* (BÁC: Coiscéim, 2007), 184-5. Deir Breathnach agus Ní Mhurchú in *1882-1982: Beathaisnéis a Dó*, 18, gur chabharaigh Bergin le Shán Ó Cuív, Dr Risteard Ó Dálaigh agus Tomás Ó Rathile chun an Leitiriú Shimplí a chur ar fáil sa bhliain 1910 agus gur chuir sé féin amach eagrán de *Leourín na Leanav* (Leabhairín na Leanbh), scéalta le Hans Christian Anderson i nGaeilge ag Norma Borthick ('Fear na Móna'), sa litriú sin sa bhliain 1912.

[71] Feic Seán Ua Súilleabháin, 'Osborn Bergin', *Léachtaí Cholm Cille XXVII*, 2005, 159-60.

[72] Obsorn Begin, *Is Irish to be Strangled? Inaugural Address of the Society for the Simplification of the Spelling of Irish on the 15th of November, 1910* (Dublin: Browne and Nolan, 1911). Féach Brian O Cuív, 'Irish language and literature', in W. E. Vaughan (eag.), *A New History of Ireland VI:, Ireland Under the Union II, 1870-1921* (Oxford: Clarendon Press, 1966) 430: 'The Leitriú Shímplí was a phonemically adequate system for the transliteration of west Cork Irish for which it was mostly used, but it could, in fact, be used for dialects spoken in Connacht and elsewhere. It was an excellent aid to teachers and learners, but it was too radical to gain acceptance as a normal orthography. From the beginning a majority of the central committee of the Gaelic League opposed the use of the revised spelling, and the unreformed spelling continued to be used in the league's publications.' Ní foláir, áfach, bá an údair seo leis an litriú foghraíochta a chur san áireamh. I measc na leabhar bhí: *An Cóngar: Irish Simplified* curtha in eagar ag R. O'Daly, O. J. Bergin agus Shán Ó Cuív (Dublin: The Irish Book Co., 1911), *Irish Spelling Made Easy being lessons, stories, songs, etc., in simplified spelling with an introduction explaining the reasons for the adaption of this change from the current spelling* le Shán Ó Cuív (Dublin: James Duffy, 1907), *Shiána* (BÁC: Múintir na Leour Gäluingi The Irish Book Company, 1914) agus *Caoine Airt Uí Laoghaire* (BÁC: Brún

agus Ó Nóláin, 1923). Feic Brian Ó Cuív, *Irish Dialects and Irish-Speaking Districts* (Dublin: Institute for Advanced Studies, 1980).

[73] Ó Siadhail, *An Béaslaíoch*, 2007), 184-5. 'Ba é an Dochtúir Risteárd Ó Dálaigh an tUachtarán. An tOllamh Osborn Bergin, a thug an oráid i dTeach an Ardmhéara, a bhí ina Leasuachtarán. Ba í an scoláire Eleanor Knott an Cisteoir Oinigh agus ba iad Shán Ó Cuív agus an tOllamh Art Ó Cléirigh (A. E. Clery) an bheirt Rúnaithe Oinigh. Is éard a bhí ón Chumann go nglacfaí le nualitriú foghraíochta agus leis an Chló Rómhánach. Ach ní córas caighdeánach litrithe a bhí ann, ach ceann a bhí bunaithe ar chanúintí na Mumhan'. Tugann Breathnach agus Ní Mhurchú in *1882-1982: Beathaisnéis a Dó*, 47, le fios gur scríobh Knott 'go leor litreacha chuig na nuachtáin ag moladh an chórais a bhí ceaptha ag an gCumann'.

[74] Fógra ón leabhar *Shiána* le Peaduir Ó Laeri (Peadar Ó Laoghaire).

[75] Feic Éamon Ó Cuív, 'The Spelling of My Name', *The Irish Examiner*, 4 agus 30 Lúnasa 2005.

[76] Shán Ó Cuív (eag.), *Caoine Airt Uí Laoghaire* (1908, BÁC: Brún agus Ó Nualláin, 1923).

[77] Peadair Ó Laeri, *Shiàna* (BÁC: Múintir na Leour Gäluingi / The Irish Book Company, 1914), i.

[78] Ó Cuív (eag.), *Caoine Airt Uí Laoghaire*.

[79] Ó Laeri, *Shiàna*.

[80] Feic Éamon Ó Cuív, 'The Spelling of My Name'.

[81] 'Maol Muire', *An tAthair Peadar Ó Laoghaire agus a Shaothar* (BÁC: Brún agus Ó Nualláin, g.d.), 161-2.

[82] Ibid., 162.

[83] Ibid.,163-4.

[84] Eugene O'Growney, 'The "Muls" and "Gils": Some Irish Surnames', *The Irish Ecclesiastical Record*, Iml. III (4th Series), Eanáir 1898, 423-38, agus Meitheamh 1898, 492-512.

[85] 'Finland fears new twist in EU language row', *The Irish Times* Dé Máirt, 24 Lúnasa 1999.

[86] Feic David Crystal, *English as a World Language* (Cambridge: Cambridge University Press, 1997).

[87] 'Going with the Time', *Punch*, 29 Eanáir 1898 Iml. CXIV, 48.

[88] Ibid.

[89] 'Clann Conchobhair', 'The Sounds and Letters of the Irish Language', *Irisleabhar na Gaedhilge*, Iml. 1, Uimh. 1, Samhain 1882, 47. In Uimh. 3, Eanáir 1883, den *Irisleabhar* (76), tugann 'Clann Conchobhair' le fios: 'We shall take the pronunciation of Irish of the west of Galway and Mayo as the standard for the sounds of the letters, except in one or two evidently erroneous utterances; but we shall also mention the principal deviations from these sounds in other parts of Ireland. The Irish spoken in the Island of Achill and the South Isles of Arran may be generally considered, in the matter of pronunciation, as the purest and most correct at present existing'.

[90] Peadar Ó Laoghaire, *Fáinne an Lae,* Iml. 1, Uimh. 5, 5 Feabhra 1898, 6.

[91] P. O'Leary, 'The Irish Language', *Fáinne an Lae*, Iml. 1, Uimh. 17, 7 Bealtaine 1898, 9.

[92] 'Some Points of Spelling', *Irisleabhar na Gaedhilge*, Iml. 9, Uimh. 100, Deireadh Fómhair 1898, 68-72.

[93] Léirmheas ar *Modern Irish, Irisleabhar na Gaedhilge*, Iml. 7, Uimh. 3, Iúil 1896, 46.

[94] Jill Lepore, *A is for American: Letters and other characters in the newly United States* (New York: Alfred A. Knopf, 2002), 5-6: 'In the 1780s and 1790s, fully convinced that the fledgling United States must break free from England in language as in politics, Webster encouraged Americans to spell differently from their English neighbors – and more like one another. Americanizing spelling, he believed, would help Americanize

Americans. By making American spelling different from English spelling, Webster hoped to cultivate a kind of orthographical independence'.

95 'Magh-Chromdha', 'Gaedhilg Shimplidhe', *Fáinne an Lae*, Iml. 1, Uimh. 8, 26 Feabhra 1898, 3.

8. Na Canúintí: *Patois* Meathlaithe nó Foinse Fuinnimh?

[1] Féach *YIVO Bletter*, Iml. 23, Uimh. 3, Bealtaine-Meitheamh 1944.

[2] August Scheicher, luaite in Stephen G. Alter, *Darwinism and the Linguistic Image* (Baltimore: The Johns Hopkins University Press, 1999), 74.

[3] James, McCloskey, *Guthanna in Éag: An Mairfidh an Ghaeilge Beo?* (BÁC: Cois Life, 2001), 48-9.

[4] 'Clann Conchobhair', 'The Sounds of the Irish Languages I', *Irisleabhar na Gaedhilge*, Nollaig 1882, Iml. 1, Uimh. 2, 48. Maidir le tagairtí do Müller in irisí agus i nuachtáin na Gaeilge agus na hÉireann, feic: *Hibernia*, 1 Márta 1882, 48; *Irisleabhar na Gaedhilge*, Aibreán 1898, Uimh. 96, 195; *Irisleabhar na Gaedhilge*, Bealtaine 1893, Iml. 4, Uimh. 45, 203; *Dublin University Magazine*, 'Lectures on the Science of Language', 1865, Iml. 65, 27-35; *Dublin University Magazine*, Glimpses of Pre-Historic Humanity, 1869, Iml. 74, 584-600; *Dublin University Magazine*, 'Comtemporary Portraits: Professor Max Müller', 1878, Iml. 92, 474-84; Ulick Bourke, *The Aryan Origin of the Gaelic race and Language* (London:Longmans, Green & Co., 1876)

[5] Maidir leis an difríocht idir 'canúint' agus 'teanga', feic Eric P. Hamp, 'Some conceptual considerations', in Cathair Ó Dochartaigh, *Survey of the Gaelic Dialects of Scotland*, Iml. 1 (Dublin: School of Celtic Studies: Dublin Institute for Advanced Studies, 1997), 5-9.

[6] Philip O'Leary, *The Prose Literature of the Gaelic Revival, 1881-1921: Ideology and Innovation* (Pennsylvania: Pennsylvania State University Press, 1994), 9.

[7] David Greene, 'The Founding of the Gaelic League', in Seán Ó Tuama (eag.), *The Gaelic League Idea* (Cork: Mercier Press, 1972), 19

[8] Declan Kiberd, 'Caint na nDaoine mar Bhonn Liteartha', in Eoghan Ó hAnluain (eag.), *Léachtaí Uí Chadhain 1 (1980-1988)* (BÁC: An Clóchomhar Tta, 1989), 104.

[9] Michael Cronin, *Translating Ireland: Translation, Languages, Cultures* (Cork: Cork University Press, 1996), 148.

[10] Feic Máirín Nic Eoin, *An Litríocht Réigiúnach* (BÁC: An Clóchomhar Tta, 1982). Gan dabt is fearr an seans ó thaobh uimhreacha de agus cúiseanna praiticiúla de go dtiocfadh níos mó scríbhneoirí ón ngnáthmhuintir ná ón lucht léinn.

[11] Nollaig Mac Congáil, 'Stair Chonspóideach Bhunú Scoil Ghaeilge an Daingin', *Irisleabhar Mhá Nuad*, 2008.

[12] Feic Caitríona Ó Torna, *Cruthú na Gaeltachta 1893-1922* (BÁC: Cois Life, 2005).

[13] Máiréad Ní Mhurchú, *Coláiste na Mumhan 1904-2004: comóradh an chéid: céad bliain ag fás, céad bliain faoi bhláth* (Corcaigh: Coláiste na Mumhan, 2004).

[14] Micheál Ó Domhnaill, *Iolscoil na Mumhan: Coláiste na Rinne: geárr stair* (An Rinn, Port Láirge: Coláiste na Rinne,1987).

[15] Nollaig Mac Congáil, 'Coláiste Chonnacht: na Blianta Tosaigh i dTuar Mhic Éadaigh', *Feasta*, Meán Fómhair 2005, 19-22, 2005, agus Deireadh Fómhair 2005, 19-23.

[16] Nollaig Mac Congáil, 'Bunú Choláiste na gCeithre Máistrí', *An tUltach*, Deireadh Fómhair 2006, 10-14.

[17] Nollaig Mac Congáil, 'Stair na gColáistí Gaeilge agus Bunú Choláiste Uladh', in Seosamh Ó Ceallaigh (eag.), *Coláiste Uladh 1906-2006* (Coiste Cuimhneacháin Choláiste Uladh, 2006), 110-40. I dteannta na gcoláistí seo, bunaíodh dhá coláiste eile sa Ghalltacht: Coláiste Chomhghaill i mBéal Feirste i 1905, agus Coláiste Laighean i mBaile Átha Cliath i 1906. Feic Nollaig Mac Congáil, 'Bunú Choláiste Laighean 1906: Deireadh le Túsré na gColáistí Gaeilge', *Feasta*, Eanáir 2007, 23-7 agus 'Bunú Choláiste Chomhghaill, Béal Feirste 1905', Micheál Mac Craith agus Pádraig Ó Héalaí (eag.), *Diasa Díograise: Aistí i gCuimhne ar Mháirtín Ó Briain* (Indreabhán: Cló Iar-Chonnachta, 2009).

[18] Nuala C. Johnson, 'Building a nation: an examination of the Irish Gaeltacht Commission report of 1926', *Journal of Historical Geography*, 19, 1993, 157-68.

[19] John Walsh, *Díchoimisiúnú Teanga: Coimisiún na Gaeltachta 1926* (BÁC: Cois Life, 2002).

[20] Nicholas Williams, 'Na Canúintí ag teacht Chun Solais', in Kim McCone et al. (eag.), *Stair na Gaeilge* (Roinn na Sean-Ghaeilge, Coláiste Phádraig Má Nuad, 1994), 447: 'Nuair a thit an córas Gaelach as a chéile tar éis Chath Chionn tSáile, d'imigh na bardscoileanna a mbíodh an teanga chaighdeánach liteartha á múineadh iontu. Na húdair a bhí ag saothrú na Gaeilge sa chéad leath den 17ú haois, Ó Cianáin, Ó Maolchonaire, Mac Aingil, Ó hEodhasa, Uilliam Ó Domhnaill agus an Céitinneach, cuir i gcás, fuair siad uile oiliúint sa teanga liteartha agus is de thaisme a sciorrann tréithe canúnacha uathu. Is ceart a lua, áfach, gur cruinne cuid de na húdair sin ná a chéile maidir le ceart na Gaeilge Clasaicí. Níos sia amach sa chéad is treise a éiríonn rian na gcanúintí ar na téacsanna scríofa . . . Ábhar spioradálta riar mhaith den litríocht lámhscríofa agus clóbhuailte sa tréimhse 1600-1850. Is don phobal is mó a beartaíodh na teagaisc Críostaí agus araile a chuir idir Chaitlicigh agus Phrotastúnaigh ar fáil, rud a fhágann gur faoi anáil chaint na ndaoine a scríobhadh a lán dár foilsíodh'.

[21] Ibid. Tá Brian Ó Cuív den tuairim go raibh canúnachas le sonrú i láimhscríbhinn Thaidhg Uí Rodaí, saoi scríbhinní ó Chontae Liatroma i dtúsbhlianta an ochtú haois déag. Feic Brian Ó Cuív, 'Irish a Living Language', *Irish Dialects and Irish-Speaking Districts* (Dublin: Dublin Institute for Advanced Studies, 1980), 33: 'Tadhg Ó Rodaighe of County Leitrim described Irish as 'being the most difficult and copious language in the world, having five dialects viz., the common Irish, the poetic, the law or lawyers' dialect, the abstractive, and separate dialects, each of them five dialects being so copious as any other language, so that a man may be perfect in one, two, three, or four of them dialects, and not understanding almost a word in the other, contrary to all other languages, so that there are now several in Ireland, perfect in two or three of those dialects, but none in all, being useless in those times'.

[22] Jill Lepore, *A is for American: Letters and other Characters in the Newly United States* (New York: Alfred A. Knopf, 2002), 70-1.

[23] Katie Wales, *Northern English: A Cultural and Social History* (Cambridge: Cambridge University Press, 2006), 98.

[24] Ibid., 99.

[25] Myles Dillon, *The Archaism of Irish Tradition: The Sir John Rhys Memorial Lecture, British Academy 1947*, *Proceedings of the British Academy*, Iml. xxxiii, Uimh. 1: 'After Sir William Jones had given the first impetus to the study of comparative philology by his discovery of the affinity between Sanskrit and the classical languages, scholars extended the field of observation to include Germanic, Baltic, Slavonic, and even Armenian, but Celtic was not yet admitted into the Indo-European family. The Celtic dialects were then known only from late documents in which the forms had undergone such drastic change that their origins were not apparent. In was not until 1838 that Franz Bopp demonstrated the Indo-European character of the Celtic dialects . . . In 1853 the immortal Zeuss published his *Grammatica Celtica*, a work which was never been quite superseded, and the early forms of the Celtic languages were made known to the learned world'.

[26] *Irishman and United Ireland*, 13 Eanáir 1883, luaite in *Irisleabhar na Gaedhilge*, Iml. 1, Uimh. 4, Feabhra 1883, 133.

[27] Feic Malachy McKenna (eag.), *The Spiritual Rose: Prayers and Meditations in Irish* (Dublin: Dublin Institute for Advanced Studies, 2001).

[28] '*Casán go Flaitheamhnas* & *St. Patrick's Prayer Book* by Rev. J. E. Nolan', *Irisleabhar na Gaedhilge*, Iml. 1, Uimh. 10, Lúnasa 1883, 319. Is é an tAthair J.E. Nolan údar na leabhar.

[29] Ibid., 318.

[30] 'The Irish American – Gaelic Column', *Irisleabhar na Gaedhilge*, Uimh. 22, Iml. 2, 1885, 314.

[31] Is é *An Casán go Flaitheamhnas*, agus *St. Patrick's Prayer Book* atá i gceist. Feic *Irisleabhar na Gaedhilge*, Iml. 2, Uimh. 15, Márta 1884, 78.

[32] 'The Movement in London', *The Shan Van Vocht*, Iml. 1, Uimh. 11, 6 Samhain 1896, 219.

[33] T. O'Ruiséal, 'Cá h-ait a Labhairthear an Ghaedhilg is fearr?', *Irisleabhar na Gaedhilge*, Iml. 1, Uimh. 8, Meitheamh 1883, 255-6.

[34] T. O'Ruiséal, *Fáinne an Lae*, Iml. 1, Uimh. 1, 8 Eanáir 1898, 3.

[35] 'Fear an Fháinne', *Fáinne an Lae*, Iml. 1, Uimh. 1, 8 Eanáir 1898, 3.

[36] 'Clann Conchobhair', 'The Sounds and Letters of the Irish Language III', *Irisleabhar na Gaedhilge*, Iml. 1, Uimh. 4, Feabhra 1883, 115.

[37] Feic Máirtín Ó Murchú, *Cumann Buan-Choimeádta na Gaedhilge: Tús an Athréimnithe* (BÁC: Cois Life, 2001).

[38] 'To the Readers of the Gaelic Journal', *Irisleabhar na Gaedhilge*, Iml. 2, Uimh. 20, Lúnasa 1884, 253. Fiú agus Conradh na Gaeilge bunaithe bhí sé fós ag cur i gcoinne na gcanúintí: 'Mr. T. O. Russell was of the opinion that the stories should not be written in the dialect of any particular district, but should be in standard Irish, as were all Dr. Hyde's books'. *The Irish Independent*, 10 Meitheamh 1895.

[39] Ulick Bourke, *Sermons in Irish-Gaelic by the Most Rev. James O'Gallagher* (Dublin: M. H. Gill & Son, 1877), 422.

[40] Ibid., 423.

[41] Feic J. E. Caerwyn Williams agus Máirín Ní Mhuiríosa, *Traidisiún Liteartha na nGael* (BÁC: An Clóchomhar Tta, 1985), 361. Feic, leis, Eoghan Ó hAnluain, 'Irish Writing: Prose Fiction and Poetry 1900-1988', in Seamus Deane et al. (eag.), *The Field Day Anthology of Irish Literature*, Iml. III (Derry: Field Day Publications, 1991), 815. Feic, leis, Gearóid Denvir, *Aistí Phádraic Uí Chonaire* (Gaillimh: Cló Chois Fharraige, 1978), 17-8. Feic, leis, Aisling Ní Dhonnchadha, *An Gearrscéal sa Ghaeilge 1898-1940* (BÁC: An Clóchomhar Tta, 1981), 16. Feic, leis, Frank O'Brien, *Filíocht Ghaeilge na Linne Seo* (BÁC: An Clóchomhar Tta, 1968), 4. Feic, leis, Patrick Ford agus J. E. Caerwyn Williams, *The Irish Literary Tradition* (University of Wales Press, 1992), 276.

[42] Aodh de Blacam, *Gaelic Literature Surveyed* (Dublin: Talbot Press Limited, 1929), 378-9. 'When the movement to revive the language began in the nineties, those who strove to write Irish lacked suitable models of prose. They copied the turgid diction of eighteenth century scribes or sought to revive the idioms and vocabulary of Keating. What they wrote was remote from the spoken Gaelic as an English prose modeled on Elizabethan writers would be remote from the English of to-day. O'Leary made a bold departure. He wrote Irish precisely as he heard it spoken. He abandoned the old, elaborate literary sentence and wrote brief, simple and pungent sentences . . . Nevertheless, O'Leary tamed the Irish sentence and taught the Gaeltacht to write as it spoke'.

[43] Ó hAnluain, 'Irish Writing: Prose Fiction and Poetry 1900-1988', 815

[44] Risteárd Ó Glaisne, *Scríbhneoirí na Nua-Ré 1: Ceannródaithe* (BÁC: Foilseacháin Náisiúnta Teoranta, 1974), 8.

[45] Philip O'Leary, *The Prose Literature of the Gaelic Revival*, 11.

[46] Feic Shán Ó Cúiv, 'Caradas Nár Mhair', in. F. X. Martin agus F. J. Byrne (eag.), *The*

Scholar Revolutionary: Eoin MacNeill, 1867-1945, and the Making of the New Ireland (Shannon: Irish University Press, 1973), 59-63, 51-73. Fiú nuair a dhiúltaigh Eoin Mac Néill an scéal a fhoilsiú a thuilleadh in *Irisleabhar na Gaedhilge*, chabhraigh sé leis an sagart clódóir (Bernard Doyle) a aimsiú san ardchathair do *Séadna: An Dara Cuid, with translation* (1898). Ba é an t-údar féin a d'íoc as an gclóbhualadh.

[47] Feic Traolach Ó Ríordáin, *Conradh na Gaeilge i gCorcaigh 1894-1910* (BÁC: Cois Life, 2000), 186: 'Ar na daoine ba mhó i gCorcaigh a thug tacaíocht do na Laoghairigh bhí Donnchadh Pléimonn, a d'impigh ar lucht léite *Fáinne an Lae*, go háirithe i gCúige Mumhan, an chéad imleabhar den scéal *Séadhna* a cheannach'.

[48] Peadar Ua Laoghaire, *Séadna*, Liam Mac Mathúna eag. (Baile Átha Cliath: Carbad, 1995), x.

[49] Feic *Report of the Gaelic League 1899-1900*, 3.

[50] Cathal Ó Háinle, 'Ó Chaint na nDaoine go dtí an Caighdeán Oifigiúil', in Kim McCone et al. (eag.), *Stair na Gaeilge*, 759.

[51] Ó Ríordáin, *Conradh na Gaeilge i gCorcaigh*, 183.

[52] Alan Titley, *An tÚrscéal Gaeilge* (BÁC: An Clóchomhar Tta, 1991), 149-50.

[53] Peter O'Leary, 'Living Irish and Dead Irish', *An Claidheamh Soluis*, 13 Eanáir 1900, luaite ag T. F. O'Rahilly (eag.), *Papers on Irish Idiom by Canon Peter O'Leary* (Dublin: Browne & Nolan, 1929), 139.

[54] Niradh C. Chaudhuril, *Scholar Extraordinary: The Life of Professor the Rt. Hon. Fredrich Max Müller, P.C.* (New York: Oxford University Press, 1974), 39.

[55] Ibid., 41.

[56] Ibid., 49-50.

[57] Ibid., 52-3.

[58] Feic Art Ó Maolfabhail, 'Saighdiúirí Gaelacha in arm Gallda', *The Irish Times*, 30 Iúil 2008. 'Sa bhliain 1600, bunaíodh comhlacht gnó i Londain, faoi údarás ríocht Shasana, chun tráchtáil a dhéanamh leis an India agus le hoirthear domhain go ginearálta. "The East India Company" a tugadh air. Thar thréimhse cúpla céad bliain rinne arm príobháideach an chomhlachta cogaíocht san India, sa tSín, in Java, san Afganastáin, in Myanmar etc. Mhair an comhlacht seo go dtí 1873, ach roimhe sin, i 1861, tugadh an t-arm príobháideach isteach in arm oifigiúil na Breataine. Ceanglaíodh é, faoin ainm "The Royal Bengal Fusiliers", le mílístí chontaetha Chiarraí, Chorcaí agus Luimnigh. Is i mbaile Thrá Lí, Co. Chiarraí, a bhí buan-ionad na reisiminte. I 1881 cuireadh athrú ainm ar an reisimint – "The Royal Munster Fusiliers."'

[59] Chaudhuril, *Scholar Extraordinary*, 109

[60] Feic Lourens P. van den Bosch *Friedrich Max Müller: A Life Devoted to the Humanities* (Leiden: Brill, 2002), 80-4.

[61] *The (London) Times*, 29 Deireadh Fómhair 1900, 13.

[62] Chaudhuril, *Scholar Extraordinary*, 229-30.

[63] Ibid. 230.

[64] Ibid., 228-9.

[65] Luaite ag Chaudhuril, 185.

[66] *The (London) Times*, 29 Deireadh Fómhair 1900, 13.

[67] van den Bosch *Friedrich Max Müller*, 87.

[68] Fredrich Max Müller, *Lectures on the Science of Language, delivered at the Royal Institution of Great Britain in April, May, & June, 1861* (London: Longmans, Green & Co., 1864), 76-7.

[69] Ibid.

[70] Chaudhuril, *Scholar Extraordinary*, 197.

[71] Ibid.

[72] *Irisleabhar na Gaedhilge*, Iml. 4, Uimh. 47, Samhain 1893, 226-7.

[73] Feic Flann Mac an tSaoir, 'An Dr. Risteard de Hindeberg', *Comhar*, Samhain 1961, 23-5, Eanáir 1962, 13-4 agus 17, Feabhra 1962, 16-9. Is minic a chothaítear déascartha bréige idir na canúintí agus Gaeilge Chéitinn agus leagtar an milleán ar de Henebry de bharr an mhíléimh a dhein an Piarsach ar a argóint agus iad i mbun díospóireachta.

[74] Maidir le stair na Gaeilge san Ollscoil, feic Risteárd Ó Glaisne, *An Ghaeilge i gColáiste na Tríonóide 1592-1992* (BÁC: Preas Choláiste na Tríonóide, 1992).

[75] John O'Flynn, *"Provincialism" and "Dialects" in Modern Spoken Irish* (Dublin: M. H. Gill & Son, 1910), 5. Leanann sé ar aghaidh, áfach: 'However, like most folk who try to pronounce upon matters about which their information is inadequate, the learned professor at the close of his address made some inaccurate statements regarding present-day spoken Irish when he tried to show his audience the frightful nature of the task they would have to face if they should be induced by that evening's proceedings to endeavour to acquire a speaking knowledge of the Irish language. Dr. Mahaffy told them that the student who essays such a task will have to master nearly twenty different dialects, or one for every county or part of a county in which Irish still lives as a spoken tongue'.

[76] David Greene, 'Robert Atkinson and Irish Studies', *Hermathena*, Uimh. CII, earrach 1966, 14.

[77] Ibid.

[78] Ibid., 14-5.

[79] Dáithí Ó Coimín, luaite ag Caoilfhionn Nic Pháidín, *Fáinne an Lae agus an Athbheochan (1898-1900)* (BÁC: Cois Life, 1998), 18.

[80] *Irisleabhar na Gaedhilge*, Iml. 4, Uimh. 47, Samhain 1893, 228.

[81] Feic Ó Murchú, *Cumann Buan-Choimeádta na Gaeilge*, 129-31.

[82] '*Scottish Gaelic as a Specific Subject*', *Irisleabhar na Gaedhilge*, Iml. 4, Uimh. 47, Samhain 1893, 236.

[83] 'Dáin Iain Ghobha / The Poems of John Morrisson', *Irisleabhar na Gaedhilge*, Iml. 4, Uimh. 48, Feabhra 1894, 249.

[84] 'The Public Festival', *An Claidheamh Soluis*, 17 Meitheamh 1899, 216-7. Bhí an port céanna ag *The Dublin Penny Journal* sa bhliain 1832: 'These dialects are much more closely allied to each other than either the Welsh or the Manks. The words are almost the same, the structure every way similar, and the inhabitants in many instances, conduct their little shipping connexions (sic) through the medium of the language common to both parties. There is in short, much greater difference between the vernacular dialects of two counties in England, and they have greater difficulty in understanding each other, than an Irishman and a Highlander'. Feic 'The Gaelic and Irish Dialects', *The Dublin Penny Journal*, Iml. 1, Uimh. 6, 4 Lúnasa 1832, 48.

[85] *Irisleabhar na Gaedhilge*, Iml. 8, Uimh. 85, Bealtaine 1897, 4: 'Hence the value of matter published in the vernacular of the locality from which it comes. The value is greatest for those to whom the local usage is least familiar. We hold that there is a sufficiently ascertained and settled common literary usage which the outside student should adopt, but we hold just as strongly that no person can form a useful judgment on the kind of literature likely to appeal to the people and take hold of them, unless he makes himself at home in all the main peculiarities of the several local usages. If we ignore these, our literature will be out of touch with the people, and the evils of dialect (now not very serious) will only be aggravated. Accordingly we shall continue to put studies in dialect before our readers, especially in connection with folklore and anecdotal matter'.

[86] 'Magh-Chromdha', 'Gaedhilg Shimplidhe', *Fáinne an Lae*, Uimh. 8, Iml. 1, 26 Feabhra 1898, 3-4.

[87] 'Mac Léigheann', 'Our Aim in Literary Usage', *Irisleabhar na Gaedhilge*, Iml. 8, Uimh. 92, Nollaig 1897, 128.

[88] Ibid.

[89] 'Gnótha na Gaedhilge, Dublin', *Fáinne an Lae*, Iml. 2, Uimh. 42, 22 Deireadh Fómhair 1898, 126.

[90] Léirmheas ar *Graiméir na Gaedhilge leis na Bráithreachaibh Críostamhla*, *Irisleabhar na Gaedhilge*, Iml. 11, Uimh. 134, Samhain 1901, 192.

[91] 'Past, Present and Future II', *Irisleabhar na Gaedhilge*, Iml. 8, Uimh. 86, Meitheamh 1897, 26.

[92] Ibid.

[93] Ibid.

[94] 'The Modern Standard of Irish', *Irisleabhar na Gaedhilge*, Iml. 8, Uimh. 95, Márta 1898, 180. Níl aon ainm luaite leis an alt seo, ach ón stíl scríbhneoireachta agus ón bhfoclóir go háirithe, dhealródh, b'fhéidir, gurbh é de Henebry an t-údar.

[95] '*The Pronunciation of Desi-Irish* Rev. Dr. Henebry', *Irisleabhar na Gaedhilge*, Iml. 9, Uimh. 101, Samhain 1898, 275.

9. An Ghramadach: Bunús na Teanga Sainiúla

[1] Seán de Fréine, 'Tuiscint ar an nGaeilge', in Micheál Ó Cearúil (eag.), *Aimsir Óg, Cuid a Dó* (BÁC: Coiscéim, 2000), 317.

[2] Max Müller, *Lectures on the Science of Language, delivered at the Royal Institution of Great Britain in April, May, & June, 1861* (London: Longmans, Green & Co., 1864), 76-7.

[3] Luaite ag Patrick Corish, *The Irish Catholic Experience: A Historical Survey* (Dublin: Gill & Macmillan, 1986), 171.

[4] Léirmheas ar '*Toruidheacht Dhiarmada agus Ghráinne / The Pursuit of Diarmuid and Grainne*', *Irisleabhar na Gaedhilge*, Iml. 2, Uimh. 23, 1886, 321.

[5] 'Irish in Intermediate Education', *An Claidheamh Soluis*, 30 Nollaig 1899, 602.

[6] J. J. Fitzpatrick, *Irisleabhar na Gaedhilge*, Iml. 10, Uimh. 119, Lúnasa 1900, 569.

[7] '*The Elements of Gaelic Grammar*', *Irisleabhar na Gaedhilge*, Iml. 7, Uimh. 3, Iúil 1896, 45.

[8] Ibid.

[9] Ulick J. Bourke, *The College Irish Grammar* (Dublin: M. H. Gill & Son, 1883), 9-10.

[10] Léirmheas ar *Scottish Gaelic as a Specific Subject*, *Irisleabhar na Gaedhilge*, Iml. 4, Uimh. 47, Samhain, 1893, 236.

[11] '*An Casán go Flaitheamhnas*, agus *St. Patrick's Prayer Book*', *Irisleabhar na Gaedhilge*, Iml. 2, Uimh. 15, Márta 1884, 80. 'Though some portions of the hymn are intelligible enough to those who read Irish – even modern Irish – much more of it is quite unintelligible to those who know only the modern language; while to such as cannot read, of course the reading or reciting of it would be as unintelligible as a passage from a foreign tongue. It is doubtful if there are twenty men on all of Ireland who thoroughly understand the language of that composition'. Maidir le líon na ndaoine a raibh léamh na Gaeilge acu sa tréimhse seo, feic Caoimhe Máirtín, *An Máistir: An Scoil agus an Scolaíocht i Litríocht na Gaeilge* (BÁC: Cois Life, 2003), 202; Mary Daly, 'Literacy and Language Change in the Late Nineteenth and Early Twentieth Centuries', in Mary Daly agus David Dickson (eag.), *The Origins of Popular Literacy in Ireland: Language Change and Educational Development 1700-1920* (Dublin: Dept of Modern History TCD, Dept of Modern Irish History UCD, 1990), 153; Séamus Ó Dubhghaill, 'Gluaiseacht na Gaedhilge: A Tosach agus a Fás', *Misneach,* 18 Nollaig, 1920; Niall Ó Ciosáin, 'Creating an Audience: Innovation and Reception in Irish Language Publishing, 1880-1920', in Clare Hutton (eag.), *The Irish Book in the Twentieth Century* (Dublin: Irish Academic Press, 2004), 12-3; Pádraig Ó Fearaíl, *The Story of Conradh na Gaeilge: A History of the Gaelic League* (BÁC: Clódhanna Teo., 1975), 15; Peig Sayers, *Peig: A Scéal Féin* (An Daingean: An Sagart, 1998), 29-30; Máirtín Ó Cadhain, 'Conradh na Gaeilge agus an Litríocht', Seán Ó Tuama (eag.), *The Gaelic League Idea* (Cork: Mercier Press, 1993), 57; Tadhg Ó Donnchadha, 'Réamhrádh', *Index to Irisleabhar na Gaedhilge, 1882-1909*, vii.

[12] Feic Máirtín Ó Murchú, *Cumann Buan-Choimeádta na Gaeilge: Tús an Athréimnithe* (BÁC: Cois Life, 2001), 33.

[13] Bhíodh léirmheasanna ag Risteárd de Henebry ar leabhair Ghaeilge san iris seo idir na blianta 1880-1900.

[14] Feic John MacErlean, *The Original Catholic Encyclopaedia:*
http://oce.catholic.com/index. php?title=Bartholomew_MacCarthy

[15] 'Recent Books on Irish Grammar', *Irisleabhar na Gaedhilge*, Iml. 1, Uimh. 8, Meitheamh 1883, 264-5.

[16] John Fleming, 'Falsigfitsea, manifestabo', *Irisleabhar na Gaedhilge*, Iml. 2, Uimh. 15, Márta 1884, 82-5.

[17] Ibid., 83.

[18] Ibid.

[19] Ibid., 85: 'To injure the *Gaelic Journal* was the principal aim of Dr. MacCarthy in his voluminous writings for nearly the last twelve months, and he has in great part succeeded by withdrawing the contributors to the *Journal* from the work that would be interesting or useful to their readers. These contributors too, had to bestow a great deal of time and labour in trying to induce the Commissioners of National Education to do tardy justice to the poor Irish-speaking children in the seaboard districts in the west and south of Ireland'.

[20] Richard Henebry, 'Pelagius in Irland. Texte und Untersuchungen zur patristischen Litteratur', *The American Journal of Theology*, Iml. 6, Uimh. 3, Iúil 1902, 583.

[21] Feic Flann Mac an tSaoir, 'An Dr. Risteard de Hindeberg', *Comhar*, Samhain 1961, 23-5, Eanáir 1962, 13-4 agus 17, Feabhra 1962, 16-9.

[22] Feic Philip O'Leary, *The Prose Literature of the Gaelic Revival: Ideology and Innovation* (Pennsylvania: Pennsylvania State University Press, 1994), 14-5: 'Often misleading, labels are perversely difficult to affix to individual revivalists, who simply will not stay put in predictable ideological categories, but instead shift positions and alliances with blithe disregard for the hobgoblins of foolish, sometimes it seems any, consistency. Nevertheless, to facilitate discussion I have with some care chosen the terms "nativist" and "progressive" to identify ideological tendencies and stances. These terms are, however, with very few exceptions all but useless for the classification of people'.

[23] Ibid., 256.

[24] Ibid.

[25] 'Extracts from the corrected letter', *Irisleabhar na Gaedhilge*, Iml. 3, Uimh. 31, 1889, 111-2. Maidir le William Maunsell Hennessy (1829-1889), feic Seán Ó Luing 'William Maunsell Hennessy', *Celtic Studies in Europe and other Essays* (Dublin: Geography Publications, 2000), 39-76.

[26] John Fleming 'A Retrospect and A Prospect', *Irisleabhar na Gaedhilge*, Iml. 3, Uimh. 32, 1889, 114. Maidir leis an tuairim 'Mr. J. J. MacSweeny whispers that fisherwomen only speak Irish now', feic Nancy C. Dorian, *Language Death: The Life Cycle of a Scottish Dialect* (Philadelphia: University of Pennsylvania Press, 1981), 61-8.

[27] Clann Conchobhair, 'Does Chum always take the gen. case after it?' *Irisleabhar na Gaedhilge*, Iml. 3, Uimh. 30, 1889, 94-6.

[28] 'Extracts from The Corrected Letter', *Irisleabhar na Gaedhilge*, Iml. 8, Uimh. 31, 1889, 111.

[29] Clann Conchobhair, 'Does Chum always take the gen. case after it?' *Irisleabhar na Gaedhilge*, Iml. 3, Uimh. 30, 1889, 94.

[30] Clann Conchobhair, 'To the Editor of the Gaelic Journal', *Irisleabhar na Gaedhilge*, Iml. 3, Uimh. 31, 1889, 100.

[31] Ibid.

[32] Müller, *Lectures on the Science of Language*, 76-7.

[33] Ibid., 76-80.

[34] Ibid., 73-5.

[35] Ibid., 76-80.

[36] Ibid.

[37] 'Topics of the Times', *New York Times*, 20 Iúil 1897, 6.

[38] Maidir leis an sainmhíniú seo agus an stádas atá ag 'Ulster Scots' i dTuaisceart na hÉireann, feic Manfred Görlach, 'Ulster Scots: A Language?' John M. Kirk agus Dónall P. Ó Baoill (eag.), *Language and Politics: Northern Ireland, the Republic of Ireland, and Scotland* (Queen's University Belfast: Belfast Studies in Language, Culture and Politics,

2000), 13-31. I measc aistí eile a thráchtann ar an gceist chéanna tá na cinn seo a leanas: Dauvit Horsbroch, 'Mair as a Sheuch atween Scotland an Ulster: Twa Policie for the Scots Leid?', in Kirk agus Ó Baoill (eag.), *Language and Politics*, 133-41; M. B. Montogery, agus R. J. Gregg, 'The Scots Language in Ulster', in Charles Jones (eag.), *The Edinburgh History of the Scots Language* (Edinburgh: Edinburgh University Press, 1997), 569-622; Liam McIlvanney, 'Across the narrow sea: the language, literature and politics of Ulster Scots', in Liam McIlvanney agus Ray Ryan (eag.), *Ireland and Scotland: Culture & Society 1700-2000* (Dublin: Four Courts Press, 2005), 203-26.

[39] Müller, *Lectures on the Science of Language*, 76-80.

[40] Peter O'Leary, 'Seachain béasa iasachta', in T. F. O'Rahilly (eag.), *Papers on Irish Idiom by Canon Peter O'Leary* (Dublin: Browne & Nolan, 1929), 93.

[41] Douglas Hyde, 'Address to National Literary Society, 21st May', *Irisleabhar na Gaedhilge*, Iml. 6, Uimh. 3, 1 Meitheamh 1895, 47.

[42] Peadar Ó Laoghaire, 'Irish Technical terms for use at Meetings', *Irisleabhar na Gaedhilge*, Uimh. 4, Iml. 7 Lúnasa 1896, 59-60.

[43] Peter O'Leary, 'The Importance of Irish Syntax', in O'Rahilly (eag.), *Papers on Irish Idiom*, 85.

[44] Ibid., 82.

[45] P. H. Pearse, 'The Coming Revolution', *Collected Works of Padraic H. Pearse* (Dublin: Phoenix Publishing, 1924), 92: 'Now, we did not turn our backs upon all these desirable things for the sake of *is* and *tá*'.

[46] Feic an chéad fhonóta sa chéad abairt in *Gile na mBláth* le M. Sheehan (Dublin: Gill & Son, 1912), 1, 70 agus 86.

[47] Feic Declan Kiberd, 'Inventing Ireland', in Gregory Castle (eag.), *Postcolonial Discourses: An Anthology* (Oxford: Blackwell, 2001), 467. Feic Donncha Ó Súilleabháin, *Cath na Gaeilge sa Chóras Oideachais 1893-1911* (BÁC: Conradh na Gaeilge, 1988). Feic P. J. Mathews, *Revival: The Abbey Theatre, Sinn Féin, The Gaelic League and the Co-operative Movement* (Cork: Cork University Press, 2003), 35-45.

[48] Peter O'Leary, '*Is* and *Tá*: Their Meaning. Their Difference', in O'Rahilly (eag.), *Papers on Irish Idiom*, 62.

[49] Ibid., 64-5.

[50] Ibid., 85

[51] Peter O'Leary, 'The Irish Verb *IS*', in O'Rahilly (eag.), *Papers on Irish Idiom,* 68.

[52] Maidir le trá na copaile sa Ghaeilge mar thoradh nádúrtha inmheánach nó de bharr an Bhéarla ag a bheith ag brú ar an nGaeilge, feic Mícheál Ó Siadhail, 'The Erosion of the Copula in Modern Irish Dialects', *Celtica*, Iml. XV, 1983, 117-27

[53] 'Key to the Study of Gaelic', *An Claidheamh Soluis*, 15 Iúil 1899, 277.

[54] '*Mion-chaint: An Easy Irish Phrase Book*', *An Claidheamh Soluis*, Imleabhar 1, Uimh. 8, 6 Bealtaine, 1899, 115.

[55] *Irisleabhar na Gaedhilge*, Iml. 6, Uimh. 5, 1 Lúnasa, 1895, 80.

[56] Feic Peter O'Leary, 'An Rud do Chuir Atkinson Amú', in O'Rahilly (eag.), *Papers on Irish Idiom*, 72-3.

[57] Ibid., 67.

[58] Ibid., 70.

[59] Ibid., 70-1.

[60] 'Editorial Notes to the Foregoing', *Irisleabhar na Gaedhilge*, Iml. 8, Uimh. 90, Deireadh Fómhair 1897, 106.

[61] Peter O'Leary, 'An Rud do Chuir Atkinson Amú', in O'Rahilly (eag.), *Papers on Irish Idiom*, 71.

[62] Peter O'Leary, *Irisleabhar na Gaedhilge*, Iml. 6, Uimh. 3, 1 Meitheamh 1895, 26.

[63] Dáithí Ó hIarfhlatha, *Irisleabhar na Gaedhilge*, Iml. 8, Uimh. 96, Aibreán 1898, 195.

[64] Feic 'Maol Muire', *An tAthair Peadar Ó Laoghaire agus a Shaothar* (BÁC: Brún agus Ó Nualláin, g.d.), 157.

[65] O'Leary, 'How to Translate the English Passive Voice', in O'Rahilly (eag.), *Papers on Irish Idiom*, 82.

[66] O'Leary, 'The Verbal Noun', in O'Rahilly (eag.), *Papers on Irish Idiom*, 75.

[67] O'Leary, 'How to Translate the English Passive Voice', in O'Rahilly (eag.), *Papers on Irish Idiom*, 82.

[68] O'Leary, 'The Verbal Noun', in O'Rahilly (eag.), *Papers on Irish Idiom*, 75.

[69] Peadar Ó Laoghaire, 'Oideachas, Tadhg agus Doncha', *An Claidheamh Soluis*, 30 Meán Fómhair 1899, 452.

[70] 'Notes', *An Claidheamh Soluis*, 2 Nollaig 1899, 595. 'Judged by this criterion, the Southern phrases given have frequently the advantage over the Northern ones, and represent a more purely Irish turn of thought'.

[71] Léirmheas ar 'Modern Irish', *Irisleabhar na Gaedhilge*, Iúil 1896, Iml. 8, Uimh. 3 (uimhir 75 sa seanchóras), 46.

[72] Ibid. Bhí Craig fostaithe mar 'Assistant Master in the Christian Schools, Tipperary' nuair a foilsíodh an téacs seo, agus dealraítear nár thaitin sé leis an *Irisleabhar* go mbeadh Gaeilge Chúige Uladh á teagasc i gCúige Mumhan.

[73] Ibid.

[74] Feic a ndeir J. P. Craig: 'If other parts of Ireland are willing to abolish similar abuses, we shall have very little difficulty in forming a common standard from the three dialects that will be understood by all, and that will, at the same time, differ very little from the Irish of the seventeenth century'. *Irisleabhar na Gaedhilge*, Iml. 8, Uimh. 91, Samhain 1897, 122.

[75] 'New Publications', *An Claidheamh Soluis*, Iml. 1, Uimh. 41, 23 Nollaig 1899, 651.

[76] Ibid.

[77] Ibid.

[78] Ibid.

[79] J. P. Craig, 'The Irish Verbal Noun and Present Participle II', *Irisleabhar na Gaedhilge*, Iml. 8, Uimh. 91, Samhain 1897, 123.

[80] 'New Publications' *An Claidheamh Soluis*, Iml. 1, Uimh. 41, 23 Nollaig 1899, 651.

[81] O'Leary, 'How to Translate the English Passive Voice', in O'Rahilly (eag.), *Papers on Irish Idiom*, 82.

[82] J. P. Craig, 'The Irish Verbal Noun and Present Participle II', *Irisleabhar na Gaedhilge*, Iml. 8, Uimh. 91, Samhain 1897, 121.

[83] Ibid., 122.

[84] *Irisleabhar na Gaedhilge*, Iml. 8, Uimh. 91, Samhain 1897, 123-4.

[85] *Irisleabhar na Gaedhilge*, Iml. 8, Uimh. 90, Deireadh Fómhair 1987, 103-5.

[86] Feic Vincent Morley, *An Crann os Coill: Aodh Buí Mac Cruitín 1680-1755* (BÁC: Coiscéim, 1995), 92.

[87] J. P. Craig, 'The Irish Verbal Noun, &c'., *Irisleabhar na Gaedhilge*, Iml. 8, Uimh. 93, Eanáir 1898, 153.

[88] 'Editorial Notes to the Foregoing', *Irisleabhar na Gaedhilge*, Iml. 8, Uimh. 90, Deireadh Fómhair 1897, 105. Tráchtann an t-eagarthóir ar *Neilson's Irish Grammar* a foilsíodh in 1809 agus an tslí gur thagair sé do 'Potential Mood' sa Ghaeilge.

[89] J.P. Craig, 'The Irish Verbal Noun, &c'. *Irisleabhar na Gaedhilge*, Iml. 8, Uimh. 93, Eanáir 1898, 152.

[90] 'Magh-Chromdha', 'Gaedhilg Shimplidhe', *Fáinne an Lae*, Iml. 1, Uimh. 8, 26 Feabhra 1898, 3-4.

[91] 'Notes by the Editor', *Irisleabhar na Gaedhilge*, Iml. 8, Uimh. 93, Eanáir 1898, 153.

[92] Ibid.

[93] Feic 'Maol Muire', *An tAthair Peadar Ó Laoghaire agus a Shaothar* (BÁC: Brún agus Ó Nualláin, g.d.), 157.

[94] Ibid., 153.

[95] Ibid., 153-4.

10. Úrscéalta na Bliana 1901 – *Cormac Ua Conaill* agus *Grádh agus Crádh*

[1] W. B. Yeats, luaite ag Declan Kiberd, 'Caint na nDaoine mar Bhonn Liteartha', in Eoghan Ó hAnluain (eag.), *Léachtaí Uí Chadhain 1 (1980-1988)* (BÁC: An Clóchomhar Tta, 1989), 103.

[2] Breandán Ó Doibhlin, *Litríocht agus Léitheoireacht* (Corcaigh: Oideas Mercier, 1973), 8.

[3] David Lloyd, 'Violence and the Constitution of the Novel', *Anomalous States: Irish Writing and the Post-Colonial Moment* (Durham: Duke University Press, 1993), 128.

[4] Anthony Trollope, 'On English Prose Fiction as a Rational Amusement', *Anthony Trollope: Four Lectures*, M. L. Parrish eag. (London: Constable, 1938), 108.

[5] Anthony Trollope, *An Autobiography* (London: Oxford University Press, 1923), 199.

[6] Niall Ó Ciosáin, *Print and Popular Culture in Ireland 1750-1850* (New York: Palgrave, 1997), 168-9. 'For a printed text in Irish to circulate widely, to overcome obstacles such as regional variations in dialect and to create a new written norm, it would have required a strong institutional backing, most probably as part of a comprehensive religious reform movement'. Tá Ó Ciosáin in amhras, áfach, an raibh cumas léitheoireachta chomh gann agus a shamhlaítear roimh bhunú Chonradh na Gaeilge go hiondúil. Feic Niall Ó Ciosáin, 'Creating an Audience: Innovation and Reception in Irish Language Publishing, 1880-1920', in Clare Hutton (eag.), *The Irish Book in the Twentieth Century* (Dublin: Irish Academic Press, 2004), 5-15.

[7] Joep Leerssen, *Hidden Ireland, Public Sphere* (Galway: Arlen House, 2002), 37.

[8] Feic Gearóid Denvir, 'Literature in Irish, 1800-1890: from the Act of Union to the Gaelic League', in Margaret Kelleher agus Philip O'Leary (eag.), *Cambridge History of Irish Literature* (Cambridge: Cambridge University Press, 2006), 544-598.

[9] Cathal Ó Háinle, *Promhadh Pinn* (Má Nuad: An Sagart, 1978), 74-98.

[10] Cathal Ó Háinle, 'Ó Chaint na ndaoine go dtí an Caighdeán Oifigiúil', in Kim McCone et al (eag.), *Stair na Gaeilge* (Maigh Nuad: Roinn na Sean-Ghaeilge, Coláiste Phádraig, 1994), 750-1. Feic Caoilfhionn Nic Pháidín, *Fáinne an Lae agus an Athbheochan (1898-1900)* (BÁC: Cois Life, 1998), 12. 'Ní raibh ar fáil an tráth sin, d'ábhar i nGaeilge, agus é thar acmhainn an ghnáthphobail pé scéal é, ach seanmóintí Uí Ghallchóir; roinnt ábhair ag na cumainn Bhíoblóireachta; imleabhair na gcumann léannta, an Ossianic Society go príomha; an Bíobla Protastúnach; leabhair Uí Argadáin, Charlotte Brooke agus Sheáin Uí Dhálaigh'.

[11] Nic Pháidín, *Fáinne an Lae agus an Athbheochan,* 12.

[12] 'Irish name, Una Ui Faireshallaigh; Irish nom-de-plume, Uan Ulaidh; Bardic name, Oenig yr Ynys'. Feic *The Celtic Who's Who* (Kirkcaldy, Scotland: The Fifeshire Advertiser Limited, 1921), 122-3.

[13] Cé gur fhoilsigh B. Doyle *Séadna: Cuid II* sa bhliain 1898, thug eagrán 1904 ó Mhuintir na Leabhar Gaedhilge / Irish Book Company le fios go soiléir gurbh é an t-eagrán sin 'an t-aon tabhairt amach amháin atá iomlán agus go bhfuil ughdarás leis. Fógartar gach ceart ar cosnamh'. *Séadna* (BÁC: Irish Book Company, 1904), 4.

[14] Louis de Paor, *Faoin mBlaoisc Bheag Sin* (BÁC: Coiscéim, 1991), 1.

[15] Tomás Ó Criomhthain, *An tOileánach*, Seán Ó Coileán eag. (BÁC: Cló Talbóid, 2002), 103.

[16] Pádraig Ó Duinnín, *Cormac Ua Conaill: Sgéal bhaineas le hÉirí Amach agus Díth-cheannadh Iarla na Deasmhumhan (A.D.1579-1583)*(BÁC: Oifig an tSoláthair, 1952), v.

[17] Pádraig Ó Duinnín, 'Preface', *Cormac Ua Conaill* (BÁC: Connradh na Gaedhilge, 1902), v.

[18] Ibid., 155.

[19] Alan Titley, *An tÚrscéal Gaeilge* (BÁC: An Clóchomhar Tta, 1991), 332.

[20] Peter O'Leary, 'The Importance of Irish Syntax', T. F. O'Rahilly (eag.), *Papers on Irish Idiom by Canon Peter O'Leary* (Dublin: Browne and Nolan, 1929), 85.

[21] Maidir le díol an tsaothair, feic a deir an t-údar sa réamhrá d'eagrán na bliana 1902, v : 'The author learns with satisfaction that the work is extensively taken up in the national Schools for a third year's course, and that it is very popular as a text book for Irish classes, not only in Ireland but in England and America. It is also on the programmes of the Intermediate (Middle Grade) and of the Diploma Examination of the Gaelic League'.

[22] Ó Duinnín, *Cormac Ua Conaill* (1952), vii.

[23] 'Sceilg', *Spelling Made Easy* (Dublin: Diarmuid Mac Giolla Phádraig, g.d.), 63.

[24] Ó Duinnín, *Cormac Ua Conaill* (1952), v.

[25] Ibid., 6. Feic Éadaoin Ní Mhuircheartaigh agus Nollaig Mac Congáil, *Drámaí Thús na hAthbheochana* (Galway: Arlen House, 2008), 360-70.

[26] Breandán Delap, *Úrscéalta Stairiúla na Gaeilge* (BÁC: An Clóchomhar Tta, 1993), 36.

[27] Ibid.

[28] Titley, *An tÚrscéal Gaeilge*, 333.

[29] Ibid.

[30] Ibid., 334.

[31] Henry James, 'Preface', in R. P. Blackmur (eag.), *The Tragic Muse, The Art of the Novel* (New York: Scribners, 1934), 84.

[32] Henry James, 'The Art of Fiction', in Edwin M. Eigner agus George J. Worth (eag.), *Victorian Criticism of the Novel* (Cambridge: Cambridge University Press, 1985), 202.

[33] Linda M. Shires, 'The Aesthetics of the Victorian Novel', in Deirdre David (eag.), *The Cambridge Companion to the Victorian Novel* (Cambridge: Cambridge University Press, 2004), 67.

[34] Ibid., 68.

[35] Ibid.

[36] Criostóir Mac Aonghusa, 'An tAthair Peadar Ó Laoghaire', in *Ó Ros Muc go Rostov* (BÁC: An Clóchomhar Tta, 1972), 186.

[37] Proinsias Ó Conluain agus Donncha Ó Céileachair, *An Duinníneach* (BÁC: Sairséal agus Dill, 1958), 272-3.

[38] Léirmheas ar *Cormac Ua Conaill*, *Irisleabhar na Gaedhilge*, Iml. 11, Uimh. 130, Iúil 1901, 125-6. Tagann sé seo salach ar an tuairim go raibh imní ar léirmheastóirí a bheith ródhian ar shaothar na cléire. Feictear, áfach, nach raibh sé de mhisneach ag an Athair Peadar féin saothar a chomhshagairt a cháineadh go poiblí cé gur chreid sé go raibh sé lán suas de: 'namby-pamby which is characteristic of your up to date English story. It would not do to say such a thing as that in public, as yet at all events. The public know nothing about the matter as yet'. Féach Delap, *Úrscéalta Stairiúla na Gaeilge*, 39.

[39] Ó Duinnín, *Cormac Ua Conaill* (1952), vii.

[40] R. Henebry, 'The Want of an Irish Dictionary', *Fáinne an Lae*, 12 Feabhra 1898.

[41] Feic Nollaig Mac Congáil, 'Conspóid Creideamh agus Gorta le Pádraig Ó Duinnín', *Feasta*, Deireadh Fómhair 21-4 agus Samhain 19-22, 2007. Maidir le léirmheasanna ar an dráma feic Ní Mhuircheartaigh agus Mac Congáil, *Drámaí Thús na hAthbheochana*, 360-70.

[42] Ibid.

[43] Ibid.

[44] Léirmheas ar *Creideamh agus Gorta: Traighidheacht bhaineas le haimsir an droch-shaoghail, 1847*, *Irisleabhar na Gaedhilge*, Iml. 11, Uimh. 130, Iúil 1901, 128.

[45] Léirmheas ar *Cormac Ua Conaill*, *Irisleabhar na Gaedhilge*, Iml. 11, Uimh. 130, Iúil

1901, 126. Tá cosúlacht idir na píosaí filíochta seo in úrscéal Uí Dhuinnín agus na véarsaí amhránaíochta in *Casadh an tSúgáin* le de híde. Léiríonn an tréith seo sa dá shaothar go raibh cuspóir seachliteartha ar intinn ag an mbeirt údar agus iad i mbun pinn.

[46] Cathal Ó Háinle, 'Athbheochan na Filíochta', *Promhadh Pinn* (Má Nuad: An Sagart, 1978), 130-52.

[47] An tAthair Peadar Ó Laoghaire, 'Idiomatic Uses of Some Common Words', in O'Rahilly (eag.), *Papers on Irish Idiom*, 38.

[48] Ó Duinnín, *Cormac Ua Conaill* (1952), v.

[49] Léirmheas ar *Cormac Ua Conaill, Irisleabhar na Gaedhilge*, Iml. 11, Uimh. 130, Iúil 1901, 125-6.

[50] Ó Duinnín, *Cormac Ua Conaill* (1952), 14.

[51] Ibid., 32.

[52] Ibid., 56.

[53] Ibid., 80.

[54] Ibid.

[55] Ibid., 70.

[56] Ibid., 71.

[57] Delap, *Úrscéalta Stairiúla na Gaeilge*, 11.

[58] Max Nordau, 'The Dusk of Nations', in Sally Ledger agus Roger Luckhurst (eag.), *The Fin de Siècle: A Reader in Cultural History c. 1880-1900* (Oxford: Oxford University Press, 2000), 16.

[59] Ó Duinnín, *Cormac Ua Conaill* (1902), v-vi.

[60] W. B. Yeats, 'Man and the Echo', *W. B. Yeats: Selected Poetry*, Timothy Webb eag. (London: Penguin, 1991), 221.

[61] Ó Duinnín, *Cormac Ua Conaill* (1952), x-xi.

[62] Ibid.

[63] Ibid., ix.

[64] 'Scoláire Óg', *Irisleabhar na Gaedhilge*, Iml. 11, Uimh. 131, Lúnasa 1901, 144.

[65] Seaghan S. Mac a' Bháird, *Irisleabhar na Gaedhilge*, Iml. 11, Uimh. 134, Samhain 1901, 190-1.

[66] Norma Borthwick, 'The Art of Criticism', *The Leader*, 17 Iúil 1901, 348.

[67] Ibid.: 'The true critic is a teacher. In every piece of work that comes before him, he points out to us, where the worker has succeeded and where he has failed; he distinguishes between good art and bad, between the true and the false, between sincerity and affectation. Before attempting to do this he has, of course, equipped himself with a perfect knowledge of the subject with which he deals, and has acquired a certain amount of literary facility in order to make his views clear to his readers. His greatest care is to be a just judge, perfectly calm and impartial, reserving his praise for real merit and his censure for real inefficiency. He is never influenced by personal motives, nor by any little cranks or fads. He will neither praise a friend nor blame an enemy, except on the merits of their work. He will never let censure descend into insult nor praise into fulsome adulation; his mind is too evenly balanced to overdo wither one or the other. And above all, he never takes a vulgar tone of arrogant superiority. One of the anomalies resulting from the peculiar position of the language is that, while native Irish speakers are able to criticise Irish literature with the utmost nicety, only a very small number of them are able, as yet, to commit their opinion to writing, either in Irish or in English. Hence, it follows that, for the present, the greater part of criticism of Irish works has to be done by people who were brought up on English and only learned Irish afterwards. This is the great draw-back to the people in question (as I

know, being in the same position myself), and there is a danger that it may prove a great misfortune to the language also. In no other country in the world would the opinion of such critics be received upon questions of national literature. Yet we are face to face with this difficulty. New books must be reviewed. The Gaelic League has two papers in which to review them. The editors of these papers are not, either of them, native Irish speakers; many of the writers whose works they review *are* native speakers. One would expect therefore, that the criticism of these works would be approached in a very humble spirit by those whose duty it is to review them'.

68 Ibid. 'Parenthetically, I may say that beginners receive no better treatment than veterans in the columns of the *Gaelic Journal*. When I gathered together a few Irish songs and sent them out in a penny booklet to the Irish-speaking districts, the editor devoted a column to "correcting" me on various immaterial points. There was, indeed, one serious blunder in the song-book, which has been corrected in later editions, a blunder which would have put a beginner astray and which would horrify an Irish speaker, for it was a violation of one of the fundamental rules of Irish syntax. It was a strange and significant fact that this *real* mistake passed unnoticed and uncorrected in the Review in the *Gaelic Journal*'.

69 Ibid.

70 Ibid., 349.

71 Ibid.

72 Liam P. Ó Riain, 'The Gael and Criticism' *The Leader,* 3 Lúnasa 1901, 362-3.

73 Ibid.

74 Ibid.: 'I have sometimes wondered, indeed, that a man of Mr. John McNeill's ability has not given us a better paper. But it is known to most people that Mr. McNeill (like others) has suffered severely from overwork in the cause of the League, and it is also quite public property that the *Claidheamh* is really conducted by an editorial committee. An editorial committee, though each individual may be admirable, is a doubtless blessing. But all such questions are matters for the Gaelic League, which now means, or ought to mean, Ireland'.

75 *Irisleabhar na Gaedhilge*, Iml. 11, Uimh. 134, Samhain 1901, 190-1.

76 *Fáinne an Lae*, Iml. 2, Uimh. 43, 29 Deireadh Fómhair 1898, 133. Litir de chuid Eoghan O'Growney ó Phoenix Arizona, 29 Meán Fómhair 1898.

77 *The Celtic Who's Who*, 122.

78 Titley, *An tÚrscéal Gaeilge*, 332.

79 Feic Seán Ó Ceallaigh, 'Úna Ní Fhaircheallaigh', *Eoghan Ó Gramhnaigh* (BÁC: Oifig an tSoláthair, 1968), 128-9.

80 Úna Ní Fhaircheallaigh, 'Réamhrá', *Smuainte Ar Árainn* (BÁC: Connradh na Gaedhilge, 1902), 6. Feic freisin Ríona Nic Congáil, 'Úna Ní Fhaircheallaigh: A Smuainte ar Árainn', Cuid 1 agus 2, *Feasta*, Iúil agus Lúnasa 2006; agus Diarmuid Breathnach agus Máire Ní Mhurchú, *1882-1982: Beathaisnéis a hAon* (BÁC: An Clóchomhar Tta, 1986), 69-73.

81 Titley, *An tÚrscéal Gaeilge*, 573. Leanann sé air mar seo: 'Más gné de chuid ár linne go rábach é an t-úrscéal athfhillteach nó an t-úrscéal féinchomhfhiosach, an t-úrscéal a fhógraíonn nach bhfuil ann ach scéal, ní foláir dúinn géilleadh chomh maith céanna go bhfuil an tuiscint atá laistiar de chomh sean leis na cnoic agus gur beag rud nua faoin spéir atá le fáil san scéalaíocht ach an oiread le gnéithe eile de shaol spioradálta an duine'.

82 Ibid., 40.

83 Úna Ní Fhaircheallaigh, *Grádh agus Crádh: Úirsgéilín* (BÁC: Connradh na Gaedhilge, 1901), 3.

[84] Ó Duinnín, *Cormac Ua Conaill* (1952), 1.

[85] Ní Fharicehallaigh, *Grádh agus Crádh*, 5.

[86] Ibid.

[87] Titley, *An tÚrscéal Gaeilge*, 573.

[88] Ní Fhaircheallaigh, *Grádh agus Crádh*, 27.

[89] Titley, 79.

[90] Ní Fhaircheallaigh, *Grádh agus Crádh*, 5.

[91] Ibid., 6.

[92] Ibid.

[93] Go hiondúil samhlaítear 'an bhean nua' i nua-litríocht na Gaeilge le Pádraic Ó Conaire agus a ghearrscéal 'Nora Mharcais Bhig' agus a dhráma *Bairbre Rua* go háirithe, ach is léir go raibh an seánra seo á shaothrú ag Úna Ní Fhaircheallaigh roimhe.

[94] Ronald R. Thomas, 'Detection in the Victorian novel', in Deirdre David (eag.), *The Cambridge Companion to the Victorian Novel*, 169.

[95] Nancy Armstrong, 'Gender and the Victorian Novel', in Deirdre David (eag.), *The Cambridge Companion to the Victorian Novel*, 113: 'On her choice of a love object, a man she could both marry and desire, depended not only on her identity as a white, respectable English woman, but also the integrity of her family unit, on which rested the well-bring and longevity of the nation. To regulate the female body thus became imaginatively bound up with the internal order and external authority of Great Britain itself'.

[96] Ní Fhaircheallaigh, *Grádh agus Crádh*, 7.

[97] Ibid.

[98] Ibid., 7-8.

[99] Ibid., 8-9. Tabharfar faoi deara go bhfuil ranna amhránaíochta le sonrú san úrscéal seo mar a bhí in *Casadh an tSúgáin* agus in *Cormac Ua Conaill* chomh maith.

[100] Bill Ashcroft et al., *The Empire Writes Back* (London: Routledge, 1989) 175-6.

[101] Ní Fhaircheallaigh, *Grádh agus Crádh*, 27-8.

[102] Barbara T. Gates, *Victorian Suicide: Mad Crimes and Sad Histories* (Princeton: Princeton University Press, 1988), 155: 'The English despair of the 1870s and 1880s had found one its most despondent voices in James Thomson, and self-destruction was on its way to becoming a central metaphor for fin de siècle England. Suicide took on the status of trope quite readily. Discussion of self-destruction, so much more open by the end of the century, had become an important form of social criticism as suicide was more directly related to the evils of the day'.

[103] John Stokes, *In The Nineties* (Chicago: The University of Chicago Press, 1989), 121: 'The essential work was Henry Morselli's *Suicide: an Essay on Comparative Moral Statistics* (1879), which was translated into English in 1881. Morselli claimed to have irrefutable proof of a "terrible increase in suicide" in "almost all the civilised countries of Europe, and of the new world". His book was typical of the scientific social methods of the time in that it tried to grasp the causes of deviant behaviour by categorizing and quantifying the conditions under which it became manifest: by reconsidering official tables that charted suicide rates in relation to a wide spectrum of disparate circumstances. Morselli hoped to establish the factors that influenced suicidal acts'.

[104] Ibid., 130-1.

[105] Ronald R. Thomas, 'Detection in the Victorian novel', in Deirdre David (eag.), *The Cambridge Companion to the Victorian Novel*, 189.

[106] Stephen G. Alter, *Darwinism and the Linguistic Image: Language, Race and Natural Theory in the Nineteenth Century* (Baltimore: The Johns Hopkins University Press, 1999), 148.

Foinsí

Nuachtáin agus Irisí

Celt: A Weekly Periodical of Irish National Literature
An Claidheamh Soluis
Fáinne an Lae
Freeman's Journal
An Gaodhal
Hibernia
Irish Ecclesiastical Record
Irisleabhar na Gaedhilge
Irish Rosary
New York Times
Shan Van Vocht

Ailt

Armstrong, Nancy: 'Gender and the Victorian Novel', in Deirdre David (eag.), *The Cambridge Companion to the Victorian Novel* (Cambridge: Cambridge University Press, 2004), 97-124.

Bennett, Peggy: 'Sarah Glover: A Forgotten Pioneer in Music Education', *International Journal of Music Education*, Iml. 4, Uimh. 1, 1984, 27-35.

Biletz, Frank A.: 'Women and Irish-Ireland: The Domestic Nationalism of Mary Butler', *New Hibernia Review / Iris Éireannach Nua*, Iml. 6, Uimh. 1 (2002), 59-72.

Boylan, T. A. agus Foley, T. P.: 'From Hedge School to Hegemony: Intellectuals, Ideology, and Ireland in the Nineteenth Century', in Liam O'Dowd (eag.), *On Intellectuals and Intellectual Life in Ireland* (Belfast: Royal Irish Academy, 1996), 109-10.

Breathnach, Diarmuid: '1882-1982 Beathaisnéis: Focal eatramhach', in Micheál Ó Cearúil (eag.), *Aimsir Óg, Cuid a Dó* (BÁC: Coiscéim, 2000), 312-6.

Breathnach, D. agus Ní Mhurchú, M.: 'Who were those Guys? Pearsana Chonradh na Gaeilge', in Breandán Ó Conaire (eag.), *Comhdháil an Chraoibhín 1993: Céad Bliain Ag Obair* (Comhairle Chondae Ros Comáin, 1994), 46-77.

Bryson, Mary E.: 'Criticism and the Irish Literary Revival with Special Attention to John Eglinton', in Anders Ahlqvist agus Věra Čapkovà (eag.), *Dán do Oide: Essays in Memory of Conn R. Ó Cléirigh* (Dublin: Institiúid Teangeolaíochta Éireann, 1997), 59-66.

Cadiot, Juliette: 'Russia Learns to Write: Slavistics, Politics, and the Struggle to Redefine Empire in the Early 20th Century', *Kritika: Explorations in Russian and Eurasian History*, Iml. 9, Uimh. 1, geimhreadh 2008, 135-67.

Cheasley Paterson, Elaine: 'Crafting a national identity: the Dun Emer Guild, 1902-8', in Betsey Taylor FitzSimon agus James H. Murphy (eag.), *The Irish Revival Reappraised* (Dublin: Four Courts Press, 2004), 106-118.

Daly, Mary: 'Literacy and Language Change in the Late Nineteenth and Early Twentieth Centuries', in Mary Daly agus David Dickson (eag.), *The Origins of Popular Literacy in Ireland: Language Change and Educational Development 1700-1920* (Dublin: Dept of Modern History TCD, Dept of Modern Irish History UCD, 1990), 153-66.

Deane, Seamus: 'Heroic Styles: The Tradition of an Idea', *Ireland's Field Day* (London: Hutchinson & Co., 1985), 45-8.

De Bhaldraithe, Tomás: 'Foclóirí agus Foclóireacht na Gaeilge', *The Maynooth Review / Revieú Mhá Nuad*, 1980, 3-15.

De Fréine, Seán: 'Tuiscint ar an nGaeilge', in Micheál Ó Cearúil (eag.), *Aimsir Óg, Cuid a Dó* (BÁC: Coiscéim, 2000), 317-32.

Denvir, Gearóid: 'Decolonizing the Mind: Language and Literature in Ireland', *New Hibernia Review / Iris Éireannach Nua*, earrach 1997, 44-68.

Denvir, Gearóid: 'Literature in Irish, 1800-1890: from the Act of Union to the Gaelic League', in Margaret Kelleher agus Philip O'Leary (eag.), *Cambridge History of Irish Literature* (Cambridge: Cambridge University Press, 2006), 544-98.

Doyle, Aidan: 'Tá sorry orm, ach níl sé suas chugat féin', in Micheál Ó Cearúil (eag.), *Aimsir Óg, Cuid a Dó* (BÁC: Coiscéim, 2000), 275-9.

Fischer, Joachim: 'kultur – and our need of it: The Image of Germany and Irish National Identity, 1890-1920', *The Irish Review*, fómhar 1999, Uimh. 24, 66-79.

Gibbons, Luke: 'Beyond the Pale: Race, Ethnicity, and Irish Culture', in Andrew Higgins Wyndham (eag.), *Re-imaging Ireland* (Virginia: University of Virginia Press, 2006), 48-67.

Görlach, Manfred: 'Ulster Scots: A Language?' in John M. Kirk agus Dónall P. Ó Baoill (eag.), *Language and Politics: Northern Ireland, the Republic of Ireland, and Scotland* (Queen's University Belfast: Belfast Studies in Language, Culture and Politics, 2000),13-31.

Greene, David: 'Language and Nationalism', *The Crane Bag*, Iml. 2, Uimh. 1 agus 2, 1978, 183-8.

Greene, David: 'The Founding of the Gaelic League', in Seán Ó Tuama (eag.), *The Gaelic League Idea* (Cork: Mercier Press, 1972), 9-19.

Greene, David: 'Robert Atkinson and Irish Studies', *Hermathena*, Uimh. CII, earrach 1966, 13.

Griffin, Brian: 'Cycling and Gender in Victorian Ireland', *Éire-Ireland*, Iml. 41, Uimh. 1 agus 2, samhradh / earrach 2006, 213-41.

Hamp, Eric P.: 'Some conceptual considerations', in Cathair Ó Dochartaigh (eag.), *Survey of the Gaelic Dialects of Scotland*, Iml. 1 (Dublin: Dublin Institute for Advanced Studies, School of Celtic Studies, 1997), 5-9.

Healy, L.: 'Mr. Mahaffy on Intermediate Education', *Irish Ecclesiastical Record*, Iml. IV, Iúil–Nollaig 1898 (4th Series), 540-60.

Henebry, Richard: '*Pelagius in Irland. Texte und Untersuchungen zur patristischen Litteratur* by Heinrich Zimmer', *The American Journal of Theology*, Iml. 6, Uimh. 3, Iúil 1902, 580-3.

Henebry, Richard: 'Irish Tradition', *The Journal of the Ivernian Society*, Iml. 2, Aibreán, 1910.

Horsbroch, Dauvit: 'Mair as a Sheuch atween Scotland an Ulster: Twa Policie for the Scots Leid?', in John M. Kirk agus Dónall P. Ó Baoill (eag.), *Language and Politics: Northern Ireland, the Republic of Ireland, and Scotland* (Queen's University Belfast: Belfast Studies in Language, Culture and Politics, 2000), 133-41.

Hutchinson, John: 'Irish Nationalism', in George Boyce agus Alan O'Day (eag.), *The Making of Modern Irish History* (London: Routledge, 1996), 100-19.

Hyde, Douglas: 'A Plea for the Irish Language', *Dublin University Review*, Lúnasa 1885, 666-76.

Jacquin, Dabielle: 'Le caractère irlandais (an cló Gaelach) et lá dynamique de l'Age d'Or', *Honorem Patrick Rafroidi, Les Romastismes Irlandais/Currents in Irish Romanticism: Études Irlandaises*, 1991, 39-55.

James, Henry: 'The Art of Fiction,(1884)' in Edwin M. Eigner agus George J. Worth (eag.), *Victorian Criticism of the Novel* (Cambridge: Cambridge University Press, 1985), 193-212.

Johnson, Nuala C.: 'Building a nation: an examination of the Irish Gaeltacht Commission report of 1926', *Journal of Historical Geography*, Uimh. 19, 1993, 157-68.

Kiberd, Declan: 'Caint na nDaoine mar Bhonn Liteartha', in Eoghan Ó hAnluain (eag.), *Léachtaí Uí Chadhain 1 (1980-1988)* (BÁC: An Clóchomhar Tta, 1989), 92-115.

Kiberd, Declan,: 'Inventing Ireland', in Gregory Castle (eag.), *Postcolonial Discourses: An Anthology* (Oxford: Blackwell, 2001), 458-83.

Leerssen, Joep: 'Language Revivalism before the twilight', in J. Leerssen, A. H. van der Weel agus D. Westerweel (eag.), *Forging the Smithy: national identity and representation in Anglo-Irish literary history* (Amsterdam-Atlanta: Editions Rodopi, 1995), 133-44.

Lyons, Paddy: 'Ireland, Britain, and mass literacy in nineteenth-century Europe', in Leon Litvack agus Colin Graham (eag.), *Ireland and Europe in the Nineteenth Century* (Dublin: Four Courts Press, 2006), 89-100.

Mac an tSaoir, Flann: 'An Dr. Risteard de Hindeberg', *Comhar*, Samhain 1961, 23-5, Eanáir 1962, 13-4 agus17, Feabhra 1962, 16-9.

Mac Congáil, Nollaig: 'Stair Bhunú Scoil Samhraidh an Daingin, 1908', *Irisleabhar Mhá Nuad*, 2008, 9-36.

Mac Congáil, Nollaig: 'Coláiste Chonnacht: na Blianta Tosaigh i dTuar Mhic Éadaigh', *Feasta*, Meán Fómhair 2005, 19-22, agus Deireadh Fómhair 2005, 19-23.

Mac Congáil, Nollaig: 'Bunú Choláiste Chomhghaill, Béal Feirste 1905', in Micheál Mac Craith agus Pádraig Ó Héalaí (eag.), *Diasa Díograise: Aistí i Cuimhne ar Mháirtín Ó Briain* (Indreabhán: Cló Iar-Chonnachta, 2009).

Mac Congáil, Nollaig: 'Conspóid Creideamh agus Gorta le Pádraig Ó Duinnín', *Feasta*, Deireadh Fómhair 2007, 21-4, agus Samhain 2007, 19-22.

Mac Congáil, Nollaig: 'Bunú Choláiste na gCeithre Máistrí', *An tUltach*, Deireadh Fómhair 2006, 10-14.

Mac Congáil, Nollaig: 'Stair na gColáistí Gaeilge agus Bunú Choláiste Uladh', in Seosamh Ó Ceallaigh (eag.), *Coláiste Uladh 1906-2006* (Coiste Cuimhneacháin Choláiste Uladh, 2006), 110-40.

Mac Congáil, Nollaig: 'Bunú Choláiste Laighean 1906: Deireadh le Túsré na gColáistí Gaeilge', *Feasta,* Eanáir 2007, 23-7.

Mac Eoghain, Éamonn: 'Micheál Óg Ó Longáin', *Irisleabhar Muighe Nuadhat*, 1947, 24-7.

Mac Mathúna, Liam: 'From Manuscripts to street signs via *Séadna*: the Gaelic League and the changing role of literacy in Irish, 1875-1915', in Betsey Taylor FitzSimon agus James H. Murphy (eag.), *The Irish Revival Reappraised* (Dublin: Four Courts Press, 2004), 49-62.

Mac Mathúna, Liam: 'An Dream Iontu féin iad Gaeilgeoirí Bhaile Átha Cliath?', *Pobal na Gaeilge: Oidhrí agus Ceannródaithe* (BÁC: Coiscéim, 1987), 49-51.

Mac Mathúna, Liam: 'Réamhrá', *Séadna* (BÁC: Carbad, 1995).

Mac Mathúna, Seán: 'Dhá Chás Dlí an Phiarsaigh agus Feachtas na gCairteacha', *Feasta*, Iml. 32, Uimh. 11, Samhain 1979, 5-10.

McDiarmid, Lucy: 'Revivalist belligerence: three controversies', in Betsey Taylor FitzSimon agus James H. Murphy (eag.), *The Irish Revival Reappraised* (Dublin: Four Courts Press, 2004), 132-144.

McIlvanney, Liam: 'Across the narrow sea: the language, literature and politics of Ulster Scots', in Liam McIlvanney agus Ray Ryan (eag.), *Ireland and Scotland: Culture & Society 1700-2000* (Dublin: Four Courts Press, 2005), 203-26.

McMahon, Timothy G.: '"All creeds and all classes"? Just who made up the Gaelic League?', *Éire-Ireland*, Iml. 37, Uimh. 3 agus 4, 2002, 118-68.

Montogery, M. B. agus Gregg, R. J.: 'The Scots Language in Ulster', in Charles Jones (eag.), *The Edinburgh History of the Scots Language* (Edinburgh: Edinburgh University Press, 1997), 569-622.

Neville, Grace: 'He Spoke to me in English; I answered him in Irish: Language Shift in the Folklore Archives', *L'Irlande et ses langues: Actes du Colloque de Rennes 1992*. (Paris: Société Française d'Etudes Irlandaises, 1993), 19-32.

Ní Bhroiméil, Úna: 'American influence on the Gaelic League: inspiration or control?' in Betsey Taylor FitzSimon agus James H. Murphy (eag.), *The Irish Revival Reappraised* (Dublin: Four Courts Press, 2004), 63-70.

Nic Congáil, Ríona: 'Úna Ní Fhaircheallaigh: A Smuainte ar Árainn', Cuid 1 agus 2, *Feasta*, Iúil 2006, 19-23 agus Lúnasa 2006, 19-23.

Nic Dhiarmada, Bríona: 'Aspects of Utopia, Anti-Utopia, and nostalgia in Irish-language texts', *Utopia Studies* Iml. 18, 2007, 365-78.

Ní Dhonnachadha, Aisling: 'Fáinne an Lae', *Irisleabhar Mhá Nuad* 1987, 236-59.

Ní Dhonnachadha, Aisling: 'Fáinne an Lae: Ceann d'Fhoinsí na hAthbheochana', in Eoghan Ó hAnluain (eag.), *Léachtaí Uí Chadhain 1* (BÁC: An Clóchomhar Tta, 1989), 70-91.

Nic Eoin, Máirín: 'Idir Dhá Theanga: Irish-language culture and the challenges of hybridity', in Ciarán Mac Murchaidh (eag.), *'Who Needs Irish?' Reflections on the Importance of the Irish Language Today* (Dublin: Veritas Press, 2004), 123-39.

Ní Shéaghdha, Nessa: 'Gairmeacha Beatha Scríobhaithe ón 18ú agus ón 19ú Céad', *Celtica*, Uimh. XXI, 1990, 567-75.

Ní Thiarnaigh, Éilis: 'Tús Ré', in an tSr. Marie des Victories Fitzsimons (eag.), *Reflections 1859-1977 Clochar Lughaidh Muineacháin* (Dublin: Folens, 1978).

Nugent, Joseph: 'The Sword and the Prayerbook: Ideals of Authentic Irish Manliness', *Victorian Studies*, Iml. 50, Uimh. 4, samhradh 2008, 587-613.

Ó Buachalla, Breandán: 'Canóin na Creille: An File ar Leaba a Bháis', in Máirín Ní Dhonnchadha (eag.), *Nua-Léamha: Gnéithe de Chultúr, Stair agus Polaitíocht na hÉireann c.1600-c.1900* (BÁC: An Clóchomhar Tta, 1996), 149-69.

Ó Cadhain, Máirtín: 'Conradh na Gaeilge agus an Litríocht', in Seán Ó Tuama (eag.), *The Gaelic League Idea* (Cork: Mercier Press, 1993), 52-62.

Ó Ceallaigh, Seán: 'Úna Ní Fhaircheallaigh', in *Eoghan Ó Gramhnaigh* (BÁC: Oifig an tSoláthair, 1968), 128-9.

Ó Ciosáin, Niall: 'Creating an Audience: Innovation and Reception in Irish Language Publishing, 1880-1920', in Clare Hutton (eag.), *The Irish Book in the Twentieth Century* (Dublin: Irish Academic Press, 2004), 5-15.

Ó Cuív, Brian: 'Irish Language and Literature, 1845-1921', in W. E. Vaughan (eag.), *A New History of Ireland VI: Ireland Under the Union II, 1870-1921* (Oxford: Clarendon Press, 1966), 385-435.

Ó Cuív, Shán: 'Caradas Nár Mhair', in F. X. Martin agus F. J. Byrne (eag.), *The Scholar Revolutionary: Eoin MacNeill, 1867-1945, and the Making of the New Ireland* (Shannon: Irish University Press, 1973), 51-73.

Ó Dochartaigh, Liam: 'Cúis na Gaeilge – Cúis ar Strae', in Eoghan Ó hAnluain (eag.), *Léachtaí Uí Chadhain 1* (BÁC: An Clóchomhar Tta, 1989), 116-33.

Ó Dubhghaill, Séamus: 'Gluaiseacht na Gaedhilge: A Tosach agus a Fás', *Misneach,* 18 Nollaig, 1920.

Ó Fearaíl, Pádraig: *The Story of Conradh na Gaeilge: A History of the Gaelic League* (BÁC: Clódhanna Teo., 1975).

O'Growney, Eugene: 'The "Muls" and "Gils": Some Irish Surnames', *The Irish Ecclesiastical Record*, Iml. III (4th Series), Eanáir, 1898 423-38, Meitheamh, 1898, 492-512.

Ó hAilpín, Tomás: 'Irish Revival Movements', in Brian Ó Cuív (eag.), *A View of the Irish Language* (BÁC: Rialtas na hÉireann, 1969), 91-100.

Ó Háinle, Cathal: 'Ó Chaint na ndaoine go dtí an Caighdeán Oifigiúil', in Kim Mc Cone et al. (eag.), *Stair na Gaeilge* (Roinn na Sean-Ghaeilge, Coláiste Phádraig, Maigh Nuad, 1994), 745-93.

Ó hAnluain, Eoghan: 'Irish Writing: Prose Fiction and Poetry 1900-1988', in Seamus Deane et al. (eag.), *The Field Day Anthology of Irish Literature*, Iml. 3 (Derry: Field Day Publications, 1991), 814-7.

Ó Labhraí, Joe: 'Lámhscríbhinn Chaillte? Seanmóir ar an Bhreithiúnas Dheireanach leis an Athair Hugh McFadden, Cloch Cheann Fhaola', *Taighde agus Teagasc*, Iml. 1 (Béal Feirste: Coláiste Ollscoile Naomh Mhuire, 2001), 41-67.

Ó Luing, Seán: 'William Maunsell Hennessy', *Celtic Studies in Europe and other Essays* (Dublin: Geography Publications, 2000), 39-76.

Ó Mianáin, Pádraig: 'An "Mheán-Ghaeilge": Caighdeáin Teanga i gCláir Óige TG4', in Eithne O'Connell, John Walsh, Gearóid Denvir (eag.), *TG4@10: Deich mBliana de TG4* (Indreabhán: Cló Iar-Chonnachta, 2008), 42-50.

Ó Madagáin, Breandán: 'Irish: A Difficult Birth', in Tadhg Foley (eag.), *Queen's College to National University: Essays on the Academic History of QCG / UCG / NUI Galway* (Dublin: Four Courts Press, 1999), 344-59.

Ó Muraíle, Nollaig: 'Staid na Gaeilge i gConnachta in Aimsir Sheáin Mhic Héil', in Áine Ní Cheannain (eag.), *Leon an Iarthair: Aistí ar Sheáin Mac Héil* (BÁC: An Clóchomhar Tta, 1983), 37-66.

Ó Murchú, Máirtín: 'Whorf and Irish Language Politics', *The Crane Bag*, Iml. 2, Uimh. 1 agus 2, 1978, 178-82.

Ó Murchadha, Tadhg: 'Micheál Óg Ó Longáin (1766-1837)', in Séamus Pender (eag.), *Féilscríbhinn Torna: essays and studies presented to Professor Tadhg Ua Donnchadha* (Cork: Cork University Press, 1947), 11-7.

Ó Saothraí, Séamas: 'Russell, Thomas O'Neill', *Oxford Dictionary of National Biography*, ar-líne: http://www.oxforddnb.com.proxy.library.nd.edu/view/article/35885

Ó Siadhail, Micheál: 'The Erosion of the Copula in Modern Irish Dialects', *Celtica*, Iml. XV, 1983, 117-27.

Ó Tuathaigh, Gearóid: 'Maigh Nuad agus Stair na Gaeilge', in Etaín Ó Síocháin (eag.), *Maigh Nuad: Saothrú na Gaeilge 1795-1995* (Maigh Nuad: An Sagart, 1995), 13-25.

Ó Tuathaigh, Gearóid: 'Máirtín Ó Cadhain', in Eoghan Ó hAnluain (eag.), *Léachtaí Uí Chadhain 1* (BÁC: An Clóchomhar Tta, 1989), 47-70.

Paulin, Tom: 'A New Look at the Language Question', *Ireland's Field Day* (London: Hutchinson & Co., 1985), 3-28.

Quinn, E. G.: 'Irish Studies', in T. Ó Raifeartaigh (eag.), *The Royal Irish Academy: A Bicentennial History 1785-1895* (Dublin: Royal Irish Academy, 1985), 181-82.

Riggs, Pádraigín: 'Caint na ndaoine: An Chaint agus na Daoine', in Micheál Ó Cearúil (eag.), *Aimsir Óg: Cuid a Dó* (BÁC: Coiscéim, 2000), 82.

'Sagart': 'An Teanga agus an Creideamh', *Gearrbhaile*, 1936, 11-4.

Shiach, Morag: '"To Purify the dialect of the tribe" Modernism and Language Reform', *Modernism/Modernity*, Iml. 14, Uimh. 1, 2007, 21-34.

Shires, Linda M.: 'The Aesthetics of the Victorian Novel', in Deirdre David (eag.), *The Cambridge Companion to the Victorian Novel* (Cambridge: Cambridge University Press, 2004), 61-76.

Stakelum, Mary: 'A Song to sweeten Ireland's wrong: music education and the Celtic Revival', in Betsey Taylor FitzSimon agus James H. Murphy (eag.), *The Irish Revival Reappraised* (Dublin: Four Courts Press, 2004), 71-82.

Thomas, Ronald R.: 'Detection in the Victorian novel', in Deirdre David (eag.), *The Cambridge Companion to the Victorian Novel* (Cambridge: Cambridge University Press, 2004), 169-91.

Tierney, Mark: 'What Did the Gaelic League Accomplish 1893-1963', *Studies*, Uimh. 52, 1963, 337-47.

'Topographies', Eagarfhocal in Michael Cronin, Barra Ó Seaghda agus Peter Sirr (eag.), *Graph: Irish Literary Review*, Iml. 10, samhradh–fómhar 1991, 33.

Ua Súilleabháin, Seán: 'Osborn Bergin', *Léachtaí Cholm Cille XXVII* (Maigh Nuad: An Sagart, 1997), 150-76.

Uí Mhéalóid, Madeleine: 'Agnes O'Farrelly: Crusader for a Gaelic Ireland 1874-1951', *Breifne: Journal of Cumann Seanchais Bhréifne*, Iml. 8, Uimh. 34, 1998, 841-76.

Whitling, Bartlett Jere: 'The Nature of the Proverb', *Harvard Studies and Notes in Philology and Literature*, Uimh. 14, 1932, 302.

Leabhair

Alter, Stephen G.: *Darwinism and the Linguistic Image: Language, Race, and Natural Theory in the Nineteenth Century* (Baltimore: The Johns Hopkins University Press, 1999).

Aschroft, Bill et al.: *The Empire Writes Back: Theory and Practice in Post-Colonial Literatures* (London: Routledge, 1998).

Autobiography of the Ruairi O'Moore Branch of the Gaelic League, Portarlington (Dublin: Gaelic League, 1906).

Barken, Leonard: *The Gods Made Flesh: Metamorphosis and the Pursuit of Paganism* (New Haven: Yale University Press, 1986).

Barry, Kevin: *James Joyce Occasional, Critical, and Political Writing* (Oxford: Oxford University Press, 2000).

Bederman, Gail: *Manliness & Civilization: A Cultural History of Gender and Race in the United States, 1880-1917* (Chicago: University of Chicago Press, 1995).

Beirne, Piers: *Inventing Criminology, Essays on the Rise of 'Homo Criminalis'* (Albany: State University of New York Press, 1993).

Begin, Osborn: *Is Irish to be Strangled? Inaugural Address of the Society for the Simplification of the Spelling of Irish on the 15ᵗʰ of November, 1910* (Dublin: Browne and Nolan, 1911).

Birmingham, George A.: *An Irishman Looks At His World* (London: Hodder & Stoughton, 1919).

Boehmer, Elleke: *Colonial & Postcolonial Literature: Migrant Metaphors* (Oxford: Oxford University Press, 1995).

Bohn, Henry G.: *Handbook of Proverbs* (London: Antiquarian Library, 1855).

Bourke, Ulick L.: *Sermons in Irish-Gaelic by the Most Rev. James O'Gallagher* (Dublin: M. H. Gill & Son, 1877).

Bourke, Ulick L.: *The Aryan Origin of the Gaelic Race and Language* (London: Longmans, Green, & Co., Paternoster-row, 1876).

Bourke, Ulick L.: *The College Irish Grammar* (Dublin: M. H. Gill & Son, 1883).

Brantlinger, Patrick: *Dark Vanishings: Discourse on the Extinction of Primitive Races 1800-1930* (Ithaca: Cornell University Press, 2003).

Bringhurst, Robert: *The Elements of Typographic Style* (Vancouver: Hartley & Marks, 2004).

Breathnach, Diarmuid agus Ní Mhurchú, Máire: *1882-1982: Beathaisnéis a hAon* (BÁC: An Clóchomhar Tta, 1986).

Breathnach, Diarmuid agus Ní Mhurchú, Máire: *1882-1982: Beathaisnéis a Dó* (BÁC: An Clóchomhar Tta, 1990).

Breathnach, Diarmuid agus Ní Mhurchú, Máire: *1882-1982: Beathaisnéis a Trí* (BÁC: An Clóchomhar Tta, 1992).

Breathnach, Diarmuid agus Ní Mhurchú, Máire: *1882-1982: Beathaisnéis a Ceathair* (BÁC: An Clóchomhar Tta, 1994).

Breathnach, Diarmuid agus Ní Mhurchú, Máire: *1882-1982: Beathaisnéis a Cúig* (BÁC: An Clóchomhar Tta, 1997).

Brown, Roger L.: *Wilhelm von Humbolt's Conception of Linguistic Relativity* (Paris: Mouton & Co., 1967).

Butler, Mary E. L.: *Irishwomen and the Home Language, Gaelic League Pamphlet 6* (Dublin: Gaelic League, g.d.).

Caerwyn Williams, J. E. agus Ní Mhuiríosa, Máirín: *Traidisiún Liteartha na nGael* (BÁC: An Clóchomhar Tta, 1985).

Chaudhuril, Nirad C.: *Scholar Extraordinary: The Life of Professor the Rt. Hon. Friedrich Max Müller, P.C.* (London: Chatto & Windus, 1974).

Collins, Kevin: *Catholic Churchmen and the Celtic Revival in Ireland, 1848-1916* (Dublin: Four Courts Press, 2002).

Corish, Patrick: *The Irish Catholic Experience: A Historical Survey* (Dublin: Gill & Macmillan, 1986).

Craig, J. P.: *Ór-Sgeul an Chreidimh* (William St., Derry: D. G. Craig & Co., 1911).

Cronin, Michael: *Translating Ireland: Translation, Languages, Cultures* (Cork: Cork University Press, 1996).

Crowley, Tony: *The Politics of Language in Ireland 1366-1922: A Sourcebook* (London: Routledge, 2000).

Crystal, David: *English as a World Language* (Cambridge: Cambridge University Press, 1997).

Cumming, E. agus Kaplan, W.: *The Arts and Crafts Movement* (London: Thames and Hundson, 1995).

Curtis, L. Perry: *Apes and Angels: The Irishman in Victorian Caricature* (Washington: Smithsonian Institution Press, 1997).

Daly, Domnic: *The Young Douglas Hyde: The Dawn of the Irish Revolution and Renaissance 1874-1893* (Dublin: Irish University Press, 1974).

Daly, Mary agus Dickson, David: *The Origins of Popular Literacy in Ireland: Language Change and Educational Development 1700-1920* (Dublin: Dept of Modern History TCD, Dept of Modern Irish History UCD, 1990).

Darwin, Charles: *On the Origin of Species* (Cambridge: Harvard University Press, 2003).

Darwin, Charles: *The Descent of Man and the Selection in Relation to Sex* [Second Edition, revised and augmented] (Akron, Ohion: The Werner Company, 1874).

Deane, Seamus: *Celtic Revivals* (London: Faber and Faber, 1985).

Deane, Seamus: *A Short History of Irish Literature* (Indian: University of Notre Dame Press, 1994).

De Blacam, Aodh: *Gaelic Literature Surveyed* (Dublin: Talbot Press Limited, 1929).

Delap, Breandán: *Úrscéalta Stairiúla na Gaeilge* (BÁC: An Clóchomhar Tta, 1993).

De Paor, Louis: *Faoin mBlaoisc Bheag Sin* (BÁC: Coiscéim, 1991).

De Paor, Pádraig: *Na Buachaillí Dána* (BÁC: Clóchomhar Tta, 2005).

Denvir, Gearóid: *Litríocht agus Pobal* (Indreabhán: Cló Iar-Chonnachta, 1997).

Denvir, Gearóid: *Aistí Phádraic Uí Chonaire* (Indreabhán: Cló Chois Fharraige, 1978).

Dillon, Myles: *The Archaism of Irish Tradition: The Sir John Rhŷs Memorial Lecture, British Academy 1947*, Proceedings of the British Academy, Iml. xxxiii (London: Geoffrey Cumberlege Amen House, E.C. 4).

Dinneen, Patrick S.: *MacTernan Prize Essays, No. 1 Prós Gaedhealach/Irish Prose* (Dublin: M. H. Gill & Son, 1902).

Dinneen Patrick S.: *Foclóir Gaedhilge agus Béarla: An Irish-English Dictionary* (Dublin: M. H. Gill & Son, Ltd. 1904).

Dorian, Nancy C.: *Language Death: The Life Cycle of a Scottish Gaelic Dialect* (Philadelphia: University of Pennsylvania Press, 1981).

Douglas Hyde and the Revival of the Irish Language (gan foilsitheoir luaite, circa 1905).

Dunleavy, Gareth W.: *Douglas Hyde* (London: Bucknell University Press, 1974).

Dudley Edwards, Ruth: *Patrick Pearse: The Triumph of Failure* (London: Victor Gollancz, 1977).

Durkacz, Victor Edward: *The Decline of the Celtic Languages* (Edinburgh: John Donald, 1983).

Eco, Umberto: *The Search for the Perfect Language*, aist. James Fentress (Oxford: Blackwell, 1997).

Elsasser, Martin: *Deutschland Und Irland/Germany and Ireland* (Dublin: Brookside, 1997).

Fitzsimons, Marie des Victories: *Reflections 1859-1977 Clochar Lughaidh Muineachán* (Dublin: Folens, 1978).

'Eirish Society': *Irish Made Easy* (Dublin: Browne & Nolan, g.d.).

Ford, Patrick agus Caerwyn Williams, J. E.: *The Irish Literary Tradition* (University of Wales Press, 1992).

Foster, R.F.: *Modern Ireland 1600-1972* (London: Allen Lane, 1988).

Foster, R.F.: *Paddy and Mr. Punch: Connections in Irish and English History* (London: A. Lane, 1995).

Fraser, Robert: *Lifting the Sentence: a poetics of postcolonial fiction* (Manchester: Manchester University Press, 2000).

'Gae Bolga': *A Talk about Irish Literature* (Dublin: M. H. Gill & Son, 1907).

Galton, Francis: *Hereditary Genius: An Inquiry into its Laws and Consequences* (Gloucester, Mass.: Peter Smith, 1972).

Gandhi, Leela: *Postcolonial Theory: A Critical Introduction* (New York: Columbia University Press, 1998).

Garrigan Mattar, Sinéad: *Primitivism, Science and the Irish Revival* (Oxford: Clarendon Press, 2004).

Garvin, Tom: *Preventing the Future* (Dublin: Gill & Macmillan, 2004).

Garvin, Tom: *Nationalist Revolutionaries in Ireland 1858-1928* (Dublin: Gill & Macmillan, 2005).

Gates, Barbara T.: *Victorian Suicide: Mad Crimes and Sad Histories* (Princeton: Princeton University Press, 1988).

Gay, Peter: *Schnitzler's Century: The Making of Middle-Class Culture 1815-1914* (New York: W. W. Norton & Company, 2002).

Geary, Patrick J.: *The Myth of Nations: The Medieval Origins of Europe* (Princeton: Princeton University Press, 2002).

Glynn, Daniel: *The Idea of Prehistory* (Harmondsworth: Penguin, 1971).

Goldring, Maurice: *Pleasant the Scholar's Life: Irish Intellectuals and the Construction of the Nation State* (London: Serif, 1993).

Gould, Stephen Jay: *Ever Since Darwin: Reflections in Natural History* (New York: Norton & Company, 1977).

Hayden, William: *Irish Pronunciation: Practice and Theory* (Dublin: Browne & Nolan, 1895).

Hindley, Reg: *The Death of the Irish Language: A Qualified Obituary* (London: Routledge, 1990).

Hobsbawm, Eric: *The Age of Empire 1875-1914* (New York: Vintage Books, Random House, 1989).

Hobsbawm, Eric agus Ranger T.: *The Invention of Tradition* (Cambridge: Cambridge University Press, 2000).

Hyde, Douglas: *Beside the Fire: A Collection of Irish Gaelic Folk Stories* (London: David Nutt, 1890)

Hyde, Douglas: *Abhráin Atá Leagtha ar an Reachtúire* (BÁC: Gill agus a Mhac, 1903).

Hyde, Douglas: *The Story of Early Gaelic Literature* (London: T. Fisher Unwin, 1895).

Hyde, Douglas: *A Literary History of Ireland* (London: Ernest Benn Limited, 1980).

Henry, James: *The Tragic Muse, The Art of the Novel,* eag. R. P. Blackmur (New York: Scribners, 1934).

Kelleher, Margaret agus O'Leary, Philip: *Cambridge History of Irish Literature* (Cambridge: Cambridge University Press, 2006).

Kenner, Hugh: *A Colder Eye: The Modern Irish Writers* (Baltimore: Johns Hopkins University Press, 1983).

Kiberd, Declan: *Inventing Ireland, The Literature of the Modern Nation* (London: Vintage, 1996).

Kiberd, Declan: *Synge and the Irish Language* (Dublin: Gill & Macmillan, 1993).

Kirk, J. M. agus Ó Baoill, D. P.: *Legislation, Literature and Sociolinguistics: Northern Ireland, the Republic of Ireland, and Scotland* (Belfast: Cló Ollscoil na Banríona, 2005).

Kirkland, Richard: *Cathal O'Byrne and the Northern Revival in Ireland, 1890-1960* (Liverpool: Liverpool University Press, 2006).

Lankester, Edwin Ray: *Degeneration: A Chapter in Darwinism* (London: Macmillan, 1895).

Ledger, Sally agus Luckhurst, Roger: *The Fin de Siècle: A Reader in Cultural Studies* (Oxford: Oxford University Press, 2000).

Lee, J. J.: *Ireland 1912-1985: Politics and Society* (Cambridge: Cambridge University Press, 1989).

Leerssen, Joep: *Hidden Ireland, Public Sphere* (Galway: Arlen House, 2002).

Lloyd, David: *Nationalism and Minor Literature: James Clarence Mangan and the Emergence of Irish Cultural Nationalism* (Berkeley: University of California Press, 1987).

Lloyd, David: *Anomalous States: Irish Writing and the Post-Colonial Moment* (Durham: Duke University Press, 1993).

Lepore, Jill: *A is for American: Letters and other characters in the newly United States* (New York: Alfred A. Knopf, 2002).

Logan, J. D.: *The Making of Modern Ireland* (Toronto: Gaelic League, 1909).

Loomba, Ania: *Colonialism/Postcolonialism* (London: Routledge, 1998).

Loxley, Simon: *Type, The Secret History of Letters* (London: I. B. Tauris & Co., 2004).

Lynam, E. W.: *The Irish Character in Print 1571-1923* (New York: Barnes & Noble Inc., 1969).

Macaloon, John J.: *Muscular Christianity and the Colonial and Post-Colonial World* (London: Routledge, 2007).

Mac Amhlaigh, Liam: *Foclóirí agus Foclóirithe na Gaeilge* (BÁC: Cois Life, 2008).

Mac Aonghusa, Criostóir: *Ó Ros Muc go Rostov* (BÁC: An Clóchomhar Tta, 1972).

Mac Aonghusa, Proinsias: *Oireachtas na Gaeilge 1897-1997* (BÁC: Conradh na Gaeilge, 1997).

Mac Aonghusa, Proinsias: *Ar son na Gaeilge: Conradh na Gaeilge 1893-1993* (BÁC: Conradh na Gaeilge, 1993).

MacGinley, P. T.: *The Possibilities of Irish Industry, Gaelic League Pamphlets No. 30* (BÁC: Conradh na Gaeilge, circa 1905).

Mac Liammóir, Micheál: *Theatre in Ireland* (Dublin: Three Candle Press, 1963).

Mac Mathúna, Liam: *Pobal na Gaeilge: Oidhrí agus Ceannródaithe* (BÁC: Coiscéim, 1987).

MacMaster, Neil: *Racism in Europe* (New York: Palgrave, 2001).

Máirtín, Caoimhe: *An Máistir: An Scoil agus an Scolaíocht i Litríocht na Gaeilge* (BÁC: Cois Life, 2003).

Martin, F. X. agus Byrne, F. J.: *The Scholar Revolutionary: Eoin Mac Neill 1867-1945 and the making of the New Ireland* (Shannon: Irish Academic Press, 1973).

Mathews, P. J.: *Revival: The Abbey Theatre, Sinn Féin, The Gaelic League and the Co-operative Movement* (Cork: Cork University Press, 2003).

Maume, Patrick: *The Long Gestation: Irish Nationalist Life 1891-1918* (Dublin: Gill & Macmillan Ltd., 1999).

McCloskey, James: *Guthanna in Éag: An Mairfidh an Ghaeilge Beo?* (BÁC: Cois Life, 2001).

McCormack, W. J.: *From Burke to Beckett: Ascendancy, Tradition and Betrayal in Literary History* (Cork: Cork University Press, 1994).

McLeod, John: *Beginning Postcolonialism* (Manchester: Manchester University Press, 2000).

McMahon, Timothy G.: *Grand Opportunity: The Gaelic Revival and Irish Society 1893-1910* (Syracuse: Syracuse University Press, 2008).

Moonan, George A.: *The Spirit of the Gaelic League: Gaelic League Pamphlets No. 33* (Dublin: Gaelic League, g.d.).

Morison, Stanley: *On Type Designs Past and Present: A Brief Introduction* (London: Ernest Benn, 1962).

Müller, Max Friedrich: *Lectures on the Science of Language, delivered at the Royal Institution of Great Britain in April, May, & June, 1861* (London: Longman, Roberts, & Green, 1864).

Mutjahr, P. C. agus. Benton, M. L.: *Illuminating Letters: Typography and Literary Interpretation* (Amherst: University of Massachusetts, 2001).

Nesbitt, Alexander: *The History and Technique of Lettering* (New York: Dover Publications Inc., 1957).

Ní Bhroiméil, Úna: *Building Irish Identity in America 1870-1915* (Dublin: Four Courts Press, 2003).

Nic Craith, Máiréad: *Malartú Teanga: An Ghaeilge i gCorcaigh sa Naoú hAois Déag* (Bremen: Cumann Eorpach Léann na hÉireann, 1994).

Nic Eoin, Máirín: *An Litríocht Réigiúnach* (BÁC: An Clóchomhar Tta, 1982).

Nic Eoin, Máirín: *Trén bhFearann Breac* (BÁC: Cois Life, 2005).

Ní Chinnéide, Mairéad: *Máire de Buitléir: Bean Athbheochana* (BÁC: Comhar Teo., 1993).

Ní Chonceanainn, Finnín agus Ó Coigligh, Ciarán: *Tomás Bán* (BÁC: Conradh na Gaeilge, 1996).

Nic Dhiarmada, Bríona: *Téacs Baineann, Téacs Mná: Gnéithe de Fhilíocht Nuala Ní Dhomhnaill* (BÁC: An Clóchomhar Tta, 2005).

Ní Dhonnchadha, Aisling: *An Gearrscéal sa Ghaeilge 1898-1940* (BÁC: An Clóchomhar Tta, 1981).

Nic Pháidín, Caoilfhionn: *Fáinne an Lae agus an Athbheochan 1898-1900* (BÁC: Cois Life Teoranta, 1998).

Ní Fhaircheallaigh, Úna: *Grádh agus Crádh* (BÁC: Conradh na Gaeilge, 1901).

Ní Fhaircheallaigh, Úna: *Smuainte ar Árainn* (BÁC: Conradh na Gaeilge, 1902).

Ní Ghiobúin, Mella: *Dugort, Achill Island 1831-1861: The Rise and Fall of a Missionary Community* (Dublin: Irish Academic Press, 1997).

Ní Mhuiríosa, Máirín: *Réamh-Chonraitheoirí: Nótaí ar chuid de na daoine a bhí gníomhach i ngluaiseacht na Gaeilge idir 1876-1893* (BÁC: Clódhanna Teorannta, 1978).

Ní Mhuircheartaigh, Éadaoin agus Mac Congáil, Nollaig: *Drámaí Thús na hAthbheochana* (Galway: Arlen House, 2008).

Ní Mhurchú, Mairéad: *Coláiste na Mumhan 1904-2004: comóradh an chéid: céad bliain ag fás, céad bliain faoi bhláth* (Corcaigh: Coláiste na Mumhan, 2004).

Ní Thiarnaigh, Éilís: *Casadh na Taoide 1891-1925* (BÁC: Foilseacháin Náisiúnta Teoranta, 1970).

Ní Úrdail, Meidhbhín: *The Scribe in Eighteenth- and Nineteenth-Century Ireland: Motivations and Milieu* (Münster: Nodus Publikationen, 2000).

Ó Braonáin, An tAth. Cathaoir: *Béarla Sacsan agus An Creideamh i n-Éirinn* (BÁC: M. H. Mac Guill agus a Mhac, 1913).

O'Brien, Frank: *Filíocht Ghaeilge na Linne Seo* (BÁC: An Clóchomhar Tta, 1968).

O'Brennan, Martin A.: *Irish Made Easy: A Practical Irish Grammar* (London: Catholic Publishing and Bookselling Company, 1859).

Ó Buachalla, Breandán: *Aisling Ghéar: Na Stíobhartaigh agus an tAos Léinn, 1603-1788* (BÁC: An Clóchomhar Tta, 1996).

Ó Buachalla, Breandán: *An Caoine agus An Chaointeoireacht* (BÁC: Cois Life, 1998).

Ó Buachalla, Séamus: *Pádraig Mac Piarais agus Éire lena linn* (BÁC: Cló Mercier, 1979).

Ó Caithnia, Liam P.: *Scéal na hIomána* (BÁC: An Clóchomhar Tta, 1980).

Ó Cearnaigh, Seán: *An Stad: Croílár na hAthbheochana* (BÁC: Comhar Teo., 1993).

Ó Cearúil, Micheál: *Bunreacht na hÉireann, A Study of the Irish Text* (BÁC: Oifig an tSoláthair, 1999).

Ó Cearúil, Micheál: *Gníomhaire na mBráithre* (BÁC: Coiscéim, 1996).

Ó Ciosáin, Éamon: *Buried Alive: A Reply to 'The Death of the Irish Language'* (BÁC: Dáil Uí Chadhain, 1991).

Ó Ciosáin, Niall: *Print and Popular Culture in Ireland 1750-1850* (New York: Palgrave, 1997).

Ó Conaire, Pádraig: *Deoraíocht: Uirsgéal ar an aimsir seo atá i láthair* (BÁC: Clódhanna Teo., 1910).

Ó Conaire, Pádraig: *Nóra Mharcais Bhig agus Sgéalta Eile* (BÁC: Clódhanna Teo., 1909).

Ó Conaire, Breandán: *Language, Lore and Lyrics* (Dublin: Irish Academic Press, 1986).

Ó Conchúir, Breandán: *Scríobhaithe Chorcaí 1700-1850* (BÁC: An Clóchomhar Tta, 1982).

Ó Conluain, P. agus Ó Céileachair, D.: *An Duinníneach: An tAthair Pádraig Ó Duinnín, A Shaol, a Shaothar agus an Ré inar Mhair Sé* (BÁC: Sáirséal agus Dill, 1958).

O'Connor, Erin: *Raw Material: Producing Pathology in Victorian Culture* (Durham: Duke University Press, 2000).

Ó Cuív, Brian: *A View of the Irish Language* (BÁC: Rialtas na hÉireann, 1969).

Ó Criomhthain, Tomás: *An tOileánach*, eag. Seán Ó Coileán (BÁC: Cló Talbóid, 2002).

Ó Currín, Seán: *Scríbhne Risteird De hIndeberg* (BÁC: Brún agus Nualán Teo, g.d.).

Ó Doibhlin, Breandán: *Aistí Critice agus Cultúir* (BÁC: Foilseacháin Náisiúnta Teoranta, g.d.).

Ó Doibhlin, Breandán: *Litríocht agus Léitheoireacht* (Corcaigh: Oideas Mercier, 1973).

Ó Doibhlin, Breandán: *Aistí Critice agus Cultúir II* (Béal Feirste: Lagan Press, 1997).

Ó Domhnaill, Micheál: *Iolscoil na Mumhán: Coláiste na Rinne: geárr stair.* (An Rinn, Port Láirge: Coláiste na Rinne, 1987).

O'Dowd, Liam: *On Intellectuals and Intellectual Life in Ireland* (Belfast: Royal Irish Academy, 1996).

Ó Duinnín, Pádraig: *Cormac Ua Conaill: Sgéal bhaineas le hÉirí Amach agus Díthcheannadh* (BÁC: Conradh na Gaeilge, 1901).

Ó Duinnín, Pádraig: *Cormac Ua Conaill* (BÁC: Conradh na Gaeilge, 1902).

Ó Duinnín, Pádraig: *Cormac Ua Conaill* (BÁC: Oifig an tSoláthair, 1952).

Ó Duinnín, Pádraig: *Creideamh agus Gorta: Traighidheacht bhaineas le haimsir an drochshaoghail, 1847* (BÁC: Conradh na Gaeilge, 1901).

Ó Duinnín, Pádraig: *Prós Gaedhealach* (Dublin: Society for The Preservation of the Irish Language, 1902).

Ó Duinnín, Pádraig: *Startha as an Soiscéal* (BÁC: M. H. Gill agus a Mhac, Teo., 1911).

Ó Fiannachta, Pádraig: *Léas ar ár Litríocht* (Maigh Nuad: An Sagart, 1974).

Ó Fiannaí, Seán: *The Gaelic League in Scotland* (Glasgow: Gaelic League, 1995).

Ó Flannghaile, Tomás: *For the Tongue of the Gael: A Selection of Essays Literary and Philological on Irish-Gaelic Subjects* (Dublin: M. H. Gill & Son, 1896).

Ó Flannghaile, Tomás: *Eachtra Ghiolla an Amaráin or The Adventures of a Luckless Fellow and Other Poems* (Dublin: Sealy Bryers & Walker, 1897).

Ó Flannghaile, Tomás: *Laoi Oisín ar Thír na n-Óg* (White Street & Finnbury Street: City of London Book Depôt, 1896).

O'Flynn, John: *"Provincialism" and "Dialects" in Modern Spoken Irish* (Dublin: M. H. Gill & Son, 1910).

Ó Glaisne, Risteárd: *Scríbhneoirí na Nua-Ré 1: Ceannródaithe* (BÁC: Foilseacháin Náisiúnta Tta, 1974).

Ó Glaisne, Risteárd: *Dúbhglas de h-Íde: Ceannródaí Cultúrtha 1860-1910* (BÁC: Conradh na Gaeilge, 1991).

Ó Glaisne, Risteárd: *Gaeilge i gColáiste na Tríonóide 1592-1992* (BÁC: Preas Choláiste na Tríonóide, 1992).

O'Grady, Standish H.: *Silva Gaedelica (I.-xxxi.) A Collection of Tales in Irish* (London: Williams and Norgate, 1892).

Ó Háinle, Cathal: *Promhadh Pinn* (Maigh Nuad: An Sagart, 1978).

Ó Laeri, Peaduir (Peadar Ó Laoghaire): *Shiána* (BÁC: Muíntir na Leour Gäluingi, 1914).

Ó Laoghaire, Peadar: *Séadna,* eag. Liam Mac Mathúna (BÁC: Carbad, 1987).

Ó Laoghaire, Peadar: *Niamh* (BÁC: Muintir na Leabhar Gaedhilge, 1907).

Ó Laoghaire, Peadar: *Mo Scéal Féin* (BÁC: Cló Thalbóid, 1999).

Ó Loingsigh, Pádraig: *Gobnait Ní Bhruadair: The hon. Albinia Lucy Brodrick: beathaisnéis,* Pádraig Mac Fhearghusa aist. (BÁC: Coiscéim, 1997).

Ó Laoire, Muiris: *Athbheochan na hEabhraise: Ceacht don Ghaeilge?* (BÁC: An Clóchomhar Tta, 1999).

O'Leary, Philip: *The Prose Literature of the Gaelic Revival 1881-1921: Ideology and Innovation* (Pennsylvania: Pennsylvania State University Press, 1994).

O'Leary, Philip: *Gaelic Prose in the Irish Free State 1922–1939* (Pennsylvania: Pennsylvania State University Press, 2004).

Ó Liatháin, Donnchadha: *Tomás Ó Flannghaile: Scoláire agus File – a ré agus a bheatha, a shaothar liteardha agus a fhilidheacht* (BÁC: Oifig an tSoláthair, g.d.).

Ó Muimhneacháin, Aindrias: *An Claidheamh Soluis: Tríocha Blian de Chonnradh na Gaeilge* (BÁC: Clólann Uí Mhathúna, 1955).

Ó Murchú, Máirtín: *Cumann Buan-Choimeádta na Gaedhilge: Tús an Athréimnithe* (BÁC: Cois Life, 2001).

O'Neill Lane, T.: *Lane's English-Irish Dictionary* (Dublin: Sealy, Bryers & Walker, g.d.).

Ó Nualláin, Brian: *The Best of Myles: A Selection from 'Cruiskeen Lawn'* (New York: Walker, 1968).

O'Rahilly, Thomas Francis: *Papers on Irish Idiom by Canon Peter O'Leary* (Dublin: Browne & Nolan Limited, 1929).

Ó Raifeartaigh, T.: *The Royal Irish Academy: A Bicentennial History 1785-1985* (Dublin: The Royal Irish Academy, 1985).

O'Reilly, Edward: *Sanas Gaoidhilge / Sags-Bhéarla* (Dublin: James Duffy & Co., g.d.).

O'Reilly, J. M.: *The Native Speaker Examined Home: Two Stalking Fallacies Anatomized* (Dublin: Sealy, Bryers and Walker, 1909).

Ó Ríordáin, Traolach: *Conradh na Gaeilge i gCorcaigh 1894-1910* (BÁC: Cois Life, 2000).

Ó Ruairc, Maolmhaodhóg: *Ar Thóir Gramadach Nua / In Search of a Grammar* (BÁC: Cois Life, 2006).

Ó Saothraí, Séamas: *Díolaim Iriseora* (BÁC: Foilseacháin Náisiúnta Teoranta, 1970).

Ó Siadhail, Pádraig: *An Béaslaíoch: Beatha agus Saothar Phiarais Béaslaí (1881-1965)* (BÁC: Coiscéim, 2007).

Ó Súilleabháin, Donncha: *Scéal An Oireachtais* (BÁC: An Clóchomhar Tta, 1984).

Ó Súilleabháin, Donncha: *Cath na Gaeilge sa Chóras Oideachais 1893-1911* (BÁC: Conradh na Gaeilge, 1988).

Ó Torna, Caitríona: *Cruthú na Gaeltachta 1893-1922* (BÁC: Cois Life, 2005).

Pašeta, Senia: *Before the Revolution: Nationalism, Social Change and Ireland's Catholic Élite 1879-1922* (Cork: Cork University Press, 1999).

Pauline, Mary, Sr.: *God Wills It: Centenary Story of the Sisters of St. Louis* (Dublin: Browne and Nolan Ltd, 1959).

Pearse, P. H.: *Three Lectures on Gaelic Topics* (Dublin: M. H. Gill and Son, 1898).

Pearse, P. H.: *Collected Works of Padraic H. Pearse* (Dublin: Phoinex Publishing, 1924).

Peddie, Robert Alexander: *An Outline of the History of Printing* (London: Grafton & Co., Coptic House, 1917).

Porter, Roy agus Hall, Lesley: *The Facts of Life: The Creation of Sexual Knowledge in Britain, 1650-1950* (New Haven: Yale University Press, 1995).

Rialtas na hÉireann: *Litriú na Gaeilge: An Caighdeán Oifigiúil* (BÁC: Rannóg an Aistriúcháin, 1945).

Rich, Norman: *The Age of Nationalism and Reform, 1850-1890* (London: W. W. Norton & Company, 1970).

Riggs, Pádraigín: *Pádraic Ó Conaire: Deoraí* (BÁC: An Clóchomhar Tta, 1994).

Roberts, Peter A.: *West Indians & Their Language* (Cambridge: Cambridge University Press, 1988).

Rosenthal, Michael: *The Character Factory: Baden-Powell's Boy Scouts and the Imperatives of Empire* (London: Pantheon Books, 1986).

Sayers, Peig: *Peig: A Scéal Féin* (An Daingean: An Sagart, 1998).

Schleicher, August: *Darwinism Tested by the Science of Language*, aist. Alexander V. W. Bikkers (London: J. C. Hotten, 1869).

'Sceilg': *Spelling Made Easy: Litriú na Gaeilge critically examined* (BÁC: Diarmuid Mac Giolla Phádraig, g.d.).

Sheehy, Jeanne: *The Rediscovery of Ireland's Past: The Celtic Revival 1830-1930* (London: Thames and Hundson, 1980).

Soloway, Richard A.: *Demography and Degeneration: Eugenics and the Declining Birthrate in Twentieth-Century Britain* (Chapel Hill: University of North Carolina Press, 1995).

Standford, W. B. agus McDowell, R. B.: *Mahaffy: A Biography of an Anglo-Irishman* (London: Routledge & Kegan Paul, 1971).

Stewart, A. T. Q.: *The Shape of Irish History* (Montréal: McGill-Queen's University Press, 2001).

Stoker, Bram: *Dracula*, eag. Nina Auerbach agus David J. Skal (New York: Norton, 1997).

Stokes, John: *In the Nineties* (Chicago: University of Chicago Press, 1989).

Stray, Christopher: *The Mushri-English Pronouncing Dictionary: A Chapter in 19th century public school lexicography* (Berkeley Swansea Wellinfton, 1996).

Synge, J. M.: *Aran Islands & Connemara* (Dublin: Mercier Press, 2008).

Trotter, David: *The English Novel in History 1895-1920* (London: Routledge, 1993).

The Celtic Who's Who (Kirkcaldy, Scotland: The Fifeshire Advertiser Limited, 1921).

Tierney, Mark: *Ón nGorta Anall: Éire 1850-1969*, aist. Micheál Ó Súilleabháin (BÁC: Oifig an tSoláthair, 1982).

Titley, Alan: *An tÚrscéal sa Ghaeilge* (BÁC: An Clóchomhar Tta, 1991).

Titley, Alan: *Chun Doirne: Rogha Aistí* (Belfast: Lagan Press, 1996).

Townsend, Charles: *Easter 1916: The Irish Rebellion* (Chicago: Ivan R. Dee, 2006).

Trollope, Anthony: *Anthony Trollope: Four Lectures*, eag. M. L. Parrish (London: Constable, 1938).

Trollope, Anthony: *An Autobiography* (London: Oxford University Press, 1923).

Tynan, Michael: *Catholic Instruction in Ireland 1720-1950* (Dublin: The Four Courts Press, 1985).

Two Schools: A Contrast: Gaelic League Leaflets, No. 2 (Dublin:Gaelic League, g.d.)

Uí Chollatáin, Regina: *An Claidheamh Soluis agus Fáinne an Lae 1899-1932* (BÁC: Cois Life, 2004).

van den Bosch, Lourens P.: *Friedrich Max Müller: A Life Devoted to the Humanities* (Leiden: Brill, 2002).

Wales, Katie: *Northern English: A Cultural and Social History* (Cambridge: Cambridge University Press, 2006).

Walsh, John: *Díchomisiniú Teanga: Coimisiún na Gaeltachta 1926* (BÁC: Cois Life, 2002).

Weber, Eugen: *France: Fin de Siècle* (Cambridge: The Belknap Pres of Harvard University Press, 1986).

West, Shearer: *Fin de Siècle: Art and Society in an Age of Uncertainty* (London: Bloomsbury Publishing Limited, 1993).

White, Harry: *The Keeper's Recital: Music and Cultural History in Ireland, 1770-1970* (Cork: Cork University Press, 1998).

Wilde, Oscar: *The Essays of Oscar Wilde* (New York: Albert & Charles Boni, 1935).

Williams, Nicholas: *I bPrionta i Leabhar: Na Protastúin agus Prós na Gaeilge 1567-1724* (BÁC: An Clóchomhar Tta, 1986).

Wilson, K. G. et al.: *Harbrace Guide to Dictionaries* (New York: Harcourt, Brace & World, Inc., 1963).

Yeats, W. B.: *W. B. Yeats: Selected Poetry*, eag. Timothy Webb (London: Penguin, 1991).

Young, Robert J. C.: *Colonial Desire: Hybridity in Theory, Culture and Race* (London: Routledge, 1995).

Innéacs